투자도
인생도
복리처럼

THE JOYS OF COMPOUNDING
Copyright ⓒ 2020 Gautam Baid
All rights reserved

Korean translation copyright ⓒ 2023 by BOOKON, Publishing division of KIERI CO.,LTD
Korean translation rights arranged with Columbia University Press
through EYA (Eric Yang Agency)

이 책의 한국어판 저작권은 EYA(Eric Yang Agency)를 통해 Columbia University Press와 독점 계약한
㈜한국투자교육연구소가 소유합니다.
저작권법에 의하여 한국 내에서 보호를 받는 저작물이므로 무단 전재 및 복제를 금합니다.

투자도
인생도
복리처럼

1쇄 2023년 6월 30일
5쇄 2025년 2월 28일

지은이 가우탐 바이드
옮긴이 김상우

펴낸곳 ㈜한국투자교육연구소 부크온
펴낸이 김재영
편집 이승호, 권효정
디자인 강이랑
주소 서울시 영등포구 선유로9길 10, 문래 SK V1센터 1001호
전화 02-723-9004   **팩스** 02-723-9084
홈페이지 www.bookon.co.kr
블로그 blog.naver.com/bookonblog
이메일 book@itooza.com
출판신고 제2010-000003호(2008년 4월 1일 신고)

ISBN 979-11-978117-8-4 13320

◆ **부크온**은 한국투자교육연구소 아이투자(itooza.com)의 출판 브랜드입니다.
◆ 파손된 책은 구입하신 곳에서 교환해 드리며, 책값은 뒤표지에 있습니다.
◆ 무단전재나 무단복제를 금합니다.

매일 조금씩 더 지혜롭고 부유하게 사는 법

투자도
인생도
복리처럼

가우탐 바이드 지음 | **김상우** 옮김

iTOOZA 부크온 BookOn

지은이_가우탐 바이드 Gautam Baid

찰리 멍거와 워런 버핏 등 투자 대가들에게 영감을 얻어 성공적인 가치투자자의 길을 걷고 있다.

저자는 평생 학습이라는 도구를 통해 투자의 성공과 인생의 행복을 꾸준히 복리로 불려 가는 것이 가장 탁월한 투자법이자, 인생 경영 노하우라고 강조한다.

실제로 이 책에서 저자는 가치투자자로서 자신의 생생한 투자 경험담을 통해 이를 증명해 보인다. 자신이 가장 잘 아는 분야에 투자하라는 가치투자 철학에 따라 인도 출신의 저자는 이 책에서 주로 인도 주식 투자 사례를 들려준다.

2021년 워런 버핏에게 자신의 운용 철학에 대해 직접 자문을 구해 긍정적인 평가를 얻었던 사실을 트위터에 소개하는 등 소셜미디어를 통해 일반 대중과도 활발히 교류하고 있다.

추천사를 쓴 가이 스파이어는 이 책이 초판 출간 후 채 2년도 지나지 않아 훨씬 보강된 개정판으로 거듭날 수 있었던 것은 저자나 다른 많은 가치투자자의 인생관처럼 나날이 새로워지려는 학습 욕구와 변화를 수용할 줄 아는 겸손한 자세 덕분이라고 추켜세웠다.

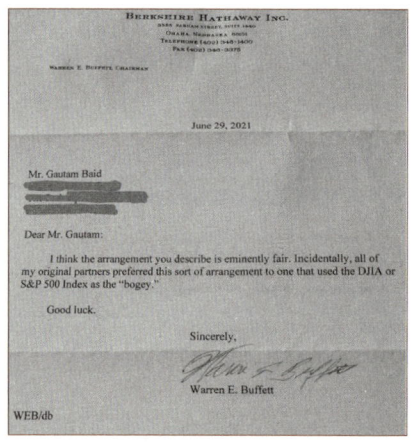

▲ 워런 버핏이 저자에게 보낸 편지

국제공인재무분석사(CFA)이자 성공적인 투자 업계 경력을 바탕으로 2018년과 2019년 모닝스타(Morningstar)의 '거장에게 배우기(Learn from the Masters)' 시리즈에 소개되었다.

시티그룹과 도이치은행의 헬스케어 투자은행 부문 선임 애널리스트로 뭄바이, 런던, 홍콩 등에서 근무한 데 이어 미국 솔트레이크시티에 본사를 둔 서밋 글로벌 인베스트먼츠(Summit Global Investments)에서 포트폴리오 매니저로 일했다.

버핏이 파트너십으로 투자조합을 운영하던 당시의 수수료 구조를 모델로 하여, 장기적 관점에서 펀더멘털과 성장성이 우수한 기업에 투자하는 스텔라 웰스 파트너스(Stellar Wealth Partners)를 미국 델라웨어에 설립해 운영하고 있다.

저자의 근황과 그의 투자 철학에 대한 더 자세한 내용은 다음 웹사이트와 트위터에서 찾아볼 수 있다.

www.TheJoysOfCompounding.com / Twitter@Gautam_Baid

인간이 할 수 있는 최선의 일은, 다른 인간이 더 많이 배우도록 돕는 것이다.

— 찰리 멍거Charlie Munger

§

내가 가장 존경하는 진정한 가치투자자는
자신의 삶을 열정적인 독서에 바치는 그런 사람이다.
즐길 수 없다면 공부하는 데 (우리처럼) 50년을 바칠 수 있는 사람은 없다.

— 프란시스코 가르시아 파라메스Francisco García Paramés,
코바스 에셋 매니지먼트 설립자 겸 포트폴리오 매니저

§

가치투자자들의 격언과 투자법에서
수많은 삶의 지혜를 얻을 수 있다는 것은 정말 놀라운 일이다.

— 롤프 도벨리Rolf Dobelli, 스위스의 작가

§

현인의 지혜, 노인의 경험은 인용해 보전해야 할 것이다.

— 아이작 디즈레일리Isaac Disraeli, 영국의 작가

차례

감사의 글 • 13

추천사 – 가이 스파이어 • 22

1장 • 서론 : 최고의 투자는 자신에 대한 투자 • 26
　　　열정적인 평생학습과 투자 성과

1부 세상의 지혜와 투자 활용법

2장 • 평생 배우면서 쌓아가는 투자 • 38
　　　학습기계의 간접학습 ｜ '읽고, 배우고, 생각할 시간'에 투자하기 ｜ 투자 실수를 줄이기 위해 읽는다 ｜ 책을 잘 읽는 법 ｜ 지식 획득의 마태효과에 주목 ｜ '제1원리'에 기초한 추론 ｜ 파인먼 기법 4단계

3장 • '격자틀 정신모형'과 투자 • 68
　　　고슴도치와 여우 ｜ 생산적 사고를 위한 5가지 방법 ｜ 배움은 평생의 투자

4장 • 열정과 집중의 힘 • 84
　　　한 분야에서 최고의 성과를 내는 사람 ｜ 탐험하고, 꿈꾸고, 발견하라 ｜ 성과 향상과 '의식적인 실행'

2부 매일 성장하는 투자자의 조건

5장 ● 인생의 롤모델 찾기 ● 106
승리자가 되려면 승리자들과 함께 | 신뢰는 모든 관계의 핵심

6장 ● 겸손은 지혜의 원천 ● 116
리더가 되기 전에 먼저 추종자가 되자 | 경험과 편견의 굴레 | '부자가 되는 것'과 '부를 유지하는 것' | '능력의 범위' 체크하기 | 능력의 범위를 넓히는 법

7장 ● 가치 있는 투자와 선한 영향력 ● 138
재산 형성과 행복감 | 투자 세계와 인간관계

8장 ● 단순한 투자 vs. 복잡한 투자 ● 148
단순함과 장기적인 성공 | 좋은 투자 결정에 필요한 것 | 미국 은행가와 멕시코 어부

9장 ● '경제적 독립'을 달성하는 법 ● 167
겸손과 저축의 미덕 | 찰리 멍거가 이룬 '경제적 독립'의 경로 | 첫 100만 달러의 힘 | 이스털린의 역설과 쾌락의 쳇바퀴

10장 ● '내적 점수표'와 투자 원칙 ● 184
'버핏 파트너십' 시절 버핏의 원칙 | 내적 점수표와 본질가치 vs. 외적 점수표와 시장가격 | 내적 점수표와 윤리

11장 ● '만족 지연'과 복리 효과 ● 199
'만족 지연' 기업에 투자하기 | '고통 받을 능력'과 보상 | 인내심과 경제적 보상 | '미래가치 폄하'의 오류 | '폭식 유전자' 제어하기 | 아주 작은 반복의 힘 | 매일 1%씩 좋아졌을 때의 복리 효과

3부 성공 확률을 높여 주는 종목 선택법

12장 ● '기업 소유 마인드'가 출발점 ● 232
기업 소유 마인드의 6가지 혜택 | 워런 버핏의 통찰

13장 ● '행간의 의미' 찾기 ● 244

정직한 CEO 구별하는 법 | 기업 자료에서 행간을 읽는 법

14장 ● 체크리스트 활용법 ● 252

1. 손익계산 분석 | 2. 현금흐름 분석 | 3. 각종 비율 분석 | 4. 사업 효율성 분석 | 5. 재무상태 분석 | 6. 경영진 분석 | 7. 판단 오류와 찰리 멍거의 체크리스트

15장 ● 투자노트 : 현명한 투자자의 필수품 ● 272

'사전분석'으로 '계획오류' 줄이기 | 글쓰기, 최고의 가치투자

16장 ● '인센티브'가 투자에 미치는 영향 ● 283

인센티브와 버크셔 해서웨이의 교훈 | 이해관계가 좌우하는 것들 | 잘못된 인센티브 시스템의 폐해 | 내 돈 가져가는 사람 vs. 내 돈 불려주는 사람

17장 ● 투자에서 '숫자로 이해하는 것'의 장점과 단점 ● 298

투자의 정교함과 단순함 | 똑똑함과 현명함의 차이 | 뒤집어 생각하기

18장 ● 현명한 투자의 핵심, '내재가치' ● 311

결국 중요한 것은 '주주이익' | 해자의 '지속성'과 자본적 지출 | 주식 발행과 배당의 이면 | 벤저민 그레이엄의 '대략적인 가치의 범위' | 부를 파괴하는 '가치함정'

19장 ● 투자에서 가장 중요한 단어, '안전마진' ● 330

'훌륭한 기업'과 '훌륭한 주식' | 손실의 복리화를 피하는 방법 | 질적으로 우수한 기업의 안전마진 | 가치투자 진영의 2가지 접근법 | 버핏의 진화 : 그레이엄에서 피셔로

20장 ● 자본 순환주기 이용하기 ● 347

자본 순환주기와 위험신호 | 공감 능력과 투자 실력 | 쓰라린 실패와 5개월 4배 이익 실현 | 직관의 힘 | 상품 투자의 교훈 | 능력의 범위 확대, 경기순환주 투자

21장 ● '기업분할'을 투자 기회로 만드는 법 ● 380

투자자가 주목해야 할 3가지 상황

4부 이익은 키우고 손실은 줄이는 운용 노하우

22장 ● 어떤 주식을 얼마나 오래 보유해야 할까? ● 394
훌륭한, 좋은, 끔찍한 │ 복리수익력을 가진 기업 │ '경쟁우위'의 다양한 원천 │ 아직은 낯선 해자, '기업문화' │ 내재가치와 주주가치를 이어주는 '자본 배분'

23장 ● 시장의 변동성에 대처하는 법 ● 430
블루칩과 방관자 효과 │ 강세장 vs. 약세장 │ 투자자가 정말 초점을 맞춰야 할 것들 │ 미스터 마켓의 실수와 기회 │ 시장의 효율성과 대중의 지혜

24장 ● 최고의 종목과 최적의 비중 ● 455
'과도한 분산'과 '충분한 분산' │ 베이브 루스 효과 │ 최적의 베팅 규모와 '켈리 공식' │ '자신의 투자철학'과 인내심

25장 ● 1등을 하려면 우선 완주하라 ● 474
약세장을 이기고 살아남는 법 │ 무엇에든 0을 곱하면, 결과는 0 │ 가장 큰 리스크는 뉴스에 없는 블랙 스완 │ 탐욕과 레버리지의 위험 │ 기업의 '사업 유지력'과 투자자의 '투자 유지력'

5부 더 나은 투자를 위한 선택과 결정의 기술

26장 ● 예측 대신 분석하기 ● 502
'나쁜 뉴스'와 똑똑한 비관론자 │ 워런 버핏의 '매우 유리한 게임' │ 정치가 장기 투자자에게 갖는 의미 │ 답은 '금융의 역사'에서 찾아라

27장 ● 원칙 있는 고집과 합리적 수용 ● 527
유연하게 사고하라 │ '조건부 확률'과 우리의 견해 │ '세상의 지혜'에 관한 6가지 통찰 │ 주식을 팔아야 할 때와 팔지 말아야 할 때

28장 ● 기회비용 관점과 투자 선택 ● 559

'부작위의 실수'에 주목하기 | 기회비용과 최상의 선택 | And then what?

29장 ● 반복되는 패턴과 준비된 기회 ● 570

매력적인 '미사용 가격결정력' | '브랜드'의 힘 | 회계의 함정과 가치평가 | 불확실성과 사이드카 투자 | 순풍을 탄 기업에 투자하기 | 설비 확장이 곧 완료되는 기업에 투자하기 | 점진적 변화에 집중하기

30장 ● 투자 실력과 운 ● 595

호기심과 질문의 힘 | 운을 개선하는 방법 | 시장의 무작위성과 도박사의 오류 | 운과 평균 회귀 | '과정'과 '성과'의 관계

31장 ● 실수에서 배운 투자 교훈 ● 617

권위에 복종하는 것의 문제점 | '기준점'에 집착하는 투자의 함정 | 투자를 망치는 질투심 | CEO에 대한 호감과 투자 결정 | '스트레스'와 결정 미루기 | '손실의 고통'을 이기는 법 | '탐욕'과 '공포'의 값비싼 대가

32장 ● 결론 : 투자도 인생도 복리처럼 ● 647

긍정적인 생각의 복리화 | 건강의 복리화 | 좋은 습관의 복리화 | 부의 복리화 | 지식의 복리화 | 선의의 복리화

주 ● 694

참고문헌 ● 726

사랑하는 나의 조부, 고故 딥찬드 나하타(1926~2007)를 기리며,

그분께 이 책을 바칩니다.

● 일러두기 ●

- 본문 중 굵은 글자는 저자가 원서에서 강조한 부분입니다.
- 인명 표기는 외래어 표기법을 기준으로 하였지만, 국내에 저서가 번역 출간된 저자의 경우 독자들의 편의를 위해 번역서의 표기를 따랐습니다.

▶ 감사의 글 ◀

내가 한 최고의 일은 올바른 영웅들을 택했다는 것이다.

- 워런 버핏

우리의 개인적인 철학은 대부분 우리가 하는 일, 그리고 우리가 롤 모델과 스승으로 삼고 따르는 사람들의 결과인 경우가 많다. 그런 면에서 나는 다행히 정말 훌륭한 사람들에게서 배울 수 있었다.

워런 버핏Warren Buffett과 애덤 스미스Adam Smith는 내적 점수표(10장 참조)에 따라 삶을 살아가는 것이 얼마나 중요한지 일깨워 주었다.

찰리 멍거Charlie Munger는 내가 평생학습의 길을 가도록 격려했고, 어떤 상황에서든 존재하는 '인센티브의 힘'을 인식하게 해 주었다.

벤저민 그레이엄Benjamin Graham은 투자에서 올바른 기질을 갖는 것, 주식을 기업의 부분 소유권으로 보는 것, '미스터 마켓'의 어리석음을 이용해 수익을 내는 것, 그리고 항상 안전마진을 강조하는 것이 얼마나 중요한지 가르쳐 주었다.

벤저민 프랭클린Benjamin Franklin은 좋은 인성의 미덕, 그리고 일상을 아주 정직하고 성실하게 살아가는 것이 매우 중요하다는 점을 가르쳐 주었다.

나폴레온 힐Napoleon Hill, 데이비드 슈워츠David Schwartz, 이안 카셀Ian Cassel은 올바른 사고방식이 모든 부의 출발점이라는 것을 알려 주었다.

제프 콜빈Geoff Colvin, 대니얼 코일Daniel Coyle, 칼 뉴포트Cal Newport, 그리고 앤더스 에릭슨Anders Ericsson은 능력 개발에 관한 이론과 학문을 가르쳐 주었다.

찰스 두히그Charles Duhigg와 제임스 클리어James Clear는 좋은 습관 형성에 관한 이론과 학문을 가르쳐 주었다.

로버트 마우어Robert Maurer와 대런 하디Darren Hardy는 작은 그러나 꾸준하고 좋은 행동들을 장기적으로 지속할 때 창출되는 엄청난 '복리의 힘'을 내게 일깨워 주었다.

질리언 조 시걸Gillian Zoe Segal과 스콧 애덤스Scott Adams는 계속 실패하던 사람이 어떻게 결국 큰 성공을 거둘 수 있는지 가르쳐 주었다.

가이 스파이어Guy Spier, 비샬 칸델왈Vishal Khandelwal, 모건 하우절Morgan Housel은 내가 보다 나은 사람이 되도록 계속 격려해 주었다.

로버트 기요사키Robert Kiyosaki는 정기적인 패시브 인컴passive income(일하지 않아도 발생하는 수입)을 제공하는 자산을 구축함으로써 돈이 나를 위해 일하게 하는 법을 가르쳐 주었다.

조지 클래이슨George Clason은 먼저 자기 자신에게 돈을 쓰고 투자하는 것이 부를 쌓는 제1의 근본원칙이라는 것을 일깨워 주었다.

토머스 스탠리Thomas Stanley, 윌리엄 댄코William Danko, 데이비드 바크David Bach, 그리고 하브 에커Harv Eker는 검소함의 미덕을 가르쳐 주었다.

셰인 패리시Shane Parrish와 산제이 바크시Sanjay Bakshi 교수는 우리가 다른 사람들과 아낌없이 지식을 나눌 때, 선의가 어떻게 복리로 불어나는지를 가르쳐 주었다.

모니시 파브라이Mohnish Pabrai는 신규 투자자산에 대해서는 다소 무리해서 상당히 높은 기준수익률을 적용하는 것이 중요하다는 것을 가르쳐 주었다.

바산트 마헤슈와리Basant Maheshwari는 내가 주식시장에서 큰 꿈을 갖도록 격려해 주었다.

나심 탈레브Nassim Taleb, 막스 귄터Max Gunther, 그리고 레오나르드 믈로디노프Leonard Mlodinow는 삶에 있어서 운, 우연, 뜻밖의 행운, 그리고 무작위의 역할을 제대로 평가할 수 있게 도와주었다.

더불어 탈레브는 우리가 사는 세상에는 고충격의 예상치 못했던 사건들, 요컨대 '블랙 스완'이 존재한다는 것을 잘 보여주었다. 그리고 케네스 포스너Kenneth Posner는 그런 사건들로 인한 충격에 보다 잘 대비할 수 있는 실용적인 방법을 소개해 가르쳐 주었다.

손자孫子, 마이클 포터Michael Porter, 김위찬W. Chan Kim 교수, 문영미Youngme Moon 교수, 그리고 브루스 그린왈드Bruce Greenwald 교수는 나에게 경쟁전략을 가르쳐 주었다.

피터 번스타인Peter Bernstein, 하워드 막스Howard Marks, 세스 클라먼Seth Klarman은 리스크와 리스크 관리의 역할을 인식할 수 있는 지혜를 전해 주었다.

피터 틸Peter Thiel은 독점, 멱법칙, 그리고 매우 혁신적인 기업의 중요성을 가르쳐 주었다.

클레이튼 크리스텐슨Clayton Christensen은 파괴적 혁신이 가하는 지속적인 위협에 대해 깨닫게 해 주었다.

피터 베블린Peter Bevelin은 종합학문적인 사고와 뒤집어 보기inversion에 관한 매우 훌륭한 저작들을 전해 주었다.

손턴 오글러브Thornton Oglove, 하워드 슐릿Howard Schilit, 찰스 멀포드Charles Mulford는 기업들이 발표한 보고 이익의 질을 평가하는 법을 가르쳐 주었다.

스티븐 펜맨Stephen Penman과 바루크 레브Baruch Lev는 회계 정보를 해석하는 기업 분석가와 가치투자자의 시점 사이에 존재하는 매우 미묘한 차이를 가르쳐 주었다.

대니얼 카너먼Daniel Kahneman, 아모스 트버스키Amos Tversky, 리처드 탈러Richard Thaler, 댄 애리얼리Dan Ariely, 그리고 제임스 몬티어James Montier는 여러 인식론적 편향에 대해 가르쳐 주었고, 허버트 사이먼Herbert Simon은 제한적 합리성bounded rationality, 즉 우리 정신의 인식론적 한계에 대해 일깨워 주었다.

프레드 쉐드Fred Schwed는 투자산업에 존재하는 본질적인 이해 충돌에 대해 깨닫게 해 주었다.

로버트 치알디니Robert Cialdini는 준법 업무 전문가들compliance practitioners이 사용하는 다양한 심리적 전술을 가르쳐 주었다.

네이트 실버Nate Silver와 필립 테틀록Philip Tetlock은 예측의 어리석음에 대해, 그리고 확률적 사고, 베이즈주의적(27장 참조) 믿음의 업데이트, 관련 기저율의 사용 등을 통해 추산 능력을 제고하는 법을 가르쳐 주었다.

존 앨런 파울로스John Allen Paulos, 바버라 오클리Barbara Oakley, 자나 벰부나라야난Jana Vembunarayanan은 지적인 수학적 사고법을 가르쳐 주었다.

대럴 허프Darrell Huff와 찰스 윌런Charles Wheelan은 통계를 보다 분석적으로 해석하는 법을 알려 주었다.

아툴 가완디Atul Gawande와 마이클 션즈Michael Shearns는 의사결정을 개선하는 데 있어 체크리스트가 가진 중요성을 가르쳐 주었다.

필 로젠츠바이크Phil Rosenzweig, 엘리엇 애런슨Elliot Aronson, 던컨 와츠Duncan Watts는 사후확신 편향이 광범위하게 존재한다는 것을 알려 주었다.

마이클 모부신Michael Mauboussin과 애니 듀크Annie Duke는 운과 능력을 구분하는 법을 가르쳐 주었고, 모부신은 한 기업의 펀더멘털에 대한 지식과 그 기업의 주가에 내재된 현재의 시장 기대를 구분하는 법도 가르쳐 주었다.

제이슨 츠바이크Jason Zweig와 개리 벨스키Gary Belsky는 신경경제학neuroeconomics을 이해하는 것이 금전적인 실수를 피하는 데 도움이 된다는 것을 알려주었다.

존 버 윌리엄스John Burr Williams, 알프레드 래퍼포트Alfred Rappaport, 바라트 샤Bharat Shah, 그리고 우팔 셰스Utpal Sheth는 가치창출의 기본적인 원칙들을 가르쳐 주었다.

찰스 맥케이Charles Mackay, 찰스 킨들버거Charles Kindleberger, 존 갤브레이스John Galbraith, 존 브룩스John Brooks, 에드워드 챈슬러Edward Chancellor, 로버트 실러Robert Shiller, 그리고 매기 마하르Maggie Mahar는 시장 주기, 투기적 광기, 그리고 그에 이은 거품 붕괴의 역사에 대해 가르쳐 주었다.

피터 센게Peter Senge와 도넬라 메도즈Donella Meadows는 세상에 대한 시스템 사고systems thinking와 보다 상호 연결된 시각을 가르쳐 주었다.

조지 소로스George Soros, 브누아 망델브로Benoit Mandelbrot, 리처드 북스테이버Richard Bookstaber는 시장과 사회 시스템에 존재하는 복잡하고 매우 역동적인 피드백 고리를 인식하게 해 주었다.

존 메이너드 케인스John Maynard Keynes는 시장과 경제에 만연한 지배적인 감정이 갖는 의미와 시의적절한 정부 개입의 중요성에 대해 일깨워 주었다.

버턴 말킬Burton Malkiel, 찰스 엘리스Charles Ellis, 그리고 존 보글John Bogle은 비용을 최소화하고 자신의 경로를 유지하는 것이 왜 중요한지를 가르쳐 주었다.

필립 피셔Philip Fisher, 피터 린치Peter Lynch, 랄프 웬저Ralph Wanger, 팻 도시Pat Dorsey, 톰 게이너Tom Gayner, 테리 스미스Terry Smith, 척 아크레Chuck Akre, 피터 컨딜Peter Cundill, 윌리엄 오닐William O'Neil, 제시 스타인Jesse Stine, 그리고 니콜라스 다비스Nicolas Darvas는 주식을 고르는 법에 대한 통찰을 전해 주었다.

제시 리버모어Jesse Livermore는 한 주식을 계속 보유하는 법, 그리고 무엇보다도 시장의 집단적인 지혜를 존중하는 법을 가르쳐 주었다.

토머스 펠프스Thomas Phelps와 토머스 루소Thomas Russo는 투자에서 인내의 미덕을 가르쳐 주었다.

아누락 샤르마Anurag Sharma는 반증 증거를 적극적으로 찾는 법을 가르쳐 주었다.

귀스타브 르봉Gustave Le Bon은 군중심리의 사회적 역학을 가르쳐 주었다.

애스워드 다모다란Aswath Damodaran 교수는 투자에서 가능한 것the

possible, 타당한 것the plausible, 개연성 있는 것the probable의 차이를 구분하는 법을 가르쳐 주었다.

샘 젤Sam Zell은 수요와 공급의 기본적인 경제 원칙이 가진 깊은 의미를 알려 주었다.

모리스 실러Maurice Schiller, 조엘 그린블라트Joel Greenblatt, 마틴 휘트먼Martin Whitman은 특별한 투자 상황들을 분석하는 법을 가르쳐 주었다.

로라 리텐하우스Laura Rittenhouse는 (기업과 경영진이) 이해관계자들에게 보고할 때 솔직함이 왜 중요한지를 알려 주었다.

로저 본 외흐Roger von Oech는 독창적으로 생각하는 법을 가르쳐 주었다.

리처드 파인먼Richard Feynman은 어떤 것의 이름을 아는 것과 실제로 그것을 아는 것의 차이가 무엇인지 알려 주었다.

세네카Seneca, 아우렐리우스Aurelius, 에픽테투스Epictetus, 라이언 홀리데이Ryan Holiday는 금욕주의의 미덕, 그리고 살면서 겪는 인생사에 대한 우리의 반응을 관리하는 것이 왜 중요한지를 일깨워 주었다.

윌 듀런트Will Durant, 아리엘 듀런트Ariel Durant, 유발 하라리Yuval Noah Harari는 인류 문명사에 대해 가르쳐 주었다.

스티븐 핑커Steven Pinker와 한스 로슬링Hans Rosling은 나로 하여금 이 세상이 매일 꾸준히 나아지고 있다는 아주 낙관적인 시각을 갖게 해 주었다.

나의 삶은 "내가 더 멀리 볼 수 있었던 것은 거인들의 어깨 위에 올라서 보았기 때문이다"라는 아이작 뉴턴Isaac Newton의 말로 요약될 수 있다.

이 책은 내가 경제적 독립을 달성하고, 보다 현명하고 보다 나은 사람이 되고, 충만하고 의미 있는 삶의 경로를 가도록 도와준 이 모든 스승들에 대한 나의 충심 어린 헌정서라 할 수 있다.

오랫동안 나는 다른 사람들의 저작과 담론을 통해 간접적으로 배워왔다. 이 책을 읽으면서 독자 여러분도 내가 '지혜를 나눠 준 많은 훌륭한 사람들'로부터 영향을 받았다는 것을 알게 될 것이다. 이들로부터 인용한 지혜는 그때그때 적절히 그 원천을 밝혔는데, 혹시 빠뜨린 것이 있다면, 그것은 의도적인 것이 아니라 전적으로 나의 실수다.

가치투자자가 되면서 나는 언젠가 컬럼비아대학 출판부에서 책을 한 권 출간하기를 꿈꿔왔다. 그리고 마침내, 놀라운 재능을 보여준 마일스 톰프슨Myles Thompson과 그의 최고의 편집팀과 함께 작업할 수 있는 특권을 누리게 되었다. 이들이 베풀어준 모든 조언과 도움에 깊은 감사를 드린다.

그리고 귀한 시간을 내어 이 책의 원고를 검토하고 사려 깊은 의견과 피드백을 제공해 준 존 미하일레비치John Mihaljevic, 비샬 칸델왈, 존 후버John Huber, 션 이딩스Sean Iddings에게도 깊은 감사를 드린다.

막스 귄터의 저작들에서 여러 자세한 내용을 발췌해 이 책에 사용할 수 있게 허락해 준 해리먼 하우스Harriman House의 크레이그 피어스Craig Pierce에게도 깊은 감사를 드린다.

그리고 이 책의 추천사를 써준 가이 스파이어에게 아주 특별한 감사를 전하고 싶다.

주주서한의 인용을 너그럽게 허락해 준 워런 버핏이 없었다면, 이 책은 빛을 보지 못했을 것이다. 워런 버핏과 그의 비서 데비 보사넥Debbie Bosanek에게 무한한 감사의 마음을 전한다.

오랫동안 나에게 사랑을 베풀어 주고, 동기를 부여하고, 응원을 아끼지 않은 가족과 친구들에게도 고마움을 전한다.

마지막으로, 이 책의 독자 여러분들께도 깊은 감사를 드리고 싶다. 모쪼록 독자 여러분 모두 복리가 주는 즐거움을 누리고 원하는 경제적 자유를 얻기를 간곡히 기원한다.

가우탐 바이드

▶ 추천사 ◀

　나는 20여 년 전 처음으로 워런 버핏, 찰리 멍거, 벤저민 그레이엄과 이들의 현명한 투자법에 대해 알게 되었다. 그리고 버크셔 해서웨이 주주총회에 처음 참석하기 전에 이미 가치투자자로 '개종'했으며, 따라서 내가 처음 버크셔 해서웨이 주주총회에 참석했을 때는 비로소 '내 부족部族'을 찾은 느낌이었다.

　당시 오마하에서 개최된 버크셔 해서웨이 주주총회에 참석한 우리 부족은 1,000~2,000명 수준이었지만, 그 후 계속 늘어서, 지금은 수만 명이 버크셔 해서웨이 주주총회에 참석하고 있으며, 이보다 더 많은 사람이 온라인으로 주주총회를 보고 있다.

　이렇게 가치투자 부족의 규모가 역동적으로 확대된 만큼이나 그 세계관이나 자기 인식도 확대되어 왔다. 초창기에 나는 가치투자를 '투자를 잘해서 부자가 되어 풍족한 삶을 살아가기 위한 한 방법'으로만 보았다. 그러나 시간이 가면서, 가치투자는 이보다 훨씬 많은 의미를 내포하고 있다는 것을 깨닫게 되었다. 가치투자를 가능한 최선의 삶을 살아가기 위한 삶의 체계로 보기 시작한 것이다.

　가치투자자의 관심은 미스터 마켓Mr. Market, 안전마진margin of safety 같은 개념에만 국한되는 것이 아니라, 그 이상의 것을 포괄하고 있다. 그래서 진정한 가치투자자는 '삶의 지혜Worldly Wisdom란 무엇이고, 우리는 어떻게 그런 지혜를 얻을 수 있는가?', '격자를 정신모형Latticework of Mental Models은 어떻게 구축할 수 있는가?', '금욕주의는 삶과 투자에 어떤 역할을 할 수 있고, 또 해야 하는가?', '마하바라타Mahabarata, 고대 인도의 서사시와 기타Gita, 힌두교의 성전, 그 외 여러 훌륭한 동양의 지혜서들은 투자와 삶에 관해 우리에게 무엇을 가르쳐 줄 수 있는가?' 하는 문제들에까지 관심을 두고 있다.

이 책은, 우리가 살고 있는 세상에 대해 가치투자 부족이 전해 주는 또 하나의 지식이라 할 수 있다. 이 책에서 우리는 여러 훌륭한 사람들로부터 저자가 얻은 (보다 최근의 연구자들이 발견해 업데이트한) 교훈들을 배울 수 있다.

따라서 워런 버핏, 찰리 멍거, 벤저민 그레이엄 외에도, 모니시 파브라이, 토머스 루소, 마이클 모부신, 피터 베블린, 소라브 마단Saurabh Madann, 마르셀로 리마Marcelo Lima, 폴 라운치스Paul Lountzis 같은 사람들로부터 저자가 어떤 교훈을 얻었는지 확인할 수 있다. 또한 저자는 여러 학문에 걸친 광범위한 독서를 통해 허버트 사이먼, 셰인 패리시, 나심 탈레브, 롤프 도벨리Rolf Dobelli, 리처드 제크하우저Richard Zeckhauser 등을 포함한 여러 분야 저술가들의 저작을 소화했으며, 그 핵심 내용을 잘 정리해 독자들에게 전해 주고 있다.

그리고 모든 진정한 가치투자자들이 안주하지 않고 더 나아지기 위해 늘 노력하는 것처럼, 이 책도 얼마 전 그 초판(2019년 판)이 내 책상을 지나간 후 훨씬 더 훌륭한 책(2020년 개정판)이 되어 나타났다. 컬럼비아대학 출판부의 '컬럼비아 비즈니스 스쿨'에서 발간한 이 개정판은 여러 주제들을 더욱 체계적으로 정리했고, 저자의 의견과 통찰에 보다 분명한 초점을 맞추고 있다. 이 책을 통해 우리는 더 나은 투자자, 더 나은 사람이 될 수 있는 핵심 교훈들을 배우고 되새길 수 있을 것이다.

스위스 취리히에서
가이 스파이어

▶ 추천사 ◀

- 이 시대의 고전이다! 이 책은 투자자는 물론이고 자신의 모든 잠재력을 실현하고 싶은 사람이라면 누구나 읽어야 할 평생학습의 최종 지침서요 필독서다.
  - 존 미하일레비치John Mihaljevic, MOI 글로벌(MOI Global) 회장

- 시간이 흐르면서 나는 힘들게 배우는 것이 아니라 지혜롭게 배우는 것이 중요하다는 것을 깨달았고, 내가 가장 좋아하는 선물은 사람들에게 훌륭한 책을 선물하는 것이었다. 이 책은 그중 최고의 책이 될 것이다.
  - 아놀드 반 덴 버그Arnold Van Den Berg, 센추리 매니지먼트(Century management) 창업자

- 저자는 투자자들이 흔히 빠지는 그러나 예측 가능한 여러 함정들을 피하는 데 도움이 되는 전설적인 투자자들의 투자 사례와 통찰을 아주 정확히 소개하고 있다.
  - 토마스 루소Thomas Russo, 가드너 루소 앤 가드너(Gardner Russo & Gardner LLC) 파트너

- 모든 투자자가 알아야 할 투자의 가장 핵심적인 내용을 소개하고 있다. 내가 읽은 책 중 가장 포괄적인 내용을 담고 있는 투자서로 강력 추천한다.
  - 폴 룬치스Paul Lountzis, 룬치스 에셋 매니지먼트(Lountzis Asset Management) 사장

- 매우 통찰력이 뛰어난 책이다. 건전한 투자의 가장 중요한 원칙들을 읽고 되새기는 것은 정말 즐거운 일이다.
  - 산조이 바타카리야Sanjoy Bhattacharyya, 포르투나 캐피털(Fortuna Capital) 파트너

- 삶의 지혜를 매우 즐겁게 그리고 열정적으로 배우는 저자야말로 평생학습의 훌륭한 롤모델이다. 이 책에서 그는 부단한 평생학습이 삶을 얼마나 풍요롭게 해주는지 잘 보여주고 있다.
  - 윌리엄 그린William Green, 『위대한 투자자들(The Great Minds of Investing)』 저자

1장

서론 : 최고의 투자는 자신에 대한 투자

> 나는 가장 똑똑하지도, 때로는 가장 부지런하지도 않지만,
> 끊임없이 공부하는 학습기계Learning Machine 같은 사람들이
> 성공하는 모습을 계속 목격하고 있습니다. 이들은 매일 밤,
> 그날 아침 일어났을 때보다 조금 더 현명한 사람이 되어 잠자리에 듭니다.
> 이렇게 매일 조금씩 더 현명해지는 것은
> 아직 살아갈 날이 많은 (여러분 같은) 젊은이들에게 특히 더 도움이 됩니다.
> - 찰리 멍거의 강연 중에서

2007년 서던캘리포니아대학University of Southern California, USC 로스쿨 졸업식 연설에서 찰리 멍거Charlie Munger는 장기적인 성공에 가장 중요한 것은 평생학습이라고 했다. 우리가 이미 알고 있는 것만 가지고는 더 발전할 수 없기 때문에 평생 배우지 않으면 성공할 수 없다는 것이다.

세계 최고의 기업 중 하나이며 아마도 문명사 전체를 통틀어 가장 우수한 장기 투자 실적을 기록한 버크셔 해서웨이의 경우도, 그 이전 10년 동안 성공할 수 있었던 능력이 그다음 10년에도 계속 성공을 보장한 것은 아니었습니다. (버크셔 해서웨이 회장) 워런 버핏Warren Buffett이 학습기계, 요컨대 계속 공부하는 학습기계가 아니었다면, 그런 꾸준한 실적은 결단코 불가능했을 것입니다.[1]

대부분의 사람들은 실제로 점점 더 현명해지는 삶을 살지는 않는다. 그러나 지혜는 누구라도 원하면 얻을 수 있는 것이다. 사실 단순한 공식만 따르면, 거의 확실히 점점 더 현명해질 수 있다. 그러나 단순하다 해도, 그 공식은 실천하기 쉬운 것은 아니다.

이 공식을 실천하기 위해서는 많은 각고의 노력, 인내, 규율, 그리고 집중이 필요한데, 그 공식이란 바로 '읽는 것, 그것도 많이 읽는 것'이다.

업계에서 가장 성공한 사람 중 한 명인 워런 버핏은 자신의 전형적인 하루를 "그저 사무실에 앉아 하루 종일 읽는다"라고 묘사한 바 있다.[2]

앉아서, 읽고, 생각하기.

워런 버핏은 엄청난 독서 습관 덕분에 많은 성공적인 결정을 할 수 있었다고 했다. 그는 하루 일과의 80%를 읽고 생각하는 데 쓴다고 했다.

2004년 버크셔 해서웨이 주주서한에서 찰리 멍거는 워런 버핏의 일상적인 행동을 다음과 같이 언급했다. "그가 최우선으로 삼는 일은 조용히 읽고 생각하는 데 많은 시간을 할애하는 것이다. 조용히 읽고 생각하는 것이야말로 아무리 나이가 들어도 멈추지 않는 그의 부단한 학습의 원동력이다."[3]

자신의 성공의 열쇠가 무엇이었냐는 질문에 대해 워런 버핏은 종이뭉치를 들고 이렇게 말했다. "이 정도, 500페이지 정도를 매일 읽는 것입니다. 지식이란 그런 것입니다. 그렇게 읽다 보면 지식은 복리처럼 점점 더 불어나게 됩니다. 여러분 모두가 할 수 있는 일입니다. 그러나 장담컨대, 여러분 중에서 실제로 그렇게 하는 사람은 많지 않을 겁니다."[4]

우리 모두는 지식을 향상시킬 수 있지만, 그러기 위해 실제로 노력하는 사람은 많지 않다.

승리에 대한 의지보다 중요한 것은 미리 준비하는 의지다.
- 찰리 멍거

자기계발self-improvement이 자신에 대한 투자의 궁극적인 형태다. 이를 위해서는 지금 당장 시간, 돈, 관심 그리고 각고의 노력을 바쳐야 하며, 그에 대한 보상은 추후에, 어떤 경우에는 아주 먼 미래에나 받게 된다. 많은 사람들은 즉각적인 만족과 즉각적인 결과를 원하기 때문에 이런 식으로 현재와 미래를 교환trade-off하는 것을 꺼린다.

이런 단기 비용들은 (시간 축을 따라 올바르게 그리고 꾸준히 투입될 경우) 기하급수적인 보상을 제공해 준다([그림 1-1] 참조).

알베르트 아인슈타인Albert Einstein은 "복리는 우주의 가장 강력한 힘이다"라고 말한 것으로 알려져 있다.

우리가 그런 놀라운 힘을 지식을 쌓는 데 사용하면 어떻게 될까?

• 그림 1-1 • 복리의 작용 : 이 그림은 반복되는 실패 속에서도 여러 해 동안 각고의 노력을 한 후인 2018년에 내 경험을 정리한 것이다. 회복력은 엄청났다.

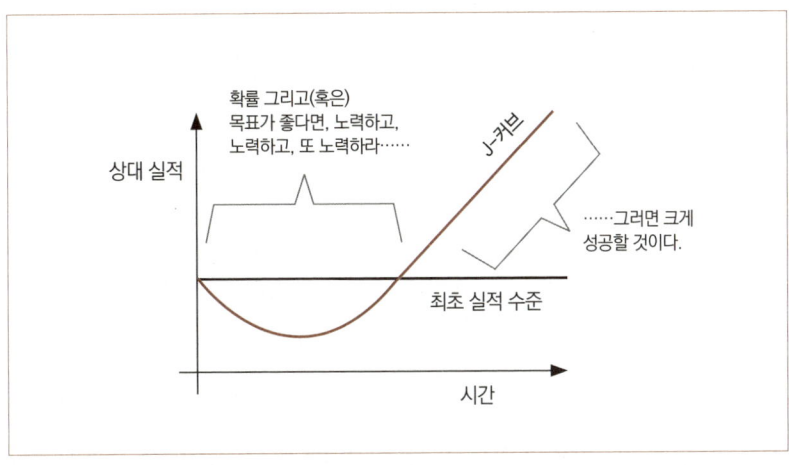

출처 : "일론 머스크에게서 배운 인생, 사업, 투자의 5가지 교훈(5 Things I Learned from Elon Musk on Life, Business, and Investing)", 사팔 니베샤크(Safal Niveshak) 블로그, 2015년 9월 16일, https://www.safalniveshak.com/elon-musk-on-life-business-investing/

그러면 '학습기계'가 될 것이다.

버핏의 조언을 받아들였던 한 사람, 토드 콤스Todd Combs는 지금 그 전설적인 투자자와 함께 일하고 있다. 읽고, 또 읽으라는 버핏의 조언을 들은 콤스는, 자신의 독서 실적을 기록하면서 몇 페이지나 읽는지 확인하기 시작했다.

결국에는 유익한 자료들을 찾고 읽는 것이 제2의 본성, 즉 습관이 되었다. 투자 일을 시작하면서 콤스의 독서량은 훨씬 늘어 하루에 600페이지, 750페이지, 심지어는 1,000페이지에 달하는 자료를 읽게 되었다. 콤스는 자신의 주업이 된 일(즉, 잠재적인 투자자산들 가운데 진정한 투자자산을 찾는 일)에 도움이 되는 지식을 더 많이 쌓을 수 있었기 때문

에 버핏이 권한 독서 방식이 효과적이라는 사실을 알게 되었다.[5]

우리의 경우 하루에 500페이지를 읽는다는 것이 실천 불가능한 일일 수도 있다. 그러나 낮에, 밤에, 혹은 주말에 독서할 수 있는 (혹은 오디오북을 들을 수 있는) 방법을 찾을 수 있다면, 여러 혜택을 누릴 수 있다.

〈미국신경학회저널Journal of American Academy of Neurology〉에 게재된 한 연구 결과에 따르면, 독서 같은 정신자극 활동을 하는 사람들의 기억력 감퇴 속도는 그런 활동을 하지 않는 사람들보다 느리다. 또한 독서는 감성지능 향상, 스트레스 감소, 어휘력 향상, 이해력 증진에도 도움이 된다.

자신의 머리를 일종의 도서관으로 생각한다면, 다음 세 가지에 관심을 가져야 한다.

1. 자신이 축적하는 정보의 정확성과 적절성
2. 언제든 그런 정보를 찾거나 검색할 수 있는 능력
3. 필요할 때 그 정보를 적절히 사용할 수 있는(즉, 그 정보를 적용할 수 있는) 능력

그러나 머릿속에 저장된 지식 내용을 찾아내 이를 적용할 능력이 없다면, 머리에 지식 창고를 갖고 있다는 것은 아무런 의미가 없는 일이다.

이와 관련해 셜록 홈스는 『라이게이트 수수께끼The Reigate Puzzle』에서 "수사 기술에 가장 중요한 것은 수많은 사실들 중에서 어떤 것이

부수적이고 어떤 것이 중요한지 구분할 줄 아는 것이다. 이런 능력이 없다면, 에너지와 관심이 집중되지 않고 흩어져 버린다"고 했다.[6]

따라서 (의미 있고 적절히 사용할 수 있는 지식을 흡수할 수 있도록) 자신이 흡수하는 지식에 매우 신중해야 한다.

열정적인 평생학습과 투자 성과

인생이란 끊임없이 배우는 과정이다.
- 찰리 멍거

공식적인 학교 교육은 생계를 유지하는 데 도움이 되고,
스스로 하는 자기학습은 부자가 되는 데 도움이 된다.
- 짐 론Jim Rohn, 미국의 사업가, 작가

부유한 사람들의 TV는 작고 서재는 크지만,
가난한 사람들의 TV는 크고 서재는 작다.
- 지그 지글러Zig Ziglar, 미국의 작가

엄청난 성공을 거둔 후에도 버핏은 매일 5~6시간 독서하는 것을 멈추지 않았다. 그는 자신이 거둔 성공의 많은 부분이 이런 좋은 독서 습관 때문이라고 보고 있다. 독서를 통해 다른 사람들의 교훈을 배울 수 있었다는 것이다.

300페이지짜리 책은 수천 시간, 수십 년에 걸친 노력이 축적된 결과인 경우가 많다. 누군가의 전 생애에 걸친 노력의 결과를 불과 몇 시간 만에 함께 누릴 수 있는 것이 책 말고 또 어디에 있겠는가?

어떤 분야에서 가장 뛰어난 재능을 보이는 사람들은 자기 스스로 학습한 사람들이다. 일부의 믿음과 달리, 자기학습이 스승 없이 혼자 열심히 공부하는 것을 의미하지는 않는다. 기본적으로 자기학습이란 책, 경험, 사람 등 많은 원천을 통해 자신의 본래 소양을 이끌어내고 그를 통해 발전하는 과정이다. 따라서 적절한 사고방식을 갖고 있다면 자신을 둘러싼 삶의 모든 것이 스승이 될 수 있다. 매일 아주 조금씩이라도 더 배울 기회를 찾으면 시간이 감에 따라 지식이 복리로 누적되고, 그러면 미래에 여러 좋은 가능성들을 활용할 수 있게 된다.

뭔가를 배우는 가장 좋은 방법은 그것을 직접 배우려고 노력하는 것이지만, 그다음으로 좋은 방법은 그런 식으로 이미 직접 배운 누군가로부터 배우는 것이다. 독서와 간접학습이 중요한 것은 바로 이 때문이다.

성공한 사람들을 이해하고 그들로부터 배우면, 적절한 자세로 삶에 접근하고, 건전한 직업윤리를 발전시키고, 결정의 질을 꾸준히 높일 수 있는 통찰을 얻을 수 있다.

마이클 아이스너Michael Eisner와 에런 코언Aaron Cohen의 책 『싸우지 않고 손해 보지 않고 똑똑하게 함께 일하는 기술Working Together: Why Great Partnerships Succeed』에서 버핏은 자신과 멍거가 평생학습에 열심히 매달리는 것에 대해 다음과 같이 말하고 있다.

> 지속적인 학습의 견지에서 볼 때, 우리 둘(멍거와 나)이야말로 업계 최고의 파트너였다고 생각한다……그리고 우리 둘이 그렇게 지속적으

로 공부하는 사람이 아니었다면, 우리의 실적도 지금처럼 좋지는 않았을 것이다. 우리는 매우 극단적으로 계속 배우는 일에 매진했기 때문에 일과 중 보다 좋은 시간을 독서에 사용했는데, 이는 업계에서 흔한 일은 아니다……우리가 다른 사람들의 의견을 읽는 것은 아니다. 우리는 사실을 파악하기를 원하며, 그런 후에는 생각을 한다.[7]

2013년 10월 〈포춘Fortune〉과의 인터뷰에서 버핏과 멍거는 그들이 어떻게 경쟁자들을 앞설 수 있었는지 다음과 같이 밝힌 바 있다.

멍거 : 우리는 분명 (우리보다) 똑똑한 사람들보다 더 똑똑해질 수 있는 법을 알게 되었지요.
버핏 : IQ보다 기질이 더 중요하다는 것입니다.
멍거 : 또 다른 큰 비밀은 우리가 평생 배우는 일에 능숙했다는 것입니다. 여러 면에서 버핏은 젊었을 때보다 오히려 70대와 80대에 더 나아졌어요. 당신도 멈추지 않고 계속 공부하면, 아주 훌륭한 이점을 갖게 될 겁니다.[8]

자기계발에 투자하는 것보다 더 나은 투자가 있을까? 이에 대해 워런 버핏은 다음과 같이 말한 바 있다.

"당신이 할 수 있는 최고의 투자는 자기 자신에 투자하는 것이다."
"더 많이 배울수록, 더 많이 벌 것이다."
"자신의 실수, 그리고 다른 사람들의 실수에서 배워라."[9]

자기계발은 매일매일 자신의 시간 일부를 가장 잘 사용하는 방법이다. 그리고 독서할 시간을 찾는 것은 생각보다 쉽다. 그 한 가지 방법은 매일 한 시간을 오로지 자신만을 위해 따로 떼어두는 것이다. 그 구체적인 방법에 대한 영감이 필요하다면, 찰리 멍거가 매일 가장 좋은 최고의 시간을 자기 자신에게 '팔았다'는 것을 알 필요가 있다.

버핏은 그의 전기 『스노볼The Snowball』에서 찰리 멍거가 자신의 시간을 자기 자신에게 왜, 어떻게 팔았는지 소개한 바 있다.

> 젊은 변호사 시절 찰리 멍거는 시간당 아마 20달러 정도 받고 있었을 겁니다. 이 당시 그는 '내게 가장 소중한 고객은 과연 누구일까?' 하고 생각했어요. 그리고 그것은 바로 자기 자신이라는 결론을 내렸어요. 그래서 그는 하루 한 시간을 자신에게 팔기로 했지요. 이른 아침에 먼저 그렇게 했고, 그런 후에야 이런저런 건설 프로젝트와 부동산 거래들을 했어요. 모두가 이렇게 해야 합니다. 먼저 자신이 자신의 고객이 되어야 해요. 그런 후 다른 사람들을 위해 일을 하는 거지요. 하루에 한 시간씩 자신의 시간을 자신에게 파는 겁니다.[10]

이 '한 시간의 기회비용'을 이해하는 것이 중요하다. 한편으로는 한 시간 동안 멀티태스킹을 하면서 이메일과 소셜미디어 등에 파묻혀 도파민을 뿜어내는 일에 빠질 수도 있고, 또 한편으로는 그 시간을 의미 있는 일에 대한 집중deep work과 자기계발을 위한 시간으로 사용할 수도 있다. 어떤 중요한 원칙에 대한 심도 있는 지식을 얻는 데 사용한 '한 시간'의 시간은 결국 보상을 제공해 준다.

지금 투자하는 이 한 시간은 그 결과로 평생 발생하는 상당한 순현재가치에 비하면 아주 작은 양에 불과하다. 이는 1센트 미만의 돈으로 1달러를 사는 것과 비슷하다. 좋은 책이 가장 저평가된 자산인 것은 바로 이런 이유 때문이다. 좋은 책에서 얻을 수 있는 좋은 아이디어는 시간이 가면 그 가치가, 수십억 달러는 아니라 해도 수백만 달러는 될 수 있다.

모든 사람에게 시간은 매초 매초 지날 때마다 점점 더 희소해지는 자원이다. 따라서 자신에게 주어진 시간의 가치를 귀하게 여겨야 한다.

워런 버핏은 바로 이런 이유로 장거리 출근을 피했다. 돈이 아무리 많아도 돈으로 더 많은 시간을 살 수는 없다. 우리가 매일 이용할 수 있는 시간은 24시간밖에 없다. 시간은 더 많이 사용할수록 그 가치가 상승하는 삶의 화폐다. 자신의 출퇴근 시간은 최소화하고, 시간을 잡아먹는 비핵심적인 사소한 모든 일은 아웃소싱해서 자기발전을 위한 소중한 시간을 확보해야 한다.

이런 작은 사치(자기계발)에 사용되는 추가 비용이 처음에는 좀 아깝겠지만, 시간이 가면, 그만한 충분한 가치가 있다는 것을 알게 될 것이다. 매일매일 새로운 것을 배우고 자신을 계발하는 데 투자하면 결국에는 큰 보상을 얻게 된다. 따라서 시간을 가장 잘 투자하는 것이 곧 자신의 발전에 투자하는 것이 된다.

당신이 지금 이 책을 읽는 데 투자하고 있는 시간이 당신의 남은 생에 긍정적인 결과를 가져다주길 바란다. 열정적으로 평생학습을 추구한 결과 경제적 자유를 얻는 데 성공한 나는, 내가 평생학습자이기 때문에 보다 나은 투자자가 되었고, 투자자이기 때문에 보다 나은 평생학습자가 되었다는 것을 기쁜 마음으로 말할 수 있다.

역사상 가장 훌륭한 두 명의 학습자이자 사상가가 남긴 소중한 지거의 말로 이번 장을 마치고자 한다.

지식에 대한 투자는 최고의 이자로 보답한다.

- 벤저민 프랭클린

열정적인 독서를 통해 평생 스스로 공부하는 자기 학습자가 되어야 한다.
호기심을 기르고, 매일매일 조금씩 더 현명해지려고 노력하라.

- 찰리 멍거

1부

세상의 지혜와 투자 활용법

지혜를 얻는 가장 좋은 방법은
현실의 기초가 되는 중요한 지식들을 배우는 것이다.
천재가 아닌 사람이라도 어떤 사고 습관을 계발하면
다른 사람들보다 나은 사고를 할 수 있다.
- 찰리 멍거

2장

평생 배우면서 쌓아가는 투자

계속 배우는 사람은 계속 성공할 것이다.

– 찰리 멍거

정신과 달리 신체에는 한계가 있다. 사실 대부분의 사람들은 마흔 살쯤 되면 신체 기능이 떨어지기 시작한다. 그러나 정신이 지속할 수 있는 성장과 발전의 양에는 한계가 없다.

독서는 우리의 정신을 살아 있고 성장하게 만든다. 바로 이 때문에 우리는 좋은 독서습관을 길러야 한다. 독서는 또한 우리를 사색적이고 차분하게 만들어준다.

특히 자신의 모든 생각을 따라가면서 매일 독서하는 습관을 들이기만 하면, 책은 실제로 인생을 변화시킨다. 그런 노력을 통해 뇌의 뉴런 접속이 계속 이루어지면, 몇 년 후에는 완전히 새로운 사람이 될 수 있다.

워런 버핏과 찰리 멍거는 하루의 80% 정도를 읽거나, 자신이 읽은 것을 생각하는 데 쓴다고 했다.

더 현명해지는 비밀이 바로 여기에 있다.

인생에서 성공하는 법은 끊임없이 배우는 것이다. 그리고 배우는 가장 좋은 방법은 읽는 것, 특히 효과적으로 읽는 것이다.

살아오면서 받은 조언 중 최고의 조언이 무엇이냐는 질문에 대해 짐 로저스Jim Rogers는 여행 중 비행기에서 한 노인으로부터 받은 "모든 것을 읽어라"라는 조언이라고 했다.

성공한 모든 투자자들도 같은 습관을 가지고 있다. 이들은 항상 읽는 것을 그냥 매우 좋아한다. 멍거가 말한 것처럼 말이다

"지금까지 살아오면서, 읽는 습관이 없는데도 (광범위한 주제에 대해) 현명했던 사람은 전혀 본 적이 없다. 정말 아무도 없었다. 당신은 워런 버핏이 (그리고 내가) 얼마나 많이 읽는지 알면 깜짝 놀랄 것이다. 내 아이들은 나를 두 개의 다리가 툭 삐져나온 책이라고 놀려대곤 한다."[1]

학습기계의 간접학습

> *좋은 책을 모두 읽는 것은 과거의 최고 지성들과 대화를 나누는 것과 같다.*
> - 르네 데카르트René Descartes

> *미래를 판단함에 있어 역사보다 좋은 선생은 없다……*
> *30달러짜리 역사책 한 권에 수십 억 달러어치의 답이 들어 있다.*
> - 빌 그로스Bill Gross, 핌코(Pacific Investment Management Company) 창업자

인간의 역사가 진행되는 동안 우리는 책으로 지식을 기록해 왔다. 이는 정말 새로운 지식은 그렇게 많지 않다는 것을 의미한다. 사실 많은 지식은 과거의 역사적 지식을 재활용한 것이다. 어떤 문제든 간에 당신이 그에 대해 생각하고 답을 찾기 위해 노력하고 있다 해도, 어디선가 당신보다 똑똑한 사람이 이미 그 문제에 대해 생각하고 책을 냈을 가능성이 높다. 이에 대해 멍거는 다음과 같이 말했다.

> 나는 전기傳記 팡이나. 당신이 효과적인 어떤 훌륭한 개념을 가르치고 싶다면, 그 개념을 처음 개발한 사람들의 삶과 성격에 그 개념을 결부시켜 보는 것이 좋을 것이다. 애덤 스미스Adam Smith를 당신의 친구로 삼는다면, 경제학을 더 잘 배울 수 있을 것이다. 위대한 고인들을 친구로 삼는다는 말이 우습게 들리겠지만, 올바른 생각을 했던 위대한 고인들을 친구로 삼고 삶을 살아간다면, 세상을 살아가는 일도 배우는 일도 더 잘 풀릴 것이다. 이렇게 하는 것이 기본 개념들을 그냥 그 자체로 배우는 것보다 낫다.[2]

과거의 위대한 고인, 그리고 위대한 사상가들과 친구가 되는 것은 매우 큰 보상을 받을 수 있는 일이다. 이에 대해 모건 하우절Morgan Housel은 다음과 같이 말했다.

> 모든 것은 과거에 이미 다 이루어졌다. 모습은 바뀌지만 행동과 결과는 그렇지 않다. 하버드대학 역사학 교수 니얼 퍼거슨Niall Ferguson은 "죽은 사람의 수가 현재 살아 있는 사람 수보다 14배나 많다. 그런데 우리는 그런 압도적 다수의 인류가 축적한 경험을 감히 무시하고 있다"면서 역사학을 옹호하고 있다. 더 이상 살아 있지 않은 1,000억 명의 사람들로부터 배울 수 있는 가장 큰 교훈은, 그들이 우리가 지금 시도하고 있는 모든 것을 이미 시도했다는 것이다. 그 상세한 내용은 다르지만 이들은 기존의 강력한 경쟁자들을 따돌리기 위해 노력한 사람들이다. 최악의 시기에 이들은 낙관주의에서 비관주의로 태도를 바꿨고, 평균 회귀와 맞서 싸우다 실패하곤 했다. 그리고 아주 많은 사람들이 관련되기 때문에 인기 있는 것들이 안전해 보인다는 사실을 알았다. 그러나 인기 있는 것들은 또 가장 치열한 경쟁을 겪기 때문에 가장 위험하다는 것도 알았다. 현재의 지침이 되고 있는 것들이 미래의 지침도 될 것이다. 그런데 구체적인 사건들을 미래에 대한 지침으로 사용하는 것은 역사를 악용하는 것이다. 역사는 사람들이 리스크와 보상에 어떻게 반응하는지를 살펴보는 (장기적으로 매우 안정적인) 기준으로 사용될 때 훨씬 더 유용하다.[3]

많이 읽을수록 지식의 도서관은 커진다. 당신이 지식의 도서관에 조금씩 추가하는 지식은 그 도서관에 있는 기존의 모든 지식과 결합되어 시간이 가면서 점점 더 증대된다. 이런 것이 바로 '복리 효과'이며, 이런 효과는 이자가 복리로 불어나는 것과 매우 동일한 방식으로 지식에도 적용된다.

결국 새로운, 도전적인, 혹은 모호한 상황에 직면해도 당신은 내부의 이 역동적인 지식 저장고, 혹은 멍거가 말한 이른바 '격자틀 정신모형'[4]을 이용할 수 있다(정신모형이란 여러 일들이 어떻게 일어나는지, 주어진 상황에서 어떤 변수들이 중요하며, 이들이 서로 어떻게 상호작용하는지를 설명해 주는 모형이다. 요컨대 정신모형이란, 우리가 세상을 이해하는 방식을 말한다). 그래서 자신만의 것이 아니라 타인들의 경험으로 소질과 판단력을 갈고닦은 사람으로서 그런 상황에 대처하게 된다. 또한 어느 것도 정말 새로운 것은 아니며, 엄청난 도전들도 극복될 수 있고 극복되어 왔다는 점, 그리고 세상이 작동하는 방식에는 근본적인 진리가 있다는 점을 알게 될 것이다.

따라서 다른 사람들로부터 배워야 한다. 우리가 어디로 가고 있는지 알고, 전에는 그곳에 누가 있었는지 알아야 한다. 지식은 경험으로부터 나오지만, 그 경험이 꼭 자신의 경험일 필요는 없다.

'읽고, 배우고, 생각할 시간'에 투자하기

워런 버핏과 나는 업계 대부분의 사람들보다
많이 읽고 많이 생각하고 있으며, 일은 덜한다.
우리가 그렇게 하는 것은 그런 식으로 사는 것을 좋아하기 때문이다.
그러나 우리는 그런 기벽이 우리 자신에게 긍정적인 결과를 가져오도록 했다.

> *우리 둘은 거의 매일 가능한 많은 시간을 그냥 앉아서 생각하려고 한다.*
> *이런 일은 미국 업계에서 매우 드문 일이다.*
> *우리는 그런 식으로 읽고 생각한다.*
> — 찰리 멍거

> *부유한 사람은 시간에 투자하고, 가난한 사람은 돈에 투자한다.*
> — 워런 버핏

부자는 돈을 갖고 있다. 돈을 가진 부유한 사람은 자신의 시간을 통제할 수 있다. 그리고 시간은 재생 불가능하기 때문에 가장 희소한 자원이다. 시간은 부유한 사람이든 가난한 사람이든, 누구든 간에 같은 속도로 고갈되어가는 자산이다.

따라서 우리는, 사람에게는 돈보다 시간이 더 구속력 있는 제약 요인이란 점을 고려해, 그런 측면에서 성공적인 투자자가 어떤 사람인지 정의할 수 있을 것이다. 결국, 궁극적인 지위의 상징은 시간이다. 시간은 새로운 돈이다.

나의 친구와 동료들은 내가 정규직으로 일하고 온갖 집안일을 하면서도 어떻게 그렇게 많은 독서 시간을 만들어낼 수 있는지 묻곤 한다.

우선, 나는 TV를 거의 보지 않는다. 심지어 케이블TV도 연결하지 않았다. 대신 넷플릭스, 유튜브, 그리고 아마존 프라임에서 내가 원하는 모든 콘텐츠를 찾아보고 있다. 나는 정말 내 흥미를 자극하는 소수의 엄선한 영화, 다큐멘터리, 쇼 프로그램만 보고 있다. 출퇴근에도 많은 시간을 쓰지 않는다. 그리고 걸어서 20분 내에 식료품점에 가서 필요한 모든 제품을 산 후 집에 돌아올 수 있는 지역에 살고 있다. 또

한 전화비, 전기세, 인터넷 요금, 수도 및 가스비, 그리고 급식비는 매월 온라인으로 자동이체 되게 해 놓았다.

이 모든 것은 내가 의도적으로 계획한 것이다.

평균적인 사람이 TV 시청에 하루 2시간, 통근에 하루 평균 1시간, 그리고 쇼핑에 1주일에 2시간을 쓴다고 가정하면, 이 시간을 모두 합하면 1주일에 23시간이 된다.

23시간, 분으로 따지면 1,380분이다. 이는 매우 많은 시간이다. 2분에 한 페이지를 읽는다고 하면, 1주일에 거의 700페이지를 읽을 수 있는 시간이다. 1주일에 700페이지가 너무 많은 것처럼 들리는가? 그렇다면 하루에 단 25페이지는 어떤가? 작가 겸 사이버보안 전문가이자 파남 스트리트 미디어Farnam Street Media 설립자인 셰인 패리시Shane Parrish는 이렇게 말했다.

우리 대부분은 한자리에 앉아서 책 한 권을 모두 읽을 시간은 없다 해도, 하루에 25페이지 정도 읽을 시간은 있다. 하루에 단 몇 페이지라도 올바른 책을 읽는 것이야말로 아침에 일어났을 때보다 조금 더 현명해져서 잠자리에 들 수 있는 최선의 방법 중 하나다.

하루에 25페이지가 그렇게 많은 것 같지는 않지만, 매일 실행하면 시간이 가면서 그 페이지가 쌓인다. 한 달에 이틀은 읽을 시간이 없을 것이라고 추측해 보자. 그리고 크리스마스 시즌에는 가만히 앉아서 글을 읽기 어려울 것이다. 이런 날을 제외해도 1년에 340일은 분명 읽을 시간이 있는 날이다. 이 340일 동안 하루에 25페이지를 읽으면, 8,500페이지가 된다. 8,500페이지다. 그리고 내가 발견한 한 가지 사실은 하루에 최소 25페이지를 읽겠다고 한 후 이를 실행할 경우, 거의 대부분

그보다 더 많은 페이지를 읽는다는 것이다. 따라서 8,500페이지가 1만 페이지가 될 수 있다(하루에 25페이지를 30페이지로 늘리기만 하면 그렇게 된다).

하루에 일반적으로 25페이지의 속도로 1년에 1만 페이지를 읽는다면, 어떤 책들을 완독할 수 있을까?

우선, 로버트 카로Robert Caro가 쓴 『파워 브로커The Power Broker』(뉴욕의 건설자로 알려진 로버트 모지스Robert Moses의 전기로, 〈타임〉 선정 100대 논픽션 중 하나)는 1,100페이지이다. 역시 로버트 카로가 쓴 린든 B. 존슨(LBJ)에 관한 네 권의 책은 합계 3,552페이지이다. 톨스토이의 두 대작 『전쟁과 평화』와 『안나 카레니나』는 합계 2,160페이지이고, 6권으로 된 에드워드 기번Edward Gibbon의 『로마제국 흥망사The Decline and Fall of the Roman Empire』는 총 3,660페이지이다. 이 책들을 모두 합하면 총 1만 472페이지가 된다. 이것이 의미하는 바는 1년 동안 하루 25페이지 정도 읽으면 13권의 명저를 완독하게 되고, 그 결과 세계사에 대한 어마어마한 양의 지식을 얻게 된다는 것이다. 단 1년 만에 말이다!

그리고 그다음 해에 윌리엄 샤이러William L. Shirer의 『제3제국의 흥망Rise and Fall of the Third Reich』(1,280페이지), 칼 샌드버그Carl Sandburg의 링컨 대통령에 관한 6권의 책(2,000페이지), 애덤 스미스의 『국부론Wealth of Nations』 축약판(1,200페이지), 제임스 보즈웰James Boswell의 『존슨전Johnson』(1,300페이지) 등, 그 외에도 읽을 것은 많다.

바로 이것이 위대한 저작들을 읽을 수 있는 방법이다. 매일매일 하루 25페이지씩, 미루지 말고 읽으면 된다.

자신에게 매일 일정량의 읽을거리를 부과한다는 것은 뿌리 깊은 습관을 만들어 주는 것이다. '하루에 25페이지 읽기' 같은 것은 좋은 습관을 만드는 일이다!……지금 당신에게 흥미롭고 멋져 보이는 것들을 읽고, 호기심이 유기적으로 더 커지게 만들어야 한다. 진리, 사실, 그리고 지식에 대한 평생의 관심은 당신을 매우 다양한 길로 이끌 것이고, 그런 관심만 있다면 (일 때문에 필요한 구체적인 능력을 배우는 것과 같은) 매우, 정말 구체적인 이유가 있는 경우를 제외하고는 뭐든 억지로 읽을 필요는 결코 없게 될 것이다.

자신에게 흥미로운 것을 읽는 이런 독서법이야말로 훨씬 재미있을 뿐 아니라, 매우 효과적이다. 정말 효과적이다. 이런 독서법은 계속 읽게 만들어주고 계속 흥미를 갖게 해 준다. 그리고 나심 탈레브$^{Nassim\ Taleb}$가 말한 것처럼, "호기심은 중독처럼 깨기 어려운 것이고, 만족시키려다 보면 더 커진다".

따라서 역설적으로, 더 많은 책을 읽을수록 아직 읽지 않은 책, 요컨대 읽어야 할 책은 줄어드는 게 아니라 더 늘어나게 된다. 훌륭한 책을 읽을 때마다 당신의 호기심이 더 커지기 때문이다.

이것이 평생 독서하는 사람이 가는 길이다.[5]

바로 이것이 지혜가 복리로 늘어나는 방식, 당신이 더 현명해지는 방식이다. 자신의 시간을 매우 귀하게 여겨야 한다.

자신의 시간을 통제해야 한다. "No"라고 말하지 않으면, 자신의 시간을 통제할 수 없다. 다른 사람들이 당신의 인생 과제를 정하게 해서는 안 된다.
- 워런 버핏

투자 실수를 줄이기 위해 읽는다

> 독서의 목적은 지식 그 자체가 아니다.
> 독서란 실로 인간적인 경험에 속하는 일이다.
> 독서는 의미를 발견하고, 자신을 이해하며, 삶을 보다 풍요롭게 해 준다.
> - 라이언 홀리데이Ryan Holiday, 미국의 작가

나는 지식을 늘리기 위해 읽고, 의미를 찾기 위해 읽고, 타인과 나 자신을 더 잘 이해하기 위해 읽는다. 나는 발견하기 위해 읽고, 내 삶을 개선하기 위해 읽고, 실수를 줄이기 위해 읽는다.

영국의 전설적인 광고전문가 데이비드 오길비David Ogilvy의 표현을 빌리자면, 독서와 학습은 '우리의 정신을 풍요롭게 하고, 삶의 질을 높여준다'.

내가 어디를 가든 책은 멀리 있지 않다. 핸드폰 속의 전자책이든 인쇄된 종이책이든, 책은 항상 가까이에 있다(나는 인쇄된 종이책을 좋아한다. 문고본이나 양장본을 읽는 것이 마음을 차분하고 평안하게 해 주기 때문이다). 미국 생활 초창기 먼 거리를 출퇴근해야 했을 때, 나는 스스로를 계발하고 배우는 데에 단 1분도 낭비하지 않기 위해 버스 좌석에 앉아 책을 읽곤 했다.

읽을 시간을 찾는 것은 당신이 생각하는 것보다 쉽다. 버스를 기다리면서도 가능할까? 버스가 오는 거리 저편을 바라보는 대신 책을 읽으면 된다. 공항에서도 비행기를 기다리면서 책을 읽으면 된다.

그러나 독서만으로는 지식을 높이는 데 충분하지 않다. 통찰력 있는 뭔가를 배우기 위해서는 '노력'이 필요하다. 현재 자신의 수준 이

상의 것을 읽어야 한다. 특정 주제들에 대해 자신보다 지식이 많은 작가들을 찾아야 한다. 이것이 더욱 지적인 사람이 될 수 있는 방법이다. 지적으로 자신보다 더 나은 사람들에게 다가가 그들과 어울려야 한다. 그러면 더 나아질 수밖에 없다.

많은 사람들이 뭔가의 이름을 아는 것을 그것을 이해하고 있는 것으로 착각한다.

노력 없이 이해할 수 있는 것들은 정보를 얻기 위해 읽는 것들이다. 이는 체험적으로 알 수 있다. 예컨대 뉴스미디어가 그런 정보를 제공하는데, 뉴스미디어가 하는 일은 우리에게 매일 매일의 사건을 알려주고, 우리를 즐겁게 하고, 그 시점 대중의 분위기와 감정을 파악하고, 오늘 현재 우리의 관심을 끄는 이야기, 그리고 우리가 읽기를 원하는 이야기들을 인쇄하는 것이다.

그러나 이런 일은 '뉴스'가 만들어내는 최신편향recency bias과 가용성편향availability bias에 사로잡힐 때가 많은 독자들에게 문제를 야기하는 바로 그런 일이다. 이는 소셜미디어도 마찬가지다. 소셜미디어를 통해 우리가 받는 피드백은 최신편향을 잘 드러내고 있다. 우리가 소비하는 대부분은 24시간이 채 안 된 것들이다. 그래서 우리는 우리가 소비하는 것에 대해 '이것은 중요한 것인가?', '이것은 1년 후에도 여전히 유효할까?' 하고 스스로 물어보는 경우는 거의 없다.

나이가 들어 성숙해질수록 우리는 모든 일에 반응할 필요는 없다는 것을 알게 된다. 이런 사실은 삶의 대부분의 측면, 그리고 거의 모든 뉴스에 적용된다.

우리의 즉각적인 관심을 끄는 정보들이 주변에 너무 많은 탓에, 우리는 그

모든 정보에 정통해야 한다는 압박감을 끊임없이 느끼고 있다.

- 니컬러스 카Nicholas Carr, 미국의 작가

가까운 미래에 정말 희소한 상품은, 인간의 관심이 될 것이다.

- 사티아 나델라Satya Nadella, 마이크로소프트 이사회 의장 겸 CEO

정보가 넘쳐나는 세상에서 정보의 풍부함은 다른 것, 즉 정보가 사로잡아야 할 대상의 희소화(정보의 공급 과잉 상태)로 이어진다. 정보가 사로잡아야 할 것이 무엇인지는 어느 정도 분명한데, 그것은 바로 정보수용자들의 관심이다. 요컨대 정보가 많아질수록 상대적으로 관심은 희소해지며, 관심을 사로잡을 수 있는 수많은 정보 원천들 사이에 관심을 효과적으로 배분해야 할 필요성이 생긴다.

- 허버트 사이먼Herbert Simon, 미국의 정치학자, 경제학자

내가 보기에는, 현재의 신문을 읽는 것보다 과거의 신문을 정독하는 것이 훨씬 더 유익하다. (버핏은 이를 유익한 기술instructive art이라고 했다.) 이에 대해 모건 하우절은 다음과 같이 말했다.

여러분이 읽는 모든 금융뉴스는 "1년 후, 5년 후, 10년 후에도 내가 여전히 이 뉴스에 관심을 가질 것인가?"라는 질문으로 필터링해봐야 한다. 정보의 목적은 여러분이 지금부터 궁극적인 목표를 이룰 때까지 더 좋은 결정을 내리도록 돕는 것이다. 과거 뉴스를 읽어보면, 여러분이 세운 목표의 기대 수명이 대다수 뉴스 제목들보다 더 길다는 것을 금방 알게 된다.[6]

나심 탈레브는 자신의 책 『행운에 속지 마라Fooled by Randomness』에서 "모든 금융시장 참가자들을 포함해 불확실한 상황에서 의사결정을 내려야 하는 사람은 미디어에 대한 노출을 최소화하는 것을 기본 지침으로 삼아야 한다"고 말한 바 있다.[7] 그의 핵심 주장은 미디어에서 보도되는 것들은 정보라기보다는 '소음'에 가깝지만, 대부분의 사람들은 미디어가 우리의 관심을 끌어 돈을 번다는 점을 알지 못한다는 것이다.

우리가 얻어야 할 핵심 교훈은 지혜를 추구함에 있어 (일간 뉴스, 소셜미디어 트렌드 등과 같은) 일시적인 것들보다는 (역사나 자서전처럼) 오랫동안 지속되어 온 것들을 훨씬 많이 읽어야 한다는 점이다. 나는 "아무리 작은 서점이라 해도 그 서점의 책들 속에는 TV가 등장한 후 방송된 모든 프로그램이 제공한 지식보다 가치 있는 지식이 더 많이 들어 있다"[8]고 한 미국 사회문화학자 앤드루 로스Andrew Ross의 말에 동의한다.

> *전체 인류사는 생물사의 짧은 한 부분에 불과하고, 전체 생물사는 지구 역사의 짧은 한 부분에 불과하며, 지구 역사는 전 우주 역사의 짧은 한 부분에 불과하다.*
> *- 윌 듀런트Will Durant, 아리엘 듀런트Ariel Durant, 퓰리처상을 받은 미국의 부부 작가*

윌 듀런트와 아리엘 듀런트의 책 『역사의 교훈The Lessons of History』은 그들의 11권짜리 기념비적인 저작 『인류 문명사The Story of Civilization』에서 소개한 5,000년의 인류 역사를 100페이지로 요약, 정리한 결론이다. 『역사의 교훈』은 현재의 트렌드가 아니라 시간을 초월한 진리에 초점을 맞춘 책으로 소셜미디어에 대한 반대론antithesis이라 할 수 있다. 이 책은 역사를 규정하는 사건들이 아니라 역사의 교훈들을 강조하고 있다. 그리고 단순한 단세포 유기체에서 복잡한 인간에 이르기까지 모든 생물이 어떻게 진화의 법칙과 시험에 지배되는지를 설명하고 있다. 생물학 법칙들이 역사의 근본적인 교훈이 되기도 한다. 존재하는 모든 생명체는 진화의 과정과 시험을 거치며, 그중 적자만 생존한다. 자연선택은 질적으로 보다 나은 존재들이 살아남아 다음 세대로 이어지게 만든다. 그 결과 생명체 전체의 질은 주기적으로 계속 향상된다.

오래된 것들을 항상 존중해야 한다. 독서와 학습에 '린디효과Lindy effect'(기술이나 지식이 시간이 갈수록 더 누적되고 강해지면서 기대수명이 길어지는 효과―옮긴이)를 적용해야 한다. 나심 탈레브에 따르면, "린디효과란 기술이나 지식 같이 썩어 사라지지 않는 것들의 미래 기대수명은 그것의 현재 나이(지금까지 존속해 온 연한)에 비례한다는 개념이다. 따라서 추가로 존속하는 모든 기간은 그만큼 그것의 남은 기대수명을 늘려주게 된다".[9] 따라서 시간을 초월한 지혜를 담고 있기 때문에 세월의 검증을 거쳐 50년, 100년 혹은 500년 동안 존속해 왔고 지금도 여전히 널리 읽히고 있는 책은 바로 그런 이유로 (즉, 담고 있는 지혜가 시간을 초월한 것이기 때문에) 향후 50년, 100년 혹은 500년 더 존속할 것이다.

좋은 책을 '읽지 않는' 사람은 좋은 책을 '읽지 못하는' 사람보다 전혀 나을 게 없다.

- 마크 트웨인Mark Twain, 미국의 작가

독서를 할 때는 건강과 피트니스, 개인 재무관리, 투자, 사업, 경제학, 의사결정, 인간행동, 역사, 철학, 자기 인식, 그리고 물론 인생과 같은 다양한 주제들에 대해 읽어야 한다. 정기적으로 이런 주제의 고전들을 다시 읽어야 한다. 자신에게 도움이 되도록 린디효과를 활용해야 한다. 또한 자신이 최근에 구매한 책을 생각이 비슷한 친구들에게도 권해야 한다. 함께 읽고 통찰을 서로 나누는 것은 매우 흥미진진한 일이다.

이해하면서 책을 읽으면 독자와 저자 사이의 간격을 줄일 수 있다. 그렇다면 독자와 저자 사이의 간격을 줄이기 위해 책을 보다 잘 읽을 수 있는 방법은 무엇일까?

책을 잘 읽는 법

독서의 목적이 독서 방법을 결정한다. 많은 사람들이 정보와 재미를 얻기 위해 하는 독서는 잘하지만, 지식을 얻기 위한 독서 능력을 키우는 사람은 많지 않다.

독서법에 관한 기념비적인 저작은 모티머 애들러Mortimer Adler와 찰스 반 도렌Charles Van Doren의 『독서의 기술How to Read a Book』이다. 이 책은 무엇을 읽든 그에 필요한 독서 기법을 잘 설명해 주고 있다. 애들러와 반 도렌은 독서를 '초급 독서', '검토 독서', '분석 독서', '종합 독서'의 네 단계로 구분했다. 본격적으로 독서 능력 향상법을 살펴보기 전에 이 각 단계의 차이를 이해할 필요가 있다. 독서를 단계별로 살펴보는 것은 보다 높은 단계로 나가기 전에 그 이전 단계들을 정복해야 하기 때문이다. 이 단계들은 누적적이며, 각 단계는 그 이전 단계를 기초로 한다.

애들러와 반 도렌은 네 단계의 독서에 대해 다음과 같이 설명하고 있다.

1. **초급 독서**Elementary reading : 이 단계는 초등학교에서 배우는 것과 같이 가장 기본적인 수준의 독서를 말한다. 글을 몰랐다가 글을 배워 읽을 수 있게 되었을 때 정도의 수준이다.
2. **검토 독서**Inspectional reading : 이 단계는 '대충 훑어보는 독서' 혹은 '피상적인 독서'라고도 한다. 이는 한 편의 글을 보다 자세히 읽을 가치가 있는지 평가하기 위해 빠르게, 그러나 의미를 두고 사전에 검토하는 것을 말한다. 초급 독서의 단계에서 하는 질문이 "이 문장이 무엇을 말하는가?"라면, 검토 독서 단계에서 일반적으로 하는 질문은 "이 책은 무엇에 관한 책인가?"이다.
3. **분석 독서**Analytical reading : 이 단계는 책을 꼼꼼하게 읽는 독서다. 저자와 대화하고 여러 체계적인 질문을 하면서 그 책을 자신의 것으로 만드는 독서를 말한다. 책을 읽을 때 질문을 하면서 읽으면 더 좋은 독자가 될 수 있다. 그러나 질문하는 데서 멈추지 말고, 자신이 하는 질문에 스스로 답하려고 해야 한다. 마음속으로 그렇게 할 수 있지만, 애들러와 반 도렌은 직접 손에 연필을 들고 하나하나 적어가면서 그렇게 하는 것이 훨씬 더 쉽다고 조언하고 있다. 이들은 "연필은 당신이 독서할 때의 각성도를 보여주는 신호가 된다"고 했다.

애들러와 반 도렌은 책에 표시하는 여러 방법에 대해서도 알려주고 있다. 이들은 중요한 논점에 밑줄을 치거나 동그라미를 그리고, 이미 밑줄이 있거나 밑줄을 치기에는 너무 긴 구절을 강조하려면 여백에 수직선으로 표기하고, 어떤 주장을 위한 논점들의 순서를 표시하기 위해서는 여백에 숫자를 기입하고, 저자가 그 책의 다른 곳에서 동일한 논점을 제시하고 있는 부분을 확인하기 위해서는 여백에 그 다른 부분의 페이지를 적어 놓고, 핵심 단어나 구문에 동그라미를 치고, 여백(혹은 그 페이지 상단이나 하단)에 생각나는 질문(혹은 답변)을 써놓을 것을 권하고 있다.

이런 방법들은 우리가 (책을 읽으면서 질문을 던지고 그 책 안에서 답을 찾으면서 그 책을 온전히 우리 것으로 만듦으로써) 그 책을 읽은 한참 후에도 그 책의 가장 중요한 논점들을 기억할 수 있는 방법이다. 키케로Marcus Tullius Cicero가 말한 것처럼, "기억하고 싶은 것을 글로 적어놓는 것만큼 공부에 도움이 되는 것은 없다".

4. **종합 독서**Syntopical reading : 비교 독서comparative reading라고도 하는 종합 독서는 같은 주제에 관한 여러 책을 읽은 후, 그 책들 속의 생각, 통찰, 주장들을 비교, 대조해 보는 것이다. 이런 종합 독서를 통해 여러 책들 속의 정보를 격자틀로 엮고, 이를 자신의 경험 및 개인적인 지식과 결합해 자신만의 격자틀 정신모형과 새로운 통찰을 만들고 그전에는 결코 없었던 세계관을 형성하게 된다. 이는 한 독창적인 사상가가 새로운 사상을 발전시키는 준비 단계가 된다.

서로 다른 학문 분야의 서로 관련 없어 보이는 지식들 간의 연관성을 찾는 것은 매우 흥미로운 일이며, 그 중요성은 아무리 강조해도 지나치지 않다. 그것은 이런 일이 나의 투자 여정에 뜻밖의 즐거움과 행운을 제공하는 경우가 많았기 때문이다.

나는 보통 다수의 논픽션 책을 동시에 읽는다. 우선 그 당시 가장 관심이 가는 책을 한 권 골라 최소한 한 장(章)은 전부 읽어본다. 그런 후 그 책이 여전히 나의 관심을 끌면, 계속 읽는다. 그러나 한 장을 읽은 후에도 나의 관심을 끌지 못하면, 나는 다른 책으로 가서 역시 최소한 한 장을 전부 읽어본다(구성과 이야기 흐름을 놓칠 수 있기 때문에 소설을 이런 식으로 읽는 것은 논픽션보다 힘들다).

내가 이런 식으로 책을 읽는 것은 다른 주제를 다루는 책들이라 해도 이 책들 사이에 공통된 패턴이 있다는 것을 발견했기 때문이다. 당신도 경제학에 관한 책 한 권, 사업전략에 관한 책 한 권, 그리고 물리학에 관한 책 한 권을 비슷한 시기에 읽다 보면, 서로 다른 주제들 사이에도 어떤 공통된 맥락이 있다는 것을 갑자기 발견하게 될 수도 있다.

과거는 고정된 것이 아니다. 정말 그렇다. 과거는 이미 고정된 것이 아니다. 새로운 책을 읽다 보면, 당신이 전에는 몰랐던 오래된 책 속의 훌륭한 점을 발견할 수도 있기 때문에 독서는 과거를 바꿀 수 있다. 이런 식으로 지식은 복리로 누적된다. 당신이 별로 가치가 없다고 생각했던 오래된 책 속의 그 어떤 것이, 미래에 또 다른 책에 의해 재발견되어 매우 중요한 가치를 가진 것으로 변한다.

따라서 어떤 책도 반드시 '가장 최고'는 아니다. 보통은 여러 책들이 하나로 결합되어 커다란 비선형적인 영향(논리적으로 부드럽게 이어지는 것이 아니라 갑작스럽게 발생하는 영향—옮긴이)을 미치게 된다. 많은 책들이 서로 관련 없는 것처럼 보일 수 있지만, 사실 이런 책들은 어떤 공통된 맥락을 통해 서로 연계되어 있다.

또 이런 사실을 알게 되면, 억지로 책을 다 읽으려고 하기보다는 자연스럽게 관심이 가기 때문에 독서에 아주 큰 이점을 얻게 된다. 어떤 책이 당신의 관심을 끌지 않으면, 그 책은 던져버리고 시간을 아낀 다음, 더 관심이 가는 다른 책으로 넘어가면 된다. 관심 없는 책들은 던져버리고, 새로운 책들을 계속 고르면서, 여러 책을 동시에 읽는 것은 혼자 공부하는 데 좋은 안티프래질antifragile('충격을 받으면 깨지기 쉬운'이란 뜻을 가진 '프래질fragile'의 반대 의미로, 나심 탈레브가 저술한 책의 제목이기도 하다. '반취약적인'으로 해석이 가능하다—편집자) 방법이다.

2017년의 한 인터뷰에서 스타트업, 엔젤투자자, 스타트업 구직자들을 위한 웹사이트 엔젤리스트AngelList의 설립자 겸 CEO 나발 라비칸트Naval Ravikant는 "나는 대충 읽습니다. 속독을 하지요. 이리저리 읽습니다. 당신에게 책의 구체적인 구절이나 내용을 말해줄 수는 없습니다. (다만,) **어떤 내면 깊숙한 곳에서 당신은 그것들을 흡수하게 되고, 그런 부분들은 당신 마음의 태피스트리**(여러 가지 색실로 그림을 짜넣은 직물. 벽걸이나 가리개 따위의 실내 장식품으로 쓰인다—편집자) **실이 됩니다**"라고 한 바 있다.[10] 시간이 갈수록 더 현명한 사람이 됨에 있어 정말 중요한 것은 '마음의 태피스트리'를 계발하는 것이다.

격자틀 정신모형과 같은 이런 마음의 태피스트리는 어떻게 계발할 수 있을까?

일찍 시작해서 부익부 빈익빈 현상을 이르는 마태효과Matthew effect(『신약성서』〈마태복음〉의 글귀를 인용한 데서 나온 용어—편집자)를 누리는 것이다.

지식 획득의 마태효과에 주목

당신과 워런 버핏이 〈이코노미스트The Economist〉 최신호를 읽고 있다고 해 보자. 이 잡지를 다 읽은 후 누가 더 훌륭한 통찰을 얻을 것으로 생각하는가?

답은 거의 분명하지 않을까? 그리고 그 답에는 분명한 이유가 있다. 2022년 현재 버핏의 나이는 92세이다. 이 나이에도 그는 여전히 배움을 멈추지 않는 '학습기계learning machine'다. 그는 배우는 것을 일찍 시작했을 뿐 아니라, 75년 이상 계속 지식을 축적시켜왔다.

이런 맥락에서 '지식의 마태효과'는 경험이 더 많고, 따라서 지식기반이 더 넓은 사람이 더 빨리 더 많은 지식을 쌓을 수 있다는 것을 말한다. 지식기반이 더 넓기 때문에 가능한 일이다. 따라서 똑같은 것을 읽어도 거기에서 버핏이 끌어낼 수 있는 유용한 통찰의 양은 대부분의 다른 사람들보다 상당히 많을 것이고, 이런 일은 계속 반복될 것이다. 결국 이로 인해 버핏은 대부분의 사람들보다 더 빠른 속도로 더 현명해질 것이다.

당신도 점점 더 많이 읽을수록 독서 능력과 지식 흡수 능력이 크게 향상될 것이다. 나의 경우 독서습관을 들이던 초창기에는 책 속에 있는 여러 개념들의 깊은 의미를 파악하기가 쉽지 않았다. 그러나 시간이 가면서 점차 서로 다른 책들에 퍼져 있는 지식들의 상호연관성을 발견하기 시작했다. 이렇게 연관성을 발견하게 되면, 마음의 태피스트리가 발전하게 되고, 마음의 태피스트리가 발전하면 주요 학문들이 제시하는 여러 중요한 지식들을 더욱 깊이 이해할 수 있다. 이런 깊은 이해는 우리의 뇌를 더욱 효율적으로, 더욱 현명하게, 그리고 새로운 정보를 더욱 잘 이해할 수 있게 만들어 준다.

누구도 모든 것을 다 알 수는 없다. 그러나 우리는 광범위한 여러 학문들의 가장 기초적인 주요 모델들을 이해함으로써 우리가 이해한 그 모델들이 집합적으로 의사결정 과정에 도움이 되도록 만들 수는 있다. 기초적인 것에 대한 심도 있는 독서를 통해 우리는 세계를 온전히 이해할 수 있다. 이런 이해 및 학습 방식이 바로 제1원리first principles(이미 증명된, 혹은 증명이 필요 없는 가장 기초적인 자명한 진리—옮긴이)에 기초한 추론이다.

'제1원리'에 기초한 추론

> 방법은 수없이 많다. 그러나 원리는 매우 적다.
> 원리를 파악한 사람은 자신만의 방법을 성공적으로 고를 수 있다.
> 그러나 원리를 무시하면서 이런저런 방법을 시도하는 사람은
> 어려움을 겪기 마련이다.
> - 해링턴 에머슨Harrington Emerson, 미국의 경영컨설턴트

> 처음 어떤 분야에 대해 공부를 시작할 때는
> 수많은 내용을 외우고 기억해야만 할 것 같다. 그러나 그럴 필요는 없다.
> 필요한 것은 그 분야를 지배하는 핵심 원리들을 (일반적으로 그중 3~12개를)
> 파악하는 것이다. 외우고 기억해야 한다고 생각했던 수많은 내용들은
> 이런 핵심 원리들이 여러 형태로 결합된 것에 불과하다.
> - 존 리드John Reed, 미국의 저널리스트

> *지혜를 얻는 가장 좋은 방법은*
> *현실의 기초가 되는 중요한 지식들을 배우는 것이다.*
> *천재가 아닌 사람이라도 어떤 사고 습관을 계발하면*
> *다른 사람들보다 나은 사고를 할 수 있다.*
> *- 찰리 멍거*

기초적인 것의 완전한 이해, 이것이 좋은 것과 훌륭한 것을 가른다. 사물들의 가장 기초적인 진리, 즉 제1원리를 파악한 후(해체), 그 제1원리에서 추론해 가면(재구성) 세계를 물리학의 관점에서 볼 수 있다. 이런 형태의 추론은 의사결정 과정의 복잡성을 제거해 주며, 따라서 우리는 당면한 결정과 관련된 가장 중요한 측면에 집중할 수 있다.

제1원리에 기초한 추론은 여러 가정과 관습들의 불순한 영향은 제거하고, 본질적인 정보만 남겨 준다. 제1원리들은 다른 어떤 것으로도 환원될 수 없는 근원 혹은 핵심 개념을 말한다. 2,000여 년 전 아리스토텔레스는 제1원리를 '그것을 통해 어떤 사물을 알 수 있는 최초의 기초'라고 정의했다. 이는 우리가 진리로 알고 있는 기본적인 가정들을 말한다.

> *당신이 진리라고 알고 있는 것이 있다면, 장기간에 걸쳐서라도, 당신은 그것에 많은 에너지를 쏟아부을 수 있다.*
> *- 제프 베이조스Jeff Bezos, 아마존 창업자*

제1원리에 기초한 사고는 '과학자처럼 생각하는 것'을 가리킨다. 과학자들은 어떤 것도 가정하지 않는다. 이들은 "우리가 절대적으로 확신하는 진리는 무엇인가?" 혹은 "지금까지 증명된 것은 무엇인가?"라는 질문으로 시작한다.

1995년 아마존닷컴을 시작했을 때, 제프 베이조스는 자신의 사업 철학의 지침이 될 제1원리를 분명히 알았다. 그것은 경쟁보다는 장기적인 사고와 고객에 대한 확고한 집중이었다. 이로 인해 아마존은 '변할 수 있고 변하는 것들'보다는 '변하지 않는 것(저렴한 가격, 빠른 배송, 폭넓은 제품 선택에 대한 고객의 선호 같은 것)'에 초점을 맞추게 되었다. 베이조스는 창업 후 지금까지 이런 제1원리들에 확고히 초점을 맞추고 있으며, 이런 사고를 통해 그는 세계에서 가장 부유한 사람 중 한 명이 되었다.

『아주 작은 습관의 힘Atomic Habits』의 저자 제임스 클리어James Clear는 다음과 같이 말했다.

> 이론적으로 제1원리에 기초한 사고를 하기 위해서는 어떤 한 상황의 유일한 가장 기초적인 진리에 도달할 때까지 계속 파고 또 파야 한다. 프랑스의 철학자 겸 과학자인 르네 데카르트는 "자신이 전혀 의심할 수 없는 진리로 보는 것에 도달할 때까지 의심할 수 있는 모든 것을 체계적으로 의심한다"는 데카르트적 회의Cartersian Doubt라는 방법을 통해 이런 사고방식을 수용했다.
>
> 그런데 실질적으로는 제1원리에 기초한 사고의 혜택을 누리기 위해 모든 문제를 원자적 수준으로 단순화할 필요는 없다. 대부분의 다른 사람들보다 한 단계 혹은 두 단계 깊은 수준으로만 내려가면 된다. 서로 다른 추상화 수준layers of abstraction에 서로 다른 해결책이 있다.[11]

근본적인 질문들에 초점을 맞춘 후, 이런 질문들에 답하면서 두 단계 혹은 세 단계 (매 단계마다 다음 단계에 대해 물으면서) 더 깊이 들어가면 우리는 진리에 도달할 수 있다. 이를 환원주의reductionism 기법이라고 한다. 진리로 파고드는 환원의 단계가 적을수록 더 좋다(간결할수록 더 좋다). 진리가 아닌 것들을 제거할 때, 우리는 궁극적인 진리에 더 접근하게 된다. 미켈란젤로는 역사상 가장 위대한 조각상 중 하나인 다비드상을 본 교황으로부터 그가 가진 천재성의 비밀이 무엇이냐는 질문을 받은 적이 있다. 이에 미켈란젤로는 "다비드는 항상 거기 대리석 속에 있었습니다. 제가 한 일이라고는 그 대리석에서 '다비드가 아닌 부분'을 쪼아낸 것이었습니다"라고 답했다.

나심 탈레브는 이를 제거적 인식론subtractive epistemology이라고 한다. 그는 지식에 대한 가장 큰 기여는 틀리다고 생각되는 것을 제거하는 데 있다고 주장했다. 우리는 무엇이 옳은 것인지보다 무엇이 틀린 것인지에 대해 훨씬 많이 알고 있다. 무엇이 틀린 것인지에 관한 네거티브 지식negative knowledge은 무엇이 옳은 것인지에 관한 포지티브 지식positive knowledge보다 더 견고한 지식이다. 이는 우리가 틀린 것으로 알고 있던 것이 틀리는(즉, 실제로는 맞는) 경우보다 옳은 것으로 알고 있던 것이 틀린 경우를 찾기가 훨씬 쉽기 때문이다.

탈레브는 이런 제거적 인식론을 신의 본질보다는 신의 본질이 아닌 것에 초점을 맞춰 신을 묘사하는 신학 논증 방식을 의미하는 라틴어 '비아 네거티바via negativa, 부정의 방식'라고 했다. 증거의 부재가 부재의 증거가 되는 것은 아니다. 예컨대 지금까지 목격된 모든 고니가 백색이라고 해서 그것이 모든 고니는 백색이라는 것을 증명해 주는 것은 아니다. 한 번의 작은 발견(즉, 흑고니 한 마리의 발견)만으로도 그것은 '모든 고니는 백색'이라는 주장이 틀렸다는 확실한 증거(반증)가 될 수 있다. 백색 고니를 아무리 많이 목격해도 그것이 모든 고니는 백색이라는 주장을 확증해 주는 것은 아니다. 따라서 반증은 확증보다 더 견고하다.

일론 머스크Elon Musk는 "나뭇잎(자세한 내용)으로 들어가기 전에 먼저 기본적인 원리, 즉 나무의 몸통과 큰 줄기를 이해해야 한다. 그렇지 않으면 나뭇잎들이 매달릴 곳이 없게 된다"면서 지식을 의미론적 나무semantic tree로 설명한 바 있다.[12] 새로운 주제에 대해 배우길 원한다면 먼저 그 주제의 기본 원리들이 무엇인지 확인하고 확실하고 심도 있게 그 원리들을 공부해야 한다. 이를 효과적으로 할 수 있는 방법이 있을까?

그렇게 할 수 있는 간단한 방법이 존재하는 것으로 밝혀졌다.

그런데 간단하기는 하지만, 쉬운 것은 아니다.

파인먼 기법 4단계

노벨물리학상 수상자 리처드 파인먼Richard Feynman의 이름을 딴 파인먼 기법Feynman Technique은 무엇이든 확실하고 심도 있게 배우고, 배운 것을 보다 잘 기억할 수 있는 훌륭한 방법이다.

파인먼 기법은 다음과 같은 간단한 네 단계로 이루어져 있다.

1단계 : 주제를 골라 그 주제에 관한 자료(책 등)를 읽고 공부한다.

2단계 : 그런 후, 백지 한 장을 꺼내 맨 위에 공부한 주제를 적는다. 그리고 그 주제에 대해 잘 모르는 사람(가장 기본적인 개념과 관계만 이해할 수 있는 열 살짜리 아이)을 가르치고 있는 선생님처럼, 그 주제에 대해 자신이 아는 것을 적는다.

3단계 : 가르치는 아이가 이해할 수 있는 단순한 언어를 사용하기 위해서는 그 개념을 보다 깊이 이해하고, 개념들 간의 관계와 연관성을 단순화할 줄 알아야 한다. 그러기 위해 노력하다 보면 자신이 모르는 것이 무엇인지 분명히 알 수 있다. 자신의 정신 능력의 한계를 발견한 것이기 때문에 이는 소중한 피드백이 된다. 자신이 알고 있는 지식의 한계를 아는 것이 지혜의 출발점이다.

4단계 : 처음 공부했던 자료를 다시 꺼내 읽고 복습한다. 2단계를 반복하고, 3단계에서 발견했던 모르는 부분을 메우는 데 도움이 되는 정보들을 정리한다. 필요에 따라 다시 내용을 살펴보고, 그 내용에 대해 이해한 것을 더욱 단순화한다.

파인먼이 쓴 한 문장은 이런 기법이 가진 힘을 잘 요약해 주고 있다. 그는 '모든 것은 (약간 떨어져 있으면 서로 끌어당기지만 모이면 서로 밀어내면서 영원히 움직이는 작은 입자들인) 원자들로 이루어져 있다'고 중학생도 이해할 수 있는 단 한 문장으로 우리의 존재에 관한 문제를 설명했다.[13]

기본적으로 파인먼이 말하고 있는 것은 물리학에 대해 전혀 아는 것이 없을 경우 알아야 할 가장 기본적인 (그러나 세계와 존재에 대한 어마어마한 정보를 담고 있는) 과학적 지식은 '모든 것은 원자로 이루어져 있다'는 것이다. 이 간단한 한 문장으로 파인먼은 우리 우주의 가장 기본적인 존재가 무엇이고 어떤 것인지 알려주고 있다. 그가 역사상 가장 훌륭한 선생teacher 중 한 명으로 널리 인정되고 있는 것은 전혀 이상할 게 없다.

비슷한 맥락에서 두 물체 간 끌어당기는 힘은 그들의 거리에 달려 있다는 뉴턴의 중력 법칙(만유인력의 법칙)을 생각해 보자. 뉴턴은 펜을 몇 번 움직여 이런 생각을 수학적으로 표현했다. 그러나 이를 통해 그는 행성이 왜 지금처럼 움직이는지, 혜성이 어디로 날아가는지, 심지어는 만조 시 수심이 얼마나 될지도 보여주었다. 후세의 학자들은 이런 정보를 보다 상세화해서 로켓, 인공위성, 그리고 인간을 우주로 보낼 수 있었다. 뉴턴의 최초의 생각에서 출발해 과학과 공학 분야가 지금 수준으로 엄청나게 발전했다.

제1원리에 기초한 사고를 가치투자 분야에 적용하기 위해 몇 개의 기본적인 진리를 생각해 보자. 훌륭한 투자자가 되려면 다음의 기본적인 내용들을 이해하고 실행해야 한다.

1. 주식을 한 기업에 대한 소유권의 일부로 보라.
2. 미스터 마켓(변동하는 주가 움직임)을 당신의 적이 아니라 친구로 보라. 리스크를 구매력(투자 유지력)의 영구적 손실 가능성으로, 불확실성을 가능한 결과의 범위가 변하는 정도에 대한 예측 불가능성으로 보라.
3. 투자에서 가장 중요한 단어는 '안전마진'이라는 것을 기억하라.
4. 어떤 뉴스나 사건이든 그것이 '미래의 금리'와 '해당 기업의 내재가치'에 미치는 영향의 견지에서만 그 뉴스와 사건을 평가하라.
5. 새로운 투자 아이디어를 평가할 때는 그 기회비용을 생각하고, 새로운 투자자산에 대해서는 지나칠 정도로 매우 높은 기준수익률hurdle

rate을 유지하라. 한 기업을 보고 "내가 이 기업을 소유했으면" 할 정도로 강한 욕망이 생기면, 그 기업은 당신이 투자해야 할 기업이다. 훌륭한 투자 아이디어는 분석하는 데 많은 시간이 필요한 것이 아니다. 대개의 경우, 훌륭한 투자 아이디어는 첫눈에 반하는 사랑 같은 것이다.

6. 결정론적으로 생각하기보다는 확률론적으로 생각하라. 미래는 결코 확실하지 않고 여러 가능성이 열려 있기 때문이다. 동시에, 결정을 할 때는 각 가능성만 보기보다는 각 가능성의 결과에 초점을 맞추면서 파산 리스크risk of ruin는 피하라. 어떤 것들은 상방 가능성이 무엇이든 부담할 가치가 전혀 없는 리스크인 경우도 있다.

7. 어떤 상황에서든 인센티브의 힘을 과소평가하지 말라.

8. 결정을 할 때는 당신의 좌뇌(논리, 분석, 수학)와 우뇌(직관, 창조성, 감성)를 동시에 사용하라.

9. 시각적인 사고를 하라. 복잡한 정보를 이해하고, 생각을 정리하고, 생각하며 의사소통하는 능력을 더욱 향상시키는 데 도움이 된다.

10. 항상 반대의 경우를 생각해 보라. 파생상품이나 레버리지를 사용해 매매하거나 투기해서 많은 돈을 잃었을 때의 자신의 모습을 상상해 보면 많은 고통을 피할 수 있다. 그런 상상 속의 모습이 당신을 불안하게 한다면, 조금이라도 그런 상황을 유발할 수 있는 일은 뭐든 하지 마라.

11. 살면서 늘 다른 사람들로부터 간접적으로 배워라. 그러기 위해서 항상 겸손하라.

12. 장기 복리의 힘을 인식하라. 지식이든 부든 인생의 모든 훌륭한 것들은 복리의 힘이 작용한 결과다.

이런 기본적인 원칙 외에도 가치투자 규율에는 시간이 지나고 경험이 쌓여야만 깨닫게 되는 보다 훌륭한 진실들이 있다. 그 일부를 소개하면 다음과 같다.

- 지식은 과대평가되고, 지혜는 과소평가된다.
- 지성은 과대평가되고, 기질은 과소평가된다.
- 결과는 과대평가되고, 과정은 과소평가된다.
- 우수한 단기 실적은 과대평가되고, 장기적인 투자철학의 유지는 과소평가된다.
- 총수익은 과대평가되고, 스트레스 조정 후 수익stress-adjusted return은 과소평가된다.
- 상방 가능성은 과대평가되고, 하방 가능성에 대한 보호는 과소평가된다.
- 수익의 극대화는 과대평가되고, 파산의 회피는 과소평가된다.
- 성장은 과대평가되고, 장기 지속성은 과소평가된다.
- 매수 배수entry multiple(매수가의 밸류에이션)는 과대평가되고, 매도 배수exit valuation(매도가의 밸류에이션)는 과소평가된다.
- PER은 과대평가되고, 경쟁우위 기간의 지속성은 과소평가된다.
- 주식을 대형주, 중형주, 소형주로 분류하는 것은 과대평가되고, 기업을 훌륭한 기업, 좋은 기업, 끔찍한 기업으로 분류하는 것은 과소평가된다.
- 다른 사람보다 더 자주 옳다는 것은 과대평가되고, 다른 사람들보다 덜 틀리다는 것은 과소평가된다.
- 예측은 과대평가되고, 준비는 과소평가된다.

- 자신감은 과대평가되고, 겸손은 과소평가된다.
- 확신은 과대평가되고, 실용주의는 과소평가된다.
- 복잡성은 과대평가되고, 단순성은 과소평가된다.
- 분석적 능력은 과대평가되고, 개인적 행동은 과소평가된다.
- 소득 수준이 높은 것은 과대평가되고, 규율 있는 저축 습관을 기르는 것은 과소평가된다.
- 경쟁자들과의 경쟁은 과대평가되고, 그들을 돕는 것은 과소평가된다.
- 막대한 재산은 과대평가되고, 덕을 베푸는 일은 과소평가된다.
- 재능은 과대평가되고, 어려움에서 회복하는 능력은 과소평가된다.
- 최고의 투자자가 되는 것은 과대평가되고, 스스로 가장 진정한 자기 자신이 되는 것은 과소평가된다.

3장

'격자틀 정신모형'과 투자

> 기술의 학문을 배우고, 학문의 기술을 배워라.
> 자신의 감각을 계발하라.
> 특히 보는 법을 배워라.
> 모든 것이 다른 모든 것과 연결되어 있다는 것을 깨달아라.
> - 레오나르도 다빈치, 학문과 기술의 융합을 강조하면서

당신이 금융에서 공학까지 어느 분야든 그 분야에 종사하는 한, 어느 정도 전문화되어야 한다. 일단 직장에 들어가면, 전문화 과정이 진행될 수밖에 없다. 그래서 우리는 직장의 어떤 분야에서 전문가가 된다.

그러나 특정 분야에서 전문성을 쌓는 이런 방식은 문제 해결에 도

움이 되지 않는다. 여러 주요 학문의 근본 개념들에 대해서는 알지 못하기 때문에 우리는 세상이 실제로 어떻게 돌아가는지 고려하지 않고 결정을 하기 시작한다. 장님과 코끼리의 우화에서처럼, 전체 그림은 보지 못하는 것이다. 그러나 투자는 여러 학문 지식들이 교잡수분交雜受粉되는 일종의 종합 교양과목이다.

프랑스의 소설가 마르셀 프루스트Marcel Proust는 "진정한 발견의 여행은 새로운 광경을 보는 데 있는 것이 아니라 새로운 눈으로 보는 데 있다"고 했다. 여러 학문을 종합한 사고는 우리로 하여금 새로운 눈으로 볼 수 있게 해 준다.

찰리 멍거는 격자틀 정신모형Latticework of Mental Models을 사용해 보다 합리적이고 효과적인 결정을 내린다(셰인 패리시는 파남 스트리트 블로그에 여러 정신모형을 요약 정리해 놓았는데, 이는 자신의 격자틀 구축하는 데 훌륭한 자원이 된다[1]). 중국 속담처럼, "들은 것은 잊어버리고, 본 것은 기억하고, 자신이 직접 해본 일은 안다". 뭔가를 배우는 가장 좋은 방법은 그것을 직접 실행해 보는 것이기 때문에 우리는 일상생활에서 당면하는 서로 다른 여러 상황들에 정신모형들을 일상적으로 적용해야 한다. 찰리 멍거에게 정신모형에 관한 지식을 전해 준 사람은 찰리 멍거가 좋아하는 작가 중 한 명인 허버트 사이먼이었다. 사이먼은 자신의 자서전 『내 삶의 모형들Models of My Life』에서 다음과 같이 말했다.

> 노련한 의사결정자는 최종적으로 어떤 결정을 하기 전에 주의해야 할 것들을 살펴보는 체크리스트를 갖고 있다…… 노련한 의사결정자의 머릿속에 무엇이 들어 있는지 머리를 열고 볼 수 있다면, 그가 언제든 사용할 수 있는 가능한 모든 행동 목록을 갖고 있으며, 행동하기 전에

생각해야 할 것들이 무엇인지에 대한 체크리스트를 갖고 있다는 것, 그리고 결정해야 할 상황이 발생했을 때 이런 행동 목록과 체크리스트들을 상기하고 그런 것에 의식적으로 관심을 두는 정신적인 메커니즘을 갖고 있다는 것을 발견하게 될 것이다.[2]

트렌 그리핀Tren Griffin은 자신의 책 『워런 버핏의 위대한 동업자 찰리 멍거Charlie Munger: The Complete Investor』에서 멍거가 삶의 지혜를 얻는 방법을 다음과 같이 정리했다.

> 멍거는 그가 '삶의 지혜'라고 칭한 방법을 사업과 삶에 적용했다. 멍거는 (심리학, 역사학, 수학, 물리학, 철학, 생물학 등) 서로 다른 여러 학문 분야의 서로 다른 일련의 모델들을 모두 종합해 사용함으로써 이들 각 부분의 단순한 합보다 더 많은 가치를 가진 것을 만들어낼 수 있다고 믿었다. 로버트 해그스트롬Robert Hagstrom은 삶의 지혜에 관한 훌륭한 책 『현명한 투자자의 인문학Investing: The Last Liberal Art』에서 "각 학문은 뒤섞여 서로 영향을 주고받으며, 그 과정에서 서로를 더욱 발전시킨다. 사려 깊은 사람은 각각의 학문에서 중요한 정신모형, 서로 결합해 일관성 있는 이해를 할 수 있게 해 주는 핵심 지식들을 끌어낸다. 이런 폭넓은 시각을 계발하는 사람은 성공적으로 삶의 지혜를 얻을 수 있다"고 했다.[3]

찰리 멍거가 말하는 '격자틀 정신모형'이란 여러 학문을 이처럼 서로 연계된 개념으로 이해하고 활용하는 것을 말한다. 우리는 단지 어떤 한 학문에 대한 깊은 이해 이상의 것이 필요하다. 요컨대 여러 학문의 기본적인 지식을 알아야 하고, 이것이 서로 어떻게 상호작용하는지 이해해야 한다.

고슴도치와 여우

> *멍거의 견해로 보면, 완전히 틀린 단일 모형을 오래 사용하기보다는*
> *(복수의 여러 모형을 종합적으로 사용해 얻을 수 있는) 삶의 지혜가 더 나은 것이다.*
> *대략적으로만 맞는 복수 모형 접근법이 사람이나*
> *사회시스템과 관련된 모든 것에서 훨씬 나은 결과를 제공할 것이다.*
>
> - 트렌 그리핀

멍거는 고대 그리스의 시인 아르킬로코스Archilochus가 말한 '여우'와 같은 인물이라 할 수 있다.

2,700여 년 전 아르킬로코스는 "여우는 많은 것을 알고 있지만, 고슴도치는 큰 것 하나만 알고 있다"고 했다. 1950년대에 철학자 이사야 벌린Isaiah Berlin은 자신의 논문「고슴도치와 여우The Hedgehog and the Fox」의 기초로 이 문장을 사용했다. 이 논문에서 이사야 벌린은 훌륭한 사상가를 하나의 매우 중요한 세계관을 가진 고슴도치와 서로 다른 다양한 시각을 가진 여우, 두 범주로 나누었다. 시간이 가면서 이 논문은 전문지식인specialist과 종합지식인generalist의 차이에 관한 가장 기본적인 자료가 되었다.

내가 권하는 것은 종합적인 전문가generalizing specialist가 되는 것이다. 종합적인 전문가는 자신이 잘 알고 있는 핵심 분야가 있고, 그와 동시에 다른 분야들도 항상 공부하면서 그에 관한 기본 지식을 가진 사람을 말한다. '종합지식인'이 여러 분야에 대체로 비슷한 지식을 가지고 있는 사람이라면, '종합적인 전문가'는 한 분야에 깊은 전문성을 갖고 있으면서 다른 몇 개 분야에도 약간의 지식을 가진 사람이다. 우리는 핵심 능력을 계발하면서 여러 학문적 지식 기반을 구축할 수 있다.

2017년 〈데일리저널Daily Journal Corporation〉 주주총회에서 다방면으로 박식한 사람이 되는 것이 좋은지 어느 한 분야의 전문가가 되는 것이 좋은지에 관한 질문을 받았을 때, 찰리 멍거의 대답은 많은 사람을 놀라게 했다. 참석한 많은 청중들은 당연히 그가 종합지식인이 되는 것이 좋다고 대답할 것으로 예상했다. 그런데 멍거의 답은 그렇지 않았다. 그는 다음과 같이 말했다.

> 대부분의 사람들에게는 나처럼 여러 학문을 섭렵하는 것이 좋은 생각은 아닌 것 같습니다. 그러는 것이 재미있긴 합니다. 그래서 나는 그렇게 했지요. 그리고 그렇게 하는 데 있어 나는 대부분의 사람들보다 나았습니다. 나는 미분방정식을 가장 잘 계산할 수 있는 그런 수준은 아니라고 생각합니다. 따라서 나에게는 여러 학문을 섭렵하는 것이 좋은 방법이었습니다. 그러나 나 말고 다른 모든 사람에게 옳은 방법은 **사회가 보상을 제공해 주는 것에 전문화하고 그것에 매우 능숙해지는 것, 그리고 그 과정을 매우 효율적으로 해내는 것**이라고 생각합니다. 그러나 그렇게 할 때에도, 여러분 시간의 10~20%는 다른 모든 학문의 기초적인 지식을 아는 데 써야 한다고 생각합니다.[4]

찰리 멍거의 답변에서 우리는 그가 권한 방법이 '대부분의 시간을 전문화에 쓰되, 일부 시간은 세상에 대한 보다 광범위한 지식을 얻는 데 써라'라는 것임을 알 수 있다. 바로 이것이 삶의 지혜를 얻는 방법이다.

이런 방법은 대부분의 조직과 교육기관이 지지하는 방법은 아니다. 자신의 핵심 분야 외의 다른 학문으로 확장해 나가는 것은 학계에서 일반적으로 가르치는 방법은 아니다. 이는 여러 분야의 책을 읽고, 다른 분야를 시도해 보고, 그곳에서 아이디어를 끌어내면서 우리 스스로 수행해야 할 과제이다. 무엇보다도 사물을 깊이 생각하는 과정에 즐거움을 느낄 수 있어야 진정한 교육이 된다.

찰리 멍거는 1995년 하버드대학 연설에서 넓은 범위의 일반적 관심을 계발하는 것이 중요하다고 말한 바 있다. 이 연설에서 그는 "인간의 뇌는 불완전하고 제한적인 능력만 갖고 있습니다. 따라서 뇌는 쉽게 알 수 있는 것만 알려고 하는 경향이 있습니다. 그리고 **뇌는 그것이 기억할 수 없는 것**(혹은 그 뇌에 강한 영향을 미치는 한 가지 이상의 심리적 편향 때문에 인식하지 못하는 것)**은 이용할 수 없습니다**"라고 했다.[5]

이런 정신모형들은 어디에서 익힐 수 있을까? 역사를 그 지침으로 사용할 수 있다. 우리가 열악한 결정을 하게 되는 한 가지 이유가 소규모 샘플(적은 경험, 적은 역사적 사례)을 사용하는 것이기 때문이라면 좋은 결정을 하기 위해서는 가능한 가장 큰 규모의 샘플(가능한 많은 경험, 가능한 많은 역사적 사례)을 지침으로 사용해야 한다고 추론할 수 있다.

그렇다면 대부분의 역사를 수용할 수 있는 샘플로는 어떤 것이 있을까? 글렌에어Glenair CEO 겸 〈데일리저널〉 이사이자 『가난한 찰리의 연감Poor Charlie's Almanack』의 편집자인 피터 카우프먼Peter Kaufman은 "세 개의 샘플 범주three-bucket framework"에서 다음과 같이 말했다.

모든 통계학자들은 대규모의 유의미한 샘플을 그들의 가장 좋은 친구로 보고 있다. 그렇다면 보편적인 원칙을 찾기 위한 세 개의 가장 크고 유의미한 샘플 규모는 어떤 것일까? 첫 번째 샘플은 무기물 체계로 그 역사(샘플 규모)가 137억 년에 달한다. 이는 모든 수학 및 물리학 법칙, 물리적인 전 우주를 포괄하는 샘플이다. 두 번째 샘플은 유기물 체계로 지구 생물의 역사 35억 년을 샘플로 한다. 그리고 세 번째 샘플은 인간의 역사로, 이 경우 사람들은 자신만의 샘플 규모를 고를 수 있다. 나는 인간의 행동이 기록된 2,000여 년의 역사를 (의사결정의 지침으로 사용할 샘플로) 골랐다. 이것들이 우리가 이용할 수 있는 가장 대규모의, 그리고 가장 유의미한 세 가지 샘플이다.[6]

학습을 보다 향상시키기 위해서는 '느리게' 변하는 것들에 초점을 맞춰야 한다. 카우프먼의 방법은 시간의 검증을 견딘 일련의 일반적인 법칙들(우리가 초점을 맞추고 유효한 해답을 얻는 데 사용할 수 있는 변하지 않는 불변의 렌즈들)을 제공해 준다. 세상의 진행과 일치하고 인간, 유기물, 무기물의 역사 전반에 적용되는 기본적인 원칙은 (복리처럼) 갈수록 더욱 확대, 적용된다. 복리는 세상에서 가장 강력한 힘 중 하나다. 사실, 복리는 지수指數(시간)가 변수인 우주의 유일한 멱법칙 power law(한 수數가 다른 수의 거듭제곱으로 표현되는 두 수의 함수적 관계를 의미한다—편집자)이다. 복리의 멱법칙은 투자에 적용될 수 있을 뿐 아니라, 더욱 중요하게는 지속적인 학습에도 적용된다. 사물을 단순화하는 가장 빠른 방법은 대칭성, 혹은 불변성(연구 대상을 바꿔도 변하지 않는 근본적인 특징)을 찾는 것이다. 이에 대해 멍거는 다음과 같이 설명했다.

> 자연과학과 공학에서 나온 정신모형들이야말로 지구상에서 가장 신뢰할 만한 모델들이다. 그리고 공학적 품질관리는 상당 부분 페르마와 파스칼의 기초수학에 그 기반을 두고 있다……그리고 물론, 백업 시스템backup system이라는 공학적 개념은 매우 강력한 개념이다. 질적 비약점(돌파점)breakpoint이라는 공학적 개념, 이 또한 매우 강력한 정신모형이다. 물리학에서 나온 임계질량critical mass이란 관념도 매우 강력한 정신모형이다.[7]

그러나 주요 학문들의 가장 기본적인 지식들을 배우는 것만으로는 충분하지 않다. 이런 지식들이 서로 어떻게 상호작용하고 결합하는지도 이해해야 한다. 그래야 롤라팔루자 효과lollapalooza effect, 합주효과를 얻을 수 있기 때문이다. 이에 대해 멍거는 다음과 같이 설명했다.

> 둘, 셋, 혹은 네 개의 힘이 모두 같은 방향으로 작동하고 있을 때 롤라팔루자 효과를 얻게 된다. 그리고 많은 경우 이는 단순한 합이 아니다. 이는 어떤 질량에 도달하면 핵폭발이 일어나는(그리고 그런 질량에 도달하지 않으면 볼만한 어떤 일도 일어나지 않는), 물리학에서 말하는 임계질량 같은 것인 경우가 많다.
>
> 때로는 이런 힘들이 그저 일반적인 양의 합이 되기도 하고, 또 때로는 비약점 혹은 임계질량에서 서로 결합하기도 한다……보다 일반적으

로 각 모형들에서……나온 이런 힘들은 어느 정도 서로 충돌하며, 그러면 거대하고, 고약한 교환이 이루어진다……생물학자 줄리언 헉슬리Julian Huxley가 말한 "인생은 계속 이어지는 하나의 지독한 관계다"라는 말 속에 숨은 진리를 깨달아야 한다. 그래서 정신모형들을 가지고 그 관계를 봐야 하며, 그 관계에서 나오는 효과를 알아야 한다.[8]

이런 멍거의 말에 대해 빌 게이츠Bill Gates는 "멍거야말로 지금까지 내가 만난 사람들 중에서 가장 폭넓은 지식을 가진 사색가"라고 평한 바 있다.[9] 워런 버핏은 "멍거는 30초면 모든 것을 파악하는 세계 최고의 머리를 가지고 있다. 그는 A에서 Z까지 한 번에 간다. 다른 사람들이 그 문장을 다 읽기도 전에 그는 모든 것의 본질을 꿰뚫어 본다"고 했다.[10]

멍거는 어떻게 그럴 수 있는 걸까?

생산적 사고를 위한 5가지 방법

버핏 같은 사람이 가진 강점 중 하나는……
자동적으로 의사결정 트리decision trees의 견지에서 생각한다는 것이다.

- 찰리 멍거

자신의 분야 밖의 정신모형을 더 많이 가질수록, 그리고 도전에 직면했을 때 일종의 체크리스트처럼 그 정신모형들을 반복해 사용할수록, 문제들을 더 잘 해결할 수 있다.

정신모형들은 건물의 벽돌처럼 계속 추가해 쌓을 수 있다. 그래서 더 많은 정신모형을 가질수록 더 많은 것을 개발해내고, 모형들 간에 더 많은 연관성을 찾을 수 있으며, 그래서 상황을 통제하는 적절한 변수를 찾아낼 가능성도 더 높아진다.

이런 정신모형들을 배울 때는 어떤 조건 하에서 이런 도구가 작동하지 않을지에 대해서도 자문해 봐야 한다. 이런 식으로 그 도구가 유용한 상황을 찾을 수 있을 뿐 아니라, 추가적인 관심을 유발하는 흥미로운 일이 발생하는 상황도 찾을 수 있다.

이런 식으로 자문하고 살펴보는 일에 시간과 노력을 기울임으로써 우리는 자신의 사고 과정을 개선할 수 있다. 이에 대해 트렌 그리핀은 다음과 같이 말했다.

> 멍거의 폭넓은 지식은 그가 가진 기질의 자연스러운 한 부분이기도 하지만, 그가 의도적으로 육성한 것이기도 하다. 그의 견해에 따르면, 중요한 주제에 대해 아무것도 모른다는 것은 문제를 유발하는 일이다. 멍거와 버핏은 모두 매일 상당한 시간을 따로 떼어 그저 생각에만 몰두한다. 생각한다는 것은 놀랄 정도로 과소평가되는 활동이다. 2014년 발표된 한 연구에 따르면, 여성의 약 1/4과 남성의 약 2/3가 혼자 생각하면서 시간을 보내기보다는 전기충격을 택했다.[11]

영국의 철학자 버트런드 러셀Bertrand Russell은 "대부분의 사람은 생각하기보다는 차라리 죽음을 택할 것이다. 그리고 실제로 많은 사람이 그러고 있다"라고 아주 정확하게 말한 바 있다.

위대한 고독 없이는 어떤 위대한 작품도 불가능하다.

- 파블로 피카소Pablo Picasso

더 잘 생각하는 법에 관한 가장 훌륭한 논문 중 하나는 윌리엄 데레저위츠William Deresiewicz의 「고독과 리더십Solitude and Leadership」이다. 이 논문에서 데레저위츠는 다음과 같이 말했다.

> 생각한다는 것은 어떤 한 가지 일에 대한 자신만의 생각을 계발할 수 있을 정도로 충분히 오래 그 일에 집중하는 것을 의미한다. 다른 사람의 생각을 배우거나 일련의 정보를 암기하는 것(이런 것들이 때로는 매우 유용할 수는 있지만)이 아니라, 온전히 자신만의 생각을 계발하는 것, 요컨대 혼자 힘으로 생각하는 것이다. 페이스북 메시지나 트위터 트윗을 계속 확인하거나, 핸드폰을 만지작거리거나, 유튜브를 보면서, 한 번에 20초씩 생각에 집중하는 식으로는 결코 이런 생각을 할 수 없다.
>
> 나의 경우, 내가 한 첫 번째 생각은 결코 최고의 생각이 아니었다. 나의 첫 번째 생각은 항상 다른 누군가의 생각이었고, 항상 그 주제에 대해 내가 이미 들었던 생각이었으며, 늘 기존에 있던 지혜였다. 그 문제에 끈기 있게 집중하고, 매달리고, 내 정신의 모든 부분이 작동하도록 함으로써만 나는 나만의 독창적인 생각에 도달하게 된다. 나의 뇌에 연상하고, 관련성을 찾고, 나 자신을 놀라게 할 기회를 줌으로써……독창적인 생각을 발전시킬 수 있다. 느긋하게 집중해야 최고의 생각을 하게 된다.[12]

이 세대가 전자기기와 멀티태스킹에 아무리 능숙하다 해도, 그저 읽는 일에만 집중했던 워런 버핏보다 성공하기 어려울 것입니다. 나는 그렇게 아주 자신 있게 예상합니다. 지혜를 원한다면, 엉덩이를 붙이고 앉아, 읽고 생각해야 합니다. 그럴 수밖에 없습니다.

- 찰리 멍거

    찰리 멍거는 자신의 관심 지속시간이 길기 때문에, 즉 오랜 시간 집중하는 능력 때문에 성공할 수 있었다고 종종 말한 바 있다. 멍거는 생각하는 중에는 세상을 차단할 줄 안다. 관심 지속시간이 길면 해당 주제에 대해 깊은 이해를 할 수 있게 된다.

    여러분도 알겠지만, 사실 생각하는 것은 매우 힘든 일이다. 그 이유에 대해 헨리 포드Henry Ford는 "생각하는 것은 제일 힘든 일이다. 그 이유는 실제로 생각하는 사람이 매우 드물기 때문일 것이다"라고 말한 바 있다. 최고의 생각은 고독 속에서 나온다. 내향적인 사람들이 창조적인 경향이 있는데, 그것은 혼자 있는데 더 많은 시간을 씀으로써 영감을 받기 쉽기 때문이다. 내향적인 사람들은 집단사고를 받아들이는 경향이 더 적고, 따라서 지배적인 생각과는 다른 생각을 하는 경향이 있다.

    뛰어난 사람들이 특별한 부류는 아니다. 이들은 그저 자신의 정신을 다르게 사용하는 사람들일 뿐이다. 이들은 세상을 다른 사람들과 다르게 볼 수 있게 해 주는 그런 사고습관을 실천하는 사람들이다. 에드워드 버거Edward B. Burger와 마이클 스타버드Michael Starbird 박사는 『생각하고 생각하고, 또 생각하라-생산적 사고의 5가지 요소The 5 Elements of Effective Thinking』에서 우리가 사고를 향상시킬 수 있는 다음과 같은 몇 가지 실천 방법을 제시했다.[13]

3장 '격자틀 정신모형'과 투자   79

1. 깊이 이해하라.

   뭔가를 배울 때는 깊이 탐구해서, 그것을 완전히 자기 것으로 만들어라. 당신이 완전히 자기 것으로 만들려는 모든 개념들은 몇 개의 단순한 핵심 생각들이 결합된 것이다. 그 핵심 생각들이 무엇인지 확인해서, 그것을 깊이 공부하라. 이런 식으로 깊이 각인된 지식 기반은 당신이 자신의 분야에서 보다 수준 높은 학습과 행위를 할 수 있게 도와주는 중요한 발판이 된다. 자기 자신에 대해 잔인할 정도로 솔직해야 한다. 배우려는 뭔가를 이해하지 못했다면, 완전히 이해할 때까지 핵심 개념들을 살펴보고, 또 살펴봐야 한다. 단순한 암기는 심도 있는 학습이 아니라는 것을 유념해야 한다.

2. 실수를 하라.

   실수는 우리가 이해하지 못한 부분은 물론이거니와 예상치 못했던 뜻밖의 기회도 발견하게 해 준다. 실수는 훌륭한 선생이다. 전설적인 미국의 프로 농구선수 마이클 조던Michael Jordan은 "선수 생활을 하면서 9,000번 이상은 슛을 넣지 못했다. 진 게임만 해도 거의 300게임에 달한다. 내가 마지막 슛 하나만 성공시키면 이기는 게임이었는데, 그 슛을 놓쳐서 진 것만 26번이다. 살면서 여러 번 실패하고, 실패하고, 또 실패했다. 바로 그것이 내가 성공한 이유다"라고 말한 바 있다. 여기서 말하고자 하는 요점은, 우리는 첫 번째 시도에서 정확한 해결책을 내놓을 수는 없다는 것이다. 우선은 가능성 있어 보이는 해결책probable solution으로 시작해서 정확한 해결책을 얻을 때까지 문제와 실수를 계속 수정해야 한다. 발명왕 토머스 에디슨은 발명을 위해 이런 방법을 사용한 것으로 유명하다. 그가 "발명은 1%의 영감과 99%의 땀으로 이루어진다"라고 했을 때, 땀이란 실수를 하고 그 실수를 통해 배워서 정답에 더 가까워질 수 있는 그다음 시도를 하는 과정을 말한다. 전구 발명에 수없이 실패를 했을 때 기분이 어땠냐는 질문에 대해 에디슨은 "난 실패한 게 아닙니다. 그저 효과가 없는 1만 개의 방법을 발견했던 것뿐입니다"라고 했다.

3. 질문을 하라.

자신의 이해를 심화시키고 싶다면 질문을 해야 한다. 자신의 무지를 드러내는 것을 두려워해서는 안 된다. 이해가 안 되면, 질문을 하라. 위대한 철학자 소크라테스는 자신의 학생, 친구, 심지어 적에게까지 불편하지만 종종 새로운 통찰을 가져다주는 핵심적인 질문들을 함으로써 새로운 발견을 하곤 했다.

4. 생각의 흐름을 따르라.

한 개념을 진정으로 이해하기 위해서는 그것이 그 이전의 보다 단순한 개념에서 어떻게 발전해 왔는지 확인해야 한다. 현재가 계속 진행되는 발전 과정 속의 한 순간이라는 것을 인식해야 보다 논리적인 구조에서 이해할 수 있다. 스스로 모든 것을 발견할 수는 없기 때문에 기존의 생각을 사용하고 그것을 개선해야 한다. 에디슨은 '모든 새로운 아이디어는 본래 그 의도 이상의 효용을 가진다'는 격언을 활용해 한 제품을 발명하고 이를 바탕으로 다음 제품을 발명하는 일에 매우 뛰어난 발명가였다. 그는 "마지막 사람이 포기한 바로 그곳에서 나는 시작한다"라고 했다. 또 그는 "인생 실패자들 중 많은 사람은 그들이 포기했을 때가 사실은 성공에 매우 근접했을 때라는 것을 깨닫지 못한 사람들이다"라고 통렬하게 지적하기도 했다.

5. 변화하라.

상대적으로 피상적인 수준의 이해를 받아들이는 고질적인 습관은 버리고 보다 심도 있는 학습을 시작해야 한다. (고질적인 습관, 편견 같은) 삶을 속박하는 것들을 버리고 성공 과정에서 할 수 있는 실패를 용인해야 한다. 지금까지 살아오면서 당연하게 여겼던 모든 문제들에 대해 이의를 제기해봐야 한다. 자신을 둘러싼 세상의 모든 측면을 통찰과 아이디어의 흐름으로 봐야 한다. 변화를 받아들여야 한다. 우리 각자는 영원한 진행형(항상 발전하고, 항상 변화하는 존재)이다. 지금도 여전히 만들어지고 있는 어떤 존재의 거친 초안, 그것이 바로 우리다.

배움은 평생의 투자

멍거의 연설과 글에는 서로 다른 많은 분야의 위대한 사상가들의 사상이 가득하다. 멍거는 자신의 일정 중 많은 시간을 독서에 할애하고 있으며, 지금까지 수백 권의 전기를 읽었다. 그렇게 한 이유에 대해 그는 "다른 사람들이 이해한 최고의 것을 (독서를 통해) 온전히 내 것으로 만드는 게 최선이라고 믿기 때문이다. 나는 그냥 앉아서 모든 것을 독선적으로 자신의 상상만으로 알아내려는 것이 좋은 방법이라고 생각하지 않는다. 그럴 정도로 현명한 사람은 아무도 없기 때문이다"라고 했다.[14]

멍거는 생각하고, 독서하고, 삶의 지혜를 얻는 데 더 많은 시간을 할애해야 한다는 주장을 설득력 있게 하고 있다. 그리고 지금과 같은 디지털시대에 그런 노력을 기울이는 데 필요한 자원은 전혀 부족하지 않다.

인터넷은 지금까지 나온 최고의 학교다. 최고의 동기들, 최고의 책들, 그리고 최고의 선생들이 인터넷에 있다. 배우는 데 필요한 모든 것은 풍부하다. 부족한 것은 배우려는 욕구뿐이다.

- 나발 라비칸트Naval Ravikant, 웹사이트 '엔젤리스트' 설립자 겸 CEO

4장

열정과 집중의 힘

자신의 가장 깊은 욕망이 바로 자신이다.

욕망처럼 자신의 의도도 바로 자신이며,

의도처럼 자신의 의지도 바로 자신이고,

의지처럼 자신의 행동도 바로 자신이며,

행동처럼 자신의 운명도 바로 자신이다.

- 우파니샤드(인도의 철학 경전)

한 가지 생각을 택하라.

그리고 그 생각을 자신의 삶으로 만들어라.

그것에 대해 생각하고, 그것을 꿈꾸며, 그 생각에 따라 살아라.

뇌, 근육, 신경, 자신의 모든 신체 부분이 그 생각으로 가득 차게 하라.

그리고 다른 모든 생각은 그냥 둬라.

이것이 성공에 이르는 길이다.

- 스와미 비베카난다 Swami Vivekananda, 19세기 말에 활약한 힌두교 지도자

모든 사람은 일본어로 이키가이ikigai, 삶의 이유를 가지고 있다. 그리고 일본에 있는 세계 최고 장수마을 주민들에 따르면, 이키가이를 찾는 것이 행복한 삶의 관건이다. 열정, 사명, 천직, 직업이 서로 교차하는 강한 이키가이를 가지면 매일 매일이 의미 있는 날이 된다.

영어로 직접 해당되는 단어는 없지만, 이키가이라는 말은 '살다'라는 뜻의 일본어 이키루ikiru와 '바라는 것이 무엇인지 알다'라는 뜻의

• 그림 4-1 • '이키가이'를 찾는 것이 행복한 삶의 관건이다

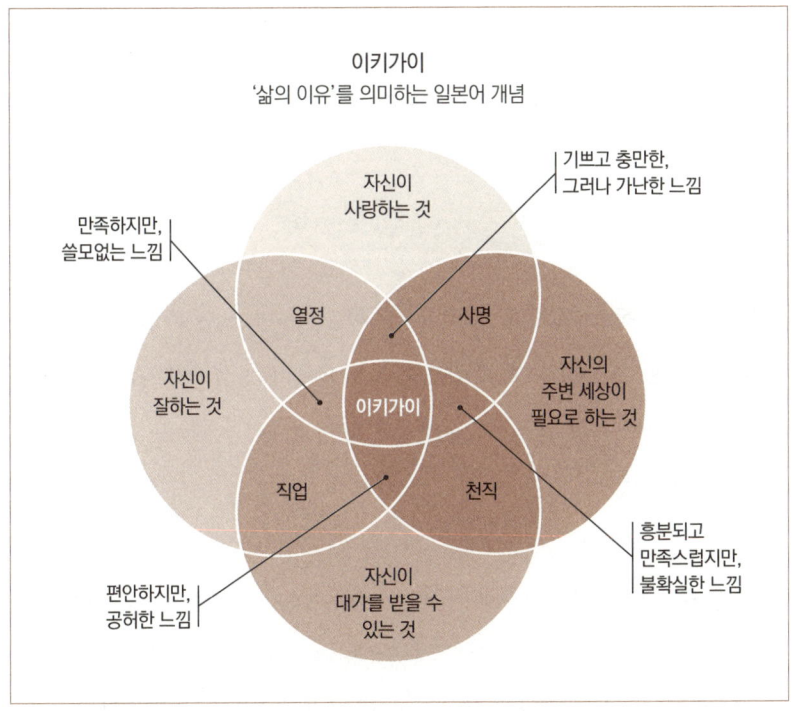

출처 : 토머스 오퐁(Thomas Oppong), "이키가이 : 일본의 장수와 행복한 삶의 비밀, 보다 충만한 삶을 사는 데 도움이 될 수 있다(Ikigai: The Japanese Secret to a Long and Happty Life Might Just Help You Live a More Fulfilling Life)", 미디엄(Medium), 2018년 1월 10일, https://medium.com/thrive-global/ikigai-the-japanese-secret-to-a-long-and-happy-life-might-just-help-you-live-a-more-fulfilling-9871d01992b7

가이kai의 합성어로 보인다. 이 두 말을 합치면 '바라는 것이 무엇인지 알고 살다', 즉 '삶의 이유', '삶의 목적'이라는 개념이 탄생한다([그림 4-1] 참조).

자신의 능력을 다른 누군가의 삶을 변화시키고 그 대가로 보상을 받는 데 사용한다면, 그것은 행복한 삶이다. 동시에 그런 일에 열정을 느낀다면, 그것은 천직이다. 열정에 대한 그 느낌은 신성할 정도로 훌륭한 것이다.
- 에드 라티모어Ed Latimore, 미국의 전직 프로권투선수, 작가

깊은 행복에 이를 수 있는 유일한 길은 사랑하는 일에 자신의 최고 능력을 쏟아붓는 것이다.
- 리처드 파인먼

당신의 삶의 목적은 당신을 가장 필요로 하는 사람을 찾는 것, 당신을 가장 필요로 하는 일을 찾는 것, 당신을 가장 필요로 하는 과제와 기술을 찾는 것이어야 한다. 바로 그곳에 당신을 위한 것이 있다.
- 나발 라비칸트

홍콩 중문대학 인류학 교수 고든 매튜Gordon Matthews에 따르면, 이키가이는 다른 두 개의 일본어 개념(이타이칸ittaikan과 지코 지추겐jiko jitsugen)으로 나눠 이해할 수 있다. 이타이칸은 '집단이나 역할과의 일체감 혹은 그에 대한 책무'를 말하고, 지코 지추겐은 '자기실현'을 뜻한다.

자기실현은 에이브러햄 매슬로Abraham Maslow의 인간욕구 5단계 중

최고 단계로, 심리학에서 잘 알려진 자아실현self-actualization과 같은 것이다. 자아를 실현한 사람은 성취감을 느끼며 자신이 할 수 있는 모든 것을 하고 있는 사람을 말한다. 매슬로는 좋은 삶이란 인간의 보다 높은 욕구 단계인 자아실현을 지향하는 삶이라고 했다. 자아실현은 최선을 다해 자신의 잠재력을 극대화할 때 이루어진다. 매슬로는 에이브러햄 링컨, 토머스 제퍼슨, 알베르트 아인슈타인 등이 자아를 실현한 사람이라고 보고 이들의 공통점이 무엇인지도 소개했다. 인본주의 심리학자 앨버트 엘리스Albert Ellis에 따르면, "자아실현에는 (사람들이 그중 어떤 것을 원하고 강조하든 간에) 탁월함과 즐거움에 대한 추구도 포함된다".[1] 탁월함과 즐거움을 얻는 데 집중한다는 것은 행복을 우선한다는 것이며, 자아실현과 긍정적인 심리 사이에 일정한 관계가 있다는 것을 말해 주는 것이다.

한 분야에서 최고의 성과를 내는 사람

우리가 인생의 천직을 발견하게 되면, 집중의 힘을 받아들일 필요가 있다.

나는 1만 가지 발차기를 연습하는 사람이 아니라, 한 가지 발차기를 1만 번 연습하는 사람이 두렵다.
- 브루스 리Bruce Lee(이소룡), 홍콩의 무예인, 영화배우

내게 6시간을 주고 나무 한 그루를 자르라고 한다면, 처음 4시간은 도끼날

을 가는 데 쓸 것이다.

- 에이브러햄 링컨

어떤 분야에서든 탁월한 경지에 이른 사람은, 대개는 그 한 분야에 평생을 바친 사람이다. 그보다 짧은 기간에 탁월한 경지에 이르는 경우는 많지 않기 때문이다.

- 사무엘 존슨 Samuel Johnson, 영국의 시인, 작가

빌 게이츠가 처음 워런 버핏을 만났을 때 식사를 준비했던 빌 게이츠의 어머니는 참석한 식탁의 모든 사람들에게 인생에 성공한 가장 중요한 요인이 하나 있다면 그것이 무엇이냐고 물었다. 그러자 게이츠와 버핏은 똑같이 "집중"이라고 답했다. 두 사람 모두 어떤 하나의 열정을 가차 없이 집중적으로 추구하는 것이야말로 성공에 이르는 길이라는 데 동의한 것이다. 그리고 이는 그 목적(열정)을 달성할 때까지는 다른 생각과 관심들은 옆으로 제쳐두어야 한다는 것을 의미한다.

집중은 탁월함을 얻기 위해 지불해야 할 대가다.

- 워런 버핏

버핏의 전기 『스노볼』의 작가 앨리스 슈뢰더 Alice Schroeder는 버핏의 강한 집중력에 대해 "그는 자신의 사업 외에는 (미술, 문학, 과학, 여행, 건축 등) 거의 어느 것에도 관심을 기울이지 않았고, 따라서 자신의 열정에만 집중할 수 있었다"고 했다.[2] 이는 그리 놀라운 것도 아니다. 크게 성공한 사람 중 많은 이가 한 가지에 집중한 것(하나의 주요 목표를 추구하는 데 깊이 헌신한 것)을 자신이 성공할 수 있었던 이유로 보고 있다. 집중은 자신의 에너지를 자신의 목표에 쏟아부을 수 있게 해 준다. 더 많이 집중할수록 더 많은 에너지를 목표에 쏟아붓게 된다.

집중력을 흩뜨리는 비본질적인 아이디어, 정보, 의견들이 끊임없이 쏟아져 나오는 지금의 세상에서 '중요하고 알 수 있는 것'에 집중하는 것은 매우 소중한 능력이다. 이는 투자자들에게도 중요한 시사점을 준다. '미시경제적 요인들'이 결과를 좌우하는 그런 투자에 집중하면, 기업과 산업 분석에 누적된 경험을 쌓을 수 있고, 그 경험을 자신에게 유리하게 활용할 수 있다. 50년 전 최고의 투자자가 정보 경쟁력information edge을 가진 사람이었다면, 오늘날 최고의 투자자는 행동 경쟁력behavioral edge을 가진 사람이다.

지난 수년간 시장의 정보 확산 속도가 더욱 빨라지고 펀드매니저들 간의 단기 실적 경쟁이 격화되면서 시간지평과 인내 수준은 크게 줄어들었다. 그 결과 오늘날에는 다른 사람들보다 특정 주식에 대해 더 많이 아는 것(정보 경쟁력)보다는 한 기업의 내재가치에 대해 장기적인 시각을 갖는 사고방식, 규율, 그리고 그에 대한 자발적 의지 등(행동 경쟁력)이 투자자의 보다 진정한 경쟁력이 되었다.

우리 문화가 매우 성취중심적인 까닭에 일반적으로 우리는 단기 생산성 극대화가, 보다 느리지만 보다 일관되고 지속적인 장기 과정을 희생하면서 추구된다는 사실을 무시하는 경향이 있다. 우리는 아무것도 하지 않으면 눈총을 받기도 하는 그런 사회에 살고 있지만, 현재와 미래에 우리가 해야 할 일을 하는 데 초점을 맞춰야 할 뿐만 아니라, 그런 일들의 특징을 깊이 이해하는 데도 일부 초점을 맞춰야 한다. 자신이 참여하고 있는 분야에서 진행 중인 변화의 중요한 특징들을 배우고 이해하면, 정확한 것에 초점을 맞출 수 있다. 알베르트 아인슈타인이 말한 것처럼, "게임 룰을 알아야 한다. 그래야 다른 누구보다 게임을 잘 할 수 있다". 이는 집중의 맥락에서 매우 중요한 말이다. 버핏의 천재성은 그가 배우는 것을 우선했고, 따라서 보다 높은 수준의 통찰력을 가질 수 있었다는 데 있다.

> *많은 사람들은 이것(그냥 앉아서 생각하는 것)을 완전히 비생산적이라고 볼 것이다. 그러나 내 최고의 사업 해결책과 투자 문제에 대한 해답 중 많은 것이 그냥 앉아서 생각하는 데서 나왔다.*
> *- 워런 버핏*

지식경제사회에서 공부하고 생각하는 일은 우리가 할 수 있는 가장 최선의 장기 투자다. 우리의 공부와 생각은 우리의 결심을 결정하게 되고, 그렇게 결정된 우리의 결심은 다시 우리의 결과를 결정하게 된다. 버핏은 매일 많은 시간을 독서에 할애했고, 실제로 행동하는 데는 매우 적은 시간만 사용했다. 그는 "자본 배분에 있어, 행동과 성과 사이에는 상관관계가 없다. 사실, 투자와 기업인수에서 부산한 행동은 오히려 역효과를 낳는 경우가 많다"고 했다.[3] 투자는 세상을 수동적으로 관찰하고, 읽고, 생각하고, 그리고 이따금 전화하는 것 말고는 아무것도 하지 않는 데서 성공을 이룰 수 있는 그런 분야다. 대부분의 투자자들은 생각을 더 많이 하고 행동을 더 적게 하면, 더 좋은 성과를 낼 수 있을 것이다. 최고의 투자 비법 중 하나는 아무것도 하지 않을 줄 아는 것이다.

성공 투자는 실현가능한 일이며, 경험-추론적 방법heuristics(경험에 기초한 대략적인 규칙 도구들로 세상을 이해하는 방법)에 기초하고 있다. 이런 규칙들은 세계적이라기보다는 국가별로 다르며, 시간이 감에 따라 천천히 변한다. 요컨대 이런 경험-추론적 규칙들은 경험을 소중한 것으로 만들 정도로는 정적이면서도, 성공 투자법에 계속 흥미를 느끼게 할 정도로는 유동적이다. 평생학습에 대한 강한 열정은 투자자의 지속가능한 경쟁우위가 된다.

성공적인 투자자와 그저 그런 투자자를 구분해 주는 것은 열정이다. 진정 열정적인 투자자가 된다는 것은 세상의 미래와 그 방향에 대해 항상 생각하고 있다는 것을 의미한다. 또한 주변의 모든 것을 항상 열심히 관찰하고 있다는 것을 의미한다.

투자는 단순히 부를 창조하는 과정이 아니다. 진정으로 열정적인 투자자에게 투자는 커다란 행복과 순수한 지적 기쁨의 원천이다. 삶에 열정적인 것은 훌륭한 일이지만, 우리가 통제할 수 있는 것들에 한해 그러는 것이 현명하다. 그렇지 않으면 나쁜 결과가 발생해 실망할 수도 있다.

가치투자자는 투자의 심리적인 과정, 그리고 투자 결과에 녹아 있는 학습 과정에서 만족을 얻는다. 그런 과정을 사랑하는 사람들은 결과만 신봉하는 사람들과 달리 자연스럽게 실적을 올리게 된다.

> *경쟁력을 얻는 유일한 방법은 오랜 고된 노력을 통해서이다. 자신이 사랑하는 것을 해야 한다. 그래야 자연스럽게 그 일을 하게 되고, 쉴 때도 항상 그 일을 생각하게 된다. 이와 같이 그 일이 자연스럽게 자신에게 다가오면, 시간이 가면서 엄청난 경쟁우위를 쌓을 수 있다.*
> *– 리 루Li Lu, 미국에서 활동 중인 중국 태생의 가치투자자*

워런 버핏은 살면서 열정을 발견한 사람은 행운아라는 의견을 항상 고수했다. 어린 시절 자금운용에 대한 열정으로 그는 열한 살이 될 때까지 오마하 공립도서관이 보유하고 있는 모든 투자 서적을 (그중 일부는 두 번이나) 정독했다.

2012년 〈포춘〉과의 인터뷰에서 버핏은 다른 사람들도 그처럼 '즐겁게 출근해서 일할 수 있는 방법'이 있다면 무엇이냐는 질문을 받았다. 그러자 버핏은 "자신의 열정을 추구하면 됩니다……나는 대학생들에게 '일에 얽매이지 않을 정도로 부유할 경우 선택할 직업'을 택하라고 늘 말합니다"라고 했다.[4] 이렇게 하면 당연히 다른 사람들보다 더 많은 에너지를 자신의 일에 쏟아붓게 된다. 열정에는 힘이 있다.

또 그는 "사실, 자신의 일에 열심히 달려드는 사람은 매우 적습니다. (그래서 자신의 일에 열정을 갖고 남보다 더 많은 에너지를 쏟아부으면) 자신이 생각하는 것보다 더 돋보이게 됩니다. 자신의 일에 남들보다 더 많은 에너지를 쏟아부으면 눈에 띄게 마련입니다"라고도 했다.[5]

유명한 경구처럼 "좋아하는 직업을 택하면, 평생 하루도 일할 필요가 없다". 그러면 밤에 잠자리에 들 때 자신의 삶에 맞는 일을 하고 있다는 것을 알고, 다음날 조금이라도 빨리 일어나 또 하루를 살고 싶어 할 것이다.

단지 오래 살기 위해서보다는 일생을 자신의 삶에 쏟아붓기 위해 노력해야 한다. 할 일이 너무 많은 것 같고, 따라서 인생이 매우 짧아 보이는 경우가 많다. 그러나 인생을 어떻게 잘 사용할지 알면, 사실 인생은 길다.

우리 인생이 짧은 것이 아니라, 우리가 인생의 많은 부분을 낭비하고 있는

것이다. 인생은 충분히 길다. 잘만 사용하면 가장 높은 성취도 이룰 수 있는 충분한 시간이 우리에게 주어졌다. 그러나 인생을 부주의하게 마구 낭비하고 전혀 유익하지 않은 일에 사용하면, 마침내 죽음이라는 최후의 순간에 이르러, 인생이 지나가버리고 있다는 것을 알기도 전에 이미 지나가버렸다는 것을 깨닫게 된다. 요컨대 우리에게 주어진 인생이 짧은 것이 아니라, 우리가 인생을 짧게 만들고 있는 것이다. 적게 받은 것이 아니라 낭비하고 있는 것이다. 어떻게 사용할지 알면 인생은 길다.

- 세네카Lucius Annaeus Seneca, 고대 로마 철학자

늙음은 곧 찾아오지만, 현명함은 너무 늦게 온다. 그 순간을 사는 법, 단지 그 순간에 '존재'하는 법을 배우는 데 평생이 걸리는 경우가 많다는 것은 슬픈 아이러니다. 우리는 우리에게 또 다음 해가 있을 것으로 가정하면서, '그 후로 쭉 행복하게 살다(해피엔딩)'를 다음으로 미룬다. 우리는 항상 내일이 있을 것으로 가정하기 때문에 사랑하는 사람들에게 얼마나 그들을 사랑하는지 충분히 말하지 않는다. 우리는 "조심하라. 바쁜 인생은 황폐한 것이다"라는 소크라테스의 경고를 무시한다. 돈이 아무리 많아도 그것을 즐길 시간이나 건강이 없다면 세상의 돈을 다 가져도 아무런 의미가 없다.

이 책 말미에서 나는 데이비드 웨더퍼드David Weatherford의 아름다운 시 한 편을 소개했다. 나는 몇 년 전 이 시를 처음 읽었으며, 그 후로도 계속 읽고 있다. 이 시는 (내일을 위해 삶을 미루지 말고, 오늘 이 순간을 가능한 행복하게 살려고 노력하는 방향으로) 나의 삶을 바꾸라는 영감을 주었다.

우리는 두 개의 삶을 살고 있다. 두 번째 삶이 시작되는 때는 우리의 삶이 단 하나라는 것을 깨달을 때이다.

- 공자

탐험하고, 꿈꾸고, 발견하라

'북극성', 요컨대 자신의 삶의 여정을 이끄는 가장 중요한 것을 발견할 때, 우리는 우리가 어디로 가고 있는지 알게 된다. 우리가 어디로 가고 있는지 알고 있다는 것은 매우 좋은 느낌이다. 시간이 감에 따라 자신의 북극성이 변하는 것도 괜찮다. 그러나 그것이 무엇이든 지금 현재 옳은 것이면 그것을 따라가야 한다. 자신의 북극성은 개인적인 맥락에서 매우 의미 있고 필수적인 것이다. 따라서 그 빛을 향해 나아가는 것은 당신에게 매일 큰 행복을 가져다줄 것이다.

자신의 열정을 추구하라. 지금 이 순간은 당신에게 다시 돌아오지 않는다. 인생은 첫 번째 숨과 마지막 숨 사이의 잠시 숨 돌리는 시간에 다름 아니다. 어떤 사람이 태어났을 때, 유일하게 장담할 수 있는 것은 그가 결국 죽는다는 것뿐이며, 그 외 나머지는 모두 예측할 수 없다. 인생은 B에서 D로 가는 여정, 즉 탄생Birth에서 죽음Death으로 가는 여정이라고 한다. 그런데 B와 D 사이에 C, 요컨대 선택Choice이 있지 않을까? 우리의 삶은 선택의 문제다. 자신을 행복하게 해 주는 것을 선택하면, 삶이 잘못되는 일은 결코 없을 것이다. 어떤 사람은 25세에 죽어서 75세가 되어서야 땅에 묻히고(젊어서부터 죽은 인생을 사는 사람), 또 어떤 사람은 25세가 되어서 태어나기도 한다(젊어서 새로운 인생을 시작하는 사람). 후자가 되려고 노력해야 한다.

어느 날 당신이 살아온 인생이 당신 눈앞을 번쩍 스치고 지나갈 것이다. 그것이 볼만한 인생이 되도록 만들어야 한다.
- *제라드 웨이Gerard Way, 미국의 음악가, 작가, 만화가*

2004년 스티브 잡스는 췌장암 진단을 받고 몇 주밖에 못 살 것이라는 통보를 받았다. 그는 2005년 스탠포드대학 졸업식 연설에서 청중들에게 다음과 같은 이야기를 들려주었다.

내가 곧 죽는다는 사실을 떠올리는 것은 인생의 큰 선택을 하는데 도움을 준 가장 중요한 방법이었습니다. 죽음 앞에서는 거의 모든 것 (외부의 모든 기대, 모든 자부심, 곤경과 실패에 대한 모든 두려움)이 사라지고 정말 중요한 것만 남았습니다. 내가 아는 한, 여러분이 곧 죽게 된다는 사실을 상기하는 것이야말로 그 외 다른 뭔가를 잃을까봐 두려워하는 함정을 피하는 데 가장 좋은 방법입니다. 여러분은 이미 (죽음이라는 운명에) 노출되어 있습니다. 그러니 자신의 마음 가는 대로 따르지 않을 이유가 없습니다.……여러분의 시간은 제한되어 있습니다. 그러니 다른 누군가의 삶을 사는 일에 그 제한된 시간을 낭비해서는 안 됩니다. 도그마의 함정에 빠져서는 (타인들이 생각한 결과를 그대로 받아들여서는) 안 됩니다. 타인들의 소란스러운 의견들이 자신의 내적 목소리를 막게 해서는 안 됩니다. 그리고 가장 중요한 것은 자신의 마음과 직관을 따를 용기를 가져야 한다는 것입니다. 어쩐 일인지, 여러분의 마음과 직관은 여러분이 진정으로 무엇이 되기를 원하는지 이미 알고 있습니다.

그 외 다른 모든 것은 부차적인 것입니다.[6]

스티브 잡스는 "지금부터 20년 후, 여러분은 자신이 한 일보다 하지 않은 일에 더 후회할 것이다. 그러니 돛의 밧줄을 풀고, 안전한 항구에서 나와 바다를 항해하라. 여러분의 돛에 무역풍을 싣고, 탐험하고, 꿈꾸고, 발견하라"고 한 마크 트웨인의 말을 기회가 있을 때마다 되풀이했다.

마크 트웨인의 이 말은 내가 가장 좋아하는 광고 중 하나를 생각나게 하는데, 그 광고는 유나이티드 테크놀로지스United Technologies의 다음과 같은 광고였다.

> 우리 대부분은 퓰리처상, 노벨상, 오스카상, 토니상, 에미상 같은 큰 상은 받지 못하고 세상을 살아갑니다. 그러나 우리 모두는 따뜻한 격려와 칭찬, 귓가의 입맞춤, 4파운드짜리 월척, 보름달, 넉넉한 주차장, 폭죽놀이, 훌륭한 식사, 멋진 일몰, 뜨거운 수프, 그리고 시원한 맥주 같은 삶의 작은 기쁨들을 누릴 자격은 있습니다. 큰 상을 받으려고 너무 조바심을 낼 필요는 없습니다. 우리 모두에게 충분한 이 작은 기쁨들을 즐기십시오.[7]

그리고 여기에는 '이 순간이 우리가 가진 모든 것이고, 우리는 지금 하고 싶은 일을 우선해야 한다'는 우리 모두를 위한 커다란 삶의 교훈이 있다. 어린아이들이 바로 그런 삶을 살고 있다. 어린아이들은 본질적으로 행복한 상태에 있다. 과거에 얽매여 있거나 미래를 예상하면서 살지도 않는다.

작은 것들을 즐겨라. 어느 날 돌아보면 그런 것들이 큰 것이었다는 사실을 알게 될 것이다.

- 로버트 브롤트Robert Brault, 미국의 작가

인생 최고의 것은 어떤 사물이 아니라, 경험이다. 결과적으로, 우리가 진정 소중하게 여기는 것은 경험에서 나온다. 물질적인 것보다는 매력적인 경험에서 지속적인 행복감을 얻을 수 있다. 어떤 사물에서 얻는 쾌감은 일시적이지만, 경험에서 얻는 즐거움은 장기적이고 지속적이다. 사물을 좇지 말고 기억을 만들어야 한다. 우리 모두는 삶의 여정 속에 있다. 누구도 영원히 살 수는 없다. 당신의 길을 가로막는 사람들에게 관대해야 한다. 필요로 하는 사람들에게는 줘야 한다. 말과 행동으로 심금을 울리고, 행복, 희망, 낙관을 퍼트려야 한다.

미래에 대한 우리의 모든 계획과 걱정, 과거의 안 좋았던 일들에 대한 모든 회상은 모두 우리 머릿속에 있다(별 할 일이 없을 때 인간의 마음은 아무런 근거도 없이 문제를 만들어내는 경향이 있다). 이런 걱정은 우리가 지금 이 순간을 충만하게 살지 못하게 만든다. 이 모든 걱정과 부정적인 생각들을 버리고, 바로 지금 이 순간 자신이 하고 있는 일에 집중해야 한다. 먼저 그 모든 걱정과 부정적인 생각들을 그냥 팽개쳐 버리는 식으로 해체하지 않으면 자신의 반응체계를 재구성할 수 없다. 인생사의 많은 일들은 우리가 통제할 수 있는 것이 아니다. 따라서 그런 것은 그냥 놓아두고, 매일매일 우리가 하고 있는 일에 최선을 다해야 한다.

스탠포드대학 연설에서 스티브 잡스는 "지난 33년 동안 나는 매일 아침 거울을 보면서 나 자신에게 '오늘이 내 인생의 마지막 날이라면,

내가 오늘 하려고 하는 일을 과연 하고 싶어 할까?' 하고 물었습니다. 그리고 아주 여러 날 계속해서 '아니다'라는 답이 나올 때마다, 나는 뭔가를 바꿔야 한다는 것을 알았습니다"라고 하면서, 그 후 그의 여생을 지배하게 될 생각을 밝혔다.[8]

잡스의 이런 생각은 제프 베이조스가 말한 이른바 "후회 최소화 프레임워크regret minimization framework"와 일맥상통하는 것이다.

처음 아마존 설립을 생각할 때, 베이조스는 월스트리트에서 가장 큰 퀀트 지향적 헤지펀드 중 하나인 D. E. 쇼D. E. Shaw에서 근무하고 있었다. 오늘날 결과적으로 보면 그의 결정은 매우 쉬운 결정처럼 보이지만, 그 당시에는 보수가 좋은 헤지펀드를 나와 온라인서점을 차리는 것을 현명한 결정이라고 생각한 사람은 아무도 없었을 것이다.

'야망'과 '진정한 관심'을 혼동하는 것은 흔한 일이다. 사회의 구속 때문에 우리는 진정한 자유를 결코 경험하지 못한다. 따라서 믿음에 기초한 두려움 때문에, 우리가 관심이라고 여기는 것은 사회의 기대로 왜곡되는 경우가 많고, '우리가 관심을 두어야 한다고 생각하는 것'이 우리의 관심이 된다.

살면서 우리가 내리는 모든 큰 결정에는 일종의 교환trade-off이 이루어진다. 나중에 크게 후회하지 않기 위해 지금의 작은 후회를 용인해야 할 경우도 있다. 행동했을 때 직면하게 될 리스크를 너무 많이 걱정하는 바람에 행동하지 않았을 때의 리스크는 완전히 간과하는 사람이 많다. 아무런 리스크도 부담하지 않으면, 실패할 것이 없다는 점은 분명하다. 그러면 고통이 없다는 것이다.

그런데 정말 고통이 없을까? 행동하지 않으면, 남은 인생은 후회에 빠질 것이다. 실패는 고통스럽지만, 빠르게 지나간다. 반대로 후회는 영원히 고통을 준다. 과거를 돌이켜 보면서 결단력이 부족해 놓쳐버린 기회들을 확인하는 것은 힘든 일이다. 두려움 때문에 우리가 우리의 직관을 믿지 않았다는 것을 확인하는 것은 실패보다 더 고통스러운 일이다. 새로운 가능성의 세계를 열기 위해서는 한 번만 성공하면 된다. 후회는 아무것도 하지 않는 데에 있다. 많은 사람이 성공에는 프로지만 실패에는 아마추어다. 그러나 베이조스는 그렇지 않았다.

결정을 매우 쉽게 할 수 있게 해 주는 프레임워크로 내가 발견한 것은 (나 같은 괴짜만 그렇게 부를 것인데) 이른바 '후회 최소화 프레임워크'다. 나는 80세가 되어 '인생을 돌아볼 때, 내가 한 후회의 수를 최소화한 그런 인생을 살았기를' 원했다. 그리고 나는 80세가 되었을 때 인터넷 사업에 뛰어든 것을 후회하지 않으리라는 것을 알았다. 나는 정말 멋진 사업이 되리라 생각했던 인터넷 사업에 뛰어든 것을 후회하지 않을 게 분명했다. 설혹 내가 실패한다 해도 인터넷 사업에 뛰어든 것을 후회하지는 않으리라는 것을 알았다. 그런데 **혹시라도 내가 후회할 일이 한 가지 있다면, 그것은 내가 시도조차 않은 것이 되리라는 사실은 분명히 알았다.** 나는 그 일에 대한 생각이 매일 나를 사로잡을 것을 알았다. 이런 식으로 생각하니, 그 일을 하기로 결정을 내리기가 매우 쉬웠다.[9]

액셀 스프레드시트나 사업계획서가 필요 없기 때문에 나는 이런 프레임워크를 매우 좋아한다. 이런 '후회 최소화 프레임워크'는 개인적인 실천 및 삶의 목표와 더 관련된 것이다.

삶의 열정과 집중이 가진 특별한 중요성을 이해했다면, 이제 우리가 각자의 개별 분야에서 뛰어난 인재가 되기 위해 그런 열정과 집중의 힘을 효과적으로 이용할 수 있는 방법은 무엇일까?

그것은 항상 그 목적을 염두에 두고 하는 의식적인 실행deliberate practice을 통해 가능하다.

성과 향상과 '의식적인 실행'

많은 성과 지도자들과 동기부여 전문가들은 "자꾸 해봐야 완벽해진다practice makes perfect"라는 주문을 설파하고 있다. 이들은 수천 시간의 실행이 세계적인 성과 달성의 열쇠라고 말한다. 말콤 글래드웰 Malcolm Gladwell은 그의 베스트셀러 『아웃라이어Outliers』에서 이런 생각을 널리 알렸다.

> 복잡한 과제를 수행함에 있어 우수한 수준에 이르기 위해서는 임계 최소 수준critical minimum level의 실행이 필요하다는 생각이 전문성 연구 분야에서 계속 등장하고 있다. 사실 연구자들은 진정한 전문성을 획득할 수 있는 매직넘버, 즉 전문성을 획득할 수 있는 임계 최소 실행 시간이 1만 시간이라는 데 합의했다……물론 이것이 똑같이 실행해도 다른 사람들보다 더 많은 전문성을 획득하는 사람들이 있는 이유를 설명해 주는 것은 아니다. 그러나 1만 시간보다 적은 시간의 실행으로 정말 세계적인 수준의 전문성을 획득한 경우는 지금까지 그 누구도 발견하지 못했다. 진정한 전문성에 도달하기 위해 알아야 할 모든 것을 완전히 이해하기 위해서는 뇌에 이 정도 시간이 필요한 것 같다.[10]

여기서 "이것이 똑같이 실행해도 다른 사람들보다 더 많은 전문성을 획득하는 사람들이 있는 이유를 설명해 주는 것은 아니다"란 문장에 주목하자. 실행 그 자체만으로는 완벽함을 이룰 수 없다. 『아주 작은 습관의 힘』의 저자 제임스 클리어가 말한 것처럼, "움직임motion이 행동action과 같은 것은 아니며, 분주하다고 해서 효과적인 것은 아니다".[11]

『재능은 어떻게 단련되는가Talent Is Overrated』의 저자인 〈포춘〉지 편집장 제프 콜빈Geoff Colvin은 그가 말한 이른바 "목적을 염두에 두고 하는 의식적인 실행deliberate practice" 과정을 통해 누구든, 어떤 분야에서든 탁월함을 이룰 수 있다는 것을 보여준 연구들을 소개하고 있다.[12] 의식적인 실행을 통해 탁월함을 이룰 수 있다는 것은 인간의 성과에 관한 학문 분야의 가장 기본적인 지식 중 하나다.

'의식적인 실행'은 성과 향상이라는 구체적인 목표를 가진 매우 구조화된 활동이다. 의식적인 실행에는 지속적인 평가, 피드백, 그리고 많은 정신적인 노력이 필요하다.

의식적인 실행의 일부 핵심적인 요소들은 다음과 같다.

1. 의식적인 실행은 반복해서 할 수 있다.

    작가라면 (연습으로 반복해서) 많은 글을 쓸 것이고, 음악가라면 악보의 음표들을 반복해 연습하는 것이 얼마나 중요한지 잘 알 것이다.

2. 의식적인 실행은 지속적인 피드백을 받는다.

    결정 및 행동과 시기적으로 밀접하게 연계된 많은 피드백을 받을 때 학습이 이루어진다. 그리고 의식적인 실행은 성과에 대한 피드백(실행한 것이 어떤 성과를 낳는지에 대한 피드백)을 끊임없이 확인한다. 어떤 실수도 그냥 넘기지 않는다. 사실 모든 실수는 추후 이를 수정, 개선하는 데 필요한 중요한 정보가 된다. 성과에 대한 이런 피드백은 스스로 관찰을 통해서 혹은 우리가 놓칠 수 있는 것들을 알아낼 수 있는 지도자나 멘토로부터 나올 수 있다.

3. 의식적인 실행은 힘든 과정이다.

의식적인 실행은 상당한 정신적 노력이 필요한 일이다.

4. 의식적인 실행은 아주 재미있는 일도 아니다.

대부분의 사람들은 자신이 익숙하지 못한 활동을 하는 것을 그리 즐기지 않는다. 계속해서 실패하고 또 실패하는 것, 그리고 개선 방법에 대해 비판받는 것은 결코 재미있는 일이 아니다. 그러나 의식적인 실행은 우리가 약한 일들에 특히 초점을 맞추도록 고안된 것이며, 그런 약한 부분을 극복하고 완전히 정복할 때까지 반복해서 필요한 기술을 연습하는 과정이다.

의식적으로 실행하는 동안 자신의 능력과 지식의 한계점에서 조금만 더 나아가면 닿을 것 같은 바로 저 앞의 목표에 도달하기 위해 안간힘을 쓰게 된다. 이런 식으로 그것에 도달하게 되면, 그 능력과 지식은 훨씬 잘 흡수된다.

의식적인 실행은 결국 '블루칼라 사고방식'을 갖는 것이다. 『재능을 단련시키는 52가지 방법The Little Book of Talent』에서 대니얼 코일Daniel Coyle은 이렇게 말했다.

떨어져서 보면, 최고의 성과를 낸 사람들은 운이 좋고 편한 삶을 사는 것처럼 보인다. 그러나 좀 더 가까이서 보면, 이들이 삶의 매우 많은 부분을 자신의 일을 열심히 실행하는 데 사용하고 있다는 것을 알게 될 것이다. 이들은 권리를 누리거나 오만한 사고방식이 아니라, 100% 블루칼라 사고방식을 갖고 있다. 그래서 이들은 좋든 싫든 매일 아침 일찍 일어나 일터로 나간다.

영감inspiration 대신 꾸준한 작업을 강조한 극사실주의 화가 척 클로스Chuck Close의 말처럼, "영감을 추구하는 것은 아마추어들이나 하는 일이다".[13]

인생의 천직을 찾고, 강한 열정과 집중으로 그것을 추구하고, 그리고 의식적으로 실행하면 이키가이, 즉 삶의 이유를 갖게 된다. "우리가 반복적으로 하는 일이 바로 우리 자신이다. 그렇게 해서 얻는 탁월함은 이제 (의식적인) 행동이 아니라 (당연한) 습관이 된다"라고 한 미국의 철학자 윌 듀런트Will Durant의 말은 이를 잘 표현하고 있다.[14]

2부

매일 성장하는 투자자의 조건

주식투자 세계에서는 적절한 지식과 검증된 판단력을 갖춘 다음에는
용기가 최고의 미덕이 된다.
- 벤저민 그레이엄

투자는 단순한 것이다. 그러나 쉬운 것은 아니다.
- 워런 버핏

5장

인생의 롤모델 찾기

나에게는 다행히 올바른 영웅들이 있었다.
당신의 영웅이 누구인지 말해 주면, 당신이 어떤 사람이 될지 말해 주겠다.
당신이 존경하는 사람의 자질은
당신이 조금만 실천하면 당신의 자질로 만들 수 있고,
꾸준히 실천하면 습관이 된다.

- 워런 버핏

어떤 분야에서든 좋은 선생은
단순히 정보를 전달하는 것 훨씬 이상의 역할을 한다.
이들은 자신들의 훌륭한 자질을 전수해 준다.

- 피터 버핏Peter Buffett, 워런 버핏의 아들, 가수, 작곡가

자신을 보다 나은 사람으로 만들기 위해 항상 노력하는 사람들은 보통 롤모델을 갖고 있다. 이는 자기계발 과정에서 매우 중요한 측면이다. 편안함을 추구하는 존재로서 우리는 편안한 영역을 벗어나기를 꺼려 하며, 그 영역을 벗어나려는 내적 충동도 부족한 경우가 많다. 그러나 우리 중 많은 사람은 어떤 사례를 보고 동기를 갖게 되므로, 자신을 계발하려는 충동이 때로는 다른 사람들에게서 발견되기도 (보다 정확하게는 다른 사람들로부터 유래되기도) 한다. 바로 롤모델이 그런 역할을 하며, 인생의 롤모델을 갖는다는 것은 우리가 자기계발에 나설 의도가 있다는 것을 말해 준다.

『워런 버핏과의 점심식사The Education of a Value Investor』에서 가이 스파이어Guy Spier는 인생의 롤모델을 찾는 것이 얼마나 중요한지에 대해 다음과 같이 말하고 있다.

> 투자자, 사업가, 그리고 인간으로서 우리의 교육에 가장 중요한 것은 우리의 여정을 이끌어 줄 수 있는 훌륭한 롤모델을 찾는 것이다. 책도 소중한 지혜의 원천이기는 하지만, 사람이야말로 궁극적인 스승이며, 우리가 그 사람들을 관찰하거나 직접 대면함으로써만 배울 수 있는 교훈들이 있다. 많은 경우 이런 교훈들은 말로는 결코 전해지지 않는다. 그러나 그들과 함께 할 때 우리는 우리를 이끄는 그 사람의 정신을 느낄 수 있다.[1]

롤모델은 우리에게 동기를 부여하는 지도자, 그리고 우리 삶의 일상적인 영감의 원천이 된다. 나는 많은 롤모델을 갖고 있으며, 삶을 살아가고 일을 하는 중에 매년 새로운 롤모델을 발견한다.

그렇다면 자신의 롤모델에게서 무엇을 어떻게 배워야 할까? 이런 사람들의 삶, 수년에 걸쳐 이들이 성취한 것, 이들이 어떻게 공부했으며, 이들이 자신의 경험에서 또 무엇을 배웠는지에 대해 읽어야 한다. 우리의 개인적인 경험과 통찰은 인류 전체로 보면 극히 일부분에 불과하기 때문에 이런 대리학습은 꽤 소중한 것이다.

문을 열어주는 것은 스승이지만, 그 문에 직접 들어가는 것은 자기 자신이다.
- 중국 속담

롤모델을 만나는 바로 그 순간, 우리는 보통 그것을 알아본다. 그 순간 우리가 경험하는 느낌은 단순한 말로 표현할 수 없다. 그것은 단지 경험될 뿐이다. 이는 심오한 영감을 받고 동기를 느끼고 삶의 목적을 발견하는 순간 중 하나이다.

다음과 같은 조언을 참고하면 각자 가장 적절한 롤모델을 선택하는 데 도움이 될 것이다.

- 당신이 성취하고자 하는 일과 비슷한 성취를 이룬 사람을 찾아라.
- 당신이 살면서 겪는 문제와 같은 문제를 겪었던 사람을 찾고, 그들이 그 문제를 어떻게 극복했는지 이해하라.
- 당신에게 희망을 주고 동기를 부여할 정도로 매우 영감을 주는 삶을 살아온 사람을 찾아라.
- 동기와 영감을 유지하는 데 문제가 있다면, 그의 행동을 통해 당신에게 구체적으로 영감을 주는 사람을 찾아라.
- 당신에게 규율이 부족하다면, 충분한 규율을 가진 롤모델, 그런 규율

과 노력을 완전히 체화하고 그 방법을 다른 사람들에게 잘 가르쳐 주는 롤모델을 찾아라.

롤모델을 찾는 것은 자기 자신에게 달려 있다. 먼저, 자신이 추구하는 것이 정확히 무엇인지 확인해야 한다. 그런 후에야 자신이 좋아하는 롤모델을 보다 쉽게 찾을 수 있다. 속담처럼, '학생이 준비되었을 때, 선생이 나타난다'.

부모님에 대해 말해야 롤모델에 대한 논의가 완결될 수 있을 것이다. 우리 대부분은 부모님의 큰 애정을 경험했다. 부모님은 매일 우리를 생각하고, 우리가 행복하기를 끊임없이 걱정하고, 무조건적인 사랑을 베풀며, 어려운 때에는 격려를 아끼지 않는다.

자신의 부모님께 시간을 할애해야 한다. 우리는 우리 자신이 성장하느라 너무 바쁜 탓에 부모님이 늙어가는 것을 잊는 경우가 많다. 부모님은 그들과 함께 시간을 보내달라고 요청하는 법이 별로 없지만, 그 필요성을 인식하는 것이 우리를 가치 있게 만드는 일이다.

부모님을 살피는 일은 매우 바람직한 일이고, 그렇게 할 수 있는 방법은 많다. 작은 일에 감사를 표하는 것, 함께 시간을 보내는 것, 사랑과 애정을 전하는 작은 태도를 보이는 것, 이런 것이 대부분의 부모님들이 원하는 전부다. 이런 것이 그들에게 큰 행복감을 준다.

어머니는 내게 정직, 친절, 공감의 미덕을 가르쳐 주셨다. 아버지는 내가 나의 한계에 도전하고 성장할 수 있도록 끊임없이 동기를 부여해 주셨다. 부모님은 나의 훌륭한 친구이자 철학자요 안내자였고, 나에게 누구라도 줄 수 있는 가장 훌륭한 선물(요컨대 나에 대한 믿음)을 주셨다.

나는 지금은 고인이 되신 외조부에 대해서도 특별히 언급하고 싶다. 그분은 나에게 노력의 미덕을 가르쳐 주셨다. 나의 10대 초반 시절 외조부께서 나에게 들려준 "노력을 대체할 수 있는 것은 아무것도 없다"라는 영원한 지혜의 말은 나의 삶에 매우 깊고 영속적인 영향을 미쳤다.

어린 시절 내내 나는 허약한 학생이었다. 당시 나는 10학년(중학교 과정)을 가까스로 마칠 수 있었으며, 점수가 매우 낮아서 좋은 고등학교의 입학 허가를 받기 힘들었다. 내가 마침내 근면과 결연한 노력의 미덕을 깨닫게 되고, 나의 학문적 부활과 직업적 성공의 촉매제가 되었던 유일한 계기는 이러한 나의 개인적인 좌절에서 비롯된 자각 때문이었다. 이런 차원에서 전설적인 투자자 아널드 반 덴 버그Arnold Van Den Berg의 다음과 같은 영감을 주는 말을 소개하지 않을 수 없다.

나는 내 자신에 대해 아주 똑똑한 것은 아니라는 이미지를 항상 갖고 있었고, 학교생활이 그것을 증명해 주었다. 그러나 언제부터인가, 최선을 다해 성실히 노력하면 뭐든 배울 수 있다는 것을 알게 되었다. 물론 내 경우, 같은 것을 배워도 다른 사람들보다 세 배는 더 시간이 걸린다. 그러나 내가 다른 사람들보다 세 배 많은 시간을 들이면, 그들과 같아질 수 있다. 요컨대 내게 더 많은 시간과 더 많은 책을 주면, 나는 무엇이든 배울 수 있다.[2]

승리자가 되려면 승리자들과 함께

2002년 주주서한에서 워런 버핏은 그가 즐겨 쓰는 일화 소개 방식으로 야구장 배트보이 에디 베넷Eddie Bennett에 관한 이야기를 했다. 처음에 에디는 시카고 화이트삭스의 배트보이로 일했고, 그해 화이트삭스는 월드시리즈에 진출했다. 그 후 그는 다른 팀으로 옮겼고, 그 팀 역시 월드시리즈에 진출했다. 그리고 또 이런 일이 계속되었다. 그가 어느 팀으로 가든, 행운의 여신이 그를 따라다녔다. 그 결과 유명세와 부가 에디를 따라다녔지만, 그는 자신에게 특별한 힘이 있다고 믿지 않았다. 버핏에 따르면 "에디는 자신이 방망이를 옮기는 방법은 중요하지 않다는 것을 알고 있었다. 그보다 중요한 것은 최고의 선수들과 한 팀이 되는 것이었다. 이런 에디에게서 배운 바가 있다. 그래서 **버크셔 해서웨이에서 나는 미국 업계 최고의 타자들에게 꾸준히 방망이를 건네주는 일을 하고 있다**".[3]

여기에서 우리 모두는 승자가 되려면 승자들과 함께하라는 깊은 교훈을 얻을 수 있다.

버크셔의 가장 큰 강점 중 하나는 자회사들을 운영하는 경영진, 예컨대 높은 수익률로 수익성 있는 성장을 이끌며 홈런을 치는 자회사의 경영진들에 있었다. 아지트 자인Ajit Jain, 그레그 아벨Greg Abel, 로즈 블럼킨Rose Blumkin, 진 애베그Gene Abegg, 토니 나이슬리Tony Nicely, 랠프 세이Ralph Schey, 척 허긴스Chuck Huggins, 스탠 립시Stan Lipsey가 그런 사람들이었다. 버핏과 찰리 멍거의 우수함은 능력이 출중하고 진실한 경영자들이 자신의 회사를 경영하게 하고 간섭하지 않은 것이었다. 버핏과 멍거는 자신들이 거의 퇴직한 수준으로 그들에게 권한을 위임

하고 있다고 농담 삼아 말하곤 한다.

> *자신의 삶에 좋은 사람들을 끌어들이는 것만큼 중요한 것은 전혀, 결코 없다. 이런 사람들은 당신이 알아야 할 모든 것을 가르쳐 줄 것이다.*
> - 가이 스파이어

자신보다 똑똑하고 나은 사람들에게 둘러싸여 있으면 훌륭한 교육을 받을 수 있다. 그들이 생각하는 과정, 그들이 어떻게 우선순위를 정하는지(다른 사람들의 삶의 우선순위를 알고 싶으면 그들이 금요일 저녁에서 월요일 아침 사이에 무엇을 하는지 살펴보라), 그들의 가치체계, 그들이 매일 어떻게 살고 있는지, 성공과 실패에는 어떻게 대처하는지, 그리고 교과서에서 배울 수 없는 다른 많은 중요한 것들을 직접 보고 경험할 수 있다. 자신의 수준도 더욱 높아지는 것을 경험하게 된다.

최고의 팀에서 중간이 되는 것이 중간의 팀에서 최고가 되는 것보다 낫다. 전자가 장기적으로 자신에게 더 좋고, 후자는 그저 자아도취에 빠지게 만들 뿐이다. 내가 사회생활을 하고 개인적인 삶을 살아오는 대부분의 기간 동안 나보다 우수한 사람들은 나를 불편하게 만들었다. 따라서 나는 내게 맞는 느낌을 주는 사람들을 찾았다. 그러나 이는 분명 잘못된 전략이었다. 여러분이 어떤 방에서 가장 똑똑한 사람이라면, 그 방은 여러분에게 잘못된 방이다. 별 볼 일 없는 무리 속에서 편안함을 느끼기보다는 불편하더라도 자신보다 나은 사람들과 함께하는 것이 더 현명하다.

예를 들어 현명한 투자자 친구들과 동료들의 관대한 도움과 가르침이 없었다면 나의 개인 포트폴리오는 2018~2019년 인도의 약세장

기간 동안 양호한 실적을 결코 내지 못했을 것이다. 지금까지 내가 튼튼한 포트폴리오를 운용할 수 있었던 것은 많은 부분 이들 덕분이었다. 앞으로도 살아가는 내내 계속 이들로부터 배우고 싶다.

자신과 가장 가까운 사람들이 자신의 성공이나 실패에 매우 큰 역할을 한다. 따라서 가장 가까이에 둘 사람들은 현명하게 선택해야 한다. 결국 우리는 세상을 살아가면서 가장 많이 어울리는 다섯 사람의 평균이 된다.

신뢰는 모든 관계의 핵심

모든 자부심 중에서 가장 바람직한 것은
자신이 신뢰할 만한 사람이라는 데 대한 정당한 자부심일 것이다.
- 찰리 멍거

신뢰는 모든 관계의 핵심이다. "신뢰란 무엇인가?" 하는 질문에 대해 잭 웰치Jack Welch 전 제너럴일렉트릭 CEO는 "신뢰는 그것을 느낄 때 안다"고 했다.[4] 이는 신뢰에 대한 가장 간단하면서도 가장 훌륭한 정의다.

신뢰가 없을 때 우리는 계속 맴도는 불안한 느낌을 경험한다. 그 경우, 우리는 다음 행동을 주저하게 된다. 반대로 신뢰가 있을 때 우리는 서로 연결된 열린 감정을 경험한다.

신뢰는 모든 관계, 사회, 조직, 국가 그리고 전체 문명의 토대가 된다. 신뢰는 우리의 전체 경제 및 기업 시스템이 원활하게 작동하게 해

주는 윤활유다. 또한 신뢰는 리스크를 부담할 수 있게 해줌으로써 그것을 통한 혁신과 진보를 가능케 한다.

우리는 의사소통에 솔직하고, 말과 행동 모두에 진실되고, 투명하면서 실수를 인정하고, 아는 것을 서로 나누고, 믿을 만하고 공정하게 타인을 대함으로써 신뢰를 구축한다. 시간이 가면서 자신의 네트워크를 구축함에 따라 자신과 관계를 맺고 있는 사람들에게 부여하는 가치를 계속 높여야 하고, 서로에게 당연한 신뢰의 망을 구축하는 데 최선의 노력을 기울여야 한다([그림 5-1] 참조).

여러 연설에서 멍거는 성공의 가장 기본적인 특성의 하나로 신뢰성을 들곤 했다. 그는 많은 사람들이 양자역학 같은 것을 익힐 수는 없지만, 신뢰성은 누구나 익힐 수 있는 덕성이라고 했다. 자신을 신뢰할 만한 사람으로 만들기 위해 노력하면 그것만으로도 자신이 갖고 있는 많은 결함과 약점을 극복할 수 있다. 멍거는 많은 십대들에게

• 그림 5-1 • 신뢰할 만한 수준과 신뢰받는 수준

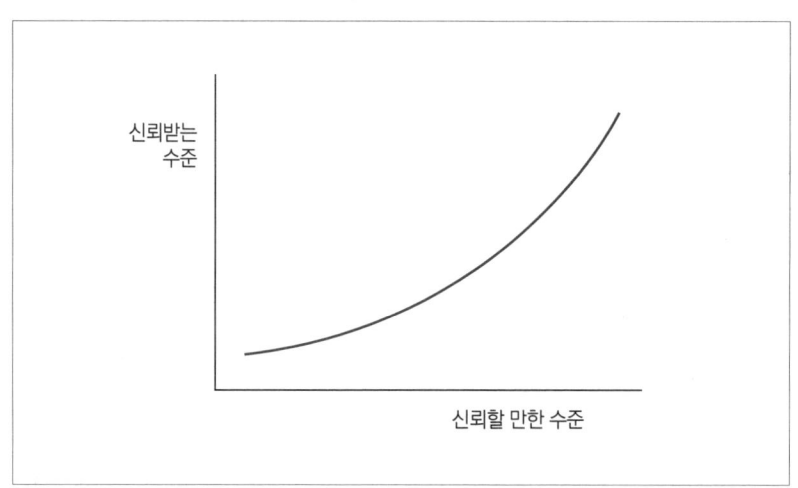

'아르바이트 매장에 정확히 출근해 신뢰감을 주는 것이 중요하다'는 것을 가르치는 맥도날드를 종종 칭찬하곤 했다.

영화감독 겸 배우 우디 앨런Woody Allen은 인생에서 성공의 80%는 그냥 잘 출근하는 데 있다고 했다. 자신에게 주어진 일을 하러 항상 믿을 만하게 나타나야 한다. 과한 약속을 해서 지키지 못하면 절대 안 된다. 차라리 약속은 덜하고, 약속한 것보다 더해 주는 것이 낫다. 행동이 말과 일치할 때 신뢰를 얻는다.

아일랜드 작가 로런스 엔더슨Laurence Endersen은 『지각의 조약돌Pebbles of Perception』에서 "우리의 선택 능력은 삶의 가장 위대한 선물 중 하나다. 우리는 우리 자신의 선택에 따른 결과물이다. 좋은 선택은 좋은 성격에서 나오고, 몇 개의 좋은 선택이 모든 차이를 만들어 낸다"고 했다.[5]

믿을 수 있고 신뢰할 만한 사람이 되는 것이 그런 몇 개의 좋은 선택 중 하나다.

6장

겸손은 지혜의 원천

자신이 모르는 것을 인정하는 것, 그것이 지혜의 출발점이다.

- 찰리 멍거

공자는 진정한 지식은 자신의 무지의 범위를 아는 것이라고 했다. 그리고 다른 많은 철학자들도 이런저런 표현으로 같은 생각을 밝혀 왔다. 예를 들어 소크라테스는 "유일한 진정한 지혜는 자신이 아무것도 모른다는 것을 아는 것"이라고 하면서 이런 생각을 꽤 직설적으로 표현했다. 우리는 열린 마음으로 배우고자 할 때만 진정으로 배울 수 있다.

현명해질수록 우리는 자신이 아는 것이 얼마나 적은지 더 많이 알게 된다. 알베르트 아인슈타인이 말했던, 그런데 좀 덜 유명한(그리고 내가 가장 좋아하는 개념 중 하나인) '자아=1÷지식Ego=1/Knowledge'이라는 방정식이 맞는 것 같다. 이 방정식에 따르면 "지식이 많을수록 자아는 작아지며, 지식이 적을수록 자아는 커진다". 어떤 분야든 더 깊이 탐구할수록 보통은 더 겸손해진다(이를 더닝-크루거 효과Dunning-Kruger effect라고 한다). 지적인 겸손함을 보이고 모르는 것을 인정함으로써 우리는 더 많은 것을 배우기에 좋은 입장(즉 지혜를 얻는 출발점)에 있게 된다.

삶과 투자에 대한 진정한 전문지식은 존재하지 않으며, 다양한 수준의 무지만 존재한다. 이는 해결할 수 있는 문제가 아니다. 그저 세상이 돌아가는 방식이 그렇다. 우리는 모든 것을 알 수는 없다. 그러나 시간이 가면서 평균 이상의 결정을 할 수 있을 정도로 현명해지도록 노력할 수는 있다. 지속적인 노력을 통해 현명함을 쌓아가는 것, 바로 이것이 지혜의 복리 효과를 누리는 길이다.

랄프 왈도 에머슨Ralph Waldo Emerson은 "내가 만나는 모든 사람은 어떤 부분에서는 나의 스승이다. 그리고 그런 부분에서 나는 그들로부터 배운다"고 했다. 다른 사람들에게서 배우고 그들의 도움을 받으면 우리 각자의 능력을 훨씬 뛰어넘는 가치를 창출할 수 있다. 모든 상호작용을 자신이 만나는 사람들에게서 배울 기회로 보아야 한다. 그러면 우리는 전문가로서 그리고 보다 중요하게는 인간으로서 놀랄 정도로 빨리 성장하고 더 나은 사람이 될 것이다. 하늘에 닿으려는 나무는 땅속 깊이 뿌리를 내려야 한다. 더 높은 곳에 오르려면, 뿌리는 땅속으로 더욱 깊이 자라야 한다. 마찬가지로 인생에서 더 높은 곳에 오르기 위해서는 땅속으로 더 내려가 겸손해야 한다.

나는 무지한 존재로 태어났다. 그리고 이리저리 그것을 바꿀 시간도 매우 적었다.
- 리처드 파인먼

자신이 알고 있다고 생각하는 것이 무엇인지 항상 물어봐야 한다. 그리고 모든 문제가 아마도 지금 우리가 알고 있는 것보다 복잡할 것이라고 생각해야 한다. 그러한 자기인식을 통해 자신의 실제 상태에 대한 보다 정확한 심상지도mental map를 만들 수 있으며, 그러면 세상의 미묘한 차이를 보다 엄밀히 표현하는 언어를 사용하게 된다. 그래서 우리는 '결코never', '모든all', '항상always' 같은 절대적 의미의 단어들보다는 '거의seldom', '많은many', '대개usually' 같은 다소 유보적인 표현들을 사용하게 된다('등etc.'도 뭔가 더 있는데, 그것을 생략했다는 것을 강하게 상기시켜 주는 말이다). (자신이 모든 것을 알고 있는 것은 아니며, 문제가 자신이 알고 있는 것보다 복잡할 것이라는) 자기인식을 유지하는 간단하지만 효과적인 방법은 이런 유보적인 표현에 '내가 보기에는 ~인 것 같다seems to me' 혹은 '내가 아는 한as far as I know' 같은 한층 더 유보적인 표현을 추가하는 것이다.

이제 여러분도 알겠지만, 우리는 결코 완전히 확신할 수 없다.

리더가 되기 전에 먼저 추종자가 되자

*내가 갑자기 워런 버핏의 하위 파트너가 되기로 한 것을
사람들은 믿을 수 없어 했다.
그러나 하위 파트너가 되는 것도 괜찮다는 사람들도 있다.
나는 하위 파트너가 되는 것을 방해하는 그런 식의 '에고ego'는 갖고 있지 않았다.
뭔가를 자신보다 더 잘할 사람은 늘 존재하는 법이다.
리더가 되기 전에 먼저 추종자가 되는 법을 배워야 한다.
(리더든 추종자든 필요에 따라) 모든 역할을 할 수 있어야 한다.*

- 찰리 멍거

보다 성장할수록 그리고 자신보다 (어리든 혹은 나이가 많든 간에) 더 낫고 똑똑한 사람들과 더 많이 어울릴수록, 더 많은 것을 배우고 더 빨리 나은 사람이 된다. 겸손은 지혜를 얻는 열쇠다.

겸손하기 위해서는 자신의 무지를 극복하기 위해 배우려는 부단한 욕구, 자신을 불편하게 만드는 것에 귀를 기울이는 개방된 마음이 필요하다. 겸손(혹은 겸손의 부족)은 자신의 행동에 나타난다. 질문하지 않고, 다른 사람들에게 배우지 않는 것, 이것은 모두 자신이 이미 알고 있다고 생각하기 때문에 나오는 행동이다. 진정으로 겸손한 사람들은 자신보다 젊지만 더 성공했거나 더 많이 아는 사람이 조언을 할 때 불편해 하지 않는다.

자신이 진정으로 행복하고 지금 살고 있는 삶에 만족한다면, 다른 사람의 성공을 기뻐할 것이다. 지금의 삶을 자신의 것으로만 만들어서는 안 된다. 다른 사람이 성공할 때 기뻐하고 그들의 성공을 격려해

야 한다.

프랭크 웰스Frank Wells는 1984년부터 1994년 사망할 때까지 월트 디즈니Walt Disney Company 사장으로 있었다. 웰스가 사망한 후, 그의 아들은 웰스의 지갑에서 작은 쪽지 하나를 발견했다. 그 쪽지에는 '겸손은 삶의 본질이다Humility is the essence of life'라는 글귀가 적혀 있었다. 훗날 프랭크 웰스는 이 쪽지를 30년 동안 지니고 있었던 것으로 밝혀졌다.

경험과 편견의 굴레

의심이 즐거운 일은 아니지만, 확실하다는 것은 터무니없는 말이다.

- 볼테르

우리의 삶의 질은 우리가 내리는 결정의 질에 운運을 더한 것이다. 우리는 우리가 내린 결정의 결과를 보고 필요한 내용을 개선하려고 한다. 그러나 인생은 너무 짧아서 우리가 겪은 약간의 경험과 결과들을 가지고 우리가 내린 결정의 질을 평가할 충분한 자료를 모을 수는 없다.

자신의 믿음에 대한 과신을 치유할 수 있는 가장 좋은 치료제는 자신이 세상에서 벌어지는 일의 극히 일부분도 안 되는 것만 경험했다는 점을 계속 상기하는 것이다. 그러나 우리는 이런 티끌만한 경험을 가지고 우리가 믿는 세상의 작동 방식 거의 전부를 이해하려고 한다.

사람들은 자신이 읽은 타인의 경험보다 자신이 직접 본 것을 훨씬 더 믿는 경향이 있다. 우리 모두는 각자 개인적인 경험과 사연에 따른 편견을 갖고 있다. 우리 안에 자리 잡은 믿음들은 우리가 과거에 겪은 개인적인 경험의 결과이며, 이런 믿음들이 우리가 세상을 보는 프리즘을 만든다. 우리가 초인플레이션이나 심각한 약세장 시대를 살아왔다면, 혹은 가난한 가정에서 태어났거나, 차별을 받고 살아왔다면, 그런 것을 경험하지 못한 사람들은 결코 믿지 않을 뭔가를 이미 믿고 있을 것이다. 그리고 그런 일들이 다시 벌어질 가능성을 매우 과대평가할 수도 있다.

모건 하우절은 "모든 사람의 생각이 그저 서로 다르다는 가정에서 출발하라. 그러면 벌어지는 일들을 자신만의 경험체계에 우겨넣기보다는 다양한 시각으로 그 일들을 보게 될 가능성이 높다. 물론 그렇게 하기란 어렵다. 그렇게 하는 것이 불편하기도 하다. 그러나 그렇게 하는 것만이 사람들이 왜 그렇게 행동하는지 좀 더 잘 이해할 수 있는 유일한 방법이다"라고 하면서 우리의 공감 능력을 높이는 데 도움이 되는 유용한 제안을 했다.[1]

'부자가 되는 것'과 '부를 유지하는 것'

많은 사람들이 성공을 하지만, 평생에 걸쳐 성공을 유지하기 위해서는(그리고 그 성공을 기반으로 더욱 성공하기 위해서는) 겸손, 감사하는 마음, 그리고 끊임없이 배우는 사고방식이 필요하다.

부자가 되는 것이 부를 유지하는 데 가장 큰 장애물이 되기도 한다. 사람들은 대개 큰 승리를 거두면 결코 패배하지 않을 것 같은 기분을 느끼고, 이런 자신감 때문에 최근에 효과를 봤던 것에 큰 베팅을 하게 된다. 그러나 세상이 변하거나 운이 따르지 않을 경우, 이는 재앙적인 결과로 이어진다. 이에 대해 모건 하우절은 다음과 같이 말했다.

이런 식이다. 여러분이 뭔가에 성공하면 할수록 자신이 제대로 하고 있다고 더욱 확신하게 된다. 그리고 자신이 제대로 하고 있다고 확신할수록 변화에 덜 개방적이게 된다. 그리고 변화에 덜 개방적일수록 끊임없이 변하는 세상에서 발을 헛디디며 넘어질 가능성은 더 커진다.
부자가 되는 방법은 수없이 많다. 그러나 부를 유지하는 방법은 단 하나뿐이다. 거의 편집증 수준의 겸손, 그것이 부를 유지할 수 있는 유일한 방법이다. 아이러니한 것은 일단 부자가 되면 겸손 따위는 팽개쳐 버리는 경우가 매우 많다는 것이다.
시간이 가면서 다우존스 기업들의 구성이 변하는 이유, 그리고 매 10년마다 〈포브스〉 억만장자 리스트의 60%가 바뀌는 이유는 바로 이 때문이다……겸손하다고 해서 리스크를 더 적게 부담하는 것을 의미하지는 않는다. 미국의 벤처캐피털 세쿼이아Sequoia는 지금도 30년 전에 부담했던 것만큼의 큰 리스크를 부담하고 있다. 그러나 세쿼이아는 과거에 그들이 효과를 냈던 방법이 미래에도 계속 효과적인 것은 아니라는 것을 (겸손하게) 인정하면서, 새로운 방법과 새로운 파트너들로 새로운 산업에서 리스크를 부담해 왔다.[2]

금융에서 절대적인 확실성이란 결코 존재하지 않는다. 그러나 월스트리트에는 과도한 확신이 만연해 있다. 제이슨 츠바이크Jason Zweig는 『악마의 금융사전The Devil's Financial Dictionary』에서 확실성과 불확실성을 정의하면서 다음과 같이 투자자들의 자만심을 지적했다.

> **확실성** : 모든 투자자들이 불가피하다고 말하는 경제 및 지정학적 문제를 명확하고 예측 가능한 것으로 (그런 것은 없고, 과거에도 없었으며, 미래에도 결코 없을 것임에도 불구하고) 가상하는 상태. 그러나 금융시장의 가장 기본적인 특성은 불확실성이다.
>
> **불확실성** : 인간의 삶과 경제활동에 관련된 가장 근본적인 사실. 현실세계에서 불확실성은 모든 곳에 존재하지만, 월스트리트에는 존재하지 않는다.[3]

월스트리트에서 발견되는 형태의 자만을 금융계 외부의 위대한 사상가 중 한 명인 이론물리학자 리처드 파인먼의 겸손과 비교해 보자. 파인먼은 "우리가 하는 모든 진술은 그 확실성의 정도가 각기 다른 대략적인 진술이라는 것, 한 진술이 제시될 때 물어야 할 질문은 '그 진술이 맞느냐 틀리냐가 아니라, 그 진술이 맞거나 틀릴 가능성이 어느 정도냐'가 되어야 한다는 것을 우리는 알고 있다"고 하면서 모든 것은 결코 확실하지 않다는 것을 겸손하게 인정했다. 우리 모두는 이 위대한 학자로부터 배워야 한다.[4]

투자도 다르지 않다. 대략적인 진술과 각기 다른 정도의 확실성 때문에 우리는 확률론적으로 생각할 필요가 있다. 던져야 할 질문은 "내가 맞을 것인가? 틀릴 것인가?"가 아니다. 그보다는 "이 시나리오와 저 시나리오의 확률은 각각 어느 정도인가? 이 정보는 나의 가치 평가에 어떻게 영향을 미치는가?"를 물어야 한다. 가장 확신이 가는 그런 생각들에 대해서도 의문의 여지는 항상 남겨둬야 한다. 그렇지 않으면 자만에 빠질 위험이 있다.

모든 것을 알고 있다는 태도는 배우는 것을 어렵게 만든다. 파인먼에 따르면 어떤 과제를 시작하기 전에 우리는 우선 그 과제의 답(해결책)을 몰라야 한다. 그 답을 모르는 상태에서 시작해야 한다. 그렇지 않으면 어떻게 배울 수 있겠는가? 이 말이 상식처럼 들리겠지만 금융계에서는 그렇게 상식적으로 통용되는 말이 아니다.

뭔가를 모른다는 것을 인정하는 것은 틀린 답을 갖고 있는 것보다 훨씬 낫다. 우리가 한 가지 확신할 수 있는 것이 있다면, 그것은 우리가 결코 완전히 확신할 수 없다는 것이다. 우리는 의심과 함께 살아가고 불확실성을 받아들이는 법을 배워야 한다. 모른다는 것을 걱정하기보다는 그 사실을 기쁘게 받아들여야 한다. 모른다는 것을 깨닫는 것은 배울 기회가 되기 때문이다. 학문에서 '나는 모른다'는 것은 실패를 의미하는 것이 아니라 깨우침을 향한 필수적인 첫걸음이 된다. 이에 대해 파인먼은 다음과 같이 말했다.

> 의심과 불확실성의 문제는 (배움을) 시작하는 데 필요한 것이다. 답을 이미 알고 있다면 그에 관한 어떤 증거도 모을 필요가 없기 때문이다.
> 나는 대략적인 답, 가능한 믿음, 그리고 서로 다른 것들에 대해 서로 다른 정도의 확실성을 갖고 있지만, 어떤 것도 절대적으로 확신하지 않으며, 내가 전혀 모르는 많은 일들이 있다.

학문하기가 어려운 첫 번째 이유는 학문에는 의심이 필수적이라는 데 있다. 학문의 발전을 위해서는 불확실성을 기본적으로 염두에 두는 것이 절대적으로 필요하다. 보다 잘 이해하려면, 겸손해야 하고 모른다는 것을 인정해야 한다. 절대 의심의 여지없이 확실하거나 입증된 것은 아무것도 없다. 우리는 그 답을 알기 때문이 아니라 모르기 때문에 호기심으로 탐구한다. 해당 학문에서 더 많은 정보를 알게 된다고 해서 진리를 발견하고 있는 것은 아니며 다만, 이것 혹은 저것이 진리일 가능성이 더 크거나 더 적다는 것만 발견하고 있는 것이다.

투자에는 절대적인 진리라고 할 수 있는 것이 매우 드물다. 우리가 할 수 있는 최선은 여러 결과들이 나올 가능성을 평가하기 위해 가능한 부지런히 증거를 모으는 것이다. 우리는 다양한 퍼즐조각들을 서로 연결하고 이 조각들을 합리적으로 맞춤으로써 그렇게 할 수 있다. 우리는 우리가 아는 것에 대해서는 더 많은 것을 알아내고 우리가 모르는 것은 더 잘 이해하기 위해 노력하면서 끊임없이 탐구하고 끊임없이 새로운 증거를 찾아야 한다.

증거를 모은 후에도 우리는 같은 것을 연구해야 한다. 우리가 새로 배운 것이 무엇인가? 그것이 우리의 원래 가설에 어떤 의미를 갖는가? 우리가 맞을 가능성은 어느 정도인가? 우리가 고려하지 못한 요인들로 인해 다른 결과나 결론을 초래할 수 있는 요인들이 있는가?

또 투자자들은 너무 걱정을 많이 하는 바람에 원래의 생각을 뒷받침해 주는 결론에 도달하지 못하는 경우가 종종 있다. 확증편향 confirmation bias은 극복하기 쉽지 않다. 여기서 우리는 다시 한 번 파인먼의 다음 말을 유념해야 한다.

> 더 연구해 보면, 학문에서 말하고 있는 진술들은 무엇이 옳고 무엇이 옳지 않다는 식의 진술이 아니라, "무엇 무엇이 옳을 가능성이 그것이 틀릴 가능성보다 매우 높다"거나 "이러이러한 것이 거의 확실하지

만, 여전히 다소 의심스러운 구석이 있다"거나 혹은 정반대로 "글쎄, 정말 모르겠다"와 같이 그 확실성의 정도가 각기 다른 이미 알려진 것들에 대한 진술이라는 것을 알 수 있다. 학문의 모든 개념은 절대적으로 틀리거나 절대적으로 옳은 양 극단을 제외하고, 그 확실성 정도에 따라 양 극단 사이 어딘가에 위치한다.

투자자들이 불확실성의 존재를 인정하기 어려운 때가 있다. 그러나 불확실성은 금융시장의 가장 기본적인 특성이다. 확실성이란 가상세계에서 살다 보면, 금융이란 현실세계에서 치명적인 실수를 범할 수 있다. 우리가 불확실한 세상에 살고 있다는 것(우리가 모든 해답을 갖고 있지 않다는 것)을 빨리 인정하면 할수록, 더욱 현명해지기 위한 노력을 보다 빨리 시작할 수 있다.

우리가 불확실한 세상에 살고 있다는 것을 이해하는 것이 매우 중요하다. 그런 사실을 이해하고 인정하면, 그에 따라 우리의 세계관이 형성되고, 그런 이해는 우리의 자연스러운 사고방식이 된다. 우리가 믿고 있는 것에 대해 생각할 때 불확실성 개념을 도입하면, 다른 대안적인 가설들에도 열린 마음을 갖게 되고, 우리가 믿는 것과 일치하지 않는 정보에 대해 보다 객관적인 태도를 취할 수 있게 된다. 바로 이것이 진리를 추구하는 태도이다.

투자에서는 능력의 범위Circle of Competence가 불확실성을 인정하는 지적 겸손을 가장 잘 보여주는 개념이다.

'능력의 범위' 체크하기

> 나는 결코 천재는 아니지만, 내가 똑똑했던 부분들이 있었고,
> 그런 똑똑한 부분에 계속 머물렀다.
> - 톰 왓슨Tom Watson Sr., IBM 창업자

워런 버핏은 투자자들에게 자신이 가장 잘 아는 분야에만 집중하라고 늘 조언한다. HBO 다큐멘터리 〈워런 버핏 되기Becoming Warren Buffett〉에서 그는 자신의 투자전략을 미국인들이 가장 좋아하는 야구와 비교했다. 이 다큐멘터리에서 그는 '야구의 전설' 테드 윌리엄스Ted Williams의 책 『타격의 과학The Science of Hitting』을 소개했다. 이 책에서 올스타 출신 강타자 테드 윌리엄스는 "자기가 가장 잘 칠 수 있는 곳으로 들어오는 공을 기다리면 4할 정도는 칠 수 있다. 그러나 그보다 낮게 들어오는 공에 스윙하면 타율이 2할 3푼 5리밖에 안 될 것이다"라고 하면서, 자신이 가장 잘 칠 수 있는 타점을 아는 것이 중요하다는 점을 강조했다.[5]

여기에서 버핏은 "투자의 기법은 그냥 타석에 서서 지나가는 공들을 보면서 자기 타점에 딱 맞는 공이 들어올 때까지 기다리는 것이다. 사람들이 스윙하라고 아무리 아우성을 쳐도 그냥 무시해야 한다"면서 투자자들이 모든 공에 배트를 휘두를 필요는 없다는 교훈을 전해 주고 있다.

테드 윌리엄스가 자신이 가장 강한 타점에 들어오는 공에만 스윙을 한 것처럼, 버핏도 자신의 '능력의 범위' 안에 있는 기업에만 투자를 한다. 능력의 범위는 버핏이 1996년 주주서한에서 처음 밝힌 개념

이다.

이 서한에서 버핏은 "투자자에게는 '선택된' 기업들을 정확하게 평가하는 능력이 필요합니다. 여기서 '선택된'이란 말에 주목해야 합니다. 투자자는 모든 기업, 심지어 많은 기업에 대해서도 전문가가 될 필요는 없습니다. 자신의 능력 범위 안에 있는 기업들을 평가할 수 있기만 하면 됩니다. 그런 **능력의 범위 크기는 그리 중요하지 않습니다. 그러나 자신의 능력 범위가 가진 한계를 아는 것은 매우 중요합니다**"라고 했다.[6]

이는 투자자로서 우리가 장기적인 경제성을 이해할 수 있는 기업들로만 관심을 제한해야 한다는 것을 의미한다. 대부분 투자자의 경우, 자신의 능력 범위 밖에 투자하면 큰 손실로 이어질 때가 많다. '사람들이 몰리는 주식'을 맹목적으로 좇거나, 흥미진진한 '스토리', '테마', 혹은 '장밋빛 미래를 강조하는 개념들'에 흔들려서는 안 된다. 이런 기업들은 사업 실적이 입증되지 않았거나 수익성과 현금흐름이 부족한 경우가 많기 때문이다.

능력의 범위의 핵심 개념은 그 크기(자신이 이해할 수 있는 기업의 절대 수)가 아니라, 그 크기에 대한 자신의 인식(자신이 이해할 수 있다고 알고 있는 기업들의 종류)이다.

능력의 범위가 얼마나 큰지는 중요하지 않다. 중요한 것은 자신의 능력 범위가 가진 한계를 얼마나 잘 설정하느냐이다. 지적으로 정직하고 겸손한 투자자들은 늘 기꺼이 자신의 한계를 인정하고 자신의 전문 영역 안에만 머무른다.

그렇다면 자신의 능력 범위는 어떻게 찾을까?

자신의 능력 범위를 그리기 위해서는 자신이 아는 것을 고르는 대신, 찰리 멍거가 대중화시킨 역逆기법inversion technique을 사용해야 한다. 독일의 수학자 카를 구스타프 야코프 야코비Carl Gustav Jacob Jacobi에게서 영감을 받은 찰리 멍거는 그 역기법을 다음과 같이 설명했다.

뒤집어라, 항상 뒤집어 보라. 상황이나 문제를 거꾸로 뒤집어 보고, 반대로 봐라. 우리의 모든 계획이 잘못됐을 경우, 어떤 일이 벌어질까? 우리가 가고 싶지 않은 곳은 어디이며, 어떻게 하면 그곳에 가게 될까? 성공을 기대하는 대신, 어떻게 하면 실패하게 될지 (태만, 부러움, 분노, 자기연민, 권리의식, 모든 자기 파괴적인 심리적 습관 같은) 목록을 만들어 보자. 실패를 초래하는 이런 특성들을 버리면 성공할 수 있다. 어디로 가면 죽을지 살펴보라, 그러면 그곳에 가지는 않을 것이다.[7]

자신이 모르는 것을 알려고 해야 한다. 그러면 모르는 것들을 배제한 자신의 능력 범위를 그릴 수 있다(바로 이것이 과학자들의 방식이다. 이들은 어떤 문제나 해법이 옳다는 것이 아니라 틀리다는 것을 증명하는, 요컨대 반증하는 방식으로 문제와 해결책에 접근한다).

투자에서 리스크는 자신이 무엇을 하고 있는지 모르는 데서 발생한다. 사실, 워런 버핏은 이것이 투자의 가장 큰 리스크 중 하나라고 했다. 워런 버핏은 주식 가치를 평가하기 위해 주식 리스크 프리미엄 equity risk premium을 사용하는 것을 피할 정도로 자신이 매우 확신하는 상황에만 투자를 제한했다. 버핏은 주식 가치를 평가하기 위해 (금리가 인위적으로 낮게 책정되었다고 믿는 경우를 제외하고는) 미국 장기국채 금리를 사용한다. 미국 장기국채 금리가 인위적으로 낮게 책정되었을 경우, 버핏은 그 금리에 몇 %p를 더 더해 자신의 할인율로 사용한다.

버핏은 "나는 확실성을 매우 중시한다. 그렇게 하면 리스크 요인에 관한 (시장의 일반적인) 모든 생각은 내게 적용되지 않는다. 리스크는 자신이 무엇을 하고 있는지 모르는 데서 나온다"고 했다. 비슷한 맥락에서 버핏은 "우리는 미래의 현금흐름을 9%나 10%의 할인율을 적용해 할인하지 않는다. 대신 우리는 미국 국채 금리를 사용한다. 우리는 국채 금리처럼 우리가 매우 확신하는 것들을 사용하려고 한다. 단순히 높은 할인율을 사용한다고 해서 그것이 리스크를 보완해 주는 것은 아니다"라고도 했다.[8)]

1998년 버크셔 해서웨이 연차총회에서 버핏은 기업을 평가할 때 자신이 생각하는 리스크에 대해 다음과 같이 말한 바 있다.

> 기업의 미래를 볼 때, 우리는 위험성을 일종의 개폐 밸브로 봅니다. 다시 말해, 우리가 그 기업에 장차 무슨 일이 벌어질지 정말 모르겠다고 생각해도, 그것이 모든 사람에게 위험하다는 것을 의미하지는 않습니다. 우리가 모른다는 것, 그것이 우리에게 위험하다는 것입니다. 그 기업을 아는 다른 누군가에게는 그 기업이 위험한 것이 아닐 수 있습니다. 그러나 우리가 모를 경우, 우리는 그냥 포기합니다. 모르는 것들을 예상하려고 하지 않으며, "무슨 일이 벌어질지 모르기 때문에 우리는 우리가 알지도 못하는 현금흐름을 7% 대신 9%로 할인한다"는 식으로 말하지도 않습니다. 이런 것은 우리 방식이 아닙니다.[9)]

이런 식으로 자신의 능력의 범위를 엄격하게 지키는 것이 버핏의 투자에 어떻게 큰 도움이 되었을까? 이에 대해 그는 "사업 실적에 대해 우리가 아주 확실히 잘 아는 기업이 있다면, 우리는 그 주식의 변동성이 높기를 바란다. 주가가 크게 상승할 경우 최종적으로 어디까지 상승할지 우리가 아는 기업에서 더 많은 돈을 벌 것이기 때문이다"라고 했다.[10]

능력의 범위를 넓히는 법

자신이 모르는 것이 무엇인지(무능력의 범위)를 안다면, 자동적으로 자신이 아는 것이 무엇인지(능력의 범위)를 알게 될 것이다. 일단 자신의 무능력의 범위를 확인하면, 워런 버핏처럼 자신의 능력의 범위를 정해야 한다. 버핏의 투자 과정에는 기업들을 능력의 범위 안에 있는 기업들(간단하고 쉽게 이해할 수 있는 기업들), 능력의 범위 밖에 있는 기업들(이해하기 어려운 기업들), 그리고 너무 어려운 기업들(이해하려고 노력하면 이해할 수 있지만 너무 복잡해서 이해하는 데 어떠한 시간도 투자할 가치가 없는 기업들)의 세 종류로 분류하는 과정이 포함된다. 버핏은 자신이 접한 주식 아이디어 중 99%가 너무 어려운 기업들로 분류된다고 말한 바 있다.

이에 대해 잠시 생각해 보자. 버핏 같은 역대 최고의 투자자조차 자신이 접한 기업의 99%를 이해하지 못한다고 인정하고 있다. 여러분이 다 안다고 느낄 때는 이런 사실을 깊이 반추해 봐야 할 것이다. 자신의 능력 범위를 솔직하게 지키는 것은 사람을 매우 겸손하게 만들어준다.

이와 관련된 나의 개인적인 사례가 하나 있다. 2018년 1월, 나는 우연히 〈인도 경제와 시장Indian Economy & Market〉 최신호를 보게 되었다. 당시 이 잡지에는 '75개의 숨은 보석 같은 기업75 Hidden Gems'에 관한 투자보고서들이 실려 있었는데, 그중 많은 보고서가 내가 존경하는 선배와 동료들이 쓴 것이었다. 그런데 나는 이 75개 기업 중 단 한 기업 이름만 제대로 알 수 있었다. 이는 당연히 그럴 수 있는 일이다. 그 경계를 모른다면, 그것은 능력의 범위 안에 있는 것이 아니다. 그리고 능력의 범위 밖으로 나가는 것은 투자자들을 큰 곤경에 빠트리는 일이다.

> *워런 버핏과 나는 우리가 아는 것과 모르는 것을 다른 대부분의 사람들보다 잘 알고 있다. 이것은 다른 사람들보다 IQ가 꽤 높은 것보다 훨씬 좋은 일이다.* 사람들은 자신이 가진 지식의 한계를 고질적으로 잘못 평가한다. 이는 인간의 가장 기본적인 본성 중 하나다. 자신의 능력의 범위를 아는 것은 인간의 일 중 가장 어려운 일에 속한다. *명석한 것보다 자신이 모르는 것이 무엇인지 아는 것이 삶과 사업에 훨씬 유용하다.*
>
> - 찰리 멍거

감성 지능을 보여주는 특징 중 하나는 실수를 인정하는 능력이다. 실수를 인정하지 않으면 배우는 교훈이 없다. 자신의 성과를 깊이 반추하고 객관적으로 평가해야 한다. 투자자는 솔직한 자기 평가를 통해서만 자신의 능력의 범위를 찾을 수 있다. 감성 지능으로 얻을 수 있는 한 가지 주요 혜택은 세상을 자신이 원하는 대로, 희망하는 대로, 혹은 바라는 대로가 아니라, 있는 그대로 보는 지적인 솔직함이다. 나의 경우, 일단 내가 모르는 것을 인정하고 능력의 범위 안에 머무르자 투자 승률이 크게 개선되었다.

'하고 싶은 것에 대해 확신이 없고 의심이 들면, 하지 말라'는 능력의 범위의 기본 개념은 떠들기 쑥스러울 정도로 단순한 개념이다.

자신의 능력 범위 안에 있는 기업을 찾을 수 없다 해도, 강세장의 경우 자주 발생하는 '기회를 놓치는 것에 대한 두려움(포모증후군)fear of missing out, FOMO' 때문에 급하게 능력의 범위 밖으로 나가서는 안 된다. 그 대신 경계선을 넘어가기 전에 자신의 능력의 범위 밖에 있는 산업과 기업들을 공부하는 데 시간을 써야 한다. 장기적으로 능력의 범위를 확대, 개발함으로써 얻을 수 있는 가장 큰 이점은 서로 다른 시장 주기별로 유리한 산업과 기업들을 알 수 있다는 것이다. 이렇게 능력의 범위를 확대해서 각 주기별로 그에 맞는 기회를 고를 수 있다면, 그 각각의 시기에 높은 수익을 올릴 수 있을 것이다.

무엇의 경계를 모른다면, 그것은 능력의 범위 안에 있는 것이 아니다.
- 찰리 멍거

그러면 이제, "그 경계를 넓혀서 내 능력의 범위를 확대할 수 있는 방법은 무엇인가?" 하는 질문을 할 수 있을 것이다. 간단한 방법이 있다.

물론, 간단하지만 쉬운 방법은 아니다.

그 방법은 읽는 것, 그것도 많이 읽는 것이다. 읽는 것만이 능력의 범위를 확대할 수 있는 유일한 방법이다.

예를 들어, 『지역은행 주식 분석과 투자Analyzing and Investing in Community Bank Stocks』란 책을 읽고, 몇 개 지역은행들의 연차보고서를 읽어보는 것이다. 이는 그 주식을 이해하고 평가하는 데 상대적으로 쉬운 방법이다. 혹은 자신이 어느 정도 전문지식이 있는 산업을 골라서 그 산업에 속한 기업들의 연차보고서를 읽는 것이다.

> 사회 초년생 시절 나는 연차보고서들을 읽으면, 월스트리트 사람들의 90%보다 더 많은 일을 한 것이라는 사실을 알았다. 그리고 연차보고서의 주석들까지 읽는다면, 월스트리트 사람들의 95%보다 더 많은 일을 한 것이다.
> - 짐 로저스

투자에서는 가장 많은 돌을 뒤집어 보는 사람이 게임의 승자가 된다. 노력 외에는 다른 대안이 없다. 인생, 관계, 사업, 혹은 투자에서는 노력하지 않으면 아무것도 이루어지지 않는다. 그리고 뛰어난 펀더멘털을 가진 기업들이 넘쳐나는 시장에서 투자자가 열악한 실적에 만족해야 할 어떤 합리적인 이유도 없다.

> 나는 10개의 기업을 보면 흥미로운 기업 하나는 발견할 것이라고 늘 말했다. 20개 기업을 보면 그런 기업 2개는 발견할 것이고, 100개를 보면 10개를 발견할 것이다. 가장 많은 돌을 뒤집어 보는 사람이 게임의 승자가 된다……결국 열린 마음을 갖고 많은 노력을 해야 한다. 더 많은 산업을 보고 더 많은 기업을 볼수록, 가격이 잘못 책정된 기업을 발견할 기회는 더 많아진다.
> - 피터 린치Peter Lynch

버핏도 다음과 같이 말했다.

1951년 무디스는 산업별로 시장에서 유통 중인 모든 주식에 대한 두꺼운 핸드북들을 발간했다. 나는 그 다음 페이지에 훌륭한 투자 아이디어가 있겠지 하는 희망 속에 수천 페이지에 달하는 이 책들을 모두 읽었다. 그리고 누구도 관심을 두고 있지 않던 내셔널아메리칸보험 National American Insurance과 웨스턴보험증권Western Insurance Securities Company 같은 회사들이 내재가치보다 훨씬 낮은 가격에 거래되고 있다는 사실을 발견했다. 작년에 우리는 애널리스트들의 분석이나 조사자료로 나와 있는 게 전혀 없었지만, 한국거래소KRX에 상장된 세계에서 가장 수익성 좋은 철강회사를 하나 발견했다.[11]

버핏의 이야기에서 내가 겪은 몇 가지 경험이 생각났다. 나는 매일 봄베이주식거래소Bombay Stock Exchange, BSE 웹사이트에서 모든 기업들의 발표자료를 살펴본다. 이런 일은 많은 사람들에게는 힘든 일이지만, 내게는 언제라도 금을 발견할 수 있는 지적인 보물찾기와 같은 일이다. 매일매일 나는 뜻밖의 기쁨이 나를 찾아오는 많은 기회를 스스로 만들고 있는 것이다.

시간이 감에 따라 나의 개인적인 투자 기회 세트는 시장에 투자한 시간 및 경험과 더불어 크게 확대되었다. 처음엔 적절하거나 비싼 밸류에이션의 장기 성장주에 국한되었지만, 현재 나의 투자 기회 세트는 상품주식, 경기주식, 심층가치주식, 기업분할주식은 물론이고, 재무상태, 운전자본, 이익률 등이 느리지만 점진적으로 (요컨대 크게 눈에 띄지 않게) 개선되고 있거나 소속 산업의 역학이 매우 긍정적으로 변하고 있는 것을 통해 확인할 수 있는 턴어라운드 중인 손실 기업까지 여러 투자 유니버스를 포함하고 있다. 초창기에는 나의 편향된 시각으로 인해 투자 기회 세트가 작고 제한적이었지만, 지금은 가치에 비해 잘못된 가격이 매겨지고 리스크-보상 교환비risk-reward trade-off가 매우 유리하다면 그 어떤 곳이든 여러 산업과 상황에 투자할 수 있게 되었다.

> 시장들은 계속 변한다. 따라서 이미 말라버린 우물에 계속 매달리기보다는 다른 시장들에서 투자 기회를 찾아야 한다.
> - 로버트 기요사키Robert Kiyosaki, 『부자 아빠 가난한 아빠』의 저자

언제나 그리고 모든 종류의 시장에 효과적인 하나의 단일 전략은 없다. 바로 이 때문에 다른 시장, 다른 상황에서도 가치를 사냥하기 위해서는 자신의 투자 무기고를 구축해 두는 것이 필수적이다.

시간이 가면서 나는 이것이 매우 중요하다는 것을 깨닫고 인정하게 되었다. 강세장은 '모든 시기'에 주식시장의 '일부 특정 업종들'에서는 항상 진행된다. 예를 들어, 2009~2013년 인도의 약세장 기간에도 임의소비재, 제약, 정보통신 기업들은 투자자들에게 많은 부를 창출해 주었다. 약세장 기간에도 새로운 트렌드는 '항상' 출현한다. 약세장은 대부분의 투자자들이 그들이 목표로 한 매수가 수준으로 주가가 떨어지기를 기다리거나, 지난 강세장에서 매수했던 주요 인기 종목들이 하락할 때마다 추가 매수하면서 평균 매수 단가를 낮추는 식으로 새로운 과오를 범하고 있는 시기이다(강세 국면에서는 한 업종의 개인투자자 수가 증가하는 경향이 있다. 따라서 그 후 해당 업종이 약세장에 진입하면, 기존 투자자들은 시장에서 탈출하여 나쁜 기억을 없애버리려고 노력하기 때문에 주가가 상승할 때마다 상당한 매도가 발생하곤 한다).

성공을 극대화하려면 우리에게 주어진 제한된 인생의 시간을 어디

에 써야 할까?

이에 대해 멍거는 "자신의 소질이 무엇인지 파악해야 한다. 다른 사람은 소질이 있는데 여러분은 소질이 없는 곳에서 게임을 하면, 여러분은 패하고 말 것이다. 이는 여러분도 예상할 수 있을 만큼 거의 확실한 일이다. 자신의 강점이 어디에 있는지 알아야 한다. 그리고 자신의 능력 범위 안에서 게임을 해야 한다"고 했다.[12]

버핏과 멍거의 요점은 분명하다. 인생, 사업, 그리고 투자에서 성공 확률을 높이려면, 자신의 능력 범위가 가진 한계를 분명히 확인하고 그 안에서만 움직여야 한다. 그리고 장기적으로 그 능력의 범위를 확대하기 위해 노력해야 한다.

그러나 현재의 그 한계에 대해 결코 스스로를 기만해서는 안 된다. 파인먼이 말한 것처럼, "제1원칙은 자기 자신을 기만하지 않는 것이다. 자신을 기만하는 사람이야말로 속이기 가장 쉬운 사람이다".

다음에 소개하는 가상의 대화가 지혜의 출발점이 어디인지 잘 보여줄 것 같다.

철학자 : 투자에서 가장 현명한 말은 무엇입니까?

가치투자자 : '안전마진'입니다.

철학자 : 틀렸습니다.

가치투자자 : 네? 그러면······

철학자 : '나는 모른다'입니다.

7장

가치 있는 투자와 선한 영향력

*여러분이 인류의 가장 운이 좋은 1%에 속한다면,
나머지 99%를 생각해야 한다는 빚을 그들에게 지고 있는 것이다.*

– 워런 버핏

힌두 경전 바가바드 기타Bhagavad Gita의 중요한 가르침 중 하나는 물질적 부에 대해 신탁관리자 태도trusteeship attitude를 가지라는 것이었다. 물질적인 부에 대한 신탁관리자 태도는 우리를 겸손하게 만들고 세속적인 것에 초연하게 해 준다. 부를 창출하는 과정에서는 최선을 다해야 하지만, 그 결과는 우리 자신의 필요를 돌보기 위한 몫을 뺀

후에는 인류의 삶을 개선하는 데 바쳐야 한다. 우리는 다른 사람들의 도움을 통해서만 부를 창출할 수 있다. 따라서 창출한 부를 그들에게 일부분 돌려주는 것이 미리 고려되어야 한다.

재산 형성과 행복감

운이 좋아서 자신이 생각한 좋은 삶을 살아가는 데 필요한 것 이상을 벌거나 물려받았다면, 남은 잉여자금은 어디로 어떻게 전달해야 할지 결정할 기회와 책임을 갖게 될 것이다. 이런 상황에서 대부분의 사람들은 가족 그리고 자선단체(학교, 대학, 병원, 종교단체 등)라는 두 종류의 수혜자에 초점을 맞추는데, 이 둘 모두 매우 의미 있는 대상이다. 여기서 후자, 즉 사회에 잉여자금을 돌려주는 것은 매우 고결한 행동이다. 다른 사람들의 삶을 긍정적으로 변화시키는 이런 행동을 통해서 큰 행복과 개인적인 성취감을 얻을 수 있다.

모든 것 중 최고의 '가치투자'는 자신의 삶을 보다 가치 있게 만들어주는 목표에 돈을 투자하는 것이다. 이는 자신을 다른 사람들에게 중요한 존재로 만들고 주변 세계를 보다 나은 곳으로 만들기 위해 자신의 선천적인 재능을 끌어내는 일이다.
- 제이슨 츠바이크

자신의 부를 타인에게 좋은 일을 하는 데 사용하는 투자자는 복 받은 사람이다.

찰스 콜리어Charles Collier는 자선활동 안내서 『가족의 부Wealth in Families』에서 "아리스토텔레스와 그의 현대판 제자 토머스 제퍼슨Thomas Jefferson에 따르면, '행복 추구'는 자신이 누구인지 알려는 내적인 여정 그리고 타인에게 봉사하는 외적인 여정과 관련된 것이다"라고 했다.[1]

여러분이 부에 부여하는 의미는 여러분에 대해 그리고 주변 사람들이 여러분을 어떻게 보고 어떻게 기억할지에 대해 많은 것을 말해 준다. '자신의 가족과 가치를 공유하는 환경'을 만드는 것이 매우 중요한 것은 바로 이 때문이다. 자신이 사랑하는 사람들에게 자신의 의지를 알리고, 그들과 가치와 감정을 공유하는 데 시간을 써야 한다. 가족과 가치를 공유하고 함께 활동할 때, 자신의 유언장에 어떻게 자선활동을 할지에 대한 적절한 조항을 넣어두면 자신이 죽은 후에도 타인을 위한 좋은 일은 계속될 수 있다.

이런 유언장은 자신의 뜻을 알리고 자신의 바람이 지속되게 할 수 있는 마지막 기회가 될 수 있다. 인생은 예측 불가능한 것이기 때문에 이런 유언장을 미리 써두는 것이 좋다.

매슬로의 인간욕구 단계에 추가된 자기초월self-transcendence은 기존의 인간욕구 5단계에서 최고 단계였던 자아실현self-actualization보다 훨씬 높은 단계로서, 가장 높고 가장 포괄적인 혹은 전체적인 수준의 인간 의식을 말한다. 자기초월은 우리가 자신의 자아실현을 넘어서 다른 사람들의 필요에 봉사함으로써 보다 큰 만족을 느낄 때 경험할 수 있는 것이다.

기부자는 그에게 중요한 의미를 가진 대의를 실현하는 데 기여함으로써, 그가 일하면서 창출했던 부가 다시 생명을 얻는 것을 평생 매

• 그림 7-1 • 기부와 행복의 관계

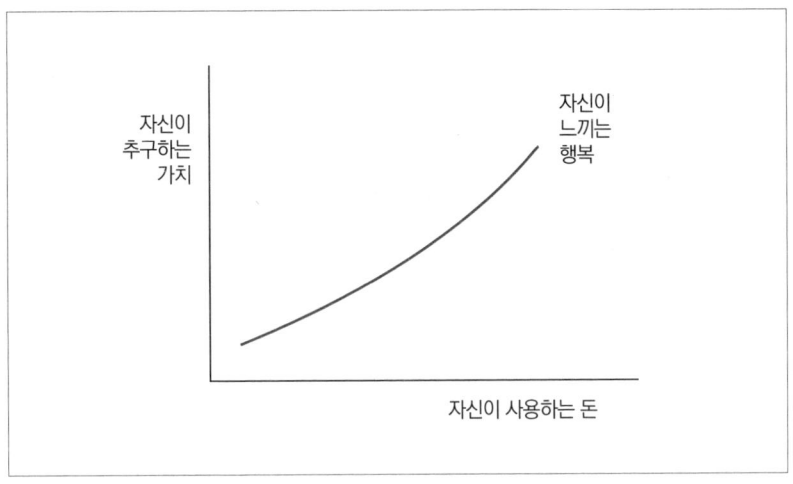

우 기쁜 마음으로 보게 된다. 속담처럼, "저승에는 돈을 갖고 갈 수 없다". 기부자는 자신의 재산이 자기가 정말 관심을 갖고 있는 행동과 가치로 전환되는 데서 큰 행복을 느낀다([그림 7-1] 참조).

자선활동가로서 워런 버핏은 수십억 달러를 빌앤멀린다 게이츠 재단Bill & Melinda Gates Foundation에 기부하고, 그의 세 자녀가 하고 있는 자선활동을 지원하는 것으로 잘 알려져 있다. 버핏은 또한 샌프란시스코의 빈곤퇴치 자선단체 글라이드 재단Glide Foundation을 포함한 다른 여러 단체에도 막대한 돈을 기부하고 있다.

"내가 기업을 사는 것은 자선활동에 돈을 투자하는 것과 같다. 나는 해야 할 일을 잘하고 나의 목표에 맞는 사람을 찾는다……여러분의 목표가 세상에서 가장 위대한 것이라 해도, 돈을 잘 못 쓰는 사람을 택하면, 그 돈은 아무런 효과도 내지 못할 것이다. 반면, 돈을 적절히 잘 쓰는 사람을 택하면, 거의 모든 것이 가능하다"고 한 워런 버핏의 말처럼,[2] 자선활동도 사업과 마찬가지로 적절한 사람들을 찾아 지원하는 것이 가장 중요하다. 돈의 가치는 투자에서와 마찬가지로 자선활동에서도 중요하다. 투자에서든 자선활동에서든 돈은 가치 있게 사용되어야 한다.[2]

버핏이 존경하는 유명한 자선활동가들로는 앤드루 카네기Andrew Carnegie, 피터 키위트Peter Kiewit, 존 D. 록펠러John D. Rockefeller 등이 있다.

카네기는 1889년 〈노스 아메리칸 리뷰North American Review〉의 한 기사에서 "우리 시대가 당면한 문제는 부를 적절히 관리하는 것이다"라고 했다.[3] 카네기는 "부자들은 도움을 받아야 할 가난한 사람들이 자립할 수 있게 해 주는 공공시설을 개선하는 데 그들의 부를 사용해야 한다"고 했다. 공공시설 개선을 위한 자선활동이 "(가난한 사람들에게) 영속적인 도움을 주는 데 가장 적합하기 때문"이라는 것이다.

카네기는 무일푼의 이민자에서 그 시대 세계 최고의 부자가 된 사람이다. 그의 비전은 "소수의 잉여자산이, 가장 좋은 의미에서, 다수의 재산이 되는 이상국가"를 만드는 것이었다. 5억 달러에 자신의 철강제국을 판 후, 카네기는 그 재산을 학교 설립, 평화기금, 뉴욕 카네기홀 건설, 7,689개의 오르간을 교회에 기부하는 데 바쳤다. 특히 그의 자선철학을 가장 잘 보여주는 것은 그가 도서관 건설을 각별히 지원했다는 점이다. 카네기의 자선철학으로 인해 미국 전역에 2,811개의 공공도서관이 건립될 수 있었다.

피터 키위트는 오마하 지역 12위 건설사였던 그의 가족회사를 미국 최대이자, 미국에서 가장 존경받는 회사 중 하나로 키웠다. 죽기 전 키위트는 개인 재산을 네브라스카와 서부 아이오와 지역의 공공 프로젝트 지원 재단 설립에 사용하라고 지시했다. 그 결과 키위트가 생전에 벌었던 재산의 90% 이상인 1억 5,000만 달러의 기부금으로 1979년 피터 키위트 재단Peter Kiewit Foundation이 설립되었다. 키위트가 사망하자, 버핏은 "피터 키위트는 사회라는 은행에 큰돈을 예치했다……그러나 그가 인출한 돈은 거의 없었다"면서 피터 키위트를 기렸다.[4] 키위트는 생전에도 많은 기부를 했는데, 죽으면서도 자신의 재산 대부분을 기부했던 것이다.

록펠러의 자선 기부는 그가 사무원으로 처음 사회생활을 시작한 16세 때부터 시작되었다. 당시 그는 수입의 6%를 자선단체에 기부했다. 20세에 이르러 록펠러의 자선 기부금은 수입의 10%를 넘었다. 록펠러의 부가 쌓여갈수록 그의 기부금도 늘어갔으며, 주로 교육 및 공중보건, 기초 학문, 그리고 예술 분야에 기부했다(록펠러는 1893년 힌두교 지도자 스와미 비베카난다와 만난 후 그의 영향을 받은 것으로 알려졌는데, 비베카난다는 록펠러에게 가난한 사람들을 돕는 일이 얼마나 중요하고 의미 있는 일인지 깨우쳐 줬다고 한다).

우리 모두는 록펠러의 삶에서 큰 교훈을 얻을 수 있다. 타인에게 베풀고 그들을 돕기에 너무 빠른 때란 결코 없다. 우리가 훌륭하거나, 부자이거나, 완벽해야 다른 사람의 삶을 바꿀 수 있는 것은 아니다. 그저 그들을 배려하기만 하면 된다.

나는 베푸는 행복을 잃고 싶지 않았고, 따라서 미국 생활 초창기 샌프란시스코에 있는 한 호텔의 프론트 데스크 직원으로 최저임금을 받고 있을 때도 적은 금액부터(10달러밖에 여유가 없는 경우에는 그 정도만) 지역 자선단체에 기부하기 시작했다. 자신이 어떤 상황에 있는지, 혹은 기부를 많이 하느냐 적게 하느냐 하는 것은 중요하지 않다. 다른 사람들과 나눌 때, 마음에 뭔가, 자신을 더 나은 존재로 변화시키는 뭔가가 발생한다.

> *사랑이란 큰 사랑으로 작은 일들을 하는 것이다. 얼마나 많은 것을 하느냐가 아니라, 얼마나 많은 사랑으로 그 일을 하느냐 하는 것이다. 얼마나 많은 것을 베푸느냐가 아니라, 얼마나 많은 사랑으로 베푸느냐 하는 것이다. 신에게는 작은 것이란 없다.*
>
> *- 마더 테레사Mother Teresa*

시간이 가면서 자산이 증가함에 따라 나의 자선 기부금도 늘었다. 소외된 사람들을 미소 짓게 하는 것은 내게 큰 행복감을 줬다. 2018년 11월, 수입금 전액이 다크샤나 재단Dakshana Foundation에 기부되는 모니시 파브라이Mohnish Pabrai와의 연례 자선 오찬 경매에서 친구와 함께 낙찰을 받았을 때 나는 정말 기뻤다. 내 삶과 투자에서 얻은 가장 큰 교훈들을 글로 써서 여러 사람들과 공유하는 것은 내가 투자업계에 진 빚을 갚는 한 방법이기도 하다. 다른 사람들과 나눌 때 우리의 선의도 '복리'로 증가한다. 우리는 스펀지가 아니라 깔때기처럼 행동해야 한다. 찰리 멍거가 매우 멋지게 말한 것처럼, "인간이 할 수 있는 최선의 일은 다른 사람이 더 많은 것을 알도록 돕는 것이다".

살다보면 승자도 가끔은 잃는다. 그러나 다른 사람을 돕는 사람은 결코 잃는 법이 없다. 따라서 다른 사람들이 일어설 수 있게끔 항상 도와야 한다. 그러면 장기적으로 (선의가 선의를 낳는 식으로) 선의가 복리로 늘어나게 된다.

투자 세계와 인간관계

여러분에게 결코 보답하지 못할 누군가를 위해 뭔가를 하지 않고는 완전한 하루를 살았다고 할 수 없다.
- 존 우든John Wooden, 미국의 전 농구선수, 감독

가장 의미 있는 성공의 방식은 다른 사람이 성공하도록 돕는 것이다.
- 애덤 그랜트Adam Grant, 미국의 심리학자, 작가

어떤 보답도 기대하지 않고 무조건적으로 다른 사람을 이타적으로 돕는 것은 훌륭한 미덕이다. 나는 근무했던 투자은행들에서 동료들에게 비교적 성실한 직업의식과 배려심을 보여주었고, 그 결과 이들은 내가 새 직장을 구할 때 진행되는 나의 평판 확인 과정에서 새 고용주에게 좋은 피드백을 주었다. 또 나의 과거 투자은행 팀 동료들은 2017년과 2018년 많은 기업이 기업공개IPO를 했던 인도의 보험과 자산운용 산업에 대해 나에게 유용한 정보를 주면서 친절하게 도와주기도 했다. 이는 내가 보험과 자산운용 부문에 가지고 있던 기존의 일부 보유종목들에 대해 보다 나은 결정을 내리는 데 도움을 주었다.

한 곳에서 여러분이 한 행동 방식은 나중에 이런저런 놀라운 방식으로 도움이 된다.
- 찰리 멍거

앞 장에서 배운 핵심 교훈을 다시 한 번 상기해 보자. 우리는 어떤

보상도 기대하지 말고 우리가 먼저 나서서 관계를 맺고 있는 다른 사람들에게 지속적으로 가치를 제공하기 위해 노력해야 한다. 2017년 9월, (내가 전에 한두 시간 대화를 나누었던) 한 선배 투자자가 내 포트폴리오에 포함된 한 회사가 공장 직원들에게 급여를 지불하지 못하고 있으며, 다음 이자상환도 하지 못할 것이라는 소문을 경고 삼아 전해주었다. 이는 시의적절한 경고로 밝혀졌다. 그 며칠 후, 이 회사가 은행들로부터 추가대출을 받기 위해 장부상 자산을 인위적으로 부풀림으로써 대출기관들을 속이려 했다는 뉴스가 터져 나왔다. 그러자 주가는 급락해서 다음 며칠 동안 거의 30%나 하락했다.

그 선배 투자자의 시의적절한 경고 덕분에 나는 며칠 먼저 상당한 수익을 내고 그 주식에서 탈출할 수 있었다. 그리고 그에게 전화를 걸어 감사를 표한 후, 왜 그런 민감한 정보를 알려주면서 나를 도와주었는지 물었다. 그러자 그는 "내가 전혀 요청하지 않았는데도 자네는 늘 유용한 기업과 산업 자료를 나에게 전해 주곤 했어. 그때 자네가 나를 도왔으니, 나도 자네를 도운 거지"라고 했다.

여러분이 타인을 위해 가장 작은 일이라도 좋은 일을 할 때, 항상 이런 긍정적인 피드백의 순환이 일어난다고 나는 믿는다. 좋은 행동은 전체 피드백 과정을 한 바퀴 돈 후 다시 여러분의 삶에 여러 긍정적인 일을 선사한다.

카르마^{karma}, 業는 큰 눈덩이와 같다. 매일 밤 잠들기 전 "오늘 남을 돕는 최소한 한 가지라도 한 일이 있는가?" 하고 스스로 물어보라. 그런 후, 살아오면서 신과 부모님께 받은 모든 것에 대해 그들에게 감사하라. 나는 매일 이렇게 하고 있으며, 이는 내게 커다란 마음의 평화를 준다. 마이클 잭슨의 '힐 더 월드$^{Heal\ the\ World}$(반전 메시지와 더 나은 세상을 만들자는 희망을 담은 곡—편집자)'가 오래전 처음 들었을 때부터 지금까지 계속 내 마음속에 크게 울려 퍼지고 있다.

8장

단순한 투자 vs. 복잡한 투자

> 대부분의 천재들(특히 다른 사람들을 이끄는 지도자들)은
> 복잡한 것들을 분석해서가 아니라,
> 미처 인식하지 못했던 단순함을 개발함으로써 성공한다.
> - 앤디 베노이트Andy Benoit, 미국의 스포츠 저널리스트

> 인생은 정말 단순하지만, 우리는 그런 인생을 계속 복잡하게 만든다.
> - 공자

단순함은 오랜 노력의 결과이지 시작점이 아니다. 어떤 것을 그 핵심으로 간단하게 정리할 수 있다는 것은 그것을 완전히 이해하고 있다는 것을 말해 준다. 그러나 삶의 가장 큰 아이러니 중 하나는 가장 현명한 사람들이 그들의 성공 비밀을 우리에게 전해줄 때에도 그 비밀이란 것이 너무 기본적이고 단순해 보여서 우리는 그 진가를 알아

보지 못하고, 따라서 무시한다는 것이다.

그들이 우리에게 정말 도움이 되는 간단한 조언을 해줄 때, 우리는 "그게 전부요? 너무 단순하잖아!"라고 한다.

투자의 경우를 생각해 보자. "규칙 1: 절대 돈을 잃지 말라. 규칙 2: 규칙 1을 절대 잊지 말라"는[1] 워런 버핏의 단 두 가지 성공 투자 규칙을 들으면, 우리는 "훌륭한 생각입니다. 그런데 그게 전부인가요? 너무 단순하잖아요!"라며 못마땅해 한다.

투자는 단순한 것이다. 그러나 쉬운 것은 아니다.
- 워런 버핏

2011년 〈비즈니스 와이어Business Wire〉와의 인터뷰에서 워런 버핏은 "벤저민 그레이엄Benjamin Graham의 1949년 판 『현명한 투자자The Intelligent Investor』 8장과 20장, 그리고 존 메이너드 케인스John Maynard Keynes의 1936년 판 『고용, 이자 및 화폐의 일반이론The General Theory of Employment, Interest and Money』 12장을 이해한다면, 다른 책은 읽을 필요가 없고 TV를 꺼도 된다"고 했다.[2] 여기서 버핏은 투자와 경제학 분야의 고전 두 권을 언급하고 있다.

그레이엄의 『현명한 투자자』 8장은 미스터 마켓의 분위기 변화에 현혹되어 투기 또는 투매하거나, 시장 타이밍을 맞히려고 하지 말라는 내용이다. 그리고 『현명한 투자자』 20장은 한 기업의 지속사업과 그 기업의 미래 이익 전망에 대해 신중히 분석한 후, 현재 주가가 상당한 안전마진을 가진 가격일 경우에만 매수를 고려해야 한다는 내용이다.

또 『고용, 이자 및 화폐의 일반이론』 12장("장기 기대의 상태The State of Long-Term Expectations")에서 케인스는 대부분의 직업 투자자들과 투기자들은 "한 투자자산이 존속하는 동안 낼 수 있는 수익에 대해 질적으로 보다 나은 장기 전망을 하는 것이 아니라, 기존 밸류에이션의 근거가 되었던 요인의 변화를 일반 대중들보다 조금 먼저 예측하는 데 주로 관심이 있다"고 했다.[3]

버핏은 투자에 관한 이런 단순하고도 근본적인 세 가지 진리를 매우 진지하게 받아들였으며, 자신의 투자 생애 전반에 걸쳐 이를 집중 활용했다. 그 결과 그는 세상에서 가장 부유한 사람 중 한 명이 되었다.

단순한 생각을 갖고, 이를 진지하게 추구하라.
- 찰리 멍거

단순한 생각을 열심히 추구하면 약속의 땅으로 갈 수 있다.
- 모니시 파브라이

『현명한 투자자』에서 버핏이 배운 핵심 교훈은 하방 가능성을 제거하면 상방 가능성만 남는다는 것이다. 그다음 핵심은 감정을 억제하고 인내하는 것이다. 정말 간단하다.

그러나 간단하지만, 쉬운 것은 아니다.

주식투자 세계에서는 적절한 지식과 검증된 판단력을 갖춘 다음에는 용기가 최고의 미덕이 된다.
- 벤저민 그레이엄

많은 투자 초보자들은 『현명한 투자자』가 너무 건조하고 그렇게 '흥미진진하지는 않다'고 본다. 실제로 이 책이 아주 매력적인 주식을 찾는 어떤 비밀을 보여주는 것도 아니고, 빨리 돈을 벌 수 있는 지름길을 알려주는 것도 아니다.

그러나 내가 이 책을 여러 번 읽고 깨달은 것처럼, 이 책은 좋은 투자자가 되는데 필요한 기질과 강인한 의지를 키워준다. 그리고 기질 형성이란 부의 형성에 비해 읽고 실천하기 훨씬 어려운 문제다(기질 형성과 관련해서는 이 책 말미의 〈부록 B〉에 수록한 러디어드 키플링Rudyard Kipling의 시 '이프If'를 참조하기 바란다).

모니시 파브라이의 책 『투자를 어떻게 할 것인가The Dhandho Investor』는 가치투자에 관한 보다 이해하기 쉬운 책 중 하나다. 워런 버핏처럼 파브라이도 복잡해 보이는 생각들을 단순화하는 능력을 갖고 있다. 이 책에서 그는 다음과 같이 말했다.

> 모든 기업은 내재가치를 갖고 있으며, 이는 모두 동일한 간단한 공식으로 결정된다. 존 버 윌리엄스John Burr Williams는 1938년 출간한 『투자가치론The Theory of Investment Value』에서 처음으로 내재가치를 정의했다. 그에 의하면, 기업의 내재가치는 그 기업의 잔존 기간 동안 발생할 것으로 예상되는 (그리고 적절한 금리로 할인한) 현금의 유입과 유출로 결정된다. 이런 정의는 극히 단순한 것이다……단순함은 매우 강력한 구조물이다. "이런저런 잡다한 일로 우리의 삶이 낭비되고 있다……단순하게 살고, 단순하게 살아야 한다"고 말한 헨리 소로Henry Thoreau는 이를 잘 이해하고 있었다. 아인슈타인도 단순함의 힘을 잘 이해하고 있었으며, 단순함이 그가 물리학에서 이룬 획기적인 업적의 열쇠였다.

그는 "똑똑한Smart 단계, 지적인Intelligent 단계, 뛰어난Brilliant 단계, 천재적인Genius 단계, 단순한Simple 단계"라는 5단계로 지성이 발전한다고 했다. 아인슈타인에게 '단순함'은 가장 높은 수준의 지성이었던 것이다. 워런 버핏의 투자스타일도 결국은 단순하다. 단순함에 집중해서 승리한 사람은 아인슈타인과 버핏 같은 사상가들이다. '$E=mc^2$'이라는 공식이 보여주는 천재성은 바로 그 단순함과 우아함에 있다.[4]

단순함과 장기적인 성공

모든 학문의 웅대한 목표는, 최소한의 가설이나 공리들에 기초한 논리적 연역을 통해 최대한 많은 경험적 사실들을 이해하고 설명하는 것이다.
- 알베르트 아인슈타인

14세기 영국의 논리학자 윌리엄 오컴William of Ockham의 이름을 딴 오컴의 면도날Ockham's razor은 논리학과 문제해결 분야에 사용되는 논리와 설명의 간결함, 경제성, 혹은 단순함에 관한 원칙을 말한다. '오컴의 면도날'에 따르면, 서로 경쟁하는 가설들 중에서 가정이 가장 적은 가설을 택해야 한다. 궁극적으로 다른 더 복잡한 해결책들이 더 나은 예측을 제공하는 것으로 밝혀질 수도 있겠지만, 예측 능력에 차이가 없다면 가정이 더 적은 것이 더 낫다는 것이다.

투자자들은 그들의 채점표가 올림픽 다이빙게임의 채점 방식으로 계산되는 것이 아니라는 점에 유념해야 한다. 요컨대 '난이도는 중요하지 않다'.

이해하기 쉽고 지속적인 하나의 핵심 요인에 의해 그 가치가 주로 결정되는 한 기업의 가치를 옳게 판단했을 때 얻을 수 있는 보상은, 계속 변화하고 복잡한 여러 변수들을 특징으로 하는 다른 투자 대안을 정확히 분석했을 때 얻을 수 있는 보상과 같다.

- 워런 버핏

버핏이 어려운 문제들을 처리하는 방식은 그런 문제들을 그냥 완전히 피하는 것이다. 올림픽 게임 피겨스케이팅 선수들과 달리 난이도가 더 높은 투자를 했다고 해서 추가 점수를 받는 것은 아니다. 독창성과 복잡성은 장기적으로 우수한 수익률을 창출하기 위한 필요조건이거나 충분조건이 아니다. 투자자로서 우리가 할 일은 자본을 최소한의 리스크로, 가능한 가장 높은 수익률로 오랫동안 복리로 늘리는 것이다. 우리는 우리 능력의 범위 안에서 저평가된 주식을 찾는 방법으로 이런 목적을 달성한다. 이때 시가총액이 큰지 작은지, 혹은 그 기업이 유명한지 아닌지에 대해서는 전혀 관심을 갖지 말아야 한다.

투자는 독창적이거나 창조적이 되는 것과는 관계없는 일이다. 투자는 가장 리스크가 적으면서도, 가격에 비해 가치가 가장 큰 것을 찾는 일이다. 더 많은 시간과 노력을 들인다고 더 나은 투자 결과가 보장되는 것은 아니다. 그보다는 더 적게 움직이고, 더 적지만 보다 나은 선택을 하는 것이 더 낫다.

결정을 많이 할수록 의지력은 줄어든다. 이를 결정피로decision fatigue라고 한다. 더 적은, 그러나 더 나은 결정을 하는데 초점을 맞춰야 한다. 그래야 각각의 결정에 대해 충분한 시간을 갖고 깊이 생각하고, 실수를 할 가능성을 줄일 수 있다. 투자 결정이 아주 쉬운 일처럼 보이는 그런 경우에만, 결정을 하는 것이 좋다. 찰리 멍거가 말한 것처럼, "투자의 목표는 분산하지 않는 것이 안전한 투자 상황(요컨대 분산할 필요 없이 리스크가 적고 수익을 확실히 기대할 수 있는 단순한 투자 조건이나 대상)을 찾는 것이다".[5]

가정이 더 적고 추론할 가설적 시나리오가 더 적은, 그리고 투자를 정당화하기 위해 먼 미래까지 현금흐름을 추정해 할인할 필요가 없는 단순한 기업들을 찾아야 한다. 영국의 역사학자 토머스 칼라일Thomas Carlyle이 말한 것처럼, "우리의 주 임무는 멀리 있어 잘 안 보이는 것을 보려는 것이 아니라, 가까이에 있는 분명한 것을 보려는 것이다". 2004년 주주서한에서 워런 버핏은 단순한 명제를 고수하는 것이 중요하다는 것을 강조한 바 있다.

> 결정하는 데 한 가지 변수만 관건이 되고, 그 변수가 여러분이 예측한 대로 작용할 확률이 90%라면, 성공할 결과가 나올 확률도 분명 90%다. 그러나 성공적인 결과를 낳기 위해 10개의 서로 다른 변수들이 유리하게 작용해야 하고, 각각의 변수가 90% 성공 확률을 가지고 있다면, 성공적인 결정을 할 가능성은 35%에 불과하다……가장 약한 연결고리가 체인의 강도를 결정하기 때문에, (모순어법으로 말하자면) 연결고리가 하나인 체인을 찾는 것이 합리적이다.[6]

투자 결정에 정말 중요한 소수의 핵심 변수들을 찾아서 이에 초점을 맞추는 것이 중요하다. 이는 투자 결정 과정을 매우 단순화하고 성공적인 결과를 가져올 확률을 높인다. 오컴의 면도날 같은 정신모형은 단기적인 노이즈noise로부터 장기적인 신호를 분리해 주고, 어떤 투자 결정이든 침착하게 충분히 생각할 수 있게 해 주기 때문에 유용하다.

물론, 연차보고서, 각종 보고서, 보도자료, 재무제표 주석들을 읽는 것은 중요하며, 이를 통해 이따금 분석적인 이점을 얻을 수 있는 추가적인 세부 내용들을 발견할 수도 있다. 그러나 내가 보기엔, 큰 그림(정말 중요한 두세 개의 핵심변수들)을 이해하는 것도 그에 못지않게 중요하다. 우리 중에는 기업의 가치평가에는 평범한 수준이지만, 이용 가능한 정보를 적절한 맥락에 더 잘 활용하고, 큰 그림을 기억하고, 투자에 정말 중요한 소수의 변수들을 정확히 찾아냄으로써 평균 이상의 실적을 올리는 사람들도 있다.

컬럼비아대학의 한 강의에서 조엘 그린블라트Joel Greenblatt는 "큰 그림을 분명히 알아야 합니다. 여러분의 선배들은 오랫동안 실패했는데, 그것은 그들의 분석능력과 관련된 문제라기보다는 큰 그림과 관련된 문제 때문이었습니다. 나는 큰 그림에 초점을 맞춥니다. 단순한 공식이 아니라 논리를 생각해야 합니다"라고 하면서 학생들에게 큰 그림을 항상 염두에 둬야 한다고 했다.[7]

투자에서 단순함은 장기적인 성공에 이르는 길이다. 버핏은 "경영대학원들은 단순한 행동보다는, 어렵고 복잡한 행동을 더 평가해 주지만 단순한 행동이 더 효과적이다……우리가 어떤 훌륭하고 복잡한 시스템이나 마법 공식 같은 것을 가졌기 때문에 성공한 것은 아니다. 우리가 가지고 있는 것은 단순함, 그것뿐이다"라고 했다.[8]

단순함은 신중하게 축소하는 기술이며, 깊이 뿌리 내린 믿음에 대한 하나의 체계적인 반증이다. 코넌 도일의 소설에서 셜록 홈스는 "불가능한 것들을 다 제거하면, 그런 후 남은 것은 그것이 무엇이든, 아무리 이상해 보여도, 진실임에 분명하다"고 했다. 반면, 복잡성은 (아마도 해로운) 훨씬 많은 가능성과 예상치 못했던 놀라움을 우리에게 선사한다.

버핏은 단순함에 대한 생각을 오랫동안 강조해 왔다. 1992년 주주서한에서 그는 "우리는 우리가 이해한다고 믿는 기업들에 집중하려고 합니다. 이는 우리가 집중하는 기업들이 성격상 상대적으로 단순하고 안정적이어야 한다는 것을 의미합니다. 복잡하거나 끊임없이 변하는 기업이라면, 우리는 그 기업의 미래 현금흐름을 잘 예측할 수가 없습니다. 그런데 우리는 (이런 기업에 관심을 갖지 않기 때문에) 그런 단점에 아예 휘둘리지 않습니다"라고 했다.[9]

멍거도 이에 동의하면서, "우리는 단순화에 매우 열정적입니다. 어떤 것이 너무 어려우면, 우리는 그냥 다른 것으로 옮겨갑니다. 이보다 단순한 게 뭐가 있겠습니까?"라고 했다.[10]

멍거는 "버는 것보다 덜 쓰고, 남은 돈은 항상 저축하고, 저축한 돈은 세금이연 계좌에 넣어라. 그러면 어느 정도 시간이 가면 상당한 금액이 될 것이다. 이는 그렇게 어려운 일이 아니다"라고 하면서 부를 창출하는 매우 단순한 방법을 소개한 바 있다.[11]

지적인 사람들은 복잡한 해법에 끌리는 성향이 있다. 금융계에서 일하는 사람들은 똑똑한데다, 높은 수준의 교육을 받은 경우가 많다. 그러나 똑똑한 사람들은 자신이 모든 해답을 갖고 있다고 믿을 가능성이 더 높기 때문에, 그런 똑똑함 때문에 대가를 치르는 경우가 종종 있다. 이는 이들을 큰 곤경에 빠트릴 수 있다. 알베르트 아인슈타인이 말한 것처럼, "간단하게 설명할 수 없으면, 그것을 제대로 이해하고 있는 것이 아니다".

윌리엄 제임스William James에 따르면, "지혜로워진다는 것은 관심과 고려 대상에 제외해야 할 것이 무엇인지 아는 것이다". 이는 기업뿐 아니라 사람들에게도 해당되는 말이다. 버핏이 경고한 것처럼, "형편없는 사람과는 좋은 거래를 할 수 없다".[12] 바로 이것이 사업과 개인적인 삶에서 버핏이 추구했던 철학이다. 그는 자신이 존경하고 믿는 사람들과만 함께 일을 했다. 그 결과, 그는 나쁜 사람들 때문에 발생하는 불쾌한 문제에 시달릴 필요가 거의 없었다.

오컴의 면도날이 유용한 정신모형이긴 하지만, 경험적 검증을 대체할 수 있는 것으로 봐서는 안 된다. 오컴의 면도날은 단순성에 대한 주관적인 평가에 의존한 것이며, 당면한 문제들에 대한 (딱 맞는 아주 정확한 해결책이 아니라) 대략 맞는 혹은 '충분히 좋은 해결책'(만족스러운 해결책이라고도 한다)을 찾는 것이다. 따라서 오컴의 면도날은 규칙이 아니라, 하나의 지침 혹은 제안이다.

셜록 홈스는 사건에 대한 가장 단순하고 자연스러운 설명을 찾곤 했지만 그와 동시에, 특히 복잡한 상호작용을 포함하고 있는 체계를 다룰 때는 복잡한 문제를 지나치게 단순화하지 않는 것이 중요하다고 믿었다.

이와 비슷하게 아인슈타인도 단순성의 힘을 믿었지만 "모든 것은 가능한 단순화되어야 하지만, 그 이상 더 단순해져서는 안 된다"고 하면서 그 한계를 인식했다.

예를 들어 PER(주가수익배수) 지표가 인기 있는 이유는 그 단순성과 이해하기 쉽다는 점에 있다. 'PER 20'이 의미하는 것은 한 기업의 시가총액이 그 기업이 벌어들이는 연간 이익의 20배라는 것, 다시 말해 그 기업의 주가가 주당순이익의 20배라는 것이다.

그러나 PER 그 자체로는 그 기업의 자본 집중도, 현금흐름 창출력,

경영진의 질이나 재무상태에 대해, 혹은 그 기업이 보유한 경쟁우위의 예상 지속기간에 대해 전혀 말해 주지 않는다. 주식시장에서 돈을 벌기 위해서는 PER 말고도 봐야 할 것이 훨씬 많다(투자자라면 마이클 모부신Michael Mauboussin의 "PER 배수, 무엇을 의미하는가?What Does a Price-Earnings Multiple Mean?"와 에포크 인베스트먼트 파트너스Epoch Investment Partners의 "PER 비율: 사용자 매뉴얼The P/E Ratio: A User's Manual"을 꼭 읽고 공부하길 바란다).[13]

좋은 투자 결정에 필요한 것

> 복잡성은 전술과 관련된 것이고, 단순성은 체계와 관련된 것이다.
> 전술은 수시로 바뀌지만, 세상이 작동하는 방식에 관한 포괄적인 철학은
> 여러 시나리오에서 더 나은 결정을 내리는 데 도움을 줄 수 있다.
> 단순한 것은 유행을 타지 않지만, 복잡한 것은 유행을 탄다.
> - 벤 칼슨Ben Carlson, 미국의 펀드매니저, 투자칼럼니스트

단순화의 첫 단계는 알 수 없고 중요하지 않은 것들에 시간을 낭비하는 것을 피하는 것이다. 한 문제를 공략하기 전에 그것이 중요하고 풀어야 할 가치가 있는 문제인지 물어봐야 한다. 이에 대해 버핏은, "결정을 할 때는 (A) 알 수 있는 것인가? (B) 중요한 것인가? 하는 두 질문을 해야 한다. 알다시피, 중요하지만 알 수 없는 온갖 종류의 일들이 있다. 우리는 이런 일들은 그냥 잊어버린다. 그리고 중요한 것이 아니라면, 알 수 있는 것이든 아니든 어떤 의미도 없는 일이며, 따라

서 우리는 이런 일에는 신경 쓰지 않는다"고 했다.[14]

금리가 어느 방향으로 움직일지, 주식시장이 어떻게 될지, 경제가 어느 방향으로 갈지 등은 모두 중요하지만 알 수 없는 것들이다.

단순화의 두 번째 단계는 집중이다. 너무 많은 것을 동시에 이루려고 하면, 오히려 모든 것이 망가지는 경우가 많다. 관심은 하루 종일 시간이 가면서 고갈되어가는 희소한 자원이다. 그런데도 우리는 관심을 아무런 부작용 없이 여러 곳에 무한히 나눌 수 있는 것처럼 행동한다. 그러나 의사결정은 한 번에 한 가지에 집중할 때 더 효과적이다. 계속 나오는 여러 연구들에 따르면, 인간의 뇌는 특히 복잡하고 익숙하지 않은 일을 수행하고 있을 때는 멀티태스킹에 적합하지 않다. 삶에서 가장 힘든 일 중 하나는 더 훌륭한 기회들에 전념할 시간을 갖기 위해 다른 좋은 기회들을 피하는 일이다. 그리고 좋은 기회들과 더 훌륭한 기회들의 차이를 아는 지혜를 갖는 일이다.

버핏의 성공 비밀은 '집중'에 있다. 그는 더 많은 일을 하기보다는 일을 줄이는 사람이다. 그는 자신의 개인비행기 조종사 마이크 플린트Mike Flint에게 목표를 달성하기 위해서는 세 가지 일을 해야 한다고 말한 적이 있다. 첫째는 자신의 25대 목표를 적는 것이고, 둘째는 그중 최상위 5대 목표에 동그라미를 치는 것이고, 셋째는 이 5대 목표를 나머지 목표들과 분리해 별도의 리스트로 만들고, 나머지 6위에서 25위의 목표들은 '하지 않을 리스트'에 넣는 것이다. 그리고 버핏은 "동그라미 밖에 있는 모든 것은 '반드시 피할 리스트'가 된다. 최상위 5대 목표에 성공하기 전에는, 그것이 무엇이든 '반드시 피할 리스트'에 있다면 전혀 관심을 보여서는 안 된다"고 했다.[15]

살면서 우리가 하고 싶은 일은 많다. 누군들 25가지 일에 모두 성

8장 단순한 투자 vs. 복잡한 투자

공하고 싶지 않겠는가? 그러나 한 번에 이 25가지 일을 추구하면, 다재다능하지만 특별히 뛰어난 것은 없는 사람이 될 위험이 있다. 우리 사회는 탁월함과 전문성에 보상을 제공하는 사회다. 따라서 단 몇 개의 선택한 분야에서 탁월해야 한다. 버핏의 '하지 않을 리스트'가 매우 유용한 것은 이 때문이다. 6위에서 25위의 목표들도 모두 자신이 관심을 갖는 중요한 일일 수 있다. 그러나 1위에서 5위의 목표를 추구함에 있어, 6위에서 25위의 목표들은 오히려 방해가 될 수 있다. 부차적인 우선순위들에 시간을 쓰다 보면, 5개의 완료된 프로젝트 대신 25개의 미완성 프로젝트를 갖게 된다. 파레토 원칙Pareto principle에서 말하는 것처럼, "실적의 80%는 20%의 활동에서 나온다(여러 요인들 중 소수의 일부 요인이 대부분의 결과를 만들어낸다는 파레토의 80:20 법칙)". 따라서 상위 20%의 활동에 집중하고 나머지 80%는 후순위로 돌려야 한다.

'하지 않을 리스트'의 개념은 게리 켈러Gary Keller와 제이 파파산Jay Papasan의 책 『원씽The ONE Thing』의 기본 개념과도 유사하다. 이 책은 멀티태스킹이 성공에 이르는 길이라는 믿음을 깼다. 대신 이 책은 "내가 오늘 할 수 있는 가장 중요한 일은 무엇인가? 내 삶에서 그 외 다른 모든 일을 별것 아니게 만들, 가장 중요한 그 한 가지 일은 무엇인가?"를 스스로에게 물어보라고 한다.

> *성공한 사람과 매우 성공한 사람의 차이는, 매우 성공한 사람은 거의 모든 것에 "No"라고 한다는 것이다.*
> *- 워런 버핏*

'No'라고 할 때는 그 한 가지 옵션에만 'No'라고 말하고 있는 것이며, 'Yes'라고 할 때는 그 외의 다른 모든 옵션에 대해 'No'라고 말하고 있는 것이다. 따라서 무엇에 대해 누구에게 'Yes'라고 말할지 신중해야 한다. 궁극적으로 이런 선택이 삶의 많은 것을 결정하게 된다. 매일 우리는 선택하고 우리의 미래를 결정할 기회를 갖는다. 그리고 이 매일은 우리의 남은 생의 첫째 날이다.

단순화의 세 번째 단계는 역逆추론하는 것이다. '역추론'이란 바로 해결책을 찾으려는 대신 정확하지 않은 옵션들을 제거하는 일부터 시작하는 것이다. 문제 영역을 좁히면 커다란 이점을 갖게 된다. 시간과 관심을 더욱 생산적인 부분에 집중할 수 있기 때문이다.

> 정직하자. 우리는 무엇이 우리를 성공하게 만들어줄지 확실히 모른다. 무엇이 우리를 행복하게 만들어줄지 정확히 집어낼 수 없다. 그러나 우리는 무엇이 성공이나 행복을 파괴할지는 분명히 알고 있다. 이런 자각은 단순한 것인 만큼이나 기본적인 것이다. (무엇을 하지 말아야 할지에 관한) 네거티브 지식negative knowledge은 (무엇을 해야 할지에 관한) 포지티브 지식positive knowledge보다 훨씬 강하다.
> - 롤프 도벨리Rolf Dobelli, 스위스의 작가, 기업인

좋은 투자 결정을 하기 위해서는 '해당 주식을 사지 말아야 할 이유'를 적극적으로 찾아야 한다. 항상 반대로 봐야 한다. 단순화는 복잡한 문제들을 그 구성 요소들로 분해함으로써 보다 나은 결정을 하는데 도움이 된다. 예를 들어, 나는 한 주식을 살펴볼 때마다 4가지 반대 질문을 한다. 이 질문들은 그 주식을 매수해야 할 이유를 찾으려는

생각을 깨고, 그 반대 증거를 적극적으로 찾아보려는 것이다. 이 4가지 질문은 다음과 같다.

1. 어떻게 하면 돈을 벌 수 있을까? 대신, **어떻게 하면 돈을 잃을까?**
   하방 가능성을 막는데 초점을 맞추면, 상방 가능성은 굳이 돌보지 않아도 알아서 진행된다.
2. 이 주식의 가치는 얼마나 될 것인가? 대신, **이 주식의 가치는 얼마나 없는가?**
   한 주식의 바닥 가격 혹은 싼 가격을 확인할 수 있으면, 수익성 있는 결정을 하기가 훨씬 쉽다.
3. 어떤 성장 동인이 있는가? 대신, **무엇이 잘못될 수 있는가?**
   성장 촉매요인들에만 초점을 맞추는 대신 여러 가능한 결과들을 확률적으로 생각하고, 가능한 리스크, 특히 결코 발생하지 않았던 리스크들에 대해 심사숙고해야 한다.
4. 나의 미래 성장률 가정치는 얼마인가? 대신, **그 주식의 현재 밸류에이션에 내재된 시장의 성장률 가정치는 얼마인가?**
   역逆현금흐름할인법reverse discounted cash flow은 그 주식에 대한 시장의 현재 가정치를 보다 구체화해 준다. 그러면 우리는 시장의 가정과 우리 자신의 가정을 비교해서 그에 따라 결정할 수 있다.

좋은 투자자들은 사실 확인을 통해 필요할 경우 자신의 의견을 완전히 바꾸는 유연성을 갖고 있다. 좋은 투자자들은 자신이 옳기를 바라지 않는다. 이들은 자신이 틀릴 수 있다는 점을 항상 염두에 두고 있다. (내가 많은 혜택을 받았던) 좋은 반증자료는 소셜미디어에서 매우 신중한 투자자들이 제공한 분석이었다. 이런 투자자들은 자신들이 살펴본 거의 모든 기업에 대해 비관적이거나, 회의적인 논평을 하는 경향이 있다.

또 다른 유용한 반증자료는 내가 매수를 고려하거나, 강세를 낙관하고 있는 주식들에 대한 공매도자들의 보고서나 부정적인 내용의 보고서다. 세스 클라먼Seth Klarman은 이런 종류의 자료들이 제공하는 혜택에 대해 다음과 같이 말했다.

> 우리 경험으로 볼 때, 훨씬 장기 지향적인 분석이 지나치게 단순하고, 매우 낙관적이며, 엉성하다. 경제성장의 장기적인 흐름과 여론 및 마진 콜의 단기적 물결에 역행하는 공매도자들은 최고의 애널리스트가 되도록 강요받는다. 이들의 작업물은 대개의 경우 최고 수준이고 또 그래야만 한다. 공매도자들을 비난하거나 그들의 활동을 금지해서는 안 된다. 오히려 그들 대부분은 찬양과 격려를 받아야 한다. 이들은 부정을 찾아내고 버블에 경고하는 금융시장의 경찰이다. 사실 이들은 규제당국과 집행기관이 막을 수 있을 것처럼 보이지 않는 약탈적 책동으로부터 미숙한 투자자들을 보호하고 있다.[16]

미국 은행가와 멕시코 어부

행복해지는 것은 매우 단순한 일이지만,

단순해지기란 매우 어렵다.

- 라빈드라나트 타고르Rabindranath Tagore, 인도의 작가, 1913년 노벨문학상 수상자

> *지식을 얻기 위해서는 매일 뭔가를 더해야 하고,*
> *지혜를 얻기 위해서는 매일 뭔가를 덜어내야 한다.*
>
> *- 노자*

매일 살피고 평가해야 할 것이 너무 많다고 생각해본 적이 있는가? 너무 많은 뉴스, 너무 많은 의문, 너무 많은 소유물, 모든 것에 대해 너무 많은 선택지, 고르기 위해 살펴봐야 할 너무 많은 주식, 너무 많은 금융자문사들이 추천하는 너무 많은 투자 상품 등등. 이런 경우에 직면해 있다면, 삶에 평화를 가져오기 위해 미니멀리즘이 필요하다.

미니멀리즘은 기본적으로 단순함을 확장한 것이다. 요컨대, 일을 단순화할 뿐 아니라, 더 나아가 불필요한 것을 제거하는 것이다. 삶에서 정말 중요한 일은 그리 많지 않다. 그렇게 적은 일만 중요하기 때문에, 우리는 우리에게 정말 중요한 일들에 대해 신중하게 생각하고, 그런 일들에 먼저 우리 시간을 바쳐야 한다. 이렇게 함으로써 우리는 아마도 정말 중요하지는 않을 어떤 새로운 것을 좇기보다는 우리에게 정말 중요한 것에 계속 집중하게 된다. 이때 우리의 목표는 우리가 집중할 일의 수를 '최소화'하는 것이 아니라 그 수를 '최적화'하는 것이다.

나는 미니멀리즘을 실천해서 삶을 평화롭고 단순하게 만들었다. 미니멀리즘을 통해 나는 나 자신에게 더 의미 있는 일들(가족, 개인 건강, 그리고 배우는 일에 더 많은 시간을 쓰는 것)에 초점을 맞출 수 있는 시간을 가질 수 있었고, 그 때문에 나는 미니멀리즘을 소중히 여긴다.

작은 가방을 들고 여행을 하고, 정크푸드와 당분을 줄이고, 스마트폰 사용 앱을 줄이는 것에서부터 포트폴리오 편입 종목을 줄이는 것까지, 삶의 방식으로 미니멀리즘을 실천해 왔다.

그리고 미니멀리즘은 나의 삶에 명확함, 초점, 효율성이라는 큰 혜택을 제공해 주었다. 나에게 미니멀리즘은 스트레스를 덜 받고 살아가는 것을 말한다. 미니멀리즘이 돈을 절약해 준다는 사실은 부가적인 혜택에 불과하다.

여러 개의 증권계좌에 50개 이상의 주식을 보유하고 있는가? 그렇다면 이를 단순화할 것을 권한다. 10개 이상의 서로 다른 뮤추얼펀드에 투자하고 있는가? 이 역시 단순화할 것을 권한다. '본래 목적'이 생명보험과 건강보험을 마련해 두는 것이었던 여러 '투자 계획들'에 투자하고 있는가? 이 역시 단순화할 것을 권한다. 사무실 책상이나 집에 사용하지 않는 수많은 물건들을 쌓아두고 있지는 않는가? 이 역시 단순화할 것을 권한다. 삶의 많은 부분에서 어수선한 여러 잡동사니들을 청소하는 것은 '결정피로'를 줄여주고, 우리가 정말 달성하려는 것에 더욱 명확한 초점을 맞출 수 있게 해 준다.

평화로 나아가는 길은 없다. 평화가 바로 길이다.
- 마하트마 간디

삶의 미니멀니즘은 목표가 아니라 가야 할 길이다.

삶의 한 방법으로 미니멀리즘을 택하고 실천하는 것은 단순한 일이다.

그러나 단순하지만 쉬운 일은 아니다.

하룻밤 사이에 미니멀리스트가 될 수는 없다. 그러나 노자가 말한 것처럼 "천릿길도 한걸음부터다".

다음의 '멕시코인 어부와 미국인 은행가에 관한 우화'는 내가 가장 좋아하는 이야기 중 하나로, 삶의 중요한 교훈을 내포하고 있다. 우리 대부분은 습관적으로 뭔가를 끊임없이 쌓아가면서, 최종단계는 행복과 충만한 삶이 되어야 한다는 것을 잊어버리고 있다. 그리고 주변에 있는 모든 좋은 것을 쉽게 간과하기도 한다.

진정으로 부유한 삶을 누리는 데 많은 돈이 필요하진 않지만 경제적 독립은 필요하며, 경제적 독립을 통해 우리는 자신의 시간을 통제할 수 있게 된다. 바로 이것이 다음 장에서 살펴볼 중요한 주제다.

한 미국인 은행가가 멕시코 어촌을 들렀다. 그는 그곳에서 배에 생선을 잡아 돌아오는 멕시코인 어부를 만나 그 양이 충분한지, 그것을 잡는데 얼마나 시간이 걸리는지 물었다. 어부는 가족을 부양하는데 충분하며, 시간도 얼마 안 걸린다고 했다. 그러자 은행가는 남는 시간은 뭐하냐고 물었다. 어부는 가족과 시간을 보내고, 쉬고, 친구들과 어울린다고 했다. 은행가는 더 많은 시간을 투자해 더 많은 생선을 잡고 더 많은 돈을 벌면, 그 돈을 투자해 큰 부자가 될 수 있다고 했다. 그러자 어부는 그렇게 되는데 얼마나 시간이 걸리는지 물었다. 은행가는 10~20년이면 된다고 답했다. 이에 어부는 그렇게 큰 부자가 되면 뭘 할 거냐고 물었다. 그러자 은행가는 가족과 시간을 보내고, 쉬고, 친구들과 어울릴 거라고 말했다.

9장

'경제적 독립'을 달성하는 법

> 어떤 것을 이해하지 않아야 돈을 버는 사람에게
> 그것을 이해시키기란 어려운 일이다.
> - 업턴 싱클레어 Upton Sinclair, 미국의 소설가

> 우리는 빵을 주는 사람에게 노래를 불러준다.
> - 찰리 멍거

　자신의 이해와 상충되는 진실은 이해하기 어렵다. 결국 경제적으로 독립하지 않으면 세상이 실제로 작동되는 방식을 정녕 이해할 수 없다. 일단 경제적 독립을 이루면 이제 그것은 모든 것을 변화시킨다. 경제적으로 독립하면 현실을 아무런 편견 없이 볼 수 있게 된다. 따라서 가능한 일찍 경제적 독립을 달성하는 것을 목표로 해야 한다. 경제

적 독립을 달성하는 시점이 세상을 있는 그대로 보기 시작하는 시점이 된다. 경제적으로 독립하지 못하면 장기적으로 생각하고 행동하기가 어렵다. 경제적 독립은 일을 하지 않는다는 것이 아니라 억지로 일을 할 필요가 없다는 것을 의미한다. 경제적 독립은 예측할 수 없는 고용 상태에 대한 불안감도 없애준다.

경제적 독립의 목표는 타인(직장 상사, 고객, 일정, 급여)에 대한 의존을 멈추는 것이다. 진정한 부는 금전적 화폐가 아니라 개인적인 자유의 견지에서 측정된다. 돈만으로는 경제적 독립을 의미하지 않는다. 시간에 대한 통제가 바로 경제적 독립을 의미한다. 성공에 대한 유일한 정의는 자신의 삶을 자신만의 방식으로 이용할 수 있다는 것이다.

우리가 경제적 독립을 달성할 수 있는 방법은 있을까?

곧 밝혀지겠지만, 그렇게 할 수 있는 간단한 방법이 하나 있다.

그러나 간단하지만 쉬운 것은 아니다.

경제적 독립을 달성하기 위해서는 많은 노력, 희생, 규율, 그리고 인내가 필요하다.

*어렸을 때, 나는 『바빌론 부자들의 돈 버는 지혜The Richest Man in Babylon』를 읽은 적이 있다. 이 책에서는 **자신의 수입을 알고, (자신을 위해 쓰고 남은) 차액을 투자하라고 했다**. 하, 이것 보게. 나는 그렇게 했고, 매우 효과적이었다.*

- 찰리 멍거

경제적 독립의 첫 번째 단계는 자신의 수입 범위 안에서 생활하는 것이다. 찰스 디킨스Charles Dickens의 고전 『데이비드 코퍼필드David

Copperfield』에는 "연 수입 20파운드, 연 지출 19.6파운드, 결과는 행복. 연 수입 20파운드, 연 지출 20.6파운드, 결과는 불행"이라는 구절이 있다.[1]

이 책은 1849년에 쓰여졌지만, 이 구절은 지금도 여전히 유효하고 앞으로도 영원히 그럴 것이다.

가능한 최대한 자신의 수입보다 적게 지출해야 한다. 불필요한 소비로 인해 빚을 지는 것을 피해야 한다. 검소하게 생활하는 법을 배워야 한다. 이를 위해, 벤저민 프랭클린Benjamin Franklin의 『부자가 되는 길The Way to Wealth』, 조지 클래이슨George Clason의 『바빌론 부자들의 돈 버는 지혜The Richest Man in Babylon』, 토머스 스탠리Thomas Stanley와 윌리엄 댄코William Danko의 『이웃집 백만장자The Millionaire Next Door』, 로버트 기요사키Robert Kiyosaki의 『부자 아빠 가난한 아빠Rich Dad Poor Dad』를 읽어 볼 것을 권한다.

단일 수입에만 의존해서는 절대 안 되며, 빨리 부자가 되려는 계획은 버려야 한다. 위대한 투자자들로부터 배우면서 현명하게 투자해야 한다. 그래서 마침내 경제적 독립을 달성하면, 자신이 이전에 한 모든 희생 덕분에 돈의 진정한 가치를 알게 될 것이다.

겸손과 저축의 미덕

장기적으로 부를 쌓는 것은 자신의 소득 수준이나 투자 수익보다는 저축 규율과 더 관계 있다. 피터 린치가 말한 것처럼 "장기적으로 미래의 번영을 결정하는 것은 버는 돈이 얼마인가가 아니라, 버는 돈

중 얼마를 저축하고 투자하느냐는 것이다".[2] 부는 장기적으로 자신의 수입에서 필요한 것을 다 지출하고 남은 저축의 누적 금액이다. 많은 소득 없이도 부를 쌓을 수 있지만 전혀 저축하지 않고는 부를 쌓을 수 없기 때문에, 어떤 것에 더 높은 우선순위를 두어야 할지는 아주 분명하다.

나에게 돈은 자유와 독립을 의미하는 것이지 과시적 소비 수단은 아니다. 적절한 수준 이상의 지출은 대부분 그 사람의 자아를 반영한다. 저축을 늘릴 수 있는 가장 효과적인 방법 중 하나는 수입을 늘리는 것이 아니라 겸손함을 늘리는 것이다. 한 친구가 나에게 "안 쓰고 저축만 하면서 왜 그 돈을 다 버는 거야?" 하고 물은 적이 있다. 나는 친구에게 "다시 다 벌어야 하면서 왜 그 돈을 다 쓰는 거지?" 하고 되물었다.

돈이 부의 진정한 척도라면, 부자인 사람은 모두 행복해야 한다. 그러나 그렇지 않다는 것을 우리는 알고 있다. 돈으로는 사랑하는 가족도, 건강도, 성실함도, 윤리도, 겸손함도, 친절함도, 존경도, 성격도 그리고 깨끗한 양심도 살 수 없다. 삶에서 가장 중요한 것들은 가격을 매길 수 없으며, 내가 보기에는 그런 것들이야말로 부의 진정한 척도다. 영원한 행복은 의미 있는 삶(우리가 한 사람으로 성장하고 자기 자신을 넘어 세상에 기여하는 열정과 자유로 가득 찬 삶)을 살 때 얻을 수 있다. 물질이 아니라 성장과 기여가 행복의 초석이다. 『부를 설계하다The Geometry of Wealth』에서 브라이언 포트노이Brian Portnoy는 부를 '재정적으로 뒷받침된 만족감', 즉 목적과 실천이 서로 사려 깊게 조정된 의미 있는 삶을 살아갈 수 있는 능력으로 묘사했다.[3] 우리의 내적 가치에 대한 개인적인 정의에서 부의 진정한 의미가 나온다.

저축은 불가피하게 발생하는 삶의 여러 어려움에 대비한 일종의 대비책(헤지)이다. 저축은 우리에게 선택권과 유연성, 기다릴 수 있는 능력, 그리고 살아가는 동안 다가올 수도 있는 매우 귀중한 최고의 기회에 참여할 수 있는 가능성을 제공한다. 그러나 저축을 하는 가장 중요한 이유는 개인적인 자유와 시간에 대한 통제다. 개인적인 자유와 시간에 대한 통제를 통해 우리는 관계, 창조의 추구, 건강, 자선활동 같은 삶의 의미 있는 측면에 더 많은 관심을 기울일 수 있다.

또한 개인적인 자유는 우리에게 생각할 충분한 시간을 허락해 준다. 어떤 문제를 여러 시각으로 충분히 생각할 조용한 시간만 주어진다면 우리는 좋은 결정을 내릴 수 있다.

방해받지 않는 개인적인 시간은 인생의 가장 귀중한 제한된 자원이다. 빌 게이츠와 마크 저커버그를 포함한 몇몇 유명한 창조자들은 주기적으로 '생각하는 주간think weeks'을 가짐으로써 자신의 사고에 활력을 불어넣고 생각이 자유롭게 흘러가도록 둔다. 이들은 머리를 쉬게 하고 맑게 만들기 위해 특별히 시간을 내는 것이 가치 있는 일이라고 주장하기도 한다.

생각에 집중하기 위해 한 주를 통째로 낸다는 것이 무리한 이야기처럼 들릴 수도 있지만, 경제적 독립을 달성하기만 하면 가능한 일이다. 경제적 독립을 달성한 후에만 우리는 자주 멈춰서 자기 성찰을 할 수 있으며, 생각과 패턴과 지혜를 차분하게 가다듬을 수 있다(이는 매우 중요하다. 투자자로서 우리는 다른 사람들의 생각이나 투자에 대해 읽는 것에 너무 많은 시간을 쓰는 경향이 있다. 그 결과 우리는 자기 성찰에 쓰는 시간이 너무 적다). 조용한 자유는 매혹적이다. 자유는 세금을 부과할 수 없는 수입과 같다. 30대나 40대에 경제적 독립을 달성한 가치투자자는 남은 생을 자신이 정말 좋아하는 것(세상에 대해 더 많이 배우는 일)을 하며 살 수 있다.

벤저민 프랭클린은 검소함과 근면함의 미덕에 대해 자주 말했다. 그는 '잃어버린 시간은 결코 다시 찾을 수 없다'는 것을 잘 알고 있었으며, 가능한 많은 시간을 얻기 위해 경제적 독립을 추구했다. 그는 자신의 글 90% 이상이 "동서고금에 대한 이해를 통해 모은 글"이라고 했다. 프랭클린은 과거를 공부함으로써 현세에 더 많은 자유를 얻을 수 있었다.

인쇄소 사업에서 성공한 프랭클린은 42세에 은퇴할 수 있었다. 우리에게 정말 영감을 주는 것은 부를 일구는 것에 대한 그의 태도였다. 그는 42세의 나이에 막대한 부를 축적했지만, 돈 자체를 위해 돈을 모으는 데만 열중한 그런 사람은 아니었다. 어머니에게 보낸 편지에서 프랭클린은 "'내가 부자로 죽었다'는 것보다는 '쓸모 있게 살았다'는 것이 더 좋겠어요"라고 했다.

프랭클린은 쓸모 있게 살았고, 평생 자신의 부를 남에게 베푸는 사람으로 살았다.

1758년 출간된 『부자가 되는 길The Way to Wealth』은 1733년에서 1758년까지 출간된 『가난한 리처드의 연감Poor Richard's Almanack』에 실었던 벤저민 프랭클린의 조언들을 요약한 책이다. 이 책은 여러 속담과 경구들을 모아 '부자가 되는 길'로써 근면함과 검소함을 주창한, 그리고 이를 통해 개인적인 덕성을 함양하는 하나의 체계적인 윤리규범을 정리한 책이다. 프랭클린의 조언은 260년도 더 지난 지금도 여전히 유효하다. 그는 일상사에서 노동윤리, 근면성, 기업정신을 주창했다. 그는 "인생을 사랑하는가? 그렇다면 시간을 낭비하지 말라. 인생은 바로 그런 시간으로 이루어졌기 때문이다"라고 했다.

프랭클린은 모두가 사회에 기여해야 한다고 믿었다. 그리고 매일 기여하며 살아야 하기 때문에 매일 매일을 열정적으로 살아야 한다고 했다. 그가 보기에 인생은 함께 일하는 사람들의 공동체를 의미했다. 그래서 그는 "우리는 모두 한 국민"이라고 믿었고, "우리가 부지런하다면 결코 굶주리지 않을 것이다. 일하는 사람의 집에는 배고픔이 잠깐 찾아와도 감히 들어오지는 못하기 때문이다"라고 했다.

이 최고령의 미국 건국의 아버지는 또한 검소함의 미덕을 아주 굳건히 주창한 사람이기도 했다. 그는 "부자가 되려면……버는 것은 물론이고, 저축도 해야 한다. 서인도 제도가 스페인을 부자로 만들지는 못했다. 스페인의 지출이 (서인도에서) 벌어들인 수입보다 훨씬 컸기 때문이다"라고 했다.

프랭클린에게 있어서, 검소함과 강한 노동윤리는 부를 쌓는 데 필수적이었다.

벤저민 프랭클린은 (경제적) 자유를 달성했기 때문에 그처럼 사회에 기여할 수 있었다.
- 찰리 멍거

찰리 멍거가 이룬 '경제적 독립'의 경로

2017년 미시간대학 로스경영대학원에서 청중들과 만난 자리에서 찰리 멍거는 자신의 젊은 시절을 간략히 소개하면서, 그가 워런 버핏과 본격적으로 사업을 하기 전에 개인적으로 어떻게 경제적 독립을 달성했는지 밝힌 바 있다. 그리고 한 블로그 게시글에서 조너선 핑Jonathan Ping은 찰리 멍거가 롤모델이었던 벤저민 프랭클린의 덕성들을 '모방'했다고 했다. 멍거의 초창기 삶과 그가 벤저민 프랭클린의 덕성을 모방했다는 내용을 정리하면 다음과 같다.

- **멍거가 특별히 부자로 태어난 것은 아니었다** : 멍거는 스탠포드대학에 가기를 원했지만, 그의 부친은 미시간대학에 진학할 것을 권했다. 미시간대학이 훌륭한 학교이면서 학비가 더 저렴하다는 이유에서였다. 1943년 멍거는 미시간대학을 고작 1년 다닌 후 그만두고 육군 항공대에 입대했다.
- **군복무를 마친 후 로스쿨에 진학하다** : 2차 대전이 끝난 후, 멍거는 제대군인지원법으로 여러 대학 과정들을 수강하고(학사 학위는 받지 않음), 마침내 하버드대학 로스쿨에 진학했다. 그는 학사 학위는 받지 않았음에도 로스쿨 입학을 허가받았다.
- **성공적인 변호사 경력** : 멍거는 부동산 관련 변호사로 성공해서 약 30만 달러의 자산을 모았다. 이는 당시 그의 가족의 10년 치 생활비에 해당하는 금액이었다(그는 부인과 여러 자녀를 두고 있었다). 이 시점에 그는 겸업으로 부동산 개발사업을 시작했다. 그리고 이 사업이 본격적으로 궤도에 오르자 그는 변호사업을 그만두었다.
- **성공적인 부동산 개발사업** : 자산 300~400만 달러를 달성했을 때, 멍거는 부동산 개발사업을 접기 시작했다. 이제 그는 '경제적 독립'을 달성했다.
- **'전업 자본가(투자자)'가 되기로 결심** : 이 마지막 단계가 찰리 멍거를 지금

의 억만장자로 만들었다. 버크셔 해서웨이에서 워런 버핏과 함께 일하는 동안에도 멍거는 웨스코 파이낸셜Wesco Financial의 회장으로 있었는데, 웨스코 파이낸셜도 버크셔 해서웨이처럼 여러 자회사와 함께 신중하게 운용되는 주식 포트폴리오를 보유한 기업집단으로 성장했다. 그리고 결국 웨스코 파이낸셜도 버크셔 해서웨이의 자회사가 되었다.

이제 우리는 멍거의 삶을 청사진으로 사용해서 어떤 경로를 거쳐 경제적 독립을 이룰 수 있는지 살펴볼 수 있다.

- 열심히 일하고, 교육을 받고, 가치 있는 능력을 계발하라 : 멍거는 기숙사 방에서 페이스북을 시작하거나 고등학교 때 가상화폐를 거래한 것이 아니었다. 그는 군복무를 했고, 법학 학위를 취득했으며, 수년 동안 매일 직장에 출근했다. 이 시점에서 일은 (시간당 좋은 보수를 받기를 바라면서) 자신의 시간을 바치고 돈을 받는 것을 의미한다.
- 자신의 경력을 이용하고, 생활비의 10배까지 돈을 모아라 : 멍거는 자신이 받는 급여에서 가족을 부양하면서도 가능한 많은 돈을 의무적으로 저축했다. 부양할 가족이 없다면 생활비의 10배까지 돈을 모아둘 필요가 없을지 모르지만, 그래도 미래를 위해 계획을 세워야 하며 그 정도 수준의 저축을 목표로 해야 한다.
- 자산 축적을 가속화하기 위해, 어느 정도 리스크를 부담하고 어떤 사업을 시작할 수 있다 : 시급이나 월급을 받는 것이 아닌 일, 규모가 점점 커지는 일을 해야 한다. 멍거의 경우는 부동산 개발사업을 했다. 빠르게 부자가 된 사람들을 보면, 거의 모두 어떤 종류의 기업을 소유했다. 사

업을 한다고 성공이 보장되는 것은 아니지만, 건전하고 합리적인 원칙에 기초한 잘 계산된 전략은 효과가 있을 것으로 믿어야 한다. 스티브 잡스가 말한 것처럼, "우리가 하는 일들이 미래에 어떻게 될지는 알 수 없다. 우리는 우리가 한 일들이 지금까지 어떻게 되어 왔는지만 알 수 있다. 따라서 우리가 하는 일들이 어떤 식으로든 미래에 이어질 것으로 믿어야 한다. 뭔가를 (자신의 배짱이든, 운명이든, 삶이든, 업이든, 무엇이든 간에) 믿어야 한다". 요컨대, 믿음을 가져야 한다.

- 어떤 시점이 되면 자신의 투자자산이 생활비를 충분히 충당할 수 있는 수동적 수입passive income(일하지 않아도 발생하는 수입)을 제공할 것이다 : 바로 이 시점이 경제적 독립을 달성하는 시점이다. 이렇게 되면 낮에 자신이 하는 일은 중요하지 않다. 자고 있는 동안에도 충분한 돈을 벌기 때문이다. 많은 사람들은 위의 경로 중 하나(예컨대 (1) 고용된 직장인으로서의 길, (2) 적극적인 기업경영, 혹은 (3) 자신의 투자자산을 적극적으로 운용하는 길 중 하나)를 계속 따라간다.[4]

멍거의 삶은 매일 나와서 한 번에 작은 블록 하나씩 깎아내기만 해도 결국엔 큰일을 이룰 수 있다는 것을 가르쳐 주고 있다. 장기간 끈질기게 조금씩 전진하는 것이 성공의 열쇠다. 본질적으로 복리 효과란 바로 이런 것이다.

매일 아침에 일어났을 때보다 조금 더 현명해지기 위해 노력하면서 살아야 한다. 자신의 의무를 성실히 잘 이행해야 한다. 꼭 빠르지는 않더라도 꾸준히 나아져야 한다. 이 과정에서 추후 빠르게 나아질 수 있는 규율을 수립하게 된다……매일매일 조금씩이라도 노력해서 꼭 더 나아져야 한다. 그

러면 결국 (그럴 정도로 충분히 오래 산다면) 대부분의 사람들은 그 보상을 받게 된다.

- 찰리 멍거

우리는 찰리 멍거의 행동을 관찰함으로써 많은 것을 배울 수 있다. 그는 아주 큰 리스크를 부담한 사람은 아니었다. 그는 자신의 부를 점진적으로 쌓아갔으며, 가족을 파국 위험에 결코 내몰지 않았다. 그는 오랜 시간 열심히 일했으며, 상당한 부자가 되었고, 말년에 와서야 유명해질 수 있었다. 그는 기본적으로 경제적 독립을 원했는데, "생각보다 훨씬 더 결과가 좋았을 뿐이다".

첫 100만 달러의 힘

많은 사람들은 처음 100만 달러를 버는 것이 제일 힘든 일이라고 생각한다. 그 방법을 모르고, 자신이 과연 그럴 수 있는지도 모르기 때문이다. 그러나 일단 100만 달러를 벌면, 자신이 100만 달러를 벌 수 있다는 것을 깨닫게 되고, 그 방법도 알게 된다. 바로 이 때문에 어떤 불운으로 돈을 모두 잃은 자수성가 백만장자들이 다시 또 백만장자로 재기하는 것이다.

성공했다고 여겨지는 많은 사람들 중에는 100만 달러를 '모으지' 못한 사람들도 있다. 이는 그들이 100만 달러를 모을 수 있을 정도로 충분한 돈을 벌지 못해서가 아니라, 소비와 저축 규율이 부족했기 때문이다. 사회는 소비적인 라이프스타일을 매력적으로 본다. 대부분의 사람들은 자신의 수입을 소모시키는 비필수재에 지출하고 저축은 거의 하지 않으면서, 그런 소비적인 라이프스타일을 따른다.

처음의 100만 달러를 버는 여정은 처음 저축한 돈으로 시작되며, 그다음 저축, 또 그다음 저축으로 이어지면서 100만 달러를 향해 나아간다. 가장 어려운 것은 그 처음의 100만 달러가 아니라 처음 저축을 시작하는 일이다. 가장 어려운 일은 '시작하는 것'이다.

저축하고 부를 쌓아가는 과정에, 나는 가능한 열심히 그리고 가능한 많은 시간 기꺼이 일을 함으로써 처음 100만 달러라는 중요한 이정표에 도달할 수 있었다. 이 과정에서 나는 가능한 한 푼이라도 더 저축하려고 노력했으며, "작은 지출에도 주의하라, 작은 구멍이 큰 배를 침몰시키는 법이다"라는 벤저민 프랭클린의 가르침을 한순간도 외면하지 않았다.

가장 중요한 것은 끊임없이 내 자신에 투자했다는 것이다. 나는 매일 가능한 많이 배우기 위해 최선을 다했다. 그리고 일단 포트폴리오 가치가 어떤 임계점에 이르면, 복리 효과가 발생하고 놀라운 복리의 마법이 진행되었다.

경제적 독립을 달성한 지금도 나는 계속 일을 한다. 필요해서가 아니라 내가 원해서다. 내가 매일 하는 일을 그저 사랑하기 때문에 일을 한다. 그리고 내가 사랑하는 일을 하고, 내가 하는 일을 사랑하는 데서 즐거움을 느낀다. 내가 도전하던 시기를 떠올리고 과거의 희생을 돌이켜보면, 나는 깊은 성취감을 느낀다. 그런 노력과 희생은 결국 내가 투자를 통해 처음으로 100만 달러를 버는데 도움이 되었다.

벤저민 프랭클린은 "부자가 되는 길은 시장에 가는 길만큼이나 평범하다. 이는 주로 근면과 검소함이라는 두 단어로 요약된다. 즉, 시간도 돈도 낭비하지 말고, 오히려 이 둘을 최대한 활용해야 한다. 근면과 검소함 없이는 아무것도 이루지 못하고, 그 둘이 있으면 모든 것이 가능하다"고 하면서, 우리 모두에게 부자가 되는 법을 분명히 알려줬다.

이스털린의 역설과 쾌락의 쳇바퀴

나를 노예로 만든 것은 삶에 굳이 필요하지 않은 것들이었다.
삶에 진정으로 필요한 것들은 매우 적었다.
- 윌리엄 제임스 도슨William James Dawson, 영국의 성직자, 작가

막대한 부는 그 소유자에게 저주를 내리기도 한다. 이를 '쾌락의 쳇바퀴hedonic treadmill'라고 한다. 이 쾌락의 쳇바퀴는 우리가 꿈꾸는 경제적 목표를 계속 (상향) 이동시킴으로써, 우리가 돈을 더 많이 벌면 느낄 것이라고 생각했던 기쁨을, 막상 그 돈을 벌고 나면 완전히 없애버리는 기능을 한다. 사람들은 끊임없이 쾌락의 쳇바퀴를 돌린다. 돈을 더 벌수록 그와 함께 기대와 욕망도 커지고, 이로 인해 행복은 영원히 더 늘어나지 못한다.

경제학자 리처드 이스털린Richard Easterlin은 1946년과 1970년 미국인들의 삶의 만족도를 측정했는데, 물질적 부의 증가가 삶의 만족도 증가로는 이어지지 않았다는 결론에 도달했다. 이를 이스털린의 역설Easterlin Paradox이라고 한다. 일단 기본적인 필요가 충족되면, 그 후 추가되는 경제적 부는 행복에 아무런 기여도 하지 않는다. 이는 우리의

마음에서 부는 항상 상대적인 것이지 절대적인 것은 아니기 때문이다.

한 연구에서 다음과 같은 질문을 한 바 있다. 다음 신입사원 중 누가 더 행복한가? 평균 초봉이 4만 달러인 회사에서 3만 6,000달러를 받는 직원인가, 아니면 평균 초봉이 3만 달러인 회사에서 3만 4,000달러를 받는 직원인가? 거의 80%가 3만 4,000달러를 받는 직원이 더 행복하다고 답했다.[5]

우리는 좀 더 많은 것을 원할 때까지, 우리가 원하는 것을 원한다. '쾌락적 적응'이라고 하는 과정은 우리가 삶의 대부분의 것에 빠르게 적응한다는 것을 보여주고 있다. 결과적으로 경험한 행복은 일시적인 경우가 많다. 우리가 1개의 X를 갖고 있고 이것으로 행복한 삶을 살아가는데 충분하다고 생각할 수 있지만, 2개의 X를 가진 다른 사람들을 보면 2개의 X가 더 행복할 것이라고 생각한다. 그리고 우리는 그 기준을 3개의 X, 4개의 X, 혹은 10개의 X로 올리게 된다. 금전적으로 부자가 되었음에도 평생 불행한 것은 바로 이런 경로를 가기 때문이다.

데이브 램지Dave Ramsey가 자주 지적한 것처럼, "우리는 우리가 모르는 사람들에게 깊은 인상을 주기 위해 우리가 갖고 있지 않은 돈으로 우리가 필요 없는 것들을 산다".[6] 우리는 좋은 일을 하는 것보다는 좋게 보이기를 원한다. 결과적으로 우리는 어떻게 보일 것인가, 방어 가능성 등에 기초해 선택을 한다. 일반적으로 이는 강한 자아감이 없고 외부의 인정을 추구한 결과다. 벤저민 프랭클린이 말한 것처럼, "우리를 파괴하는 것은 우리 자신의 눈이 아니라 타인의 눈이다. 자신만 제외하고 모든 세상이 장님이라면, 멋진 옷이나 가구에는 신경 쓰지 않을 것이다". 획득한 물질들이 꼭 자신의 삶을 나아지게 하는 것은 아니다. 그런데 그런 물질을 원한다는 것은 노력해서 메워야 할 어떤 사회적, 감정적, 혹은 심리적 결핍이 있음을 의미하는 것이다.

기쁨과 행복을 혼동해선 안 된다. 기쁨은 일시적인 것이다. 현대의 여러 기업들은 행복에 이르는 유일한 길은 기쁨을 추구하는 것이라고 사람들을 설득해 왔다. 그러나 쾌락의 쳇바퀴에 오래 머물수록 그 쳇바퀴는 우리를 감정적으로 더욱 무너뜨릴 것이다. 따라서 그 쳇바퀴에서 속히 빠져나와야 한다.

『클래식: 투자자 문집Classics: An Investor's Anthology』에는 사람들이 쾌락의 쳇바퀴에 들어가는 것에 대한 P. T. 바넘P. T. Barnum의 다음과 같은 글이 있다.

> 많은 사람들이 가난에서 벗어나지 못한다. 호화로운 삶을 살려고 계획한 결과, 수많은 사람들이 평생 잘살 수 있는 정도로 충분히 돈을 번 후에도 여전히 계속 가난하다……금전적인 성공, 특히 갑작스러운 성공은 역경보다 심한 시련이다. '쉽게 얻은 것은 쉽게 잃는다'는 오래된 진실이 있다. 자만심이 충만하면, 그것은 인간의 세속적인 부(그것이 크든 작든, 혹은 많든 적든 간에)의 알맹이를 갉아먹는 아주 훌륭한 좀벌레가 된다. 많은 사람들은 금전적으로 성공하기 시작하면, 아주 짧은 시간 안에 그들의 지출이 그들의 수입을 모두 집어삼킬 때까지 즉시 사치에 돈을 쓰기 시작한다. 이들은 겉치레를 하고 '센세이션sensation'을 일으키려는 우스꽝스러운 시도를 하면서 결국 파산하고 만다.[7]

세네카도 행복보다는 금전적 가치를 극대화하려는 무의미한 시도들에 대해 다음과 같이 말했다.

에피쿠로스는 "삶에 만족한 가난은 훌륭한 재산이다"라고 했다. 사실 만족스럽다면, 그것은 전혀 가난이 아니다. 가난한 사람은 너무 적게 가진 사람이 아니라 더 많은 것을 갈망하는 사람이다. 이웃의 번영을 탐하고, 자신이 과거에 번 것이 아니라 앞으로 벌고 싶은 것을 생각한다면, 그의 금고나 창고에 아무리 많은 것이 들어 있어도, 그가 가진 가축 무리가 아무리 커도, 그리고 그의 몫이 아무리 많아도 아무런 소용이 없다.

부의 적절한 한계가 얼마인지 물어보았는가? 부의 적절한 한계란, 첫째, 필요한 것을 갖는 것이고, 둘째, 그것으로 충분하다는 마음을 갖는 것이다.[8]

모건 하우절은 쾌락의 쳇바퀴 문제에 대해 한 가지 해결책을 제시했다. "그 해결책, 특히 기본적인 필요가 충족된 후, 그 해결책은 자신이 가진 것에 대한 만족을 적극적으로 추구하는 것이다. 이것이 저축을 멈추고, 노력을 멈추고, 희생을 멈추라는 것을 의미하는 것은 아니다. 이것이 의미하는 것은 성과가 행복의 원천이 아니라는 생각을 받아들이라는 것이다. 요컨대 성과를 얻으려면, 분명 그 과정을 즐겨야 한다."[9]

하우절의 말은 내가 이 주제에 관해 접했던 가장 심오한 생각 중 하나인 조지 로리머 George Lorimer의 말도 상기시켜 주었다. 로리머는 "돈과 돈으로 살 수 있는 물건을 갖는 것은 좋은 일이다. 그러나 이따금, 돈으로 살 수 없는 것을 잃지는 않았는지 확인하고, 그런 것을 잃지 않도록 하는 것도 좋은 일이다"라고 한 바 있다.

결코 자신의 재산으로 삶의 성공 여부를 측정해선 안 된다. 자신이 감동시켰던 마음들, 자신이 이끌어낸 미소들, 그리고 자신이 나눈 사랑으로 삶의 성공 여부를 측정해야 한다.

   사람은 사랑하고, 재물은 이용해야 한다. 그 반대는 결코 좋은 결과를 가져오지 못한다. 사랑은 아무런 의도 없이 배려하는 것이다. 사랑은 우리가 빠지는 그런 것이 아니라, 우리가 되는 그런 존재다.

10장

'내적 점수표'와 투자 원칙

> 여러분을 자신 외의 그 뭔가로 만들려고 부단히 시도하는 세상에서
> 자기 자신이 되는 것은 가장 위대한 성취다.
> - 랄프 왈도 에머슨

> 진정한 성공에 이르는 길은 진실하게 사는 것이다.
> - 가이 스파이어

워런 버핏에 따르면, 세상에는 두 종류의 사람이 있다. 다른 사람들이 자신을 어떻게 생각하는지 신경 쓰는 사람과 자신이 정말 얼마나 좋은 사람인지 신경 쓰는 사람이다.

버핏은 항상 자기 자신에게 진실했으며, 자신의 가치에 대해 결코 타협하지 않았다. 그는 사치에는 결코 관심을 갖지 않았고, 지금도 여전히 1958년 3만 1,500달러를 주고 산 평범한 집에서 살고 있다. 투자자로서 버핏은 온전히 스스로 생각하며 자신의 개인적인 투자철학에 따라서만 투자한다. 1999년 인터넷버블이 진행될 당시 버핏은 일부 금융 논평가들로부터 조롱을 받고 있었으며, 버크셔 해서웨이의 주가도 하락하고 있었다. 그러나 버핏은 유일하게 중요한 성적표는 자기 자신의 '내적 점수표inner scorecard'라는 부친에게서 배운 가르침을 항상 마음에 새기고 있었다.

1999년 12월 〈배런스Barron's〉는 표지에 버핏 사진을 올리고, '워런, 무슨 일 있나?Warren, What's Wrong?'라는 제목을 달았다. 그리고 관련 기사에서 버크셔 해서웨이가 치명적인 실수를 했다고 전했다.

버핏은 전에는 겪어보지 못했던 그런 일련의 부정적인 보도에 시달리고 있었다. 버핏의 투자 스타일을 따랐던 많은 장기 가치투자자들은 회사를 닫거나, 아니면 추세에 굴복하고 기술주를 매입했다. 그러나 버핏은 그러지 않았다. 그의 이른바 '내적 점수표'(누구나 알 수 있는 아주 오랜 기간 그의 내면에 스며든 개인적 결정에 대한 굳은 믿음)로 인해 버핏은 약해지지 않았고, 자신의 오랜 투자원칙을 굳건히 지킬 수 있었다.

그는 '단기적으로 시장은 개표기와 같지만, 장기적으로는 체중계와 같다'라는 스승 벤저민 그레이엄의 가르침을 결코 잊지 않았다.[1]

타인의 허락을 받으면서 인생을 살아서는 안 된다. 진실되어야 한다. 자신의 모습 그대로, 자신이 믿는 바 그대로 행동해야 한다. 그렇지 않으면 언젠가는 가면이 벗겨지고 만다. 만약 버핏이 다른 사람들이 따르는 기준에 따라 살았다면, 그는 여러 금융 거품과 그로 인한 개인적인 불행을 피하는 데 도움을 주었던 굳건한 '마음의 독립'을 유지할 수 없었을 것이다.

이는 모든 투자자들에게 중요한 교훈이다. 역발상 투자자란 그저 반대 그 자체를 위해 항상 반대 경로를 택하는 사람을 말하는 것이 아니다. 반대 그 자체를 위해 반대 경로를 택하는 사람은 그저 또 다른 순응주의자에 다름 아니다. 진정한 역발상 투자자는 사실적 자료에 기초해 철저하게 독립적으로 사고하며, 순응하라는 압력에 저항하는 사람이다.

우리가 마음속으로 자신이 정말 어떤 사람인지 알고 자신이 한 선택이 완전히 옳다는 것을 안다면, 타인의 비판에 (그것이 진정으로 어떤 유익한 점이 있는지 알아보기 위해 살피고 분석할 필요는 있지만) 우리가 추구하는 일이 흔들려서는 안 된다. 자신의 삶은 외부의 확인이 아니라 내적 원칙을 지침으로 살아가야 한다. 자존감이 사회적 승인을 이겨야 한다. 언제나 그래야 한다. 우리는 완전하지도 않고 그런 척해서도 안 되지만, 자신이 이전보다는 나은 존재가 되도록 항상 노력해야 한다.

버핏 파트너십 시절 버핏이 사용한 원칙은 펀드매니저들에게 (그리고 고객들의 이익을 항상 우선해야 하는 모든 사람들에게) 많은 교훈을 주고 있다.

'버핏 파트너십' 시절 버핏의 원칙

1956년, 불과 25세의 나이에 워런 버핏은 10만 5,100달러의 자본금을 가지고 7명의 유한책임 파트너와 함께 버핏 파트너십Buffett

Partnership Ltd.을 설립했다. 그 7명의 파트너는 그의 모친, 누이, 숙모, 장인, 처남, 대학 룸메이트, 그리고 회사 변호사였다. 버핏은 운용수수료는 전혀 부과하지 않았고, 누적 6% 이상의 수익을 올릴 경우 그중 25%를 성과보수로 받았으며, 손실이 발생할 경우에는 자신이 전액 책임지기로 했다. 이런 공정한 수수료 구조는 지금의 투자운용업계에서는 거의 찾아보기 힘들 것이다.

게다가 1957년 버핏 파트너십에 10만 달러를 투자했다면 1969년 171만 9,481달러로 불어나는 실적을 기록했다. 같은 기간 10만 달러를 다우지수에 투자했다면 25만 2,467달러로밖에 불어나지 않았을 것이다. 10년 이상 버핏은 수수료를 제하고 연평균 24.5%(수수료 공제 전으로는 29.5%)의 수익을 올렸다. 같은 기간 다우지수의 연평균 수익률은 배당금을 포함해 7.4%였다.

그러나 이 모든 성공에도 불구하고, 워런 버핏은 1969년 5월 유한책임 파트너들에게 버핏 파트너십을 닫겠다고 발표했다.

당시 버핏은 젊었고, 특별한 성공을 거두고 있었으며, 실제로 투자하겠다고 몰려드는 투자자들을 거절해야 할 정도였다.

그런데도 1969년 버핏은 왜 버핏 파트너십을 닫겠다고 결심한 것일까?

이는 그가 가지고 있던 정직함, 성실함, 진실함, 진정성 같은 덕성 때문이었다.

1967년 1월, 10년에 걸친 놀라운 성공을 거둔 후, 버핏은 "처음 10년의 실적이 다음 10년 동안에도 똑같이, 혹은 약간이라도 비슷하게 이어질 가능성은 전혀 없다"고 하면서 유한 파트너들에게 기대를 낮추라고 경고했다.[2]

그리고 1967년 10월 버핏은 왜 처음 10년과 같은 실적을 달성할 수 없는지에 대해 투자자들에게 다음과 같이 말했다.

> 그런 통계적인 저가 매수 기회는 시간이 가면서 사라지는 경향이 있습니다……게임이 더 이상 여러분의 방식대로 진행되지 않을 때, 새로운 방법이 모두 틀렸고 문제가 되기 마련이라는 등의 말을 하는 것은 그저 나약한 인간의 모습에 불과합니다. 과거에 나는 다른 사람들의 그런 행동을 경멸했었습니다. 또한 나는 (지금의 상황이 아니라) 과거의 상황을 평가하는 사람들이 야기했던 여러 불이익들을 보아왔습니다. 본질적으로 나는 현재의 상황과 맞지 않습니다. 그러나 한 가지 측면에서 나는 분명합니다. 나는 내가 완전히 이해하지 못했고, 성공적으로 실행하지 못했으며, 그리고 어쩌면 결국에는 상당한 자본손실에 이를 수도 있는 방법을 받아들이기 위해 내가 그 논리를 이해하고 있는 이전의 방법을 (적용하기 어렵다는 것을 알지만) 버리지는 않을 것입니다. 이것이 분명 쉽게 올릴 수 있는 큰 수익을 포기하는 것을 의미한다 해도 말입니다.[3]

1969년 1월, 버핏 파트너십이 1968년 최고의 해를 보낸 직후임에도 불구하고 버핏은 "1968년 초 나는 버핏 파트너십의 실적 전망이 역대 그 어느 때보다 열악해 보인다고 느꼈습니다……다우지수가 연간 배당금을 포함해 플러스 7.7% 수익을 기록하는 동안 우리는 플러스 58.8%로 새로운 기록을 세웠습니다. 그러나 이런 실적은 브리지 게임에서 13장의 스페이드를 집은 것 같은 특이한 일로 여겨져야 합니다"라고 하면서 여전히 자신의 입장을 고수했다.[4]

1969년 5월, 버핏은 좋은 투자 아이디어가 고갈되고 있다면서, 요행을 바라고 투자자들 돈으로 도박을 해서 영웅이 될 수도 있겠지만, 이를 거절한다고 했다.

마지막 투자자 서한에서 버핏은 면세 지방채를 추천하는 이유를 (각 파트너들과 개별적으로 만나 그 이유를 설명하고, 실제 그 채권을 구매해 주기도 하면서) 10페이지에 걸쳐 파트너들에게 설명했다. 주식에 계속 투자하길 원하는 사람들에 대해서는 "내가 아무런 대책도 없이 내년 초 여러분에게 연락할 주식 세일즈맨 중 가장 설득력 있는 사람에게 그냥 여러분을 넘기는 것은 아주 잘못된 일이라고 느낍니다"라고 했다.[5]

그래서 버핏은 고객들에게 그의 컬럼비아대학 동기인 빌 루안Bill Ruane을 추천했다. 루안이 (버핏 자신 말고) 알고 있는 투자자 중에서 최고의 투자자이기 때문이 아니라, 그를 매우 정직하고, 도덕적인 사람으로 보았기 때문이었다(버핏의 유한 파트너 대부분이 그의 친척과 가까운 친구들이었다는 것을 기억하자). 버핏에 따르면, 루안은 정직함, 능력, 그리고 모든 파트너들이 계속 함께할 수 있다는 그 모든 측면에서 자신이 알고 있는 한 '최고의 자금운용자'였다.

빌 루안은 결국 전설적인 투자자가 되었으며, 그의 세쿼이아펀드 Sequoia Fund는 그 후 10년 동안 289.6%의 수익률을 올렸다. 같은 기간 S&P 500의 수익률은 105.1%였다. 후에 루안은 1984년 5월 버핏이 컬럼비아대학 경영대학원에서 했던 강연 '그레이엄과 도드 진영의 슈퍼 투자자'에서 슈퍼 투자자 중 한 명으로 소개되었다.

초기 버핏 파트너십 시절 내내 버핏은 2018년 〈데일리저널〉 주주총회에서 피터 카우프먼이 말한 이른바 자금운용의 '5대 자질five aces'을 구현했다([그림 10-1] 참조).

• 그림 10-1 • 피터 카우프먼의 '투자자문가의 5대 자질'

출처 : "비트코인, 금융, AI, 그리고 인생에 대한 찰리 멍거의 생각(Charlie Munger on Bitcoins, Banking, AI, and Life)", 〈사팔 니베샤크(Safal Niveshak)〉 블로그, 2018년 2월 17일, https://www.safalniveshak.com/charlie-munger-bitcoins-banking-life/

(본질적으로 고객을 위한 신의성실한 수탁자 역할을 수행하고 있는) 펀드매니저들은 무엇보다도 먼저 자신을 리스크 관리자로 봐야 한다. 따라서 펀드매니저들은 버핏이 2001년 주주서한에서 밝힌 다음과 같은 신중한 보험 인수의 핵심 원칙들을 따라야 한다.

신중한 보험 인수자들은 (자신의 능력의 범위 안에 머물면서) 적절히 평가할 수 있는, 그리고 가능성이 희박한 손실 시나리오를 포함해 모든 관련 요인들을 평가한 후 이익을 기대할 수 있는 그런 형태의 리스크만 부담합니다……이들은 그들의 파산을 초래할 수도 있는 단일 사건 혹은 관련 사건들로 인해 어떤 손실도 입지 않을 것이 보장된 사업만 합니다. 이들은 외견상 관련 없어 보이는 리스크들 간의 가능한 상관관계를 끊임없이 살펴봅니다.[6]

찰리 멍거는 자본 수탁자로서의 직업의식과 높은 정직성 때문에 그의 제자 리 루Li Lu를 늘 존경했다. 2015년 10월 중국 베이징대학 광화경영대학원에서 리 루가 학생들에게 했던 말을 보면 그 이유를 알 수 있다.

신의성실의 의무를 인식하고 있어야 합니다. 신의성실의 의무란 무엇일까요? 그것은 고객의 돈을 1원까지도 여러분 부모님의 노동의 결과물, 여러분 부모님이 열심히 일하고 아끼면서 평생 한푼 두푼 모은 돈처럼 다루는 것입니다. 비록 큰돈이 아니더라도 (고객이) 그 돈을 모으는 데는 수년에 걸친 노력과 희생이 있었습니다. 여러분이 이것이 의미하는 책임감을 이해하기 시작한다면, 신의성실의 의무가 가진 의미를 이해하기 시작한 것입니다. 나는 신의성실의 의무감은 타고난 것이라고 생각합니다. 요컨대, 천성적으로 신의성실의 의무감을 가진 사람이 있고, 그렇지 않은 사람이 있습니다.[7]

평생 힘들게 모은 저축을 여러분에게 맡긴 사람과 그 가족에 대한 도덕적 책임을 결코 망각해서는 안 된다. 여러분 마음속에 있는 영구 강세장 지지자가 위험한 전략을 실행하라거나, 50% 하락 가능성이 있지만 20% 급등할 수 있는 맹렬한 강세장의 마지막 끝물까지 짜내라고 부추길 때, 은퇴자금을 벌기 위해 수년 동안 월마트 계산대에 서서 일한 사람들을 생각해봐야 한다. 여러분이 그들 돈의 반을 날려버린다면 은퇴에 대한 그들의 꿈과 삶의 열망은 어떻게 되겠는가? 그들이 여러분이 무엇을 하고 있었는지 안다면 그들 기분이 어떻겠는가? 그리고 여러분이 스스로 무엇을 하고 있었는지 완전히 안다면, 여러분 기분은 또 어떻겠는가?

내적 점수표와 본질가치 vs. 외적 점수표와 시장가격

많은 사람들이 갖고 있는 외적 점수표는 "사람들이 나를 어떻게 생각할까? 내가 입는 옷, 나의 모습, 혹은 내가 타는 자동차를 보고 나를 어떻게 판단할까?"를 묻는다.

그러나 훨씬 중요한 내적 점수표는 "내가 옳은 일을 하고 있는가? 사람들을 올바르게 대하고 있는가? 이 일이 한 사람으로서 나에게 실제로 도움이 되는가?"를 묻는다.

내적 점수표에 따라 산 대표적인 사람이 네브래스카 퍼니처 마트Nebraska Furniture Mart 창업자 로즈 블럼킨Rose Blumkin이다. 그녀는 '싸게 팔고, 진실을 말하라'라는 단 하나의 모토에 따라 삶을 살았다.[8]

내적 점수표는 사람들이 스스로 자기 자신을 판단하는 일련의 내적 기준을 말한다. 반면, 외적 점수표는 타인의 판단에 기초해 외적,

비교적 관점에서 자신의 가치를 보는 것을 말한다. 내적 점수표와 본질가치 그리고 외적 점수표와 시장가격 사이에는 분명한 유사성이 있다. 벤저민 그레이엄은 『현명한 투자자』에서 바로 이런 유사성에 대해 말한 바 있다.

> 자신의 지식과 경험에 용기를 가져야 한다. 사실들을 가지고 결론을 내렸고 자신의 판단이 건전하다는 것을 알고 있다면 (다른 사람들이 주저하거나 동의하지 않더라도) 자신의 결론과 판단에 따라 행동해야 한다. 군중들이 여러분에 동의하지 않는다고 해서 여러분이 옳거나 틀린 것이 아니라, 여러분의 자료와 추론이 옳기 때문에 여러분이 옳은 것이다.[9]

자신의 내적 점수표에 초점을 맞추고 삶을 원칙 있게 산 것은 워런 버핏에게 실제 도움이 되었다. 그는 항상 '정직이 최선의 정책이다'라는 격언을 믿었다. 버핏은 항상 가장 확실한 길을 갔으며, 이는 그에게 매우 큰 보상을 주었다. 예를 들어, 재보험사업의 과세 거주지를 세제 혜택이 제공되는 지역으로 옮기면 수십억 달러의 비용을 절약할 수 있었고, 실제로 많은 경쟁자들이 그렇게 했지만, 버핏은 그러지 않았다. 그의 독립적인 정신은 그의 삶 모든 측면에 스며들어 있다. 햄버거와 체리 코크를 즐기는 그의 식습관도 여기에 포함된다.

1980년대 말, 미국 저축대부조합들은 분식회계로 없는 자본을 꾸며내면서, 후에 예금자들의 저축을 파괴하고, 납세자들의 구제금융을 유발하고, 대중들의 격분을 초래하게 되는 대대적인 파산 위기를 향해 치닫고 있었다.

당시 버크셔의 저축대부조합회사 웨스코 파이낸셜의 회장 겸 CEO

였던 찰리 멍거는 웨스코의 사업 행태가 양호했어도 다른 저축대부조합들이 초래한 오명은 피할 수 없을 것으로 보았다. 이에 그는 웨스코의 대출을 축소했을 뿐만 아니라, 미국저축은행연맹U.S. League of Savings Institutions을 탈퇴함으로써 다른 저축대부조합들과 거리를 두는 극단적인 입장을 취하기도 했다. 그는 한 편지에서 미국저축은행연맹을 암 전이세포에 비유하면서, 이 연맹의 로비 관행이 "문제가 많은, 정말 창피한 것"이라고 했다.[10] 이는 해당 산업 전체의 혐오를 감수할 수 있는 사람만이 할 수 있는 행동이었다. 그러나 이런 행동은 저축대부조합 위기가 터졌을 때도 웨스코 파이낸셜의 명성은 전혀 타격을 받지 않고 온전히 유지되는 것으로 그 보상을 받았다. 1980년대 저축대부조합 위기 당시 보여준 찰리 멍거의 높은 정직성은 버크셔를 미국 기업계의 도덕적 표본으로 만들어 주었다.

버핏, 멍거, 그리고 (금전적 성공이라기보다) 삶에 진정으로 성공한 다른 많은 사람들의 공통점은 행복하고 충만한 삶을 살기 위해 노력한다는 것이다. 그저 부자가 되는 것, 유명해지는 것이 진정한 성공은 아니다. 아주 진실하게 진정으로 만족스러운 삶을 사는 것과 주변의 타인을 돕는 것, 이런 것이 진정으로 성공한 삶이다.

버니 메이도프Bernie Madoff는 폰지 사기(실제 이윤 창출 없이 나중에 들어온 투자자의 돈으로 기존 투자자에게 수익금을 나누어 주는 다단계 금융 사기—편집자)를 유지하는 동안에는 커다란 명성과 부를 누렸지만, 과연 그가 행복했을까? 체포된 후 그는 자신이 행복하지 않았다고 말했다. 그는 세상의 모든 존경을, 외적 점수로 A+를 받았던 사람이었다. 그러나 그가 모든 것을 잃었을 때 무슨 일이 있었을까? 그는 오히려 안도의 숨을 쉬었다고 했다. 〈뉴욕매거진New York〉에 따르면, "버니 메이도프에게는 거짓을 사는 것이 한때 그의 본업이었고, 여기에는 끊임없이 그를 괴롭히는 불안이 함께 했다. 그는 조사관들에게 '그것은 악몽이었다'고 했다. 그는 자신이 (자신이 저지른 사기의) 실제 피해자인 양 그렇게 악몽이었다는 말을 되풀이했다. 그는 조사관들과의 잘 알려지지 않은 한 심문에서 '차라리 6년이나 8년 전쯤 잡혔으면 좋았을 텐데'라고 했다".[11]

셰인 패리시는 "(삶의 만족도를 평가하는) 작은 심리적 기법은 성공, 돈, 명예 등 우리가 추구하는 모든 것을 '분자'로 보는 것이다. 여기서 분모(치욕, 유감, 불행, 고독)가 너무 크면, 우리의 '삶의 만족도'는 매우 낮아진다. 우리가 좋은 것을 모두 가져도 그렇다!……이는 매우 분명한 일이다. (외적 점수로 볼 때) '행복해야 함'에도 불구하고 행복하지 않은 사람들을 보게 되는 것은 바로 이 때문이다. 분모가 크면 자존감을 파괴한다"[12]고 했다.

200여 년 전 애덤 스미스도 『도덕감정론 The Theory of Moral Sentiments』에서 이 문제를 다룬 바 있다. 그는 우리가 타인의 사랑을 받기를 갈망한다 해도, 결국은 우리의 내적 점수표로 볼 때 성공했을 때만 행복감을 느낀다고 했다. 우리는 우리가 진정으로 그것을 누릴 자격이 있다고 느낄 때만 성취를 통해 '진정한 기쁨'을 느끼게 된다. 우리는 그냥 칭송만 받을 게 아니라, '칭송받을 만해야 한다'. 우리는 그냥 사랑을 받을 게 아니라, '사랑받을 만해야 한다'.

무엇을 원한다면, 그것을 누릴 자격이 있어야 한다. 믿음, 존경을 얻어야 한다. 이에 대해 멍거는 다음과 같이 말했다.

> 이는 매우 분명하다. 말하자면 이것은 일종의 황금률이다. 자신이

세상과 반대 입장에 있다 해도 자신이 옳다고 믿는 것을 세상에 전하려고 하는 것, 변호사나 다른 누구에게든 이보다 더 좋은 정신은 없을 것이다. 대체로 이런 정신을 가진 사람은 그저 돈을 벌거나 그저 명예를 얻는 것이 아니라 삶에 승리하는 사람들이다. 이런 사람들은 존경을 받고, 관련된 사람들로부터 받아 마땅한 신뢰를 받으며, 그런 신뢰를 받음으로써 삶에 큰 기쁨을 얻는다.[13]

내적 점수표와 윤리

내적 점수표에 따라 삶을 살아간다는 생각은 멍거가 자신의 에세이 '인간 오판의 심리학The Psychology of Human Misjudgement'에서 소개한 '칸트의 공정성 경향Kantian fairness tendency' 개념과 밀접한 관련이 있다. 그는 "칸트는 다른 모든 사람도 함께 따르면 주변의 인간 체계가 모든 사람에게 최선의 방향으로 작동하게 되는 그런 행동 패턴을 따를 것을 사람들에게 요구하는 일종의 황금률인 정언명령으로 유명하다"고 했다.[14]

나는 이를 더 높은 수준의 선을 실현하는, 도덕적으로 높은 수준을 따르는, 사람들이 덜 다닌 길을 가는, 그리고 더 나은 사람이 되는 데 필요한 법칙으로 보고 있다. 버핏과 멍거는 지난 수십 년 동안 일상적인 활동에서 아주 전형적으로 이런 태도를 보여 왔으며, 시간이 감에 따라 이들의 선의는 기하급수적으로 복리로 확대되어갔다.

우리는 우리 자신을 포함해 어떤 한 개인의 시각보다는 우리 문명의 시각에서 개인적인 상황을 봐야 한다. 우리가 거짓과 속임수를 부추기는 식으로 행동한다면, 혹은 그런 체계를 용인한다면, 우리는 우리 문명을 파괴하고 말 것이다. 그것이 우리 자신이라 해도 그런 행동에 관련된 사람을 처벌하지 않으면, 인센티브 효과incentive effect와 사회적 증거("모두가 그러고 있으니, 나도 해도 괜찮다") 때문에 가끔은 사소한 비윤리적인 행동을 해도 좋다는 생각이 퍼져나갈 것이다. 도덕적으로 모범적으로 행동하고 다른 사람들에게도 그런 행동을 권하는 것은 우리의 의무다.

> 내가 군 장교로 근무할 때 장교들에게는 (저지를 경우 군법회의에 회부될 수 있는) '장교 품위 훼손 행동Conduct Unbecoming an Officer'이라는 규칙이 있었다. 그 구체적인 내용은 기억나지 않지만, 기본적으로 장교는 솔선수범하고 모범을 보여야 한다는 것이었다……**회사에서나 혹은 그 외 삶의 다른 영역에서 높은 지위로 올라가면 (권리는 축소하고 솔선수범할 의무 같은) 모범이 되어야 할 의무가 있다.**
> - 찰리 멍거

궁극적으로 우리는 자신에 만족하고, 매일 스스럼없이 거울을 볼 수 있기를 원한다. 속담처럼, "깨끗한 양심처럼 편안한 베개는 없다". 우리는 그저 말로만 우리의 롤모델을 칭송해서는 안 되고, 자신의 말, 행동, 정신으로 롤모델을 구현해야 한다. 생을 살아가는 동안, 우리는 진실한 것이 고통스럽고 힘든 상황들과 마주칠 것이다. 그럴 때 올바른 길을 가면 결국 큰 보상을 받는다. 시간이 감에 따라 우리의 선의는 기하급수적으로 복리로 불어난다.

이에 대해 멍거는 다시 한 번 그의 훌륭한 지혜를 우리에게 전해 주고 있다.

> 제 생각에, 윤리를 가르치는 한 가지 가장 좋은 방법은 모범을 통해서입니다. 모든 일상 행동에서 윤리적 행동을 하는 사람을 모범으로 삼으면, 이는 그런 행동을 보는 사람들에게 큰 영향을 미칠 것입니다. 그러나 윤리가 낮은데, (그럼에도) 보상을 받는다면, 윤리는 계속 악화되고 맙니다. 윤리는 매우 중요하지만, 모범을 통한 간접적인 가르침이 최선입니다. 시험을 통과하기 위해 학교에서 윤리학 과정을 듣고 몇 가지 규칙을 배우는 것으로는 부족합니다. 그러나 우리가 존경하는 사람들이, 특히 힘든 스트레스 상황에서, 어떤 식으로 행동하는지를 보면, 실질적으로 영향을 받게 됩니다.[15]

상호주의 원칙principle of reciprocity에서는 '자신이 대우받기를 원하는 대로 타인을 대하라', '자신에게 하듯 타인을 대하라'고 한다. 자신이 우위에 있고 아무도 보고 있지 않을 때 타인을 대하는 방식이 그 사람의 인격을 말해 준다. 결국엔, '남에게 준 대로 되받는 법이다'.

모든 사람에게 윤리적으로 행동하는 것이 자신의 삶을 살아가는 가장 훌륭한 방법이다. "고결한 기질을 가진 사람을 소중이 여기고, 그를 계속 본받으면서, 그가 너를 보고 있는 것처럼 살고, 그가 너의 행동을 보고 있는 것처럼 너의 모든 행동을 하라"는 세네카의 황금률을 모든 인류가 삶을 살아가는 방식으로 체화한다면, 우리 세계의 도덕적 구조는 완전히 새롭게 개선될 것이다.

11장

'만족 지연'과 복리 효과

오늘 누군가 나무 그늘에 앉아 쉬고 있는 것은
오래전 누군가 그 나무를 심었기 때문이다.
- 워런 버핏

끈기 있고 줏대가 있다면, 매일 아침 일어나 매일 배운다면,
그리고 살아가는 내내 기꺼이 '만족 지연'을 추구한다면, 성공할 것이다.
- 찰리 멍거

시간을 차익거래하는(만족 지연을 추구하는) 사람들은
거의 항상 남보다 나은 성과를 낼 것이다.
제일 먼저 일차적으로 생각나는 즉각적인 만족은 많은 사람들이 택하는 길이고,
잘해야 그저 그런 성과만 얻는 길이다.
이에 반해, 이차적으로 생각하는 만족 지연은
사람들이 덜 몰리지만 결실을 맺을 가능성은 더 높은 길이다.
- 셰인 패리시

1960년대에 성격이론 및 사회심리학 전문가 월터 미셸Walter Mischel
은 스탠포드대학 부설 유아원에서 한 가지 유명한 실험을 했다. 지금
은 스탠포드 마시멜로 실험Stanford marshmallow experiment으로 널리 알
려진 이 실험에서 4~5세 아이들에게 어려운 선택을 제시했다. 그것
은 지금 당장 마시멜로를 한 개 먹거나, 아니면 15분 더 기다린 후 2
개의 마시멜로를 먹는 것이었다.

그리고 그 후 40년 동안 이 실험 대상 아이들을 추적 조사했다. 그
결과, 만족을 기꺼이 지연하고 15분 기다린 후 2개의 마시멜로를 받
았던 아이들이 대학입학 SAT 점수가 더 높았다. 약물 남용 정도는 더
낮았으며, 비만 가능성도 더 낮았고, 스트레스에는 더 잘 대응했다.
부모들의 보고에 의하면 사회적 관계도 더 좋았고, 다른 일련의 일상
지표들에서도 더 좋은 점수를 받았다는 사실이 발견되었다.

요컨대, 이 실험은 (지금 당장 편한 것을 추구하기보다는 추후의 만족을
위해 지금은 어려움을 감수하는) 만족 지연delayed gratification의 장점을 잘
보여주었다. '만족 지연'은 시간이 가면서 더욱 강한 규율이 되고, 그
기술과 능력이 강화되며, 그 효과가 증폭되면서, 보다 쉬운 길을 가는
것보다 훨씬 높은 수준의 성공과 만족을 가져다준다.

찰리 멍거는 항상 만족 지연을 강력히 주창해 왔다. 그는 인내의 중
요성, 그리고 훌륭한 기회가 왔을 때 그에 맞게 행동할 준비가 되어
있는 것의 중요성을 강조했다. 그런 훌륭한 기회들은 자주 오는 게 아
니고 빠르게 지나가 버리기 때문에 우리는 인내하고, 준비되어 있고,
그리고 (기회가 오면) 단호하게 그 기회를 잡아야 한다.

멍거는 이와 관련된 한 가지 흥미로운 사례를 소개한 바 있다. 멍거
는 50년 이상 〈배런스〉를 읽었는데, 이 잡지에서 실행 가능한 투자 아

이디어로 발견한 회사는 단 하나였고, 그것은 저평가된 자동차 부품 회사였다(테네코Tenneco인 것으로 추정된다). 찰리 멍거는 이 주식을 주당 1달러에 매수해서 몇 년 후 주당 15달러에 매도했다. 이 거래를 통해 멍거는 8,000만 달러의 수익을 올렸다. 그런 후 멍거는 이 8,000만 달러를 리 루에게 투자했고, 리 루는 이 돈을 4억 달러로 불렸다. 단 두 번의 투자(테네코에 대한 투자와 리 루에 대한 투자)로 멍거는 몇 백만 달러의 돈을 4억 달러로 만들었다.

이 사례는 극도의 인내, 만족 지연, 그리고 최적의 순간에 발휘한 강한 결단력이 얼마나 중요한지 잘 보여주고 있다. 그래서 멍거는, "그 모든 현금을 갖고 그냥 앉아서 아무것도 하지 않는 성격이 필요하다. 내가 **평범한 기회들을 좇아서 지금의 내가 된 것은 아니다**"라고 했다.[1]

승리하는 유일한 길은 노력하고, 노력하고, 노력하고, 그리고 약간의 통찰력을 갖는 것이다.

- 찰리 멍거

성공한 투자자가 되기 위해 평생 얼마나 많은 통찰이 필요할까? 워런 버핏이 말한 것처럼 그렇게 많이는 필요 없다.

나는 여러분에게 평생 20개의 구멍만 낼 수 있는 카드 한 장을 줘서 여러분을 부자로 만들 수 있다. 이 20개의 구멍은 여러분이 평생 하게 될 모든 투자를 의미한다. 한 번 투자를 하면 구멍을 한 개 뚫는 것이다. 이 경우, 여러분은 자신이 하는 행동에 대해 정말 신중하게 생각할 것이고, 자신이 정말 신중하게 생각한 것만 행동으로 옮길 수밖에 없을 것이다. 그리고 이렇게 하면 훨씬 잘하게 된다.[2]

멍거는 2017년 〈데일리저널〉 주주총회에서도 만족 지연에 대해 언급했다. 그는 대부분의 투자자들이 당장 빨리 돈을 벌려고 하지만, 최고의 투자자들은 향후 먼 훗날 얻을 수 있는 훨씬 많은 이익을 위해 만족을 지연한다고 했다.

'만족 지연' 기업에 투자하기

장기 투자자들은 기꺼이 만족을 지연하는 경영진을 찾는다. 이런 경영진은 장기적으로 지속가능한 경제적 경쟁우위를 구축하는 데 초점을 맞춘다. 이들은 회사의 장기적인 존속에 초점을 맞춘다. 이들은 장기적인 가치를 증대시키기 위해서라면 단기적인 이익은 기꺼이 포기한다. 장기적인 가치를 구축하는 것을 다음의 복리방정식으로 생각해 보자.

$$a = p \times [1 + (r \div 100)]^n$$

여기서 'a'는 누적되는 미래가치, 'p'는 원금 혹은 현재가치, 'r'은 백분율로 나타낸 수익률, 'n'은 복리 기간(연)이다.

경영진은 여기서 r 변수에 초점을 맞추는 경우가 많다. 이들은 수년이 걸리더라도 기업을 훨씬 더 가치 있게 만드는 노력에 관심을 기울이기보다는 단기적인 높은 이익률과 높은 주당순이익 성장 같은 즉각적인 만족을 추구한다. 이 때문에 많은 경영진은 장기적으로 가치를 창출할 수 있지만 단기적으로는 '장부 숫자들'을 나빠 보이게 할 수 있는 투자는 포기한다. 또한 애널리스트들의 압력으로 인해 기업들은 모든 이해관계자들의 지속적인 선의와 장기적인 윈-윈 관계를 창출하는 적정가격을 현재 고객들에게 제공하는 대신 이들로부터 가능한 많은 돈을 뽑아내려고 할 수도 있다.

원자재 상품을 구입해 브랜드 제품을 만들어 판매하는 기업들, 그리고 (대개의 경우 높은 매출총이익률로 나타나는) 강력한 가격결정력을 가진 기업들은 '가격결정력을 가졌다는 것은 많은 신용을 이용할 수 있는 권리를 가진 것과 같다'는 점을 항상 기억해야 한다. 신용은 한도가 매우 높아도 아껴 써야 하는 것이고, 가격결정력도 마찬가지다. 가격결정력을 갖고 있다고 해서 이것을 바로 사용해야 하는 것은 아니다.

이런 점에서 (소비자가 구매 의사가 있는 가격보다 낮은 가격에 제품을 제공함으로써 소비자에게 잉여 만족을 주는) 소비자 잉여consumer surplus는 훌륭한 전략이다. 특히 경영진이 (고객의) 습관 형성과 자연스러운 구독 갱신에 가장 초점을 맞춰야 하는 구독 기반 사업모델의 경우에는 특히 그렇다. 대부분의 기업들은 규율 있는 가격 책정과 훌륭한 고객가치의 제공으로 기업이 획득하는 장기 존속성과 높은 단기 수익성 사이에 미묘한 교환관계가 있다는 것을 제대로 인식하지 못한다. 이런 교환관계를 잘 이해하는 소수의 기업들은 일상적인 결정을 할 때 항상 '오늘의 고통은 내일의 이익'이라는 태도를 보인다.

이와 관련해 두 개의 대표적인 사례를 살펴보자. 하나는 혁신기업들로부터 희귀병 치료 필수의약품을 (독점) 구매해서 여기에 약탈적인 수준의 가격을 붙여 판매하는 밸리언트제약Valeant Pharmaceuticals이다. 밸리언트의 금융지표들은 매력적으로 보일 수 있지만, (고객들에게 가치를 제공하기보다는) 고객들에게서 가치를 뽑아내는 기생적인 관계는 보통은 미래 어떤 시점에 가면 결국 주주가치를 파괴하게 된다.

이에 반해 제프 베이조스가 이끄는 아마존 같은 회사도 있다. 베이조스는 "우리는 가격탄력성을 연구했다. 그리고 그 답은 언제나 가격을 올려야 한다는 것이었다. 그러나 우리는 가격을 올리지 않는다. **가격을 매우, 매우 낮게 유지하면, 시간이 감에 따라 우리는 고객들의 신뢰를 얻게 되고, 이는 장기적으로 우리의 잉여현금흐름을 극대화한다고 믿기 때문이다**"라고 말한 바 있다.[3]

일부 기업들은 단기에 초점을 맞춘 r의 극대화를 기꺼이 무시하고, 그 대신 장기적으로 이해관계자들의 최대의 가치와 행복한 고객을 창출하기 위해 장기에 초점을 맞춘 n의 극대화에 집중한다. 아마존, 네브래스카 퍼니처 마트, 코스트코, 가이코가 그 대표적인 사례다. 이들은 시간이 감에 따라 성장하고 규모의 경제를 이루면서, 그로 인해 발생한 혜택을 더욱 저렴한 가격의 형태로 지속적으로 고객들과 나눔으로써 고객들에게 더 많은 가치를 제공했다.

이로 인해 이들은 이들 회사에 더 많은 돈을 쓰는 행복한 고객들을 창출했을 뿐 아니라, 시간이 갈수록 기업의 경쟁력을 더욱 제고할 수 있었다. 이들이 즉각적인 만족을 지연할 수 있는 드문 능력을 갖고 있었기 때문에 가능한 일이었다. 베이조스의 다음과 같은 말은 아마존의 장기적인 사고 문화를 잘 보여주고 있다.

꿈같은 기업은 최소 4가지 특징을 갖고 있다. 우선 고객들이 그 기업을 매우 좋아한다. 그리고 이 기업은 매우 큰 규모까지 성장할 수 있으며, **강력한 자본수익률을 갖추고 있다.** 그리고 시간적으로 오랫동안 지속가능하다. 요컨대 수십 년 동안 지속할 수 있는 잠재력이 있다. 이런 특징 중 하나를 발견하면, 그냥 관심만 보일 것이 아니라 '결혼'해야 한다.[4]

우리가 극대화하려는 것은 이익률이 아니다. 우리가 극대화하려는 것은 주당잉여현금흐름의 절대금액이다. 그리고 **이익률을 낮춰서 주당 잉여현금흐름을 극대화할 수 있다면, 우리는 그렇게 할 것이다.** 잉여현금흐름은 투자자가 받아서 실제로 쓸 수 있는 것이지만, 이익률은 그런 것이 아니다.[5]

(저가에 물건을 팔면) 장기적으로 훨씬 많은 잉여현금흐름을 창출하는, 그리고 그럼으로써 아마존닷컴을 훨씬 가치 있게 만드는 선순환을 창출한다.[6]

회사의 일반회계원칙 장부를 아주 훌륭하게 만들 것인지, 아니면, **미래현금흐름의 현재가치를 극대화할 것인지,** 둘 중 하나를 선택해야 한다면 우리는 현금흐름을 택할 것이다.[7]

장기적인 내재가치를 창출하는 만족 지연의 장점에 대한 최고의 통찰 중 일부는 가이코GEICO's의 장기적인 고객 획득비용에 대한 워런 버핏의 생각에서 얻을 수 있다.

1999년, 우리는 마케팅 예산을 다시 늘려 최소 1억 9,000만 달러를 지출할 것입니다. 사실 이런 투자를 통해 보험계약자들에게 적절한 서비스를 제공하는 데 필요한 인프라까지 함께 구축할 수 있다면, 가이코의 신규 사업 활동에 대한 버크셔의 투자에는 제한이 없습니다.

분기나 연간 실적을 걱정하는 기업들은 이런 투자가 **장기적인 가치를 창출한다는 면에서 아무리 현명한 것이라 해도, 첫해의 비용 때문에 이런 투자는 피하려 할 것입니다. 그러나 우리의 계산은 다릅니다. 우리는 지출 1달러당 그보다 많은 가치를 창출할 것인지만 봅니다. 그리고 그렇게 계산이 나온다면, 우리는 돈을 더 써도 더 행복합니다.**[8]

예를 들어, 작년 가이코에서 우리는 어떤 즉각적인 수익도 발생하지 않는 보험계약자들을 획득하기 위해 광고비로 9억 달러를 적극적으로 지출했습니다. 우리가 그 두 배를 지출해서 그만큼 보험계약자를 더 많이 획득할 수 있었다면, **단기적인 실적이 더 나빠졌다 해도 우리는 기꺼이 그렇게 했을 것입니다.**[9]

버핏은 단기적인 이익에 압박을 주는 이런 지출을 장기적으로는 가치를 창출하는 '투자'로 본다. 버크셔 해서웨이 〈주주 매뉴얼An Owner's Manual〉의 주주 관련 사업 원칙 6번 항목에서 버핏은 "회계적인 결과는 우리의 사업 결정이나 자본 배분 결정에 영향을 미치지 않습니다. 기업인수 비용이 비슷할 때, 우리는 회계원칙에 따라 보고해야 할 이익이 1달러인 기업보다는 회계원칙에 따라 보고할 수 없는 이익이 2달러인 기업을 훨씬 더 선호합니다"라고 했다.[10]

'고통 받을 능력'과 보상

유명한 가치투자자 토머스 루소Thomas Russo는 '고통 받을 능력', 혹은 '단기적인 이익에 압박이 있어도 장기적인 경쟁우위를 구축하기 위해 재투자할 능력'이 있는 기업에 대해 자주 언급했다. 보통 이런 기업들은 행동주의 투자자들의 접근을 막는 소유 구조ownership structure를 갖고 있다. 다시 말해 대개의 경우 어떤 개인이나 단체가 단기적인 수익성에 너무 얽매이지 않고 전략적인 경로를 유지하며 장기적인 경쟁우위를 구축할 수 있는 충분한 통제력을 갖고 있다.

한 기업이 신규 시장에서 성장하기 위해서는 높은 선행비용upfront costs이 필요하다. 그리고 이런 높은 선행비용은 현재 이익을 압박하고, 이는 다시 근시안적인 주식시장에서 주가에 부정적인 영향을 미친다. 생산 및 유통 이외의 대부분의 이런 초기 선행비용은 사람들의 소득이 증가함에 따라 그들을 평생 소비자로 바꾸게 된다.

한 기업이 사업 초기에 시장점유율이나 수익을 늘리기 전 시장 존재감을 확보하기 위해서는 상당한 광고나 프로모션이 필요하다. 이 과정에는 시간이 필요하고, 대부분의 경영진이 갖고 있지 못한 상당한 인내가 요구된다. 주주들과 주식 옵션을 가진 임직원들의 꾸준한 압박, 그리고 경영진의 순자산 평가 과정에서 발생하는 지속적인 요구 때문에, 기업은 여기서 다소 양보해 필요한 일부 투자를 보류하고 이익 부분을 보강하면서 월스트리트를 만족시키고 주가를 받친다. 이런 식으로 가려운 곳을 긁으면 기분은 훨씬 나아질 것이다.

그러나 한 번 긁는다고 그런 가려움이 영원히 사라질까? 그럴 것 같지는 않다. 일단 한 번 그렇게 하면 기업은 이제 계속해서 애널리스트의 기대를 관리해야 한다. 이런 기대를 인정하면 기업은 애널리스트들과 한 배를 타게 되고, 그러면 빠져나오기 어렵다.

이제 이들은 발생할 수 있는 단기 충격을 피하기 위한 이익 관리 게임을 시작한다. 그러지 않으면, 전략적 통제력을 지탱하고 있는 그들의 미약한 힘이 위협받을 수 있다고 생각하고, 이익이 장기 하락 추세에 들어갔다고 월스트리트가 선언할 경우 직장을 잃을지 모른다고 두려워한다. 행동주의 투자자 같은 단기 지향적 주주들로부터 쉽게 영향을 받는 경영진은 장기적인 성공은 희생하더라도 단기적인 실적을 끌어올리는 활동에 초점을 맞추는 경향이 있다.

『기업가치평가Valuation: Measuring and Managing the Value of Companies』 최신판에서 저자들은, "우리는 장기적인 매출 성장(특히 유기적인 매출 성장)이, 자본수익률이 높은 기업의 경우엔 주주 수익의 가장 중요한 동인이라는 것을 경험적으로 발견했다. 또한 우리는 연구개발에 대한 투자와 장기적인 주주수익 총액 사이에는 강력한 긍정적인 상관관계가 있다는 것도 발견했다"고 했다. 동시에 이들은, "2명의 듀크대학 교수가 실시한 CFO 400명에 대한 설문조사 결과에 따르면, 조사 대상 CFO의 80%가 단기적인 실적 목표를 달성하기 위해서라면 마케팅과 연구개발같이 (장기적인) 가치를 창출할 수 있는 활동에 대한 그들의 자유재량 지출을 줄일 것이라고 답했다"고 했다.[11]

대부분의 경영자들은 선행 고통을 그리 기꺼이 받아들이지 않는다. 따라서 이들은 단기 실적에 초점을 맞추고, 이는 브랜드 구축, 연구개발, 그리고 다른 장기적인 노력에 대한 불충분한 투자로 이어지며, 결국 장기적인 고통으로 이어진다. 이들은 미래에 훨씬 더 많은 이익을 얻기 위해 현재 더 많이 지출(투자)하기보다는, 현재의 이익을 지지하기 위해 현재의 비용을 줄인다. 이로 인해 이들은 결과적으로 장기적인 성공 가능성을 훼손한다.

버핏과 멍거는 '만족 지연' 실천의 대가들이다. 그런데 만약 우리가 버크셔 해서웨이 파트너인데 이들과 똑같이 만족을 지연하지 않으면 우리는 실패한 주주가 되고 말 것이다.

버핏은 현재의 이익은 포기하고 가이코가 추가로 보험계약자들을 늘리도록 했다. 그리고 미래에 이익이 보장된다면 지금 당장 이익을 압박하더라도 필요한 지출을 늘리고, 보험금 청구가 늘어나는 것도 기꺼이 받아들였다. 이렇게 한 것은 모든 고객이 평생 창출해 줄 가치에 초점을 맞췄기 때문이다. 고객 획득 비용 대비 그 고객이 평생 창출해 줄 가치의 비율이 높으면 신규 고객을 획득하는 데 가능한 많이 투자하는 것이 합리적이다. 버핏은 수익성 있는 고객 획득에 지출한 가이코의 광고비를 (순현재가치 관점에서) 이런 식의 투자로 생각했다.

보험사업에서 버크셔 해서웨이는 수익성 있는 보험 기회가 없으면 영업과 시장점유율을 기꺼이 포기할 뿐 아니라, 특수한 경우, 당해 연도 순이익에 타격을 주는 보험계약 인수 손실도 감수한다. 그 대신 버크셔 해서웨이는 미래에 오랫동안 수입을 발생시켜 줄 플로트[foat](보험사가 활용할 수 있는 고객의 보험료 적립금)를 획득한다. 여기에 더 나빠질 게 무엇이 있을까? 모든 비용은 지금 현재 비용으로 인식되며, 모든 수입은 이런 플로트 자금이 이익을 발생시킬 미래에만 수입으로 인식될 것이다. 이것이 '만족 지연'의 극단적인 경우다.

이런 모든 경우에 있어서 문제는, 주주로서 우리가 버핏과 멍거가 실천한 것과 같은 수준의 만족 지연을 기꺼이 실천할 수 있느냐 하는 것이다. 그럴 수 없다면, 버크셔 해서웨이에 대한 투자 혹은 비슷하게 장기적인 마인드를 가진 경영진이 있는 다른 기업에 대한 투자는 재고하는 것이 좋을 것이다. 오늘 마시멜로를 거부함으로써만 내일 씨즈캔디See's Candies 트러플 초콜릿을 한 박스 얻게 된다는 것을 기억해야 한다.

일반적으로 투자자들은 1~2년 후 상당한 이익을 창출하게 될 일을 하고 있는 기업들은 무시하는 경향이 있다. 그렇게 오래 기다리길 원치 않기 때문이다. 투자자들은 미래를 위해 투자하고 있는, 그러나 (그로 인해 얻는 능력은 시간이 가야만 활용되고, 따라서) 이익 증가는 나중에 발생하기 때문에 지금은 그런 투자(노력)에 따른 낮은 초기 수익으로 고통을 받고 있는 기업들은 피하는 경우가 많다.

이런 기업들은 투자를 잘 집행한다 해도, 향후 4~8개 분기의 '보고' 이익은 증가하기 어렵고, 점증하는 감가상각과 (초기의 낮은 생산능력 활용으로 인한) 열악한 초기 수익 때문에 이익이 오히려 하락할 수도 있다. 그런 고통스러운 초기가 지난 후 이익이 급증할 것이 예상된다 해도, 주식시장은 일반적으로 초기에는 이런 기업의 시장가격을 높이지 않는다. 그러나 이익 증가가 분명히 가시화되기 시작하면 시장은 이런 기업을 재평가하게 된다.

우리가 이런 기업들을 골라 인내와 확신을 가지고 보유하면 투자자로서 이점을 갖게 된다. 보다 장기적으로 볼 때 이런 기업들이 분명히 저평가되었다 해도, 이런 기업에 투자하기란 심리적으로 어려운 일이며, 보유하고 있기란 훨씬 더 어려운 일이다. 따라서 이런 주식에는 투자자가 별로 없고, 투자자의 관심이 낮을 때는 활발한 거래를 통한 가격 발견price discovery(매도자와 매수자의 상호작용을 통해 시장에서 한 자산의 가격이 결정되는 과정)도 약하기 때문에 가격도 잘못 책정되는 경우가 많다.

장기적인 가치 창출 시간표에 따라 움직이고 있는 기업을 잘 이용하기 위해서는 우리도 마찬가지로 장기적인 시각으로 접근해야 한다.

장기적인 결과에 초점을 맞추고, 단기적으로는 그 기업이 잘못 이해될 수 있다고 (따라서 가격이 잘못 책정될 수 있다고) 예상할 때에만 그런 기업을 잘 이용할 수 있다. 이는 사업과 투자에만 적용되는 것이 아니라 삶과 인간관계에도 적용된다. '고통받을 능력'이 있는 기업에 투자하기 위해서는 우리도 그들과 함께 기꺼이 고통을 겪을 수 있어야 한다. 달리 말해, 단기적인 고통에 대한 강한 내성이 있어야 한다.

하락할 때 사야 한다. 하락할 때는 다시 상승할 때보다 살 수 있는 양은 훨씬 많고, 매수자들 간의 경쟁은 훨씬 적다. 너무 빠른 것이 너무 늦는 것보다 거의 항상 더 낫다. 그러나 매수 후 가격이 하락할 수 있다는 점은 염두에 두어야 한다.

- 세스 클라먼

자금운용자는 몇 차례의 주기적인 실적 부진을 견딜 수 있는 회복 탄성력이 있어야 한다. 1999년 루소는 네슬레, 하이네켄, 유니레버 같은 매우 양질의 기업들에 투자하고 있었다. 그러나 당시 이런 기업들은 시장을 주도하고 있던 투기성 종목들에 비해 매우 소외되어 있었다. 그해 다우지수가 27% 상승하는 동안 루소의 펀드는 2% 하락했다. 그리고 그 이듬해인 2000년 초반 시장이 30% 상승하는 동안 그의 펀드는 15% 하락했다. 그러나 루소는 고통을 견딜 수 있었기 때문에 그 과정을 버틸 수 있었다. 그의 투자자들도 그랬다고 할 수 있다. 바로 이 때문에 잠재 고객들의 투자 성향을 잘 파악하는 것이 잘못된 투자 아이디어를 거절하는 것만큼이나 펀드매니저의 성공에 중요하다.

주식투자는 중국 대나무를 기르는 것과 같다. 씨를 뿌린 후, 기르는 과정에 열정은 물론이고, 인내와 확신도 있어야 한다. 중국 대나무는 씨를 뿌린 후 처음 자라는 데까지 5년 이상 걸리지만, 일단 자라기 시작하면 6주도 안 돼 8피트까지 빠르게 자란다. 이와 관련해 유명 블로거 안슐 카레Anshul Khare는 "복리는…… 초기에는 여러분이 얼마나 인내심이 있는지 시험하고, 뒤에는 여러분이 얼마나 놀라는지 시험한다"고 잘 설명한 바 있다.[12]

"내게 가장 많은 보상을 제공했던 주식은, 내가 그 주식을 보유한 지 3년 차나 4년 차에 가장 큰 수익을 제공했다"고 한 피터 린치의 투자 경험은 이런 대나무 이야기와 비슷한 점이 있다.[13] 주식은 우리가 예상한 것보다 더 오래 낮은 가격에 머무를 수 있고, 우리가 예상한 것보다 훨씬 빠르게 가격이 재책정될 수 있다.

우리는 기업을 그 주가의 변동성이 아니라 사업 실적에 기초해 평가해야 한다. 주식시장은 주가 변동성에 초점을 맞추지만, 투자 성공은 해당 기업의 사업 실적에 달려 있다. 경영진이 사업을 잘하면, 주가는 결국 그 결과를 따르게 된다. 사실 보유한 우량 성장주식으로 즉각적인 수익을 확보하는 대신 더 장기적으로 보유하면, 외부의 충격이나 혼란에 오히려 더 강해지는 안티프래질(반취약성)이 생긴다. 외부의 충격이나 혼란이 가해지는 시기에는 인내가 핵심적인 역할을 한다.

예를 들어 2019년 10월 기준으로 버크셔 해서웨이 주식은 그 이전 42년 동안 연평균 약 21% 상승했다. 그러나 버크셔 해서웨이 주식을

1997년에 매수했다면, 어느 정도의 수익을 내기까지 5년을 기다려야 했을 것이다. 이와 유사하게, 1986년 8월 기업공개 후 2019년 10월까지 연평균 약 24% 주가가 상승한 어도비의 투자자들은 주가가 전혀 상승하지 않았던 13년의 기간(2000~2013년)을 견뎌야 했다. 투자는 정말 매우 힘든 일이다.

장기적인 시각을 갖는 것이 분명 도움이 된다. 그러나 장기적인 시간지평에는 자신의 핵심 투자 논지에 기꺼이, 그리고 끊임없이 의문을 제기하는 투자 과정이 동반되어야 한다. 투자자는 자신의 최초 투자 논지가 옳은지 부단히 확인해야 하며, 구체적으로 불리하거나 부정적인 어떤 일이 벌어지기 전에는 아무것도 하지 않는 적극적인 인내active patience를 실천해야 한다.

주식투자가 계획대로 잘 풀리지 않을 때 우리는 이를 '장기 투자'라고 칭하는 경우가 아주 많다. 투자를 결정하고 투자에 나서기까지 해당 기업과 경영진을 파악하는 데 많은 시간을 들였을 경우 (우리 투자자들이 많이 그런 것처럼) 결정한 마음을 바꾸기란 그리 쉬운 일이 아니다. 투자자들은 결국엔 활용하지 않을 것들을 파악하는 데 그 모든 시간을 낭비했다는 느낌을 받고 싶어 하지 않는다. 우리가 새로운 투자 아이디어와 기존 보유 종목들을 연구하고, 확률이 우리에게 상당히 유리한 소수의 종목에만 투자하면서 지적으로 정직함을 유지한다면 시간이 가면서 투자자로서의 이점을 얻게 된다.

투자자들은 보유한 주식의 가격이 오를 때는 자만해지고, 보유 종목에 의문을 제기하지 않는 경향이 있다. 그리고 주가가 떨어지기 시작할 때만 자세한 분석을 재개한다. 그러나 투자자는 주가가 떨어질 때만 보유 종목을 분석해서는 안 된다. 보유 종목의 주가가 오르고 있다는 사실이 그 기업에 어떤 나쁜 일도 벌어지고 있지 않다는 것을 의미한다고만 볼 수 없기 때문이다.

인내심과 경제적 보상

월스트리트에서 돈을 벌고 싶으면 적절한 심리적 태도를 가져야 한다.
이런 철학을 스피노자보다 잘 표현한 사람은 없는데,
그는 영원eternity의 견지에서 사물을 봐야 한다고 했다.
- 벤저민 그레이엄

주식으로 돈을 벌기 위해서는 주식을 보는 비전, 주식을 살 용기,
그리고 그 주식을 보유할 인내심을 가져야 한다.
이 셋 중에서 가장 중요한 것은 인내심이다.
- 토머스 펠프스Thomas Phelps, 『주식시장에서 100배 수익 내기(100 to 1 in the Stock Market)』 저자

보유 포지션을 매도해서 수익을 올리라는 모든 조언과 유혹 속에서도 포지션을 계속 보유할 수 있는 투자자는 아주 특별한 정신을 가진 사람이다.

만족 지연을 받아들이는 것은 투자자로서 가장 큰 강점을 가진 것이다. 그런데 인간의 본성상 이런 강점을 활용하기가 어렵고, 바로 그 때문에 그것이 강점이 되는 것이다. 그리고 인간의 본성은 결코 변하지 않기 때문에, 그런 강점을 이용하는 데 딱 맞는 기질을 가진 사람은 그 강점을 오래 유지할 수 있다.

제프 베이조스는 "여러분이 해야 할 모든 일이 3년의 시간지평으로 투자하는 것이라면, 여러분은 많은 사람과 경쟁하게 된다. 그러나 7년의 시간지평에서 투자한다면, 이제 경쟁자는 그 일부로 줄어들게 된다. 소수의 기업들만 7년의 시간지평을 갖기 때문이다. 시간지평을 늘리면, 그전에는 결코 추구할 수 없던 일들을 할 수 있다"고 하면서 투자자가 가진 가장 큰 강점의 원천(만족 지연과 장기적인 시간지평)에 대해 말한 바 있다.[14]

장기적인 시간지평을 갖는 것이 지금은 그 어느 때보다 큰 강점이 되었다. 50년 전 뉴욕증권거래소의 평균 주식 보유기간은 7년이었다. 오늘날 평균 보유기간은 겨우 4개월에 불과하다. 시장에 만연한 단기적인 사고방식은 기업의 장기적인 가치와는 아무런 관계도 없는 주식의 단기적인 방향성만 보고 행해지는 비합리적인 매수와 매도를 유발하고 있다.

금융업계가 갈수록 점점 다음 분기에 초점을 맞추고 있기 때문에 장기적인 시간지평은 투자자에게 구조적인 경쟁우위가 되었다. 이런 경쟁우위는 기술혁신과 소셜미디어를 통해 정보, 데이터, 소음noise들이 과잉 공급됨에 따라 시간이 가면서 더욱 강화될 수 있다.

월스트리트의 대부분의 인재와 자원들이 다음 몇 분기라는 단기적인 영역에서 경쟁하는 데 초점을 맞추고 있다는 것은, 3~5년 후를 볼 수 있는 사람들 그리고 조용히 더 큰 그림을 생각할 수 있는 사람들에게는 큰 기회가 된다. 그런 장기적인 시간지평은 정말 중요한 소수의 핵심 변수들을 찾는 데 도움이 된다. 그리고 이런 소수의 핵심 변수들이 다음 분기의 주당순이익이나 소수점 자리까지 계산하는 이익률 추정치 컨센서스인 경우는 (설혹 있다손 쳐도) 거의 없다. 변동성을 피하려는 다른 사람들의 행태를 이용하는 것이 이런 전략을 효과적으로 만든다.

고객들은 끊임없는 성공을 요구하고 단기적인 실적 부진에 대해서는 거의 참지 못하는 경향이 있다. 이는 펀드매니저가 다음 달, 다음 분기, 혹은 기껏해야 내년 정도에 집중적으로 초점을 맞추지 않으면, 운용자산과 함께 직업을 잃을 위험(이를 '경력 리스크career risk'라고 한다)이 있다는 것을 의미한다. 인내심이 부족한 이런 고객들은 투자 실적에는 '나쁜 실적', '전체적으로 좋지만 이따금 나쁜 실적', 그리고 '항상 좋지만 사실은 사기인 실적', 이 세 가지 형태만 있다는 것을 모르는 게 분명하다.

고객들의 부족한 인내심, 그리고 그런 고객들이 매 분기 벤치마크 지수를 이기라고 펀드매니저들에게 가하는 압력은 과도한 포트폴리오 회전과 높은 마찰비용을 유발한다. 이는 높은 운용수수료와 더불어 대부분의 적극적인 펀드매니저가 벤치마크 지수를 이기지 못하는 요인이 된다. 적극적 투자(액티브펀드)와 소극적 투자(벤치마크지수)의 실적을 비교한 〈2018년 미국 SPIVA S&P Indices Versus Active 실적표〉가 이런 사실을 잘 보여준다([표 11-1] 참조).[15]

이 표를 보면, 15년 동안 대형주 펀드운용사 12개 중 1개, 중형주 펀드운용사 14개 중 1개, 그리고 소형주 펀드운용사 31개 중 1개만 해당 벤치마크 지수를 이길 수 있었다. 변동성을 피하려는 강박관념에 시달린 탓에 최고의 인재를 가진 기관들이 이렇게 그저 그런 실적을 낸 것이다.

장기적인 사고방식을 가진 펀드매니저와 비슷한 사고방식을 가진 인내심 있는 고객 기반이 제공하는 투자 유지력의 중요성은, 펀드를

• 표 11-1 • 벤치마크 지수가 미국 주식펀드들의 실적을 상회한 비율(2018년)

펀드 종류	비교 대상 벤치마크	1년 (%)	3년 (%)	5년 (%)	10년 (%)	15년 (%)
전체 미국 펀드	S&P 1500 종합지수	68.83	81.49	88.13	84.49	88.97
전체 대형주 투자 펀드	S&P 500 지수	64.49	78.98	82.14	85.14	91.62
전체 중형주 투자 펀드	S&P 400 중형주 지수	45.64	74.29	79.88	88.03	92.71
전체 소형주 투자 펀드	S&P 600 소형주 지수	68.45	84.35	89.40	85.67	96.73

출처 : 에이 소(Aye Soe), 베를린다 리우(Berlinda Liu), 하미시 프레스톤(Hamish Preston), 〈2018년 미국 SPIVA 실적표(SPIVA U.S. 2018 Scorecard)〉; S&P 다우존스지수, 2018년 말 기준, https://www.spindices.com/documents/spiva/spiva-us-year-end-2018.pdf, https://www.spglobal.com/_assets/documents/corporate/us-spiva-report-11-march-2019.pdf

운용하던 당시 존 메이너드 케인스([표 11-2] 참조)와 찰리 멍거([표 11-3] 참조)의 성공한, 그러나 변동성이 있던 실적에서 잘 확인된다.

확률이 우리에게 유리하기만 하면, 그리고 주사위를 한 번 던지는 것으로 혹은 그와 유사한 일로 우리가 회사 전체를 위험에 빠트리고 있는 것이 아니라면, 우리는 실적의 변동성은 개의치 않는다. 우리가 원하는 것은 유리한 확률이다.

- 찰리 멍거

이런 중간의 일시적인 변동성을 다루는 일은 시장 참가자가 지불해야 할 입장료지만, 이 입장료를 지불하려는 시장 참가자는 소수다.

• 표 11-2 • 케인스가 운용한 '체스트 펀드'의 투자 실적(1928~1945년)

연도	연간 실적 증감	
	체스트 펀드 (%)	영국시장 (%)
1928	0.0	0.1
1929	0.8	6.6
1930	-32.4	-20.3
1931	-24.6	-25.0
1932	44.8	-5.8
1933	35.1	21.5
1934	33.1	-0.7
1935	44.3	5.3
1936	56.0	10.2
1937	8.5	-0.5
1938	-40.1	-16.1
1939	12.9	-7.2
1940	-15.6	-12.9
1941	33.5	12.5
1942	-0.9	0.8
1943	53.9	15.6
1944	14.5	5.4
1945	14.6	0.8
평균 수익률	13.2	-0.5
표준편차	29.2	12.4

출처 : 존 F. 와식(John F. Wasik), 『케인스의 투자 여정(Keynes's Way to Wealth)』(New York: McGraw-Hill, 2013)

바로 이 때문에 연간 수익률 대신 장기적인 연평균 수익률에 초점을 맞추고 변동성을 수용하면서 인내심을 가지면 상당한 경제적 보상을 받게 된다. 바로 이것이 시간 차익거래time arbitrage다.

시간 차익거래를 실행하기 좋은 시장 부분 중 하나는 '적격기관투자자 대상 주식 발행Qualified Institutional Placement, QIP'이다. QIP 직후

• 표 11-3 • 찰리 멍거의 투자 실적(1962~1975년)

연도	멍거 파트너십 투자 실적 (%)	다우존스지수 (%)	S&P 500 (%)
1962	30.1	-7.6	-8.8
1963	71.7	20.6	22.6
1964	49.7	18.7	16.4
1965	8.4	14.2	12.4
1966	12.4	-15.8	-10.0
1967	56.2	19.0	23.8
1968	40.4	7.7	10.8
1969	28.3	-11.6	-8.2
1970	-0.1	9.7	3.6
1971	25.4	9.8	14.2
1972	8.3	18.2	18.8
1973	-31.9	-13.1	-14.3
1974	-31.5	-23.1	-25.9
1975	73.2	44.4	37.0
총수익률	1,156.7	96.2	102.6
평균 수익률	19.8	4.9	5.2
변동성	33.0	18.5	17.7

출처 : 재닛 로우(Janet Lowe), 『찰리 멍거 자네가 옳아!(Damn Right!)』(Hoboken, NJ: Wiley, 2003)

기업의 주가 실적은 수개월 동안 마이너스인 경우가 많다. 그 기업 주식에 대한 기관의 주요 수요가 QIP에서 흡수되었기 때문이다. QIP를 하기 전 경영진은 투자 로드쇼에서 투자자들에게 장밋빛 약속을 하면서 주가를 끌어올린다. 그 결과, QIP 이후 그 주식은 (이미 신뢰가 하락했기 때문에) 여러 달 동안 어떤 호재에도 반응하지 않는다. QIP 후 주가의 J-커브(일시적인 과도한 하락)를 만드는 또 다른 이유는 QIP로 그 기업에 새로 유입된 자본이 기존에 투자된 자본과 동일한 자기자본이익률을 올리기까지 시간이 걸린다는 것이다. 그 결과 QIP 이후 낮은 자기자본이익률은 추가로 주가의 발목을 잡는 요인이 된다.

결국, 생각이 비슷한 사람들과 장기적으로 게임을 할 수 있는 기업에 투자해야 한다. 투자는 장기적인 게임이다. 시간이 지날수록 실망할 확률은 줄어든다.

2019년 9월 기준, 1950년 이후 어느 특정 1년간 (S&P 500 지수로 측정한) 주식시장 수익률 범위는 연 +47%~-37%였다(JP모건 조사보고서에서 제공한 데이터를 사용). 그러나 1950년 이후 어느 특정 5년간 주식시장 수익률 범위는 연 +28%~-3%였고,[16] 어느 특정 20년간 주식시장 수익률 범위는 이보다 훨씬 축소된 연 +17%~+6%였다. 요컨대 1950년 이후, 어느 특정 20년간 투자자는 주식시장에서 최소 연 6%의 수익은 올렸다. 과거의 실적이 미래의 수익을 보장해 주는 것은 아니지만, 역사는 시간지평이 길수록 만족할 만한 수익률을 올릴 확률도 더 높아진다는 것을 보여준다.

시간지평을 늘릴수록 그 게임의 경쟁은 줄어든다. 세상 대부분은 매우 단기에 몰두하기 때문이다.

- 윌리엄 브라운 William Browne

케인스는 단기적인 사고에 휩쓸리는 우리의 경향을 "양적 혜택을 양적 확률과 곱해 가중 평균한 결과가 아니라, 가만히 있지 못하고 행동하려는 자발적인 야성적 충동"이라고 했다.[17]

시장은 장기적인 내재가치에는 별로 영향을 미치지 않는, '부정적이지만 단기적인' 해당 기업의 이벤트에 과도하게 반응하는 경우가 많다. 비판적 사고를 하는 것은 늘 어려운 일이지만, 특히 두려움에 휩싸였을 때 비판적 사고를 하는 것은 거의 불가능하다. 우리의 마음이 공포fear에 휩싸이면 사실facts이 운신할 여지는 없어진다. 일단 어떤 측면에 대한 공포가 사람들 마음속에 들어오면, 사람들은 저만치 떨어진 다른 일들은 보지 못한다(2018년 10월 1일 인도 반단 뱅크Bandhan Bank 주가가 20% 낮은 범위에 머물러 있던 이유가 그런 사례에 속한다).

이런 시기에 장기에 초점을 맞추면 투자자는 행동적 이점을 갖게 되고, 뇌의 편도체amygdala가 투쟁-도피 반응fight-or-flight response을 개시할 때 범할 수 있는 성급한 실수를 피하는 데 도움이 된다(우리는 이성보다 감정이 앞선다. 우리는 그런 식으로 설계되었다. 이성보다 감정이 앞서는 이런 자동적인 과정은 '도마뱀 뇌lizard brain'라고도 알려진 소뇌cerebellum, 기저핵basal ganglia, 편도체로 구성된 진화 단계상 더 오래된 뇌 부분에서 이루어진다. 반면 신중하게 생각하는 마음은 전두엽frontal lobe의 한 부분인 전전두엽 피질prefrontal cortex에서 작동한다).

피터 베블린Peter Bevelin은 『지혜를 찾아서Seeking Wisdom』에서 "충동에 따라 행동하는 것(이성보다 감정을 먼저 사용하는 것)은 자연스러운 경향이다. 우리의 진화 역사상 생존과 재생산(번식)에 중요했던 핵심적인 행위들은 현재에도 여전히 적용된다"고 했다.[18]

'미래가치 폄하'의 오류

신경과학은 인간의 뇌가 가치를 기간별로 일관성 없이 처리한다는 것을 보여주었다. 우리는 단기적으로는 많은 것을 요구하지만 장기적으로는 무관심하다. 우리의 뇌는 본능적으로 즉각적인 보상을 원한다. 처음 투자를 시작한 후 사람들은 즉시 부자가 될 수 있는 마법의 공식을 찾는다. 즉각적인 만족을 추구하는 것은 인간의 본성이며, 미래에 훨씬 더 큰 보상을 얻기 위해 몇 년을 더 기다릴 생각이라곤 전혀 없는 사람들이 시장을 지배하고 있다.

결과적으로 많은 투자자들이 높은 주식 리스크 프리미엄을 적용해 우수한 기업의 '미래의 그러나 막대한' 현금흐름을 크게 할인하는 식으로 '미래가치를 폄하'한다. 그 결과, 미래가치를 폄하하지 않고 추산했을 때의 가치보다 기업의 내재가치를 훨씬 낮게 추산한다. 이런 기업들은 단기적으로는 적정가치로 평가될 수 있을지 몰라도, 장기적으로는 크게 저평가되게 된다. 인도 플레임대학의 산제이 바크시 Sanjay Bakshi 교수는 그의 기념비적인 2013년 10월 백서에서 시장이 어떻게 우량기업들의 주가를 잘못 책정하게 되는지, 그 불합리성을 잘 보여주었다.[19] (수십 년 동안 연평균 15~20% 상승한 주식이라면, 그 정의상 명백히 시장에 의해 장기간 저평가된 주식이다.)

'폭식 유전자' 제어하기

투자란 나중에 더 많이 소비할 능력을 갖기 위해
지금의 소비를 포기하는 것이다.

- 워런 버핏

영원한 부에 이르는 길은 만족 지연, 저축, 그리고 복리수익이다. 현재를 적절히 잘 즐기는 것과 동시에 밝은 미래를 확보하는 식으로 저축하는 버릇을 들여야 한다. 현재보다 미래에 더 나은 라이프스타일을 즐길 수 있도록 충분히 저축해야 한다. 욕망을 줄이는 것은 부를 늘리는 것과 효과는 동일하지만 하방 리스크는 전혀 없다. 삶에 만족하고 필요를 줄이면 어떤 상황에서도 행복할 수 있다. 그리고 그것이 진정한 부이고 자유다. 고대 그리스의 철학자 에픽테토스가 "자기만족은 가장 훌륭한 부다. 부는 훌륭한 물건을 갖는 것이 아니라, 원하는 것을 적게 갖는 데 있다"고 한 것은 바로 이런 이유에서다.

저축하고 신중하게 투자할 때, 그 혜택은 지연되지만, (이게 중요한데) 그와 동시에 혜택이 복리로 증가하게 된다. 미국의 은퇴제도는 만족을 지연한 사람들에게 큰 보상을 제공하는 체계를 갖고 있다. 70세에 사회보장연금(한국의 국민연금과 비슷한 연금—옮긴이)을 신청하면 62세에 신청할 때보다 76% 높은 인플레이션 반영 혜택을 받게 된다.

즉각적인 만족에 저항하고, 만족 지연을 받아들여야 한다.

부란, 사실, 여러분이 보지 않은 것이다. 사지 않은 차, 구매하지 않은 다이아몬드, 개조를 연기한 집, 안 사기로 한 옷, 그리고 거절한 1등석 업그레이드, 이런 것이 부다. 부는 여러분이 보지 않은 것들로 바뀌지 않고 아직 은행에 들어 있는 자산이다.

- 모건 하우절

비용을 줄이는 데 도움이 되는 단순한 일들이 있다. 외식보다 집밥을 먹고, 할인할 때 물건을 사고, 겨울에 난방 온도를 낮추는 대신 스웨터를 입고, 100% 필요하지 않은 지출은 하지 않는 것 등이다. 검소한 생활을 하는 법을 익혀야 한다. 검소함은 경제적 자유의 디딤돌이다.

나는 미국에 이주한 처음 3년 동안 비싼 물건은 하나도 사지 않았다는 것에 자부심을 느낀다. 그리고 높은 연봉의 직업을 얻은 후에도, 눈 내리는 겨울은 제외하고, 매일 걸어서 출퇴근해 택시비를 아꼈다. 그리고 그렇게 아낀 돈은 모두 저축했다. 미국 생활 초창기 호텔 직원으로 최저임금을 받고 일하던 시절(당시 나는 손님들의 체크인을 돕고, 그들의 짐을 옮겨주고, 주방에서 가끔 접시도 닦았다), 나는 헌책을 사서 돈을 아꼈다. 오늘날 그런 기억들은 내 마음 속에 소중히 간직되어 있다.

2014년 9월 제이슨 츠바이크와의 인터뷰에서 찰리 멍거는 만족 지연 유전자를 가진 사람은 매우 드물다고 했다. 그는 "투자자로서 여러분에게 도움이 되는 것은 '기다리는 것'이다. 사람들은 대부분 기다리는 것을 잘 견디지 못한다. **만족 지연 유전자를 갖고 있지 않으면, 그 약점을 극복하기 위해 매우 열심히 노력해야 한다**"고 했다.[20]

멍거가 이렇게 말한 이유는 무엇일까? 그 이면의 심오한 뜻을 이해하기 위해서는 시간상 여러 세기를 거슬러 올라가야 한다. 유발 하라리Yuval Harari는 그의 책 『사피엔스Sapiens』에서 '폭식 유전자gorging gene' 이론을 제시했다.

지금의 우리를 만든 수렵채집 세계를 연구해야 한다. 수렵채집 세계는 우리가 지금도 여전히 무의식적으로 살고 있는 세상이다.

예를 들어, 사람들은 왜 자신의 몸에 좋을 게 거의 없는 고칼로리 음식을 폭식할까? 현대의 풍요로운 사회는 개발도상국에 급속히 확산되고 있는 비만의 폐해라는 고통 속에 신음하고 있다. 우리의 수렵채집인 조상들의 식습관을 살펴보기 전까지는 우리가 그렇게 달고 그렇게 기름진 음식을 탐하게 된 이유는 일종의 수수께끼였다.

우리의 수렵채집인 조상들이 거주했던 사바나 초원과 숲에서 고칼로리 당분은 매우 귀했고 일반적으로 공급이 부족한 음식이었다. 3만 년 전의 전형적인 수렵채집인이 얻을 수 있는 당류 음식은 한 가지뿐이었는데, 그것은 익은 과일이었다. 석기시대 여성이 무화과가 잔뜩 열린 나무를 발견했을 때 할 수 있는 가장 합리적인 일은 주변의 비비원숭이가 그것을 다 먹기 전에 그 자리에서 가능한 많은 무화과를 따 먹는 것이었다. **고칼로리 음식을 폭식하는 본능은 우리의 유전자에 내장된 것이다.**

오늘날 우리는 음식이 넘치는 냉장고가 있는 고층 아파트에 살기도 하지만, 우리의 DNA는 우리가 여전히 사바나에 있다고 생각한다. 그래서 우리는 냉장고에서 벤앤제리Ben & Jerry 아이스크림을 한 통 발견하면 그것을 몽땅 퍼먹고, 점보 콜라도 한 병 다 마시게 되는 것이다.[21]

인간의 모든 특정한 욕망들은 광범위한 진화론적 욕망이 현대적으로 발현된 것이다. 주변의 비비원숭이에게 빼앗길까봐 두려워 눈에 보이는 모든 달콤한 과일을 폭식하려는 깊은 욕망은 오늘날에도 여전히 우리 안에 존재한다. 우리는 우리에게 안 좋은 음식이라는 것을 알면서도 폭식하고, 우리에게 매우 위험할 수 있다는 것을 알면서도 주식을 좇는다. 이는 우리가 그것을 소비할 경우 누릴 수 있는 즉각적인 만족을 놓칠까봐 두려워하기 때문이다.

우리가 만족 지연 유전자를 갖고 태어나지 않았다면, 그 유전자를 주입할 방법은 없을까?

소개하겠지만, 이 문제에 대한 해법은 간단하다.

간단하지만, 그리 쉬운 일은 아니다.

이를 위해서는 엄청난 인내, 일관성, 노력, 그리고 복리의 힘에 대한 깊은 확신이 필요하다.

아주 작은 반복의 힘

로버트 마우어Robert Maurer의 『아주 작은 반복의 힘One Small Step Can Change Your Life: the Kaizen Way』은 내가 가장 좋아하는 책 중 하나다. 이 책은 매일 소소한 긍정적인 행동들을 반복했을 때 나타나는 복리의 힘에 대해 말하고 있다. 이 작은 책은 '조금씩 노력해 꾸준히 나아진다'는 의미의 일본어 카이젠Kaizen, 개선의 개념에 대해 말하고 있다.

실패하는 자와 성공하는 자를 나누는 것은 (반복적으로) 행동할 용기가 있느냐 없느냐 하는 것이다. 대부분의 사람들은 변화에 직면하면 적어도 어느 정도 두려움을 느낄 것이다. 아주 많은 경우 그 두려움은 실제로 변화하는 데 방해가 될 수 있다. '카이젠'의 개념은 우리가 변하기 위해 노력하고 있다는 것을 우리의 뇌가 인식하지 못할 정도로 삶에 작은 변화를 주고, 그럼으로써 두려움이 그런 노력에 방해가 되지 않게 하는 것이다. 이런 카이젠 개념은 우리 뇌의 공포 반응을 피하는 데 도움이 되는 간단하지만 훌륭한 심리적인 방법이다.

『아주 작은 반복의 힘』에서 마우어는 일정 기간 우리의 삶을 크게 변화시키는 데 도움이 될 수 있는 다음과 같은 6가지 전략을 소개하고 있다.

1. 작은 질문들을 하기
2. 작은 생각들을 하기
3. 작은 행동들을 하기
4. 작은 문제들을 해결하기
5. 작은 보상들을 주기
6. 작은 순간들을 인식하기

매일 1%씩 좋아졌을 때의 복리 효과

일반적으로 우리가 (당분을 완전히 끊거나, 주식시장 투자법을 공부하거나, 독서 습관을 들이는 것과 같이) 한 번에 크게 삶을 변화시키려고 하면, 잠시 동안은 그렇게 진행이 되지만 얼마 가지 않아 곧 포기하게 된다.

그것은 큰 변화가 (결국에는 우리의 변화 노력을 방해하게 되는) 뇌의 무의식적 공포를 자극하기 때문이다. 따라서 작지만 점증적인 노력이 그런 방해 과정을 유발하지 않고 변화에 성공할 수 있는 길이다.

예를 들어, 주식시장 투자와 관련해 우리는 "어떻게 해야 포트폴리오에 편입할 최고의 주식을 고를 수 있을까?" 혹은 "어떻게 해야 다른 사람들이 실패할 때 성공적인 투자자가 될 것인가?"와 같은 큰 질문을 하곤 한다. 그러나 이렇게 큰 질문을 하는 대신 우리는 카이젠 개념을 사용해 "주식을 효과적으로 고르는 법을 배우기 위해 오늘 내가 할 수 있는 작은 일은 무엇일까?"와 같은 작은 질문에 초점을 맞춰야 한다.

하루에 연차보고서 한 권을 읽는 습관을 들이고 싶다면, 하루에 연차보고서 한 페이지를 읽는 것부터 시작해야 한다. 그런 후 두 페이지로 늘리고, 다시 세 페이지로 늘리고 하는 식으로 조금씩 늘려가야 한다.

카이젠은 내가 처음 살을 빼기로 결심하고 체육관에서 러닝머신 사용법을 익힐 때 적용했던 방법이기도 하다. 러닝머신을 고경사 모드로 놓고 30분 동안 쉬지 않고 힘차게 걷는 것은 나에겐 불가능해 보였고, 시도조차 하고 싶지 않았다. 그래서 하루에 5분 저경사 모드로 천천히 걷기부터 시작했고, 그다음에는 약간 경사도를 높여 조금 더

• 그림 11-1 • 작은 습관의 장기적인 복리 효과

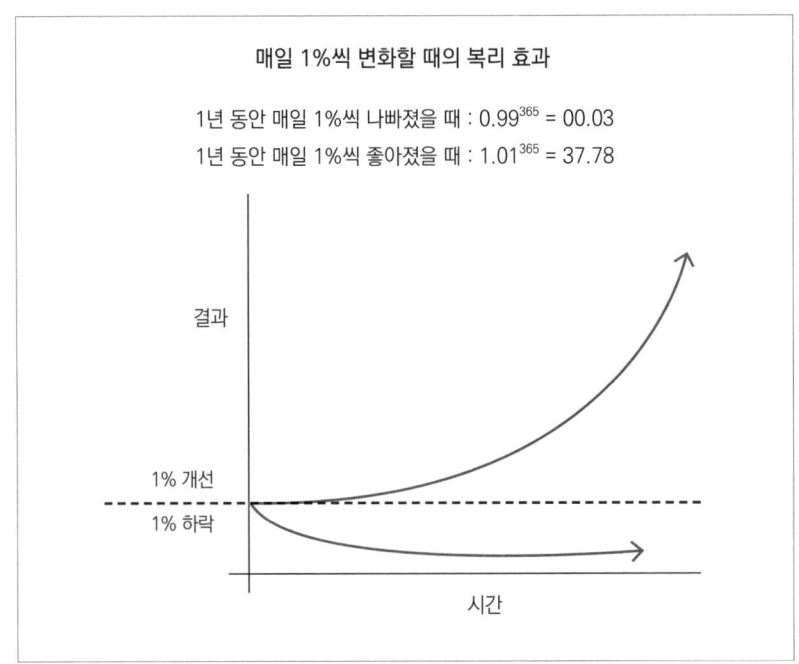

출처 : 제임스 클리어, 『아주 작은 습관의 힘』(New York: Avery, 2018)

빠른 속도로 6분 동안, 또 그다음에는 좀 더 경사도를 높여 좀 더 빠른 속도로 7분 동안 걷는 식으로 조금씩 운동량을 늘려나갔다. 그 결과 목표로 한 운동 지속시간, 속도, 그리고 경사도에 도달할 수 있었다.

여기서 핵심은 단순화하고, 습관화하고, 재미있게 하는 것이다. 사실 하루에 몇 분의 여유 시간도 없는, 그렇다고 말할 수 있는 사람은 아무도 없다. 그렇지 않은가?

새해의 거창한 결심처럼 크고 대담한 노력과 행동은 처음엔 성과를 내기도 하지만, 이런 행동은 내면의 공포나 심리적 저항은 고려하지 않은 것이다. 그러나 보다 작은 노력과 행동들은 우리의 일상생활에 더 쉽게 녹아들 수 있기 때문에 원하던 목표를 이룰 수 있게 해 준다. 이처럼 작은 노력과 행동들은 만족을 지연시키는 것을 더 쉽고 지속가능하게 해 준다.

따라서 나쁜 습관을 끊으려는 것이든 좋은 습관을 들이려는 것이든, 핵심은 작게, 매우 작게 시작하고, 그런 후 장기적으로 그런 노력을 계속 쌓아가는 것이다([그림 11-1] 참조). 속담처럼, "올바른 방향을 잡았으면, 그쪽으로 계속 걷기만 하면 된다".

그리고 경제적 독립을 추구하는 힘든 여정에서, 도움을 주는 파트너는 핵심적인 역할을 한다. 만족을 지연한다는 것은 희생을 의미하며, 투자자의 배우자들은 투자자의 꿈을 자신의 꿈으로 포용하는 경향이 있다. 이렇게 서로 장기적인 목표를 공유하면 여러 힘든 시기에도 그들의 가정을 따뜻하고 편안하게 만들어준다. 나는 별로 가진 게 없지만 이와 같은 진정한 배려, 애정, 그리고 사랑 때문에 가정에서 상당한 존중과 존경을 받고 있다고 생각한다.

3부

성공 확률을 높여 주는 종목 선택법

투자는 재미있고 도전적인 것이 되어야지,
스트레스를 주거나 걱정스러운 것이 되어서는 안 된다.
– 월터 슐로스

12장

'기업 소유 마인드'가 출발점

> 투자는 사업과 가장 비슷한 것이 될 때 가장 현명하다.
> - 벤저민 그레이엄

워런 버핏은 1977년 주주서한에서 '기업 소유 마인드'를 갖는 것에 대해 다음과 말했다.

우리의 경험으로 보건대, 증권시장에서는 정말 훌륭한 기업의 지분이 협상을 통해 그 기업 전체를 거래할 때 받을 수 있는 가격보다 크게 할인된 가격에 거래되기도 합니다. 결과적으로 기업인수를 통해 직접적으로 획득할 수 없는 '저렴한 기업소유권'을 주식 소유를 통해 간접적으로 획득할 수 있습니다. 가격이 적절할 때, 우리는 경영권을 장악하고 추후 매각하거나 합병할 생각에서가 전혀 아니라, 그 기업들의 훌륭한 사업 실적이 장기적으로 그에 상응하는 훌륭한 시장 가격과 배당금으로 전환되어 소액주주든 대주주든 모든 소유자가 수혜를 입을 것이란 기대에서, 선택된 기업들에 대해 의미 있는 매우 상당한 지분(포지션)을 매수합니다.

……우리는 1977년 캐피털 시티즈 커뮤니케이션즈Capital Cities Communications에 1,090만 달러를 투자했습니다……캐피털 시티즈 커뮤니케이션즈는 훌륭한 자산과 훌륭한 경영진을 모두 갖추고 있습니다. 그리고 이 경영진의 능력은 사업과 회사 자본의 이용에도 똑같이 발휘되고 있습니다. 캐피털 시티즈 커뮤니케이션즈가 소유한 것과 같은 자산을 직접 구매한다면, 우리가 주식시장에서 매수한 비용의 두 배 정도는 들 것이며, 이 회사를 직접 소유하는 것은 우리에게 어떤 중요한 이점도 제공하지 않을 것입니다. 경영권을 획득하면 사업과 기업 자원을 경영할 기회(그리고 책임)를 얻겠지만, 우리가 지금의 캐피털 시티즈 경영진이 하고 있는 것만큼 그렇게 사업과 기업 자원을 잘 운영할 수는 없을 것입니다. 사실 우리는 경영권 통제보다 비통제를 통해 더 나은 경영 실적을 달성할 수 있습니다. 우리는 이것이 비정통적인 생각이기는 하지만 건전한 생각이라고 믿고 있습니다.[1]

일단 한 기업에 강력한 토대가 만들어지면, 그 소유주들이 돈을 위해 일하는 것이 아니라 이제는 돈이 그들을 위해 일하게 된다. 투자자로서 여러분의 돈은 1주일 24시간 내내 여러분을 위해 일한다. 째깍, 째깍, 지나가는 매 시간마다 우리가 소유한 기업들의 내재가치는 증가하고, 그와 함께 우리도 그만큼 더 부유해지고 있는 것이다.

기업 소유 마인드의 6가지 혜택

투자자는 기업 소유 마인드를 통해 수익력(수익을 올릴 수 있는 능력—편집자)을 쌓는다. 상장기업에 투자하는 것은 기업을 직접 경영할 때 보통 겪게 되는 예상치 못한 변화로 발생하는 부적절한 리스크들에 노출되는 일 없이, 그 기업을 소유해 직접 경영할 때 얻을 수 있는 대부분의 주요 혜택을 수동적으로 누릴 수 있는 훌륭한 방법이다. 구체적으로 이런 수동적인 전략은 다음과 같은 여러 혜택을 제공한다.

1. 소액으로 기업을 부분적으로 소유할 수 있다.

중산층 출신이 사업을 시작할 경우, 대개는 자본이 큰 제약 요인이 된다. 물론 그렇다고 해서, 그가 훌륭한 아이디어를 갖고 있어도 이를 사업화하는 데 필요한 자본을 구할 수 없는 것은 아니다. 그러나 많은 경우 바로 이 부분이 사업을 시작하는 데 가장 힘든 부분이다.

한 사람이 인도 서벵갈 주에 작은 화학공장을 세울 생각이라고 해보자. 이때 요구되는 최초 출자 자본금이 최소 1,000만 루피, 약 14만 달러가 될 수 있는데, 이는 그때까지 그가 평생 모은 돈을 성공할 수도 있고 실패할 수도 있는 하나의 모험적인 사업에 투자하는 일이 된다.

그런데 이렇게 하는 대신, 그는 그 돈의 일부만 투자해서 세계 최대의 아이소뷰틸벤젠(IBB)과 2-아크릴아미도-2-메틸프로판설폰산(ATBS) 제조사 비나티 오가닉스Vinati Organics를 부분 소유할 수 있다. 비나티 오가닉스의 세계적인 시장지배력을 모두 복제하는 데는 수십 년은 아니라 해도 수년은 걸릴 수 있다. 사용자본이익률*을 보면, 비나티는 30%가 넘는 이익률을 창출하고 있다. 따라서 아주 작은 지분만 가진다 해도 투자자는, 대부분의 경우 자신이 개인적으로 소유한 화학공장에서 창출할 수 있는 것보다 높은 사용자본이익률을 창출할 수 있다.

2. 분산을 통해 리스크를 최소화할 수 있다.

투자자는 언제라도 존재하는 10~15개 최고 기업들의 부분 소유권을 누릴 수 있다. 분산은 한 기업만 소유했을 경우 (어떤 불운한 혹은 예상치 못한 이유로) 발생할 수 있는 자본을 모두 잃을 리스크를 줄여준다. 투자자의 자본이 여러 기업에 걸쳐 나뉘어 있으면, 특정 기업 고

---

* 사용자본이익률returns on capital employed, ROCE과 투하자본이익률returns on invested capital, ROIC은 모두 기업의 수익성을 보기 위한 지표로 같은 개념에 입각하고 있지만, 그 계산 방식은 다소 다르다. 투자용어집 『인베스토피디아Investopida』는 두 지표의 계산 방식을 다음과 같이 소개하고 있다—옮긴이.

사용자본이익률(ROCE) = EBIT ÷ 사용자본
    ▷ EBIT = 이자 및 세전 이익
    ▷ 사용자본 = 총자산 - 유동부채 = 자기자본 + 비유동성 부채

투하자본이익률(ROIC) = NOPAT ÷ 투하자본
    ▷ NOPAT = 세후 순영업이익(ROCE와 달리 세금 의무까지 고려한 것임)
    ▷ 투하자본 = 순운전자본 + 비유동자산 + 영업권 및 무형자산(투하자본은 여러 방식으로 계산되지만, 가장 기본적인 구성 요소를 소개함)

유의 리스크도 완화해 준다. 우리가 보유한 주식에 대해 얼마나 잘 알고 있든, 모든 기업에는 알려지지 않은 리스크가 있다. 사티암Satyam, 엔론Enron, 리코 인디아Ricoh India 스캔들을 미리 알 수 있던 사람은 거의 없다.

또한 분산은 1~2개 기업에만 투자했을 경우 자연재해 혹은 다른 매우 힘든 상황의 발생으로 초래될 수 있는 '영구적인 파산 리스크'로부터 투자자를 보호한다.

2015년 4월 네팔에서 발생했던 지진의 경우를 보자. 내가 그 지역에서 사업하는 1개 회사만 직접 경영하고 있었다면, 나는 아마도 파산했을 것이고, (보험에 들어서) 손해보험금을 받는다 해도 손실을 회복하기까지 상당히 오랜 시간이 걸릴 것이다. 당시 나의 포트폴리오 기업 중 하나인 헤스터 바이오사이언스Hester Biosciences의 공장도 그 지진으로 파괴되었지만, 나는 그 어려움을 잘 극복할 수 있었다. 당시 내 포트폴리오에는 그 지진의 영향을 전혀 받지 않은 다른 많은 기업들이 포함되어 있었기 때문이다.

통화가치 하락이나 금리인상 같은 요인들은 일부 포트폴리오 기업에는 타격을 주지만 또 다른 일부 기업에는 혜택을 줌으로써, 전체적인 영향이 줄어들기도 한다. 일부 포트폴리오 기업을 앞으로 밀어주는 순풍이 다른 포트폴리오 기업들에 가해진 역풍을 상쇄해 주고, 그럼으로써 우리를 영구적인 자본손실로부터 보호해 준다.

3. 최고 수준의 경영진을 활용할 수 있다.

주식시장에 투자하면, 투자자는 최고 수준의 경영진이 보유한 재능을 무료로 이용할 수 있다. 요컨대 투자자는 자신의 부족함을 보완해 주는 능력을 보유한 사람들(경영진) 옆의 조수석에 탑승할 기회를 얻는데, 이는 상당한 가치가 있는 것이다(이를 '사이드카 투자sidecar investing'라고도 한다). 투자자는 이런 경영진의 능력을 무료로 이용할 수 있지만 이를 통해 얻는 혜택은 막대할 수 있다.

그러나 자신의 기업을 직접 경영할 경우, 그런 능력을 가진 사람들을 확보하는 것은 엄청난 비용이 들 수 있고 따라서 우수한 수익을 낼 가능성은 그만큼 낮아지게 된다.

4. 염가에 기업 소유권을 매수할 수 있다.

이는 벤저민 그레이엄이 투자자의 '기본적인 이점'이라고 말한 것이다. 어떤 전투를 할지 현명하게 선택하는 것은 중요한 일이며, 승리할 확률이 확실히 유리한 전투를 택해야 한다. 삶은 우리의 전투를 스스로 선택할 기회를 주지 않는 경우가 많지만, 주식시장은 우리가 싸우길 원하는 전투뿐 아니라 많은 경우 그 전투 장소와 시기를 선택할 수 있는 매우 소중한 유연성을 제공해 준다.

인간은 특히 돈과 관련된 경우 수많은 인식적, 행동적 편견이 복잡하게 얽혀 있는 존재다. 요동치는 인간의 감정과 기분이 어지럽게 뒤섞인 주식시장의 경매적 성격은 주식시장을 터무니없는 비합리적인 행동이 주기적으로 발생하기 매우 좋은 장소로 만들고 있다. 시장에는 항상 탐욕과 공포가 넘쳐나고, 장기적인 내재가치가 아니라 별로 중요하지 않은 가장 최근의 의견이 현재의 주가를 결정한다. 이는 온전한 정신을 가진 비상장기업 소유자라면 결코 제시하지 않을 엄청난 저가 매수 기회를 제공한다.

사업가에게 주식시장은 상당히 할인된 가격에 기업을 매수하거나, 혹은 매우 높은 프리미엄을 받고 기업을 팔 수 있는 최고의 장소다. 개인투자자에게 가장 큰 이점은 내재가치에서 상당히 할인된 가격에 살 수 있는 기업을 발견할 때까지 조용히 기다릴 수 있다는 것이다. 이는 사적 거래에서는 가능하지 않은 일이다. 성장하고 있는 수익성이 매우 좋은 기업을 그 기업이 보유한 현금 미만의 가격에 사겠다고 제안했을 때 어떤 일이 벌어질지 상상해 보자. 문전박대를 당할 가능성이 높다. 그러나 주식시장 투자자는 평생에 몇 번쯤 그런 좋은 기업을 그 기업이 보유한 현금 미만의 싼 가격에 살 수 있는 기회를 얻을 수 있다.

5. 희귀한 코끼리를 사냥할 기회가 있다.

희귀한 것은 가치 있는 것으로 여겨진다. 과거에 나는 주식시장을 통해 인도의 소액금융산업의 대표 주자 '바라트 파이낸셜 인클루션Bharat Financial Inclusion', 매력적인 오토바이인 로열 엔필드Royal Enfield의 경쟁력을 보유한 '아이처 모터스Eicher Motors', 자산 질이 매우 우수한 '캔 핀 홈스Can Fin Homes', 독보적인 흑연전극 기술을 보유한 'HEG', 인도 아크릴로니트릴 부타디엔 스티렌acrylonitrile butadiene styrene, ABS 시장을 지배하고 있는 '반살리 엔지니어링 폴리머Bhansali Engineering Polymers', 전 세계 커피 제조업자들과 공고한 관계를 맺고 있는 'CCL 프로덕트CCL Products' 등을 보유한 적이 있다.

지금은 주식시장을 통해 각자 해당 분야에서 깊은 전문성을 가진 '바자즈 파이낸스Bajaj Finances(소액금융)', '크레딧액세스 그라민CreditAccess Grameen(농촌지역 소액금융)', 'SBI카드SBI Cards(디지털결제)', '아바스 파이낸시어스Aavas Financiers(중저가 주택금융)'의 지분을 보유하고 있다.

또한 성장 중에 있는 AU 스몰 파이낸스 뱅크AU Small Finance Bank를 보유한 '반단 뱅크'와 '우지반 스몰 파이낸스 뱅크Ujjivan Small Finance Bank', 강력한 프로젝트 실행력을 가진 'PSP 프로젝트PSP Projects', 제품 혁신 능력을 보유한 'HDFC', 강력한 잉여현금흐름을 창출하고 있는 'HDFC 에셋 매니지먼트HDFC Asset Management Company', ATBS와 IBB 분야에서 세계적인 시장지배력을 보유한 '비나티 오가닉스', 가전제품 제조에서 규모의 경제를 보유한 '딕슨 테크놀로지Dixon Technologies', 그리고 가성우역peste des petits ruminants, PPR 백신에서 세계적인 원가 경쟁력을 보유한 '헤스터 바이오사이언스' 등도 보유하고 있다.

6. 유연하고 쉽게 퇴장할 수 있다.

여러분이 단독 소유한 회사를 운영하고 있다고 해도, 필요한 모든 공적 절차를 마치고 사업을 접는 데는 많은 시간이 걸린다. 비상장 유한회사의 경우는 그 과정이 훨씬 더 까다롭다. 모든 회계를 정리하고 자금을 모든 이해관계자에게 나눠줄 때까지 필요한 모든 준법사항을 지켜야 한다. 유한회사의 파트너가 여러 명일 경우, 회사를 접고 싶어도 파트너 중 한 명이라도 반대하면 문제는 훨씬 복잡해진다.

그러나 주식에 투자하면, 여러분이 그 기업의 부분 소유자라 해도 (어떤 긴급한 혹은 개인적인 이유가 있다면) 마우스 클릭만으로 전체 보유 지분을 매도할 수 있고, 그 매도 대금 전액은 며칠 후면 여러분 계좌로 들어오게 된다.

그 기업이 어떤 가시적인 턴어라운드 전망 없이 하향세에 들어섰고 경영진이 성실하지 않다고 판단될 경우, 혹은 그저 수익성이 훨씬 좋은 다른 투자 대안을 발견했을 경우, 이렇게 유연하고 쉽게 퇴장할 수 있다는 것은 매우 유용하다.

워런 버핏의 통찰

1977년 〈포춘〉의 한 기사에서 워런 버핏은 주식이 채권과 매우 비슷하다고 했다. 이에 관한 그의 견해의 보다 미세한 뉘앙스를 이해하면, 기업의 부분 소유자로서 그리고 자본의 주요 두 제공자(채권보유자와 주식보유자)로서 우리는 기업가치의 두 구성 부분(즉, 타인자본과 자기자본) 사이의 미묘한 유사점을 알 수 있다.

1. 쿠폰 : 한 기업이 창출하는 주주이익*이 그 기업 주식의 쿠폰이다. 투자자로서 우리가 할 일은 그런 쿠폰의 가치를 평가하는 것이다. 그 쿠폰의 일부분은 배당금으로 지급된다. 투자자는 배당금으로 받은

---

* 주주이익Owner earings은 1986년 버크셔 해서웨이 연차보고서 주주서한에서 워런 버핏이 제시한 개념으로, 실제로 주주들에게 돌아갈 수 있는 이익을 말한다. 다음과 같이 계산한다(투자용어집 『인베스토피디아』 소개 내용 참고).

주주이익 = (a) 보고이익 + (b) 감가상각, 감모, 상각, 기타 비현금성 비용
          - (c) 회사가 장기적인 경쟁력과 단위 생산량을 온전히 유지하는 데 필요한 연평균 자본적 지출액

회사가 장기적인 경쟁력과 단위 생산량을 유지하는 데 추가로 운전자본이 소요될 경우 운전자본 증분을 (c)에 포함시킨다. 그러나 후입선출(LIFO) 재고자산 평가법을 따르는 기업은 단위 생산량에 변화가 없으면 일반적으로 추가 운전자본이 필요하지 않다—옮긴이.

현금은 원하는 대로 자유롭게 쓸 수 있다. 배당금을 지급하고 남은 기업 이익의 나머지 부분은 기업 내부에 이익잉여금으로 유보된다. 매년 그렇게 유보되는 이익잉여금의 용도는 기업의 재량에 맡겨진다. 이런 이익잉여금은 상대적으로 덜 알려진 자본주의의 경이로움 중 하나다.

자본주의는 증권계좌와 다소의 인내심을 가진 사람이라면 누구든 적은 비용으로 기업의(전체 시장지수펀드에 투자했을 경우에는 전체 시장경제의) 생산력을 이용할 수 있게 해 준다.

2. 만기 : 주식은 영구적인 것으로 의도되었기 때문에 명확한 만기일이 없다. 기업들은 회계상 계속 사업을 하는 계속기업going concerns들인데, 이는 기업들이 영원히 존속하려는 의도를 갖고 있다는 것을 의미한다.

그러나 창조적 파괴로 인해 역사상 영원히 존재할 수 있었던 기업은 거의 없다. 사실 대부분의 기업들은 먼 미래에 도달하기 훨씬 전에 그 주식이 소멸되었다. 그러나 이런 일이 벌어지는 시점을 사전에 확실히 알 수 있는 것은 결코 아니다. 따라서 기업들이 영원히 사업한다는 가정 하에 존재한다 해도, 현실적으로 그들의 주식은 그게 언제인지 불확실하긴 하지만 만기일이 있는 것이다.

3. 액면가 : 한 주식의 액면가는 그 기업의 자기자본의 장부가다. 이는 그 기업이 바로 사업을 그만둘 경우 (즉, 그 기업에게 더 이상 미래의 성장이 없을 경우) 주주들에게 귀속되는 기업의 가치와 가장 근접한 회계상 가치이다. 이는 한 기업이 소유한 것(자산)과 그 기업이 타인에게 진 빚(부채) 사이의 차액이다.

워런 버핏은 "물론 중요한 것은 주당장부가가 아니라 주당내재가치입니다. 장부가는 이익잉여금을 포함해 기업에 귀속되는 자본을 측정한 회계 용어입니다. 내재가치는 미래의 남은 생애 동안 그 기업이 창출할 수 있는 (모든) 현금의 현재가치 추정치입니다. 대부분의 기업에서 이 두 가치(장부가와 내재가치)는 서로 관련이 없습니다"라고 하면서 장부가와 내재가치를 혼동하지 말 것을 투자자들에게 경고했다.[2]

버핏의 이런 통찰은 주식이 단순한 종잇조각이 아니라 실제 기업들에 대한 부분 소유권이라는 것을 상기시켜 주는 것이기 때문에 소중하다. 주식은 기업이 생산 활동에 투자하고, 사업을 잘 수행하고, 수익을 창출함에 따라 증대되는 기업 이익의 일부분에 대한 청구권이다.

우리의 포트폴리오에 포함된 기업들이 새로운 고객을 얻거나, 획기적인 계약을 따내거나, 정해진 시간보다 조기에 주문 집행을 완료하거나, 유망한 사업 확장에 착수하거나, 매우 훌륭한 기업이라는 것을 인정받을 때마다, 열정적인 투자자로서 우리가 맛보는 기쁨은 이루 다 말로는 설명할 수 없다.

그러나 기업에는 열정적이어야 하지만 주식에는 냉철해야 한다. 그 기업이 달성한 큰 성공은 축하하면서도 실패를 반추해 봐야 한다. 이처럼 진정 그 기업을 소유하고 있다는 느낌은 투자자들에게 그 주식을 계속 보유할 확신을 준다.

기업 소유자처럼 생각할 때, 투자자는 더 이상 주식을 종잇조각으로 보거나, '목표가격'을 염두에 두고 주식을 매수하지 않는다. 대신 그는 주식을 기업에 대한 부분 소유권으로 보고, 회사 설립자들과 동행하는 여정을 즐긴다. 기업이 더 성장하고 수익성이 높아지면 주주들은 늘어난 수익과 배당금을 함께 나누게 된다. 다시 말해 투자는 장기적으로 하고, 현재는 충실히 살아야 한다.

전 세계의 많은 기업들에서 열심히 일하는 수백만 명의 사람들이 매일 훌륭한 일을 하고 있다. 투자자로서 우리는 그 점에 대해 깊은 감사를 드린다.

13장

'행간의 의미' 찾기

아마 우리 주식의 90%는
버크셔를 최대 보유종목, 아주 많은 경우 압도적인 최대 보유종목으로 갖고 있는
투자자들이 보유하고 있을 것입니다.
이런 주주들 중 많은 사람은 기꺼이
많은 시간을 내 우리 연차보고서를 읽을 것입니다.
우리는 입장이 바뀌어 우리가 그들과 같은 일반 주주가 된다 해도
도움이 될 수 있는 정보,
요컨대 지금 대주주와 경영자로서 우리가 알고 있는 것과
동일한 정보를 일반 주주들에게 제공하려고 합니다.
- 워런 버핏

우리가 어떤 투자 아이디어에 대한 연구를 시작할 때 가장 먼저 알고 싶은 것은 그 기업이 건전하고 수익성이 있느냐 하는 것이다. 우리는 이를 위해 연차보고서를 읽으면서 순이익, 부채, 현금흐름, 수익성, 재무비율 등의 수치들을 찾아본다.

우리는 이런 '감사받은' 수치들이 정확하고 확실한 것으로 가정한다. 그러나 엔론과 사티암의 수치들조차 감사들이 '공인'했지만, 결국 둘 모두 대형 회계부정과 기업부정을 저지른 것으로 드러났다(일반적으로 많은 자회사들과 교차소유 같은 매우 난해한 구조를 가진 기업은 특히 꼼꼼히 살펴봐야 한다).

투자자로서 우리는 경영진이 진실을 말하고 있다는 것을 어떻게 알 수 있을까? 그리고 정직한 CEO는 주주들과 어떤 식으로 의사소통을 해야 신뢰를 형성할 수 있을까?

로라 리텐하우스Laura Rittenhouse는 『행간에 투자하기Investing Between the Lines』에서 이런 질문에 답하려 했다.[1] 그녀는 연차보고서, 기업 보도자료, 분기 컨퍼런스콜 등에서 사실과 부정확한 정보를 구분해낼 수 있는 힌트를 제공했다.

이 책에서 소개한 아이디어를 통해 리텐하우스는 쓸데없는 정보들을 잘라내고 CEO의 말을 보다 잘 해석할 수 있는 방법을 제시했다. 그 핵심 내용은 다음과 같다.

정직한 CEO 구별하는 법

우리가 우리 의무를 제대로 수행하면, 주가는 알아서 움직일 것이며,

> *우리 주주들은 보상을 받을 것이다.*
>
> - 짐 시네갈Jim Sinegal, 코스트코 공동 창업자

수탁받은 투자자들의 자본을 책임 있게 관리하는 데 주력하는 기업은 장기적으로 우수한 실적을 제공하는 경향이 있다. 리텐하우스는 "투자자로서 여러분의 목적은 자본을 책임 있게 관리하고 자신의 말과 행동에 책임을 지는 사람들이 경영하는 기업을 찾는 것이다. '자본 스튜어드십Capital Stewardship'은 CEO가 투자자들의 자본, 혹은 그에 대한 권리를 수탁받은 것이라는 사고에 입각해 행동하고 있는지를 나타내는 개념이다"라고 했다.

경영진에게 자본 스튜어드십이 있는지 확인하기 위해서는 주주서한, 연차보고서, 그 외 회사 임원들의 언명을 통해 다음 주제들에 대한 그들의 생각을 파악해야 한다.

1. **자본 규율** : 좋은 자본 배분가인 CEO는 일반적으로 투자수익률, 투하자본수익률, 혹은 자산수익률에 대해 설명한다. CEO의 자본 규율이 강한지 약한지는 장부가나 시장가에 대한 설명에서 파악할 수 있다. 연차보고서를 읽으면서, 자본 배분에 관한 내용이 명확하고 합리적으로 설명되고 있는가? 말과 행동이 일치하는가? 말과 행동이 장기적으로도 일관성이 있는가? 등을 확인해야 한다.
2. **현금흐름** : 정기적으로 발생하는 현금흐름recurring cash flows은 기업의 장기적인 지속가능성에 핵심 요인이다. 이 때문에 많은 투자자들은 거의 습관적으로 구매하는, 그리고 그 소비를 무한정 늦출 수 없는 저가의 비내구성 소비재 주식에 투자하는 것을 좋아한다(바로 이런

이유로 경기변동 산업 내에서 소비재 기업들은 설비 교체주기replacement cycle가 긴 자본적 지출 기업들보다 밸류에이션이 높다).

그 지표의 중요성을 감안할 때, 모든 주주서한에는 영업활동현금흐름 및 잉여현금흐름에 대한 설명이 포함되어 있어야 한다. 그러나 대부분의 주주서한은 이에 대해 보고하지 않고 있다. 현금흐름을 많이 강조하고, 아주 명확하게 그에 대해 설명하는 CEO를 찾아야 한다. 또한 기업의 재무상태표와 현금흐름표를 살펴보고, 재무제표에 기재된 현금흐름 수치가 CEO가 말한 수치와 일치하는지 확인해야 한다.

3. **사업 및 재무적 목표** : 의미 있는 재무적 목표는 CEO가 효율적인 자본 배분에 진지하다는 것을 나타낸다. 유능한 CEO들은 "우리의 목표는 모든 고객들을 만족시키는 것이다"라는 식의 상투적인 목표를 말하는 대신, 계량화할 수 있는 목표들을 제시하고 그에 관한 자세한 맥락을 설명한다.

   그리고 그런 목표들을 추진하는 CEO의 동기가 무엇인지도 확인해 봐야 한다. 이와 관련해 CEO와 내부자들이 기본 연봉은 적게 받고 주식 지분은 많이 가졌는지 확인해 봐야 한다. 그래야 주주들이 부유해질 때에만 그들도 부유해지기 때문이다.

의미 있는 재무적, 사업적 목표를 공표하고, 자본 규율, 현금흐름, 재무상태 건전성에 초점을 맞추는 CEO들이 모범적인 자본 스튜어드십의 전형이다.

기업 자료에서 행간을 읽는 법

솔직함은 신뢰할 수 있는 언어로 자신의 말이 진심이라는 것을 표현하는 것이다. 워런 버핏은 "우리는 기업가치를 평가하는 데 중요한 플러스 요인과 마이너스 요인 모두를 명확히 보여주면서, 여러분(일반 주주들)에게 솔직하게 보고할 것입니다. 우리의 지침은 입장이 바뀌어 우리가 여러분 같은 일반 주주가 되었을 경우 알고 싶을 기업의 모든 사실들을 여러분에게 알려주는 것입니다. 우리는 그렇게 해야 할 의무가 있습니다"라고 한 바 있다.[2]

워런 버핏은 주주들과 가장 솔직하게 의사소통하는 CEO의 모범적인 사례이기도 하다. 그는 자신의 실수로 발생한 회계상의 비용뿐 아니라 그 기회비용까지 계량화해서 밝혔다. 2014년 주주서한에서 그는 다음과 같이 말했다.

> 버크셔는 덱스터Dexter를 인수하는 데 4억 3,300만 달러를 지불했는데, 다소 빨리 그 가치가 0이 되어버렸습니다. 그러나 일반회계원칙 회계에서는 나의 이런 실수를 (손실로) 인식하지 못했습니다. 당시 나는 현금 대신 버크셔 주식을 주고 덱스터를 인수했는데, 이때 내가 사용한 주식은 현재가치로 약 57억 달러에 달합니다. 이런 손실은 금융 재앙으로 기네스북에 기록될 만합니다.[3]

솔직함을 확인할 수 있는 가장 쉬운 방법은 거꾸로 얼마나 솔직하지 못한지 확인하는 것이다. 의사소통 과정에서 기업 임원들이 솔직하지 못한지는 어떻게 확인할 수 있을까? 리텐 하우스는 다음과 같이 말했다.

우리 리텐하우스 랭킹Rittenhouse Rankings이 주주서한을 분석할 때는 빨간 펜을 들고 자료들을 읽으면서 "직원들은 우리의 가장 큰 자산이다", "우리의 미래는 밝다", "발전 모멘텀", 그리고 "우리는 주주가치 창출을 목표로 한다"와 같은 상투적인 표현들에 밑줄을 긋는다. 이런 식의 의미 없는 말과 상투적인 표현들은 그 기업에 대한 우리의 이해와 경영진에 대한 신뢰를 감소시킨다.

이런 식으로 기업 경영진의 의사소통 내용에 대한 해독을 마친 후 우리는 그 자료들을 다시 살펴본다. 자료에 검은색 대신 빨간색 표시가 더 많으면, 우리는 그 기업을 추가 관찰 대상에 올린다. 그런 후 우리는 그 기업의 회계와 시장 홍보자료들을 더욱 자세히 분석한다. 2000년 주주서한에서 다음과 같이 무감각적인 언어를 사용한 엔론의 경우 분명 이에 해당했다.

"유능한 인재, 세계적인 사업 영역, 재무적 강점, 그리고 거대한 시장지식을 통해 우리는 지속가능하고 독특한 사업들을 창조해 왔습니다. 엔론온라인EnronOnline을 통해 사업의 성장을 더욱 가속화할 것입니다. 우리는 이런 모든 경쟁우위를 활용해 상당한 주주가치를 창출할 계획입니다."

이 짧은 한 단락에서 엔론은 '유능한 인재, 세계적인 사업, 시장지식, 재무적 강점, 경쟁우위의 활용, 상당한 주주가치 창출'이라는, CEO들이 많이 사용하는 6개의 상투적인 표현을 사용했다.

이 각각의 경쟁우위는 중요한 사업적 개념이지만, 이를 의사소통에 너무 많이 사용하면 독자들은 별 의미 없는 것으로 받아들인다. 이런 상투적인 표현들은 신뢰를 주지 못할 뿐 아니라, 현명한 투자자들에게는 오히려 이 기업이 뭔가를 감추고 있을지 모른다는 의혹을 불러일으킨다.

행간을 읽고 솔직함의 부족을 찾는 투자자들은 문제에 빠질 수 있는 기업들을 찾아낼 수 있다.[4]

CEO들이 주주서한과 여타 의사소통 과정에서 전하는 내용이 이해하기 어려운 것은 아니다. 그런데 이따금 그 내용을 일부러 이해하기 어렵게 쓰는 경우도 있다. '구조조정restructuring'이란 말은 과거에 매우 값비싼 큰 실수들을 했고, 지금 다시 원상으로 돌아가길 원하지만, 미래에 그런 실수들을 더 많이 하게 될 CEO들로부터 듣게 되는, 자주 남용되는 말 중 하나다. '일회성'이라던 구조조정 비용이 영속적이 되는 경우가 종종 있다. 슬프게도 투자자들은 그런 값비싼 대가를 치른 실수들에 책임 있는 CEO와 임원들로부터 아주 작은 사과의 말도 전혀 듣지 못한다.

대부분의 연차보고서와 공개되는 여타 재무자료들은 독자들에게 정보를 제공하기보다는 정보제공자(회사, 회사 경영진)들을 보호할 목적으로 작성되는 경우가 많다. 이는 대부분의 주식, 채권, 그 외 다른 자금조달 상품들의 발행자들이 쉬운 언어로 내용을 전달할 경우 사람들이 뭐가 문제인지 알게 될까봐 걱정하기 때문이다. "이 상품을 사면 돈을 전부 잃을 수도 있다"고 투자은행가가 말하거나 IPO(기업공개) 투자설명서에 적혀 있을 경우 어떤 일이 벌어질지 생각해 보면 이를 잘 알 수 있을 것이다.

리텐하우스는 솔직함의 부족을 표현하는 말로 '포그FOG'란 용어를 만들었다. 이는 '사실이 부족하고 불명확한 추상적인 표현Fact-deficient, Obfuscating Generalities'의 앞 글자를 따서 만든 용어다. 이런 안개fog에 쌓인 (상투적인 표현, 전문용어, 과장된 표현들이 발견되는) 의사소통 자료들을 보게 되면 투자자는 "그 CEO가 정녕 사업을 이해하고 있는 것인지, 아니면 주주들이 사업을 이해하길 원치 않는 것인지" 물어봐야 한다.

전문용어와 상투적인 표현들로 가득 찬 자료들을 읽으면, 우리는 그 내용을 이해할 정도로 우리 자신이 똑똑하지 않다고 생각하면서 자신의 개인적인 판단력을 과소평가하는 경우가 종종 있다. 이와 관련해 리텐하우스는 "이는 우리가 믿어야 할 경영진에 대한 우리의 상대적 취약성을 두려워하기 때문인가? 경영진이 그들의 사욕을 추구하기 위해 우리에게 피해를 줄지도 모른다고 생각하는 것은 우리를 불안하게 하는, 심지어는 매우 무서운 일이기도 하다. 그래서 우리는 그들을 의심하는 대신 우리 자신을 의심한다"고 했다.

기업 공개자료에 적힌 내용을 이해할 정도로 충분히 똑똑하지 않다고 느낀다 해도 걱정할 것은 없다. 그것은 우리의 문제가 아니기 때문이다. 주주서한과 여타 자료들을 일반 독자들도 쉽게 이해할 수 있게 작성하는 것은 경영진의 책임이다.

경영진의 질을 평가하기 위해 내부자 정보에 특별히 접근할 필요가 있는 것은 아니다. 그 비밀은 바로 여러분의 눈앞에, 모든 주주서한, 연차보고서, 여타 기업 공개자료들의 글과 말 속에 들어 있다. 이런 기업 자료들의 행간을 읽는 법을 배우면 경영진의 질과 그들의 의도에 대해 더 나은 평가를 할 수 있다.

말을 분석하는 것이 숫자를 분석하는 것만큼이나 중요하다는 것을 꼭 기억해야 한다.

14장

체크리스트 활용법

> 체크리스트를 일상화하면 많은 실수를 피할 수 있다.
> 우리는 이런 기초적인 (세상의) 모든 지혜를 가져야 하며,
> 그런 후 그 지혜를 사용하기 위해
> 내적인 체크리스트mental checklist를 꼼꼼히 확인해야 한다.
> 이보다 효과적인 다른 절차는 세상에 없다.
>
> - 찰리 멍거

체크리스트의 엄청난 가치를 보여주는 많은 연구들이 나와 있다. 우리는 우리 자신의 능력을 과신하는 경향이 있다. 체크리스트는 우리가 무오류적인 존재가 아니며, 실수를 저지르고, 우리의 결정에 대해 너무 확신해서는 안 된다는 것을 상기시켜줄 수 있다.

체크리스트를 만들 때는 다음과 같은 일반적인 원칙들을 사용해야

한다.

- 좋은 체크리스트는 짧고, 정확하며, 효율적이고, 어려운 조건에서도 사용하기 쉬워야 한다. 좋은 체크리스트는 모든 것을 자세히 확인하려는 것이 아니라, 핵심적이고 가장 중요한 조치들만 상기시켜 주는 것이어야 한다.
- 나쁜 체크리스트는 모호하고, 부정확하고, 너무 길고, 사용하기 어렵고, 모든 것을 하나하나 확인하려는 것이다.
- 체크리스트는 꼭 확인해야 한다. 기억과 경험으로 일과 임무를 수행하지만, 이를 잠시 멈추고, 체크리스트를 돌려서 모든 것을 정확하게 하고 있는지 확인해야 한다.
- 체크리스트를 보고 확인 표시를 하면서 일과 임무를 수행해야 한다.
- 일과 임무를 수행할 때 장애요인들은 무엇인지, 일을 수행하기 위해 희생이 필요한 것들은 무엇인지가 포함되어야 한다.

주식투자는 병원에서의 수술이나 비행기 조종처럼 복잡하지는 않지만, 체크리스트는 여전히 중요한 역할을 한다. 과거 워런 버핏과의 인터뷰에서 앨리스 슈뢰더는 버핏이 '(투자 대상에서) 탈락시킬 특징들'을 체크리스트 항목으로 사용하는 것에 대해 의견을 나눈 바 있다. 그리고 이를 다음과 같이 소개했다.

일반적으로, 잘 알려지지 않은 것인데, 버핏이 생각하는 방식은 어떤 투자자산에는 '탈락시킬 특징들'이 있다는 것이다. 그래서 그는 그런 특징들을 샅샅이 찾는다. 그리고 그중 하나라도 발견되면 그 투자자산은 그것으로 끝이다. CEO가 맘에 들지 않으면, 그 회사는 잊어버려야 한다. 꼬리위험tail risk이 너무 크면, 그 회사는 잊어버려야 한다. 많은 사람은 이런 탈락 요인을 상쇄할 다른 요인들이 있는지 확인하려고 하겠지만, 버핏은 A부터 Z까지 모든 것을 다 분석하지는 않는다. 그는 그것은 시간 낭비라고 생각한다.[1]

찰리 멍거는 투자에 체크리스트를 활용하는 것을 널리 보급한 인물로 자주 거론된다. 『가난한 찰리의 연감』에서 피터 카우프먼은 멍거의 투자 원칙들(리스크, 독립성, 준비, 지적인 겸손, 분석적 엄격함, 분배, 인내, 결단력, 변화, 그리고 집중)을 체크리스트 형태로 요약했다. 이는 모든 투자자가 반드시 읽어야 할 내용이다.

투자에서 여러분을 훌륭하게 만드는 것은 답이 아니라, 여러분이 묻는 질문이다. 올바른 질문을 해야 한다. 그러면 가치 있는 답을 얻을 수 있다.

그러기 위해서는 최초 준비 작업을 먼저 수행해야 한다. 신중한 투자자는 필요한 분석을 수행하지 않고는 결코 기업 지분을 매수하지 않는다. 기업 웹사이트, 보고자료, 인터넷 상의 정보를 통해 그 기업과 (상장 및 비상장) 경쟁사들에 대해 알아야 한다. 지난 10년 치에 해당하는 연차보고서, 주총 안내장, 재무제표 주석들과 일정들, 그리고 경영진이 제시한 의견과 분석들을 읽고(그 어조의 변화와 산업 전망을 확인해야 한다), 내부자 주식 보유의 최근 추세를 살펴봐야 한다.

회계는 기업의 언어이며, 모든 투자자는 회계의 기초를 기본적으로 이해해야 한다. 회계는 복식부기이기 때문에 잘못된 부기라도 그 수치가 상계되어 서로 맞아야 한다. 이런 회계 장부(손익계산서, 현금흐름표, 재무상태표) 중 하나가 조작되면, 다른 두 개의 장부에서 그 영향이 나타나게 된다.

기업이 핵심 숫자들을 부정한 방법으로 엉뚱하게 분류했다 해도 모든 것이 산술적으로 맞아야 한다. 세 개의 재무제표를 서로 연계하여 대조하면 적시에 회계부정을 찾아내는 데 도움이 된다. 예를 들어 손익계산서의 순이익이 강조되고 있다면, 재무상태표의 재고자산과 매출채권을 살펴봐야 한다. 기업의 분기나 반기 실적을 분석할 때, 투자자는 손익계산서를 보기 전에 늘 재무상태표를 먼저 확인해서 위험 항목은 없는지 확인해봐야 한다.

이와 같은 최초의 준비 작업을 마친 후, 체크리스트 형태로 다음 요인들을 분석해야 한다.

1. 손익계산 분석

매출 증가 : 매출증가율은 높을수록 (그 매출이 수익성이 있는 것인 한) 좋다. 장기적으로 볼 때, 이익률은 평균으로 회귀하기 때문에 주식 수익률은 매출 증가와 높은 상관관계에 있다. 매출 증가도 내적인 성장에 따른 유기적인 성장이 가장 바람직하며, 기본적으로 거금이 소요되는 자산인수를 통한 고성장에는 주의해야 한다.

매출총이익률 : 매출총이익률은 장기적인 추세에 초점을 맞춰 살펴봐야 한다. 매출총이익률이 주기적으로 큰 변동성을 보이면, 그 기업이 고객에 대해 가격결정력을 갖고 있지 않으며, 원자재비용의 인상을 가격에 반영하지 못한다는 것을 의미한다.

반면, 매출총이익률이 장기적으로 높고, '그리고' 안정적이거나 더 좋아지는 추세에 있으면, 그 기업은 경제적 해자를 가진 것일 수 있다. 이런 기업의 경우(더욱이 영업이익률이 업계 경쟁자들에 비해 훨씬 높을 경우) 더 깊이 분석할 가치가 있다.

이자수입(일반적으로 '영업외 수익other income' 항목에서 확인할 수 있다) : 먼저 재무상태표에서 현금과 투자자산 수치를 확인해야 한다. 그리고 이자수입이 은행 정기예금 이자와 어느 정도 일치하지 않으면, 더 깊이 분석해 그 기업이 현금을 어디에 투자했는지 확인해야 한다.

이자비용 : 낮은 이자비용 혹은 높은 이자보상배율(영업이익 ÷ 이자비용)은 그것만 보고 액면 그대로 받아들여서는 안 된다. 그 기업이 이자비용을 '자본화capitalizing' 하고 있는지 아닌지 항상 확인해야 한다. 그 기업의 총부채에 비슷한 수준의 기업들이 지불하고 있는 이자율을 곱해 구한 수치(합리적으로 추산한 이자비용)를 이자보상배율 계산에 사용된 총이자비용 수치와 비교해야 한다.

직원비용employee cost(급여, 복리후생비 등 직원에게 지급하기로 한 모든 비용) : 사기성이 있는 기업의 경우, 직원비용으로 보고한 금액이 그 기업이 여러 보고서나 웹사이트에서 밝히고 있는 현재 직원 수와 크게 안 맞을 수 있다.

영업외 비용 : 여러 잡다한 비용들이 (돈이 새어 나가는 큰 통로 역할을 하는) 이 항목에 포함된다. 시장이 침체되었거나 경기가 둔화된 상황에서 영업외 비용이 급격히 증가하면, 이는 기업의 돈이 다른 곳으로 빠져나가고 있다는 신호가 될 수 있다.

법인세 : 그 기업의 납부세율이 표준 법인세율과 비슷해야 한다. 그 기

업의 납부세율이 표준 법인세율보다 낮으면, 그 기업이 과거부터 누적된 손실이 있는 것은 아닌지, 혹은 특별경제구역이나 여타 세제혜택이 있는 다른 구역에서 사업을 하고 있기 때문에 세제혜택을 받고 있는 것은 아닌지 확인해야 한다.

순이익률 : 순이익률은 높을수록 좋다. 매출증가율은 높은데 이익률이 하락하는 기업은 조심해야 한다. 수익성을 희생하고 성장만 추구하는 기업은 일반적으로 주주들을 위한 지속가능한 부를 창출하지 못한다.

2. 현금흐름 분석

영업활동현금흐름 : 영업활동현금흐름은 많을수록 좋다. 지난 수년간 영업활동현금흐름을 순이익과 비교해서 회사 자금이 운전자본에 묶여 있는지 아니면 운전자본에서 자유로운지 확인해야 한다.

자본적 지출capital expenditure, Capex : 자본적 지출을 영업활동현금흐름과 비교해 그 기업이 자본적 지출을 영업활동현금흐름으로 조달할 수 있는지 확인해야 한다. 큰 자본적 지출 없이 높은 매출 증가를 보이는 기업은 자본경량 복리수익 기업capital-light compounder일 가능성이 높다.

총부채 : 부채는 적을수록 좋다. (비금융기업의 경우) 높은 부채는 능력에 맞지 않는 기업 운영을 하고 있다는 것을 나타낸다. 타인의 친절(타인자본, 부채)에 과도하게 의존하는 기업은 피해야 한다.

현금잔고cash balance : 배당금을 지급하지 않는 기업이 매우 높은 수준의 현금을 보유하고 있다면 주의해서 봐야 한다. 이런 기업의 재무상태표상 현금은 허구적인 것일 수 있다.

잉여현금흐름 : 잉여현금흐름은 주주들에게 보상으로 분배할 수 있는 현금이면서 기업이 임의로 처분할 수 있는 잉여자금을 말한다. 영업활동현금흐름에서 잉여현금흐름이 차지하는 비중이 높을수록 좋다. 잉여현금흐름이 마이너스이고 항상 부채를 조달해 배당금을 지급한다면, 배당수익률이 높아도 투자자는 절대 안심해서는 안 된다. 기업이 여하한의 잉여현금흐름을 창출하지 못한다면, 이는 그저 A의 돈을 털어 B에게 지급하는 것을 반복하는 '폰지사기'일 수도 있다.

내재가치는 기업이 존재하는 동안 사업을 통해 벌어들일 수 있는 현금에서 나온다는 것을 기억해야 한다. 기업이 이익을 내고 있는데 현금이 줄고 있다면, 이익보다는 줄어든 현금을 믿어야 한다. 언제나 그래야 한다. 이익이 조작되었다는 것을 보여주는 가장 일반적인 징후는 부채, 유통주식 수, 매출채권, 재고자산, 비유동 투자자산, 무형자산이 증가하면서 잉여현금흐름이 마이너스인 경우다.

3. 각종 비율 분석

자생적 성장률 self-sustainable growth rate : 자생적 성장률이란 기업이 부채를 동원하지 않고 달성할 수 있는 성장률을 말한다. 자생적 성장률보다 높은 비율로 성장하는 기업은 고유사업에서 창출할 수 있는 것보다 많은 자원을 이용하고 있는 것이며, 이런 기업은 그만큼 부채 수준이 높아진다. 자생적 성장률은 매출증가율보다 높은 것이 바람직하다.

평균 순고정자산 대비 세전이익 비율 profit before tax/average net fixed assets : 이 비율은 높을수록 좋다. 기업의 유형자산 대비 이익률(또한 아래에서 소개할 유형 자기자본이익률과 사용자본이익률)은 은행의 정기예금 이자율보다 높아야 한다.

유형 자기자본 대비 세전이익률 pretax return on tangible equity : 이 비율(유형 자기자본이익률)은 높을수록 좋다. 유형 자기자본이란 회사의 장부가에서 무형자산과 우선주를 차감한 것이다. 보다 높은 레버리지(부채 활용)로 높은 자기자본이익률을 달성한 기업은 조심해야 한다.

사용자본이익률 return on capital employed : 이 비율도 높을수록 좋다. 이 비율은 이자 및 세전 이익 EBIT을 사용자본(총자산 – 유동부채 = 자기자본 + 비유동성 부채)으로 나눈 것이다.

4. 사업 효율성 분석

순고정자산회전율 net fixed asset turnover ratio : 순고정자산회전율은 높을수록 좋다. 순고정자산회전율이 높다는 것은 그 기업이 고정자산을 그만큼 충분히 효율적으로 사용하고 있다는 것을 의미한다.

매출채권회수일수 : 매출채권회수일수는 짧을수록 좋다. 매출채권회수일수가 길다는 것은 그 기업이 고객들에게 제공하는 신용공여 기간(외상 제공 기간)이 길다는 것을 의미한다. 고객으로부터 현금을 받지 않는 허위 매출의 경우, 매출채권회수일수는 계속 길어지게

된다.

재고자산회전율 : 재고자산회전율은 높을수록 좋다. 재고자산회전율이 낮다는 것은 그 기업이 (나중에는 쓸모없게 될 수도 있는) 많은 재고자산을 쌓아두고 있다는 것을 의미한다.

5. 재무상태 분석

순고정자산net fixed assets : 재무상태표에서 순고정자산이 급격히 증가하는 경우를 찾아야 한다. 순고정자산이 급격히 증가했다는 것은 그 기업이 향후 더욱 많은 매출과 이익을 가져올 자본적 지출 프로그램을 완료했다는 것을 의미한다.

진행 중인 자본capital work in progress : 진행 중인 자본은 현재 설치, 건설 중인 고정자산에서 발생하는 모든 비용을 말한다. 재무상태표에서 진행 중인 자본이 급격히 증가하는 경우를 찾아야 한다. 진행 중인 자본이 급격히 증가했다는 것은 완료가 임박한 자본적 지출 프로그램을 수행하고 있다는 것을 나타낸다.

주식 자본금share capital : 이상적으로 볼 때 주식 수는 변함이 없거나, 혹은 자사주 매입으로 감소해야 한다. 무상증자가 없었는데도 주식 자본이 증가했다는 것은 기존 주주들의 지분 가치가 희석되었다는 것을 의미한다. 그리고 주식분할과 무상증자는 그 기업의 내재가치가 아니라 주식의 유동성에만 영향을 미친다는 것을 기억해야 한다.

부채비율debt-to-equity-ratio : 부채비율은 낮을수록 좋다. 동시에 충당자금이 부족한 퇴직연금 부채, 분쟁 중인 법적 청구권, 해약할 수 없는 운영리스 같은 부외채무, 자회사와 관계사 채무에 대한 지급보증 같은 우발부채는 없는지 확인해야 한다. 이자보상배율(EBIT ÷ 이자비용)과 잉여현금흐름을 통해 채무상환능력을 확인해야 한다. 자기자본 대비 부채비율이 낮아도, 단기 지급의무를 이행할 현금이 부족하면 자금 압박을 받을 수 있다.

6. 경영진 분석

회사 설립자들의 배경과 경력을 확인하고, 기업지배구조 이슈는 없는지 인터넷을 검색해 봐야 한다. 이때, '(회계)부정', '사기', '기소', '수사' 같은 검색어를 함께 이용해야 한다.

경영진에 위험이 있다는 신호로는 경영진에 대한 과도한 보수, 비금전적 혜택의 제공, 수수료 지급(특히 기업이 손실을 내고 있을 때 지급될 경우 가장 우려스러울 것이다) 등이 있다.

또 상당한 비율의 내부자 보유 지분이 담보로 잡힌 경우, 회사 설립자들이 그들이 소유한 보다 취약한 다른 비상장기업을 그들의 상장기업에 합병하는 경우, 상당한 이해관계자 간 거래가 있을 경우, 자격이 부족한 친인척을 회사 주요 직책에 임명하는 경우, 적극적인 회계 관행을 사용하는 경우, 감사를 자주 바꾸는 경우, 현재 수요가 높은 인기 업종의 유행어를 사용해 회사 이름을 바꾸는 경우, 증권사 보고서를 인용해 회사 매출액이나 이익 전망을 제시하고, 별 의미 없는 보도자료나 발표자료를 자주 발행하는 등 과도한 프로모션을 할 경우도

위험신호다. 노골적이고 과도한 광고는 대개는 어떤 식으로든 그 기업의 자금조달이 임박했음을 나타낸다(설립자가 회사 주가에만 관심을 갖는다면 그 회사는 현금을 마구 소진하면서 계속 자금을 조달해야 할 기업임에 분명하다).

어떤 기업을 분석 중이라면, 그 기업이 증권거래위원회에 제출하는 연차보고서와 분기보고서의 '유동성과 자본 자원Liquidity and Capital Resources' 항목을 꼭 읽고 그 기업의 자본조달 필요성을 평가해야 한다.

7. 판단 오류와 찰리 멍거의 체크리스트

단순한 연상에 따른 편향 Bias from mere association : 이런 편향은 한 자극을 고통이나 쾌감과 자동적으로 연결시키는 데서 나온다. 좋은 것을 연상시키는 것은 좋아하고, 싫은 것을 연상시키는 것은 싫어하는 것이 이런 편향에 속한다. 서로 연관된 것들은 비슷해 보이기 때문에 이들을 같은 상황으로 보는 것이다.

보상과 처벌이 가진 힘의 과소평가 Underestimating the power of rewards and punishment : 사람들은 보상을 받는 행동은 반복하고 벌을 받게 되는 행동은 피한다. 대가를 지불하지 않고 어떤 혜택을 얻게 되면, 사람들은 이런 경우를 남용하는 경향이 있다. 성공한 후에 우리는 지나치게 낙관적인 리스크 감수자가 되며, 실패한 후에는 지나치게 비관적인 리스크 혐오자가 된다. 성공이나 실패가 그저 운에 따른 결과인 경우에도 이런 일이 벌어진다. 우리는 우리가 교수형 시키는 사람을 개선하는 것이 아니라, 교수형 당한 그 사람을 통해 다른 사람들을 개선한다.

보상을 실적과 연관시켜야 한다. 실적이 좋을 때는 보상을 받고 나쁠 때는 벌을 받도록 해야 한다. 사람들이 그들의 실적, 그들이 받는 보상, 그리고 여러분이 원하는 것이 서로 연결되어 있다는 것을 이해하게 해야 한다. 조직 안에서 기울인 노력과 시간이 아니라 개인적인 실적에 보상해야 한다.

사적 이해와 인센티브에 따른 편향의 과소평가 Underestimating bias from one's own self-interest and incentives : 그들의 행동의 결과를 강조하는 질문을 해서 사람들을 설득해야 한다. 이성reason이 아니라 이해interest에 호소해야 한다.

자기중심적 편향 Self-serving bias : 자기중심적 편향은 자신의 능력에 대해 지나치게 긍정적인 시각을 조장하거나, 지나치게 낙관적이 되게 만든다. 성공은 실패보다 항상 훨씬 많은 미디어의 관심을 끈다. 한 주제에 대해 잘 알고 있다고 생각할수록, 그 외 다른 주제를 이용할 생각은 그만큼 적어진다. 우리는 우리가 전문지식을 갖고 있는 방법론에 따라 문제를 해결한다. 그러나 항상 '내가 틀렸을지도 모른다'고 생각해야 한다.

자기기만과 부정 Self-deception and denial : 우리가 현실을 부정하는 것은 고통을 줄이기 위해 현실을 왜곡하는 것이다. 희망적 사고도 이에 속한다. 데모스테네스Demosthenes가 말한 것처럼, "사람은 믿고 싶은 것을 믿는다".

일관성과 헌신에 따른 편향 Bias from consistency and commitment tendency : 일관성과 헌신에 따른 편향으로 인해 우리는 (반증 증거가 있을 때조차) 이전에 헌신했던 것이나 생각과 일관성을 유지하려고 한다. 확증편향confirmation bias이 이에 속한다. 확증편향을 통해 우리는 우리의 믿음을 확인해 주는 증거를 찾고 반증 증거는 무시하거나 왜곡함으로써 인지적 부조화에 따른 스트레스를 줄인다. 우리는 매몰비용 오류sunk cost fallacy(자신이 한 선택이 만족스럽지 못해도 이미 투입한 비용이 아깝거나 그것을 정당화하기 위해 기존의 행동을 지속하는 것) 때문에 이미 실패한 노력을 더욱 배가하는 경향이 있다. 어떤 것에 더 많은 시간이나 돈을 쓸수록, 그것을 포기할 가능성은 더욱 줄어든다.

투자를 할 때 우리는 우리가 옳은 결정을 했다는 것을 확인해 주는 증거를 찾고, 우리가 틀린 결정을 했다는 것을 보여주는 정보는 무시하는 경향이 있다. 버핏이 말한 것처럼, "인간이 가장 잘하는 일은 모든 정보를 이전의 결론이 여전히 맞다는 식으로 해석하는 일이다".[2]

한 결정이 세간의 관심을 더 많이 받을수록, 그 결정을 바꿀 가능성은 줄어든다. 거짓보다 더 위험한 '진실의 적'은 굳은 확신이다. '일관적인 것'보다 '옳은 것'이 낫다. 자신의 시각을 올바르게 교정하기 위해서는 다양한 시각과 대안적 가설에 대한 열린 마음이 필요하다.

자신이 틀렸다는 것을 증명하려고 한다면, 옳게 될 가능성이 더 높아진다. 마음속에서 서로 충돌하는 가능성들을 수용하고 이들을 탐구하면서, 그 과정에서 배운 것에 기초해 진실일 가능성이 높은 쪽으로 꾸준히 나아가야 한다. 자신이 구덩이에 빠졌다는 것을 알게 되면, 더 이상 구덩이를 파서는 안 된다.

자신이 틀렸음을 인정한다는 것은 어제보다 오늘 더 현명해졌다는 것을 의미한다. 진실의 가장 큰 적은 모든 논쟁에서 이기려는 내적 욕망이다. 자신과 의견이 다른 사람의 의견에 정당하게 동의하게 될 때 배움이 이루어진다. 진정성이 있고, 지식에 기초하고 있으며, 돕고자 하는 생각에서 제기된 비판은 환영해야 한다. 성장하기 위해서는 중심을 유지하면서도 개선하려는 확고한 노력이 필요하다. 열린 마음을 갖고 자신의 주장을 자신과 시각이 다른 사람들의 주장과 항상 비교, 평가해 봐야 한다. 자신과 생각이 다른 사람들로 하여금 건설적인 반대 주장을 하게 하면, 그들의 논리를 보다 잘 이해할 수 있고, 그들의 주장을 자신의 생각에 대한 스트레스 테스트(자신의 생각이 가진 문제를 파악하는 것)에 이용할 수 있다. 이런 식으로 자신이 옳게 될 가능성을 높일 수 있다.

우리가 찾고 있는 것은 자신이 스스로 찾을 수 있는 답 중 '최선의 답'이 아니라, '올바른 답'이란 것을 기억해야 한다. 올바른 답을 찾으려고만 해야 한다. 그 올바른 답이 다른 사람에게서 나왔다는 것은 중요하지 않다. 칼 포퍼Karl Popper가 말한 것처럼, "주장, 혹은 토론의 목표는 승리가 아니라 발전progress이 되어야 한다". 동의나 반대가 아니라 이해理解에 초점을 맞춰야 한다. 이해가 판단에 선행해야지, 그 반대는 아니다.

박탈증후군에 따른 편향 Bias from deprival syndrome : 우리는 우리가 좋아하고 가지고 있던(혹은 거의 가질 수 있었던) 것을 빼앗기거나 잃어버렸을 때(혹은 그런 위협을 받을 때) 강한 반응을 하게 된다. 가질 수 없는 것을 더 귀하게 여기고, 더 가지길 원하는 것도 이런 편향에 속한다. 사람들은 즉각적인 위협에 반응하고, 점진적으로 발생하는 것은 무시하는 경향이 있다.

현상유지편향과 무행동 증후군 Status quo bias and do-nothing syndrome : 현상유지

편향과 무행동 증후군은 사물을 지금 상태로 계속 유지하려는 것을 말한다. 이는 노력을 최소화하고 기본 설정 옵션default options을 선호하는 것이다.

우리의 무의식은 우리의 행동을 지배한다. 우리의 감각은 뇌에 초당 약 1,100만 가지의 정보를 전달한다. 이는 초당 최대 약 50가지 정보를 처리하는 의식적인 정보처리 용량보다 훨씬 많은 양이다. 여러 연구들에 따르면, 힘든 정신활동을 하기 위해서는 우리 몸의 기본 연료인 포도당이 더 많이 필요하기 때문에 이런 편향이 있을 수 있다. 힘든 생각을 피할 때, 우리는 정신적 에너지를 아낄 수 있다. 우리는 게으름을 피우도록, 그리고 자연히 저항이 가장 적은 길을 택하도록, 요컨대 필요한 일을 하기보다는 편한 일을 하도록 만들어진 존재다.

조급함impatience : 조급할 때 우리는 미래보다 현재를 더 높이 평가한다.

부러움과 질투에 따른 편향 Bias from envy and jealousy : 사람들은 사랑받는다는 느낌을 받기 위해서는 '많은' 일을 하겠지만, 부러움을 받기 위해서는 '모든' 일을 할 것이다.

대비에 의한 왜곡 Distortion by contrast comparison : 이 편향은 어떤 것의 절대적인 크기를 그 자체로서가 아니라 시간이나 공간적으로 가까이 있는, 혹은 조금 더 일찍 채택된 다른 것과 그 차이를 비교해서만 판단하고 인식하는 것이다. 장기적으로 진행되는 점진적인 변화(즉, 저 대비low contrast)의 중요성을 과소평가하는 것도 이런 편향에 해당한다.

고착편향(혹은 기준점편향) Bias from anchoring : 우리가 무엇에 주목하고 그것에 고착되면, 종종 자의적이고 의미 없는 정보를 미래 결정을 위한 기준으로 중요하게 여기기도 한다.

생생한 혹은 최근 사건의 과도한 영향 Overinfluence from vivid or recent events : 언제나 사실과 숫자로 '스토리'를 뒷받침해야 한다. 많은 경우, 데이터가 스토리와 다른 데도 사람들은 여전히 스토리를 믿으려 한다. 일반적으로 사람들은 해당 문제가 감정적이거나 정치적인 이슈일 경우, 자신의 믿음에 반하는 데이터가 나와도 자신의 마음을 바꾸지 않는다.

무주의에 따른 간과 Omission from abstract blindness : 이 편향에 빠질 때, 우리는 우리가 접하는 자극 혹은 우리의 관심을 끄는 자극만 보고, 빠트려진 중요한 정보와 그 핵심은 무시한다. 많은 사람이 복권에 당첨되지 못하지만 우리는 드러나지 않는 조용한 낙첨자들을 보지 못하고, 미래에 대한 예측 중에 옳은 것으로 밝혀지는 것이 많지 않음에도 불구하고 미래를 잘 예측하지 못하는 사람을 보지 못한다. 이런 빠트려진 정보는 우리의 관심을 끌지 않는다. 무주의 맹시 inattentional blindness(주의를 기울이지 않은 탓에 눈앞에 있는 것을 보지 못하는 현상—옮긴이)가 이런 편향에 해당한다.

보답 성향에 따른 편향 Bias from reciprocation tendency : 우리는 다른 사람들이 우리를 위해, 혹은 우리에게 베푼 친절에 보답하는 경향이 있다. 이런 보답 성향에 따른 편향으로는 호의, 양보, (그 사람에 대한) 특별한 태도, 정보 공유 등이 있다.

좋아하는 것의 과도한 영향에 따른 편향 Bias from overinfluence by liking tendency : 우리는 우리가 알고 좋아하는 사람을 믿고 신뢰하며, 그 사람 의견에 동의하는 경향이 있다. 사회적 수용social acceptance(자신이 사회적으로 받아들여지는 것—옮긴이)에 대한 과도한 열망에 따른 편향이 여기에 포함된다. 혐오에 따른 편향(우리가 싫어하는 사람에 대해서는 그들이 설혹 옳을지라도 동의하지 않으려는 경향) 역시 마찬가지다. 좋은 사람도 나쁜 주장을 할 수 있고, 나쁜 사람도 좋은 주장을 할 수 있다. 우리는 사람이 아니라 주장을 평가해야 한다. 지적인 진실함을 추구해야 한다.

사회적 증거의 과도한 영향에 따른 편향 Bias from overinfluence by social proof : 우리는 '비슷한 타인들'의 행동을 따라하는 경향이 있다. 집단적 어리석음이 이런 편향에 해당된다. 모두가 책임이 있을 때는 아무도 책임이 없는 것이다.

권위의 과도한 영향에 따른 편향 Bias from overinfluence by authority : 우리는 알고 있는 권위자나 전문가를 신뢰하고 그들 의견에 따르는 경향이 있다.

센스메이킹Sense making(사람들이 그들의 집단적인 경험에 의미를 부여하는 과정) : 결과에 맞는 설명을 찾을 때, 우리는 발생한 결과들이 사전에 예측 가능했다고 생각하면서 너무 빨리 판단을 내리는 탓에 건전한 결론을 끌어내지 못할 수도 있다. '결과적으로 보면', 모든 것이 명확해 보이는 법이다. 과거의 결정은 항상 그 결정이 이루어진 시점의 맥락에서 그 질을 평가해야 한다.

이유 존중 Reason respecting : 우리는 그저 이유를 들었기 때문에 요청을 받아들이는 경우가 종종 있다. 이유를 말하면, 사람들은 항상 그 요청을 보다 진지하게 생각하고, 받아들일 가능성이 더 높다. 사람들은 그들이 이해하는 것보다 그들이 느끼는 것에 더 마음이 움직이는 경향이 있다.

우선 믿고 나중에 의심하기 Believing first and doubting later : 혼란하고 어수선한 상태에 있을 때는 진실이 아닌 것도 쉽게 믿을 수 있다.

기억 제한성 Memory limitations : 이 때문에 우리는 선택적으로, 그리고 잘못 기억하게 된다. 암시의 영향influence by suggestions도 이런 편향에 속한다.

행동 증후군 Do-something syndrome : 우리는 그것이 무엇이든, 그저 뭔가를 하기 위해 행동하는 경향이 있다.

발언 증후군에 따른 정신적 혼란 Mental confusion from say-something syndrome : 우리는 할 말이 전혀 없을 때도 뭔가 말해야 한다고 느끼는 경향이 있다. 에이브러햄 링컨의 명언처럼, "입을 열어 모든 의혹을 없애는 것보다는 침묵을 지키며 바보로 보이는 것이 더 낫다".

감정적 흥분 Emotional arousal : 격한 감정 상태에서는 성급한 판단을 내리기 쉽다. 미래 사건들에 대한 감정적인 영향을 과장하는 것이 이에 해당한다.

스트레스, 육체적 혹은 심리적 고통, 혹은 약물이나 질병의 영향에 따른 정신적 혼란 Mental confusion from stress, physical or psychological pain, or the influence of chemicals or diseases

분석을 하는 동안에는 자신의 감정을 솔직하게 확인해야 한다. 어떤 주식을 매수하길 원한다면, 그 이유와 함께 느낌도 기록해야 한다. 그저 그 주식에 대해 많은 조사를 수행하고 상당한 노력을 기울였기 때문에 그 주식을 매수하는 것은 아닌지, 다른 의견을 받아들이기를 주저하고 있는 것은 아닌지 스스로 자문해 봐야 한다.

먼저 매수하고 나중에 분석하려는 충동에 저항해야 한다. 다른 사람들이 그 주식을 매수해서 많은 돈을 벌고 있다는 이유만으로 그들을 따라 매수하는 것은 피해야 한다. 기회를 놓치는 것에 대한 두려움, 즉 포모FOMO에 사로잡혀서는 안 된다. TV와 소셜미디어는 꺼두어야 한다. 그리고 필요하다면 휴식을 취하면서 머리를 식혀야 한다.

체크리스트는 뇌를 합리적으로 사용하는 체계적인 방법이며, 투자자들 입장에서는 가이 스파이어가 말한, 여러 생각으로 뒤얽힌 '복잡한 뇌cocaine brain'에 매우 효과적인 백신이 될 수 있다. "탐욕 모드에 들어가면……돈을 벌 것이라는 생각은 코카인이 자극하는 것과 동일하게 뇌의 원초적인 보상회로를 자극한다."[3]

이상적인 체크리스트는 주관적이며 개인마다 다르다. 타인의 체크리스트 혹은 외부에 부탁해 만든 체크리스트는 권하지 않는다. 모든 투자자는 개인적인 경험, 지식, 그리고 과거의 실수에 기초해 자신만의 체크리스트를 만들어야 한다.

이런 식으로 만들어진 체크리스트가 가장 유용하다. 찰리 멍거도 이에 동의하면서, "각각의 기업에 대해 서로 다른 체크리스트와 서로 다른 정신모형mental models이 필요하다. '이 세 가지만 하면 된다'는 식의 쉬운 방법은 결코 없다. 스스로 그 방법을 찾아서 남은 생애 동안 자신의 머리에 깊이 새겨야 한다"고 했다.[4]

결국 투자자는 자신의 생각이 무엇인지 분명히 알고 있어야 하며, 자신의 목표가 무엇인지도 분명히 알고 있어야 한다. 피터 베블린은 『지혜를 찾아서』에서 "기존에 확립된 규칙, 여과장치, 그리고 체크리스트에 따라 뭔가를 하는 것이 완전히 감정에 따라 무엇을 하는 것보다 종종 더 합리적이긴 하지만, 아무 생각 없이 너무 많은 규칙, 여과장치, 혹은 체크리스트를 그대로 추종해서는 안 된다. 우리는 우리가 **무엇을 달성하기 위해 노력하고 있는지 항상 알고 있어야 한다**"고 했다.[5]

체크리스트와 함께 우리의 의사결정 능력을 제고할 수 있는 또 다른 소중한 도구가 있다. 바로 투자노트^{journal}다. 다음 장에서는 이에 대해 살펴보도록 하겠다.

15장

투자노트
: 현명한 투자자의 필수품

> 모든 사람을 관찰하라, 특히 자기 자신을 가장 많이 관찰하라.
> - 벤저민 프랭클린

> 다른 사람을 아는 것은 지혜이고, 자기 자신을 아는 것은 깨달음이다.
> - 노자

> 우리 대부분이 자기 자신에 대해 모른다면,
> 그것은 자신을 아는 것이 고통스러운 일이고,
> 우리가 (진실보다는) 망상의 즐거움을 더 좋아하기 때문이다.
> - 올더스 헉슬리

인간이 기억하고 있는 상당 부분은 대개 허구다. 우리는 사실이 아닌 기억을 꽤 쉽게 만들어낸다. 우리의 뇌는 어떤 사건을 왜곡한 후 기억의 형태로 저장하는 성향이 있다. 많은 연구는 선택적 기억이라는 개념을 지지해왔다.

인간의 뇌는 의미를 만들어내는 기계다. 인간의 뇌는 모든 것의 핵심을 뽑아내면서, 항상 에너지를 최대한 효율적으로 사용하고 보존하고 있다. 우리가 뭔가를 보게 되면, 우리의 뇌는 즉각 우리가 보는 것의 의미를 찾으려 한다. 대부분의 사람들에게 이런 의미는 개인적인 것이다. 기억은 일반적으로 우리가 이미 알고 있던 관념과 개인적인 편향의 결과물이다. 이런 주관적인 해석과 충돌하는 정보는 뇌의 회백질grey matter(사유 및 인지 기능을 담당하는 뇌 부분)에 의해 폐기된다. 달리 말해, 우리의 마음은 필연적으로 사실인 것이 아니라, 사실이라고 느끼는 것에 끌린다. 기억에서 하나의 정보를 꺼낼 때마다 우리는 많은 세부사항이 빠진 요약된 내용을 불러낸다. 이런 기억을 이해하기 위해 우리의 뇌는 실제로 발생했던 것이든 아니든 간에 그럴듯해 보이는 내용으로, 그러니까 빠진 세부사항을 상상으로 채워 넣으면서 대충 그 기억의 일부를 재생한다.

이런 식의 기억의 재구성은 일회성이 아니라 우리가 그 기억을 다시 꺼낼 때마다 벌어진다. 뭔가를 기억할 때 우리는 그저 수많은 허구적인 세부내용을 끌어내고 있는 것이다. 이 과정에서 우리는 각각의 회상에 새로운 오류를 추가할 수도 있다. 기억의 재통합 과정에 존재하는 이런 식의 순환 고리는 시간이 감에 따라 문제를 더욱 확대시킨다. 우리는 우리가 기억하고 싶은 것은 기억하고, 잊고 싶은 것은 잊어버리는 경향이 있다. 결과적으로 우리 기억의 상당 부분은 우리 스스로 왜곡한 허구다.

효과적인 결정을 하는 것은 복잡한 일이지만, 투자자로서 우리가 해야 할 가장 기본적인 일이다. 우리가 하는 일은 결정을 하는 것이다. 그러나 우리 중 자신의 의사결정 방식에 대해 생각하는 사람은 극히 드물다. 실제 경험과 그에 대한 잘못된 기억을 혼동하는 것이 우리가 과거의 투자 결과에서 교훈을 얻는 것을 크게 방해할 수 있다. 그리고 우리가 과거의 경험에서 효과적으로 배우지 못하면, 보다 나은 결정을 내릴 수 있도록 의사결정 과정을 개선할 수 없다.

서술오류narrative fallacy(정보를 객관적으로 평가하지 못하는 것), 사후확증편향hindsight bias(과거의 사건을 실제보다 더 예측 가능했던 것으로 여기는 것), 그리고 불완전한 기억 때문에 과거에 우리가 내렸던 어떤 결정의 이유를 100% 정확하게 상기하는 것은 거의 불가능하다. 우리의 뇌는 우리가 결정을 내렸던 상황에 대해 왜곡된 그림을 제공함으로써 우리를 속이며, 이는 어떤 주식에 대한 투자가 실수나 성공이 된 이유에 대해 잘못된 결론을 내리게 만든다.

우리는 우리가 내린 결정의 질에 대한 피드백을 거의 받지 못하기 때문에 우리의 의사결정 능력을 개선하는데 어려움을 겪는 경우가 많다. 좋은 결정이 성공을 보장하는 것은 아니지만, 나쁜 결정은 거의 항상 실패로 이어진다. 결정의 질을 확인하는 방법은 결정을 내리는 과정을 확인하는 것이다. 이를 위한 한 가지 간단한 방법이 있다.

물론, 간단하지만 쉽지는 않다.

이 방법을 실행하기 위해서는 많은 겸손과 지적인 정직함이 필요하다.

노트 한 권을 가져와 그간 자신이 내렸던 중요한 결정들을 모두 적어보자.

투자노트는 자신이 결정을 내릴 당시 무엇을 생각하고 있었는지에 대한 정확하고 솔직한 피드백을 얻는 데 도움이 된다. 이 피드백은 자신이 그저 순전히 운이 좋았던 때가 언제인지를 확인하는 데도 도움을 준다. 가끔은 우리가 처음에 생각했던 것과는 매우 다른 이유로 일이 잘될 때가 있다. 우리가 일어날 것으로 생각했던 일, 그리고 그런 일이 일어날 것으로 생각했던 이유와 정반대 생각을 하고 결정했을 경우 그 결과가 어떻게 되었을지 확인하는 것이 우리가 가진 지식의 한계를 알 수 있는 좋은 방법이다.

자신의 마음이 스스로 피드백 고리를 제공하지는 않기 때문에 이런 식으로 피드백 고리를 만드는 것은 매우 중요하다. 우리는 우리가 생각하는 것만큼 많이 알지 못한다. 우리는 스스로 속아서 우리가 알지 못할 때에도 뭔가를 알고 있다고 생각하며, 스스로를 교정할 어떤 수단도 갖고 있지 않다. 오히려 우리의 마음은 자신의 견해를 지키기 위해 과거를 수정한다. 우리가 우리 자신에게 말하는 '스토리'는 우리가 내린 결정과 실제 결과 사이에 상당한 인과관계가 있다는 선형 인과관계linear cause-and-effect relationship를 만들어낸다. 이런 인지적 기능 장애에 대한 치료제가 바로 '투자노트'다.

투자노트에는 어떤 주식을 매수할 당시 최초의 투자 논지는 물론, 매도할 때의 매도 이유가 모두 포함되어야 한다. 미국의 SF작가 로버트 하인라인Robert Heinlein이 말한 것처럼, "인간은 합리적인 동물이 아니라, 합리화하는 동물이다".[1] 사실이 드러난 후에는 모든 것이 분명해 보인다. 사후적으로는 어떤 사건이든 그 사건에 대한 기본적인 분석을 항상 훌륭하게 재구성할 수 있다.

투자노트는 자신에 대한 진실을 유지하고 사후확증편향을 피할 수 있는 가장 객관적인 방법이다. 보다 중요한 것은 투자노트가 자신의 실수들에서 꾸준히 교훈을 얻는 데 도움이 된다는 것이다. 그리고 이 과정에서 얻는 통찰은 인생, 사업, 그리고 투자의 가장 훌륭한 스승이 된다. 투자를 하면서 자신이 저지른 실수들로부터 배우는 것(그리고 훨씬 중요하게는 타인의 실수들에서 간접적으로 배우는 것)의 중요한 본질적인 가치가 매우 과소평가되고 있다.

'사전분석'으로 '계획오류' 줄이기

계획한 일의 결과를 지나치게 낙관적으로 예상하는 경우가 많다. 미래의 과제를 완수하는 데 드는 시간과 비용을 지나치게 낙관적으로 예상하는 이런 편향을 '계획오류planning fallacy'라고 한다. 이는 행동경제학자 대니얼 카너먼Daniel Kahneman과 아모스 트버스키Amos Tversky가 만든 용어다. 계획오류는 계획과 예상을 최고의 시나리오로 가정하고, 과거 유사 사례들의 기저율base rates은 무시하는 것이다. 결과적으로 이는 계획보다 상당히 많은 시간과 비용을 초과 발생시키는 결과를 초래한다.

그렇다면 사람들을 이런 계획오류에 빠트리는 것은 무엇일까? 카너먼과 트버스키에 따르면, '내부 관점inside view'이 그 범인이다. 내부 관점이란 미래의 전망을 평가하기 위해 우리 모두가 자발적으로 채택하는 견해를 말한다.

우리의 직관이 확률과 통계 문제에 개입할 때는 그 직관을 믿어서는 안 된다. 우리는 특정 상황에 초점을 맞추고 우리의 개인적 경험이라는 좁은 세계 안에서 증거를 찾는 경향이 있다. 이를 '효용편향 availability bias' 혹은 '가용성편향'이라고 한다. 어떤 개별 사건에 대한 정보를 갖고 있을 때 우리는 그 사건이 속하는 참고사례들의 통계에 대해서는 거의 알려고 하지 않는다. 우리는 우리 바로 앞에 있는 정보에 기초해 예상하려는 경향(가용성편향)이 있다. 우리는 일을 당초 계획보다 더 오래 지체시킬 수 있는 일련의 사건들이 있을 수 있다는 것은 고려하지 않는다. 다시 말해 우리는 모르는 어떤 것들이 있다는 것을 무시한다.

카너먼에 따르면, 계획오류가 만들어내는 과잉확신 망상을 깨는 방법은 외부 관점 outside view을 택하는 것이다.

외부 관점을 택한다는 것은 자신의 특정 사례가 아니라 일련의 유사한 사례들에 관심을 집중하는 것이다. 이를 위해 과거에 있었던 유사한 사례들의 성패율 통계를 확인해야 한다. 자신의 경우에 어떤 일이 어떻게 될지 알고 싶으면, 과거 유사한 상황에서 그 일이 다른 사람들의 경우에는 어떻게 되었는지 (즉, 기저율을) 살펴봐야 한다.

최고의 투자자는 사전에 절차를 준비해 두는 습관이 있다. 이는 감정적인 뇌의 강렬한 반응을 억제하는 데 도움이 된다.
- 제이슨 츠바이크

계획대로 정확히 하는 것은 우리의 뇌로서는 그리 어려운 일이 아니다. 따라서 우리가 정신적으로 최악의 시나리오에 대비하고 그에 대처할 비상계획을 갖고 있으면, 갑작스러운 스트레스 상황에서 과민 반응하고 값비싼 실수를 저지를 가능성을 훨씬 줄일 수 있다. 손자孫子가 적절히 말한 것처럼, 이것은 "싸우기 '전'에 이기는 것(혹은 지는 것)"이다(『손자병법』에서는 '부전이굴인지병 선지선자不戰而屈人之兵 善之善者, 즉 싸우지 않고 이기는 것이 최선이다'라고 했다―옮긴이).

사전분석premortem은 나쁜 결과가 나올 가능성을 그것이 실제 발생하기 전에 조사하는 것이다. 우리는 미래에 대한 낙관적인 견해를 즐기고, 유리한 결과가 나올 확률을 과대평가하는 경향이 있다. 사전분석은 이런 타고난 편향을 줄여준다.

투자에서 사전분석은 미래에 적절한 시점에 적절한 시정조치를 하게 해 준다. 어떤 주식을 매수하기 전에 그 주식을 매수하고 1년 후 안정된 시장임에도 불구하고 돈을 잃었다고 상상해 보자. 그리고 종이 한 장을 꺼내 미래에 무엇이 잘못되었을지 적어보자. 이런 '예비적 사후통찰prospective hindsight' 기법을 통해 우리는 우리의 마음을 열고, 광범위한 결과의 범위 차원에서 생각하고, 외부 관점을 고려한다. 한 주식의 매수를 처음 생각할 때는 우리 마음에 직관적으로 떠오르지 않는 잠재적인 하방 리스크 요인들에 관심을 가질 수 있다. 우리가 통제할 수 없는 변수들에 대해서는 일정한 시나리오들을 상상해 보는 것도 개별 포지션을 확대하고 포트폴리오를 구성할 때 더 나은 투자 결정을 할 수 있게 해 준다.

많은 투자자들이 사후분석postmortem을 하고 이미 내린 결정에서 교훈을 얻지만, 사전분석은 자신의 결정이 잘못되었다는 것을 먼저 가정하고 시작하며, 그 이유를 묻는다. 투자를 하기 전에 무엇이 잘못될 수 있는지 생각하고, 그 후에도 계속 그 문제를 살펴봐야 한다. 잘될 수 있는 것만 계속 생각해서는 안 된다.

돈을 벌기 위해서는 돈이 있어야 한다. 요컨대, 이익을 극대화하기 위해서는 손실을 최소화해야 한다. 다른 무엇보다 자본의 보전에 초점을 맞춰야 한다. 가치투자자들은 잠재적인 투자자산을 평가할 때 가장 먼저 잠재적인 하방 리스크에 대해 항상 생각한다. '가치투자의 아버지' 벤저민 그레이엄도 "투자란 철저한 분석으로 원금의 안전 그리고 적절한 수익을 약속받는 일이다. 이런 조건을 충족하지 않는 것은 투자가 아니라 투기다"라고 투자를 정의하면서, 자본의 회수return of capital를 강조하고 이를 자본 수익return on capital보다 우선시했다.[2]

투자할 때는 '무엇이 잘못될 수 있는가?', '일이 잘못될 경우 나는 어떻게 대응할 것인가?', '리스크로는 어떤 것들이 있는가?', '그 리스크들이 현실화될 가능성은 어느 정도인가?', '그 리스크들은 얼마나 큰 것인가?', '그 리스크들이 현실화되면 내가 그것을 감당할 수 있는가?'를 항상 물어봐야 한다.

불확실한 상황에서 결정을 할 때는 잠재적인 시나리오들이 발생할 확률뿐 아니라, 그 시나리오들이 가져올 결과들을(그리고 '그 결과들의 결과들consequences of consequences'까지) 항상 고려해야 한다. 『가난한 리처드의 연감』에서 벤저민 프랭클린이 말한 것처럼, "비용을 계산하기 전에 먼저 집을 짓는 사람은 바보짓을 하는 것이다. 짓기 전에 비용을 계산하는 사람은 그 계산이 제대로 되지 않았다는 것을 알게 된다(그리고 여기에서 교훈을 얻고, 계산을 옳게 수정하고, 점점 더 잘 계산을 하게 된다—옮긴이)".

글쓰기, 최고의 가치투자

2014년 말 나는 10달러를 주고 노트를 하나 샀다. 나는 이것이 내가 했던 최고의 가치투자 중 하나라고 생각한다. 그날 이후 나는 나의 투자 결정들과 그 후의 진행 상황을 그 노트에 계속 기록해왔다. 이런 습관을 통해 나는 나 자신에 대해 많은 것을 알게 되었고, 투자자로서 그리고 한 사람으로서 더욱 나아질 수 있었다. 그리고 수많은 소중한 피드백을 받고 이를 나의 편향을 고치는 데 사용하고 있다.

또한 나는 2015~2019년 사이 시장에서 많은 패닉 사건이 발생하는 동안 있었던 언론 보도와 칼럼, 그리고 투자자 행동에 관한 개인적인 문서철도 만들었다. 시장이 주기적인 급격한 조정을 겪을 때마다 이런 정보들을 참고하는 것이 매우 큰 도움이 되고 있는데, 사실 시간이 지나도 시장에서 인간의 행동은 크게 변하지 않았다.

생각을 노트에 정리하는 과정에서 우리의 사고는 명료해진다. 손으로 노트를 쓰면 사후확증편향의 가능성을 줄여준다. 자신이 과거에 직접 쓴 글을 보면 과거에 자신이 했던 생각을 부인하기 어렵다. 자신이 쓴 노트를 주기적으로 검토하는 것이 중요한데, 그것은 이런 노력이 자신을 개선하는 출발점이 되기 때문이다. 자신이 어디에서 실수를 하고, 왜 그런 실수를 하는지, 그리고 자신이 흔하게 범하는 실수는 무엇인지 깨닫는 것, 이 모든 것이 시간이 감에 따라 자신을 개선하는데 도움이 될 수 있다.

과거에 했던 결정의 결과가 확인될 때마다 노트에서 그 결정에 관한 부분들을 다시 점검해 봐야 한다. 그러다 보면 어떤 놀라운 사실을 발견할 수도 있다. 좋은 결과가 나왔던 많은 경우에도, 자신의 최초 논리가 옳지 않았다는 것을 흔히 발견하게 될 것이다. '결과'는 우리의 생각을 많이 왜곡한다. 겸손하고 지적으로 솔직하지 않으면, 좋은 결과에서 잘못된 교훈을 얻게 된다. 특히 좋은 결과를 얻은 후에는, 관련된 사건이 어떻게 전개되었는지 솔직하게 상기하는 것이 직관적으로 쉬운 일은 아니다. 결과를 보면 맞는 경우가 많이 있을 수 있겠지만, 그 이유는 우리가 생각한 것과는 다른 것일 수 있다. 스스로 이를 깨달으면, 겸손해지고, 더욱 공부해서 자신을 개선할 수 있다.

글을 쓰는 것은 의사소통 도구임과 동시에 자신의 사고에도 도움을 준다. 어떤 한 가지에 대해 글을 쓰면서 동시에 다른 것을 생각하는 것은 거의 불가능하다. 자신의 손으로 뭔가를 쓰는 것은 자신의 생각을 같은 방향으로 보내는 것이다. 투자노트를 쓰는 것은 사고를 위한 도구일 뿐만 아니라, 자신의 생각을 집중하는데도 매우 효과적인 도구라는 것이 밝혀졌다. 더 많이 쓸수록 자신의 사고는 더욱 정확해진다.

글을 쓰는 것은 생각하는 일이며, 우리의 정신이 녹스는 것을 막아주는 방패 역할을 한다. 그리고 글을 쓰는 것은 우리가 읽은 것을 잊지 않게 해 주는 유용한 도구이며, 우리의 이해력을 높여준다.

투자노트를 씀으로써 얻을 수 있는 추가적인 혜택은 그것이 우리의 의지를 더욱 강화해 준다는 것이다. 뭔가를 쓴다는 행위 자체는 우리 삶에 좋은 일이 생기게 하겠다는 우리의 결심을 더욱 강화해 준다. 투자노트는 지속적인 동기 부여 역할을 하는 일종의 개인적인 선언문과 같다.

투자노트를 쓰면 치유적 효과도 있다. 글을 쓰는 것은 자기성찰에 도움이 되는데, 이는 우리 삶에 발생하는 여하한의 불행도 완화해 줄 수 있는 좋은 방법이다. 또한 글을 쓰면 기억력도 좋아진다. 그것은 생각과 배운 것을 글로 쓸 때 더 많은 것을 기억하기 때문이다.

베스트셀러 작가 스티븐 킹Stephen King은 "글을 쓰는 것은 마술이다. 다른 모든 창조적 예술만큼이나 우리 삶의 생명수다. 그리고 이 생명수는 공짜다. 그러니 맘껏 마시자"라고 했다.[3)]

글을 쓰고, 더 나은 결정을 하고, 그리고 더 행복해지자.

16장

'인센티브'가 투자에 미치는 영향

인센티브의 힘에 대해 생각해야 할 때는 그 외 다른 것은 절대 생각하지 말라.
- 찰리 멍거

남을 설득하려면, 이성reason이 아니라 이해interest에 호소하라.
- 벤저민 프랭클린

내가 투자에서 배운 주요한 삶의 교훈이란
이기심이야말로 세상에서 가장 강력한 힘이며,
사람들로 하여금 거의 모든 것을 받아들이고 또 지키게 할 수 있다는 것이다.
- 제시 리버모어Jesse Livermore

누구에게든 그들의 의견, 전망, 혹은 추천 종목에 대해 결코 묻지 말라.
그저 그들이 자신의 포트폴리오에
무엇을 보유하고 있는지(혹은 보유하고 있지 않은지)만 물어라.
- 나심 탈레브

사람들이 정말 무엇을 생각하는지 알기 위해서는
그들이 하는 말보다 그들이 하는 행동을 보라.
- 르네 데카르트

우리는 보상받는 일은 하지만, 처벌받는 일은 피한다. 우리가 직면하는 대부분의 상황 근저에는 인센티브incentives가 있지만, 우리는 종종 그것을 설명하지 못한다. 우리가 눈으로 보는 행동은 우리가 눈으로 보지 않는 동기의 결과인 경우가 많다. 동기는 우리의 행동을 왜곡하고 현실을 제대로 보지 못하게 하는 힘을 갖고 있다. 이에 대해 아일랜드 작가 로런스 엔더슨은 『지각의 조약돌』에서 다음과 같이 말했다.

> 우리는 시간을 할애해 관련된 이해관계를 신중히 고려할 때만 상황을 아주 명료하게 볼 수 있다. 그리고 근저의 그 이해관계가 다를 경우 상황은 어떻게 달라질지 생각해 보면 그 상황을 훨씬 더 잘 이해할 수 있다.
>
> ……인센티브는 매우 중요하며, 이를 과소평가하면 위험하다. **사람들은 인센티브를 충족할 수 있는 가장 빠른 길을 갈 것이다.** 우리 중 꼼꼼한 사람들은 금전적인 것이든 그 외 다른 것이든 인센티브에 특별한 관심을 가질 것이다.[1]

인생의 철칙은, 사람들은 보상받는 일을 한다는 것이다. 사람들은 개미가 설탕을 좇듯 인센티브를 좇는다. 귀중한 심리적 도구로써 보상rewards은 20세기 중반 행동심리학자 B. F. 스키너B. F. Skinner가 (보상체계를 통해 행동을 만드는 방법인) '긍정적 강화positive reinforcement' 철학을 수립한 후 학문적 용어가 되었다. 스키너의 조작적 조건화operant conditioning와 행동주의는 심리학 분야에 대한 그의 가장 큰 공헌이다. 조작적 조건화란 '어떤 행동에는 결과가 따르고, 그 결과의 성격은 향후 유기체의 그 행동 성향을 결정한다(요컨대 어떤 행동에 보상을 제공하면 그 행동을 반복하고, 처벌하면 그 행동을 반복하지 않는다)'는 것이다.

우리는 우리가 만드는 인센티브 시스템incentive system에 대해 깊이 생각해야 한다. 인센티브 시스템의 2차 혹은 3차 효과를 무시하면 종종 의도치 않은 결과가 나오기 때문인데, 이를 펠츠만효과Peltzman effect라고 한다. 엔더슨은 "이런 펠츠만효과의 한 가지 예는 당국이 개미와 뱀 같이 달갑지 않은 동물을 없애는 주민들에게 금전적 보상을 제공하는 경우다. 이 때 당국이 예상하지 못한 것은 사람들이 보상을 받기 위해 오히려 개미와 뱀을 기르기 시작했다는 것이다"라고 했다.

체계적인 인센티브 시스템을 갖는 것뿐만 아니라, 그 시스템을 역이용하지 못하도록 하는 것도 중요하다. 인간은 자신의 이익을 위해 시스템을 역이용하는 경향이 있다. 부정행위를 촉진하는 인센티브 시스템을 만들기보다는 차라리 바람직한 행위에 보상을 제공하지 않는 편이 낫다. 부정행위에 보상이 제공되면 그 부정행위가 습관이 되고 확산되기 때문이다.

신중하게 관찰해 보면, 인센티브가 유발한 편향과 사회적 증거로 인해 (악화가 양화를 구축하는 식의) 그레샴의 법칙 같은 특이한 현상이 발생한다는 것을 알 수 있다. 나쁜 행동이 좋은 행동을 구축하는 것이다. 미국의 환경운동가이자 작가인 윌리엄 오퓔스William Ophuls가 말한 것처럼, "악화가 양화를 구축한다는 그레샴의 법칙처럼 도덕적 화폐의 가치도 계속 하락한다".[2] 이는 여러 행동적 편향이 상호작용한 결과 극단적으로 비합리적인 결과가 나오는 것을 보여주는 것이다. 그래서 찰리 멍거는 "시스템의 허점을 이용하지 못하게 하는 요소들이 시스템 설계에 매우 중대하고 필수적이다. (시스템을 역이용하는 것에 대한) 질책, 요컨대 두려움도 시스템 설계에 필요하다"고 했다.[3]

인센티브는 경제적인 것뿐 아니라, 위신, 자유, 시간, 직위, 권력, 그리고 존경에 관련된 것도 있다. 이 모든 것이 강력한 인센티브다. 그리고 찰리 멍거의 말처럼, 인센티브보다 강한 힘은 그리 많지 않다.

> 거의 모든 사람이 인식과 행동을 바꾸는 데 인센티브와 반反인센티브가 얼마나 중요한지 충분히 알고 있다고 생각한다. 그러나 그렇지 않은 경우가 많다. 예를 들어, 나는 성인이 된 후 거의 내내 인센티브의 힘에 대한 이해 수준이 동년배 중 상위 5%에 든다고 생각했지만, 그런 나조차도 인센티브의 힘을 항상 과소평가했었다. 나는 매년, 한 해도 빠짐없이, 인센티브의 엄청난 힘에 대한 나의 이해 수준을 좀 더 높이게 되는 뜻밖의 일들을 겪고 있다.

인센티브와 원하는 목표를 일치시키기만 해도 행동 문제가 해결되는 경우가 종종 있다. 이런 맥락에서 멍거는 그가 좋아하는 사례연구를 소개했다.

> 인간사에서 행동을 결정하는 것은 의사결정자에게 제공되는 인센티브다.

모든 기업들 가운데 인센티브와 관련해 내가 가장 좋아하는 사례는 페더럴 익스프레스Federal Express(FedEx : 이하 페덱스)의 사례다. 페덱스가 체계적으로 심혈을 기울이는 (페덱스의 우수한 수하물 배달 서비스를 창조한) 것은 심야에 회사의 모든 화물수송기를 한곳에 모이게 한 후, 모든 수하물을 배달지역에 맞게 각 화물수송기로 옮기는 일이다. 만약 이 일이 지연되면, 제품을 온전하게 고객들에게 배달할 수 없게 된다.

그런데 이런 일은 언제나 제대로 진행되지 않는다. 페덱스는 이 일을 결코 시간에 맞춰 해낼 수 없었다. 페덱스는 모든 것(예컨대 도의적 설득, 위협 등)을 다 시도해 보았지만, 그때까지 어떤 노력도 효과가 없었다.

그런데 마지막으로 누군가 직원들에게 근로시간에 따라서가 아니라 옮긴 수하물에 따라 보수를 지급하자는 (그리고 수하물 이동 작업이 끝나면 모두 퇴근할 수 있도록 하자는) 아이디어를 냈다. 그러자 페덱스의 문제가 하룻밤 사이에 말끔히 정리되었다.[4]

인센티브와 버크셔 해서웨이의 교훈

자본 배분은 CEO의 가장 중요한 일이다. 그가 어떻게 자본을 배분하는지가 장기적으로 그 기업의 가치와 주주들에게 제공되는 가치를 결정한다. 그런데 많은 CEO들은 장기적으로 해야 할 일보다는 단기적으로 할 수 있는 것에 맞춰진 인센티브 구조 때문에 올바른 자본 배분을 하지 못한다. 그래서 찰리 멍거는, "아마도 경영의 가장 중요한 규칙은 올바른 인센티브 구조를 수립하는 것이다"라고 했다.[5]

이론적으로 스톡옵션은 경영자의 이해와 주주들의 이해가 일치하도록 제공되어야 한다. 그러나 요기 베라가 말한 것처럼, "이론적으로는 이론과 실제 사이에 차이가 없지만, 실제로는 이론과 실제에 차이가 있다".

경영진에게 인센티브를 부여하는 방법으로써 스톡옵션은 두 가지 측면에서 비효과적인 방법이 된다. 첫째, 스톡옵션은 일종의 자본 비용capital cost이다. 고정된 가격 옵션을 부여받은 경영진에게 이익잉여금은 일종의 '공짜 돈'이다. 둘째, 경영자들은 하방 리스크를 전혀 부담하지 않지만, 주주들은 부담한다. 따라서 스톡옵션은 경영자에게 더욱 '공짜 복권' 같은 것이 된다.

1996년 주주서한에서 워런 버핏은 버크셔 해서웨이의 인센티브 보상 원칙을 설명했다. 이는 조직이 인센티브와 보상 구조를 어떻게 설계해야 하는지에 관한 청사진으로 널리 받아들여지고 있다.

> (인센티브와 보상 계획의) 목표는 (1) 사업 중인 각 기업의 경제성과 잘 맞아야 하고, (2) 그 실현 정도가 쉽게 측정될 수 있도록 성격상 단순해야 하며, (3) 계획 참여자들의 일일 활동과 직접 관련되어야 합니다. 따라서 당연히 우리는 예컨대 버크셔 해서웨이 주식 옵션처럼 그 궁극적인 가치가, 우리가 그의 행동에 영향을 미치고자 하는 사람의 통제에서 완전히 벗어난 (요컨대 그 궁극적인 가치가 0이 될 수도 막대한 금액이 될 수도 있는) '복권' 스타일의 인센티브 보상 방식은 피합니다. 우리가 볼 때, 터무니없는 돈키호테식 보상을 제공하는 시스템은 소유주(주주)들 입장에서 볼 때 낭비일 뿐만 아니라, 우리가 중요하게 생각하는 경영자의 초점 있는 행동을 저해할 수도 있습니다.[6]

워런 버핏이 가이코에 대해 했던 것처럼, 해당 기업을 연구하고, 그 기업의 핵심 가치동인을 이해하며, 그 기업의 인센티브와 가치동인의 관계를 연관시켜 살펴봐야 한다. 가이코에 대해 워런 버핏은 "(CEO인) 토니 나이슬리로부터 시작해 수십 명의 최고위급 임원들이 받는 상여금은 (1) 피보험자들이 자발적으로 가입한 자동차보험계약 부문의 성장, (2) '기존seasoned'(1년 이상 유지되고 있는 보험을 의미) 자동차보험 사업 부문의 수익성이라는 단 두 가지 핵심 변수에만 기초해 지급하고 있습니다"라고 했다.[7]

계열사 경영자들에게 제공하는 인센티브가 올바르며, 따라서 경영자들이 회사의 모든 초과자본excess capital(사업과 회사 경영에 사용하고 남은 자본)을 버크셔 해서웨이 본사에 보내고 있다는 것을 버핏은 어떻게 확신할 수 있을까? 그는 이를 그들에 대한 보상 그리고 그들의 통제 하에 있는 부분과 직접 연결시켜 확인한다.

> 보상 구조를 마련할 때, 우리는 큰 당근을 제공하겠다는 약속은 지키지만, 그 당근의 제공은 경영자가 통제하는 부분의 실적과 직접 연계된다는 것을 분명히 해둡니다. 사업에 투자된 자본이 상당한 규모일 때, 우리는 경영자들이 이용하는 한계자본incremental capital(다음 한 단위 생산을 창출하는 데 필요한 투자 자본)에 높은 수익률을 요구하고, 동시에 그들이 본사에 보내는 자본에도 똑같이 높은 비율을 적용해 평가해줍니다.
>
> 이 돈은 공짜가 아니라는 이런 방법의 결과는 우리 자회사 스콧 페처Scott Fetzer에서 아주 분명히 확인할 수 있습니다. 스콧 펫처의 CEO인 랠프 세이Ralph Schey가 좋은 수익률로 한계자본을 이용한다면, 그에

대한 보상도 그 수익률에 비례해 지급합니다. 추가된 자본에서 거둔 이익이 의미 있는 기준수익률을 초과하면 그의 상여금도 그만큼 증가합니다. 그러나 우리의 상여금 계산방식은 체계적입니다. 한계투자가 기준 이하의 수익률을 올리면, 그 부족분은 버크셔 해서웨이는 물론이고 랠프에게도 그 대가가 큽니다. 결과적으로, 이런 양방향 보상구조로 인해, 랠프가 자기 회사에서 잘 사용할 수 없는 여하한의 현금이 있다면 그것을 오마하로 보내는 것이 그에게 이익이 (훌륭한 보상이) 되는 것입니다.[8]

이해관계가 좌우하는 것들

한 시스템은 의사결정자가 그 결과를 책임지는 정도만큼만 신뢰할 수 있다.
- 찰스 프랑켈Charles Frankel, 미국의 철학자, 미국인문학센터 설립자

정말 책임 있는 시스템의 예는
아치를 건축할 때 로마인들이 사용했던 시스템이다.
로마에서는 아치를 건축한 후 비계를 제거하면서
아치를 설계한 당사자가 아치 밑에 섰다.
이는 자신이 메고 뛰어내릴 낙하산을 자신이 포장하는 것과 같다.
- 찰리 멍거

인센티브 시스템이 잘 구비되지 않으면 왜곡된 결과가 초래된다. 그러나 모든 사람에 대한 인센티브를 긍정적, 부정적 양방향으로 잘 구비하면, 이젠 스스로 작동하는 인센티브 시스템이 창조된다. 다른 사람들의 인센티브에 대해 생각하는 것이 윈-윈 관계를 만들어내는 데 필수적이다. 멍거는 사람들이 그들이 인센티브 혹은 반反인센티브라고 보는 것에 가장 강하게 반응한다고 종종 말했다. 나심 탈레브는 인센티브와 반인센티브를 VaR$^{\text{value at risk}}$(발생 가능한 최대 손실액) 같이 널리 알려진 통계적인 방법보다 더 좋은 리스크 관리 도구라고 생각했다. 인센티브는 바람직한 행동을 조장하고, 반인센티브는 그런 행동을 막는다.

거의 4,000년 전 바빌론의 함무라비 왕은 인류 최초의 법전 중 하나인 함무라비 법전을 반포했다. 함무라비 법전은 가장 최초로 번역되어 주변 지역으로 퍼져나간 글 중 하나이며, 대부분 처벌과 관련된 282개의 조항으로 이루어져 있다. 나심 텔레브와 조지 A. 마틴$^{\text{George A. Martin}}$은 함무라비 법전 229조(대리인인 건축업자가 고객인 집주인의 집을 지을 때, 튼튼하게 짓지 않아 집이 무너져 그 주인이 죽으면 건축업자를 죽인다)를 '최고의 리스크 관리 규칙'이라고 했다.

함무라비 법전 229조는 대리인의 이익과 대리인이 대표하기로 한 고객, 즉 주인의 이익이 일치하지 않을 수 있다는 것에 주목한 것이다. 이를 사회과학에서는 대리인 문제$^{\text{agency problem}}$라고 한다. 이와 자주 밀접하게 결부되는 문제가 행위자가 (자신의 행위의 실질적인 그리고/혹은 잠재적인 모든 비용을 부담하지 않기 때문에) 경제적 혹은 사회적으로 최선을 다하지 않는 방식으로 (예컨대 너무 위험하게) 행동할 동기를 갖는 도덕적 해이$^{\text{moral hazard}}$의 문제다……함무라비 법전 229조는 대리인이 상당한 수준의 분산불능 리스크$^{\text{non-diversifiable risk}}$를 부담하는 것으로 대리인과 주인 모두의 이익을 위해 행위 할 동기를 갖게 함으로써 대리인 문제와 도덕적 해이, 이 두 문제를 모두 해결하고 있다.[9]

이런 도덕적 원칙은 세스 클라먼이 『안전마진Margin of Safety』에서 했던 말과 정확히 일치하는 것이다.

여러분이라면 주방장이 늘 다른 식당에 가서 식사하는 식당에는 가지 않을 것이다. 마찬가지로 자신은 직접 투자하지 않는 펀드매니저에게도 전혀 만족하지 않을 것이다. 고객의 돈과 함께 자신의 돈도 직접 투자하는 기관 펀드매니저가 매우 드물다는 사실을 유념해야 한다. 자신의 돈을 고객의 돈과 함께 직접 투자하지 않는 펀드매니저들은 고객을 위한 최선의 이익보다는 회사를 위한 최선의 이익을 더 열심히 추구할 수 있다.[10]

잘못된 인센티브 시스템의 폐해

제록스 초창기, 당시 정부에 있던 제록스 창업자 조 윌슨Joe Wilson은 제록스의 신형 복사기가 성능이 떨어지는 구형 복사기에 비해 판매가 매우 저조한 것을 이해할 수 없었고, 그래서 다시 제록스로 돌아가야 했다. 그리고 다시 제록스에 갔을 때, 그는 영업직원들에게 지급하는 수수료 규정이 구형 복사기 판매에 엄청난 인센티브를 제공하고 있다는 사실을 발견했다.

- 찰리 멍거

대부분의 경우 복잡함은 판매자에게 유리하고 단순함은 구매자에게 유리하다. 지급되는 수수료가 크기만 하면 어떤 제품이든, 그것이 고객에게 아무리 나쁜 것이라도, 영업직원은 그 제품의 판매를 밀어붙인다. 멍거는 "평범한 증권 A의 판매수수료로 X%를 지급하고 불량증권 B의 판매수수료로 그 10배를 지급하는 식으로 수수료 차이를 크게 하면, 그 결과는 뻔하다"고 했다.[11]

인센티브가 유발한 편향은 너무 만연해서 거의 모든 직업군에서 발생한다. 상장기업의 (창업자가 아니라) 외부 유입 CEO들은 분기 실적에 대한 세간의 기대에 부합하거나 초과하는 것을 기준으로 보상을 받기 때문에 장기적으로 가치를 창출하는 투자와 연구개발은 피한다. 변호사들은 고객이 필요 이상의 소송을 하게 만들고, 의사들은 범용 의약품 대신 고가의 브랜드 의약품을 처방한다. 도급업체는 원가가산 방식을 이용하고, 회계감사는 회계 부정을 묵과한다. 신용평가기관은 정크 등급 투자자산에 높은 등급을 부여한다. 그리고 투자은행은 고객의 돈을 최대한 뽑아낼 수 있는 기업공개IPO 가격을 책정한다. 그것이 그들이 받는 보수의 기준이 되기 때문이다.

인센티브의 실제 힘은 인식 과정을 조작하는 능력에 있다. 그렇지 않았으면 괜찮았을 사람도 시스템에 만연한 왜곡된 인센티브에 휩싸여 비도덕적인 행동을 할 수 있다. 다른 사람을 위해(즉, 고객을 위해) 일을 할 때 우리도 같은 문제에 직면할 수 있다. 인센티브가 유발한 편향은 무의식 수준에서 자동적으로 작동하기 때문에 우리는 자신에게 좋은 것이 고객들에게도 좋은 것이라고 잘못 믿게 될 수도 있다. 그래서 담배와 술처럼 중독성 있는 유해 제품, 가격이 너무 비싸고 판매수수료도 과한 보험과 투자 상품을 판매하게 될 수도 있다. 직장에서 자신에게 주어진 문제를 분석하고 해결함에 따라 받는 급여로는 부자가 되기 어렵다. 그러나 투자자, 벤처캐피털리스트, 혹은 기업가로서 기회를 포착하면 엄청난 보상을 받을 수 있다.

투자자로서 우리는 주식시장에서 어떤 미묘한 단서를 인식함으로써 우리에게 유리한 방향으로 현명하게 인센티브의 힘을 사용할 수 있다. 예를 들어, 기존의 사모펀드 파트너가 기업공개 시에도 전혀 지분을 팔고 있지 않거나, 창업자가 분기 실적 발표 전 내부자가 증권매매를 할 수 있는 기간이 종료되기 직전 공개시장에서 주식을 매수한다면, (좋은 매수 기회일 수도 있으니) 상황을 잘 주시해야 한다.

기업 창업자가 매력적이지 않은 높은 가격에 주주할당 주식발행을 발표하면 그가 이미 회사의 강력한 성장 전망을 인식하고 있으며, 의도적으로 소액주주들의 참여(청약) 의욕을 꺾고 회사에 대한 자신의 지분을 높이려는 것일 수도 있다. 창업자가 자신의 기업에 상당한 지분을 갖고 있으면 창업자의 인센티브와 소액주주들의 인센티브를 일치시키는 데 도움이 된다(우리는 창업자가 다수의 상장 혹은 비상장 기업을 보유하고 있는 것보다 단 한 기업에 모든 것을 걸고 있는 것을 더 좋아한다).

내 돈 가져가는 사람 vs. 내 돈 불려주는 사람

인센티브로 인한 편향이 만연한 결과, 전문 조언가의 조언을
(그가 공학자라 하더라도) 불신하거나 에누리해서 들을 수밖에 없게 되었다.
이에 대한 일반적인 해독제는
(1) 그 조언가에게 특히 유리한 전문적인 조언은 특히 더 조심하는 것,

(2) 조언가를 대할 때는 그의 직업의 기본적인 내용을 알고 그것을 이용하는 것,
(3) 객관적으로 생각한 후 적절해 보일 때까지는 자신이 들은 말의 대부분을
이중 확인하거나, 믿지 말거나, 달리 생각하는 것이다.

- 찰리 멍거

1988년 웨스코 파이낸셜 주주총회에서 찰리 멍거는 "수수료를 받는 모든 영업직원은 진실보다는 거래를 우선하는 경향이 있다"고 했다. 또한 멍거는 "이것으로 누가 무엇을 얻는지"를 항상 물어볼 것을 권했다. 펀드매니저와 주식중개인이 많이 가져갈수록 투자자가 버는 돈은 적어진다. 워런 버핏이 말한 것처럼, "투자자의 경우, 행동(거래, 매매)이 증가할수록 수익은 감소한다".[12] 이 경우 투자자들은 자신이 지불한만큼의 가치를 얻지 못한다. 많은 투자자문가들이 사실은 수수료와 중개수수료 극대화가 목적인 위장한 주식중개인이나 반#주식중개인, 펀드 판매자, 보험계약 판매자인 경우가 많다. 여러분의 투자자문가가 여러분 말고는 그 어떤 곳으로부터 그 어떤 보수도 받지 않는다는 것을 확인해야 한다.

펀드운용업은 타인의 돈을 수탁받아 성실히 운용하는 신탁업을 지향하지만, 많은 펀드운용사는 투자회사의 가면을 쓰고 사실은 투자자산을 판매하는 마케팅회사로 업무를 수행한다. 투자자는 이런 마케팅회사와 투자회사를 구분할 줄 알아야 한다.

- 마케팅회사는 자신의 가장 인기 있는 펀드들의 실적을 과대 광고하지만, 투자회사는 그러지 않는다.
- 마케팅회사는 고객들에게 좋은 투자자산이 될 것이라는 생각이 아니

라 잘 팔릴 것이란 생각에서, 가장 최근에 유행하는 신규 '업종' 관련 펀드들을 만들지만, 투자회사는 그러지 않는다.

- 마케팅회사는 '인큐베이터 펀드들'을 대량으로 만든 후, 그중 실적이 좋지 않은 것은 폐쇄하거나 축소하고, 살아남은 것은 대대적으로 광고하지만, 투자회사는 그러지 않는다.
- 투자회사는 고객을 대상으로 시장 변동성에 대한 교육을 꾸준히 제공

- 그림 16-1 • '단순함'이 가치를 견인하고, '고객에 대한 가치 제공'이 장기적인 생존과 번영을 보장한다

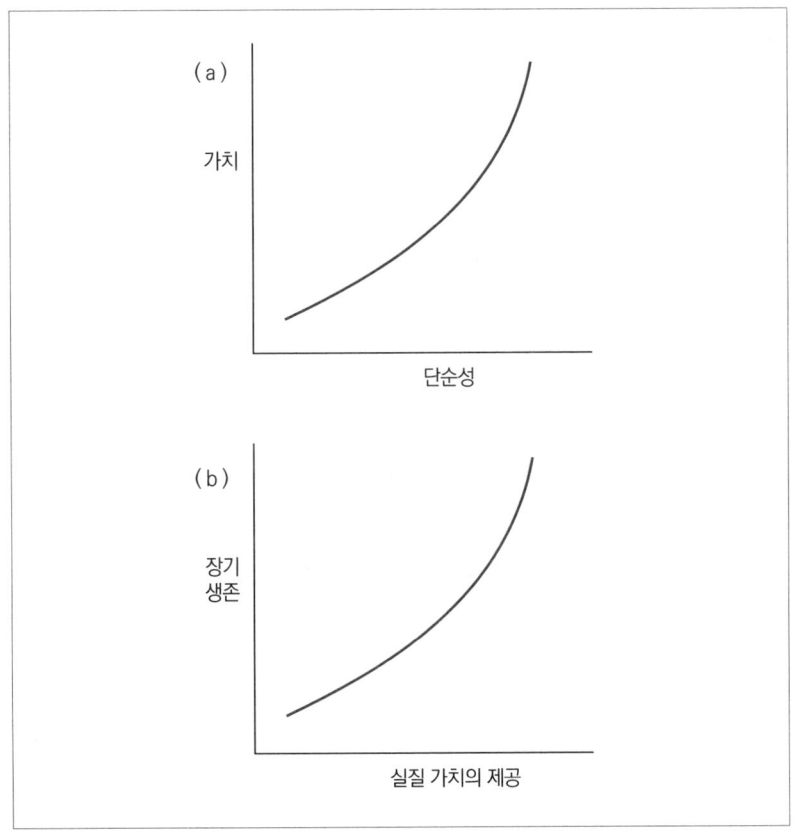

296 투자도 인생도 복리처럼

하고 과거 실적이 그대로 미래 실적으로 이어지는 것은 아니라고 설명하지만, 마케팅회사는 그러지 않는다.
- 중소형주에 투자하는 투자회사는 펀드의 규모가 커져서 (이제 소형기업들에 의미 있는 포지션을 갖기 어려워짐에 따라) 과도한 충격비용impact cost이 발생하기 시작하면 신규 투자자들에게 펀드를 판매하지 않지만, 마케팅회사는 그러지 않는다.
- 투자회사는 운용자산이 증가하면서 운용보수율operating cost ratio이 개선되면 절약된 비용을 수수료 인하의 형태로 고객들에게 돌려주지만, 마케팅회사는 그러지 않는다.

투자회사가 가능한 최선의 리스크 조정 후 수익을 창출하는 데 초점을 맞추고, 그들의 투자 과정과 철학에 대해 투명하게 고객과 지속적으로 소통하면, 나머지는 알아서 잘 돌아간다. 단순해야 한다. 단순함이 가치를 견인하고, 고객에게 가치를 제공해야 장기적인 생존과 번영이 보장된다([그림 16-1] 참조).

궁극적으로, 인센티브로 인한 편향을 극복하는 최선의 방법은 경제적, 재정적 독립을 달성하는 것이다. 재정적으로 독립해야 사물을 실제 있는 그대로 볼 수 있기 때문이다. 자유로운 사람만이 정직할 수 있고, 정직한 사람만이 자유로울 수 있다.

"나는 5분 안에 재정적자를 끝낼 수 있다. GDP의 3% 이상 적자가 발생하면 모든 의원들의 재선 자격을 박탈하는 법을 통과시키기만 하면 된다"고 한 워런 버핏의 말은[13] 인센티브가 가진 강력한 힘의 본질을 잘 파악한 말이다.

나로서는 여기에 덧붙일 말이 전혀 없다.

17장

투자에서 '숫자로 이해하는 것'의 장점과 단점

> 주식투자는 과학이 아니라 예술이다.
> 모든 것을 엄격하게 계량화하도록 훈련된 사람은
> 주식투자에 큰 약점이 있다.
> - 피터 린치

수학은 사물이 이치에 맞을 때를 판단하는데 도움이 되며, 시간이 가도 큰 변화 없이 일정하다. 2+2는 100만 년 전에도 4였고, 100만 년 후에도 그럴 것이다.

우리가 무엇을 계량화하고 숫자 형태로 바꾸면, 관련된 비교를 하고 ("정확히 틀리기보다는 대충 맞는 편이 낫다"는 존 메이너드 케인스의 현명한 말을 유념하면서) 개인적인 판단에 따라 결정할 수 있다.

세기 전환기, 인터넷버블이 절정에 달했을 때 워런 버핏이 한 말은 이런 케인스의 지혜를 담고 있다.

> 우리는 항상 어떤 주식을 살 때 그 기업 전체를 산다는 견지에서 생각합니다. 그래야 주식 투기자가 아니라 사업가처럼 생각할 수 있기 때문입니다. 전망이 매우 좋은 기업이 하나 있다고 생각해 보지요. 여러분이 5,000억 달러를 주고 매수했는데, 아직 아무런 수익도 제공해 주지 않고 있다고 해 보지요……그런데 설명 목적상, 1년만 기다리면 이 기업이 수익을 제공할 것이고, 여러분이 원하는 수익률이 10%라고 가정해 보지요. 여러분이 5,000억 달러를 지불했다면, 그 회사는 매년 550억 달러를 여러분에게 현금으로 토해낼 수 있어야 합니다. 그러기 위해 이 회사는 세전으로 아마 800억 달러나 그 비슷한 금액을 벌어야 합니다. 그런데 전 세계 기업들을 살펴보십시오. 얼마나 많은 기업이 세전으로 800억 달러나 700억 달러, 600억 달러, 500억 달러, 400억 달러, 혹은 300억 달러라도 벌고 있는지 살펴보십시오. 이런 기업은 전혀 찾을 수 없을 겁니다.[1]

투자의 정교함과 단순함

버핏이 투자 결정을 아주 단순화하기 위해 극단적인 환원주의와 귀류법proof by contradiction(A 명제가 옳다는 것을 직접 증명하는 대신, 그 부정명제 B가 틀렸다는 것을 증명함으로써 A가 옳다는 것을 증명하는 간접증

명법—옮긴이)을 사용하고 있는 것에 주목할 필요가 있다.

투자자로서 우리는 정밀성precision을 추구하기 위해 끊임없이 애쓸 필요는 없다. 좋은 안전마진을 확보한다면, 대략 맞기만 해도 충분하다. 400파운드가 되는 사람이 뚱뚱한지 알아보기 위해 체중계를 사용할 필요는 없다. 다음 분기 그 기업의 이익이 2달러가 될 것인지, 2.05달러가 될 것인지 하는 문제에 집착할 필요는 없다.

그 대신, 그 기업의 현재 주가와 여러분이 (최초의 평가가 틀렸을 경우를 대비해 충분한 안전마진을 두는 보수적인 추산을 통해) 그 기업의 장기적인 수익력에 부여한 가치 사이에 큰 차이가 있는 경우를 찾는데 집중해야 한다. 그러나 매수를 정당화하기 위해 복잡한 금융모델이 필요한 상황에 투자해서는 안 된다. 단순화해야 한다.

워런 버핏은 페트로차이나PetroChina의 가치를 1,000억 달러로 생각했고, 시가총액 370억 달러 수준에서 매수할 수 있었다. 우리는 모든 종류의 정교한 분석을 할 수 있지만, 버핏은 모든 것을 현재 주가와 보수적인 추산을 통해 계산한 추정 가치 사이에 (충분한 안전마진을 제공하는) 큰 차이가 있느냐 하는 문제로 압축한다.

계산할 수 있는 것을 과도하게 중시해서는 안 되고, 계산할 수 없는 것을 과소평가해서도 안 된다. 복잡한 세상에서 잘못된 정밀성에 매달리는 것은 경계해야 한다.

중요한 모든 것이 계산될 수 있는 것은 아니며, 계산될 수 있는 모든 것이 중요한 것은 아니다.

- 알베르트 아인슈타인

찰리 멍거는 '학문 경제학 : 학제 간 연구의 필요를 고려한 후 살펴본 장점과 단점'이란 제목의 캘리포니아대학 샌타바버라캠퍼스 경제학과 강연에서 다음과 같이 말했다.

> 우리는 복잡한 시스템을 갖고 있으며, 많은 멋진 숫자들을 쏟아내는 이 시스템을 통해 일부 변수들을 측정할 수 있게 되었습니다. 그러나 **매우 중요하지만 정확히 숫자화할 수 없는 다른 변수들도 있습니다.** 우리는 이런 변수들이 중요하다는 것을 알고 있지만, 그 숫자는 갖고 있지 않습니다. 사실상 모든 사람은 (1) 숫자화할 수 있는 것은 학교에서 배운 통계적 기법에 속하기 때문에 과도하게 중시하고, (2) **더욱 중요할 수 있지만 측정하기 어려운 것은 외면하고 있습니다.**[2]

투자에 있어서 정밀성은 그 용도가 투자자들이 생각하는 것보다 훨씬 덜 실용적이다. 아무런 실익이 없는 곳에서 정밀성을 추구하는 이런 경향은 인간적인 편향이며, 찰리 멍거는 이 강연에서 이런 경향을 '물리학 선망physics envy(경제학 시스템처럼 매우 복잡한 시스템을 뉴턴식의 물리학적, 수학적 만능공식으로 환원시키려고 하는 인간의 일반적인 욕망―옮긴이)'이라고 했다. 『가난한 찰리의 연감』에서 피터 카우프먼은 다음과 같이 말했다.

> 찰리 멍거는 복잡한 상황을 그것의 가장 기본적이고 비감정적인 근본으로 환원시키려고 한다. 그러나 이렇게 합리성과 단순성을 추구하면서도, 그는 그가 말한 이른바 '물리학 선망'은 피하려고 한다. 그 대신 그는 "과학이론은 가능한 단순해야 하지만, 가능한 단순한 것보다

더 단순해서는 안 된다"는 알베르트 아인슈타인의 조언을 충실히 따랐다. 또 찰리 멍거는 "내가 반대하는 것은 자신의 특정 행동이 해악보다는 이익이 될 것이라고 확실히 안다고 매우 확신하거나 그렇게 느끼는 것이다. 우리는 모든 것이 그 외 모든 것과 상호작용하고 있는 매우 복잡한 시스템을 상대하고 있는 것이다"라고도 했다.[3]

이 문제와 관련된 가장 유명한 사례는, 모든 시장 참가자를 호모에코노미쿠스Homo Economicus, 즉 경제적 인간Economic Human(적어도 경제적으로는 완전히 합리적인 존재)으로 가정하는 효율적 시장이론efficient market theory이다. 효율적 시장이론은, 사실은 자연과학이 아닌 경제학(경제학은 사회과학이다)에 자연과학적 규율을 부과하려고 시도한 결과 나온 이론이다. 시장의 핵심은 인간의 행동에 있고, 인간은 정보를 모으고 데이터를 평가하는 데는 효율적이지만, 분명 합리적인 것은 아니다. 인간은 너무 복잡하고 민감해서 자연과학을 지배하는 그런 규율에는 적합하지 않다. 불연속성discontinuity은 (가장 잘 무시되는 이례현상이 결코 아니라) 금융을 자연과학과 구분해 주는 시장의 가장 본질적인 요소다. 이에 대해 마이클 모부신은 다음과 같이 말했다.

> 복잡한 적응시스템complex adaptive system은 세 가지 특징을 갖고 있다. 첫째는 그 시스템이 수많은 이질적인 행위자들로 구성되어 있으며, 이 각각의 행위자가 어떻게 행동할지 결정한다는 것이다. 여기서 가장 중요한 것은 그런 결정들이 시간이 가면서 진화한다는 것이다. 두 번째 특징은 행위자들이 서로 상호작용한다는 것이다. 그리고 이런 상호작용은 세 번째 특징, 과학자들이 말하는 이른바 창발emergence(전체가 부

분의 합보다 커지는 것)로 이어진다. 여기서 핵심은 단순히 개별 부분들을 보고서는 전체 시스템을 사실상 이해할 수 없다는 것이다……여러분이 복잡한 적응시스템에서 뭔가 발생하는 것을 볼 때, 여러분의 마음은 그 일을 설명하기 위한 스토리narrative를 만들어 낼 것이다. 그런 종류의 시스템 안에서는 원인과 결과(인과관계)를 이해하지 못한다 해도, 사후 설명은 아주 훌륭하다……**복잡성은 일부 전통적인 선형 금융모델이 사용하고 있는 잘 정리된 수학과는 맞지 않는다.**[4]

가치투자자들은 워드보다 엑셀을 통해 더 많은 소설이 창작되었다는 농담을 하곤 한다. 깊이 각인된 확증편향 때문에 우리에게는 '목표 추구goal seek' 기능을 제공하는 엑셀 스프레드시트가 필요하지 않다. 목표 추구 기능은 이미 우리 뇌 속에 내장되어 있다. 개인적으로 나는 투자 결정을 할 때 한 번도 스프레드시트를 연 적이 없다. 내가 사용한 가장 첨단 기술은 더하기, 빼기, 곱하기, 나누기 같은 가장 기본적인 계산을 위해 사용하는 휴대용 전자계산기뿐이다.

많은 스프레드시트와 복잡한 계량 소프트웨어 도구들은 우리의 재정적 복리에 해가 될 수 있다. 투입 가정이 조금만 변해도 내재가치 추산치를 크게 변화시킬 수 있고, 따라서 은행가와 거래 자문가들은 자신들의 편의에 따라 어느 수준으로든 투입 변수를 원하는 결과에 맞게 조정하는 역설계를 할 수 있다(모든 애널리스트들은 여전히 현금흐름할인모형을 PER, PBR, PSR, 혹은 기업가치 배수 같은 지표들이 가진 한계를 극복할 수 있는 최고의 전략적 도구로 보고 있다). 벤저민 그레이엄이 말한 것처럼, "정밀한 공식을 매우 부정밀한 가정과 조합해 사용함으로써 실제로 누구나 원하는 대로 가치를 계산해내거나, 혹은 합리화할 수 있다".⁵⁾ 인센티브의 힘을 절대 과소평가해서는 안 된다.

숫자 없이는 세상을 이해할 수 없지만, 동시에 숫자만으로는 세상을 이해할 수 없다. 복잡한 양적 분석에만 의존하면 정말 중요한 것을 보지 못할 수 있다. 예를 들어, 스프레드시트는 신뢰, 성실, 호의, 명성, 혹은 경영진의 업무 실행 능력 같은 것을 모형화할 수 없다. 따라서 더욱 연성적이고 주관적인 측면을 이해하기 위해서는 항상 상당한 사전조사due diligence가 필요하다. 투자는 부분적으로 예술이고, 부분적으로 과학이다. 따라서 서로 다른 이 두 측면을 섬세하게 아우르는 판단이 요구된다.

똑똑함과 현명함의 차이

버핏은 "가격은 여러분이 지불하는 것이고, 가치는 여러분이 얻는 것이다"라고 했다.⁶⁾ 따라서 우리는 한 기업에 대해 그것의 내재가치 이상은 지불하지 않도록 해야 한다. 이것이 우리의 과제다. 우리는 시장에서 정확하게 제시되는 가격을 본질적으로 부정확한 가치 추산치와 비교해야 한다. 대부분의 투자자들은 '정확한' 내재가치 수치를 얻으려고 한다.

예를 들어, 애널리스트 보고서에서 마지막 소수점까지 제시되는 정확한 목표가격은 보고서를 읽는 투자자들에게 (그렇게 정확한 숫자를 제시할 정도라면 믿을 만하다는) 잘못된 확신을 주기 때문에 투자자들을 호도하는 지침이 될 수 있다. 그리고 이런 잘못된 확신은 심각한 실수를 하게 만든다. 바로 이것이 '물리학 선망'이 작동한 전형적인 사례다.

수년이 지나면서, 나는 투자란 극단적인 정밀성과 양적 마술을 다루는 분야라기보다는 단순화와 근사치를 다루는 분야라는 것을 알게 되었다. 또한 나는 투자가 금융보다는 오히려 인간행동에 더 관련된 분야라는 것도 깨닫게 되었다.

투자 성공의 열쇠는 얼마나 많이 알고 있느냐가 아니라 어떻게 행동하느냐 하는 것이다. 우리의 행동 가짐이 수수료, 자산 배분, 혹은 분석능력보다 훨씬 더 중요할 것이다. 우리가 행동편향에 굴복하면 아무리 비용이 저렴한 인덱스펀드라도 도움이 될 수 없을 것이다. 대부분의 시기에 실제 리스크는 시장에 있는 것이 아니라 우리의 행동 가짐에 있다.

투자자가 어떤 대학을 나왔는지 혹은 그의 투자전략이 얼마나 복잡하고 정교한지보다 정서지능emotional intelligence이 투자자의 성공과 실패에 훨씬 큰 영향을 미친다. 대부분의 시기에 투자자의 높은 지성은 오히려 역효과를 낸다. 지성이 높은 투자자는 자신과 자신의 능력에 대한 확신이 강해서 마음을 쉽게 바꾸지 않기 때문이다. 복잡한 세상에서 단순화하는 것은 항상 어려운 일이다. 이런 어려움은 교육 수준이 높은 사람들에게 더 분명하다. 똑똑할수록 자신의 개인적인 신념을 뒷받침하는 스토리를 만들고, 자신의 주장이나 시각에 맞는 데이터를 잘 이용하거나 정리하는데 뛰어나다.

우리는 똑똑할 수는 있어도, 그렇다고 반드시 현명한 것은 아니다. 현명함intelligence은 실제에 대한 정확한 인과관계적 설명을 할 수 있는 능력이기 때문이다.

워런 버핏은 내재가치를 계산하는 것은 어려운 일이라고 종종 말했다. 버크셔 해서웨이 〈주주 매뉴얼〉에서 버핏은 다음과 같이 말했다.

그렇다 해도 내재가치의 계산은 그렇게 간단한 것이 아니다. 우리의 정의에 따르면, 내재가치란 정확한 수치가 아니라 추산치이며, 그것도 **금리가 변하거나 미래 현금흐름 전망이 수정되면 바꿔야 할 추산치**이다.[7]

2005년 주주서한에서 워런 버핏은 "내재가치의 계산은, 극히 중요하긴 하지만, 어쩔 수 없이 부정확할 수밖에 없으며, 종종은 크게 틀리기도 합니다. 기업의 미래가 불확실할수록 내재가치 계산이 크게 **틀릴 가능성도 더 커집니다**"라고 했다.

그리고 2000년 주주서한에서 워런 버핏은 "정확한 숫자를 사용하는 것은, 사실 바보 같은 짓입니다. **일정 범위의 가능성을 두고 작업하는 것이 더 나은 방법입니다**"라고 했다.[8]

투자자로서 우리는 일정 범위의 서로 다른 사업 시나리오별로 추산한 단순한 근사치를 사용해 한 주식에서 얻을 수 있는 우리의 잠재적인 수익률을 추산할 수 있으며, 이를 지수펀드 같은 기존의 수동적 투자상품과 우리가 고려 중인 여러 주식들의 기대수익률과 비교한 다음, 그중 기대수익률이 가장 높은 것을 택할 수 있다.

뒤집어 생각하기

우리가 문제를 풀려고 할 때마다, 그리고 어떤 일이 일어날 가능성 혹은 어떤 것이 옳거나 틀릴 가능성을 예측하려고 할 때마다, 우리는 앞뒤로 다 생각해봐야 한다. 이에 대해 멍거는 다음과 같이 말했다.

"뒤집어 생각해야 한다. 거꾸로, 항상 거꾸로 생각해야 한다."

"많은 어려운 문제들은 뒤집어서 볼 때 가장 잘 해결된다."

"복잡한 적응시스템이 작동하는 방식, 그리고 심리구조가 작동하는 방식은 당면한 문제를 거꾸로 뒤집어 보면 그 문제를 해결하기가 종종, 심지어는 대개, 더 쉬워진다."[9]

1996년 7월 '실용적인 생각에 대한 실용적인 생각Practical Thought on Practical Thought'이라는 감명적인 강연에서 찰리 멍거는 200만 달러를 150년 만에 2조 달러로 만드는 사례를 소개한 바 있다(큰 액수를 다룰 때는 숫자에 능숙한 것이 큰 도움이 된다. 이 사례에서 2조 달러가 외견상 엄청난 금액처럼 보이지만, 연복리 수익률로 환산하면 9.64%이다. 평범한 비율이라도 장기적으로 유지될 때 정말 엄청난 결과를 낳는다).

찰리 멍거의 강연 녹취록에서 여러 훌륭한 교훈을 얻을 수 있지만, 내가 얻은 한 가지 큰 교훈은 멍거가 현재의 내재가치 관점에서 생각하지 않는다는 사실이다. 현재의 내재가치는 불확실한 숫자이며, 미래이익의 가치를 평가하는데 사용되는 할인율, 혹은 분명한 예측기간 말末에 사용하는 영구성장률perpetual growth rate('terminal growth rate'이라고도 한다)을 둘러싸고 종종 시끄러운 논쟁이 벌어지기도 한다.

특히 영구성장률에 관한 논쟁이 오늘날 논쟁의 핵심이 되고 있다. 오늘날은 기술혁신 때문에 전체 산업에 걸쳐 기업들의 수명이 매우 짧아지고 있고, (전통적으로 기업의 추정 내재가치의 50% 이상을 차지했던) 잔존가치terminal value의 개념 자체가 의문시되고 있기 때문이다. 가치이동value migration도 구식 사업설계에서 고객의 가장 중요한 우선순위들을 더 잘 만족시키는 새로운 사업설계 쪽으로 그 이동 패턴이 가속화되고 있다. 역사는 많은 기업들의 잔존가치가 결국엔 0이 된다는 것을 잘 보여주고 있다. 잔존가치에 대해 가정을 할 때는 항상 보수적으로 해야 한다.

이 강연에서 찰리 멍거는 해당 기업의 현재 주가와 비교할 기대수익률을 계산하는 데 사용할 잠재적인 미래가치를 구하는 것에 대해 어떻게 생각해야 할지를 가르쳐 주었다. 이 경우 잠재적인 미래가치를 구하는 과정에서 우리는 우리의 가정들에 내재된 수학의 관점에서 생각하지 않을 수 없다. 이 방법이 그 유명한 '역逆현금흐름할인법 reverse discounted cash flow'이라는 것이다(알다시피 거꾸로 뒤집어 보는 것이 삶의 여러 문제를 해결하는데 도움이 된다).

이 과정을 설명하기 위해 간단한 가상 사례를 사용해 보자. 우리가 기업 X 주식을 매수하길 원하며, 이 주식의 시가총액이 10억 달러라고 해 보자. 단순화를 위해 우리는 배당금, 스톡옵션, 부채, 혹은 부외지급의무 등은 없다고 가정한다. 이 기업의 주주이익 owner earnings(주주들에게 귀속될 수 있는 현금흐름)은 4,000만 달러이고, 10년간(이 사례에서 분명한 예측기간) 예상 연평균 성장률은 10%다. 그러면 10년 차에 이 기업의 주주이익은 약 1억 400만 달러가 된다.

그리고 시장은 이런 유형의 기업에 대해 주주이익의 평균 15배의 밸류에이션을 지불하고 있으며, 당분간 이 기업의 밸류에이션에 하향 재평가는 없다고 가정한다. 그러면 10년 차에 이 기업의 시가총액은 15억 6,000만 달러가 된다. 이 10년 차의 미래가치를 현재 시가총액 10억 달러와 비교하면, 연간 내재수익률 implied return은 4.5%가 된다(이것이 기업 X에 투자했을 때의 기대수익률이다).

이제 이 기대수익률을 여러분이 이용할 수 있는 다른 투자 기회들의 기대수익률과 비교해 보자. 향후 10년 동안 기대수익률이 최고 등급의 국채 수익률에 미치지 못하면 현재 가격에 그 주식을 보유하는 것은 비합리적인 일이 될 것이다. 어떤 기업이 경제성은 훌륭하다고 해도 기대수익률이 다른 대안들에 비해 크게 낮다면, 이 기업은 피해야 한다.

어떤 시나리오에서 우리가 이 주식으로부터 연 15%의 수익률을 올릴 수 있는지 알고 싶다고 해 보자. 연 15%의 수익률을 올리기 위해서는 어떤 가정들이 전제되어야 할까? (그리고 더 중요하게는 그런 가정들이 적절한 것일까?)

현재 시가총액이 10억 달러이고 연 15%의 수익률이면, 10년 차에 이 기업의 시가총액은 40억 달러가 된다. 이때 출구 배수exit multiple가 15배이면(밸류에이션에 하향 재평가가 없다고 가정했으므로), 10년 차 주주이익은 약 2억 7,000만 달러가 된다. 이는 주주이익의 연평균 증가율이 21%라는 것을 의미한다(최초 시작점에서 주주이익은 4,000만 달러였으므로). 이익률 가정치가 15%이므로 10년 차 매출액은 18억 달러가 된다. 이는 10년 동안 매출액의 연평균 증가율이 21%라는 것을 의미한다.

이제 우리는 필요한 매출액증가율, 단위당 매출 실현 추세, 시장점유율 등에 관한 다양한 가정들을 갖고 작업할 수 있으며, 과거의 추세, 매출액 증가 실적, 가격결정력, 이익률, 시장의 규모, 시장점유율, 그리고 경쟁우위 등을 고려할 때 이런 가정들이 적절한지 평가할 수 있다. 또한 우리는 어떤 요인이 미래의 주주이익(따라서 가치)에 가장 큰 영향을 미치는지, 그리고 어떤 환경에서 그 요인이 변할 수 있는지 알 수 있다. 그러면 그에 따라 우리는 건설적인 '사전 분석premortem'

을 할 수 있다.

안전마진의 원천 역할을 하는 복수의 중복조치들을 마련하기 위해서는 항상 보수적인 가정들을 사용해야 한다. 장기와 단기 역대 성장률을 모두 보고, 이런 장단기 역대 성장률을 크게 초과하는 미래 성장률을 가정해서는 안 되며, 분명한 예측기간 말에 합리적인 출구 배수를 사용해야 하며, 안정적인 사업모델에만 그 방법을 적용해야 한다.

정확한 현재의 내재가치 대신 장기 기대수익률 관점에서 생각하는 데는 여러 이점이 있다. 이 방법을 사용하면 미래의 가치 동인에 대해 생각하지 않을 수 없다. 이 방법은 우리의 능력의 범위 안에서 이용할 수 있는 경쟁적인 투자 대안들에 대한 객관적인 비교를 통해 구축할 적절한 포지션 규모를 결정하는데 도움을 준다.

또 이 방법은 미래가 상대적으로 좀 더 예측 가능한 단순한 기업만 선택하는데도 도움을 준다. 빠르게 변하는 기술기업들에는 이 모델을 적용할 수 없지만, 장기적으로 꾸준히 성장해온 상대적으로 불포화된 시장에서 인간의 가장 기본적인 필요와 열망을 충족시키는 '해자기업 moated business'에는 이 모델을 적용할 수 있다. 이런 기업들은 보통 사업모델의 변화 정도가 더 느리다.

이번 장의 요지는 찰리 멍거가 1990년 버크셔 해서웨이 연차총회에서 한 다음과 같은 말로 잘 요약될 수 있다. "우리는 책상에 앉아서, 숫자들을 뽑아내고, 그것을 순현재가치로 할인하는 일은 결코 하지 않습니다……**결정은 알기 쉽도록 명확해야 합니다.**"[10]

18장

현명한 투자의 핵심, '내재가치'

> 내재가치의 일반적인 정의는,
> (예컨대 자산, 이익, 배당금, 확실한 전망 같은) 사실들로 정당화되는 그런 가치일 것이다.
> 보통의 경우, 가치를 결정하는 가장 중요한 단일 요인은 평균 미래 수익력이다.
> 그렇다면 내재가치는 먼저 이 수익력을 추산한 후,
> 이 추산치에 적절한 '자본화 계수capitalization factor'를 곱해 구할 수 있다.
> — 벤저민 그레이엄, 『증권분석』

한 기업의 내재가치를 결정하는 과정은 일종의 예술적인 과정이다. 엄격한 규칙에 따라 데이터를 스프레드시트에 넣고, 그 스프레드시트가 가치를 계산해 주기를 바랄 수 없다. 주식은 사람들이 그것에 기꺼이 지불하는 만큼의 가치가 있으며, 정확한 균형가치equilibrium value를 알려주는 쉬운 방법은 없다. 내재가치는 계속해서 기본적인 데이터들이 나오고 투자자들이 지식과 과거 경험에 기초해 그들의 '기대'를 업데이트하기 때문에 끊임없이 변하는 움직이는 타깃이다.

과거에 워런 버핏은 내재가치를 충분한 정보를 가진 매수자가 한 기업 전체와 그 기업의 미래 현금흐름을 매수하기 위해 지불하는 가격인 사적 소유가치private owner value로 묘사했다.

따라서 한 자산의 내재가치는, 그 자산의 남은 유효 생애 동안 그 자산으로부터 받을 것으로 기대되는 현금흐름의 합에서 화폐의 시간가치와 그 현금흐름 수령의 불확실성을 할인한 값이다.

이번 장 서두에 소개한 벤저민 그레이엄의 정의를 주의 깊게 읽으면, 그가 미래 수익력이 '가치를 결정하는 가장 중요한 단일 요인'이라고 한 것을 알 수 있다.

그렇다면, "기업의 정상 수익력normalized earning power은 무엇인가?" 하는 것이 우리가 답해야 할 중요한 질문이 된다. 요컨대 내가 사적 매수자private buyer(비상장기업 소유권 매수자)라면, 경쟁력 유지에 필요한 지출을 한 후 이 기업이 매년 얼마나 많은 현금을 내 주머니에 넣어줄 것이냐, 이 기업으로부터 얼마의 정상 주주이익normalized owner earnings을 기대할 수 있느냐 하는 것이다.

결국 중요한 것은 '주주이익'

1986년 주주서한에서 워런 버핏은 주주이익owner earnings을 다음과 같이 정의했다. "(a) 보고이익 + (b) 감가상각, 감모상각, 상각, 기타 비현금성 비용…… - (c) 기업이 장기적인 경쟁력과 단위 생산량을 온전히 유지하는 데 필요한 공장과 장비 등에 대한 연평균 자본적 지출액(기업이 경쟁력과 단위 생산량을 유지하기 위해 추가 운전자본이 필요하면 그 추가 금액도 (c)에 포함되어야 합니다)."[1]

월스트리트에서 사용하는 '이익earnings'이란 용어는 손익계산서상의 당기순이익 혹은 주당순이익EPS을 말한다. 대부분의 애널리스트들이 알아내기 위해 매달리는 것이 이익이며, 이 과정에서 애널리스트들은 가용성편향에 빠진다(애널리스트들은 "어떤 한 생각이 자신이 가진 유일한 생각이라면, 그 생각보다 위험한 것은 없다"는 찰리 멍거의 경고를 유념하지 않는다).

또 다른 널리 사용되고 있는 지표는 이자, 세금, 감가상각 및 상각 전 이익EBITDA이다. EBITDA는 월스트리트에서 널리 쓰이는 용어이긴 하지만, 상대적으로 새로운 금융 개념이라 할 수 있다(1980년대 차입매수leveraged buyout, LBO 붐이 있은 후에야 EBITDA가 금융지표로 널리 채택되었다). 그러나 EBITDA는 자본적 지출, 이자, 세금 같은 실제 현금 비용은 고려하지 않는다.

가치투자자들의 가치평가 목적으로 사용되는 이익은 '주주이익'이다. 당기순이익과 주당순이익은 회계원칙에 따라 보고된 이익이지만, 기업 소유자(주주)가 최종적으로 가져갈 수 있는 실제 현금은 이와는 꽤 다른 것이다. 주주이익은 실제로 그 기업 주주들의 주머니로 들어가는 현금이 얼마인지를 말해 주는 것으로, 재고자산과 매출채권이 아니라 주주들이 실제로 쓸 수 있는 현금을 말한다. 그래서 워런 버핏이 이를 '주주이익'이라고 부른 것이다. 주식을 사는 것은 기업의 부분 소유권을 사는 것임을 기억해야 한다.

주주이익에 대한 버핏의 정의는 가치투자 진영에서 기업의 진정한 수익력을 이해하는 성배로 널리 간주되고 있다. 그러나 버핏의 정의에는 미묘한 내용이 빠져 있다는 것을 기억해야 한다.

버핏은 보고이익에서 시작해 이를 일부 조정하여 주주이익을 구했다. 그러나 그는 일반적으로 보고이익을 계산하기 전 손익계산서에서 비용으로 처리되는 광고비나 연구개발비 같은 준(準)자본적 지출 성격을 가진 비용들에 대해서는 조정하지 않았다. 따라서 해자를 구축 중에 있는 기업(즉, 현재 손익계산서에서 비용으로 처리되고 있는 장기적인 가치창출 노력에 투자하고 있는 기업)의 경우에는 버핏 방정식의 첫 번째 변수(즉, 보고이익)가 줄어들 가능성이 높다.

투자자들은 이런 형태의 지출은 자본화하고, 이를 보수적으로 가정한 경제수명economic life에 걸쳐 상각해야 한다. 이런 조정을 정당화하기 위해서는 생산량 증가와 시장점유율 상승이라는 두 조건이 충족되어야 한다. 기업 분석가들은 해자의 크기를 확대하는 여하한의 자금 지출은 (자본적 지출처럼) 지속적인 경쟁력을 제공하는 지출로 처리해야 한다. 그러나 보수적인 회계를 따르는 기업들은 이런 형태의 모든 자금 지출을 손익계산서에서 비용으로 처리한다. 해자의 크기를 확대하는 자금 지출을 자본화하고 이를 경제수명에 걸쳐 상각하는 조정을 하면 (이런 지출이 증가하면서 동시에 성장하고 있는 기업들의 경우) 주주이익이 보고이익을 초과하게 된다. 바로 이 때문에 회계 숫자들은 항상 투자분석의 기본적인 시작점으로만 사용되어야 한다.

해자를 확대하는데 자금이 사용되고 있는, 그리고 이런 조정을 해야 할 해자 구축 기업의 경우, 내재가치를 결정하기 위해 사용할 정확한 수치는 주주이익 혹은 경제적 이익economic earnings 수치다. 그리고 이 수치를 다시 미래로부터 할인하여 적정가치를 구한다.

많은 경우, 보고이익이나 회계적 장부가에 기초한 전통적인 가치평가 지표들에 따르면 해자 구축 기업의 PER이나 PBR이 높아 보이고, 따라서 투자자들은 이런 기업을 과대평가 되었다고 보고 투자 대상에서 제외하는 값비싼 실수를 하게 된다. 이에 대해 워런 버핏은 다음과 같이 말했다.

> 적절하든 아니든, '가치투자'라는 말이 널리 사용되고 있다. 일반적으로 가치투자란 낮은 PBR, 낮은 PER, 높은 배당수익률 같은 특징을 가진 주식을 매수하는 것을 의미한다. 그런데 불행하게도, 이런 특징들은 (이를 모두 갖추고 있는 것처럼 보여도) 투자자가 그 가치를 기준으로 뭔가를 매수하고 있는지, 그럼으로써 자신의 투자자산에서 가치를 획득한다는 원칙에 충실하고 있는지의 여부를 결정해 주는 그런 요인들은 결코 아니다. 마찬가지로, 그 반대되는 특징들(높은 PBR, 높은 PER, 낮은 배당수익률)이 '가치' 매수와 부합하지 않는 것은 또 결코 아니다.[2]

핵심은, 아주 오랜 기간은 아니지만 평범한 비율로라도 이익이 증가할 기업의 경우, 많은 가치투자자들의 투자를 막는 외견상 높은 PER 배수가 실제로는 그보다 낮다는 것이다. 이것이 의미하는 것은 '현행 연도의 이익에 기초해 볼 때, 안전마진이 없는 온전한 제 가격'으로 보이는 가격에 강력한 해자기업을 매수해도 '적정가격'을 구하기 위해 사용했던 할인율보다 높은 복리수익률을 올릴 수 있다는 것이다.

해자의 '지속성'과 자본적 지출

경쟁우위 기간competitive advantage period, CAP이 길수록 그 기업의 가치는 시장이 생각하는 것보다 훨씬 높을 가능성이 많다. 해자의 '지속성durability'이 핵심 요인이다. 시장은 매우 강력한 해자를 가진 기업을 과소평가하는 경향이 있다. 이는 이 지속성으로 인해 강력한 해자를 가진 기업의 경쟁우위 기간(성장 기간, 높은 복리수익 창출 기간)이 '시장의 생각보다' 더 오래 지속되는 경우가 종종 있기 때문이다.

장기 투자의 경우, 매수 시점의 진입 PER 배수가 아니라 경쟁우위 기간의 지속성으로 초점을 옮겨야 한다. 그리고 PER 배수는 가치평가 작업을 시작하는 이유가 아니라 그 결과가 되어야 한다. 올바른 시각에서 회계 숫자들을 평가하는 것이 투자자로서 성공하는데 필수적이다.

예를 들어 영업권goodwill은, 그 가치가 시간이 감에 따라 증가하는 자산 인수나 지속적인 장기 무형자산에 너무 많은 금액을 지불한 것일 수도 있고, 아닐 수도 있다. 회계사는 이런 내용까지 파악하지는 않을 것이기 때문에 투자자 스스로 이를 파악해내야 한다. 이런 점을 염두에 두고 경제적 이익의 일부 중요한 구성 요인, 즉 경쟁력 유지를 위한 유지적 자본적 지출과 운전자본을 평가해 보자.

내가 관찰한 바에 따르면, 시장은 유지적 자본적 지출이 높은 기업일수록 더 낮은 밸류에이션을 부여하며, 따라서 이런 기업들은 경쟁자들보다 더 싸 보이게 된다. 투자자는 유지적 자본적 지출 수치를 연차보고서를 통해 확인하거나, 컨퍼런스 콜 혹은 연차 주주총회 때 경영진에게 확인해야 한다(경영진이 말하는 것과 실제로 그들이 보고하는 것을 항상 이중 확인해야 한다). 자본적 지출 총액은 현금흐름표의 투자 활동 부분에 나와 있다. 성장적 자본적 지출growth capex이 아닌 모든 자본적 지출은 당연히 유지적 자본적 지출이다. 따라서 우리가 성장적 자본적 지출을 추산할 수 있으면, 유지적 자본적 지출도 추산할 수 있다.

경쟁압력 때문에 거의 모든 자본적 지출이 분명하게 유지적 자본적 지출인 경우도 있다. 예를 들어, 버핏의 방직공장 폐업과 기능적으로 같은 일들이 업계에서는 흔한 일이고, 따라서 자본적 지출에 대한 회계사의 정의를 액면 그대로 받아들여서는 안 된다. 회계사는 그 내용은 평가하지 않고, 거래만 그대로 기록할 뿐이다. 회계사들은 그것이 틀린 것일지라도 이를 정확한 것으로 나타내려 한다. 기업 거래를 기록하는 방식(즉, 회계)이 해당 거래나 그 거래가 가치에 미치는 영향을 바꾸는 것은 아니다. "이 지출이 미래에 지속적인 경제적 이익 증가를 가져올 것인지"를 물어봄으로써 가용성편향을 피해야 한다.

자본적 지출로 발생하는 이익이나 생산성 증가의 혜택이 그 기업이 아니라 고객에게 모두 전달되어야 할 경우, 즉 (1) 현재의 수익력을 유지하기 위해 낡은 장비를 대체하는 자본적 지출만 할 경우, (2) 방어적 목적 혹은 새로운 기술에 계속 투자함으로써 기존 기술을 구식으로 만들어 버리는 경쟁에 뒤처지지 않기 위해 지속적으로 자본적 지출을 해야 하는 극심한 경쟁, 혹은 빠른 기술 변화나 기술 노후화에 시달리는 산업에 종사할 경우, (3) 혹은 매우 높은 인플레이션이 진행되는 시기에 기존 취득자산에 대한 취득원가회계로 장부상 감가상각이 불충분하게 계상되는 경우. 이런 경우의 자본적 지출은 미래에 지속적인 경제적 이익 증가를 가져오지 않을 것이다.

이 모든 경우, 해당 기업은 어떤 실질적인 이익도 전혀 올리지 못한다. 이런 자본적 지출 프로그램에 사용된 자금을 그냥 자본적 지출이 아니라 유지적 자본적 지출로 정확하게 처리할 때, 우리는 본질적으로 거기에 주주이익이 없다는 것을 알게 될 것이다. 그리고 주주이익이 없으면, 가치도 없다.

중간에 일시적으로 그런 기업의 주식시장 가치가 수십억 달러에 이른다 해도, 주주이익이 없으면 가치도 없다는 것은 언제나 유효할 것이다. 그런 일시적인 기간에는 케인스가 말한 미인대회 현상이 벌어져서, 투자 대중들은 그들이 생각하는 펀더멘털 가치가 아니라 다른 모든 사람이 생각한다고 보이는 가치 혹은 다른 모든 사람이 예상하는 평균적 가치에 기초해 주식 가격을 매긴다. 이는 특정 업종이나 특정 자산의 거품기에 발생하는 일반적인 현상이다.

거품은 경제 혹은 금융 현상이라기보다는 사회 현상에 더 가깝다. 사람들은 흥분되고 새로운 뭔가에 함께 참여하고 싶어 한다. 대개 이런 거품의 기원은 결과적으로 너무 과도하게 확장 적용되게 된 건전한 전제에 뿌리를 두고 있다. 달리 말해, 모든 거품의 본질은 (행복감에 도취되어 추정된) 강한 펀더멘털이다.

주식 발행과 배당의 이면

그레이엄은 월스트리트에서 처음엔 건전했던 생각이 결국엔 어떻게 그 도가 지나치게 되는지에 대해 말하곤 했다. "좋은 생각도 그 한계가 있다는 것을 잊기 때문에, 나쁜 생각보다 오히려 좋은 생각을 갖

고 훨씬 더 곤경에 빠질 수 있다"는 것이다.[3]

워런 버핏은 주주이익을 만들지 못하는 중후장대형 기업들이 제한된 이익restricted earnings으로 배당을 개시할 때 어떻게 곤경에 처하는지 설명했다.

> 모든 이익이 똑같이 만들어지는 것은 아닙니다. 많은 기업(특히 이익 대비 자산비율이 높은 기업)에서 인플레이션은 보고이익의 일부 혹은 전부를 (주주들에게 돌려 줄 수 없는) 유사이익ersats으로 만들어 버립니다. 그리고 그 기업이 경제적 지위를 유지하려고 한다면, 이 유사이익 부분은 (이런 이익을 '제한된 이익restricted earnings'이라고 하겠습니다) 배당금으로 주주들에게 나눠줄 수 없습니다. 이런 이익을 배당금으로 사용하면, 그 기업은 '단위 매출량 유지 능력', '장기적인 경쟁력', '재무상태' 중 하나 이상이 악화될 것입니다. 배당성향이 아무리 보수적이라 해도, 계속해서 제한된 이익을 배당금으로 사용하는 기업은 자본금이 새로 유입되지 않는 한, 사라질 수밖에 없습니다.
> 제한된 이익이 주주들에게 가치가 없는 것은 거의 아니지만, 크게 할인해야 할 경우가 많습니다.[4]

이런 기업들에서는 채권 발행과 주식 희석이 자주 발생한다. 신규 투자자들은 그 기업에 계속 돈을 쏟아붓지만 가져갈 수 있는 것은 전혀 없다. 그리고 어떻게라도 배당이 지급된다고 한다면, 이 배당은 영업활동현금흐름이 아니라 채권과 주식 투자자들이 투입한 신규 자금으로 지급되는 것이다. 이런 기업은 그저 신규 투자자들에게 받은 현금을 기존 투자자들에게 돌려 지급하고 있는 것인데, 이는 기능적으로 다단계 폰지사기와 같은 것이다. 버크셔 해서웨이의 50번째 주주 서한에서 버핏은 이런 유형의 기업을 다음과 같이 묘사했다.

가격이 너무 비싼 주식의 연속적인 발행에 기초한 (행운의 편지 모델과 같은) 사업모델은 단연코 그저 부를 재분배하는 것이지, **부를 창출하는 것은 결코 아닙니다**. 그럼에도 이 두 현상은 교묘하게 위장된 형태로 미국에서 주기적으로 번창하고 있습니다(모든 프로모터들의 꿈이지요). 그러나 그 결과는 항상 같습니다. 잘 속는 사람들 주머니에서 사기꾼들 주머니로 돈이 흘러가는 것입니다. 그리고 주식의 경우는 행운의 편지와 달리 강탈당한 돈의 액수가 어마어마할 수 있습니다.

BPL(버핏파트너십 유한회사)과 버크셔에서 우리는 주식 발행에 목매는 기업에는 결코 투자한 적이 없습니다. 주식 발행에 필사적인 것은 **(주식) 판촉 지향 경영, 약한 회계, 과도한 가격의 주식, 그리고—너무 자주—노골적인 부정직함을 가장 분명히 보여주는 행동에 속합니다**.[5]

멍거도 그런 기업에 대해 다음과 말했다.

벤저민 그레이엄은 '동결 기업frozen corporation'(정관으로 주주들에게 여하한의 돈을 지급하거나, 청산 혹은 매각되는 것을 금지한 기업)에 대해 말하곤 했습니다. 그리고 그레이엄의 질문은, "그런 기업의 가치는 얼마인가?" 하는 것이었습니다.

방정식의 궁극적인 '현금 환원cash back' 부분이 허상이 되는 그런 종류의 기업들이 있다고 생각하기 때문에 이는 흥미로운 사례라고 생각합니다. **끊임없이 돈을 쏟아붓고 또 쏟아붓고 있지만, 한 푼도 결코 다**

시 돌아오지 않는 그런 기업들이 있습니다.[6]

주주이익에서 운전자본 부분은 가치평가 작업에 중요한 투입 변수다. 기업이 단위 생산량이나 시장점유율 상승에는 아무런 기여도 하지 않는 추가 자본(고정자본 혹은 운전자본)이 필요할 때, 그때마다 지출되는 자금은 비용으로 처리되어야 한다. 경쟁 환경이 악화될 때, 그런 지출은 항상 증가한다. 그리고 이런 지출 증가는 대개 뭔가 일이 벌어질 것이라는 경고신호가 된다.

어떤 기업에서 협상력이 그 고객이나 납품업체에 영구적으로 넘어가고 있는 중이라면, 그 기업이 기존의 단위 생산량과 경쟁력을 유지하는데 필요한 운전자본이 증가할 것이다. 이런 운전자본 증가분은 버핏의 주주이익 방정식[(a) 보고이익 + (b) 감가상각, 감모상각, 상각, 기타 비현금성 비용…… - (c) 기업이 장기적인 경쟁력과 단위 생산량을 온전히 유지하는 데 필요한 공장과 장비 등에 대한 연평균 자본적 지출액(기업이 경쟁력과 단위 생산량을 유지하기 위해 추가 운전자본이 필요하면 그 추가 금액도 (c)에 포함)]에서 (c)에 속하며, 이익에 대해 비용으로 처리되어야 한다.

물론 실제로 이렇게 하면, 많은 경우 (c)가 (a) + (b)를 초과하게 되고, 이는 결국 실제 아무런 이익도 없다는 것을 의미한다. 그리고 실제 이익이 없으면 (해당 자산이 잠시 동안 시장에서 아주 좋은 가격을 받는다 해도) 실제로는 어떤 가치도 없다. 워런 버핏이 지적한 것처럼, "존속하는 동안 돈을 잃는 기업은 어떤 기업이든 (중간에 얼마나 높은 밸류에이션을 받든 간에) 가치를 창출하는 것이 아니라 가치를 파괴하고 있는 것이다".[7]

버핏은 어떤 주주이익도 없다는 것을 알고 난 후 버크셔 해서웨이의 방직공장 사업을 접었다. 그는 이미 망가진 것에 돈을 더 쓸 생각이 없었다.

벤저민 그레이엄의 '대략적인 가치의 범위'

『증권분석』에서 그레이엄은 일반적인 통념과 달리 미래이익(기업이 과거에 번 것이 아니라 앞으로 매년 평균적으로 벌 것으로 예상할 수 있는 이익)을 설명하는데 많은 시간을 할애했다. 그레이엄은 가치평가가 일종의 예술이라고 했다.

한 기업이 미래에 벌어들일 모든 현금흐름을 현재가치로 평가하는 것은, 무엇보다도 그 기업의 자본집약도, 사업모델의 지속성, 재무 안정성, 수익성, 경쟁력, 미래 성장 전망, 그리고 경영진의 역량 같은 변수들을 포함한 그 기업이 가진 DNA의 여러 측면들을 살펴보는 (이 모든 것을 측정해 현재 주가와 비교하는) 과정이다. 어떤 기업들은 다른 기업들보다 평가하기가 더 쉽다. 현금흐름의 예측 가능성이 중요한 요인이기 때문이다. 이에 관해 그레이엄은 증권분석가는 "가치 분석에 더 적합한 증권 및 상황을 그렇지 않은 것들과 구별할 때 좋은 판단력을 발휘해야 한다. 가치 분석에 사용하는 가정은 과거의 실적은 미래에 대한 적어도 대략적인 지침을 제공한다는 것이다. 그런데 이런 가정이 의심스러울수록 분석의 가치는 더 낮아진다"고 한 바 있다.[8]

달리 말해, 기본 사업이 매년 높은 변동성을 보이는 기업보다는 안정적인 사업과 현금흐름을 가진 기업의 가치를 평가하기가 더 쉽다. 내재가치는 분명한 예측 기간 동안 발생할 것으로 추산되는 현금흐름의 현재가치와 그 이후 잔존가치terminal value의 현재가치의 합이다. 현금흐름 예측 가능성이 낮을수록 더 높은 할인율을 적용해야 한다. 이는 자본비용 수치를 구하기 위한 적절한 시작점에 관한 논의로 이어진다.

버핏과 멍거는 기업의 자본비용을 계산하는 것은 정확한 수치를 구할 수 없는 부정확한 기술이라는 것을 인정했다. 이는 2003년 버크셔 해서웨이 연차총회 당시 그들의 대화에서 확인할 수 있다.

> 버핏 : 찰리와 나는 우리의 자본비용을 모릅니다. 경영대학원에서 자본비용 계산법을 가르치긴 하지만, 우리는 그것에 대해 회의적입니다. 우리는 우리가 가진 자본으로 우리가 할 수 있는 가장 현명한 일을 하려고 할 뿐입니다. 우리는 모든 것을 우리의 대안들과 비교해 측정합니다. 내가 보기에 말이 되는 자본비용 계산은 전혀 본 적이 없습니다. 찰리, 자네는 본 적이 있나?
>
> 멍거 : 전혀 본 적이 없네, 워런. 그레그 맨큐Greg Mankiw가 쓴 최고의 경제학 교과서에 따르면 현명한 사람은 기회비용에 기초해 결정한다고 했습니다. 달리 말해, 중요한 것은 여러분의 대안이라는 것입니다. 우리는 모든 결정을 이런 식으로 합니다. 세상은 (자본비용 계산 같은 것에) 좀 열광적입니다. 심지어 자기자본비용도 있습니다. 정말 놀라운 정신적 기능장애입니다.[9]

버핏과 멍거의 대화에서 힌트를 얻어 말하자면, 20세기에 달성한 S&P 500의 장기 연평균 수익률 9.7%를 투자자의 장기 기회비용을 나타내는 적절한 대용지표로 볼 수 있을 것이다. 브루스 그린왈드

Bruce Greenwald 교수는 가치투자 강의에서 학생들에게 "(기회비용으로) 그냥 10%를 사용해라. 그 정도면 되고, 계산하기 편하다"라고 자주 가르친다. 한 기업의 가치를 계산할 때 자본비용(요컨대 기회비용) 기본 추산치로 10%를 사용하는 것은 적절한 가정이다(미국 외 국가의 투자자들은 해당 국가의 장기 시장수익률을 자신의 투자자산의 기대수익률과 비교할 기회비용 지표로 사용할 수 있다). 그런 후 개별 기업의 리스크 특성에 따라 이를 상향 혹은 하향 수정할 수 있다.

기업을 평가할 때 투자자가 얻기를 바랄 수 있는 최선의 결과는 일정한 가치 범위를 구하는 것이며, 그런 후 시장이 그 범위 하단보다 상당히 낮은 가격을 제시하기를 기다리는 것이다. 이는 분석이 틀렸을 경우에는 안전마진을, 그리고 분석이 옳았을 경우에는 높은 투자수익률을 모두 제공한다. 그 기업을 아주 잘 알고 있다면, 간단히 개략적인 계산만으로도 그 주식이 '분명히 싼 것인지', 아니면 '분명히 비싼 것인지' 빠르게 판단할 수 있다. 『증권분석』에서는 가치의 범위에 대해 다음과 같이 말하고 있다.

> 핵심은 증권분석이 해당 기업의 내재가치를 정확히 판단하려는 것은 **아니다**라는 것이다. 증권분석은 (예컨대 채권이나 주식 매수를 정당화하기에) 그 증권의 가치가 **적절한지**, 아니면 그 가치가 시장가보다 **상당히 높은지 혹은 낮은지**를 파악하기만 하면 된다. 이런 목적으로는 내재가치의 대략적인 근사치만 추정해도 충분할 것이다.[10]

이를 통해 우리는 그레이엄이 내재가치를 하나의 단일 추정치로 보게 만들 생각은 전혀 없었다는 것을 알 수 있다. 그보다 그레이엄은 내재가치를 가치의 한 개념으로 생각했다. 사실 『증권분석』 1934년 판에서 그레이엄은 "불확실성이 증가하면 그 폭이 더욱 확대될 매우 가설적인 '대략적인 가치의 범위'"로 내재가치 개념의 유연성에 대해 말한 바 있다.[11]

본질적으로 불확실한 미래를 다루기 위해 투자자는 한 기업의 미래 현금흐름을 예측하고 그 기업의 내재가치를 계산할 때, 여러 가능한 시나리오들을 고려해야 한다. 투자자는 시간이 감에 따라 미래현금흐름 구성 부분 중 하나 혹은 그 이상에 대한 가정을 바꾸는 민감성 분석 sensitivity analysis를 통해 잠재적인 내재가치들의 범위를 구할 수 있다.

각 시나리오별로 투자자가 가능한 내재가치의 범위를 구하는데 사용할 수 있는 서로 다른 현재가치 추산치가 나올 것이다. 중간점에 가장 가까운 가치들이 그 기업의 진정한 내재가치가 될 가능성이 가장 높은 추산치가 되고, 범위의 상하 양극단에 가까운 가치들은 발생 가능성이 보다 낮은 시나리오들이다. 불확실성이 증가할수록 가능한 내재가치들의 범위는 더욱 확대된다. 내재가치 추산치의 범위가 넓다는 것은 그 기업의 현금흐름의 발생 시점, 지속성, 규모, 혹은 증가가 매우 불확실하기 때문일 수 있다.

가능한 결과의 범위가 넓을 때, 시나리오 분석을 사용하여 (a) 기본적인 경우 X달러, 확률 60%, (b) 낙관적인 경우 Y달러, 확률 10%, (c) 비관적인 경우 Z달러, 확률 30%로 한 후, 그 가중평균 가격 A달러를 그 주식의 내재가치로 추산하는 식의 계산은 어리석은 것이다. 이는 수영을 못하는 신장 6피트의 사람이 '평균 수심' 5피트의 강을 건너려고 하는 것과 기능적으로 같은 일이다. 이 경우 이 사람은 '평균 수심이 5피트라면 수심의 범위가 4~12피트가 될 수 있다'는 것을 무시한 것이고, 그러면 그는 익사하고 말 것이다. 가능성의 범위를 무시하는 것은 어리석은 일이다. 석유회사 같은 기업, 혹은 여타 자원을 추출하는 기업들에서는 그 가능성의 범위가 매우 클 수 있다.

각 기업의 경제성은 서로 다르다. 모든 이익은 똑같이 만들어지는 것이 아니다. 재투자(자본적 지출) 필요성이 낮은 무디스Moody's 같은 자본경량 기업의 이익 10달러는 제너럴 다이내믹스General Dynamics 같은 자본집약적인 기업의 이익 10달러보다 분명 훨씬 더 많은 가치가 있다. 따라서 투자자는 이런 이익을 각각 서로 다르게 자본화해야 한다. 투자자는 그 기업의 미래현금흐름을 획득하는데 얼마를 기꺼이 지불한 것인지 결정하기 위해 각 기업의 미래 전망과 함께 각 기업의 수익력을 살펴봐야 한다.

많은 기업가들은 부의 창출이 제로섬 게임이 아니며, 윤리적으로 행동하면 그렇지 않을 경우보다 훨씬 높은 밸류에이션 배수를 받을 수 있다는 것을 알고 있다. 높은 배수의 주식이 그 기업에 높은 밸류에이션만 창출하는 것은 아니다. 높은 배수의 주식은 경영진에게 '보다 낮은 자기자본 희석'으로 인수를 통한 비유기적인 성장을 할 수 있는 훌륭한 도구를 제공하기도 한다. A가 주식 발행으로 B를 인수한다면, 이는 A가 B를 인수하기 위해 자기 회사 지분을 매각하는 것을 의미한다(이 경우 높은 배수의 주식일수록 자기자본 희석 효과는 낮아진다).

이익은 기업이 만들지만, 이익 배수는 시장이 부여한다. 다른 모든 것이 동일하다면, 모든 지분보유자들의 이익을 위해 운영되는 기업이 지배주주의 이익만을 위해 운영되는 기업보다 더 가치 있다. 과거에 버핏도 "투자자들은 타인에 관심 없는 이기적인 경영자 손에 맡겨진 기업보다는 확실한 친주주 성향을 가진 사람이 경영하는 기업에 더

많이(더 높은 배수를) 지불해야 한다"면서, 이런 중요한 점을 강조한 바 있다.[12)]

부를 파괴하는 '가치함정'

> *싼 증권을 매수하고, 그 증권의 가격이 '내재가치'까지 반등하면,*
> *이를 팔고 다음 기회로 넘어간다는 전통적인 '가치투자' 방식에는 문제가 있다.*
> *정보가 즉각 전달되고 빠른 혁신이 이루어지는 오늘날의 세계에서*
> *싼 증권은 갈수록 가치함정이 되는 것 같다. 이런 기업은*
> *기술혁신으로 그리고 장기 하락으로 고통받는 기업인 경우가 적지 않다.*
> *이런 빠른 자본의 재순환은 우리의 세후 수익에 큰 장애가 되기도 한다.*
> *더욱이 우리는 지금 우리가 목격하고 있는 매우 특별한 혁신의*
> *S커브가 제공하는 엄청난 기회들에 집중하지 않고, 그 대신 (가치함정이 될 수 있는)*
> *이런 기회들에 초점을 맞춤으로써 엄청난 기회비용까지 발생시키고 있다.*
>
> – 마르셀로 리마Marcelo Lima

대부분의 경우, 고PER 주식에서 저PER 주식으로 바꾸는 것은 실수로 드러난다. 가치함정value trap은 많고, 곳곳에 도사리고 있다.

업계에 종사하면서 나는 시장의 지혜를 존중해야 한다는 것을 배우게 되었다. 모든 것에는 어떤 이유가 있기 때문에 지금 그 가격 수준에서 거래되고 있는 것이다. 양질의 자산은 비싼 밸류에이션에 매매되는 경향이 있고, 정크 혹은 열악한 자산은 싼(위험한 것은 상대적으로 '더 싸 보이는') 밸류에이션에 매수할 수 있는 경우가 많다. 내가 '비싼 데는 이유가 있고, 싼 데도 이유가 있다'는 이런 시장의 교훈을 배우기까지는 수년이 걸렸다.

주식시장에서는 보통 가격이 먼저 움직이고, 그다음에 펀더멘털과 실적에 대한 보고가 나온다. 예를 들어, 상장기업이 발행한 채권의 디폴트 가능성을 평가함에 있어, 보통 주가 움직임이 신용평가기관이 부여한 신용등급보다 더 정확한 참고 지표가 된다. (그렇지 않았으면 안정되었을 시장에서) 주가 급락은 기업의 펀더멘털이 악화되고 있다는 것을 알려주는 정확한 전조가 되는 경우가 많다.

매수에 뛰어들기 전에 이에 대해 먼저 생각해야 하며, 녹아 사라지고 있는 얼음덩이에 투자하는 것은 피해야 한다. 해당 산업에 대한 역풍이 격화되면, 싸 보이거나 상대적으로 비싸 보이지 않는 주식이 계속 더 싸질 수 있다. 이유 있는 주가 하락은 그 주식을 더 비싸게 만든다. 비싼 시장에서 배당수익률이 높은 많은 주식들은 결국 가치함정이 되고, 부를 파괴하는 것으로 밝혀진다.

어떤 심층 가치주$^{\text{deep value stock}}$가 명확한 이유 없이 높은 거래량을 수반하면서 갑자기 하락하면, 주의해야 한다. 가치함정일 가능성이 있기 때문이다. 가치함정은 싸 보이지만 실제로는 비싼 기업이다. 이런 가치함정은 다음과 같은 여러 이유로 발생할 수 있다.

- 이익의 주기성 : 저PER 주식이 경기주기에 따라 이익이 증가할 때는 싸 보일 수 있지만, 경기주기를 고려해 조정하면, 정상 PER은 사실 낮은 게 아닐 수 있다.
- 애플리케이션 리스크 : 과거 수익력에 기초해 보면 택시회사가 싸 보일 수 있지만, 그런 수익력은 애플리케이션 이용 서비스 우버^{Uber}가 등

장하기 전까지만 가능한 것일 수 있다(전통적인 택시사업에 대해 우버는 애플리케이션 리스크App risk가 된다).

- **경영진의 열악한 자본 배분** : 경영진이 나쁜 프로젝트에 계속 현금을 낭비하고 있고, 그런 잘못된 자본 배분이 조만간 멈출 것으로 보이지 않기 때문에, 시장이 그에 맞게 제대로 PER을 부여하고 있는 것일 수 있다.

- **기업지배구조 문제** : 사기꾼이 경영하는 기업은 장부에 보고한 많은 현금에 비해 (그 현금을 다 빼돌리기 전까지는) 싸 보일 수 있다. 사회적 목적으로 운영되는 기업 혹은 수상한 창업자가 소유한 기업의 장부상 현금은 0으로 평가해야 한다. 내재가치가 증가해도 내부자들이 그 증가분을 자신의 주머니로 빼돌리기 때문에 내재가치 증가가 투자자의 실현 수익에 반영되지 않는 경우가 종종 있다.

인간의 본성은 변하지 않는다는 것을 기억해야 한다. 사기꾼들이 갑자기 신의성실의 의무감을 갖게 되지는 않는다. "명심하라. 너를 위해 도둑질할 사람은 너의 것도 도둑질할 것이다"라는 토머스 펠프스Thomas Phelps의 말을 항상 유념해야 한다.[13] 기회를 놓치는 비용을 치르더라도, 그런 형태의 경영진과는 파트너가 되어서는 안 된다. 기회를 자본화하지 않음에 따라 발생하는 명목손실은 언제든 보충할 수 있지만, 사기꾼과 파트너가 되어 발생하는 궁극적인 실현손실은 영구적이고 회복 불가능하다.

19장

투자에서 가장 중요한 단어, '안전마진'

> 복잡하고, 예측 불가능하며, 급격히 변하는 세상에서
> 인간적인 실수, 불운, 혹은 극단적인 변동성에 대비해
> 기본 가치보다 상당히 낮은 가격에 증권을 매수할 때 안전마진이 확보된다.
> – 세스 클라먼

우리는 현재 인기를 끌고 있는 주식에 과도한 밸류에이션을 지불하는 투자자들에게 가능한 미래 수익에 대한 중요한 몇 가지 교훈을 과거 사례에서 배울 수 있다. 과거에 투자 과열이 진행되던 한 시기, 요컨대 니프티 피프트  시대를 살펴보고, 오늘날 고공행진 중인 주식들의 미래에 대해 생각해 보자.

1972년 정점에 달했던 니프티 피프티 시대에 대해 제러미 시겔 Jeremy Siegel 교수는 다음과 같이 소개하고 있다.

'니프티 피프티'는 1970년대 초 기관투자가들이 매우 좋아했던 제록스, IBM, 폴라로이드, 코카콜라 같은 당시 최고의 성장주 50개를 말한다. 이들 모두는 성장 실적, 지속적인 배당금 증액(실제로 2차 대전 이후 배당금을 삭감한 기업은 하나도 없었다), 그리고 높은 시가총액을 그 특징으로 하고 있었다. 이 마지막 특징 때문에 기관들은 주가에 큰 영향을 받지 않고 이 주식들을 대량 매수할 수 있었다.

니프티 피프티 주식들은 '매수한 후 절대 매도하지 않는다'는 의미의 장기 보유주 one-decision stocks 로 불리기도 했다. 이들 기업은 전망이 매우 훌륭했기 때문에, 많은 애널리스트들은 이 주식들이 움직일 수 있는 유일한 방향은 상승뿐이라고 주장했다. 이 주식들은 아주 많은 사람을 부자로 만들었기 때문에 그 주식을 샀다고 펀드매니저를 책망할 투자자는 사실상 거의 없었다.

당시, 많은 투자자들은 이들 주식의 PER이 50배, 80배, 심지어 100배까지 가도 세계 최고의 성장기업을 매수하는데 지불할 가격으로 부적절하다고는 전혀 생각하지 않는 듯했다.[1]

'훌륭한 기업'과 '훌륭한 주식'

자산운용사 포춘 파이낸셜 Fortune Financial 의 로런스 햄틸 Lawrence Hamtil 은 1972년 6월부터 그 다음 40년 동안 이렇게 비쌌던 니프티

• 표 19-1 • 1972년 6월 이후 기간별 니프티 피프티의 수익률

기업	종목기호	1972년 6월 PER	1972년 6월 이후 기간별 연평균 총수익률 (%)			
			10년	20년	30년	40년
맥도날드	MCD	85.7	1.75	12.06	11.53	12.17
인터내셔널 플레이버스 앤 프레그런스	IFF	75.8	-5.24	6.93	5.50	5.87
월트 디즈니	DIS	81.6	-3.78	10.81	9.40	9.12
존슨 앤 존슨	JNJ	61.9	1.72	10.48	13.38	10.62
코카콜라	KO	47.6	-6.93	11.83	11.52	9.98
엘리 릴리	LLY	46	-0.72	8.26	11.17	7.99
머크	MRK	45.9	-0.23	14.31	13.11	9.75

'비싼' 니프티 피프티 주식

출처 : 로런스 햄틸, "가격은 여러분이 지불하는 것이고, 가치는 여러분이 얻는 것이다 - 니프티 피프티 사례에서 재확인한 교훈", 포춘 파이낸셜 블로그, 2018년 5월 24일, http://www.fortunefinancialadvisors.com/blog/price-is-what-you-pay-value-is-what-you-get-nifty-fifty-edition

피프티 주식들의 수익률을 계산했다. [표 19-1]은 그 계산 결과를 정리한 것이다.

햄틸은 이에 대해 다음과 같이 말했다.

이 작업을 통해 얻은 교훈이라면, 베팅을 할 때 투자자는 항상 매수 시점의 밸류에이션을 의식해야 한다는 것이다. 거의 예외 없이, 너무 높은 밸류에이션은 종종 중기적으로 열악한 실적을 제공하면서, 결국 더 적절한 수준으로 하락하게 된다. 새로운 기업이 아무리 혁명적으로 보여도, 그리고 여러분이 믿기에 그 기업이 얼마나 큰 잠재력을 갖고 있든지 간에, 그런 것 같다. 물론, 여러분에게 확신이 있어서 그 주식을 수십 년 동안 보유할 계획이라면, (매수 시점의) 밸류에이션은 장기 실적

에 덜 중요한 요인이 되겠지만 이는 여러분이 그 계획(약속)을 지킨다는 것을 가정한 것이다. 그러나 수년 동안 실적이 평균 이하라면, 그 약속은 지키기 훨씬 어려워진다.[2]

고성장 기업들도 결국엔 성장이 고착되거나, 둔화되고 만다. 이런 고통스러운 전환 과정은 투자자들에게 (밸류에이션 하락으로 주가가 정체되거나 횡보하는) 잃어버린 10년이 될 수 있다. 시장은 '훌륭한 기업'과 '훌륭한 주식' 간에는 큰 차이가 있다는 것을 누누이 우리에게 알려준다.

훌륭한 기업이라도 너무 높은 매수가를 지불하면 투자자는 그 후 10년 그 기업의 성장에 따른 효과를 누릴 수 없다.
- 워런 버핏

내가 보기에, 인간이 겪는 고통의 많은 부분은 사물의 가치에 대한 잘못된 계산, 그리고 그것에 너무 많은 것을 지불하는 데서 발생한다.
- 벤저민 프랭클린

이따금 우리가 장기간 보유했던 한 주식의 밸류에이션이 불합리한 수준으로 높아져 이를 전혀 주저하거나 의심하지 말고 즉시 매도해야 할 때가 있다. 그러나 이런 형태의 매도가 실행하기 심리적으로 쉬운 일은 아니다. 그간의 밸류에이션 상승이 막대한 투자 수익을 제공하면서, 동시에 과도한 탐욕과 '전통적인' 가치평가 지표들을 부정하는 경향을 만들어냈을 것이기 때문이다.

수수하지만 꾸준한 수익률로 장기간 복리수익을 올리는 것이 1~2년 동안 시장을 크게 상회하는 실적을 내는 것보다 훨씬 낫다. 산술평균은 매우 잘못된 판단을 유발할 수 있기 때문에 수익률을 제대로 알고 싶다면, 항상 등비수열geometric progression(즉 기하평균)을 사용하고, 연복리 성장률compound annual growth rate, CAGR(연평균 이익증가율, 연평균 수익률, 연복리 수익률)을 봐야 한다.

5년간 각 연도의 수익률이 20%, 40%, 20%, -50%, 40%로 연간 산술평균 수익률이 14%인 투자자는 '매년 꾸준히 9%의 수익을 올린' 연평균 수익률 9%의 투자자(이 투자자는 연간 산술평균 수익률과 연평균 수익률이 9%로 같다)보다 실적이 낮다.

2018년 2월 현재, 순이익이 최소 1억 루피(약 140만 달러)인 인도 상장기업들 중 그 이전 10년 동안 20% 이상의 연평균 이익증가율을 기록한 기업은 단 5%에 불과하다. 55%는 오히려 이익이 감소했다. 장기적으로 이익은 주가 수익을 견인하기 때문에, 이는 지속적으로 20% 이상의 복리로 부를 불리는 것이 얼마나 어려운 것인지 잘 보여준다(1~2년 동안 100%의 연평균 수익률을 달성하는 것도 훌륭한 일이긴 하지만, 60년 동안 20%의 연평균 수익률을 달성하면 워런 버핏 같은 억만장자가 된다. 워런 버핏은 가장 오랫동안 게임을 해서 가장 위대한 승자가 되었다).

손실의 복리화를 피하는 방법

오랜 기간 투자에 성공하기란 쉬운 일이 아니다. 그 오랜 기간 사이에 있는 한두 번의 강세장은 많은 시장 참가자들을 현혹해 다른 생각을 하게 만든다. 돈을 버는 법을 배우는데 드는 시간은 꽤 짧을 수 있지만, 돈을 잃지 않는 법을 배우는 데는 평생이 걸린다.

투자에 안전마진이 필요한 것은 이른바 '역逆복리compounding in reverse', 요컨대 손실이 복리로 불어나는 것을 피하기 위해서다. 2년 연속 20% 수익을 올리는 안정적인 투자자가, 강세장 첫 해에 100% 수익을 냈지만 그 다음 해는 30% 이상 손실을 낸 수익 변동성이 심한 새내기 투자자보다, 결국에는 수익이 더 높다. (경험이 없는 대부분의 투자자들은 강세장이 지난 후 질 낮은 잡주junk stock들이 폭락할 때, 이와 같은 가혹한 '수학'을 고통스럽게 깨닫게 되며, 그런 후에야 우량주식quality에 대한 투자가 매우 중요하다는 것을 알게 된다).

단 1년만 큰 손실을 입어도 과거의 모든 노력과 희생은 완전히 헛된 것이 될 수 있다. 그 사례를 살펴보자. 여러분이 2년 동안 매년 15%의 수익을 냈지만 3년차에 15%의 손실을 냈다면, 여러분의 연평균 수익률은 4.0%에 불과하다. 3년 동안 매년 15%의 수익을 냈지만 4년 차에 15%의 손실을 냈다면, 연평균 수익률은 6.6%로 줄어든다. 또 4년 동안 매년 15%의 수익을 냈지만 5년 차에 15%의 손실을 냈다면, 연평균 수익률은 8.3%로 줄어든다.

절대 수익 수치를 더 크게 하면, 그 차이는 훨씬 더 확연해진다. 예를 들어, 여러분이 2년 동안 매년 30%의 수익을 올렸지만 3년 차에 30%의 손실을 냈다면, 연평균 수익률은 5.8%에 불과하다. 3년 동안 매년 30%의 수익을 냈지만 4년 차에 30%의 손실을 냈다면, 연평균 수익률은 11.4%로 줄어든다. 그리고 4년의 강세장에서 매년 30%의 수익을 냈지만 5년 차에 30%의 손실을 냈다면, 연평균 수익률은 14.9%로 줄어든다.

버핏이 안전마진 개념을 대중을 위해 쉽게 풀어 말한 것이 그 유명한 '2대 투자규칙'이다.

규칙 1 : 절대 돈을 잃지 말 것
규칙 2 : 규칙 1을 절대 잊지 말 것

브렌트 비쇼어Brent Beshore가 투자나 거래를 하기 전 버크셔 해서웨이의 사전조사due diligence 과정은 무엇이냐고 물었을 때, 버핏은 "가격이 나의 사전조사 사항입니다"라고 했다.[3] 이는 그의 투자철학을 가장 잘 보여주는 말이다.

버핏은 매우 인내심이 있고 규율이 있으며, 지불하는 가격과 획득하는 가치 사이의 차이가 크지 않으면 배트를 휘두르지 않는다. 버핏의 투자 기준은 충족시키기 쉽지 않다. 그는 여러 다양한 시각에서 본 안전마진이 충분하지 않으면, 그 증권을 매수하지 않는다. 그는 기회가 정말 훌륭해야만 움직인다.

낮은 매수가를 지불하면, 좋은 수익을 올리기 위해 좋은 일이 많이 벌어져야 할 필요가 없다. 심지어 그 기업에 대한 나쁜 뉴스(악재)가 나와도 주가가 이미 할인된 상태이기 때문에 주가에 미치는 영향은 제한적이다. 역으로 그 기업에 대한 좋은 뉴스(호재)가 나오면, 매우 높은 수익이 가능하다.

투자 세계는 '심층 가치주deep value(통계적으로 싼 주식)' 진영과 '적절한 가격의 성장주growth at a reasonable price, GARP(양질의 복리성장 주식)' 진영이 항상 확연히 나뉘는 것처럼 보인다. 훌륭한 기업을 적절한 가격fair price에 매수해서 이를 장기간 보유하는 일을 잘하는 투자자들도 많은 반면, 평범하거나 그저 그런 기업을 싼 가격에 매수해서 주가가 적정가치fari value로 상승하면 이를 팔고 (이런 기회가 주기적으로 새로 많이 나타나기 때문에) 다시 이 과정을 되풀이하는 것을 선호하는 투자자들도 있다.

이들의 투자스타일들은 다르지만, 대부분의 사람들이 묘사하는 그런 정도로 다른 것은 아니다. 이들이 사용하는 투자 방법은 다르지만, 목적은 정확히 일치한다. 즉, 실제 가치보다 낮은 가격에 주식을 사거나, 리스크가 아주 작은 주식을 찾으려는 것이다. 이 두 전략 모두 그레이엄이 말한 안전마진 원칙의 또 다른 버전들이다.

질적으로 우수한 기업의 안전마진

> 한 주식을 장기간 보유할 계획이라면,
> 그 기업이 창출할 수 있고 재투자로 올릴 수 있는
> 자본이익률rate of return on capital이 매수나 매도 가격보다 훨씬 중요하다.
> - 테리 스미스Terry Smith

안전마진은 가격과 가치의 차이에서도 나오고, 기업의 질에서도 나올 수 있다. 예를 들어, 다른 모든 것이 동일할 경우 내재가치가 매년 18% 성장하는 기업은 내재가치가 매년 6% 성장하는 기업보다 훨씬 가치 있다. 이처럼 질적으로 보다 우수한 복리성장 기업일수록 질적으로 낮은 기업보다 시간이 가면서 훨씬 더 가치가 증대되기 때문에, 질적으로 더 우수한 복리성장 기업은 시간이 감에 따라 더 큰 안전마진을 제공한다.

통계적으로 싼 증권('담배꽁초 주식'이라고도 한다)에만 투자하는 것의 문제는 해당 기업의 경제적 가치가 하루하루 점진적으로 약화되어 투자가 시간이 갈수록 불리해진다는 것이다. 투자자로서 우리의 목적은, 필요한 결정의 수를 최소화하고 그럼으로써 자기 실수^{unforced} ^{errors}의 가능성을 줄이는 것이어야 한다. 시간이 감에 따라 내재가치가 증가하는 기업에 투자하는 것이 훨씬 더 유익하다. 우리가 틀릴 경우 실수의 충격을 흡수할 수 있는 실수 완충 범위$^{margin\ of\ error}$(실수 허용 한계)가 더 커지고, 우리가 옳을 경우 얻을 수 있는 수익은 더 커지기 때문이다.

〈파이낸셜 어낼러시스 저널$^{Financial\ Analysis\ Journal}$〉의 1975년 논문 「패자의 게임$^{The\ Loser's\ Game}$」에서 찰스 엘리스$^{Charles\ D.\ Ellis}$는 좋은 테니스 선수와 나쁜 테니스 선수가 택하는 방법을 투자에 적용해 설명한 바 있다. 이 논문에서 엘리스는 사이먼 라모$^{Simon\ Ramo}$가 쓴 『평범한 테니스 선수를 위한 특별한 테니스$^{Extraordinary\ Tennis\ for\ the\ Ordinary}$ $^{Tennis\ Player}$』라는 책의 한 연구를 인용했다. 엘리스가 자신의 논문에서 인용한 그 연구는 '프로는 점수를 따고, 아마추어는 점수를 잃는다'는 것을 보여줬다.[4]

아마추어 테니스에 관한 내용은 많은 투자자들의 투자 방식과 유사한 점이 있다. 부가 파괴되는 것은 대부분 자기 실수의 결과다. 투자자가 홈런을 치려는 대신 자기 실수를 줄이는데 초점을 맞추면, 수익률이 크게 개선된다. 이런 투자자는 대부분의 점수를 포핸드로(멋진 공격으로) 얻는 것은 아니지만 자기 실수(자책점)를 최소화했기 때문에 우승한 아마추어 테니스 챔피언과 같다.

엘리스의 시각에서 볼 때, 투자는 테니스와 같은 패자의 게임(실수가 적은 사람이 이기는 게임)이다. 이 게임의 승자는 그저 더 적은 실수를 함으로써 우수한 장기 실적을 낸다. 패자는 똑같은 실수를 반복하기 때문에 패하게 된다. 새로운 실수는 누구나 할 수 있지만, 훌륭한 투자자는 과거의 실수를 덜 반복하는 사람이다.

전체적으로 주식시장은 장기적으로는 포지티브섬 게임positive-sum game이었다. 우리 뒤에는 그런 자연적인 순풍이 있기 때문에 장기적으로 투자하는 것은 승자의 게임이다.

투자에서 자기 실수를 줄이는 한 방법은 우리가 보유할 기업을 신중하게 고르는 것이다. 최근 시장에서 가장 인기 있는 주식을 좇아다니면서 이 주식 저 주식 투기하는 것보다는 소수의 견실한 주식을 장기 보유하는 것이 투자자에게 더 낫다(단기적인 어떤 이점 때문에 매주 친구를 바꾸는 것보다 오래 함께 할 수 있는 한두 명의 좋은 친구를 갖는 것이 더 낫다).

가격과 가치의 차이는 궁극적으로 우리의 수익을 결정하지만, 우선 올바른 기업을 고르는 것이 실수를 줄이는 가장 중요한 단계라 할 수 있다. 패턴 인식pattern recognition(이에 대해서는 이 책 29장 참조) 능력을 높이면 투자할 올바른 기업을 성공적으로 찾을 확률을 높일 수 있다.

한 범주로서 '담배꽁초 주식'이 단기적으로는 양질의 주식보다 좋은 실적을 낼 수 있지만, 장기적으로는 내재가치가 증대되는 질적으로 우수한 기업이 분명한 승자가 된다. 물론 훌륭한 기업이라 해도 높은 가격에 매수한 후 1~2년 안에 팔아야 한다면 별 성과를 내지 못할 수도 있다. 그러나 높은 가격에 매수했다 해도 이보다 오래 (예컨대 5년, 10년 혹은 그 이상) 그 주식을 보유할 계획이라면, 안전마진의 견지에서 볼 때, 기업의 질이 매수 시점의 싼 밸류에이션보다 '훨씬 중요'해진다.

따라서 상품commodities, 경기순환주, 특별 상황special situations 같은 단기적인 기회에 투자할 때는 가격과 평균 회귀에 훨씬 큰 관심을 가져야 하지만, 장기 복리성장 기업에 투자할 때는 무엇보다도 기업과 경영진의 질에 가장 큰 관심을 두어야 한다.

예를 들면, 인도에서 질이 낮은 공공부문 은행을 장부가의 30~40% 가격에 사는 것은 그 주식이 장부가의 100%로 재평가될 경우 좋은 실적을 낼 수 있다. 그러나 HDFC 뱅크HDFC Bank 같은 양질의 경영상태가 좋은 경쟁우위 기업에 장부가의 3배를 지불하고 10~15년 혹은 그 이상 보유하는 것이 더 나은 실적을 내게 된다(자기자본이익률과 성장률이 비슷한 두 은행 중에서 나는 다음 두 가지 이유로 PBR이 더 높은 은행을 선호한다. (1) PBR이 높을수록 보다 낮은 주식 희석으로 미래의 성장 자본을 이용할 수 있다. (2) PBR이 더 높다는 것은 우수한 인수 능력, 견실한 내부 과정, 그리고 보다 나은 대출의 질 같이 공개되지 않은 중요한 요인들이 있다는 것을 나타내는 경향이 있다).

우리는 (어쨌든 아주 효과적이었던) 그레이엄주의자Grahamite로 시작해서, 점차, 말하자면 더 좋은 통찰을 얻게 되었다. 그리고 (때로는 그 기업의 어떤 개인이나 시스템에 분명히 존재하는 특출한 경영 능력과 결합된) 그 기업의 경쟁우위 모멘텀 때문에 장부가의 2~3배인 기업들도 일부는 정말 싼 기회가 될 수 있다는 것을 깨달았다.

- 찰리 멍거

가치투자 진영의 2가지 접근법

그레이엄과 도드 투자자들의 경우, 안전마진은 자산가치보다 낮은 가격 혹은 AAA등급 채권 수익률보다 높은 수익력에서 나온다. 이들은 기업이나 경영진의 질에는 상대적으로 초점을 덜 맞춘다.

그러나 워런 버핏-찰리 멍거-필립 피셔Philip Fisher 투자자들의 경우, 안전마진은 장기간 지속적으로 높은 투하자본수익률을 올릴 수 있는 기업의 능력에서 나온다. 그리고 이런 기업의 능력은 회사를 책임지고 있는 우수한 경영자들이 창출한 지속가능한 경쟁우위에서 나온다. 이런 경쟁우위에 초점을 맞춘 투자자들은 그 기업의 미래이익이 훨씬 클 것으로 믿으면 높은 PER을 부여하는 형태로 그 기업의 질에 비싼 값을 지불하는 것을 주저하지 않는다.

그레이엄과 도드 투자자들은 평균 회귀(즉, 좋은 기업에도 나쁜 일이 생길 수 있고, 나쁜 기업에도 좋은 일이 생길 수 있다는 것)를 믿는다. 버핏-멍거-피셔 투자자들은 펀더멘털 모멘텀을 가진 기업, 즉 장기간 지속적으로 초과수익excess returns을 올릴 가능성이 높은 기업에 투자한다.

가치투자 진영에서 이 두 접근법(평균 회귀와 펀더멘털 모멘텀)은 가끔 서로 충돌하기도 한다. 대부분의 기업에는 평균 회귀가 적용되지만, 일부 예외적으로 매우 우수한 기업의 경우는 오랜 기간이 흐른 후에야 평균 회귀가 적용되며, 그전에는 펀더멘털 모멘텀이 적용된다.

벤저민 그레이엄은 심층가치투자자deep value investor로 유명하긴 하지만, 그가 가이코GEICO에 대한 단 한 번의 성장주 투자로 올린 수익은 그가 평생 벌었던 다른 모든 투자 수익을 합한 것보다 많았다.

1948년 그레이엄의 투자파트너십(그레이엄-뉴먼Graham-Newman)은 가이코 지분 50%를 71만 2,000달러에 매수했다. 그리고 1972년에 와서 이 지분은 그 가치가 4억 달러로 불어났다. 피터 린치와 비슷한 500배 이상의 수익을 올린 것이다. 후에 그레이엄은 "매우 아이러니하게도, 단 한 번의 투자 결정으로 거둔 수익이, 우리 파트너들이 그 전문 영역에서 수많은 조사, 끝없는 숙고, 그리고 헤아릴 수 없이 많은 각각의 결정들을 하면서 20년 동안 수행했던 광범위한 투자 활동으로 실현한 다른 모든 수익의 총합을 훨씬 초월했다"고 했다.[5]

> 일반적으로 주식시장은 기업의 수익이 평균으로 회귀할 것이라는 불합리하지 않은 가정에 입각해 기업의 가치를 평가하기 때문에, 그 수익이 평균으로 회귀하지 않는 기업들은 저평가될 수 있습니다. 바로 여기에 투자자로서 우리의 기회가 있습니다.
> - 펀드스미스 에쿼티 펀드Fundsmith Equity Fund의 주주 매뉴얼

크레디트 스위스의 2013년 한 조사 논문에서 저자들은 투하자본 대비 높은 주주이익을 제공하는 확고한 실적을 가진 성공적인 기업들에 투자한다는 버핏의 철학을 지지하는 강력한 증거를 제시했다. [이 저자들은 '투자 대비 현금흐름 수익률cash flow return on investment(이하 '투자현금흐름수익률')'이라는 대용지표를 사용했다]. 이들은 1993년부터 2013년까지 전 세계 수백 개 기업을 대상으로, 1993년부터 각 분기 초에 이 기업들을 4분위로 나누었다. 'Q1:--'는 실적이 가장 열악한 분위의 기업들이고, 'Q4:++'는 투자현금흐름수익률이 가장 높은 질적으로 가장 우수한 기업들이었다. 그런 후 이들은 5년 단위로 각 기

• 표 19-2 • 기업의 실적 변화(1993~2013년)

		실적 변화 확률 (%)			
		최종 분위			
		Q1:--	Q2:-	Q3:+	Q4:++
최초 분위	Q1:--	**56**	27	11	6
	Q2:-	28	**40**	23	8
	Q3:+	13	28	**39**	20
	Q4:++	9	12	28	**51**

* 표 안의 굵은 숫자는, 실적 수준에 변화가 없어 같은 분위에 계속 남게 되는 기업들의 확률을 나타낸다.

출처 : 크레디트 스위스, "워런 버핏은 옳았는가? : 훌륭한 회사는 계속 훌륭한가?", 〈홀트 웰스 크리에이션 프린서플스〉, 2013년 6월, https://research-doc.credit-suisse.com/mercurydoc?language=ENG&format=PDF&document_id=1019433381&serialid=*EMAIL_REMOVED*&auditid=1182867

업의 실적 수준의 변화를 조사해 투자현금흐름수익률의 지속성, 고착성을 평가하고, 그 결과를 [표 19-2]와 같이 정리했다.

이 표는 우리에게 다음 몇 가지 사항을 말해 준다.

1. 사업 실적은 들쭉날쭉한 것이 아니다. 만약 사업 실적이 들쭉날쭉했다면, 모든 확률은 25%에 더 근접했을 것이다.
2. 사업 실적이 가장 좋은 기업들(Q4:++)이 여전히 실적이 가장 좋은 기업으로 남아 있을 확률은 51%였고, 실적이 가장 나쁜 기업들(Q1:--)이 여전히 실적이 가장 나쁜 기업으로 남아 있을 확률은 56%였다.
3. 사업 실적이 가장 좋은 훌륭한 기업은 여전히 훌륭한 기업으로 남거나, 적어도 좋은 기업(Q3:+)이 되는 경향이 있다(훌륭한 기업으로 남거나 좋은 기업이 될 확률은 합계 79%이다). 훌륭한 기업이 실적이 가장

나쁜 기업 분위로 들어갈 확률은 9%에 불과하다.

4. 실적이 가장 나쁜 열악한 기업은 여전히 열악한 기업으로 남거나, 약간 나아지긴 하지만 여전히 평균 이하의 기업(Q2:-)으로 남는 경향이 있다(이 두 경우가 될 확률은 합계 83%이다). 실적이 가장 나빴던 기업이 '최고의 실적 기업'으로 전환될 확률은 6%에 불과했다.

이 연구의 저자인 브라이언트 매슈스Bryant Matthews와 데이비드 홀랜드David Holland는 이 연구의 결론을 다음과 같이 정리했다.

> 기업의 수익성은 고착적이다. 훌륭한 기업은 여전히 훌륭한 기업으로, 열악한 기업은 여전히 진흙탕에서 헤어 나오지 못하는 경향이 있다. 우리의 경험적 증거는 **지속가능한 기업 턴어라운드는 실현되기 어렵다**는 것을 보여주고 있다……경기방어적 산업에 종사하는 기업들의 수익 고착성은 경기민감형 산업에 종사하는 기업들보다 높다. 그러나 실적의 지속성이 여전히 매우 중요하며, 따라서 기업의 명성은 산업과 별개로 거의 변하지 않는 경향이 있다……**수익성이 훌륭한 기업**은 자본이익률return on capital이 가장 낮은 기업들보다 좋은 투자 실적을 투자자들에게 제공하는 경향이 있다. 질적으로 우수한 기업을 적정가격에 매수하면, 이런 좋은 투자 실적은 더욱 좋아진다.[6]

이 연구에서 발견한 핵심적인 내용은, Q4:++ 범주에 있는 기업들은 성공한 기업으로 알려짐에도 불구하고 투자자들에게 장기적으로 훌륭한 투자 실적을 꾸준히 제공한다는 것이다. 시장이 '효율적'이라면 이런 일은 벌어질 수 없는 일이다. 이런 훌륭한 기업들의 주가는

'매수자들이 높은 수익을 올리기 어려운 수준'까지 상승해야 하지만, 그렇지 않았다. 시장은 질적으로 우수한 기업들의 주가를 오랜 기간 체계적으로 과소평가한다.

이런 사실은 이 연구뿐 아니라 다른 많은 연구에서도 경험적으로 입증되었다. 금융경제학자 로버트 노비막스Robert Novy-Marx는 1963~2010년 사이 뉴욕증권거래소 상장기업들과 1990~2009년 사이 해외기업들을 대상으로 관련된 조사를 수행했다. 그리고 그 역시 높은 실적은 기업 펀더멘털뿐 아니라 주식 수익률에서도 지속된다는 것을 발견했다.

그에 의하면, "오늘 현재, 보다 수익성이 좋은 기업은 향후에도 더욱 수익성이 좋은 기업이 되는 경향이 있다. 이것이 그들의 미래 주가에 반영된다 해도, 현재의 시장은 이를 체계적으로 과소평가함으로써 이들 기업을 상대적으로 싼 주식(즉 진흙 속의 다이아몬드)으로 만든다".[7]

버핏의 진화 : 그레이엄에서 피셔로

워런 버핏이 심층가치투자자에서 '질이 좋으면 높은 가격도 기꺼이 지불하는' 투자자로 점진적으로 전환한 것은 수년에 걸친 그의 사고과정의 변화를 통해 가장 잘 이해할 수 있다. 그의 사고과정은 다음과 같이 진화했다.

훌륭한 명성을 가진 경영인이 열악한 펀더멘털 때문에 유명한 기

업에 합류했을 때, 여전히 변하지 않는 것은 그 기업의 열악한 명성이다.[8]

유형자산을 중시하고, 가치의 상당 부분이 경제적 영업권에 있는 기업은 피하라는 것을 배웠을 때인 35년 전 이후 나의 생각은 크게 변했다. 당시 나는 그런 편향으로 인해 투자를 실행함commission에 있어서는 상대적으로 실수가 적었지만, 투자를 실행하지 않았다는 차원 omission에서는 많은 중요한 사업적 실수를 하게 되었다······그리고 마침내 지금의 나는 그간의 직간접적인 사업 경험을 통해 오래 지속되는 영업권을 많이 소유한 기업, 그리고 유형자산은 아주 적게 활용하는 기업을 선호하게 되었다.[9]

아주 좋은 가격wonderful price(싼 가격)에 적정기업fair company(적당한 기업, 평범한 기업)을 사는 것보다는 적정가격fair price에 아주 좋은 기업 wonderful company을 사는 것이 훨씬 낫다. 찰리 멍거는 이 사실을 일찍 알았고, 나는 좀 늦게 알게 되었다. 지금 우리는 기업이나 보통주를 매수할 때 최고의 경영진을 가진 최고의 기업을 찾는다.[10]

'우수한 질'은 언제나 '싼 주가'를 이긴다. 물론 예외가 있기는 하겠지만, 결국 싼 주식은 견실한 투자자산보다 좋은 실적을 결코 낼 수 없다. 이 단순하지만 심오한 원칙은, 삶의 거의 모든 영역에 적용될 수 있다. 속성 다이어트, 약탈적 가격 책정, 부정, 편법은 잠시 동안 효과적일 수 있지만, 결코 지속가능하지 않다.

20장

자본 순환주기 이용하기

> 양질의 주식에 너무 높은 가격을 지불하는 리스크는
> 보통의 증권 매수자들이 직면하는 (실질적인 리스크이긴 하지만) 주된 리스크는 아니다.
> 여러 해 동안 관찰한 결과, 나는 투자자의 주요 손실은 사업 환경이 좋은 시기에
> 질이 낮은 증권을 매수하는 데서 발생한다는 것을 알게 되었다.
> 호황기에 매수자들은 현재의 좋은 이익을 '수익력'과 동일시하고
> 번영을 안전과 동일시한다.
> — 벤저민 그레이엄, 『현명한 투자자』

1955년 벤저민 그레이엄은 미국 상원 은행및통화위원회에 출석해 주식시장 상황에 대해 증언했다. 다음은 그 자리에서 그레이엄과 위원회가 주고받은 대화를 발췌한 것이다.

위원장 : 그레이엄 씨, 당신이 어떤 특별한 상황을 발견해서, 그냥 예를

들어, 30의 가치가 있는 것을 10에 살 수 있다고 판단했을 때, 그래서 포지션을 구축했습니다. 그런데 그 후 다른 모든 사람이 그것의 가치가 30이라고 판단해야 당신도 그것을 알게 됩니다. 이 과정, 당신이 10에 산 것을 다른 모든 사람이 30이라고 판단하게 되는 그런 과정은 어떻게 발생하는 거지요? 광고를 통해서입니까? 무슨 일이 벌어지는 거지요?

그레이엄 : 그게 우리 업계의 미스터리 중 하나입니다. 다른 모든 사람은 물론 나에게도 미스터리지요. 우리가 경험을 통해서 아는 것은, 결국은 시장이 가치를 포착한다는 것입니다. 이런저런 방식으로 시장은 그 가치를 알게 됩니다.[1]

저평가된 주식의 가격이 적정 밸류에이션 수준으로 상승하는 것에 대한 위원장의 질문에 대해 그레이엄이 한 답변은 평균 회귀 과정의 본질을 말한 것이다. 그런데 무엇이 이런 재평가를 유발하는 것일까? 이를 이해하기 위해서는 먼저 자본 순환주기capital cycle를 이해해야 한다. 자본 순환주기는, 고수익 전망은 자본을 유인하고(그리고 이는 경쟁을 격화시킨다), 저수익 전망은 자본을 유출시킨다는 전제에 기초하고 있다. 이와 같은 자본의 유입과 유출은 대개는 예측 가능한 방식으로 주식보유자의 장기 수익에 영향을 미친다. 이런 과정을 나타내는 용어가 '자본 순환주기'다.

상품주commodities와 경기순환주cyclicals에 투자할 때는, 심각한 하락주기에 있으며 자본에 쪼들리는 산업을 찾아야 한다. 그런 후 그 산업에 종사하는 개별 기업들의 펀더멘털과 해당 산업의 주요 특징에 대한 자세한 분석을 통해 주가가 내재가치에서 상당히 할인된 주식을 찾는다.

그다음, 이렇게 추려낸 소수의 기업들을 대상으로 이들이 관리 가능한 수준의 부채를 보유하고 있는지, 경기가 하락할 경우 다음 몇 년을 더 버티고 살아남을 수 있는지를 확인하는 '스트레스 테스트'를 실시한다. 그런 후, 해당 산업에서 한두 기업이 파산하거나 일부 공장이 문을 닫는 것을 기다렸다가, 그런 일이 벌어지면 (비관이 팽배할 동안) 매수를 개시한다. 그리고 경기주기가 바뀌기 '시작하면' 추가로 더 많이 매수한다.

이와 같은 자본 순환주기 투자법의 역발상 및 장기적 성격을 감안할 때, 이 전략은 굳건한 나만의 '다른 시각variant perception(시장의 일반적인 견해와 다르지만, 그 근거가 탄탄한 나만의 시각 또는 인식)'과 장기 보유기간을 필요로 한다. 규율과 인내를 요하는 이런 심층가치투자 전략을 통해 투자자는 결국 경기주기가 바뀌게 되면 높은 리스크 조정 후 수익을 올릴 수 있다.

금융역사가이자 투자전략가인 에드워드 챈슬러Edward Chancellor에 따르면, 자본 순환주기 투자가 성장이나 가치에 기초한 투자 전략보다 수익성이 높았다. 챈슬러의 책 『자본 수익 : 자본 순환주기를 이용한 투자Capital Returns: Investing Through the Capital Cycle』는 이런 자본 순환주기 투자법의 핵심 내용을 잘 소개한 책이다.

자본 순환주기와 위험신호

우리가 한 산업의 고정자산의 변화를 적극적으로 모니터할 수는 없다 해도, 자본 순환주기 관련 거품 신호들은 찾을 수 있다. 챈슬러는 그런 위험신호의 일부 사례를 다음과 같이 소개했다.

- 투자은행들이 무엇을 하고 있는지 보라 : 챈슬러는 "투자은행은 투자자들의 적"이라고 했다.[2)] M&A, 기업공개, 그리고 특히 고수익 채권 발행 같은 투자은행 활동이 높은 수준으로 활발하게 이루어지고 있는 산업은 조심해야 한다. 대개의 경우 기업공개는 한 기업이나 산업이 생산 능력을 확충하고 있다는 것을 나타내는 자본 배분 결정이다. 챈슬러는 2016년 미국 에너지기업들의 정크본드 발행이 증가한 것은 투자자들이 에너지업종을 피했어야 했다는 것을 경고한 신호라고 했다.
- 투자 열풍을 경계하라 : 테마 중심의 투자 컨퍼런스들이 개최되고, 애널리스트, 뉴스 채널, 경제잡지, 신문 등이 특정 산업에 대한 분석 및 보도 수준을 높이면, 거품을 알려주는 조기 신호라 할 수 있다.
- 어떤 산업에서 높은 수준의 자본 투자가 진행되고 있는지 찾아야 한다 : 이는 투자자들에게 조만간 피해를 줄 자본 순환의 가장 직접적인 신호다.
- 자산, 주식 수, 채권 발행, 감가상각 대비 자본적 지출 비율, 수익성(여러 이익률과 자본이익률) 같은 지표들을 면밀히 모니터해야 한다 : 이런 지표들 중 어느 지표라도 '급격히' 상승하면, 이는 경고신호다.

챈슬러는 "수익을 파괴하기 위해 공급을 늘릴 필요는 없다. 자본적 지출이 그 일을 해줄 것이다"라고 했다. 한 산업에서 자본이 유입되고 있는지, 아니면 자본이 유출되고 있는지 면밀히 조사해야 한다. 대개의 경우 투자자들은 이런 자본 움직임에 관심을 두지 않는다. 투자자들은 그저 최근의 경험에 기초해 수요를 추정하지만, 수요와 동시에 얼마나 많은 공급이 나오고 있는지는 계산하지 않는다.

알 수 없는 수요를 정확히 예측하기란 어려운 일이다. 그리고 인간의 본성을 고려할 때, 수요에 대한 전망은 낙관적으로 기우는 오류를 범하는 경향이 있다. 유명한 전략가 러셀 네이피어Russell Napier는 대부분의 산업에서 공급은 쉽게 이용할 수 있는 여러 분명한 사실 지표들을 통해 정확하게 예측할 수 있고, 신규 공급이 가동되기까지 상당한 시간이 걸림에도 불구하고, 애널리스트들은 수요에 대한 생각에는 90%의 시간을 쓰면서 공급에 대한 생각에는 10%의 시간밖에 쓰지 않는다고 말하곤 했다.

『자본 수익 : 자본 순환주기를 이용한 투자』 서문에서 챈슬러는 자본 순환주기에 기초한 투자 전략의 견고함을 입증하는 자료들을 제시했다. 챈슬러는 소시에테 제네랄Societe Generale의 앤드루 랩손Andrew Lapthorne의 연구를 인용하면서, 1990년부터 2015년까지 주식의 연간 수익률이 자산 증가와 거의 완벽하게 반비례한다는 것을 보여줬다. 기업이 자산에 더 많이 투자할수록, 그 주식의 수익률은 더 나빠졌다는 것이다.

챈슬러는 학술연구의 경우 "역사적으로 가치주에서 관찰되는 초과 수익과 성장주에서 관찰되는 낮은 수익(이것이 가치효과value effect이다)은 자산 증가와 무관하지 않다는 결론으로 점차 귀결되고 있다"고 했다. 챈슬러에 따르면, 핵심적인 통찰은 가치 대 성장을 분석할 때는 '기업과 산업 수준 모두에서 자산 증가를 고려해야 한다'는 것이다. 그는 자본 투자 변수를 통제하면 가치효과가 사라지는 것을 보여준 연구를 인용하기도 했다.

장기적으로 지속되는 불황기 동안 상품과 경기순환주에 투자하고,

이를 보유하는데 필요한 기질(규율과 인내)을 갖고 있지 않은 투자자들의 경우는 어떨까?

설탕, 흑연전극, 철강, 호텔과 같은 일부 상품과 경기순환주의 주기는 다른 상품과 경기순환주의 주기보다 오래 지속되는 경향이 있다. 이는 투자자들에게 다소 늦게 들어가도 남은 주기 동안 여전히 많은 돈을 벌 수 있는 충분한 시간을 준다. 많은 경우, 실적이 예상에 크게 못 미치고 애널리스트들의 예상치가 급격히 낮아진 후에도, 어떤 상품이나 경기순환주는 나쁜 실적을 전한 후 오히려 주가가 상승하기도 한다. 이는 그 기업이나 산업이 (나쁜 소식을 전한 후에도 주가가 더 이상 하락하지 않을 때) 바닥을 쳤다는 전형적인 신호다.

하워드 막스Howard Marks의 다음 두 규칙을 항상 기억해야 한다.

규칙 1 : 대부분의 것은 그 주기가 있다.
규칙 2 : 수익과 손실을 낼 가장 큰 기회 중 일부는 다른 사람들이 규칙 1을 망각할 때 온다.[3]

공감 능력과 투자 실력

감정이입empathy은 다른 사람의 감정을 이해하고 공유하는 능력이다. 투자자는 이런 특징을 갖고 있는 것이 좋다. 다른 시장 참가자들은 같은 경기장에서 그들의 게임을 한다. 우리도 다른 사람들이 하고 있는 게임과 관계없이 우리 자신의 게임을 계속해야 한다. 자신의 시간을 그 외 다른 사람의 시간과 혼동해서는 절대 안 된다. 단기 참가자들에게 의미 있는 가격 수준이 장기적인 투자 계획을 가진 사람에게는 대개의 경우 별 의미 없는 수치다.

감정이입은 다른 견해들에 우리의 마음을 열게 하고, 그전에는 우리의 관심을 끌지 않았을 어떤 측면들을 볼 수 있게 해 준다. 투자에서 감정이입은 애널리스트, 은행가, 가치투자자, 고객, 공급자, 그리고 전체 사회의 시각에서 기업을 보는 것과 관련 있다. 타인의 입장이 되어봄으로써 우리는 적절한 맥락에서 상황을 분석할 수 있게 된다.

투자 경쟁력을 획득할 수 있는 최고의 방법 중 하나는 우리의 선천적인 감정이입 능력을 사용하는 것이다.

주식 차트는 현재 그 주식 보유자가 어떤 감정인지에 대해 많은 것을 말해줄 수 있다. 한 주식이 오랫동안 150달러의 저항선에 부딪혔다가 거래량이 증가하면서 170달러로 상승하는 시나리오를 생각해 보자. 거래량의 증가는 기존의 저항선보다 높은 평균 비용(평균 매수가)을 부담한 신규 주식 보유자들이 증가했다는 것을 의미한다. 이런 신규 주식 보유자들은 주가가 다시 하락하면 좀처럼 매도에 나서지 않을 것이다. 또 거래량 증가는 평균 투자비용이 기존 저항선 근처였던 기존의 많은 주식 보유자들이 이익을 내고 그 주식을 매도했다는 것을 의미하기도 한다. 이들은 주가가 하락하면 다시 그 주식을 매수할 가능성이 높다.

일반적으로 기존의 저항선이 강력했을수록 신규 지지선도 강력해진다. 150달러에 사서 170달러에 팔았던 많은 사람들은 긍정적인 결과를 경험한 것이고, 따라서 이들은 150달러 수준에서 주식을 매수하는 것을 긍정적인 감정으로 연결시키는 심리적 지름길을 갖게 된다. 바로 이 때문에 150달러가 강력한 지지선이 된다. 사실 때로는 이런 연결이 무의식 속에 아주 깊이 뿌리를 내리는 바람에 투자자들이 그 기업의 펀더멘털 전망이 악화되고 있는 것 같은 사실들을 무시하는 결과가 발생하기도 한다.

시간이 가면서 적극적이고 투자에 깊이 참여하는 투자자가 되면서, 우리는 이른바 시장에 대한 '감각'을 계발하게 된다. 단일 산업에 속하는 일군의 주식들이 며칠 연속 동시에 주가가 빠르게 상승하고 있다면, 그 산업의 성쇠가 바뀌고 있는 중이라는 강력한 신호가 될 수 있다. 따라서 보다 자세한 분석을 해봐야 한다.

해당 산업에 대해 과도하게 부정적인 기류가 존재하는 가운데 이런 일이 발생하면, 이는 훨씬 더 의미 있는 일이다. 그리고 이는 한 산업의 성쇠가 바뀌기 시작할 때 발생하는 산업 추세 변곡점을 찾아내는 가장 좋은 방법 중 하나다. 대부분의 경우, 다 함께 주가가 급상승하고 있는 기업들이 현재 이익은 전혀 올리지 못하고 있는 모습을 보이지만, 일반적으로 우리는 시장이 극히 현명한 할인기계discounting machine였다는 것을 사후에 가서야 깨닫게 된다.

제럴드 로브Gerald Loeb가 "뉴스가 시장을 예측하는 것보다 시장이 뉴스를 예측하는 것에 더 뛰어나다"라고 말한 것은 바로 이 때문이다. 집단의 지혜를 늘 존중해야 한다. 특정 주식이 대량 거래되면서 52주, 수년, 혹은 역대 고점으로 상승하면, 이 주식은 분석을 개시해야 할 강력한 후보다[기술적 분석 용어로, 낮은 거래량에서 주가 상승이 이루어지면 그 주식은 보합세를 보일 수 있다는 것이고, 대량 거래되면서 주가가 박스권에 머물면 주식 분배distribution(손바뀜)가 진행되고 있음을 의미한다. 차트 분석가들은 주가가 다지기 국면에 있을 때 거래량이 감소하는 것을 선호한다].

기간도 중요하다. 다른 모든 것이 동일하다고 할 때, 수년 주가 범위를 돌파한 주식이 1년 주가 범위를 돌파한 주식보다 유망하다. 전자의 경우, 그 주식을 수년 전에 샀던 많은 개인들은 실망해서 오래전에 이 주식을 매도했을 것이고, 보다 소수의 투자자들만 원금을 회복하거나 수익을 내고 매도하기 위해 기다리고 있었을 것이다. 투자자들의 기대가 바뀌지 않으면, 주가가 장기 주가 범위를 돌파하지 못한다는 것을 유념해야 한다. 오랫동안 다른 누구도 지불하지 않았던 가격을 기꺼이 지불하는 사람이 등장한다면, 이는 보통 그 기업의 기본 펀더멘털에 뭔가 중대한 변화가 있다는 신호다.

강력한 이익 보고와 펀더멘털 개선을 기초로 주가가 신고점을 기록하는 것이 투자자들에게 가장 흐뭇한 경우다. 주가가 신고점을 향해 가는 것은 전형적인 강세 현상이다. 손실을 보거나 기다렸다가 원금을 회복하고 매도하고 나온 이전의 모든 매수자들이 시장에서 이미 사라져 버린 후이기 때문이다. 신고점을 친 주식은 맞닥뜨릴 매물벽이 전혀 없고, 확 트인 운동장을 달리는 것과 같다. 모든 사람이 수익을 내고 있고, 모든 사람이 행복하다.

반면 52주 저점 근처에 있는 주식은 통과해야 할 매물벽이 매우 많고, 상방 모멘텀이 부족하다. 주가가 상승할 때마다 기존 투자자들의 매도가 쏟아져 나올 가능성이 높기 때문이다.

기술적 분석과 펀더멘털 분석을 종합하는 기술-펀더멘털 Techno-Funda 투자자들은 잠재적 매수 대상을 분석할 때 강한 이익 증가와 산업 펀더멘털 외에도 두 가지 핵심 원칙을 믿는 경향이 있다.

첫째, 상대적인 강세를 보이는 주식, 즉 시장이 크게 하락할 때 주가가 횡보하거나 바닥을 다지는 주식은 그 후 주식시장이 회복될 때

시장을 크게 상회하는 실적을 내는 경향이 있다는 것이다. 둘째, 큰 조정을 겪은 후, 혹은 큰 조정을 겪는 중에 주가가 52주 신고점으로 제일 먼저 상승하는 주식들이 다음 상승의 주도주가 되는 경향이 있다는 것이다.

인터넷과 소셜미디어의 좋은 점은 모든 사람이 적은 비용으로 지구 최고의 두뇌들에 접근할 수 있게 되었다는 것이다. 52주 신고가 목록이 현명한 투자자들의 마음을 들여다볼 수 있는 좋은 수단이 되는 경우가 많다.

어느 시점에서건 시장에 존재하는 매우 훌륭한 성장주는 극소수에 불과하지만, 이를 보유하려는 기관은 수백 개에 달한다. 이런 기관들에게 가장 중요한 것은 다음 대어를 낚는 것이고, PER은 부차적인 고려 대상이다. 그런 훌륭한 성장주의 공급은 제한적이기 때문에 이런 추세는 지속된다. 앞서 이미 매수한 투자자들은 매도하지 않으려 하고, 다수의 신규 투자자들은 매수하길 원한다. 훌륭한 성장 스토리는 항상 부족하고, 시장은 고성장주를 사랑한다.

결과적으로 신고점(혹은 신저점) 돌파주들breakout stocks에 투자하지 못하게 되었다 해도, 이런 투자 시도를 통해 우리가 얻을 수 있는 긍정적인 점은 해당 산업의 여러 기업들의 연차보고서, 발표자료, 컨퍼런스 콜 녹음과 녹취들을 살펴봄으로써 우리의 정신적인 데이터베이스가 확대되었다는 것이다(컨퍼런스 콜은 모든 진지한 투자자들의 조사활동에서 매우 중요한 부분이다).

정말 열정적인 투자자들의 경우, 새로운 기업들을 조사한다는 것은 마냥 즐거운, 결코 질리지 않는 일이다. 투자에서는 계속 배우고자 하는 깊은 열정과 멈추지 않는 지적 호기심의 중요성은 아무리 강조해도 지나치지 않는다. 투자에서 모든 지식은 누적되는 것이며, 오늘 노력해 얻은 통찰이 미래의 언젠가 우리에게 뜻밖의 도움이 되는 경우가 많다. 오늘 열심히 노력하면 내일 우리에게 행운이 찾아온다.

주식시장의 기회는 갑자기 나타날 수 있다. 이런 기회들을 이용하기 위해서는 미리 준비되어 있어야 하고, 행동에 옮길 태세도 갖추고 있어야 한다.

수비는 물론 공격에도 우리의 시간을 적절히 배분해야 한다. 수비를 한다는 것은 자신이 이미 보유한 기업들을 모니터한다는 것을 의미하고, 공격을 한다는 것은 새롭고 더 우수한 투자 아이디어를 찾기 위해 다른 수천 개의 상장기업들을 조사한다는 것을 의미한다.

"노력할수록 운은 더 좋아진다"는 말에는 많은 진실이 내포되어 있다. 한 기업을 평가하는데 많은 시간을 쏟아붓는 등 모든 노력을 다한 후에 결국 그 기업을 포기하게 되었다 해도, 이는 시간 낭비가 아니다. 그 시간을 아주 잘 사용한 것이다. 이를 통해 우리는 그 기업에 대해 얻은 어떤 통찰을 우리의 정신적 데이터 뱅크에 저장하게 되고, 그렇게 저장된 통찰은 우리의 무의식을 변화시켜 미래에 유사하거나 관련된 기회가 나타났을 때 적절히 활용된다. 이미 그 배경과 맥락을 알고 있고, 그 기회를 더 빠르게 평가할 수 있기 때문이다. 오늘 우리의 실적은 과거에 쏟은 노력의 결실이다.

워런 버핏은 실제로 주식을 매수하기 수십 년 전부터 뱅크오브아메리카와 IBM 보고서를 읽어 왔다. 마찬가지로 나는 오늘 내가 하고 있는 일이 즉각적인 보상을 주지 않을지는 몰라도 (나의 누적된 경험에 의해 나도 모르는 내 마음 어디에선가 불붙은 나만의 통찰이 '여러 점들dots'을 빠르게 종합해 전체적인 맥락을 파악할 수 있게 해 주었던) 과거에 여러 번 그랬던 것처럼, 미래에 언젠가 결정적인 시기에 보상을 줄 것으로 확신한다.

성공적인 투자의 핵심은 '점들을 연결하는 것'이다. 금융은 여러 작은 점들 중 하나에 불과하다. 이런 면에서 투자는 체스와 비슷하다. 초보자도 체스 말들이 어떻게 움직이는지는 안다. 아마추어는 처음 몇 수는 안다. 그러나 고수가 되어야 모든 수가 합쳐져 어떻게 되는지 판단할 수 있다.

쓰라린 실패와 5개월 4배 이익 실현

2015년 말, 인도의 설탕 관련주들이 일제히 상승하기 시작했다. 그리고 이들 중 많은 주식이 수년 주가 범위를 돌파하는 커다란 가격 변화를 거치는 중이었다.

이때까지 나는 어떤 상품주식에도 투자한 적이 없었고, 장기 성장주에만 투자를 한정하고 있었다. 나는 다른 대부분의 투자자들이 상품 투자에서 겪었던 과거의 경험에 대해 읽은 후 상품에 대해 매우 부정적인 생각을 갖고 있었다(나의 이런 문제는 "새로운 아이디어를 개발하는 것보다 과거 아이디어에서 벗어나는 것이 어렵다"는 존 메이너드 케인스의 말에 해당되는 것이었다). 내가 존경했던 많은 동료들은 당시 나에게 설탕 관련주를 매우 유망한 투자 기회로 추천했다. 결국 나는 '나의 안전지대'에서 나와 처음으로 상품주식에 대한 투자를 시도해 보기로 했다.

설탕 부문의 여러 기업들을 조사한 후, 나는 2016년 5월 발람푸르 치니Balrampur Chini Mills 주식을 매수했다. 발람푸르 치니가 산업 전체에서 가장 효율적인 사업과 가장 좋은 재무상태를 보유하고 있는 것으로 널리 인정되고 있었기 때문에, 나는 나의 이런 선택에 고무되었다.

그러나 다음 몇 달 동안 벌어진 일은 나를 완전히 당혹스럽게 만들었다. 재무상태가 나쁘고 손실을 내고 있던 설탕 기업의 주가는 계속 급등하고 있던 반면, 발람푸르 치니 주가는 움직임이 없었다. 결국 그해 11월, 실망한 나는 7%의 손실을 내고 이 주식을 매도해 버렸다.

따라서 나와 상품주식의 첫 밀회는 실패로 막을 내렸다. 그러나 내가 보기에 이런 모든 경험은 훨씬 큰 차원에서 보탬이 되었다. 이 경험은 상품주식 투자의 강력한 수익 잠재력에 대해 눈을 뜨게 해 주었다. 다행히도 나는 쓰라린 경험을 한 후 '마크 트웨인의 고양이'처럼 굴지는 않았다. 마크 트웨인은 "뜨거운 난로 뚜껑에 앉았다가 데어 본 경험이 있는 고양이, 그래서 다시는 뜨거운 난로 뚜껑에 앉지 않겠지만, 차가운 난로 뚜껑에도 절대 앉지 않을 그런 고양이처럼 되지 않으려면, 우리는 경험에서 그 안에 있는 지혜만 조심스럽게 끌어내야 한다. 그리고 거기서 멈춰야 한다"고 한 바 있다.

이런 일이 있고 수개월 동안, 내게는 발람푸르 치니 투자가 실패로 돌아간 이유가 뭔지 여전히 흥미로운 미스터리로 남아 있었다. 나는 설탕산업의 대표 주자를 골랐는데, 이 기업은 주가 움직임이 가장 뒤처진 '느림보 주식'으로 드러났다. 같은 산업 내 경쟁기업 주식들이 급등하는 와중에 내가 기록한 형편없는 실적은 오히려 나의 커다란 열정과 호기심에 불을 지폈다. 나는 투자 기회를 찾아 상품 부문 주식들을 샅샅이 조사하기 시작했다.

이런 여정을 통해 나는 전에 봤던 어떤 산업과도 다른 산업을 접하게 되었다([그림 20-1] 참조). 상품 투자에 대해, 그리고 그 공급 측면을 이해하는 것이 매우 중요하다는 것에 대해 많은 교훈을 얻을 수 있었던 투자 경험이었고, 이를 통해 많은 개인적인 편향을 극복할 수 있었다. 또한 이런 여정을 통해 나는 평생학습의 중요성을 다시 한 번 깨달았고, 의심스러울 때도 결코 포기하지 말라는 교훈을 얻게 되었다. 더불어 개별 포지션의 규모 설정이 매우 중요하다는 것을 일깨워 주고, 나의 수익률을 크게 뒷받침해 주고, 내가 경제적 독립에 한 걸음 더 다가갈 수 있게 해 준 획기적인 투자세계로 들어가게 만들었다.

인도의 두 개의 상장 아연전극기업 그래파이트 인디아Graphite India, GIL와 HEG는 2017년 이후 일제히 상승하기 시작했으며, 수년 주가 범위를 크게 돌파하고 있었다. 우리가 진정으로 평생학습의 길을 가

• 그림 20-1 • 나의 획기적인 투자 경험

출처 : 가우탐 바이드, 트위터, 2017년 9월 13일, https://twitter.com/Gautam__Baid/status/908152062638096385

면, 결국에는 행운의 여신과 뜻밖의 행운이 큰 보상을 제공한다.

2017년 아연전극주식에 대한 투자에 나서기 몇 년 전, 나는 GIL에 대한 사팔 니베샤크의 2012년 블로그 글을 읽고 아연전극산업에 대한 기초 지식을 쌓은 바 있다. 이런 사전 지식은 2017년 내가 이 산업을 훨씬 효율적으로 분석하는데 도움이 되었다. 투자에서 모든 학습은 누적되며, 쓸모없는 지식이란 전혀 없다. 2017년 자세히 조사해 본 결과, 아연전극산업의 전망이 매우 좋아 보였고, 투자 계획에 따라 2017년 8월 GIL 주식을 매수했다. 당시 나는 다음과 같은 이유로 HEG가 아니라 GIL을 선택했다.

- GIL은 순현금이 플러스였지만, HEG는 부채가 많았다.
- GIL의 생산능력이 HEG보다 컸으며, 따라서 가격 인상의 혜택을 더 많이 누릴 수 있었다.
- 불경기에도 GIL은 수익을 냈지만, HEG는 큰 손실을 냈다.

그런데 나는 GIL 투자에서 손실을 보고 말았다. 어떻게 이런 일이 있을 수 있을까?

나는 나의 상품 투자 체크리스트의 모든 항목을 확인했다. 해당 업종에서 재무상태가 가장 좋은 가장 우수한 기업을 매수하면, 경기가 상승할 때 큰 수익을 낼 수 있다. 그런데도 또 한 번 일이 틀어져 버렸다. 내가 GIL을 매수한 다음 2주 동안 GIL의 주가는 하락했다. 그 사이 HEG는 470루피에서 690루피로 거의 50%나 상승했다.

살아가면서 실수를 저지르는 것은 불가피한 일이다. 그러나 희망을 잃고, 실의에 빠지고, 자신의 실수를 용납하는 것은 '선택'이다. 나는 이번에는 실수를 그냥 감수하지 않기로 했다. 뭔가를 이해하지 못할 때는 팔을 걷어붙이고, 책상에 머리를 박고, 공부를 해야 한다. 다시 말해 학습기계가 되어야 한다.

나는 즉시 샘 젤Sam Zell의 『내가 너무 예민하게 굴고 있나?Am I Being Too Subtle?』를 읽었고, 이 책은 수요와 공급의 기본적인 핵심 개념을 내 마음속에 심어주었다. 또 나는 에드워드 챈슬러의 『자본 수익 : 자본 순환주기를 이용한 투자』와 파락 파리크Parag Parikh의 『가치투자와 행동재무학Value Investing and Behavioral Finance』의 상품 투자 부분도 읽었다. 어떤 책을 딱 맞는 시점에 읽으면, 다른 때 읽었을 때는 얻을 수 없는 통찰을 얻을 수 있다. 나는 그 전 2016년에도 챈슬러와 파리크의 책을 읽은 적이 있었지만, 당시에는 이 책들을 제대로 알아보지 못했다. 그러나 2017년 다시 이 책들을 읽었을 때, 이제 이 책들은 내 인생을 바꿔놨다.

보통 책을 읽을 때 나는 좋아하는 부분에 밑줄을 치고, 책 여백에 내가 배운 핵심 요점들을 적어둔다. 그리고 필요할 때마다 이것을 참고한다. 항상 읽고, 다시 읽고, 자신이 읽은 책에서 배운 내용들을 반추해야 한다.

책을 한 번 이상 읽으면, 시간이 가면서 직간접적인 경험이 축적됨에 따라 같은 책에서도 추가로 새로운 통찰을 얻을 수 있다. 그러면, 패턴 인식이 개발되기 시작한다.

그 다음 무슨 일이 있었는지 소개하기 전에 잠시 '직관'에 대해 살펴보자.

직관의 힘

*어느 정도 지능이 필요하지만, 그 이상은 필요 없다.
어느 정도 지능이 있다면, 그 다음 더 필요한 것은 직관이다.*
- 스탠리 드러켄밀러Stanley Druckenmiller, 두케스너 캐피털(Duquesne Capital) 설립자

*무엇보다도 나는 나의 본능, 수년 동안 겪은 나의 경험,
그리고 주식을 매수할 정확한 시점은 언제인가에 대한 나의 느낌을 믿는다.
이런 것이 바로 직관이라는 것이다.*
- 알리셰르 우스마노프Alisher Usmanov, 러시아의 재벌

*나는 50년 동안 매년 IBM의 연차보고서를 읽었다.
그런데 올해에 와서야 문득 '어느 정도' 뭔가 이해되기 시작했다.*
- 워런 버핏

보다 나은 투자자가 되기 위해서는 자기 인식이 필수적이다. 어떤 투자자들의 경우에는 위험에 대한 직관intuition이 육체적 변화로 나타나기도 한다. 조지 소로스는 심한 허리통증을 느낄 때마다 자신의 투자에 뭔가 문제가 있다고 느끼곤 했다. 그는 부정적인 느낌을 일종의 경고신호로 인식할 정도로 자기 인식적이었다.

투자자로서 우리는 갑자기 감지하는 싸한 느낌을 비상벨로 여겨야 한다. 이런 느낌을 무시하는 것은 큰 실수가 될 수 있다. 그렇다고 강한 느낌을 받을 때마다 그저 무조건 경로를 바꿔서는 안 된다. 그보다는 이런 느낌을 자신의 기존 포지션을 분석적으로 재평가하는 일종의

촉매제로 활용해야 한다. 투자 결정은 직감으로 시작되지만, 항상 논리와 확실한 자료들로 보호되어야 한다.

투자업계에서 직관의 역할은 극히 과소평가되고 있지만, 노력하면 우리에게 도움이 될 수 있는 방향으로 효과적으로 활용할 수 있다. 많은 사람들의 믿음과 달리, 직관은 일종의 마력같은 육감이 아니다. 직관은 패턴 인식에서 나오는 것이다. 시간이 항상 지혜를 전해 주는 것은 아니지만, 유사시 지혜를 대체할 수 있는 경험은 제공해 준다. 말콤 글래드웰Malcolm Gladwell의 『블링크, 운명을 가르는 첫 2초의 비밀 Blink : The Power of Thinking Without Thinking』에 소개된 소방관은 자신의 일에 오랜 경험을 갖고 있었다. 그리고 그런 경험을 통해 얻은 전문성은 그의 무의식을 훈련시켜 어떤 패턴을 예상하게 만들었다.[4]

마찬가지로 워런 버핏의 직관도 하룻밤 사이에 만들어진 것이 아니다. 그의 직관은 수년, 수십 년에 걸친 경험과 공부의 결과다. 버핏은 여러 가능한 투자 대안들을 서로 비교하면서 투자 과정을 시작하는 것이 아니다. 그리고 그는 계량적인 주식 선별 도구를 사용하지도 않는다. 대신 그는 자신이 흥미를 발견하고 이해하는 기업에 '직관적'으로 끌린다. 그런 후 그는 그 기업, 소속 산업, 그리고 밸류에이션을 분석해서 그 기업에 대한 투자가 합리적인지 판단한다.

만약 그 기업이 합리적이지 않다면, 그는 그의 직관이 이끄는 다음 기업으로 넘어간다. 그리고 이 잠재적인 투자 대상이 매력적으로 보이면, 버핏은 경영진의 능력과 신뢰성을 판단할 때 다시 그의 직관에 의존한다. 그는 포지션 규모를 설정하고, 개인들을 판단하고, 위험을 감지할 때도 그의 직감적인 본능을 활용한다. 예를 들어, 그는 분석만 가지고 어떤 투자자산의 가치를 X로 평가하는 것이 아니다. 이런 결정을 할 때 버핏은 상당 부분 직관도 활용하고 있다.

투자자가 직관을 발전시키는 매우 좋은 방법은 시각화하는 것이다. 투자자가 사전 분석을 수행하면서, 투자에 실패했을 때를 상상하고, 그 실패의 모든 가능한 이유들을 시각화하면, 경계해야 할 부정적인 상황들에 대한 직관을 발전시킬 수 있다.

자신이 투자한 개별 기업들에서 무엇이 문제가 될지 더 잘 알고 있는 투자자는 미래에 더 잘 준비된 투자자이다. 이런 자기 인식을 통해 투자자는, 다른 사람들이 미처 예상하지 못했던 상황들을 평가하느라 바쁠 때 매도에 나설 수 있다. 이런 작은 이점들은 매매가 거듭되고 여러 해가 지나면서 그 효과가 누적되고 복리화됨에 따라 시장을 앞서는 상당한 실적으로 이어진다.

상품 투자의 교훈

2017년 상품 부문에 대해 폭넓게 공부하면서 나는 상품 투자에 대한 여러 소중한 교훈들을 얻게 되었다. 그 주요 교훈을 소개하면 다음과 같다.

- 경영이 잘되고 있는 저비용 상품 생산자는 대개의 경우 다른 경쟁자보다 높은 수익을 창출하지 못한다. 오히려 고비용 상품 생산자가 더 높은 수익을 창출하는데, 그것은 이들의 수익성 상승 비율이 더 높기 때문이다. 이는 투자자들 대부분의 직관에 크게 반하는 현상이다.
- 한 상품 경기가 상승하면, 그 산업에 종사하는 모든 기업의 실적도 상

승한다. 낮은 기저효과가 매우 중요해지는 것은 바로 이런 경우다. EBITDA 이익률을 5%에서 10%로 높이는 것이 20%에서 40%로 높이는 것보다 상대적으로 더 쉽다. 열악한 하위기업이 우수한 상위기업을 이기는 것은 바로 이 때문이다. 낮은 기저효과로 인해 수익이 더 큰 폭으로 상승하기 때문에 그들의 주가도 훨씬 빨리 상승한다. 투자에서는 항상 델타delta, 즉 이익증가율과 이익증가의 질에 초점을 맞춰야 한다.

- 상품주식들을 비교하고 어떤 주식을 매수할지 결정할 때는 생산능력 대비 기업가치EV의 관점에서 평가해야 한다. 이 지표로 볼 때 HEG는 GIL보다 저렴했다.
- 대부분의 경우, 업종 주도주가 먼저 상승해 비싸진다. 그런 후 관심이 그 산업의 2등주들로 옮겨간다. 투자자들은 이런 2등주들이 더 싸다는 것을 알게 되고, 따라서 이들의 주가도 상승한다.
- 매출액이 상당하고 매출액 대비 시가총액 비율PSR이 낮으면서 손실을 내고 있는 기업의 경우, 이익률이 조금만 개선돼도 이익이 크게 증가한다. 더욱이 손실을 내고 있는 기업은 대개 지난 하락 주기로부터 상당한 법인세 이월결손금이 발생한 상태이며, 이는 그다음 상승 주기에 법인세를 줄이고 순이익을 높이는데 기여한다.

초보 투자자는 이런 일시적인 우수한 이익 실적이 영원히 계속 될 것으로 생각하면서, 이런 주식들을 실적 고점 근처에서 추격 매수한다. 그리고 "이번은 다르다. 그 산업의 구조적인 장기적인 변화가 진행 중에 있으며, 이는 해당 산업과 그 소속 기업들의 밸류에이션 배수를 높일 것이다"라고 하는 애널리스트들(심지어는 저명한 투자자들)의 말도 듣게 된다. 어느 상품이든 호황이 진행되는 동안에는 지난 불황이 얼마나 끔찍했는지, 그리고 다음 불황이 얼마나 끔찍할지 사람들은 망각한다.

- 상품주식의 밸류에이션은 PER이 아니라 EV/EBITDA 배수로 평가하는 것이 낫다. 상품주식 투자자는 손익계산서보다 재무상태표 분석에 더 초점을 맞출 필요가 있다. 상품주식을 볼 때 가장 중요하게 살펴봐야 할 항목 중 하나는 부채다. 그것은 상승 주기 동안 부채가 (납부 이자에 대한 세금 감면 때문에) 이익과 시가총액에 큰 영향을 미치기 때문이다.

  부채가 많은 기업이 영업활동현금흐름이 개선되고, 부채가 감소하고, EBITDA가 증가하면 전체 부채 감소액은 기업가치 방정식의 자기자본 부분으로 흘러가서 시가총액이 급격히 증가하게 된다. 어떤 기업은 호전된 사업 환경을 이용해 더 유리한 조건과 낮은 이자로 부채를 차환함으로써 주당순이익을 높인다.

- 총생산능력만 보기보다는, 경기 상승기에 가격 인상 효과를 이용할 수 있는지 보기 위해 기존 생산능력 활용도 및 추가 생산능력 여지에 관심을 가져야 한다. 이런 상황에서는 영업레버리지operating leverage(고정자산 보유에 따른 고정영업비용 부담 정도)가 중요하다.

  HEG의 기존 생산능력 활용도는 GIL보다 낮았다(따라서 경기 상승기에 이용할 수 있는 추가 생산능력 여지가 더 컸고, 영업이익도 더 큰 폭으로 증가했다. 요컨대, HEG의 영업레버리지가 더 높았다. 영업레버리지가 높은 기업은 매출액이 증가할 때 추가로 소요되는 고정영업비용이 상대적으로 적기 때문에 영업이익이 상대적으로 더 크게 증가한다). 영업레버리지는 양날의 칼이라는 것을 명심해야 한다. 이를 정확히 이해하는 사람은 큰 수익을 얻게 되고, 이를 제대로 이해하지 못하는 사람은 큰 손실을 볼 수 있다.

- 상품 상승 주기에는, 자가발전이나 원자재 연계 능력이 있는 통합형 기업이 가장 큰 수혜자가 되는데, HEG는 자가발전 능력이 있었고, 77메가와트의 열병합 발전용량을 확보하고 있었다.

- 인센티브의 힘을 절대 무시해선 안 된다. 자신의 이해와 내부자의 이해를 일치시켜야 한다. HEG 설립자는 2017년 8월과 9월 공개시장에서 꾸준히 자사주를 매입하고 있었다. 일반적으로 내부자의 자사주 매입은 한 산업의 성쇠의 전환점을 찾는 좋은 방법이다. 많은 기업 설립자들은 소속 산업이 전반적으로 회복되기 직전에 모두 함께 거의 동시에 (자신들에 대한 우선배정preferential allotment이나 신주인수권증권warrants 발행을 통해) 그들의 지분을 늘리기 시작한다.

- 설탕 같은 일부 농업상품은 물을 매우 많이 사용한다. 이런 상품의 경우, 가뭄, 특히 지속적인 가뭄을 경계해야 한다. 가뭄이 생산량을 급감시키기 때문이다. 바로 이런 일이 2015년 인도 설탕 부문에서 발생했다. 때로는 한 국가 안에서도 강수량이 매우 다르고, 이는 일부 지역에 물 부족 현상을 유발한다.

- 가격이 국내적으로 결정되는지 국제적으로 결정되는지 확인해야 한다. 또한 상품의 수출과 수입에 어떤 규제가 있는지 확인해야 한다. 때로는 반덤핑의무나 최저수입가격 같은 형태의 정부 개입이 판매가에 도움이 되는 경우도 있다. 그런 경우 수익을 낼 수 있는 정확한 매수 시기는, 정부가 그런 의무나 보호주의 조치를 부과하고 그런 조치가 향후 (단 1년 정도라기보다는) 5년 이상 시행될 것으로 예상되는 때이다.

- 많은 기업이 생산능력 확대를 발표하기 시작하면, 이는 자신의 투자

논지를 재평가하거나 탈출해야 한다는 좋은 신호가 된다. 그것은 경기 정점 근처에서 상품 생산자들이 자본을 잘못 배분하거나 '사업을 다악화diworsification(엉뚱한 곳으로 사업을 확장해 회사를 악화시키는 것)' 하는 경향이 있기 때문이다. 이들은 "금고에 현금이 쌓일수록(방광에 소변이 찰수록), 그것을 써야 한다는(소변을 봐야 한다는) 압박은 더 커진다"는 피터 린치의 이른바 기업금융의 '방광이론bladder theory' 처럼 돈이 쌓이면 계속 쓰려고 한다.[5]

- 상품주식은 장기 투자자산은 아니다. 상품주식은 재무레버리지와 영업레버리지의 조합을 통해 단기간은 알파(초과수익)를 창출한다. 상품주식 투자자는 보고이익이 고점을 찍을 때가 아니라 이익률 개선 전망이 고점을 찍었을 때 탈출해야 한다.

상품산업에서 탈출을 계획해야 할 좋은 시점은, 정부가 상품산업의 수익성을 억제하기로 결정할 때이다. 대개의 경우 정부가 이런 결정을 하는 때는 해당 상품산업의 수익성이 터무니없이 높아지기 시작하고, 그 상품 경기가 정점에 접근하는 시기와 일치한다. 예를 들어, 2017년 인도 설탕산업에 대한 정부 개입이 시작되자, 현명한 투자자들은 많은 설탕 관련주에서 이미 수백 퍼센트의 수익을 올린 후였고, 최고 수익을 낸 종목들을 파티에 늦게 온 탐욕스러운 후속 투자자들에게 넘기기 시작했다.

- 중국에서는 (스모그 문제로 많은 공장들이 문을 닫는) 겨울이 시작될 때부터 (공장들이 생산을 재개하는) 여름이 시작되는 사이에 선택적인 상품 투자 기회가 발생하기도 한다.

- 상품기업들이 역대 최고 이익을 기록하는 와중에도 주가는 52주 저점을 칠 수 있기 때문에 상품 투자는 매우 어렵고 직관에 반한다. 상

품주식의 주가는 보고이익보다는 공급역학과 고점을 친 이익률 개선 전망에 더 크게 반응한다. 일반적으로 상품주식의 주가는 시장이 상품기업들의 이익이 고점을 쳤거나 한두 분기 후 하락할 것으로 전망할 때 어김없이 고점에서 하락하기 시작한다.

이런 일이 벌어지고 있다는 생각이 들면 다음 분기 실적을 확인하려고 기다려서는 안 된다. 시장이 여전히 도와주고 있을 때(높은 가격에도 사려는 후속 투자자들이 여전히 많을 때) 탈출해야 한다. 매우 기민해야 하고 굳건한 리스크 관리 규율을 가져야 한다.

- 해당 상품산업에서 단 한 기업만 수익을 내고 있다면, 그 상품 경기가

• 그림 20-2 • 자본 순환주기

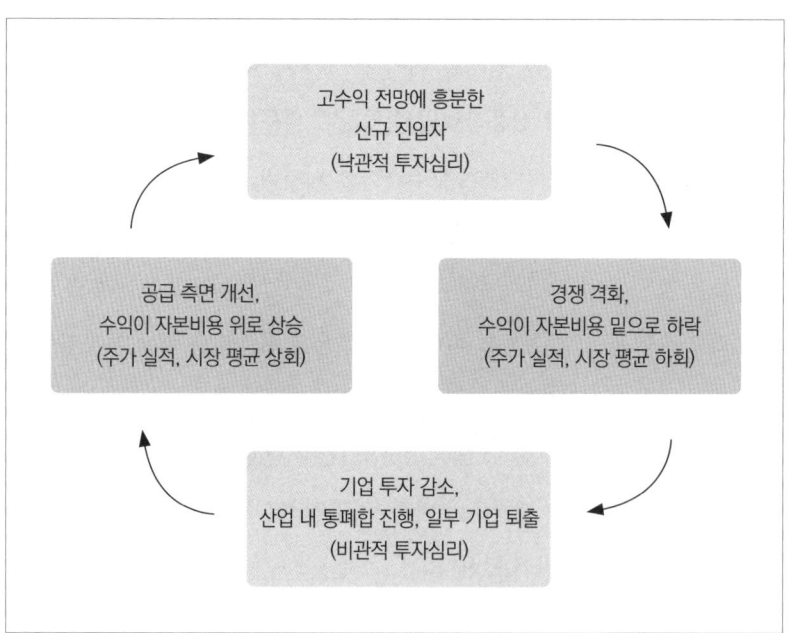

출처: 에드워드 챈슬러, 『자본 수익: 자본 순환주기를 이용한 투자』(Basingstoke: Palgrave Macmillan, 2016).

바닥이나 바닥 근처에 온 것일 수 있다.

앞으로 전형적인 자본 순환주기와 유사한 일련의 상황들이 가시화되기 시작하면, 경험을 통해 쌓은 우리의 판단력, 즉 우리의 직관은 적시에 패턴을 인식하는데 도움을 줄 것이다([그림 20-2] 참조). 요컨대, 그것이 그냥 맞다는 '느낌'이 들 것이다.

찰리 멍거는 다음과 같이 말한 바 있다.

> 경험은, 어떤 단순하고 논리적인 일을 함에 있어 평생에 한두 번 크게 즉각 작동할 준비가 되어, 그 생의 경제적 결과를 극적으로 개선해 주기도 하는 오래된 관념을 확인해 주는 경향이 있다. 대개의 경우, 소수의 큰 기회들은 그 기회를 분명히 인식할 수 있고, 호기심이 있으며, 여러 변수들을 포함한 분석을 좋아하면서, 부단히 조사하고 기다리는 사람에게 올 것이다. 그다음 필요한 것은, 확률이 매우 유리할 때, 그동안의 신중함과 인내의 결과로 확보한 가용 자원들을 사용해 기꺼이 크게 베팅하는 것이다.[6]

멍거의 지혜로운 말에 힘입은 나는 내 포트폴리오의 많은 부분을 배분해 HEG 주식을 주당 700루피에 매수했다. 그리고 그다음 몇 주 동안 추가로 더 매수했다. 그것은 심각한 공급 부족이 오래 지속될 것으로 예상되었기 때문이다([그림 20-3] 참조).

2017년 12월 19일 언론은 인도 정부가 인도의 아연전극 수출에 수출세를 부과할 계획이라고 보도했다. 나는 최선의 노력을 했음에도 불구하고 이런 조치가 HEG의 경제성에 미치는 영향을 측정할 수 없

• 그림 20-3 • 아연전극산업에서 심각한 공급 부족 예상

> **Graphite electrode shortage could last five years plus: Jefferies**
>
> The graphite electrode shortage could last five years or more, investment bank Jefferies said in a report Wednesday after spending time with management of Japanese producer Tokai Carbon.
>
> Related podcast:
> Electrodes, changing trade flows top of mind for many in steel
>
> Jefferies said 10% of needle coke output is now being directed to the lithium-ion sector and anode material production requires the same facilities as graphite electrode production. It also said Hurricane Harvey had taken some needle coke capacity offline.
>
> The natural growth in electric arc furnace-based output at the expense of blast furnace production, led by a drive to reduce pollution, would trigger stronger demand for electrodes, Jefferies said.
>
> ---
>
> **제프리스 : 아연전극 공급 부족 5년 이상 지속될 수 있다**
>
> 투자은행 제프리스는 일본의 아연전극 생산업체 도카이 카본(Tokai Carbon) 경영진과 만난 후 지난 수요일 보고서에서 아연전극 공급 부족이 5년 이상 지속될 수 있다고 했다.
>
> **관련 팟캐스트 : 아연전극, 많은 철강업자들이 가장 신경 쓰고 있는 무역 흐름의 변화**
>
> 제프리스는 니들 코크스(needle coke) 생산량의 10%가 리튬-이온 부문으로 가고 있으며, 리튬 이차전지 생산에는 아연전극 생산과 동일한 설비가 필요하다고 했다. 제프리스는 허리케인 하비로 인해 일부 니들 코크스 설비의 가동이 중단되었다고도 했다.
> 또한 제프리스는 용광로 대신 전기아크로를 이용한 생산이 자연스럽게 증가하면서 아연전극에 대한 수요가 더 높아질 것이라고 했다.

출처 : 콜린 리처드슨(Colin Richardson), 〈S&P Global〉, 2017년 10월 12일, https://www.spglobal.com/platts/en/market-insights/latest-news/metals/101217-graphite-electrode-shortage-could-last-five-years-plus-jefferies.

었고, 따라서 인도연방 예산안 발표일인 2018년 2월 1일 아침 HEG에 대해 상당히 낮은 가격에 이익 보존 손절매 주문을 걸어두었다. 그리고 정부가 향후 수출세를 부과한다는 입법 조항만 도입했음에도 불구하고 이 주문이 장중에 발동되었다([그림 20-4], [그림 20-5] 참조). 아무튼 내가 보기에 이때 HEG 주가는 내가 가정했던 메트릭톤당 1만 달러의 판매가에 맞는 적정주가였다(아연전극 가격은 2017년 4월 메트

• 그림 20-4 • HEG 주가 추이(2017년 9월 1일 ~ 2018년 2월 1일)

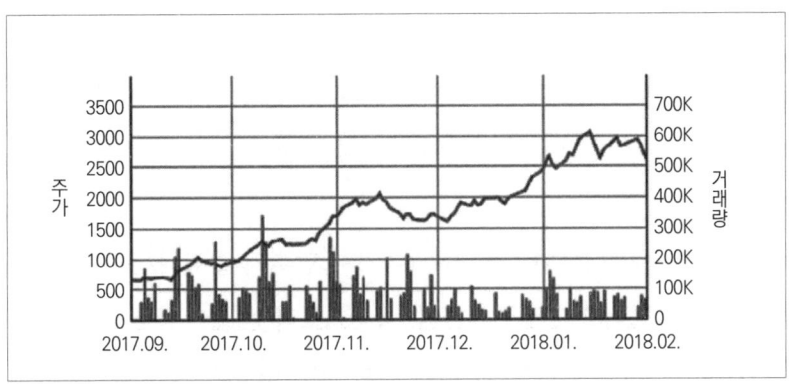

출처 : HEG 주가, 〈BSE 인디아(BSE India)〉, 2017년 9월 1일~2018년 2월 1일, https://www.bseindia.com/stock-shareprice/heg-ltd/heg/509631/

• 그림 20-5 • 나의 우수한 투자 실적

단 5개월 만에 700루피에서 2,620루피로 주가 상승. HEG에서 훌륭한 실적을 올렸다. 4분기 이익 고점을 친 후 이 주식을 매도할 계획이기는 했지만, 그래도 처음에 막대한 자금을 배분한 한 번의 큰 베팅으로 나는 경제적 자유에 성큼 다가서게 되었다.

출처 : 가우탐 바이드, 트위터, 2018년 2월 1일, https://twitter.com/Gautam_Baid/status/959131998685032448

릭톤당 2,350달러에서 2018년 1월 1만 달러로 급등했다).

이미 확대된 포트폴리오 내에서 그런 큰 투자로 5개월도 안 돼 270% 이상의 수익을 올린 것은 나로서는 인생을 바꾸는 경험이었다. 이제 나는 경제적 자유의 달성이라는 꿈을 실현할 수 있는 시점에 도달했다.

그러나 나의 행복한 스토리는 여기서 멈추지 않았다. 평생학습을 진심으로 열정적으로 추구한다면, 성공스토리는 결코 멈추지 않는다.

2018년 3월 5일 나는 인도 시장에서 아연전극이 메트릭톤당 1만 4,500달러에 판매되고 있으며, 공급 상황이 훨씬 더 빠듯해지고 있다는 뉴스를 접하게 되었다([그림 20-6] 참조). 사실이 변하면 마음도 바꿔야 한다. 나는 즉시 HEG를 주당 2,700루피에 재매수했다. 이때는 2018년 2월 내가 HEG에서 나올 때 갖고 있던 자금의 50%를 투자했다([그림 20-7] 참조).

단 한 번의 시도를 통해 나는 내가 투자를 시작한 이후 내게 영향을 미쳤던 일련의 편향들(기준점편향, 헌신 및 일관성 편향 그리고 현상유지편향)을 모두 극복할 수 있었다. 이 때문에 HEG 투자는 나에게 항상 특별한 경험으로 남을 것이다. 내가 합리성으로 진화해 가는 과정의 중요한 단계였다.

2018년 8월 HEG가 2019 회계연도 1분기 실적을 발표한 직후 나는 64%의 수익을 내고 HEG에서 나왔다(당시 나는 한두 달 후 니들 코크스 계약 가격이 상승하기 시작할 것이기 때문에 HEG의 이익률 상승이 고점을 쳤다고 봤다). HEG에 대한 나의 최초 투자자본 대비 총수익률은 복리로 350%를 넘었다.

이것이 복리수익을 올리는 좋은 투자 결정의 힘을 보여준 실례다.

• 그림 20-6 • 인도 시장의 아연전극 판매가 업데이트

출처 : 나이젤 디수자, 트위터, 2018년 3월 5일, https://twitter.com/Nigel__DSouza/status/970896905399144448

• 그림 20-7 • 사실이 변하면, 마음을 바꿔라

출처 : 가우탐 바이드, 트위터, 2018년 3월 5일, https://twitter.com/Gautam__Baid/status/970914649045479425

이런 결과는 전적으로 평균적인 지성을 가진 한 개인이 아주 진지하게 평생학습을 추구한 데 따른 것이다. 지식의 추구를 통해 나는 주어진 문제를 이해하는 데 있어 내가 가지고 있던 초기의 한계를 극복할 수 있었다. 진정으로 열정적으로 추구할 때 배움은 부단히 계속된다. 우리는 끊임없이 우리 자신에 도전하고 한계를 테스트하는 과정 속에 있다. 바로 이것이 '의식적인 실행'의 핵심이다.

투자 여정 중에 개별 증권들에서 짜낸 이런 작은 추가 수익들이 시간이 가면서 복리로 불어나면 상당한 금액이 된다. 정말 그렇게 된다. 지금까지 투자를 하면서, 나는 투자자들 사이에서 매우 신성시되는 투자 실적인 '10루타(10배 상승)' 종목을 단 하나도 보유한 적이 없다. 그러나 내가 경제적 자유를 달성하는 데는 그런 한 개별 종목의 대박 스토리가 필요하지 않았다. 여러 번 친 작은 안타들이 몇 배 복리로 증가하면서 경제적 독립이라는 나의 꿈을 실현하는 데 도움을 주었다.

나는 복리의 즐거움을 경험했다(그전에 나는 '10,000달러×두 번의 10루타=백만장자'라는 간단한 수학을 항상 생각하고 있었다). 성공한 투자자가 되기 위해 중요한 것은 (성공하게 해 준 주식들 수가 아니라) 리스크를 가능한 최소화한 전체 포트폴리오 가치의 장기 연평균 성장률이다.

능력의 범위 확대, 경기순환주 투자

지난 몇 년 동안 나의 능력의 범위는 인프라와 건설 같은 경기순환주로도 점차 확대되어갔다. 이 기간 나는 딜립 빌드콘Dilip Buildcon이라는 회사를 분석하면서, '인프라와 건설 업종의 경우, 시장은 강력한 업무 실행 능력과 향후 수주하는 공사들을 실행하는데 필요한 자금을 조달할 수 있는 건전한 재무상태를 가진 기업의 주식에만 보상을 제공한다'는 중요한 통찰을 얻었다. 이런 통찰을 통해 나는 2018년 PSP 프로젝트PSP를 찾아낼 수 있었다.

2017년 5월 PSP 기업공개 당시 나는 고정관념편향stereotyping bias 때문에 PSP를 무시하는 실수를 저질렀다. 일반적으로 투자자들은 건설산업이 좋은 기업지배구조를 갖고 있다고 보지 않으며, 건설산업은 대개 시간과 비용이 초과되는 산업이다. 그러나 (그 설립자 프라할라드 바이 쉬브람바이 파텔Prahaladbhai Shivrambhai Patel의 이름을 딴) PSP는 분명 예외였다.

PSP는 회사 본거지인 인도 아마다바드Ahmedabad 지역에서 공기 준수와 우수한 실행 능력으로 높은 명성을 얻고 있던 회사였다. 이로 인해 PSP는 핵심 고객들로부터 주기적으로 계속 주문을 받았다. 2009년 설립된 이래, PSP는 카딜라 헬스케어Cadila Healthcare와 그 계열사들을 위해 13개 프로젝트, 토렌트제약Torrent Pharmaceuticals과 그 계열사들을 위해 6개 프로젝트, 그리고 니르마Nirma와 그 계열사들을 위해 4개 프로젝트를 실행했다. 또한 아마다바드의 사바르마티 리버프론트Sabarmati Riverfront 프로젝트의 여러 구획과 구자라트 주Gujarat 의사당 리모델링 등 여러 중요한 정부 프로젝트도 실행했다.

세계 최대의 거푸집 및 비계 제조사 페리 그룹Peri Group은 2017년 인도 사업에 대한 연례 평가에서 건설회사들이 자사 거푸집을 사용한 24개의 중요 프로젝트를 언급하면서, PSP를 "훌륭한 능력"을 가진 회사로 지목했다.

2017년 11월, PSP는 훨씬 큰 굴지의 경쟁자들과의 치열한 경쟁을 뚫고 157억 5,000만 루피(2억 2,500만 달러)에 해당하는 구자라트 주의 수라트 다이아몬드거래소Surat Diamond Bourse 건설 프로젝트를 따냈다. 이 단일 프로젝트에서 발생하는 추정 매출액은 당시 PSP의 1년 총매출액에 달할 것으로 예상되었다. 더욱 중요한 것은 이 프로젝트 수주 경쟁에서 승리함으로써 PSP는 회사의 대규모 프로젝트 실행 명성을 크게 제고할 수 있었고, 경쟁이 5~6개 회사로 제한된 분야에서 L&R과 샤푸르지Shapoorji 같은 대형 건설사 반열에 들어가게 되었다는 것이다. 또한 향후 PSP가 홈그라운드인 아마다바드 밖의 다른 지역에서도 비슷한 프로젝트를 따는데 도움이 될 터였다. 요컨대 PSP가 이용할 수 있는 기회는 시간이 가면서 크게 증가할 것으로 예상되었다.

2012 회계연도에서 2017 회계연도까지 PSP의 매출액, 영업이익, 순이익의 연평균 증가율은 각각 18%, 34%, 38%에 달했다. 그리고 제로 부채의 재무 상태와 높은 이익률을 유지했다(이 기간 PSP의 평균 자기자본이익률은 35%를 넘었다). 당시 받은 주문, 그리고 향후 대규모 공사 수주 전망이 크게 향상된 것에 기초해 볼 때, 중장기적으로도 견조한 성장이 예상되었다.

이런 요인들 외에도 〈아웃룩 비즈니스Outlook Business〉 2018년 1월호에 실린 바빈 샤Bhavin Shah의 글도 PSP에 대한 나의 확신을 더욱 강화해 주었다. 이 글에서 샤는 PSP에 대해 다음 몇 가지 중요한 점을 강조했다.[7]

우선 PSP의 매출채권회수일수는 경쟁사들 가운데 가장 짧았다. 3년간 경쟁사들의 평균 매출채권회수일수는 128일이었는데, PSP의 평균 매출채권회수일수는 29일에 불과했다. 공사 준비 자금으로 받은 선수금과 함께(이 선수금은 20~25일간의 시공 업무에 사용된다), 현금

전환주기(영업활동이 현금으로 전환되는 기간)가 마이너스 40일 정도여서 PSP는 사실상 네거티브 캐리 모드$^{\text{negative carry mode}}$, 요컨대 현금을 미리 받고 사업을 하고 있었다. 그 결과 경쟁사들의 매입채무상환일수는 124일인데 반해, PSP의 매입채무상환일수는 75일에 불과했다. 따라서 납품업체들은 다른 회사보다 PSP를 선호하게 되었다. PSP는 대량의 자재를 한꺼번에 주문하는 대신 작업을 유지하기 충분한 자재만 주문했다. 그 결과 PSP의 재고보유기간은 건설산업 평균 50~90일보다 훨씬 짧은 5일 미만이었다. 이는 매우 훌륭한 운전자본 관리였다(투자자가 돈을 버는 것은 손익계산서가 좌우하지만, 투자자의 생존을 좌우하는 것은 재무상태표다. 조작된 손익계산서는 결국 재무상태표라는 늪으로 가라앉고 만다. 강세장은 그런 기업이 결국은 피할 수 없는 침몰을 잠시 늦춰줄 뿐이다).

상품주와 경기순환주 외에도 시장에는 알파(초과수익)를 창출할 수 있는 또 다른 훌륭한 기회가 있다. 바로 기업분할^{spinoff}이다.

21장

'기업분할'을 투자 기회로 만드는 법

> 특별 상황special situations은 일반적인 기대보다는
> 구체적이고 측정 가능한 사건에 주목해 미래를 다루고자 하는
> 진정한 애널리스트들의 즐거운 사냥터다.
> - 벤저민 그레이엄

벤저민 그레이엄은 '심사숙고하는 사람Cogitator'이라는 필명으로 〈애널리스트저널The Analysts Journal〉에 몇 편의 글을 썼다. 〈애널리스트저널〉 1946년 4분기 호에서 그는 '특별 상황'에 대한 기념비적인 글을 한 편 썼다. 이 글에서 그는 "보다 광의의 의미에서 특별 상황이란 전체 시장이 상승하지 않아도, 어떤 특정 사건의 진행으로 인해 해당 증권에서 만족스러운 수익을 낼 것으로 믿어지는 상황을 말한다. 협의로 볼 때, 그 특정 사건이 **이미 진행 중**이지 않으면, 이는 진짜 '특별 상황'이 아니다"라고 했다.[1]

그레이엄은 이 글에서 결론적으로 특별 상황의 본질을 "과거 경험의 견지에서 볼 때, 추정 가능한 기간 내에 있을 것으로 예상되는 (시장이 아니라) 기업 관련 진행 사건"으로 요약했다.[2]

모니시 파브라이가 찰리 멍거를 만났을 때, 멍거는 다음 세 가지에 초점을 맞추면 투자가 훨씬 수월해질 것이라고 했다.

1. 다른 훌륭한 투자자들이 무엇을 하고 있는지 신중히 살펴볼 것. 여기에는 그들의 13F 보고서(주식 보유 및 매매 현황 보고서)를 꾸준히 살펴보는 것도 포함된다.
2. 자사주를 대량 매수하는 기업(멍거는 이를 같은 종족을 먹는 식인종 cannibals으로 묘사했다)을 살펴볼 것.
3. 기업분할을 면밀히 살펴볼 것.

멍거가 특별 상황의 한 구체적인 범주로 기업분할을 꼽고 있다는 바로 그 사실 때문에라도 진지한 투자자라면 기업분할투자에 주목해야 할 것이다.

나는 기업분할투자의 높은 성공률에 대해 알고 난 후, 기업분할에 대한 멍거의 각별한 언급을 더욱 잘 이해할 수 있게 되었다.

컨설팅회사 디에지The Edge와 회계법인 딜로이트Deloitte는 2000년 1월부터 2014년 6월 사이 전 세계적으로 모기업의 시가총액이 2억 5,000만 달러 이상이었던 385건의 기업분할을 조사했다. 모기업 주주들이 기업분할 후 신규 상장된 기업의 주식을 받은 순수한 기업분할의 경우만 그 대상으로 했다. 그 결과, 전 세계적으로, 모기업에서 독립한 처음 12개월 동안 분할된 기업의 주식이 MSCI 선진국지수 MSCI World Index의 평균 수익률보다 10배 이상 높은 수익을 창출했다는 것을 발견했다.[3]

가장 좋은 실적을 낸 부문은 소비재, 헬스케어, 유틸리티, 에너지 업종의 기업분할 주식들이었다. 중요한 것은 이들의 주가 상승이 경제성장이나 애널리스트들의 관심과 분석으로 이루어진 것은 아니었다는 것이다. 평균적으로 10개의 기업분할 중 2개가 2년 내에 타 기업에 인수되거나 사기업(비상장기업)으로 전환되었다.

인도의 경우에는 기업분할투자 실적이 훨씬 더 인상적이다. SBI캐피털SBI Capital은 2002~2016년 사이 인도에서 있었던 154건의 기업분할 거래를 분석한 후, 기업분할투자가 전 시장주기에 걸쳐 전체 시장지수보다 높은 실적을 냈다는 것을 보여 주었다. 이 연구에 따르면, 기업분할투자는 평균적으로 시장지수Sensex 대비 약 36% 높은 초과수익을 창출했다.[4]

투자자들은 종종 "손실을 내고 있는 포지션은 절대 추가 매수하지 말라", "하락할 때 물타기는 절대 하지 말라", 혹은 "떨어지는 칼은 잡지 마라"는 포괄적인 조언을 받기도 하지만, 나는 단지 "항상 심사숙고하라"는 조언만 할 뿐이다.

대형 모기업에서 분할된 유망하지만 작은 기업이 상장되고 (급매물로 나올 수 있는) 잔여 기관보유량이 있을 때, 수익을 낼 수 있는 기회가 자주 발생한다. 거래가 개시되고 처음 몇 주 혹은 몇 달 동안 특정 업종에만 투자를 허용하는, 혹은 투자 대상 기업의 시가총액에 제한을 두는 어떤 엄격한 기관의 의무 때문에 (기업분할 당시 받은) 신규 상장된 기업분할 주식을 보유할 수 없는 기관들은 어쩔 수 없이 그 주식을 매도해야 한다. 그러면 이 주식을 보유한 투자자들은 상당한 평가손을 입게 된다.

어떤 주식을 필사적으로 매도하려는 사람이 있을 때, 그 주가는 하락하는 경향이 있다. 매수자로서 나는 (다른 상대방이 그 기본 가치에 관계없이 보유종목을 어떤 가격에든 정리해야 하는) 그런 거래의 반대편, 즉 매수 쪽에 있는 것이 매우 좋다. 그런 투자자들이 주식을 어떤 가격이든 서둘러 던지고 있을 때가 바로 매수 시점이다. 이런 기관들은 그런 대규모 거래를 실행하는 바로 그날 거래소에 관련 신고서와 대량 거래 정보를 공시해야 한다. 이런 보고서를 부지런히 찾아보는 것이 그런 '특별 상황'에 투자해서 성공할 수 있는 좋은 방법이다.

기업분할은 형식적인 절차가 예정대로 진행되는 것을 지켜보면서 그저 참고 기다린 인내심 있는 투자자가 보상을 받는 시간 차익거래의 한 생생한 사례다. 인도에서 기업분할 과정은 대개 (1) 이사회 승인, (2) 주식거래소 승인, (3) 담보 및 무담보 채권자들과 주주들의 승인, (4) 회사법심판소National Company Law Tribunal의 최종 승인, (5) 이사회의 주주 확정 기준일 발표, (6) 분할된 법인의 상장이라는 6단계를 거친다.

가장 수익성이 높은 기업분할투자 기회는 분할 후 신규 상장된 기업이 낮은 밸류에이션 배수에서 거래될 때 발생하지만, 일단 분할되면 그 기업은 (현재 상장된 모기업에 적용되는 것과는 전혀 다른 밸류에이션 기준에 따라) 훨씬 높은 배수에서 거래되게 된다. (상대적인 가치평가 지표들과 주식시장에 존재하는 다양한 기업들의 가치평가에 사용되는 여러 다른 지표들을 모두 잘 이해하고 있는, 노력하는 투자자는 기업분할투자에 상당한 이점이 있다.)

부분의 합이 종종은 그 전체보다 크고, 가끔은 훨씬 크기도 하다. 손실을 내고 있는 사업이 모기업으로부터 분할되고 원래의 부채 대부분을 가져오는 상황에서 이런 일이 벌어진다. 모기업의 밸류에이션 배수, 순이익, 시가총액은 제고된 수익성과 강화된 재무 상태로 모두 상승한다. 동시에 손실을 내고 있는 분할된 사업체도 PER이나 EV/EBITDA 등의 배수에 기초해 어느 정도 시가총액을 얻게 된다.

투자자가 주목해야 할 3가지 상황

세스 클라먼, 조엘 그린블라트, 피터 린치 등은 그들의 저작에서 기업분할에 대해 매우 자세히 설명하고 있다.

분할된 기업은 처음에는 레이더에 잡히는 것을 원치 않기 때문에 그들 사업의 매력과 저평가된 주가 상황을 밝히지 않을 때가 종종 있다. 세스 클라먼은 "(이는) 경영진이 최초 매매가격에 기초해 스톡옵션을 받는 경우가 종종 있기 때문이다. 실제로 이런 스톡옵션의 의무 보유기간 동안은 주가가 낮게 유지되는 것이 그들에게 유리하다. 따라서 많은 분할 기업들은 주가가 기본 가치를 반영하도록 거의 혹은 전혀 노력하지 않는다"고 했다.[5]

세스 클라먼은 어떤 경우에는 모기업도 매력적인 투자 기회가 될 수 있다고 했다. 그는 기업분할을 매력적인 투자자산을 찾을 수 있는 비옥한 토양으로 자주 추천한다. 2009년 벤저민그레이엄투자센터

Benjamin Graham Center for Investing의 강연에서 클라먼은 "기업분할은 태생적 매도 층은 있고 태생적 매수 층은 없기 때문에 흥미로운 관심 영역이다(순수한 기업분할에서 최초에 분할된 기업의 주식을 보유하게 되는 것은 모기업 주주들뿐이다. 이들은 상장된 분할 기업 주식을 시장에서 매수해 후천적으로 그 주식을 보유하게 된 것이 아니라, 분할 기업이 탄생할 때 선천적으로 주식을 보유하게 된 것이다—옮긴이)"라고 했다.[6]

조엘 그린블라트는 가장 유명한 기업분할투자 지지자다. 특별상황 투자에 대한 그의 기념비적인 저작 『주식시장의 보물찾기 You Can Be a Stock Market Genius』에서 그는 76페이지를 할애해 기업분할에 대해 설명했다.

그린블라트는 기업분할투자가 시장보다 연간 10% 높은 실적을 낸다는 것을 발견한 펜실베이니아주립대학의 연구를 소개했다. 예컨대, 시장이 연 10% 수익을 낸다고 가정하면, 아무 생각 없이 그냥 기업분할 주식을 매수해서 이론적으로 연 20% 수익을 올릴 수 있다는 것이다. 그런데 투자할 기업분할 주식을 선택적으로 고른다면 어떨까? 아마 20%가 넘는 수익을 올릴 수 있을 것이다.

그 다음, 그린블라트는 모기업이 회사를 분할하는 5가지 이유를 소개했다.

1. 일반적으로 기업집단의 주가는 '기업집단 할인conglomerate discount'이 적용된다. 이 경우 경영진은 관련 없는 사업체들을 분리함으로써 억눌린 가치를 '해방'시킬 수 있다. 달리 말해, 부분들의 합이 전체보다 커지는 경우다.
2. '좋은' 사업체에서 '나쁜' 사업체를 분리하기 위해서다.

3. 쉽게 매각될 수 없는 자회사의 가치를 실현하기 위해서다.
4. 모기업이 기업분할 대신 매각을 추진할 경우 청구될 거액의 세금을 피하면서 분할 기업의 가치를 인식하기 위해서다.
5. 규제 문제를 해결하기 위해서다. 예컨대 한 기업이 다른 기업에 인수되는 과정에 있을 수 있는데, 이 경우 반독점문제를 해결하기 위해 그중 일부를 기업분할 해야 할 수도 있다.

그린블라트가 설명한 것처럼, 기업분할투자 실적이 좋은 또 다른 이유는 "그 모든 문제에도 불구하고, 자본주의는 사실 효과적이기 때문이다".[7] 일단 기업분할이 완료되면, 그 경영진은 모기업의 관료주의에서 해방되고 (그들이 기업분할 주식의 상당 부분을 소유할 경우 직접 그 혜택을 입기 때문에) 주주가치를 창출하는 변화를 추진할 수 있는 권한을 갖게 된다. 그린블라트는 "분할된 기업 혹은 모기업 주식에 대한 투자전략을 추구하면, 대개의 경우, 매우 주주중심적인 기업들로 구성된 포트폴리오를 구축하게 된다"고 했다. 기업분할 절차를 진행하면서 경영진은 주주 수익에 신경을 쓰고 있다는 것을 강하게 천명한다.

그다음 그린블라트는 최고의 기업분할 주식을 찾는 법을 설명하고, 그가 어떤 특징들을 찾고 있는지 소개했다.

1. 기관들이 그 주식을 원하지 않는 경우(그 주식에 투자 메리트가 없어서가 아니라, 다른 이유 때문에).

지금까지 소개한 이유들 말고도, 분할된 기업이 부채나 현금을 많이 가지게 되는 경우가 많다. 모기업 입장에서 분할된 기업에 부채나 현금을 몰아주는 것이 세금 문제 없이 자산이나 부채를 이전할 수 있는 한 방법이기 때문이다. 기업분할 후 분할된 기업의 재무상태가 어떤지 알면 그 잠재적 실적을 더 잘 분석할 수 있다.

그린블라트는 레버리지의 존재가 어떻게 비대칭적 보상을 가져올 수 있는지에 대해 다음과 같이 설명했다.

"그런 기업들에 대한 투자 리스크가 무엇이든 간에 **결국 건전한 추론과 좋은 분석이 이런 레버리지 상황에 적용될 때**, 그에 따른 보상은 크게 증폭될 것이다. 대규모 레버리지는 기업분할이, 어떤 이유들로 인해, **처음 보였던 모습보다** 더 매력적이란 것으로 드러날 때 우리의 수익을 크게 증대시켜 준다."

2. 내부자가 그 주식을 원하는 경우.

분할된 기업의 경영진이 실적에 어떤 인센티브를 갖고 있는지 항상 잘 알고 있어야 한다. 그린블라트는 기업분할을 평가할 때 경영진의 인센티브를 최우선 평가지표로 사용했다. 이에 대해 그는 다음과 같이 말했다.

"내부자 참여는 (내게는 가장 중요한 투자 영역인) 기업분할 주식 중 좋은 투자 대상을 고를 때 살펴보는 핵심 요인 중 하나다. 새로 분할된 기업의 경영자들이 주주들과 동일한 동기를 갖고 있는가? 그들이 향후 받을 잠재적 보상의 상당 부분을 주식, 제한주, 혹은 옵션으로 받는가? 그들이 자사주를 추가로 더 획득할 계획이 있는가? 기업분할에 대한 필요한 모든 공식 서류가 제출되었을 때, 나는 보통 이런 부분을 가장 먼저 살펴본다."

일반적으로 모기업 경영진은 계열사 중 더 큰 기업을 경영하는데 더 관심이 많다. 따라서 이들이 그들에게 유익한 주식 보상을 제공하는 보다 작은 기업으로 옮기기로 결정했다면, 투자자들은 반드시 그 이유를 확인해야 한다. 분석해야 할 또 다른 상황은 분할된 기업의 경영진이 분할 기업 상장 직후 자사주 매입을 발표했지만, 지분을 늘리기 위한 그 자사주 매입에 대한 참여를 꺼릴 때이다.

3. 전에는 숨겨져 있던 투자 기회가 창출되거나 드러날 경우.

그린블라트는 "이는 훌륭한 기업이나 통계적으로 싼 주식이 기업분할을 통해 드러날 수 있다는 것을 의미한다"고 했다. 기업분할 후 모기업과 분할 기업 '모두' 어떻게 될지 분석하고 평가해야 한다. 이는 기업분할 후 좋은 투자 기회가 분할 기업뿐 아니라 모기업에도 있을 수 있기 때문이다. 그린블라트는 "핵심은 어려운 사업부를 곧 분할할 모기업을 살펴보면 아주 흥미로운 기회를 발견할 수도 있다는 것이다"라고 했다. 투자자로서 우리는 어떤 것이 더 수익성이 있는지에 따라 모기업이나 분할 기업, 혹은 둘 모두에 포지션을 가질 수 있다.

분할 기업 상장 직후 분할 기업 경영진이 회사 전망이 밝다고 크게 선전하기 시작하면, 경영진이 자신의 지분을 의미 있는 수준으로 늘리려는 것은 아니라는 신호로 봐야 한다.

그린블라트는 증권거래위원회SEC 제출 보고서들을 분석해 분할 기업 경영진이 상당한 옵션 패키지를 갖고 있는지 확인할 것을 권했다. 그는 "경영진의 옵션 패키지가 상당하다면, 경영진이 분할 기업 주식에 대한 선전을 시작할 동기를 갖기 '전에' 그 주식에 조금 더 포지션을 구축하는 것을 선호할 것이다"라고 했다.

항상 내부자의 인센티브를 확인해야 한다. 그렇게 할 수 있는 한 방법은 분할 기업의 10-12B 보고서 Form 10-12B filing(기업분할 전 모기업이 미국 증권거래원회에 제출하는 보고서)를 가지고 '임직원 보상' 부분을 살펴보는 것이다. 이 부분에서 우리는 분할 기업 주식 중 얼마나 많은 양이 분할 기업의 신규 경영진과 직원들을 위한 인센티브로 할당되어 있는지 알 수 있다. 예를 들어, 10-12B 보고서에 "주식 계획 Equity Plan상 임직원에 대한 인센티브 제공으로 발행될 수 있는 주식 수는 총 ○○○주다"라는 구절이 있으면, 그 주식 수를 찾아 확인한 후, 분할 기업 전체 발행주식에서 차지하는 비율을 계산하면 된다.

『전설로 떠나는 월가의 영웅』에서 피터 린치는 "기업분할 주식은 놀랄 정도로 수익성 높은 투자자산이 되기도 한다"면서 기업분할 주식 투자의 장점을 높이 평가했다.[8]

피터 린치는 모기업은 '모기업에 악영향을 미칠 것이기 때문에' 실패할 수 있는 사업부는 분할하고 싶어 하지 않는다고 믿고 있다. 또 그는 "일단 그 기업이 분할되어 독립되면, 이제 분할 기업을 자유롭게 경영할 수 있게 된 새 경영진은 비용을 줄이고 단기 및 장기 실적을 개선하는 창조적인 조치들을 취할 수 있다"고 했다.[9]

기업분할 주식은 월가의 관심을 거의 받지 못하고 있으며, 대개는 잘 모르고, 따라서 투자자들에 의해 그 가격이 잘못 책정되는 경우가 많다. 이 모든 것은 미래 수익 전망을 밝게 한다.

피터 린치는 내부자 매수가 있는 기업분할 주식을 찾을 것을 권한다. 내부자 매수는 분할 기업의 장기적인 잠재력에 대한 경영진의 믿음을 보여주기 때문이란 것이다. 그는 "기업분할 소식을 듣거나, 기업분할로 새로 설립된 기업의 주식을 조금 받았다면, 추가 매수에 대한 분석을 즉각 개시해야 한다. 기업분할이 완료되고 한두 달 후, 임원과 이사들이 참여한 대량의 내부자 매수가 있는지 확인할 수 있다. 대량의 내부자 매수가 있다면, 이는 그들도 회사 전망을 확신하고 있다는 것을 보여주는 것이다"라고 했다.[10] 내부자들은 개인적인 이유를 포함해 여러 이유로 매도에 나설 수 있지만, 이들이 자사 주식을 매수하는 이유는 단 하나, 주가가 상승할 것으로 믿고 있기 때문이다. 특히 강한 내부자 매수 신호는 이른바 집단매수cluster-buy 신호다. 집단매수 신호는 3명 이상의 경영진 소속 내부자들이 공개시장에서 단기간에 매수할 때 발생한다(분할 기업 재무책임자CFO가 공개시장에서 회사 주식을 매수할 때는 특별한 관심을 가져야 한다. 일반적으로 이들의 DNA에는 회

• 표 21-1 • 미국 기업분할 주식의 1년 차 실적 : 기업분할 후 1주일 내에 대량의 내부자 매수가 있던 경우(2001~2011년)

분할 기업 (종목기호)	상장 연도	1년 차 수익률 (%)	S&P 500 수익률 (%)	S&P 500을 이겼는가?
GNW	2004	46.92	6.71	O
HSP	2004	22.62	6.90	O
LYV	2005	87.45	11.32	O
AMP	2005	36.42	14.18	O
THI	2006	39.96	16.12	O
SBH	2006	15.90	5.71	O
MWA	2006	-3.10	17.76	X
PCX	2007	-18.21	-41.57	O
TDC	2007	-20.97	-28.00	O
PM	2008	-23.53	-38.63	O
HI	2008	-26.57	-35.93	O
MJN	2009	74.49	33.67	O

출처 : "시장을 이기는 기업분할 주식(Look at All These Spinoffs Beating the Market)", 〈올드 스쿨 밸류〉 블로그, 2011년 7월 6일, https://www.oldschoolvalue.com/blog/special_situation/look-at-all-these-spinoffs-beating-the-market

사 소유주와 같은 사고방식은 없다).

투자정보 제공 사이트 〈올드 스쿨 밸류Old School Value〉의 설립자이자 가치투자자인 재 준Jae Jun은 2001년에서 2011년 사이 기업분할 후 1주일 내에 대량의 내부자 매수가 있었던 미국의 모든 기업분할 주식의 처음 1년 실적을 조사했다. 그 결과는 놀라웠다. 1개의 기업분할만 제외하고 모든 기업분할 주식의 가격이 큰 폭으로 시장지수 실적을 앞섰던 것이다([표 21-1] 참조).[11]

이번 장의 핵심은 분할 기업의 실적에 강한 인센티브를 가진 경영진, 그리고 기업분할 초기에 진행되는 기관들의 어쩔 수 없는 강제 매도는 매력적인 투자 기회를 제공해 준다는 것이다.

4부

이익은 키우고 손실은 줄이는 운용 노하우

세상의 의견에 따라 사는 것은 정말 쉬운 일이고,
자기 자신만의 의견을 따라 사는 것은 고독해지기 쉬운 일이다.
그러나 위대한 사람은
군중 속에서도 참으로 우아하게 고독한 독립을 유지하는 사람이다.
- 랄프 왈도 에머슨

22장

어떤 주식을 얼마나 오래 보유해야 할까?

> 가격 문제를 제외하고 볼 때, 소유해야 할 최고의 기업은
> 점점 더 많은 거액의 자본을 장기적으로 매우 높은 이익률로 사용하는 기업이다.
> 최악의 기업은 그 반대로 하고 있는, 혹은 그럴 기업,
> 요컨대 점점 더 많은 자본을 매우 낮은 이익률로 사용하는 기업이다.
> - 워런 버핏

한 기업의 성공 여부를 확인할 수 있는 핵심 요인은 시장에서 그 기업이 투자한 1달러당 그보다 많은 주주가치를 창출하고 있느냐 하는 것이다. 워런 버핏은 이를 1달러 테스트 one-dollar test라고 했다.

1984년 주주서한에서 버핏은 "기업이 유보한 이익잉여금 1달러당 그보다 많은 주주가치가 창출될 것이라는 (이왕이면, 역사적 증거나, 필

요할 경우, 미래에 대한 신중한 분석에 기초한) 합리적인 전망이 있을 때만 이익을 제한 없이 유보해야 합니다. 이는 유보된 이익잉여금이 전체적으로 투자자들에게 돌아갈 수 있는 것(즉, 그 이익잉여금) 이상의 증대된 이익을 창출할 때만 가능한 일입니다"라고 했다.[1]

워런 버핏이 1달러 이상의 시장가치를 창출하는 1달러의 이익잉여금에 대해 말한 것은(그는 이 '1달러 테스트'를 5년 경과 기준으로 적용하는 것을 선호한다) 1달러의 내재가치에 대해 말한 것이다. 그의 말이 함축하는 것은 장기적으로 주식시장은 매우 정확한 내재가치 판단자가 된다는 것이다. (1달러 테스트를 하는 한 가지 간단한 방법은 일정 기간 동안 그 기업의 기초 및 기말 시장가치의 변화와 기초 및 기말 이익잉여금의 변화를 비교하는 것이다.)

기본적으로 워런 버핏이 말하고 있는 것은 장기적으로 시장은 유보한 1달러보다 높은 수익을 창출하는 기업에는 (그들의 시장 밸류에이션을 높임으로써) 보상하고, 유보한 1달러보다 높은 수익을 창출하지 못한 기업에는 (그들의 시장 밸류에이션을 낮춤으로써) 벌을 준다는 것이다.

이에 대해 찰리 멍거는 다음과 같이 말했다.

장기적으로 한 기업의 주식으로 그 기업이 버는 이익보다 훨씬 높은 수익을 올리는 것은 어려운 일이다. 그 기업이 40년 동안 투하자본 대비 6%의 이익을 올렸고, 같은 40년 동안 여러분이 그 주식을 보유하고 있었다고 하면, 여러분이 최초에 크게 할인된 가격에 그 주식을 매수했다 해도 그 수익은 6% 수준을 크게 벗어나지 않을 것이다. 반대로, 그 기업이 20년이나 30년 동안 투하자본 대비 18%의 이익을 올린다면, 여러분이 매우 비싸 보이는 가격에 그 주식을 매수했다 해도, 아주 훌

륭한 수익을 올리게 될 것이다.[2]

멍거의 말 속에 깔린 수학은 이해하기 어렵지 않다. 수십 년간 18%의 투하자본이익률returns on invested capital, ROIC이 제공하는 주주 수익은 6%의 투하자본이익률이 제공하는 주주 수익을 압도할 것이다. 아주 간단한 수학이다.

물론, 간단하지만 쉬운 것은 아니다.

투자의 가장 큰 과제 중 하나는 한 기업의 경쟁우위를 판단하는 것, 보다 중요한 것은 그 경쟁우위의 연한과 지속가능성을 판단하는 것이다.

경쟁우위는 '초과수익(즉, ROIC - 자본비용)'을 창출하는 기업의 능력으로 정의된다. 그리고 지속가능한 경쟁우위는 장기간 초과수익을 창출하는 기업의 능력으로 정의되며, 이를 위해서는 경쟁자들이 시장에 진입해 초과수익을 잠식하는 것을 막는 진입장벽이 필요하다. 이런 진입장벽은 오랜 기간(이를 경쟁우위기간competitive advantage period, CAP이라고 한다) 투하자본에 대한 초과수익을 가능하게 해 준다. 초과수익을 올리고 경쟁우위기간이 더 긴 성장기업이 순현재가치 측면에서 더 가치 있는 기업이다. 그 기업의 경쟁우위기간의 가치는 그 기간 초과수익으로만 창출된 예상 현금흐름의 합을 그 예상 현금흐름의 불확실성과 자금의 시간가치를 고려해 할인한 값이다.

1999년 〈포춘〉과의 인터뷰에서 워런 버핏은 "그 둘레에 넓고 지속가능한 해자를 가진 제품과 서비스가 투자자들에게 보상을 제공하는 제품과 서비스다"라고 하면서, '해자moats'를 그의 투자전략의 기본 축으로 강조했다.[3]

훌륭한, 좋은, 끔찍한

2007년 버핏의 주주서한에는 많은 사람이 경쟁우위와 가치창출에 관한 가장 핵심적인 내용으로 생각하는 내용이 담겨 있는데, 여기에서 그는 '훌륭한 기업', '좋은 기업', '끔찍한 기업'에 대해 설명했다.[4]

이익 증가를 적절히 평가하기 위해서는, 그런 이익 증가를 창출하는데 추가로 필요한 자본 투자와 항상 비교해야 한다.

훌륭한 기업은 사실상 큰 자본 수요 없이 계속 증가하는 이익 흐름을 가진 기업이다. 이런 기업은 추가 투하자본 대비 매우 높은 수익을 제공한다. 정말 훌륭한 기업은 말 그대로 항상 현금에 파묻혀 있다. 이들은 성장을 위해 유형자본을 투자할 필요가 거의 없고, 고객의 '마음 점유율share of mind'이 높은 강력한 브랜드네임, 지적재산권, 혹은 독점기술 같은 무형자산을 중심으로 성장하기 때문에 자본이익률이 매우 높은 경향이 있다. 일반적으로 훌륭한 기업들은 마이너스 운전자본, 낮은 고정자산 집약도, 진정한 가격결정력 등의 특징을 가진다.

마이너스 운전자본이란, 고객들이 제품이나 서비스 대금을 그 기업에 선불로 지불하고 있다는 것을 의미한다. 이는 사실상 고객들이 선불로 그 기업의 성장 자금을 제공하고 있는 것이기 때문에 기업에는 강력한 성장 촉매제가 된다. 더군다나 이런 자금에는 이자가 전혀 없는데, 이보다 좋을 수는 없다. 마이너스 운전자본은 고객들이 반복 이용하는 서비스의 대금을 선불로 지급하는 구독 기반 사업모델에 많다. 이런 기업들의 경우, 매출은 현금이 들어온 후 서비스가 실행될 때 인식되기 때문에, 영업활동현금흐름이 순이익보다 높은 것이 일반적이다.

낮은 고정자산 집약도는 연 매출액을 순유형고정자산 혹은 자본적 지출과 비교해 분석될 수 있다. 프랜차이즈 사업모델에서 본사는 브랜드네임, 사업계획, 그리고 다른 유형자산을 제공하는 대가로 프랜차이즈 가맹점들로부터 로열티를 받는다. 새로운 사업장을 설립하는 자본은 가맹점이 조달하기 때문에 본사는 추가 자본 투입 없이 매출과 이익을 증가시킬 수 있고, 이로 인해 전체 프랜차이즈 체계가 성장한다. 이런 사업모델은 규모가 확대될 수 있으면 매우 좋은 사업모델이 된다. 자본경량사업이고, 단지 본사의 브랜드네임 자본을 이용해 많은 잉여현금을 뿜어내기 때문이다.

이 때문에 워런 버핏은 "최고의 사업은 자체 자금은 거의 사용하지 않으면서 타인의 성장으로 로열티를 받는 사업이다"라고 했다.[5] 설계, 마케팅, 브랜드 홍보활동에 집중하면서 핵심 제조활동은 아웃소싱하는 기업들도 고정자산 집약도가 낮다.

차별화되거나, 전환비용이 높거나, 고객들에게 (전체 비용에서 차지하는 비율은 낮지만) 매우 중요한 제품이나 서비스를 제공한다면, 그 기업은 인플레이션을 상회하는 수준으로 계속 가격을 인상할 수 있다. 이 방법은 추가 자본 투입 없이 이익을 증가시키는 가장 간단한 방법이다. 일반적으로 가격 인상으로 인한 유통마진이 매우 높기 때문이다.

블룸버그와 씨즈캔디 같은 기업은 오래전부터 인플레이션율 이상으로 가격을 인상한 역사를 갖고 있으며, 버핏은 가격을 인상할 수 있는 가격결정력을 기업을 분석할 때 가장 중요한 변수 중 하나로 생각했다. 그에 의하면, **"한 기업을 평가할 때 한 가지 가장 중요한 결정요인은 가격결정력이다.** 우리가 경쟁자에게 사업을 빼앗기지 않으면서 가격을 인상할 힘이 있다면, 우리는 매우 좋은 사업을 갖고 있는

것이다".[6]

훌륭한 기업은 드물고 찾기 어려우며, 따라서 매우 가치가 있다. 이런 기업들은 그 성장 연한을 아주 분명히 예측할 수 있을 때, 일반적으로 시장에서 매우 높은 밸류에이션 배수를 부여받는다. 사실 급속한 변화를 특징으로 하는 오늘날의 세계에서는 장기적인 성장이 갈수록 드물어지고 있다.

1960년대에는 한 기업이 S&P 500 편입 기업으로 머무른 기간이 평균 약 60년이었지만, 지금은 겨우 10년 정도에 불과하다. 1955년 〈포춘〉 500대 기업 중 62년 후인 2017년에도 그 지위를 유지하고 있던 기업은 12%가 안 되었고, 나머지 88%는 파산하거나 다른 기업과 합병하거나 다른 기업에 인수되었다. 1955년 〈포춘〉 500대 기업 중 지금도 여전히 존재하고 있는 기업이라 해도 (매출액으로 순위를 매기는) 〈포춘〉 500대 기업 상위권에서는 탈락했다.[7] 이것이 조셉 슘페터Joseph Schumpeter가 말한 '창조적 파괴creative destruction'의 가장 좋은 예다.

시장은 확실성을 매우 중시한다. 예측 가능한 이익 성장 연한이 확실한 주식은 이익이 더 이상 꾸준히 증가할 수 없게 되기 전까지 오랫동안 과대평가되는 경향이 있다. 절대적인 단기 성장률보다 장기 성장의 예측 가능성이 시장에 더 중요하다. 따라서 시장은 다음 2년 동안 50%의 이익증가율을 보일 것이 거의 분명하지만 그 후는 전혀 알 수 없는 주식보다 이익증가율은 낮지만 훨씬 긴 기간 동안 매우 예측 가능한 성장을 할 것으로 보이는 주식에 더 높은 밸류에이션을 부여한다.

지속적인 성장은 밸류에이션을 높이며, 지속적인 혼란은 밸류에이션을 낮춘다. 시장은 절대적인 성장률보다 장기적인 성장을 훨씬 중시한다. 따라서 향후 10~15년 동안 12~15%의 이익증가율이 어느 정도 확실히 예측되는 주식들의 현행 PER 배수가 40~50배 되는 경우가 많다. 이는 대부분의 투자 초보자들을 당혹스럽게 만드는 현상이지만, 경험이 쌓이면 이들도 시장의 보다 미묘한 뉘앙스를 이해하고 그 지혜를 존중하게 된다. 비싼 양질의 장기 성장주는 그 주식에 투자한 투자자들이 밸류에이션이 높아도 이익이 받쳐줄 때까지는 기꺼이 계속 투자를 유지할 것이기 때문에, 상당히 긴 기간 동안 높은 밸류에이션을 유지하는 경향이 있다. 시장은 장기간 지속가능한 이익 증가를 보장할 수 있는 기업에 비대칭적인 보상을 제공한다.

희소성 프리미엄scarcity premium 원칙은 전체 시장과 개별 업종에 존재하는 고성장 주식 수에 따라 달리 적용된다. 전체 시장이나 어떤 개별 업종에서 '극소수의 기업만' 30~35%의 지속적인 이익 증가가 예상된다면, 그 극소수의 고성장 기업들에게 40~50배의 높은 PER이 (혹은 고성장 기대가 훼손되지 않는 한, 강세장 전 기간에 걸쳐 계속 상승하는 훨씬 높은 밸류에이션까지) 부여되는 경우가 많다. 그런데 이익증가율이 20%인 기업이라 해도, 시장이나 그 업종에 이익증가율이 20%인 기업이 '많으면,' 15~20배 이상의 PER을 받지 못할 수 있다. (이익증가율 대비 PER 비율, 즉 PEG 비율만 보고는 최적의 수익을 얻을 수 없는 것은 바로 이 때문이다.)

성장이 귀할 때, 시장의 운신의 폭은 좁아지고, 수요-공급의 역학이 그 자리를 차지한다. 약세장 국면에서 투자자들은 성장의 확실성을 원한다(반면 강세장 국면에서는 성장할 것이라고 그냥 믿을 준비가 되어 있다). 그런 불확실한 시기에 시장의 관심의 초점은 극히 좁아지고, 선택된 소수의 우량 성장주들의 밸류에이션은, 그들의 성장이 시장의 대부분의 주식들과 비교해 평균 이상으로 유지되는 한, 계속 상승한다. (이런 상황에서, 비싼 주식들이 계속 더 비싸지고 있기 때문에, 대부분의 투자자들은 이를 심리적으로 받아들이지 못하는 상태가 된다.)

그리고 마침내 성장이 둔화되기 시작하면, 밸류에이션이 하락하기 시작한다. 밸류에이션이 계속 상승했던 주식들에 대한 실제 위협은 그런 높은 밸류에이션이 아니라 투자자들이 갖고 있던 성장 기대가 급격히 조정되는 것이다. 그 기업이 평균 이상의 성장률을 달성하는 동안 높은 밸류에이션을 유지하다가 이윽고 밸류에이션이 과도해지는 국면에 들어가기 때문에 일단 조정이 시작되면 급격한 조정이 있게 된다.

시장은 중단 없는 높은 성장률을 좋아하며, 보다 오래 그리고 꾸준히 평균 이상의 성장률을 달성할 수 있다고 시장을 설득할 수 있는 기업에 높은 밸류에이션을 부여한다.

높은 PER을 거부하는 편향을 가진 투자자들은 역사상 가장 훌륭한 시장의 승자들을 놓칠 수 있다. 10년 이상에 걸쳐, 주당순이익이 훨씬 빠른 속도로 증가하고 있는 고PER 기업이 주당순이익 증가 속도가 느린 저PER 기업을 상회하는 주가 실적을 낼 것이다. 중간에 고PER 기업의 밸류에이션이 약간 하락하는 일이 있어도 그럴 것이다. PER 15배에 15% 성장률의 주식과 PER 30배에 30% 성장률의 주식 중 하나를 골라야 한다면, 투자자들은 항상 후자를 택해야 한다. 특히 장기적인 성장 가능성이 매우 높을 때는 더욱 그래야 한다.

투자자로서 우리는 '신흥 해자기업'을 찾아서 그 기업의 초기 고성장 시기의 혜택뿐 아니라 그 후 밸류에이션 재평가에 따른 혜택을 누리기 위해 끊임없이 노력한다.

좋은 사례는 저마진의 운전자본집약적인 B2B 기업이 거래 조건이 좋은 좀 더 고마진의 B2C기업으로 전환되는 경우다. 우리가 초기 고성장 국면은 놓쳤다 해도, 그 후 중간 단계에서 이런 신흥 해자기업을 찾을 수 있다면, 장기적으로 많은 부를 창출할 수 있다.

좋은 기업은 성장에 상당한 이익의 재투자가 필요하며, 추가 투하 자본 대비 적절한 수익을 올리는 기업이다. 많은 기업이 이런 '투자해서 그보다 더 많이 버는' 범주의 기업에 속한다.

끔찍한 기업은 벌어들이는 이익이 자본비용보다 적고, 성장에 상당한 추가 자본이 필요할 뿐 아니라, 성장이 가치를 파괴함에도 불구하고 여전히 고성장을 추구하는 기업이다. 대개 이런 기업은 매우 자본집약적이고 빠른 기술 노후화를 겪는 기업들이다. 이들이 경쟁에 뒤처지지 않고 원래의 지위를 유지하기 위해서는 계속 점점 더 많은 자본을 투자해야 하고, 신기술에 대한 투자를 멈추면 도태되는 '레드 퀸(루이스 캐럴의 소설 〈거울을 통하여〉의 등장인물―편집자) 효과Red Queen effect'의 영향을 받기 때문에 어떤 실질적인 경제적 수익도 올리지 못한다(부채, 극심한 경쟁, 그리고 높은 자본집약도가 치명적으로 서로 결부되어 있다).

버핏은 "최악의 기업은 게임에 계속 머물기 위해 어쩔 수 없이 성장해야 하고, 자본의 재투자 수익률이 매우 낮은, 그러면서도 크게 성장하고 있는 기업이다. 그 기업 사람들이 이런 사실을 모르는 경우도 가끔 있다"면서 이런 기업의 모습을 잘 묘사한 바 있다.[8]

따라서 이런 기업의 경영진은 버핏이 말한 이른바 '제도적 관행 institutional imperative'의 포로가 되어 무작정 경쟁자들을 모방하는 경향이 있다. 이들은 거꾸로 올라가는 것이 불가능할 정도로 속도가 붙은 하강 에스컬레이터를 계속 거꾸로 오르려 하고 있다는 것을 깨닫지 못한다. 이들은 한 산업 차원의 빠른 성장률에만 사로잡혀 벤저민 그레이엄이 말한 "확실한 물리적 성장 전망이 투자자들의 확실한 수익으로 전환되는 것은 아니다"[9]라는 경고에는 관심을 기울이지 않는다.

버핏은 그의 스승으로부터 이런 소중한 통찰을 아주 잘 배웠다. 1999년 〈포춘〉과의 인터뷰에서 그는 "투자의 관건은 한 산업이 사회에 얼마나 많은 영향을 미칠 것인가 혹은 그 산업이 얼마나 성장할 것인가를 평가하는 것이 아니라, 어떤 기업이든 그 기업의 경쟁우위, 그리고 특히 그 경쟁우위의 지속성을 판단하는 것이다"라고 했다.[10]

앞으로 어떤 애널리스트 혹은 이른바 시장 전문가들이 한 산업의 빠른 성장률을 그 산업에 속한 주식들에 대한 투자를 정당화하는 이유로 크게 내세우면, 조심해야 한다.

다른 모든 것이 동일할 경우, 투하자본이익률ROIC이 높을수록 항상 더 좋다. 그러나 성장은 그렇지 않다. 투자에서 가장 중요한 것은 결국 개별 주식과 그들의 경제적 성격이다. 수익성이 열악한 한 산업의 성장에 참여해 그 성장의 혜택을 누리고 싶다면, 경제성은 더 좋고 경쟁은 덜 심한 종산업ancillary industry을 통해 간접적으로 참여해야 한다(최고의 시나리오는 종산업의 그 해당 기업이 독점기업으로 주산업primary industry의 모든 기업에 유일한 공급자인 경우일 것이다). 예를 들어, 극심한 경쟁을 특징으로 하고 있는 인도 항공산업은 높은 운항증가율을 보이고 있는데, 그런 높은 운항증가율, 요컨대 항공산업의 성장에 따른 혜택을 누리기 위해 항공산업(주산업)에 직접 투자하는 대신, 낮은 수준의 경쟁을 특징으로 하는 인도의 수하물산업(종산업)에 투자하는 것이다.

2007년 주주서한에서 버핏은 이를 세 종류의 저축계좌로 비유했다. 그에 의하면, "요약하자면, 세 종류의 '저축계좌'가 있습니다. 가장 좋은 저축계좌는 매년 상승하는 매우 높은 이자를 지급하는 계좌입니다. 그다음 좋은 계좌는 추가되는 예금에 대해서도 매력적인 이자를 지급하는 계좌입니다. 마지막으로 최악의 계좌는 형편없는 이자를 지급하면서도 그런 이자에 추가로 계속 예금을 납입하게 하는 계좌입니다".[11]

> 우리는 현금에 파묻힌 기업을 좋아한다. 그런데 예컨대, 건설장비회사는 이와 다르다. 1년 내내 열심히 일해도 수익이 손에 들어오지 않는다. 우리는 이런 기업은 피한다. 우리는 연말에 수표를 끊어줄 수 있는 기업을 좋아한다.
> - 찰리 멍거

소유해야 할 최고의 기업에 대한 워런 버핏의 정의를 상기하자. 나는 멍거가 말한 것처럼 매년 주주이익에서 수표를 끊어주는 그런 기업을 매우 좋아한다. 그러나 내가 찾는 이상적인 기업은 매력적인 사업 재투자 기회가 있어서 내게 수표를 보내주지 않는 그런 기업이다. 달리 말해, 나는 높은 투하자본이익률을 올리고 있을 뿐 아니라, 이익의 많은 부분을 비슷하게 높은 이익률로 꾸준히 재투자하는 기업을 더 좋아한다. 바로 이런 기업이 '장기 가치투자의 성배'이며, 진정한 내적internal 복리수익력을 가진 기업이다.

복리수익력을 가진 기업

복리수익력은 (1) 추가되는 투하자본의 투하자본이익률(재투자수익률)과 (2) 재투자율reinvestment rate(이익 중 사업에 재투자되는 자금의 비율; 재투자한 자본으로 창출하는 (1)의 '재투자수익률'과는 다른 것이다—옮긴이)로 결정되며, 복리수익력을 가진 기업은 장기적으로 큰 가치를 창출하게 된다.

복리수익의 장기 가치창출은 에드가 로런스 스미스Edgar Lawrence Smith에 의해 거의 한 세기 전에 발견되어 1924년 출간된 그의 책 『장기 투자자산으로서의 보통주Common Stocks as Long Term Investments』에 소개 되었다. 그리고 복리수익의 장기 가치창출 개념은 1925년 5월 스미스의 책에 대한 존 메이너드 케인스의 서평을 통해 주류 투자업계의 관심을 끌게 되었다. 그는 이 서평에서 "(이것이야말로) 스미스의 가장 중요한……그리고 분명 가장 독창적인 논점이다. 잘 경영되는 기업은, 대개의 경우, 벌어들인 수익 전부를 주주들에게 **나눠주지 않는다**. 이런 기업은 모든 해는 아니라 해도, 호황을 누렸던 해에 수익의 일부를 내부 유보하여 이를 다시 사업에 투자한다. 따라서 **복리**가 건전한 산업 투자를 이끄는 한 요인으로 작동한다"고 했다.[12]

두 개의 큰 아이디어는 재투자로 벌어들인 수익(재투자수익률)과 복리다. 일반적으로 복리수익 기계들compounding machines(복리수익을 올리는 기업들)은 장기적으로 높은 자본이익률을 올릴 수 있는 특화된 틈새영역이나 지속가능한 경쟁우위를 갖고 있다. 높은 수익률로 사업에 재투자하는 이런 재투자 해자기업들에 대한 투자의 관건은 그들의 성장이 오래 지속될 것이고, 그런 높은 수익률을 가능케 하는 경쟁우위가 오래 지속되거나 시간이 갈수록 강화될 것이라는 확신에 있다.

투하자본이익률이 높은 기업을 찾을 때, 내가 실제로 살펴보는 것은 장기적으로 그 기업이 추가 투자로 창출할 수 있는 수익률, 즉 추가투하자본이익률return on incremental invested capital, ROIIC이다. 한 기업의 내재가치의 성장을 결정하는 것은 그 기업이 추가로 투자하는 자본으로 벌어들일 수 있는 수익이다. 그 성장이 좋은 성장이냐 나쁜 성장이냐 하는 것은 결국 추가투하자본이익률에 달려있다. 추가투하자본이익률이 자본비용을 크게 상회하는 기업의 경우, 빠른 성장은 좋은 것이고 많은 가치를 창출하는 것이다. 모든 것이 동일하다고 할 때, 이런 기업은 성장이 가속화될수록 그에 따라 PER 배수도 상승한다. 추가투하자본이익률이 높은 기업의 가치는 인지된 성장률의 변화에 극히 민감하게 반응한다.

투자자들은 추가투하자본이익률ROIIC을 사용자본이익률return on capital employed, ROCE이나 투하자본이익률retrun on invested capital, ROIC과 혼동하는 경향이 있다. '추가투하자본이익률 – 자본비용'이 가치 창출의 동인이다.

경쟁력은 확고하지만 성장기회가 없거나 낮은 훌륭한 해자기업의 경우 투하자본이익률이 높을 수 있지만, 오늘 그 주식을 사서 10년간 보유할 경우 아주 높은 수익을 올리지는 못할 것이다. 이 경우, 이 기업의 높은 투하자본이익률은 추가로 투자되는 자본이 아니라 이전에 투자된 자본으로 올린 수익률을 나타내는 것이다. 달리 말해, 현재 20%의 투하자본이익률을 기록했다고 해도 수익을 재투자해 다시 20%의 투하자본이익률을 올릴 기회가 더 이상 없다면, 현재의 투하자본이익률은 투자자들에게 그만큼의 가치가 없는 것이다. 배당수익률이 좋은 '성숙 단계'의 훌륭한 해자기업은 자신의 자본은 보전할 수 있겠지만, 복리로 부를 불리는 훌륭한 복리수익 기계는 아니다.

나는 시간이 감에 따라 내재가치가 성장하는 기업을 선호한다. 이런 식의 성장은 밸류에이션에서뿐 아니라 기업가치가 계속 성장하기 때문에, 시간이 가면서 주가와 내재가치의 차이가 더욱 확대되는 데 따른 안전마진을 제공해 준다. 만약 두 기업 A와 B의 현행 투하자본이익률이 20%로 같지만, A가 B보다 두 배 많은 자본을 투자해서도 여전히 20%의 수익을 올릴 수 있다면, 시간이 가면서 A가 B보다 많은 주주가치를 창출할 것이다. 이 두 기업 모두 20%의 투하자본이익률을 달성하는 기업으로 보이겠지만, A가 B보다 분명 우수하다. A는 이익의 더 많은 부분을 재투자할 수 있으며, 따라서 시간이 가면서 훨씬 많은 내재가치를 창출할 것이다. A를 오래 보유할수록 A와 B의 투자 결과의 차이는 더욱 확대된다.

이런 중요한 사실은 아무리 강조해도 지나치지 않다. 보다 단기적으로는 밸류에이션이 더 중요하다 해도, 장기적(7~10년 이상)으로는 성장과 함께 성장의 질이 훨씬 중요하다. 한 주식을 오래 보유할수록 그 기업의 질이 더 중요해진다. 투자자의 장기적인 수익률은 그 기업의 장기적인 내적 복리수익 실적과 거의 항상 비슷할 것이다.

현행 연도 이익의 10배나 20배, 혹은 30배를 지불할 것인지의 문제로 고민하기보다는 올바른 기업을 찾아 투자하는 것이 훨씬 중요하다. 많은 그저 그런 기업들은 PER 10배 미만의 가격에 매수할 수 있지만, 이런 기업을 장기 보유하면 장기적으로 그저 그런 수익밖에 올리지 못한다. 질 좋은 기업의 내재가치는 시간이 가면서 증가하며, 따라서 이런 주식을 낮은 가격에 매수하면 안전마진도 확대된다. 이는 투자자들에게 위기 시에도 이를 극복하고 오히려 더 나아질 수 있는 안티프래질(반취약성)을 제공하기 때문에 즐거운 상황이다.

반면 기업의 내재가치가 줄어들고 있다면, 이제 시간은 투자자의 적이 된다. 이런 주식은 오래 보유할수록 그 가치가 떨어지기 때문에 가능한 속히 매도해야 한다.

시간은 훌륭한 기업에는 친구가 되지만, 그저 그런 기업에겐 적이 된다.
- 워런 버핏

열악한 질의 쓴맛은 저가의 달콤함이 사라진 후에도 오랫동안 남는다.
- 벤저민 프랭클린

최고의 주식은 대부분의 투자자들에겐 항상 비싸 보일 것이다.
- 제럴드 로브

한 가지 이례적인 놀라운 사실은 재투자수익률이 높은 최고의 해자기업들이 주변에 있지만 이를 알아보지 못하는 경우가 많다는 것이다. 대부분의 투자자들은 얼핏 보고 현재 밸류에이션이 너무 비싸다면서 그런 기회를 외면함으로써, 결과적으로 내적 복리수익의 장기적인 힘을 간과하게 된다.

두 투자자산(기업)을 비교해 10년 시간지평에서 어떤 기업이 더 우수한 투자 실적을 내는지 살펴본 것이 [표 22-1]이다. 첫 번째 투자자산은 재투자 기업으로 강력한 재투자 해자 때문에 모든 이익잉여금을 높은 비율(100%)로 사용하고 그에 따른 수익률(25%)도 높은 기업

• 표 22-1 • 투자 결과 비교

	재투자 기업	저평가 기업
현행 수익력(주당순이익)	100달러	100달러
현행 PER 배수	20배	10배
현재 주가	2,000달러	1,000달러
재투자되는 이익의 비율	100%	50%
이익잉여금 대비 수익률(재투자수익률)	25%	10%
누적 배당금*	0달러	629달러
10년 차 수익력(주당순이익)	931달러	163달러
10년 차 PER 배수	15배	15배
10년 차 주가	13,970달러	2,443달러
총내부수익률**	21.5%	13.6%
최초 투자금 대비 투자 결과(배수)	7배	3배

* 재투자되지 않은 이익은 모두 배당금으로 지급되는 것으로 가정.
** 총내부수익률(Total internal rate of return, IRR)로 비교한 이유 : 세율을 감안할 때, 세전 내부수익률로 비교하면 재투자 기업의 우위가 더욱 부각될 뿐이다.
출처 : 세이버 캐피털 매니지먼트(Saber Capital Management)

이다. 물론 시장은 이런 가능성을 인정하고 있으며, 따라서 이 기업의 매수가는 PER 20배로 꽤 높았다. 따라서 대부분의 심층가치투자자들은 이를 비웃으며 투자를 외면했다.

한편 두 번째 저평가 기업은 전형적인 그레이엄의 담배꽁초주식이다. PER이 10배에 불과하며, 배당수익률이 좋은 꾸준한 기업이다.

장기적으로 시장은 두 기업 모두에 동일한 15배의 PER을 부여할 것으로 가정했다. 그 결과 이 두 기업에 대한 투자 실적의 차이는 10년 후 크게 벌어졌다.

투자의 가장 미묘하고 잘 이해되지 않은 측면은, 수익성 높은 재투자가 실

*제로 일어날 수 있다면, 적정 가격은 우리가 생각하는 것보다 **훨씬 높을 수 있다는 것이다.***

- 톰 게이너Tom Gayner

가장 중요한 것은……배당성향을 매우 강조함으로써 실현 가능한 성장을 제한하는 기업의 주식은 매수하지 않는 것이다.

- 필립 피셔

기업이 자기자본을 황금처럼 소중히 다룰 때, 내적 복리수익 성장 기회가 제한된 기업이라 해도 규율 있는 자본 배분을 통해 상당한 주주가치를 창출할 수 있다. 초과잉여현금흐름을 재투자할 수 없다면, 배당금 지급이나, 주주가치를 높일 수 있는 자사주 매입과 인수 등으로 건전한 자본 배분을 모색해야 한다.

텔레다인 테크놀로지스Teledyne Technologies의 헨리 싱글톤Henry Singleton은 대표적인 건전한 자본 배분가였다. 그는 회사 주식이 PER 40배에서 50배의 높은 가격에 거래될 때는 싼 기업들을 인수하기 위해 주식을 발행했고, PER 배수가 한 자릿수일 때는 자사주를 매입하곤 했다. 이는 회사 주식의 밸류에이션이 과도할 때 낮은 희석률로 자기자본을 늘리는 현명한 자본 배분이다.

상당한 주주가치를 창출하는 데는 기업의 절대적인 규모가 중요한 것이 아니다. 중요한 것은 수익성이다. 이익률이 높은 기업은 높은 수익을 올릴 수 있다. 자본효율성capital efficiency(사용자본이익률을 말한다)이 중요하다. 평범한 수준의 이익률을 가진 기업은 자산회전율 및 재고자산회전률을 높여 매력적인 수익을 올릴 수 있다. 이 두 경우 모두에 있어서 궁극적으로 중요한 것은 주당내재가치의 성장이다. 장기적으로 한 기업의 시장 주가는 그 기업의 '내재가치 + 자본 배분 결정으로 부가된 가치'의 변화를 따라 수렴되는 경향이 있다.

투하자본이익률은 주주이익을 투하자본으로 나눈 것이며, 여기서 투하자본은 '(잉여현금을 제외한) 운전자본 + 순유형고정자산'을 말한다. 광고비나 연구개발비 같은 일부 장기적인 가치창출 비용이 꼭 자본 투자로 분류되는 것은 아니고, 손익계산서에서 비용으로 처리된다. 보다 정확히 보기 위해서는 광고비 중 얼마가 현재의 수익력을 유지하는데 필요한 (요컨대 유지적 자본적 지출maintenance capex과 비슷한) 지출인지 알아야 할 것이다. 현재의 수익력을 유지하는데 필요한 지출을 초과한 부분이 성장적 자본적 지출growth capex과 비슷한 것이 되며, 사용자본capital employed에 포함되어야 한다. 연구개발비도 같은 식으로 이해할 수 있다.

투자는 부분적으로 예술이고 부분적으로 학문이지만, 장기적으로 추가투하자본수익률이 높은 기업에 투자하면 평균 이상의 수익을 올릴 가능성을 크게 높일 수 있다. 투자자가 가만히 앉아 가치가 복리로 증가하는 것을 지켜보면서, 투자자를 위해 열심히 일하는 기업을 발견하는 것만큼 즐거운 일은 없다. 이런 기업은 장기 투자자들에게 좋은 전망과 우수한 사업능력이 갈수록 좋아지는 즐거움, 요컨대 기대 이상의 보너스를 제공해 준다.

우리가 투자한 기업의 경영진은 밤낮없이 일하면서 우리를 위해 부를 창출하고 있다. 나는 내가 소유한 훌륭한 기업들이 갈수록 좋아질 것이라는 단순하지만 매우 중요한 믿음을 갖고 있다.

인도의 GDP는 앞으로 수십 년에 걸쳐 수조 달러 증가할 것이다.

인도의 GDP 대비 시가총액 비율(이른바 '버핏 지수')이 장기적으로 100%에 근접할 것으로 가정하면, 사업 확장 능력을 이미 증명한 인도 최고의 기업들은 인도의 GDP가 증가하면서 주식시장이 커지는 데 따른 혜택의 상당 부분을 누리게 될 것이다.

해자기업을 찾을 때는 (많은 부채 활용 없이) 오랫동안 꾸준히 높은 자기자본이익률 혹은 자본이익률을 올린 기업을 찾는 것이 좋은 출발점이다. 내가 언급한 것이 최종점이 아니라 '출발점'이라는 것을 유념해야 한다. 궁극적으로 투자 수익을 결정하는 것은 현재 그 기업의 절대적인 수치나 비율이 아니라, 여러 이익률, 재무 상태, 그리고 운전자본의 미래 전망이다("나는 퍽이 있었던 곳이 아니라 퍽이 갈 곳으로 움직인다"고 한 유명 아이스하키 선수 웨인 그레츠키Wayne Gretzky의 말이 이런 맥락에 딱 들어맞는다).

여기에서, "지금까지 매력적이었던 기업의 여러 이익률이 미래에도 지속될 것인지 어떻게 알 수 있나?" 하는 질문을 할 수 있다. 1987년 주주서한에서 버핏은 그런 이익률을 오래 지속할 수 있는 기업에 대한 그의 통찰을 소개했다.

〈포춘〉 500대 기업 중 최상위 기업들은 두 측면에서 우리를 놀라게 할 것입니다. 첫째, 이들 대부분은 그들의 이자지급능력에 비해 레버리지를 거의 사용하지 않습니다. 일반적으로 정말 좋은 기업은 돈을 빌릴 필요가 없습니다. 둘째, 한 개의 '첨단기술기업'과 처방의약품을 제조하는 몇 개 기업만 제외하고, 이들 기업은, 모든 것을 고려해 볼 때, 다소 평범해 보이는 사업을 하고 있습니다. 이들 대부분은 (판매량이 더 늘었거나, 가격이 인상되었거나, 혹은 둘 모두이기는 해도) 10년 전과 거의 같은 방식으로 그리 획기적이지 않은 제품이나 서비스를 판매하고 있습니다. 이들 25개 기업의 지금까지의 실적은 **이미 보유한 강력한 사업 경쟁력의 대부분을 활용하거나, 하나의 성공적인 사업 내용에 집중하는 것이 일반적으로 훌륭한 경제성을 제공해 준다는 것을 확인해 주고 있습니다.**[13]

비율의 관점에서 볼 때, 양질의 복리수익 기업에 속하는 주식들이 '통계적으로 싼 주식'들보다 투자 실수, 즉 영구적인 자본손실의 비율이 더 낮을 것이다. 그러나 그렇다고 해서 전자가 후자보다 더 좋을 것이라는 의미는 아니다. 보다 높은 투자 성공 비율이 반드시 보다 높은 수익을 의미하는 것은 아니기 때문이다. 그러나 '실책'이나 손실 발생 투자자산을 줄이고 싶다면, 양질의 기업에 집중하는 것이 더 유리하다.

양질의 복리수익 기업에 투자하고 있다면 투자자로서 우리의 삶은 꽤 즐거울 것이다. 이와 관련해 버핏은 다음과 같은 조언을 했다.

투자자로서 여러분의 목표는 앞으로 5년, 10년, 20년 동안 이익이 크게 증가할 것이 거의 확실한, 그러면서 쉽게 이해할 수 있는 기업의 일부 지분을 합리적인 가격에 매수하는 것이어야 합니다. 시간이 감에 따라 여러분은 이런 기준을 충족하는 기업이 극히 적다는 사실을 알게 될 것입니다. 따라서 그런 기준을 충족하는 기업을 발견하면, 의미 있는 상당량의 주식을 매수해야 합니다……시간이 감에 따라 그들의 전체 이익이 상승하는, 따라서 포트폴리오의 시장 가치도 함께 상승하는 기업들로 포트폴리오를 구축해야 합니다.[14]

• 표 22-2 • 주요 주식 수익 비교(2008년과 2013년)

주식/지표	2008년 1월 시장 주가	2013년 1월 시장 주가	수익률 (%)
BSE SENSEX (봄베이 증권거래소 종합지수)	21,000	19,650	-6
호킨스	230	2,350	922
ITC	110	287	161
타이탄	77	281	265
HDFC뱅크	340	684	101
릴라이언스 커뮤니케이션스	780	73	-91
릴라이언스 캐피털	2,800	495	-82
DLF	1,080	225	-79
HDIL	900	106	-88
GMR인프라	125	20	-84

출처 : 〈인디언월스트리트(Indianwallstreet)〉 블로그, https://indianwallstreet.wordpress.com/2013/01/02/sensex-at-21000-in-2013-making-sense-of-the-sensex/

몇 년 전, 나는 인터넷 서핑 중 우연히 주식 수익 비교표를 하나 발견했다([표 22-2]). 버핏의 통찰 속에 담긴 진정한 힘을 마침내 깨닫게 된 각성의 순간이었다. 뭔가 빛이 번쩍이고, 어떤 깨달음과 초현실적인 느낌이 밀려왔다. 아르키메데스가 "유레카!"를 외치며 욕조에서 뛰어나온 것과 비슷한 그런 경험이었다.

2008년 1월 훌륭한 기업들(호킨스Hawkins, ITC, 타이탄Titan Industries, HDC뱅크HDFC Bank)에 2만 달러를 투자했다면 5년 만에 5배인 10만 달러로 불어나게 되며, 같은 금액을 열악한 기업들(릴라이언스 커뮤니케이션스Reliance Communications, 릴라이언스 캐피털Reliance Capital, DLF, HDIL, GMR인프라GMR Infra)에 투자했다면 끔찍한 손실을 보고 3,000

달러만 수중에 남게 되었을 것이다.

이를 통해 나는 나의 투자 여정에서 가장 큰 발견 중 하나를 하게 되었다. 그것은 훌륭한 기업들은 이전 강세장 고점부터 그다음 약세장 저점까지를 대상 기간으로 측정했을 때도 투자자들에게 많은 부를 창출해 주었다는 것이었다.

큰 부를 얻기 위해서는 주식시장이 급변하는 시기에도 훌륭한 기업은 굳건히 보유하고 끝까지 버텨야 한다. 단기적으로 시장지수는 유동성과 투자심리에 영향을 받지만, 장기적으로는 개별 기업들의 이익이 주가를 견인한다. 훌륭한 기업들은 여러 시장주기에 걸친 장기 보유기간 동안, 심지어는 높은 인플레이션, 금리 상승, 지정학적 긴장, 약한 거시경제 지표, 그리고 정치적 불확실성에 대한 부정적인 뉴스가 넘쳐나는 와중에도 큰 부를 창출한다. 반면, 열악한 기업들은 그런 뉴스가 긍정적이든 부정적이든 관계없이 결국 부를 파괴한다.

다음 경우를 보자. 1964년 12월 31일 874.12였던 다우지수는 1981년 12월 31일 875.00이었다. 17년이란 긴 기간 동안 거의 변화가 없었다. 그러나 이 기간 워런 버핏은 연평균 20% 이상의 복리수익을 올렸다.

투자에서 중요한 것은 우수한 이익 증가와 자본 배분 능력을 가진 훌륭한 기업을 찾아 그들이 그런 능력을 보여주는 한 굳게 보유하는 것이다. 그런 기업에 투자할 때 그리고 (가장 중요한데) 끝까지 함께 할 때, 장기적으로 주식시장의 부침은 사실 중요하지 않다.

경쟁우위의 지속성과 자본 배분이 주주가치에 어떤 영향을 미치는지 비판적으로 평가하면 장기 보유할 주식을 찾을 때 다른 시각variant perception

(시장의 일반적인 견해와 다르지만 근거가 튼튼한 나만의 시각)을 얻을 수 있다.
- 팻 도시Pat Dorsey, 『경제적 해자(The Little Book That Builds Wealth)』의 저자

이번 장에서 얻은 핵심 통찰을 종합하면, '훌륭한 자본 배분가이며 주주친화적인 경영진이 경영하는 높은 수준의 재투자 역량을 갖춘 경쟁우위 기업을 장기 보유하는 것'이 투자의 성배라는 결론에 이르게 된다.

'경쟁우위'의 다양한 원천

기업은 투자자들로부터 조달한 자본을 사용해
자본비용(투자자들이 자본을 제공하는 대가로 요구하는 이자, 수익률)을 초과하는
수익률로 미래 현금흐름을 창출함으로써 가치를 창출한다는 것이
가치 창출의 기본원리다. 기업이 매출을 보다 빨리 늘리고
더 많은 자본을 매력적인 수익률로 이용할수록 더 많은 가치를 창출하게 된다.
'성장'과 '비용 대비 높은 투하자본이익률'의 조합이 가치의 동인이다.
기업은 확실한 경쟁우위를 갖고 있는 경우에만
강한 성장과 높은 투하자본이익률을 지속할 수 있다.
기업 전략의 핵심인 경쟁우위는 이런 식으로 가치 창출의 기본원리와 연결된다.
가치의 보전이라고도 하는 이런 기본원리는
자연히 '현금흐름을 증가시키지 않고 있다면,
그것이 무엇이든 간에 가치를 창출하고 있는 것이 아니다'라는 결론으로 귀결된다.
- 티머시 콜러Timothy Koller

높은 자본수익률을 달성하는 기업들은 일반적으로 (1) 평균 이상의 이익률을 기록하거나, (2) 자본을 빠르게 순환시키거나, 둘 중 한 가지 방법으로 이를 달성한다. 이는 '투하자본이익률=(주주이익÷매출액) ×(매출액÷투하자본)＝결국, 주주이익÷투하자본'이라는 듀퐁분석 DuPont analysis의 핵심 내용이기도 하다.

기업들은 고객 측면(높은 이익률), 혹은 생산 측면(높은 자본회전율)의 경쟁우위를 통해 높은 자본이익률을 달성한다. 기업이 작을수록 그 설립자와 경쟁우위가 분리되기 어렵다. (작은 기업에서 가장 중요한 것이 'PE'라면 그 기업을 '설립한 기업가Promoter Entrepreneur, PE'라고 할 수 있다. 신생기업일수록 투자 과정은 학문보다는 예술에 가까운 것이 된다.)

자본주의는 냉혹하다. 초과수익은 반드시 경쟁을 끌어들인다. 극소수의 기업만 구조적인 경쟁우위 혹은 경제적 해자를 구축해 오랫동안 초과수익을 누린다.

오랫동안 초과수익을 올리게 되면 기업가치가 제고된다. 경쟁우위는 브랜드, 특허권, 라이선스(사업권) 같은 무형자산, 전환비용, 네트워크효과, 원가경쟁력 등 다양한 원천에서 나온다. 이를 차례대로 살펴보자.

1. 무형자산

누구나 알고 있고 널리 신뢰받는 브랜드가 있다. 버드와이저 Budweiser(맥주), 타이드Tide(세제), 매기Maggi(소스)가 그런 브랜드다. 이런 브랜드는 고객들의 제품 탐색비용search cost를 낮춰주고, 편안함, 신뢰 같은 심리적 이점을 제공한다.

이런 브랜드는 잠재고객들이 느리고 논리적이며 반성적인 '시스템

2' 형태의 사고 대신, 심리적 연상과 파블로프의 조건반사를 통해 빠르고 자동반사적인 '시스템 1' 형태의 사고를 하게 만든다. 롤렉스나 롤스로이스 같은 명품 브랜드는 지위가치positional value를 창출하며, 닐슨 홀딩스Nielsen Holdings나 가트너Gartner 같은 브랜드는 기업이나 제품에 정당성을 부여한다.

이런 지위와 정당성 관련 브랜드들이 강력한 사회적 합의를 그 기반으로 하고 있긴 하지만, 단순히 전통적인 오프라인 매장 유통의 우위로 고객들에게 낮은 탐색비용을 제공하는 기존 브랜드들은 혁신적인 온라인 스타트업의 위협에 훨씬 취약하다.

달러 셰이브 클럽Dollar Shave Club(월정액 면도날 구독서비스)이나 크래프트 비어Craft Beer Co.(전 세계의 다양한 맥주를 제공하는 예약제 중심의 펍)같은 도전자 브랜드들은 (중간 유통과정과 의례적인 소매가격 인상 같은 것이 없기 때문에) 사회적 합의의 변화를 요구하지 않으면서도 새로운 이용자들에게 높은 가치를 제공하고 있다.

더욱이 이들은 소셜미디어 플랫폼을 이용함으로써 대중시장 접근에 필요한 비용을 크게 줄였다. 이들 기업은 기존 브랜드들보다 훨씬 빨리 규모를 키우고 매우 저렴한 비용으로 새로운 고객을 확보할 수 있었다.

이런 신흥 브랜드 말고도, 아마존은 기존의 전통적인 유통 브랜드에 항구적인 위협이 되고 있다. 제프 베이조스는 "당신의 마진은 우리에겐 기회다"라고 하면서, 기존 유통 브랜드들이 추구하는 마진을 획기적으로 줄이거나 없애면서 고객을 끌어들이고 있다.

기업들 중에는 애플처럼 경쟁자들보다 훨씬 우수한 제품이나 서비스를 제공하는 기업도 있고, 보석상 티파니앤코Tiffany & Co.처럼 경쟁자들의 제품과 질적으로는 비슷하지만 더 매력적인 스토리를 가진 제품이나 서비스를 제공하는 기업도 있다.

자사 제품이나 서비스에 대한 스토리 마케팅에 주로 의존하는 기업은 수시로 변하는 소비자 행동에 훨씬 더 취약하다. 이들의 가장 치명적인 대체재는, 가격은 더 저렴하면서도 최소한 한 가지는 더 우수한 특징을 가진 제품이나 서비스다.

역사적으로 브랜드는 (1) 최소한의 제품 질 보장, (2) 사회적 맥락에서 그 제품을 소비하는 사람들의 정체성 표현이라는 두 가지 주요 목적에 기여했다. 브랜드는 고객과 기업 사이에 비대칭적 관계가 형성되었던 정보 부족 환경에서 번성했다. 그러나 이런 추세가 끝나가고 있다는 분명한 징후들이 나타나고 있다. 기업과 일반 대중 사이를 가로막는 장막이 거의 사라졌기 때문에 브랜드가 되려면 그 이유가 분명해야 한다.

오늘날의 정보시대에는 모든 것이 항상 기록에 남는다. 고도로 연결된 충분한 정보가 제공되는 세상에서 기업을 분석할 때 고려해야 할 가장 중요한 요인은 그 기업이 고객에게 제공하는 가치다.

또 다른 무형자산은 특허권이다. 특허권은 해당 개발기업에 법적 독점권을 부여하며, 일련의 특허들로 이루어진 특허권 조합basket of patents이 단일 특허권에 과도하게 의존하는 것보다 낫다.

일부 지역적 혹은 국가적 독점기업들은 (유료도로처럼) 고객들이 외면하기 어려운 제품을 갖고 있다. 버핏은 어떤 도시의 단 하나뿐인 신문사를 유료도로에 비유하면서 자신은 유료도로를 매우 좋아한다고 자주 밝힌 바 있다. 마찬가지로, 신용평가기관의 경우처럼, 사업권과 규제인가도 당국의 명령에 따른 법적 과점지위를 부여한다.

2. 전환비용

전환비용switching costs은 여러 형태가 있는데, 돈과 시간처럼 분명한 형태를 띨 수도 있고, 강한 손실혐오나 현상유지편향에 기인한 심리적인 형태를 띨 수도 있다.

이런 전환비용은 무디스처럼 고객의 업무 과정에 매우 밀접하게 통합된 까닭에 판매자와 제품을 변경(전환)할 경우 그 결과가 너무 파괴적이고 많은 비용이 소요되는 매우 중요한 제품, 혹은 비용 대비 편익 비율이 매우 높은 제품에서 발생하는 경우가 많다.

3. 네트워크효과

네트워크효과network effects로 인한 경쟁우위는 에어비앤비, 비자, 우버, 인도증권거래소National Stock Exchange of India처럼 이용자 수가 증가할수록 가치가 증가하는 제품이나 서비스를 공급하는 데서 나온다. 가격결정력이 남용되지 않고 이용자 경험이 악화되지 않는 한, 네트워크효과는 강력한 해자로 기능한다.

경매나 시장 같은 양방향 네트워크가 창출되려면 구매자와 판매자 모두가 필요하며, 이 양측은 상대방도 나올 것으로 믿을 때에만 나오게 된다. 일단 이런 네트워크가 형성되면, 양측에서 갈수록 더 많은 참가자가 참여하면서 네트워크는 더욱 강화된다. 더 많은 구매자가 나타날수록 더 많은 판매자가 유인되며, 이는 다시 더 많은 구매자를 유인한다. 그리고 이런 강력한 피드백 고리가 형성되면, 구매자나 판매자에게 이 네트워크를 떠나 새로운 플랫폼에 참가하라고 설득하기가 거의 불가능해진다.

이런 식의 사업은 성장할수록 그리고 펀더멘털이 가속화되는 모습

● 그림 22-1 ● 에어비앤비가 누리는 강력한 네트워크 효과

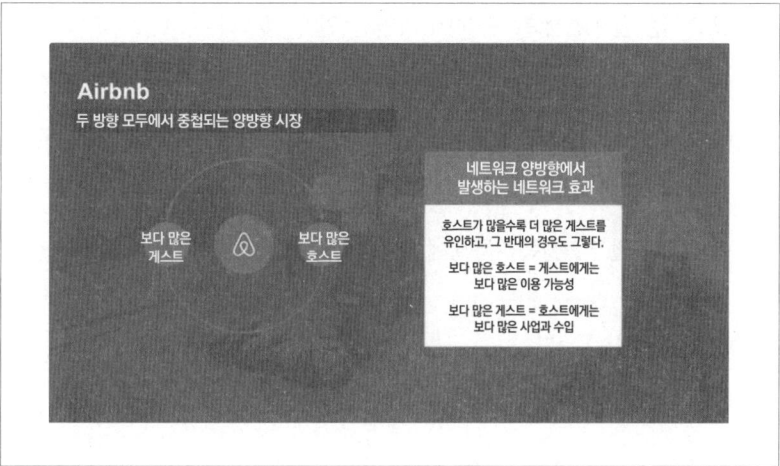

출처 : "에어비앤비의 양방향 네트워크 효과(Airbnb TWOS: Network Effects)" 〈슬라이드쉐어(SlideShare)〉, 2016년 3월 7일, https://www.slideshare.net/a16z/network-effects-59206938/34-AirbnbT_W_O_S_I

을 보일수록 더욱 강해진다. 긍정적인 피드백 고리로 큰 혜택을 누리는 사업모델의 한 예가 바로 에어비앤비의 강력한 양방향 네트워크다([그림 22-1]).

4. 원가 경쟁력

원가 경쟁력low-cost advantage은 공정process, 규모, 틈새niche, (제품라인 혹은 사업 부문 간) 상호관련성 등 다양한 원천에서 발생한다.

- **공정 기반 원가 경쟁력** : 공정에 기반한 원가 경쟁력은 인디텍스Inditex, 가이코, 혹은 사우스웨스트 에어라인스Southwest Airlines처럼 기업이 더 낮은 비용으로 그리고 쉽게 복제할 수 없는 생산 방법으로 제품이

나 서비스를 생산, 공급할 때 발생한다.
- **규모 기반 원가 경쟁력** : 규모에 기반한 원가 경쟁력은 코스트코, 네브래스카 퍼니처 마트처럼 기업이 대형 사업장에 고정비용을 분산시킬 때 발생한다. 시장의 절대적인 규모 그 자체보다 시장의 상대적인 규모가 더 중요하다.
- **틈새 기반 원가 경쟁력** : 틈새에 기반한 원가 경쟁력은 철도 제조사인 웹텍Wabtec Corporation이나 스팀 시스템 전문업체인 스파이렉스사코Spirax-Sarco Engineering처럼 기업이 전체 시장 대비 최소효율규모minimum efficient scale가 높은(즉 규모의 경제의 이점이 오래 지속될 수 있는) 산업을 지배할 때 발생한다.
- **신규 라인과 기존 사업라인의 밀접한 상호관련성에 기반한 원가 경쟁력** : 기업은 인도의 헤스터 바이오사이언스처럼 그들의 제품라인이나 사업부문들이 서로 밀접히 연관되어 서로를 강화해줄 때 원가 경쟁력을 얻게 된다. 마켈Markel Corporation의 사우랍 마단Saurabh Madaan은 이를 '문어발 사업모델octopus model'이라고 했다.[15] 필립 피셔는 과거에 이런 경쟁우위 원천에 대해 "일반적으로 투자자는 그 기업의 기존 활동 범위 내에 있는 제품들(요컨대 기존 제품들)과 일정한 사업적 관계가 있는 제품들을 생산, 개발하는데 기술이나 연구활동의 상당 부분을 투입하는 기업에서 최상의 실적을 얻는다"고 한 바 있다.[16]

원가 경쟁력을 갖춘 저비용 생산자들은 대규모 고객을 확보하고 있기 때문에 자신의 제품이나 서비스를 경쟁자들보다 낮은 마진에 판매해도 사업의 수익성을 유지할 수 있다. 이런 저비용 생산자의 좋은 예는 미국의 자동차보험 직판사 가이코다.

가이코는 미국 자동차보험산업에서 가장 낮은 영업비용을 지출하고 있는데, 그것은 보험대리인을 고용하는 대신 회사가 직접 고객들에게 보험상품을 판매하기 때문이다. 워런 버핏은 경쟁자들에 대한 가이코의 비용 우위를 강력한 해자라고 자주 말한 바 있다. 그는 "다른 기업들이 우리(가이코)의 사업모델을 모방할 수는 있겠지만, 우리의 경제성은 모방할 수 없을 것이다"라고 했다.[17]

원가 경쟁력을 갖춘 저비용 생산자로부터 제품이나 서비스를 구매하는 고객들이 많아질수록, 그 기업의 비용 우위 해자는 (기업이 성장할수록 성장이 더욱 가속화되는 플라이휠 효과flywheel effect를 창출하면서) 갈수록 더 확대된다.

아직은 낯선 해자, '기업문화'

지금까지 우리는 전통적인 경쟁우위의 원천들에 대해 살펴보았다. 그런데 아직 그 인식이 매우 부족한 또 하나의 지속가능하고 복제하기 어려운 경쟁우위의 원천은 '기업문화'다. 경쟁우위로서 기업문화는 예컨대, 버크셔 해서웨이, 아마존, 코스트코, 키위트 코퍼레이션Kiewit Corporation, 컨스텔레이션 소프트웨어Constellation Software, 마켈 등에서 가장 잘 확인할 수 있다.

조직문화가 얼마나 중요한지 확인해 보기 위해 먼저 다음 내용을 살펴보자. 1957~1969년 사이 워런 버핏은 주주서한에서 '문화'란 말을 단 한 번도 언급하지 않았다. 그런데 1970~2017년 사이 그는 이 말을 30번 이상 언급했다.

강력한 기업문화를 가진 기업들은 훌륭한 가치명제customer value proposition(기업이 고객에게 제공하겠다고 약속한 가치)를 고객들에게 전하고, 같은 것에 대해 경쟁자들보다 더욱 효과적으로 고객들과 의사소통하는 데 초점을 맞춘다. 기업이 강력한 가치명제를 창출하기 위해서는 고객들에게 그들이 달성하려는 목표가 무엇인지 그리고 그 성공과 실패는 어떻게 측정하는지 물어보아야 한다(이렇게 하는 대신 너무 많은 기업이 아직도 고객들에게 '무엇을 원하는지' 묻는다. 고객들은 그 답을 제시할 수 있는 전문가가 아니다).

투자자로서 우리는 고객의 행복에 매우 신경쓰며, 경쟁자들보다 고객에 더 공감하는 그런 기업을 찾는다. 기업문화는 그 기업 임직원들이 일상 업무를 경쟁사들보다 조금 더 잘할 수 있게 만드는 요인이 되기 때문에 장기 투자자들에게 중요하다. 시간이 감에 따라 이런 작은 경쟁우위가 복리로 누적되어 훨씬 큰 경쟁우위가 된다. 그리고 이런 경쟁우위는 일반적인 예상보다 훨씬 더 오래 지속될 수 있다.

"무엇이 우리의 경제적 해자를 확대해 주는가?"에 대한 답이 항상 경영진이 수립하는 전략의 핵심이 되어야 한다. 그 답은, 아마존의 경우 고객경험을 제고하는 것이고, 코스트코와 네브래스카 퍼니처 마트의 경우 규모의 경제를 고객과 공유하는 것이며, 우버의 경우 잘 훈련된 기사가 운전하는 차량의 이용가능성을 높이는 것이고, 페이스북의 경우 사용자 참여를 높이는 것이다.

해자를 넓히고 있는 기업에 투자하면, 시간이 감에 따라 그 밸류에이션이 처음 평가했을 때보다 항상 훨씬 더 낮아지게 된다. 주가에 비해 가치 상승 폭이 훨씬 더 크기 때문이다.

절대적인 관점에서 높은 시장점유율(예컨대 GM의 경우)이 해자는 아니다. 훌륭한 기술제품이라 해도 고객 락인customer lock-in(고객이 다른 대안으로 옮겨가지 못하게 붙들어 두는 것)이 없으면(예컨대 고프로 GoPro) 해자가 아니다. 그 제품의 상품화를 피할 수 없고, 그 제품을 낡은 것으로 만들어 버리는 혁신이 발생할 것이기 때문이다. '크록스 샌들' 같은 반짝 인기 제품은 단기적으로 높은 수익을 창출할 수 있지만, 해자를 만드는 것은 지속가능한 초과수익이다.

어느 기업이든 그 기업의 해자를 평가할 때는 무한한 자금을 가진 현명한 경쟁자가 있다고 할 경우, 그 경쟁자가 얼마나 빨리 그 해자를 복제할 수 있는지 판단해야 한다. 경쟁자들이 어떤 기업의 성공의 비밀을 알고 있음에도 불구하고 그것을 복제할 수 없다면, 그 기업은 강력한 해자를 갖고 있는 것이다.

내가 어떤 기업을 평가할 때마다 스스로 묻는 한 가지 질문은, 내가 충분한 자본과 숙련된 인력을 갖고 있다고 가정할 경우, 그 기업과 경쟁하려 하겠느냐 하는 것이다.

- 워런 버핏

내재가치와 주주가치를 이어주는 '자본 배분'

자본 배분은 기업의 내재가치와 주주가치를 연결하는 다리다. 기업이 내부적으로 높은 수익을 올릴 수 있는 투자 기회가 있다면, 큰 규모로 재투자해야 한다.

그러나 성숙한 기업이 자본이익률이 하락 중이거나 낮음에도 불구하고 계속 투자하는 경우가 종종 있다(고령화는 사람은 물론이고 기업에도 힘든 일이다). 이런 기업은 투자를 하는 대신 자본을 배당금이나 자사주 매입의 형태로 주주들에게 환원해야 한다.

배당금은 유휴자금을 사용하는 분명한 이유가 될 뿐 아니라, 하나의 규율(기업이 배당금을 지급하기 위해서는 수익이 실제로 존재해야 한다)로 작용하기 때문에 중요하다. 기업이 열악한 방법으로 배당금을 조달하거나(주주들이 배당금을 기대한다는 이유 때문에 경영진이 부채를 차입하기도 한다), 높은 순현재가치 창출 프로젝트에 투자하는 대신 배당금을 지급하고 그것이 큰 기회비용이 된다면, 배당금이 반드시 좋은 것은 아니다.

자사주 매입은 항상 내재가치에 대한 객관적인 평가에 따라 실행되어야 한다. 그러나 스톡옵션의 희석효과를 상쇄하고 주당순이익을 '관리'하기 위해 자사주 매입을 하는 경우가 많다. 자사주 매입은 가치를 창출하는 것이 아니고, 주주들 간에 부를 재분배하는 것에 불과하다는 것을 유념해야 한다. 내재가치보다 높은 가격에 행해지는 자사주 매입은 계속 주주들ongoing shareholders(자사주 매입에 응하지 않고 계속 주식을 보유하는 주주들)로부터 이전 주주들former shareholders(자사주 매입에 응해 주식을 매도한 주주들)에게 부를 이전하는 것이고, 내재가치보다 낮은 가격에 행해지는 자사주 매입은 그 반대가 된다.

'제국 건설'에 나선 경영진이 과도한 M&A 거래를 통해 가치를 파괴하는 경우가 종종 있다. 수익성에 대한 언급 없이 총매출액만으로 평가한 기업 규모를 경영진에 대한 보상 기준으로 적용하고 있는 것은 아닌지 항상 확인해야 한다. 자본을 잘못 배분해도 좋은 보수를 받는 경영자들이 그런 식으로 기업 규모를 키우려 할 것이다. 결국 인센티브가 중요하다.

> 비밀을 하나 말해 주겠다. 거래를 하는 것이 일하는 것보다 낫다. 거래는 신나고 재미있지만, 일하는 것은 구질구질하다. 뭔가를 경영한다는 것은 기본적으로 구질구질한 수많은 잔일을 해야 하는 것이고 재미라고는 거의 없다. 그런데 거래는 로맨틱하고 매력적이다. 바로 이 때문에 당신이 말도 안 되는 거래라도 거래를 하게 된다.
>
> - 피터 드러커Peter Drucker

간단한 M&A 경험법칙은, 거래 규모가 크고 인수자와 인수 대상 간의 유사성이 적을수록, 그 거래가 가치를 파괴할 가능성은 더 높다는 것이다. 1982년 M&A 열풍이 몰아쳤을 때, 워런 버핏은 그중 많은 거래에서 "경영진의 지성은 경영진의 아드레날린과의 경쟁에서 밀렸습니다. 추격의 스릴에 빠진 추격자는 그 목표를 잡았을 때 벌어질 결과는 보지 못했습니다"라고 했다.[18]

사업의 '일대 전환'으로 선전되는 경우가 많은 거액의 M&A는 기본 성공률이 낮다. 반면 비슷한 사업영역을 서로 공유하는 더 소규모의 턱인tuck-in 혹은 볼트온bolt-on 기업인수는 기본 성공률이 더 높다. 일반적으로 M&A는 그것이 사업 전략의 한 핵심 요소일 때, 그리고 경영진이 가치 부가적이고 규율 있는 M&A를 한 실적이 있을 때 가치를 창출할 가능성이 더 높다. 그러나 이런 범주에 드는 기업은 드물다. 버크셔 해서웨이, 페어팩스 파이낸셜Fairfax Financial, 마켈Markel Corporation, 컨스텔레이션 소프트웨어Constellation Software 정도만 그런 범주에 속할 것이다.

무엇보다도 정말 모범적인 자본 배분가는 주주의 재산을 잘 관리하는 신탁대리인 역할을 수행한다. 이런 사람은 의사결정을 할 때 감정을 완전히 배제하고 합리성을 추구하는 모습을 보여준다.

자본이 가치를 증대시키는 방향으로 사용될 때, 주주들은 기업의 증대된 내재가치 그리고 증대된 내재가치가 또 다시 증가하는 데서 모두 혜택을 보게 된다. 주주가치가 복리로 불어나는 셈이다. (윌리엄 손다이크William Thorndike의 『현금의 재발견The Outsiders』은 자본 배분 능력을 가진 일부 유명한 경영진을 자세히 소개한 좋은 책이다.)[19]

훌륭한 자본 배분가는 기업의 부족한 경쟁우위를 보완해줄 수 있으며(버핏의 초기 섬유공장의 경우), 훌륭한 경쟁우위는 가치 파괴적인 M&A를 포함한 열악한 자본 배분을 보완해줄 수 있다(마이크로소프트의 경우).

요약하면, 일반적으로 양적 데이터가 가격에 반영되긴 하지만, 효율적으로 반영되는 것은 아니다. 학교에서는 성적을 매길 수 없는 것은 가르칠 수 없다. 따라서 계량할 수 없거나 쉽게 평가할 수 없는 것은 틈새 기회가 된다. 내가 보기엔, 양적 데이터는 애널리스트 보고서처럼 사후의 후행지표인 경우가 많기 때문에 질적 분석이 양적 분석보다 중요하다. 재무제표에서 그 데이터를 확인하는 시점이면, 너무 늦은 때다. 질을 평가하는 시기는 주가 움직임이 시작된 후가 아니라 그 전이다.

어떤 주식을 장기 보유할 경우에는, 그 기업의 성공 요인들의 장기적인 지속가능성을 포함해 그 기업에 대해 정확한 질적 판단을 하는 것이 매수 밸류에이션보다 중요하다. 합리적으로 판단하기만 하면, 성장하고 있는 양질의 경쟁력 있는 기업에는 과도한 금액을 지불해도 살아남을 수 있다. 어쩔 수 없이 틀린다면, 밸류에이션에서 틀려야지 질적 판단에서 틀려서는 안 된다.

양적quantitative 투자와 질적qualitative 투자라는 주제에 관한 워런 버핏의 견해를 보여주는 다음 글로 이번 장을 마치면 좋을 것 같다.

아주 흥미롭게도, 나는 내 자신이 기본적으로 양적 학파에 속한다고 생각함에도 불구하고(그리고 이 글을 쓰고 있는 지금 이 순간, 누구도 휴가에서 돌아오지 않았습니다. 내가 양적 학파 교실에 남아 있는 유일한 사람인 듯합니다), 수년에 걸쳐 알게 된 정말 놀라운 점은, 내가 '개연성 높은 통찰high-probability insight'을 갖고 있던 질적인 측면으로 크게 기울어졌다는 것입니다. 실제로 돈을 벌어주는 것은 질적인 것에 대한 통찰입니다. 그러나 통찰이 보통 그런 것처럼, 이런 일이 자주 있는 일은 아닙니다. 그리고 물론, 양적인 측면에서는 어떤 통찰도 필요하지 않습니다. 그냥 숫자에 치이게 됩니다. 따라서 '정말 큰돈'은 질적으로 옳은 결정을 한 투자자가 버는 경향이 있습니다. 그러나 적어도 내가 보기에, '보다 확실한 돈'은 명확한 양적 결정으로 버는 경향이 있습니다.[20]

23장

시장의 변동성에 대처하는 법

> 주식시장은 투자에 거대한 방해꾼이다.
> - 존 보글John Bogle

1987년 버크셔 해서웨이 연차보고서 주주서한에서 워런 버핏은 '미스터 마켓'의 개념을 다음과 같이 설명했다.

내가 보기에, 투자의 성공은 어떤 비밀 공식, 컴퓨터 프로그램, 혹은 주가와 시장 움직임이 보내는 신호 등으로 얻을 수 있는 것은 아닙니다. 그보다는, 시장에 휘몰아치는 전염성이 매우 강한 감정과 분리되어 독자적으로 생각하고 행동할 수 있는 능력과 함께 좋은 사업 판단력을 겸비한 투자자가 성공할 것입니다. 나의 경우, 독자적인 입장을 유지하기 위해 노력할 때, 벤저민 그레이엄의 '미스터 마켓' 개념을 떠올리는 것이 큰 도움이 되었습니다.[1]

버핏이 "시장에 휘몰아치는 전염성이 매우 강한 감정과 분리하여 독자적으로 생각하고 행동할 수 있는 (투자자의) 능력"을 말한 것은 투자자의 건전한 기질이 매우 중요하다는 것을 강조하고 있는 것이다. 버핏은 성공적인 투자의 전제조건으로 '기질'을 '지성'보다 항상 우선했다.

> 세상의 의견에 따라 사는 것은 정말 쉬운 일이고, 자기 자신만의 의견을 따라 사는 것은 고독해지기 쉬운 일이다. 그러나 위대한 사람은 군중 속에서도 참으로 우아하게 고독한 독립을 유지하는 사람이다.
> - 랄프 왈도 에머슨

열광적인 시장에 이성을 빼앗기거나, 비관적인 시장에 감정이 휘둘려선 안 된다. 마음의 변동성이 주가의 변동성보다 훨씬 더 위험하고, 따라서 객관적인 마음 상태가 투자 성공의 열쇠가 된다.

혁신은 점점 가속화될 수 있지만, 인간의 본성과 투자자의 심리는 수 세기 동안 변하지 않았다는 것을 기억하자. 속담처럼, "과거를 버리지 마라, 언젠가 힘들 때 필요할지도 모른다". 완전한 공황기는 물론이고, 극도로 열광적이던 때 인간이 어떻게 행동했는지 열심히 공부해야 한다. 그래야 다시 그런 때가 닥쳐도 자신의 경로를 끝까지 잘 유지할 수 있고, '주변의 모든 사람이 이성을 잃고 있을 때 늘 하던 평범한 일을 할 수 있는 사람이 군사적 천재'라는 나폴레옹의 생각에 부합하는 투자자가 될 수 있다. 기본적으로 투자자로서의 평생의 성과는 종종 발생하는 극단적인 시장 변동기에 어떻게 행동하느냐에 달려 있다.

벤저민 그레이엄은 "기본적으로, 가격 변동성은 진정한 투자자에게 단 한 가지 중요한 의미를 가진다. 요컨대 가격 변동성은 그에게 주가가 급락할 때는 현명하게 매수할 기회를, 주가가 크게 상승할 때는 현명하게 매도할 기회를 준다. 그 외의 다른 시기에는 주식시장은 잊어버리고 배당 수익과 보유한 기업의 사업 실적에만 관심을 가지는 것이 더 나은 성과를 낼 수 있다"고 한 바 있다.[2]

시대를 초월한 벤저민 그레이엄의 이런 지혜는 읽고, 또 읽고, 깊이 되새겨야 한다. 투자를 하면서 이 말을 그대로 실천할 수 있다면 성공할 수밖에 없다. 버핏도 주식시장에서 부자가 되는 비밀을 소개할 때, "부자가 되는 법을 알려주겠습니다. 문을 닫아주기 바랍니다. 그 비밀이란 **다른 사람들이 탐욕을 부릴 때 두려워하고, 다른 사람들이 두려워할 때 탐욕을 부리는 것입니다**"라고 한 바 있다.[3]

블루칩과 방관자 효과

소기업에게 적용되는 한 가지 중요한 역설이 있다. 그것은 소기업일수록 충분히 분석되는 경우가 적은 반면 분석하기는 더 쉽다는 것이다. 대기업과 비교했을 때, 소기업의 경우 회계 항목은 더 단순하고, 경영진에 대한 접근은 더 용이하며, 분석해야 할 사업 부문도 더 적다. 그런데 소기업은 상대적으로 유동성이 낮고 대형 시장 참가자들로부터 외면되는 경우가 많기 때문에, 시장은 소기업의 주가를 잘못 책정할 때가 많다.

또한 블루칩 주식의 경우, 많은 투자자들은 키티 제노비스Kitty Genovese 살인사건의 '방관자 효과bystander effect'를 연상시키는 공통된 편향을 갖고 있다(1964년 발생한 키티 제노비스 살인사건의 목격자들은 다른 누군가 신고할 것이라고 생각하면서 아무도 경찰에 신고하지 않았다). 많은 투자자들은 다른 모든 사람이 살펴볼 것이라고 생각하기 때문에 유명한 대형주는 잘 살펴보지 않는다. 이런 투자자들은 그 대형주의 주가는 온전히 제 가격이 책정되었을 게 분명하고, 따라서 투자할 이점이 별로 없을 것이라고 가정한다.

그러나 놀라운 사실은, 시장 참가자들 사이에 늘 상존하는 탐욕과 공포, 단기적인 사고, 인내의 부족, 그리고 즉각적인 만족에 대한 내적 욕구 등과 같은 특징들로 인해 대형 블루칩 주가조차 일시적으로 기본적인 내재가치에서 크게 벗어나는 경우가 종종 있다는 것이다([표 23-1] 참조).

이 표에서 알 수 있듯이, 이 시기 대부분의 기간 동안 시장 변동성이 역대 최저 수준이었음에도 불구하고, 초대형주(세계에서 가장 크고 유명한 상위 10개 기업)의 52주 저가와 52주 고가 사이에 평균 45%의 가격 차이가 있다는 것은 놀라운 일이다.

싸게 사서 비싸게 파는 것은 항상 좋은 전략이며, 미스터 마켓은 오래되고, 유명하고, 많은 관심을 받는 기업들에도 그런 전략을 사용할

• 표 23-1 • S&P 500 상위 10대 기업(2019년 10월 11일 기준)

기업	종목기호	시가총액 (10억 달러)	52주 저가 (달러)	52주 고가 (달러)	저가 대비 고가 주가 상승률 (%)	저가 대비 고가 시가총액 증가액 (10억 달러)
애플	AAPL	1,052	142	235	65.5	420
마이크로소프트	MSFT	1,048	94	142	51.1	366
아마존	AMZN	844	1,307	2,036	55.8	361
구글 (* 현재 알파벳)	GOOG (* 현재 GOOGL)	823	970	1,289	32.9	221
페이스북 (*현재 메타 플랫폼스)	FB (*현재 META)	511	123	209	69.9	245
버크셔 해서웨이	BRK-B	510	186	224	20.4	93
비자	V	373	122	187	53.3	146
JP 모건 체이스	JPM	371	91	120	31.9	93
존슨 앤 존슨	JNJ	342	121	149	23.1	74
월마트	WMT	335	86	120	39.5	97
평균 주가상승률(저가 대비 고가)					44.3	
평균 시가총액 증가액(10억 달러)						212

출처 : 세이버 캐피털 매니지먼트(Saber Capital Management)의 존 후버(John Huber)

기회를 계속 제공해 주고 있다. 피터 린치는 이런 기업들을 튼튼한 우량주stalwarts라고 불렀다. 이런 기업들은 성장 잠재력은 그리 크지 않은 대기업들이다. 그런데 가끔 이런 기업을 할인된 가격에 매수해서 30~50% 상승한 후 매도할 수 있는데, 이는 대개의 경우 기업가치의 증가보다는 밸류에이션 배수의 평균 회귀에 따른 것이다.

주가는 매일 무작위로 움직이며 가끔 크게 상승하거나 크게 하락하지만, 기업가치는 매우 천천히 변한다는 것을 기억하자. 바로 여기에 큰 기회가 있다. 움직이는 것에 초점을 맞추는 것은 우리의 진화적 본능에 따른 것이다. 시장 참가자들이 아주 느리게 변하는 기업가치보다 부단히 이리저리 움직이는 주가에 더 초점을 맞추는 것은 그 때문이다.

강세장 vs. 약세장

강세장은 일반적으로 싼 유동성을 연료 삼아 진행되며 금리의 급격한 인상으로 종말을 고한다. 버핏은 금리가 밸류에이션에 미치는 중대한 영향에 대해 다음과 같이 말했다.

> 경제적 측면에서 금리는 물리 세계의 중력과 같은 역할을 한다. 언제든, 어떤 시장에서든, 그리고 세계 어떤 지역에서든, 아주 약간의 금리 변화도 모든 금융자산의 가치를 변화시킨다. 채권 가격의 변동에서 이를 잘 확인할 수 있다. 이런 규칙은 농장, 유전, 주식, 그리고 다른 모든 금융자산에도 적용된다. 그리고 그 결과는 가치에 지대한 영향을 미칠 수 있다.[4]
>
> 모든 투자자산에서 투자자들이 요구하는 수익률은 그들이 국채에 투자했을 때 벌 수 있는 무위험수익률과 직접 결부되어 있다. 따라서 국채 금리가 오르면, 다른 모든 투자자산의 가격은 그 기대수익률이 (무위험수익률인 국채 금리와) 균형이 맞는 수준까지 하향 조정되어야 한다.
> ……주식, 부동산, 농장, 혹은 그 무엇이든 간에 금리 외의 다른 매우 중요한 변수들이 거의 항상 작용하고 있는데, 이는 일반적으로 금리 변화의 효과를 모호하게 만든다. 그럼에도 금리의 효과는 (눈에 보이지 않는 중력의 힘처럼) 항상 존재한다.

1964~1981년 사이 장기국채 금리가 1964년 말 4%를 갓 넘는 수준에서 1981년 말 15% 이상으로 크게 상승했다. 이런 금리 상승은 모든 투자자산의 가치를 억누르는 데 큰 영향을 미쳤지만, 우리가 관심을 가졌던 것은 물론 주가였다. 따라서 이 기간 (이렇게 금리의 중력이 세 배로 작용하게 된 상황에서) 엄청난 경제성장에도 불구하고 주식시장이 횡보하게 된 주된 이유는 바로 여기에 있다.[5]

버핏은 데이터를 항상 '적절한 맥락'에서 평가해야 한다는 점을 강조하고 있다. 그는 "주가가 비싸다. 비싸 보인다. 그러나 보이는 것만큼 그렇게 비싼 것은 아니다"라고 한 바 있다.[6] 예를 들어, 1921년 미국 주식시장의 높은 PER은 기업 이익이 크게 억눌렸고 경기주기가 저점에 있었기 때문에 걱정할 필요가 없던 것이었다. 그러나 1929년의 약간 낮아졌지만 여전히 높았던 PER은 기업의 이익률과 이익이 고점에 있었기 때문에 걱정했어야 했다.

지난 금융위기들의 전개 과정에서 계속 재발하는 문제가 있다면, 그것은 시장 유동성이 갑자기 축소되었다는 것이다. 1988년 〈배런스〉와의 인터뷰에서 스탠리 드러켄밀러Stanley Druckenmiller는 강세장의 경우 유동성이 매우 중요하다는 점을 강조했다.

우리가 살펴보는 주요 변수는 전반적인 경제 상황이 조합된 결과로서의 유동성이다. 많은 금융 관련 매체가 말한 것과 달리, 금세기 가장 강력했던 강세장들을 살펴보면, 연방준비은행이 어떻게든 활성화시키려고 하는 매우 부진하고 둔화된 경제가 주식에는 가장 좋은 환경이란 것을 알 수 있다.[7]

일반적으로 투자자들은 약세장에서는 (편하게 앉아 있을 수 없는 힘든 환경이기 때문에) 더 많은 노력을 하며, 강세장에서는 편하게 안주하는 경향이 있다. 그러나 인생의 좀 더 빠른 시기에 경제적 독립을 이루기 위해서는 오히려 강세장에서 꿈을 크게 갖고, 리스크를 관리하고, 노력을 배가해야 한다. 여러분이 운이 좋아서 강세장을 경험하고 있다면, 그 기회를 놓치지 말고 자신의 삶을 획기적으로 변화시킬 수 있어야 한다. 강세장은 돈을 버는 데 최대한 이용하고, 약세장은 교훈을 얻는 기회로 최대한 활용해야 한다.

이쯤에서, "그런데 강세장이라는 것을 어떻게 알 수 있는가?"라는 질문을 할 수 있을 것이다. 존 템플턴John Templeton은 "강세장은 비관 속에 탄생하고, 회의 속에 성장하며, 낙관 속에 성숙하고, 희열 속에 사멸한다"고 했다.[8]

하워드 막스는 강세장은 3단계로 진행된다고 했다. "다행히도 나는 사회 초년생이던 1970년대 초반에 투자의 가장 소중한 교훈 중 하나를 얻게 되었다. 그 교훈은 강세장에는 3단계가 있다는 것이었다. 첫 단계는 미래를 내다볼 수 있는 소수의 사람들이 상황이 좋아질 것이라고 믿는 단계이고, 두 번째 단계는 대부분의 투자자들이 상황이 실제로 좋아지고 있다는 것을 알게 되는 단계이며, 세 번째(그리고 마지막) 단계는 모든 사람이 상황이 영원히 좋아질 것이라고 확신하는 단계."[9]

이바노프닷컴Ivanhoff.com 설립자 이바일로 이바노프Ivaylo Ivanov는 전형적인 강세장의 3단계를 다음과 같이 설명했다.

전형적인 강세장은 3단계의 주요 심리 과정을 거친다.

1단계 심리 : 강세장이라고? 하락이 임박했다

상승 추세를 보여주는 대부분의 신호는 이때 이미 존재한다. 자금은 방어적인 기업들을 떠나 보다 높은 수익률을 추구하고, 수익 폭은 개선되고 있으며, 상관관계(하락장에서 모든 주식이 함께 하락하는 현상)와 변동성은 크게 감소한다. 그럼에도 많은 사람들은 상승을 믿지 않고 '가격이 상승한 기업들'을 공매도하는 편을 택함으로써, 거대한 주식 매집 세력에게 주식을 모두 넘겨주고 만다.

가장 빠른 주가 상승은 1단계와 3단계에서 발생한다.

2단계 심리 : 수용 단계

점점 더 많은 사람들이 시장이 상승 추세에 있으며 '유죄가 증명될 때까지 무죄로(요컨대 약세장으로 분명히 증명되지 않는 한 상승장으로)' 봐야 한다는 생각을 점차 받아들이게 된다. 주가는 당분간 상승하고, 중간에 발생하는 약간의 하락은 단기에 그친다.

일반적으로 2단계와 3단계 사이에 상승의 탄성을 테스트하고, 약한 투자자들을 흔들고, 새로운 기반을 형성하는 보다 큰 시장 하락이 한 번 정도는 있다. 상승 초기에 기회를 놓쳤던 기관들은 이런 더 큰 일시적인 시장 하락을 매수 기회로 활용하며, 기관의 매수는 시장을 신고점으로 끌어올린다.

3단계 심리 : 모든 것이 영원히 상승할 것이다

1단계에서는 대부분의 사람들이 회의적인데, 그것은 시장이 얼마 전까지 높은 상관관계 및 평균 회귀 환경에 있었고, 대부분의 사람들이 그런 시장 성격이 쉽게 변할 것으로 보지 않기 때문이었다. 2단계에서는 주가가 한 동안 상승해 왔다는 단순한 이유로 투자자들이 점차 강세장 지지자로 변한다. 애널리스트들과 전략가들도 자신들의 경력을 관리할 목적으로 강세장 지지자로 변한다. 3단계에서는 주가가 한 동안 계속 상승해 왔을 뿐 아니라, 대부분의 시장 참가자들이 개인적으로 많은 돈을 벌 수 있었기 때문에 행복감이 넘친다. 모든 것이 쉬워 보이고, 미래는 장밋빛이며, 자만심이 적절한 분석을 대체한다.[10]

기업공개는 시장심리를 보여주는 효과적인 지표 중 하나다. 1단계에서 좋은 기업들은 싼 밸류에이션에 기업을 공개한다. 2단계에서 좋은 기업들은 비싼 밸류에이션에 기업을 공개한다. 3단계에서는 나쁜 기업들도(이들 중 많은 수가 이익을 전혀 내지도 못하고 있다) 터무니없는 밸류에이션에 기업을 공개하며, 그럼에도 개인투자자들은 앞다퉈 청약을 한다.

시장에서 개인투자자들이 급증하는 것은 상승장 말기를 알려주는 지표다. 그리고 발행시장과 유통시장에서 매우 높은 수준의 마진 펀딩margin funding(신용거래를 위한 자금조달)이 진행되는 것은 강세장의 마지막 분출 국면을 나타내는 지배적인 특징이다(이 마지막 국면에서 이미 과대평가된 강세장의 업종 대표주들의 주가는 그 터무니없는 밸류에이션이 더 이상 정당화될 수 없는 수준까지 크게 상승해서 한두 달 만에 두 배나 세 배까지 뛴다).

이 시점이 지나면 그 뒤를 이어 약세장이 오며, 이 기간 동안 보통주들은 본래의 정당한 장기 주주들에게 되돌아간다. "사람들은 잘 알려진 것처럼 집단으로 사고를 한다. 그리고 집단으로 광기에 휩싸이는 모습을 보일 것이다. 그러다가 한 명씩 천천히 겨우 이성을 회복하게 된다"는 찰스 맥케이Charles Mackay의 말이 현실이 되는 순간이다.[11]

투자자 포트폴리오의 질은 그 시점의 지배적인 시장 심리를 보여주는 또 다른 좋은 지표다. 강세장이 성숙해짐에 따라, 많은 투자자들은 꾸준히 성장하고 자기자본이익률이 높은 우량주에서 경영진의 질이 열악하고 이익률도 열악하지만 좀 더 싸고 저렴한 그러나 성장성은 더 높아 보이는 주식으로 옮겨간다. 그리고 그다음엔 다시 상품주와 경기순환주, 그다음엔 현재 손실을 내고 있는 턴어라운드 주식들, 그다음엔 그간의 실적이 제한적인 초소형주, 그리고 마지막으로는 급속한 매출 성장 전망을 가진 부채가 매우 많은 주식들로 옮겨가는 경향을 보인다.

이 시점에서 강세장은 대개 그 고점을 치고, 행복감이 만연하던 마지막 단계에서 대부분의 투자자 포트폴리오에는 잡주들만 남게 된다(썰물이 빠져나간 후에만 누가 벌거벗고 수영하고 있었는지, 요컨대 시장 모멘텀에 베팅하고 있었는지 알게 된다). 그 뒤에 오는 약세장 기간 동안 우량주와 잡주 모두 크게 하락한다. 우량주들은 그 후 시장이 회복할 때 결국 반등하지만, 잡주들은 다음 강세장이 올 때까지 수년 동안 바닥 상태에서 헤어나지 못한다.

이런 주기를 두어 번 겪은 후에야 투자자들은, 투자 포트폴리오의 질을 낮춰서라도 보다 빠른 수익을 올리려는 끊임없는 충동에 저항할 수 있게 된다. 가장 훌륭한 교훈은 항상 약세장에서 얻게 되며, 이런 교훈들은 남은 투자 생애에 그 결실을 제공한다.

약세장을 쓸모없게 만들어서는 결코 안 된다. 약세장은 속임수를 쓰는 경영진이나 약한 사업모델은 역복리가 작동해 손실을 기하급수적으로 늘린다는 가혹한 수학의 현실을 우리에게 가르쳐 준다. 약세장은 "열악한 기업들은 위기에 쓰러지고, 좋은 기업들은 위기를 극복하고 살아남으며, 훌륭한 기업들은 위기를 통해 오히려 더 좋아진다"는 인텔 명예회장 앤디 그로브Andy Grove의 말속에 담긴 깊은 지혜를 깨닫게 되는 때다.[12] 또 약세장은 투자자들이 장족의 발전을 하고 강한 우량기업들로 자신의 포트폴리오를 재구축하기 시작하는 투자 전환의 촉매제가 될 수 있다. 그다음 관건은 미래의 강세장에서 탐욕에 굴복하지 않는 것이다.

지금까지 소개한 강세장에 대한 정의들이 모두 매우 주관적이라는 것을 알아챘을 것이다. 이들이 미리 정해진 어떤 밸류에이션 수준이나 시장심리 수준에 도달하면 강세장이 끝난다고 말하고 있는 것은 아니다.

최고의 투자자는 시장 주기가 어떤 확실한 모습이나 그 예측 가능성을 드러내지 않는다는 것을 기꺼이 겸손하게 인정하는 투자자들이다.

이 주제와 관련해 우리는 이른바 시장 전문가, 방송 출연자, 그리고 거시 전망가들을 완전히 무시해야 한다. 두 방향 중 어느 쪽으로든 아주 멀리 갈 수 있기 때문에 시장 주기가 정확히 언제 끝날지 아는 것은 불가능한 일이다.

주식시장에서 리스크 관리의 어려운 측면은 우리로서는 리스크의 정도를 대략적으로 그리고 질적으로만 평가할 수 있고, 그 리스크가 발생하는 시점은 결코 정확하게 맞힐 수 없다는 것이다. 전 연준 의장 앨런 그린스펀의 그 유명한 '비이성적 과열irrational exuberance'이란 시장 논평은 1996년에 있었지만, 실제 기술주 거품은 2000년 3월에 와서야 터졌다. 존 메이너드 케인스가 정확하게 말한 것처럼, "시장은 당신이 파산하지 않고 버틸 수 있는 기간보다 더 오래 비합리적일 수 있다".

주식이 과대 혹은 과소평가되었다는 것을 말해 준다는 주식 매수, 혹은 투자자 심리에 관한 모든 데이터 포인트data point는 그에 대한 논리적이고 건전한 반론이 존재한다. 현재의 주식시장이 어떤 단계인지 규정하려는 데이터 세트data set나 단일 데이터 포인트를 볼 때는 항상 회의적인 시각에서 봐야 한다. 시장은 감정에 따라 변하고, 인간의 마음속에만 존재하는 감정은 어떤 예고도 없이 갑자기 변할 수 있다(시장은 어떤 상황에서건 일정하지 않은 초월적인 무작위성을 그 특징으로 하고 있다. 그리고 주식은 뉴스에 따라, 뉴스는 사람에 따라, 사람은 분위기에 따라, 그리고 분위기는 심리상태에 따라 일정하지 않다). 시장과 그 주변에는 계속 움직이는 수많은 부분들이 존재하며, 따라서 하나의 단일 변수(데이터 포인트) 혹은 약간의 변수들(데이터 세트)을 가지고 강세장 혹은 약세장이 언제 끝날지 정확히 말하는 것은 정말 불가능한 일이다.

데이터를 가지고 논리적인 주장을 하는 것은 쉽지만, 기분을 무시하라고 사람들을 설득하는 것은 훨씬 어려운 일이다. 투자자들이 투자에 나선 지 처음 10년 내에 극단적인 경제적 사건이나 주식시장 사건을 겪으면 자신의 투자 생애에 그런 일이 또 발생할지 모른다는 강박에 사로잡히는 경향이 있다. 2009년 이후 주식시장에는 시장이 폭락할 것이라는 수많은 외침이 있었다(이 대부분은 지난 20년 동안 시장 역사에서 가장 널리 소개된 두 번의 시장 급락을 목격했거나 경험한 데 따른 최신 편향 때문이었다).

투자자가 정말 초점을 맞춰야 할 것들

왜 강세장이 끝났어야 했는지 설명해 주는 많은 지적인 주장들이 있지만, 그런 것은 지금까지 중요하지 않았고 앞으로도 결코 중요하지 않을 것이다. 주식시장은 하나의 복잡한 적응시스템adaptive system이기 때문에 언제나 완전히 예측 불가능할 것이다(조지 소로스의 재귀이론reflexivity theory은, 시장은 미래를 할인할 뿐 아니라 미래를 형성하는 역할도 하기 때문에 도저히 미래를 할인할 수 없다고 주장한다. 사실, 재귀는 '현실은 참가자들의 사고를 형성하고, 참가자들의 사고는 현실을 형성하는' 그런 무한 고리 속에서 이루어지는 양방향 피드백 메커니즘이다).

투자자들은 현재의 시장 모습과 비슷했던 때가 언제인지 판단하기 위해 너무 많은 시간을 쓴다. 1999년이 다시 되풀이되는 것인가? 2007년과 꼭 같은 것은 아닌가? 1987년은 어떤가? 아니면 차라리 1929년은 어떤가? (흥미로운 사실 하나는, 시장이 상승이든 하락이든 어느 한 방향으로 급격히 움직일 때 트위터를 보면, 사람들이 현재의 시장 상황과 과거의 극단적인 시장 상황 사이에 유사점을 뽑아낸 이미지나 데이터를 열심히 올리는 것을 볼 수 있다는 것이다). 투자자의 행동은 그들의 가장 최근 경험에 의해 형성된다.

유일하게 변하지 않는 한 가지 사실은 투자자 감정이 특히 더 단기간에는 시장 움직임을 만든다는 것이다. 템플턴, 막스, 이바노프가 경기를 감안해 조정한 장기 PER이 아니라 시장 심리를 사용해 강세장을 묘사한 것은 바로 이 때문이다(CAPE 비율 혹은 실러 PER이라고 보통 알려진 경기조정 주가수익비율Cyclically Adjusted PER은 일반적으로 S&P 500에 적용되는 밸류에이션 지표이며, 주가를 '인플레이션을 감안해 조정한 10

년 이익의 이동평균'으로 나눠 구한다).

시장 주기는 어떤 식으로든 정확히 판단하는 것이 불가능하다. 우리가 할 수 있는 최선은, 우리가 어디에 있는지가 아니라 우리가 어디에 있지 않은지를 확인하는 방법을 사용하는 것이다(이를 제거 과정 process of elimination이라고 한다). 하워드 막스가 말한 것처럼, "우리는 예상할 수는 없지만, 대비할 수는 있다".[13]

2019년 현재, (항상 틀렸던 투자자들을 제외하고) 대부분의 투자자들은 비관과 회의 단계를 훨씬 지나있는 상태다. 상황이 나아지고 있고, 거리엔 피가 흐르지 않는다. 목욕물(잡주)과 함께 버려지는 아기(우량주)도 없다. 이런 때는 탐욕을 부릴 때는 아니다.

그렇다면 이런 상황이, 2009년 3월 이후 큰 수익을 올렸기 때문에, 이제는 모든 주식을 매도해야 할 때라는 것을 의미하는 것일까?

매도할지 말지는 투자자의 시간지평에 달려있다. 시간지평은 리스크를 어떻게 인식하고 경험하는지를 결정하는 가장 기본적인 요인이다. 시간지평이 길수록 감당하는 리스크는 적어진다. 인내는 금융시장 주기들을 균등화해 주는 훌륭한 평형조절장치equalizer다. 시장 타이밍을 맞추는 것이 아니라, 좋은 기업을 가지고 시장에서 오래 머무르는 것이 부의 창출 동인이다. 피터 린치가 "주식으로 돈을 버는 데 정말 중요한 관건은 겁을 먹고 주식을 던지지 않는 데 있다"라고 한 것은 바로 이런 맥락에서다.[14] 마이너스나 낮은 수익률을 기록하는 해는 투자 게임에서 늘 있는 일상적인 부분이다. 어느 한 해나 특정 시기가 아니라 궁극적으로 승리하기 위해서는 오랫동안 이 게임에서 살아남아야 한다. 관건은 중간에 신중하지 못한 결정을 해서 포기하는 일이 없도록 하는 것이다.

• 그림 23-1 • 투자자가 통제할 수 있는 것

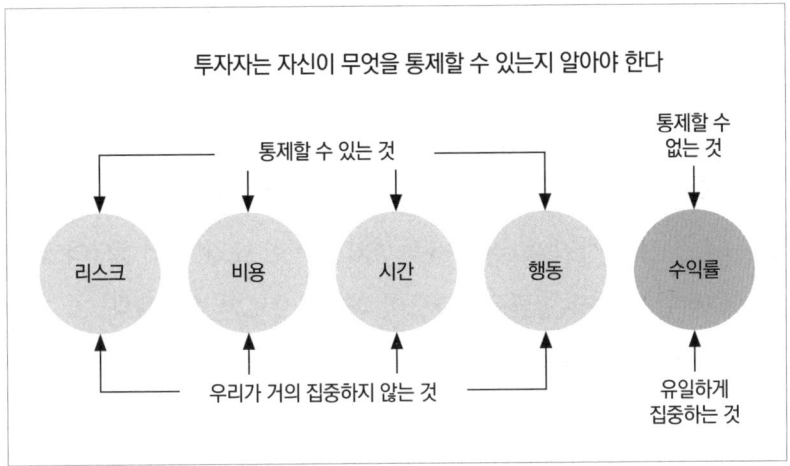

출처 : "주식시장의 공포의 순간에 대처하는 법(Dealing with Stock Market's Moments of Terror)" 〈사팔 니베샤크〉 블로그, 2018년 2월 5일, https://www.safalniveshak.com/dealing-stock-markets-moments-terror/

우리는 시장의 향배와 시장이 제공할 수익률을 통제할 수는 없지만, 투자 과정의 일부 핵심적인 측면들은 통제할 수 있다([그림 23-1] 참조).

강세장은 결국 끝난다. 버핏이 말한 것처럼 "강세장은 수학법칙을 모호하게 할 수는 있지만, 결코 폐기하지는 못한다".[15] 강세장이 종말을 고하면서, 주식은 급락하고, 이제 우리는 약세장을 경험하게 된다. 이런 일이 벌어지리란 것은 예상할 수 있지만, 실제 언제 벌어질지는 다른 누구도 아닌 미스터 마켓에 달려 있다. 다시 말하지만, 그 누구도 아닌 미스터 마켓에 달려 있다.

그런데 대체로 사실인 한 가지 현상은, 완전한 약세장이 발생하기 전에 일반적으로 상당한 수준의 수직적인 시장 상승이 선행한다는 것이다. 그렇지 않을 경우, 우리는 단순히 임의의 주기적인 조정 과정을 겪게 된다(이런 조정기에 분석 활동을 더욱 강화해야 한다. 왜냐하면 의욕을 상실한 여러분의 경쟁자 대부분은 그저 '조정이 끝나기만 기다리고 있을 것'이기 때문이다).

큰 약세장이 오려면, 그 전에 순서대로 완전한 행복감, 예상치 못했던 큰 부정적인 사건, 그리고 유동성의 완전한 고갈이 선행되어야 한다. 2008년 약세장은 금융기관들이 파산함으로써 발생했다. 그 전에 시장은 행복감에 넘쳤다(인도의 니프티 50 지수Nifty index는 2003~2007년 사이 7배나 상승했다). 그러다 리만브라더스 파산 후에 신용시장은 꽁꽁 얼어붙었고 유동성이 완전히 고갈되어 버렸다.

효용극대화 행동, 시장 평형, 그리고 안정적인 선호와 같은 가정들에 그 기본적인 뿌리를 두고 있는 이른바 효율적인 시장에서 어떻게 과도한 호황과 불황이 그렇게 자주 발생하는 걸까? 그 답은 대니얼 카너먼이 말한 '가용성 휴리스틱availability heuristic(가용성편향)'에 있다.

사람들은 기억에서 그 문제들을 얼마나 쉽게 생각해낼 수 있느냐 하는 용이성에 따라 그 문제들의 상대적 중요성을 평가하는 경향이 있다. 그리고 이런 용이성은 주로 미디어의 보도 정도에 따라 결정된다. 다른 주제들은 기억에서 사라져도, 자주 언급되는 주제들은 마음을 차지한다. 반대로 미디어가 선택하는 보도 주제는 현재 대중들의 마음속에 무엇이 있는지를 판단해 결정된다. 권위주의 정권이 미디어에 상당한 압력을 가하는 것은 결코 우연이 아니다. 대중의 관심은 극적인 사건에 의해, 그리고 유명 인사들에 의해 가장 쉽게 유발되기 때문에, 미디어가 열광을 조장하는 것은 흔한 일이다.[16]

가용성 오류는 인간이 추론 과정에서 범하는 어리석음의 흔한 원천 중 하나다. 어떤 기억이 그것을 떠올린 빈도 외의 다른 이유로 (예컨대, 최근에 경험했거나, 생생하거나, 끔찍하거나, 아주 독특하거나 혹은 속상한 것이라서) 마음의 검색엔진 결과 리스트 상단에 뜨면, 그때마다 사람들은 그 가능성을 크게 과대평가하는 경향이 있다.

공포나 탐욕에 대한 미디어의 극단적인 강조 때문에, 만연한 탐욕은 탐욕을 먹고 살고, 만연한 공포는 공포를 먹고 산다. 주가가 급등하거나 급락할 때, 탐욕이나 공포는 자체 강화적인 고리를 만드는 경향이 있다. 그리고 이는 그에 따른 호황-불황 주기를 유발하며, 그 주기 안에서 주가는 기본적인 기업가치에서 완전히 벗어나게 된다.

이런 기간 동안 투자자들은 "다른 사람들이 일을 처리하는 분별력이 적어질수록, 우리는 훨씬 더 분별력 있게 일을 처리해야 합니다"라는 버핏의 조언을 항상 유념해야 한다. 또 버핏은 "그런 무서운 시기에 우리는 두 가지를 절대 잊어서는 안 됩니다. 첫째는, **시장에 만연한 공포는**, 저가 매수기회를 제공하기 때문에, **투자자로서 여러분의 친구라는 것입니다.** 그리고 둘째는, **여러분 자신의 개인적인 공포는 여러분의 적이라는 것입니다**".[17]

시장은 극단적인 낙관과 비관 사이를 오간다. 바로 이 때문에 마음에 '역㊂현금흐름할인분석틀'을 갖고 있는 것이 매우 좋다. 뒤집어 생각해야 한다. 항상 뒤집어 생각해야 한다. 이따금 주가가 극단적으로 낮은 수준까지 떨어져서 현재 시가총액이 다음 3~4년 이익을 합한 금액밖에 되지 않는 경우도 있다. 반대로, 주가가 극단적으로 높은 수준까지 상승해서 향후 10년간 높은 이익증가율을 가정해도 그 주가를 합리화할 수 있는 충분한 미래가치 창출 이익이 발생하지 않는 경우도 있다. 그런 극단적인 시기에 주식을 평가할 때 역현금흐름분석의 견지에서 생각하면 투자자로서 보다 나은 결정을 할 수 있다.

미스터 마켓의 실수와 기회

미스터 마켓은 게임파트너로 즐거운 상대다. 일반적인 시장 상황에서도 한 그룹에 속한 모든 주식을 동일하게 간주하는 미스터 마켓의 편견과 그런 지속적인 성향 때문에 발생하는 가격 책정 오류를 투자자들이 이용할 수 있기 때문이다. 달리 말해, 미스터 마켓은 카너먼이 '정형화seterotyping와 관련된 불필요한 부정적인 암시'라고 한 포괄적인 범주화blanket categorization를 하는 경우가 많다.

정형화sterotyping는 우리 문화에서는 나쁜 말이지만, 나는 이를 중립적인 개념으로 사용한다. '시스템 1'의 기본적인 특징 중 하나는 범주categories를 표준norms과 전형prototypical exemplars으로 나타낸다는 것이다. 우리가 말horses, 냉장고, 뉴욕 경찰관을 생각하는 방식이 바로 이런 것이다. 우리는 이들 각각의 범주에 속하는 한 개 이상의 표준적인 normal 모습을 기억 속에 갖고 있다. 그 범주가 사회적일 때 이런 표준적인 모습을 전형stereotype이라고 한다. 어떤 전형은 치명적으로 잘못된 것이고, 적의를 가진 정형화는 끔찍한 결과를 가져올 수 있지만, 옳은 전형과 잘못된 전형 모두 우리가 범주를 생각하는 (그리고 나타내는) 방식이라는 심리적인 사실은 피할 수 없다.[18]

편향된 미스터 마켓이 어떤 식으로 인내심 있는 투자자들에게 많은 기회를 제공하는지 그 대표적인 사례들을 살펴보자.

1. 주주이익과 장기 정상 수익력 대신 회계이익에 초점을 맞춤으로써 장기적으로 볼 때 훌륭한 해자기업을 크게 저평가한 경우.
   일반적으로 이런 경우 회계이익으로 계산한 PER이 높아 보여도, 경제적 이익이 회계이익보다 크다.
2. 상품산업commodity industry에서 가치사슬의 핵심 부분을 차지하고 있으며, 장기적으로 안정적인 높은 매출총이익률을 유지하고 있는 '히든 챔피언hidden champion'을 간과하는 경우.
3. 학습기계처럼 열심히 배우고 노력하는 한 기업가가 지난 실수들을 이미 교정했고 일련의 가치창출 노력을 하고 있음도 불구하고, 그에게 긴 밧줄(충분한 기회)을 주지 않고 있는 경우.
4. 가치 부가적인 성공적인 M&A 거래에 대한 장기적인 실적을 입증한 기업이 매우 적음에도 불구하고, 일군의 연쇄 인수자들serial acquirers을 그냥 하나의 광범위한 범주로 묶어 버리는 경우.
5. 훌륭한 기업이 낮은 밸류에이션에 공개되고 있는데도, 흔히 회자되는 기업공개에 대한 다양한 반대론을 언급하면서 그 기업의 기업공개를 완전히 외면하는 경우.
   그렇게 언급되는 기업공개에 대한 반대론으로는 (1) 주식 판매 시점을 내부자가 유리하게 선택할 수 있다, (2) 매수자는 많고 판매자는 적다, (3) 판매사들이 내부자의 최선의 이익을 위해 가능한 최소한의 주식 발행으로 조달 자금을 극대화하는 방식으로 기업공개를 '관리'하려 한다 등이 있다(기업공개에 대한 주목할 만한 경고로는 기업공개

시점에 인기 있는 업종 상황을 반영해 기업공개 직전 회사 이름을 바꾸는 경우, 기업공개 진행연도 혹은 그 직전연도에 매출액이나 수익이 갑자기 급증했고 그 이전 여러 해 동안은 성장이 불규칙했을 경우, 기업공개의 기본 목적이 '운전자본 소요를 충당'하기 위한 경우, 해당 산업 경기 정점 근처에서 이익이 고점을 찍을 때 최고 배수로 기업공개를 할 경우 등이 있다). 상장된 경쟁사가 거의 혹은 전혀 없는 신흥기업들의 기업공개는 희소성 프리미엄을 받는 경향이 있다.

6. 적절한 밸류에이션임에도 불구하고 주가의 절대금액이 높다는 이유만으로 훌륭한 기업에 대한 투자를 꺼리는 경우.

7. 만족을 지연하는 능력이 부족한 경우, 그리고 현재 대규모 성장 프로그램을 진행 중에 있기 때문에 아직은 생산능력 활용도가 낮고 상당한 초기 영업비용 지출로 낮은 이익을 보고하고 있는 기업의 먼 미래의 현금흐름을 크게 할인하는 경우.

8. 해당 투자 상황에 고유한 여러 측면들을 총체적으로 고려할 때, 현명하고 열정적인 CEO를 지지하지 않음으로써 발생하는 기회비용이 클 수 있는데도 불구하고, 많은 연봉을 받는다는 이유로 그런 CEO나 기업 설립자를 비윤리적으로 규정하는 경우.

9. 한 산업 전체를 불가촉산업(인도의 불가촉천민untouchables에 빗댄 표현이다)으로 낙인찍으면서, 그 산업에 속한 훌륭한 기업마저 완전히 무시하는 경우.

10. 리스크와 불확실성을 오해하는 경우.

이 경우, 어떤 때는 상당한 가격 책정 오류를 범하게 된다. 리스크는 영구적인 자본손실 혹은 구매력 상실 가능성을 가리키며, 불확실성이란 가능한 결과의 범위를 예측하기 어렵다는 것을 말한다. 이런 상황에서 결국 핵심은 가격이다. 한 기업의 미래가 매우 불확실하거나 지금 현재 알려지지 않았다고 해서 그 기업에 투자하는 것이 리스크를 의미하는 것은 아니다. 사실 최고의 투자 기회 중 일부는 매우 불확실하지만 영구적인 자본손실 리스크는 매우 적은 경우다.

11. 목욕물과 함께 아이까지 버리는 경우(잡주를 버리면서 우량주까지 함께 버리는 경우).

    이는 기업분할과 파산 상황에서 흔히 발생하는 일이다. 금융시장에서는 갑자기 가격이 잘못 책정되는 일은 주기적으로 계속 발생한다. 따라서 그런 기회가 없는지 항상 주시하고 있어야 한다.

12. 어떤 '명칭'을 기준으로 한 기업의 채권을 고위험과 저위험 두 종류로 나누는 경우.

    한 기업의 '선순위' 채권이 낮은 금리로 제공되고 있는데, 그 기업의 '후순위' 채권이 높은 금리로 발행되는 경우가 있다. 이런 경우, 투자자들은 "한 기업의 '어느 특정' 채권을 신용할 만한 투자자산으로 간주할 수 있다면, 그 기업의 다른 '모든' 채권도 신용할 만한 투자자산으로 간주해야 한다. 반대로, 한 기업의 후순위 채권이 안전하지 않으면, 그 기업의 1순위 담보부채권도 신용할 수 없다. 왜냐하면 2순위 담보부채권이 안전하지 않으면, 그 기업 자체가 약한 것이고, 일반적으로 말해서, 약한 기업에는 신용할 만한 채권이 있을 수 없기 때문이다"라는 그레이엄의 지혜에 귀를 기울여야 한다.[19]

이런 다양한 상황에서 투자 성공에 중요한 것은 여러분이 투자한 '후에' 여러분에게 동의하는 사람들이 나오는 것이다. 가격과 가치 간의 정렬이 단기적으로 심리적, 기술적 요인에 의해 크게 왜곡될 수 있다. 그레이엄이 말한 것처럼, "단기적으로 시장은 개표기지만, 장기적으로는 체중계다".[20] 아이러니하게도, 투자자가 알파(초과수익)를 창출하기 위해서는 시장이 (궁극적으로) 효율적이 될 필요가 있다. 그렇지 않으면, 가격 책정 오류는 영원히 지속될 수 있으며, 그런 시장에서는 아무도 확실하게 알파를 창출할 수 없을 것이다.

시장의 효율성과 대중의 지혜

이제 정보는 금고 속에 숨겨져 있는 보물이 아니다. 정보는 전 세계 곳곳에 부분부분 나뉘어 존재한다. 모든 사람이 전체 정보의 작은 부분들을 갖고 있다. 정보가 널리 산재되어 있다면, 어떤 한 개인도 혼자서 전체 정보 대비 상당한 양의 정보를 보유할 수 없다. 사실, 아무리 현명하고 박식하다 해도, 어느 한 개인이 어느 한 시점에 전체 시장에 이용할 수 있는 정보는 많지 않다.

시장의 기능은 그런 정보를 통합하고, 그 정보를 평가하고, 이를 가격에 반영하는 것이다. 대중의 지혜와 효율적인 시장의 힘을 통해, 한 증권의 현재가는 가능하고, 타당하며, 개연성 있는 미래의 사건이 발생할 가능성에 대한 시장의 집단적인 평가를 신속히 반영한다(주식시장의 엄청난 정보 수집 능력을 이해하기 위해서는 마이클 멀로니Michael Maloney와 J. 해럴드 뮬헤린J. Harold Mulherin의 유명한 사례 분석 "효율적 시장에서 가격 발견의 복잡성 : 챌린저호 폭발사고에 대한 주식시장의 반응The Complexity of Price Discovery in an Efficient Market : The Stock Market Reaction to the Challenger Crash"을 읽어볼 것을 권한다).[21]

그러나 시장이 내 주인이 되게 해서는 안 된다. 군중심리가 지배하면, 집단적인 감각 상실이 발생할 수 있다. 언제 시장이 매우 합리적이고 언제 시장이 터무니없이 비합리적인지는 경험과 금융시장 역사에 대한 폭넓은 학습을 통해 알 수 있다.

시장에서 대중의 지혜를 종합하는 과정은 부분적인 특정 분야의 지식을 개인에서 집단으로 이전함으로써 '정확한 답'을 만들어낸다. 대중의 지혜를 보여주는 유명한 예는 프랜시스 골턴Francis Galton이 "대중의 목소리Vox Popuil"란 글에서 소개한 1906년 황소 몸무게 맞히기 대회에 대한 분석이다.[22]

시장 효율성의 세 가지 핵심 논지가 정보와 관련된 것이며, 대중의 지혜는 각각의 조건에서 그런 논지를 실행시킨다. 다음 각각의 경우, 그 조건이 충족되기 위해서는 모든 투자자가 아니라, 어느 정도 충분한 임계치threshold number의 투자자만 있으면 된다.

1. 확산Dissemination : 정보가 이용가능하고 확인되어야 한다.
2. 처리Processing : 해당 그룹이 사실 혹은 전문지식의 형태로 특정 분야에 관한 적절한 양의 지식을 갖고 있어야 하며, 대중은 다양해야 하고, 투자자들은 독립적으로 행동해야 한다.
3. 정보Information : 투자자들은 매매하는 데 큰 장애가 없어야 한다. 그렇지 않으면, 가치에 대한 추정치가 표현되지도, 종합되지도, 주가에 반영되지도 않을 것이다. 또한 개인들은 자신이 옳다고 믿는 추정치를 제공할 인센티브가 있어야 한다.

이런 조건들이 충족될 때, 대중은 정확한 답을 만들어내고, 그러면 개인이 집단을 이기는 것은 거의 불가능할 것이다.

　제임스 서로위키James Surowiecki의 『대중의 지혜The Wisdom of Crowds』를 읽었을 때, 나는 마침내 거래량의 중요성과 그 심오한 의미에 대해 알게 되었다. 상승이든 하락이든 갑작스럽고 급격한 주가 변동이 있은 후 주식에 대한 의심이 들고 확신이 안 설 때는 이 책을 보기 바란다. 시장의 집단적인 지혜는 대부분의 시기 여러분을 옳은 방향으로 이끌어 줄 것이다. 지식은 시간이 가면서 복리로 누적된다. 직접경험과 간접경험 모두를 통해 우리의 뇌에서 새로운 신경 연결이 이루어질 때, 격자틀 정신모형이 개발되기 시작한다. 매일 부단히 배움으로써 이런 활기찬 격자를 계속 키우고 발전시켜야 한다.

　우리는 언제 커다란 '유레카' 순간을 경험하게 될지 결코 알 수 없다(그런 발견을 하게 되면, 항상 즉시 메모해야 한다. 나중에 다시 기억하지 못할 수도 있기 때문이다). 이런 발견 중 어느 하나가 여러분의 투자 여정에 갑자기 등장하는 행운의 시기에 훌륭한 수익을 내는 데 도움을 줄 수 있다. 여러분의 삶에서 가장 그럴 것 같지 않던 시간과 장소에 뜻밖의 행운이 여러분을 찾아오도록 항상 노력하고 준비해야 한다.

24장

최고의 종목과 최적의 비중

> 분산은 미래에 어떤 일이 벌어질지 전혀 모르겠다는 것을 인정하는
> 가장 좋은 방법이다.
> 광범위한 미래의 가능성들에 대비해
> 포트폴리오를 준비하고 자기 자신만의 확실성을 확보하는 방법이다.
> - 벤 칼슨Ben Carlson

    투자에 관한 많은 글과 저서들은 고도로 분산된 포트폴리오 구축을 권한다. 그러나 사실 분산은 어떤 한 종류의 리스크를 다른 종류의 리스크로 바꾸는 것에 불과하다. 상당히 낮을 수 있는 개별 기업 리스크(비체계적 리스크)를 시장 리스크(체계적 리스크)로 바꾸는 것이다. 이는 리스크를 줄이는 것이 아니라, 한 리스크를 다른 리스크로 전환하는 것에 불과하다.

투자자산의 분산은 리스크와 불확실성을 모두 줄일 수 있는 방법이라고 선전된다. 그런데 분산된 포트폴리오는 우리의 전반적인 리스크 수준을 줄일 수 있을지는 몰라도, 동시에 우리의 잠재적 보상 수준도 줄이게 된다. 투자 포트폴리오를 광범위하게 분산할수록, 전체 시장 실적을 (기껏해야) 그대로 반영할 가능성도 커진다.

'과도한 분산'과 '충분한 분산'

많은 투자자들은 시장 평균 이상의 투자 수익을 목표로 하기 때문에 포트폴리오 선택에 있어 분산과 집중의 차이를 분명히 이해하는 것이 중요하다.

투자 포트폴리오를 구축할 때 일정 수준의 분산을 고려해야 하지만, 그것이 포트폴리오 구축의 기본 전략이 되어서는 안 된다.

투자의 가장 기본적인 초점은 개인적인 삶의 목표와 재정적 필요에 가장 잘 부응하는 포트폴리오를 구축하는데 맞춰져야 한다. 어떤 투자자든 관심을 가져야 할 유일한 평가 기준^{benchmark}은 자신이 포트폴리오 구축을 통해 달성하고자 하는 목표를 향해 제대로 나아가고 있느냐 하는 것이 되어야 한다.

나는 수년 동안 읽은 글들을 통해 분산과 집중에 대해 다음과 같은 생각들을 정리할 수 있었다.

과도한 분산은 평범한 실적만 제공하는 경향이 있다

학계는 분산의 개념을 미화함으로써 현명한 투자자들에게 끔찍한 폐해를 끼쳐왔다. 나는 분산의 전체 개념이 정말 거의 어리석은 것이라고 생각한다. 분산은 여러분의 투자 실적이 평균적인 투자 실적에서 크게 벗어나지 않게 하는 것이 좋다는 것을 강조하는 것이다.
- 찰리 멍거

집중된 포트폴리오의 매력은 그것이 투자자가 상당한 차이로 평균을 이길 수 있는 유일한 기회라는 것이다.
- 프랭크 마틴Frank Martin

어떤 수준을 넘어서면 분산의 혜택이 줄어들기 시작한다

통계적 분석에 따르면, 서로 다른 산업에 속한 14개 종목이면 개별 증권 고유의 리스크는 적절히 분산되며, 그 후 추가되는 각 종목이 제공하는 혜택은 미미하다.
- 메이슨 호킨스Mason Hawkins

서로 다른 산업에 속한 6개 혹은 8개의 종목을 매수한 후에는 다음 두 가지를 기억해야 한다. 첫째는 리스크를 줄이기 위해 여기에 더 많은 종목을 추가해서 얻을 수 있는 혜택은 적다는 것이고, 둘째는 포트폴리오에 더 많은 종목을 추가한다고 해서 전체적인 시장 리스크는 사라지지 않는다는 것이다.
- 조엘 그린블라트

나는 집중된 포트폴리오를 운영하기로 했다. 조엘 그린블라트가 지적한 것처럼, 8개 종목을 보유하면 한 종목만 보유했을 때의 리스크의 81%를 제거하고, 32개 종목을 보유하면 한 종목만 보유했을 때의 리스크의 96%를 제거한다(요컨대 8개 종목 이후 추가되는 종목들의 리스크 감소 효과는 매우 미미하다). 이는 나를 일깨워준 매우 중요한 통찰이었다.

- 데이비드 아인혼David Einhorn

정말 좋은 투자 아이디어는 드물다

좋은 투자자산은 찾기 어렵고, 따라서 소수의 종목에 집중해야 한다는 생각은 내가 보기에 매우 좋은 생각인 것 같다. 그러나 투자업계의 98%는 이런 식으로 생각하지 않는다.

- 찰리 멍거

주식투자에서, 많은 종목을 보유하는 것은 훌륭한 소수 종목을 보유하는 것보다 나은 전략이 결코 될 수 없다.

- 필립 피셔

따라서 자신의 최고 투자 아이디어들에 집중해야 한다

필립 피셔는 약 10개의 좋은 투자자산에 집중해야 한다고 믿었고, 제한된 종목에 만족했다. 우리의 전략도 그와 같다. 그리고 그는 자신이 투자한 것들에 대해 많은 것을 알고 있어야 한다고 믿었다. 이 역시 우리의 전략과 같다. 이것이 우리의 전략인 이유는 우리가 어느 정도 그에게서 그 전략을 배웠기 때문이다.

- 찰리 멍거

우리는 포트폴리오 집중 전략이 (1) 투자자가 기업에 대해 생각하는 수준, 그리고 (2) 그가 주식을 매수하기 전 그 기업의 경제적 성격에 대해 느껴야 할 안심 수준, 이 둘 모두를 (필시 그래야겠지만) 제고해 준다면, 당연히 리스크를 줄여주는 전략이라고 믿고 있다.

- 워런 버핏

과도한 분산은 피해야 한다

개인투자자가 20개 이상의 서로 다른 종목을 보유한다는 것은 금융에 무능하다는 것을 나타낸다.

- 필립 피셔

리스크는 자신이 무엇을 하고 있는지 모르는 데 있다

시간이 가면서 나는 자신이 알고 있다고 생각하는 기업과 자신이 전적으로 믿는 그 기업 경영진에 상당히 많은 금액을 투자하는 것이 올바른 투자법이란 것을 점점 확신하게 되었다. 자신이 아는 게 거의 없고 특별한 확신을 가질 이유도 없는 많은 기업에 투자를 분산하는 것이 리스크를 줄이는 것이라는 생각은 잘못된 것이다.

- 존 메이너드 케인스

주식 선택 리스크를 서로 다른 많은 종목으로 분산시키려는 욕구는, 분석 자원까지 여러 종목으로 분산시켜 각 종목에 투입되는 분석 자원을 빈약하게 만들고, 이는 한 기업이나 산업에 대한 자세한 이해를 어렵게 한다. 따라서 많은 종목으로 리스크를 분산하려는 욕구는 이런 '분석 자원 분산'의 부정적인 영향을 고려해 조절되어야 한다. 지나친 분산으로 분석 자원이 분산될 경우, 분산diversification은 '분악di-worse-fication(포트폴리오에 투자 자산을 추가할수록 리스크-보상 관계가 악화되는 것)'이 될 수 있다.

- 리 에인슬리Lee Ainslie

고도의 전문성이 없다면, 버핏과 멍거 같은 극단적인 집중은 피해야 한다

여러분이 6개의 훌륭한 기업을 찾아낼 수 있다면, 그것이 여러분에게 필요한 분산의 전부다. 그리고 여러분이 그 6개의 훌륭한 투자 아이디어 중 최고의 기업에 더 많이 투자하는 대신 새로운 7번째 기업에 뛰어들면, 보증컨대, 그것은 끔찍한 실수가 될 것이다. 7번째 좋은 투자 아이디어로 부자가 된 사람은 지금까지 극소수에 불과하다.

- 워런 버핏

잘 분산된 포트폴리오에 필요한 종목은 단 4개다.

- 찰리 멍거

그 대신, (과도하지 않은) 충분한 분산을 해야 한다

개인투자자로서 여러분은 적어도 10개, 15개, 혹은 20개 종목 정도는 보유하려고 한다. 많은 사람들은 그 정도면 상대적으로 꽤 집중된 포트폴리오라고 생각할 것이다. 우리가 보기엔, 여러분이 찾을 수 있는 최고의 기업 10개나 15개를 보유하는 것이 좋다. 10~15개의 부채가 적고 질이 우수한 기업에 투자하면, 그것이 바로 안심할 수 있는 수준의 분산이다.

- 빌 애크먼Bill Ackman

집중되었지만, 리스크 노출은 다양화한 포트폴리오를 구축하라

대부분의 투자자들은 분산이 서로 다른 많은 종목을 보유하는 것으로 알고 있다. 그러나 분산은 포트폴리오 보유종목들이 각자의 환경 변화에 각각 다르게 대응할 수 있는 경우에만 효과적이라는 것을 아는 사람은 매우 적다.

- 하워드 막스

우리의 각 개별 보유종목이 서로 비슷한 아이디어로 이루어진 투자라면(예컨대 인플레이션 헤지 종목, 금리 민감 종목, 단일 시장 소속 종목, 혹은 단일 자산 형태 등), 거시 환경에 대한 투자자의 인식이 바뀔 경우 우리의 전체 포트폴리오 상황이 급격히 변할 수 있다. 우리는 미래를 예측할 수 없기 때문에, 이와 같은 집중의 위험을 감수할 수는 없다.

- 세스 클라먼

1938년 5월 존 메이너드 케인스는 영국 케임브리지대학 킹스칼리지 재산관리위원회에 제출한 한 메모에서 자신의 투자 방침을 다음과 같이 소개했다.

1. 향후 수년간 그 실현 가능성이 높은 실제적, 잠재적 내재가치 대비, 그리고 그 당시 대안적인 투자자산 대비 가격이 저렴한 소수의 투자자산을 신중히 선택한다.
2. 이런 자산을 꽤 많은 양, 좋을 때나 나쁠 때나, 아마도 수년 동안, 그 가능성이 완전히 실현되거나 아니면 우리가 이를 실수로 매수한 것이 명백히 확인될 때까지 꾸준히 보유한다.
3. 균형 있는 투자 포지션, 즉 개별 보유종목이 대규모라 하더라도 다양한 리스크, 가능하면 서로 상반된 리스크를 갖도록 균형 잡힌 투자 포지션을 구축한다.[1]

2006년 9월 하워드 막스는 "최고가 되자Dare to Be Great"라는 제목의 투자자 서한에서 오랫동안 예일대학 최고투자책임자로 일했던 데이비드 스웬슨David Swensen의 저서 『포트폴리오 성공 운용Pioneering Portfolio Management』의 다음 내용을 높이 평가했다. "비전통적인 투자 스타일을 수립하고 유지하기 위해서는 전통적인 지혜로 보기에는 종종 매우 신중해 보이지 않는 거북할 정도로 특이한 포트폴리오를 수용해야 한다."[2] (1966년 1월 파트너십 서한에 실린 포트폴리오 운용에 관한 워런 버핏의 글은 이 주제에 관한 역작 중 하나다.)

베이브 루스 효과

작고한 경영의 구루 피터 드러커Peter Drucker에 따르면, "효율성efficiency은 일을 옳게 하는 것이고, 효과성effectiveness은 옳은 일을 하는 것이다". 투자에서 효과성은 옳은 주식을 고르는 것이고, 효율성은 자산 배분을 적절히 잘하는 것이다. 승리하는 주식(옳은 주식)은 누구라도 찾을 수 있지만, 훌륭한 투자자가 다른 투자자와 구별되는 것은 우수한 개별 종목 포지션 구축에 있다.

최상급 투자자들의 경우도 한 투자 아이디어의 평균적인 성공률이 50%가 안 되는 점을 감안할 때, 성공할 때 가능한 그 효과를 확대시키는 것이 정말 중요하다. 정말 훌륭한 투자 아이디어를 찾았다면, 자신의 삶을 유의미하게 바꿀 수 있을 정도로 충분한 양을 매수해야 한다. 성공적인 투자는 옳다는 것(훌륭한 아이디어/주식을 찾았다는 것) 그 자체로 완결되는 것은 결코 아니다. 성공적인 투자의 핵심은 그 훌륭한 아이디어를 어떻게 실행했느냐, 요컨대 최초의 투자 배분과 그 후의 추가 매수pyramiding(상승하는 주식의 추가 매수)를 어떻게 했느냐로 귀결된다. 중요한 것은 성공의 빈도가 아니라, '빈도×이익의 규모'다.

마이클 모부신은 이를 '베이브 루스 효과Babe Ruth Effect(삼진을 당할 확률이 높아도 크게 휘둘러야 홈런을 칠 확률도 높아지는 효과 : 투자에서는 성공했을 때 이익의 크기를 극대화하는 것을 말한다)'라고 했다. 조지 소로스도 같은 맥락에서 "중요한 것은 여러분이 옳거나 틀린 것이 아니라, 여러분이 옳았을 때 얼마나 많은 돈을 벌었으며, 여러분이 틀렸을 때는 얼마나 많은 돈을 잃었느냐 하는 것이다"라고 했다.[3]

그렇다면 우리는 이러한 '기댓값expected value' 사고방식을 우리의 투자 결정 과정에 어떻게 주입할 수 있을까?

> '이익의 확률×가능한 이익 금액'에서 '손실의 확률×가능한 손실 금액'을 빼라. 우리는 이런 식으로 계산하려고 한다. 불완전하지만, 계산이란 결국

그런 것이다.

- 워런 버핏

주식시장은 패리-뮤추얼 시스템pari-mutuel system(총베팅금액에서 수수료를 제외한 금액을 승자들에게 나눠주는 게임 시스템)이다. 참가자들은 각자 베팅을 하고, 확률은 그들의 베팅에 따라 변한다. 따라서 지속적으로 시장을 이기는 유일한 방법은, 시장 참가자들이 잠재적으로 가능한 결과들에 할당하는 확률을 다른 투자자들보다 잘 평가하는 것이다.

성공 투자의 열쇠는 펀더멘털(즉 예상 미래 실적에 기초한 그 기업의 내재가치)과 시장 기대(즉 주가와 그 주가가 현재 반영하고 있는 미래의 실적)의 차이를 분명히 파악하는 것이다. 투자는 결국 기대가 중요하며, 기대의 수정이 주가 변화를 촉발해 투자 결과를 좌우한다. 따라서 시장 기대를 잘 파악하고 그런 기대의 변화를 잘 예측하는 능력이 훌륭한 수익의 발판이 된다. 이를 성공적으로 해내기 위해서는 일반적인 시장의 견해와는 다르지만 충분한 근거가 있는 나만의 '다른 시각variant perception'을 가져야 한다(투자에서 가장 만족스러운 순간 중 하나는 내가 한 기업을 3~4년 전에 봤던 것과 똑같은 시각으로 세상이 그 기업을 보게 될 때이다).

찰리 멍거는 2003년 캘리포니아대학 샌타바버라캠퍼스 강연에서 투자와 패리-뮤추얼 베팅 시스템의 유사점에 대해 다음과 같이 말한 바 있다. "우리에게 투자란 경마장에 가서 패리-뮤추얼 시스템에 역으로 베팅하는 것과 같다. 우리는 승리할 확률이 50%이고, 승리할 경우 3배를 받을 수 있는 말을 찾는다. 투자는 가격이 잘못 책정된 도박 대상을 찾는 것이다. 그것이 투자다. 그 도박 대상의 가격이 잘못 책정되었다는 것은 알 정도로, 충분히 알아야 한다. 그것이 가치투자다."[4]

패리-뮤추얼 시스템에서 배울 수 있는 핵심적인 투자 교훈은 이따금 몇 번 정도는 대규모 베팅을 해야 한다는 것이다. 투자자들은 "많은 거래를 살펴보되, 그 대부분의 거래는 하지 말라"는 멍거의 단순하지만 심오한 조언을 충실히 따라야 한다.[5]

1994년 "투자 운용 및 사업과 관련된 초보적인 세속적 지혜에 관한 한 가지 교훈A Lesson on Elementary, Worldly Wisdom as It Relates to Investment Management and Business"이란 강연에서 찰리 멍거는 다음과 같이 말했다.

> 모든 것에 대해 항상 모든 것을 알 수 있는 그런 재능은 인간에게 주어지지 않았습니다. 그러나 열심히 노력하는 사람(가격이 잘못 책정된 베팅 대상을 찾기 위해 세상을 살피고 면밀히 조사하는 사람)은 가끔 하나 정도 그런 것을 발견할 수 있습니다.
>
> 그리고 현명한 사람들은 세상이 그런 기회를 제공해 주면 크게 베팅을 합니다. 이들은 확률이 유리할 때는 크게 베팅합니다. 그러나 그 외의 경우는 그러지 않습니다. 아주 간단합니다.[6]

그런데 투자자는 개별 베팅에 관한 최적의 규모를 어떻게 결정할 수 있을까? 다음에 설명하는 켈리 공식Kelly Criterion이 그에 대한 답을 제시해 주고 있다.

최적의 베팅 규모와 '켈리 공식'

존 L. 켈리John L. Kelly가 만들고 에드워드 소프Edward Thorp가 실제로 사용해 성공을 거두면서 널리 알려진 '켈리 공식'은 주어진 확률 및 보상 구조에서 최적의 베팅 규모를 결정하는 데 사용하는 공식이다. 켈리 공식은 여러 방식으로 설명되긴 하지만, 『헤지펀드시장의 마법사들Hedge Fund Market Wizards』에 실린 소프의 인터뷰에는 다음과 같이 확장된 공식으로 소개하고 있다.

$$F = P_W - (P_L / [\$W/\$L])$$

여기에서,

F = 켈리 공식에 따른 베팅할 자본의 비중.

P_W = 베팅에서 승리할 확률.

P_L = 베팅에서 패배할 확률.

$W = 베팅에서 승리했을 때 벌게 되는 돈(예상 수익).

$L = 베팅에서 패배했을 때 잃게 되는 돈(예상 손실).[7]

한 개인이 해당 베팅의 확률과 보상을 정확히 안다면, 켈리 공식에 따른 베팅 규모는 장기적으로 베팅할 자본을 극대화할 것이다. 그러나 한 가지 문제는 사람들이 정확한 확률을 구하지 못한다는 것이고, 아주 드문 상황이나 차익거래에서만 보상에 대한 적절한 그림을 그릴 수 있다는 것이다. 또 다른 문제는 켈리 공식을 활용할 때, '장기'라는 것은 시간이 아니라 해당 이벤트의 수를 기준으로 한다는 것이다. 따라서 아주 이따금 베팅하는 투자자는 켈리 공식을 적용해 얻을 수 있는 모든 장기적인 이득을 얻기에 충분한 투자자산을 만들기 어려울 것이다.

켈리 공식의 또 다른 한계는 사람들이 아주 이따금 발생하는 고충격 이벤트, 요컨대 탈레브가 말한 이른바 '블랙 스완black swan'의 역할을 과소평가하는 경향이 있다는 것이다. 투자자들이 켈리 공식을 적용할 경우, 부정적인 블랙 스완의 확률과 하방 규모는 필요한 만큼 충분히 고려되지 않을 수 있다. 따라서 마음으로 적용할 때 켈리 공식은 'F(베팅할 자본의 비중)'를 과대평가하는 경향을 보일 수 있다. 그리고 F에 대한 지속적인 과대평가는 파멸로 이어진다. 최적의 베팅 규모 이상의 모든 베팅은 조만간 완전한 손실로 이어질 것이다.

실행상의 어려움과 실제 투자에 적용할 때 발생하는 여러 문제에도 불구하고 켈리 공식의 밑바탕에 깔려있는 기본 논리는 '주어진 상황에서 포지션을 구축할 것이냐 말 것이냐, 그리고 포지션을 구축한다면 어느 정도 자본을 그 포지션에 투자할 것이냐'를 생각하는 방법으로 매우 유용하다.

나의 경우는 잠재적 리스크에 대한 나의 평가에 따라 포트폴리오 내 개별 종목에 대한 자산 배분 규모를 정하며, 따라서 영구적인 자본 손실 가능성이 가장 낮고 평균 이상의 수익 잠재력을 가진 종목이 가장 큰 보유종목이 된다. 나는 신규 포지션의 경우 최소 5% 비중으로 최초 포지션을 구축한 후, 경영진이 내 기대 이상으로 일을 수행하면 비중을 조금씩 늘린다.

개별 포지션의 규모를 결정하는 것은 그것이 전체 포트폴리오 실적에 미치는 영향뿐이 아니라 정신적인 마음의 평화 때문에도 중요하다. 어떤 한 개별 포지션이 내 전체 포트폴리오 가치에서 불안할 정도로 큰 비중을 차지하게 되면 나는 '편히 잠을 잘 수 있는 수준'까지 포지션 규모를 줄인다. 그러나 실적(경쟁우위, 해자)의 지속가능성이 높고, 성장 전망이 견조하며, 규율 있는 자본 배분가를 가진 기업은 다른 기업들보다 항상 큰 비중을 유지해야 한다. 메이 웨스트$^{\text{Mae West}}$가 말한 것처럼, "좋은 것은 많을수록 더 좋다".

투자자로서 우리는 포트폴리오의 내재가치를 높이고 미스터 마켓이 자신의 일정에 따라 우리에게 수익을 제공하도록 하는데 계속 초점을 맞춰야 한다. 금융시장은 궁극적으로 그저 그런 정체된 기업들에서 돈을 빼내 그 돈을 성장하고 있는 수익성 있는 기업들로 보내기 때문에, 인내심이 있다면 결국 보상을 받을 것이다.

돈은 결코 잠을 자지 않는다. 모든 위기는 기회를 제공해 준다. 우리는 세상을 살펴보고 우리 투자자산에 대해 깊이 생각할 수 있는 보다 좋은 방법을 갖고 있다. 이는 잔에 물이 반이나 찼다는 시각의 접근법이며, 자본주의 작동 방식을 기본적으로 이해하고 있는 데서 나온 방법이다. 시장 어느 한 부문에서 발생한 불황은 모두 다른 부문의 호황의 토대가 된다. 어떤 기업의 비용이 상승하면 다른 어떤 기업의 매출이 증가하고, 어떤 기업의 매출이 하락하면 다른 어떤 기업의 비용이 감소한다. 모든 경우 그런 일이 벌어진다. 주식시장의 가장 좋은 부분은 일반적으로 각 상황의 수혜 기업들을 아주 잘 찾아내 그 주가를 52주 신고가 리스트에 올린다는 것이다. 돈은 신기하게도 가장 효과적으로 이용될 수 있는 곳으로 빨려들어 간다. 이것이 자본주의가 가진 강력한 교정력 중 하나다. 투자자는 이를 충분히 이용해야 한다.

우리는 가장 단기간에 가능한 최고의 수익을 목표로 해서는 안 된다. 그보다는 장기간에 걸쳐 가능한 가장 적은 리스크로 평균 이상의 수익을 추구해야 한다. 투자 과정에서 리스크 관리가 보다 우선되어야 하며, 리스크 조정 수익이 절대 수익보다 훨씬 나은 실적지표다. 이는 적극적인 리스크 부담이 현명한 것으로 오해될 때가 많은 강세장에서 특히 그렇다. 중요한 것은 펀드매니저나 투자자문사가 사용하는 기본적인 투자 과정과 이들이 높은 수익을 달성하기 위해 고객 포트폴리오에 수용하는 리스크의 양이다. 기본적인 투자 과정이 장기적인 지속가능성의 관건이며, 높은 절대 수익 그 자체만으로는 실적 평가에 별 의미가 없다.

강세장은 많은 실수들을 숨겨준다. 험프리 닐Humphrey Neill이 말한 것처럼, "능력과 강세장을 혼동하지 말아야 한다". (강세장에서 돈을 벌었다고 자신의 투자 능력이 뛰어난 것으로 오해해서는 안 된다. 예를 들어 2017년 같은 강세장에서 내가 라사 슈퍼제네릭스Lasa Supergenerics와 화이트 오가닉White Organic 같은 잘못된 주식으로도 돈을 벌었다면, 그것이 내가 똑똑했다는 것을 의미하는 걸까? 전혀 아니다. 어떤 주식으로 돈을 벌었다는 것이 자신이 옳았다는 것과 같은 것은 아니다.)

강세장은 투자자들에게 많은 잘못된 습관을 심어주고, 그 뒤에 오는 약세장은 쓴 교훈을 준다. 예를 들어, 좋은 경영진이 중요하다는 인식은 강세장에서는 점점 줄어들고 질을 따지게 되는 약세장에서는 몇 배로 늘어난다. 한 업종 혹은 한 주식에 대한 수요가 높을 때, 경영진의 질에 신경을 쓰는 투자자는 드물다. 그러다 시장 상황이 악화되면 결국 그 대가를 치르게 된다. 약세장은 보통 사기와 부정이 최고조에 달하면서 그 막을 내린다. 지금까지 블루칩으로 간주되었던 일부 기업들에서조차 그런 일이 벌어졌다는 사실이 발견되기도 한다.

강세장에서는 어떤 가격도 너무 비싼 가격이란 없고, 투자자들은 부풀려진 높은 가격에 주식을 매수하면서 쾌감을 느끼는 것처럼 보인다. 그러나 불확실한 시장에 들어오면 투자자들은 수익률 지표들, 현금흐름, 재무 상태, 경영진의 질, 그리고 사업모델 등에 매달린다. 약세장에서 알파(시장수익률 초과수익)를 버는 사람은 드물지만, 강세장에서는 모두가 베타(시장수익률) 정도는 번다. 강세장에서 수익이 쌓일 때, 우리는 이를 우리의 (뛰어난) 분석 능력 때문으로 여기기 쉽다. 그러나 현명한 투자자는 자만의 위험을 알고 있으며, 강세장 덕분에 자신의 실적이 가능했다고 겸손하게 인정한다. 나도 내 포트폴리오가 2014~2017년 진행된 인도 주식시장의 강한 상승 덕분에 큰 수혜를 입었다는 것을 겸허히 인정한다.

우리가 장기적으로 계속 평균 이상의 수익을 올리고 약세장에서 영구적인 자본손실을 피한다면, 장기 복리의 마법은 결국 그 결과를 챙겨줄 것이다.

'자신의 투자철학'과 인내심

투자를 포함한 어떤 확률 영역에서든 장기적으로 최고의 실적을 내는 사람들은 언제나 결과보다 과정을 중시한다. 투자 과정은 투자자들이 자신의 개인적인 투자철학에 충실할 수 있도록 투자자의 행동을 관리하는 일련의 지침들을 말한다. 지적으로 건전하고 잘 확립된 투자 과정은 투자자가 실적이 부진하거나 자기 의심이 드는 시기에도 자신의 경로를 계속 유지하고, 한 시장 주기 전체에 걸쳐 훨씬 일관성 있게 현명한 결정을 내릴 수 있도록 도와준다.

건전한 투자 과정이 좋은 결과를 가져오는 것은 인정해 줄 수 있는 성공이며, 나쁜 투자 과정이 나쁜 결과를 가져오는 것은 당연한 인과응보다.

단기적으로는 운이 성공 요인이 될 수는 있다. 그러나 높은 수익을 유지하기 위해서는 운 이상의 것이 필요하며, 장기적으로는 능력이 성공의 지배적인 요인이 된다. 이에 대해 마이클 모부신은 다음과 같이 말했다.

> 관건은 능력의 역설이라고 하는 이런 아이디어다. 사람들의 행동은 더 나아지기 때문에, 최고와 평균의 차이 그리고 최고와 최악의 차이는 훨씬 더 좁혀진다. 사람들이 능숙해질수록 운이 더 중요해진다. 정확히 바로 이런 일이 투자 세계에서 벌어지고 있다.
>
> 운이 그렇게 중요한 이유는 투자 능력이 중요하지 않기 때문이 아니다. 능력이 매우 고도화되고 일관되기 때문이다. 요컨대, 보다 장기적으로는 능력이 빛을 발할 가능성이 훨씬 높다.
>
> 단기적으로 행운이나 불운을 겪을 수 있지만, 장기적으로 운은 서로 비슷해지고 능력이 결과를 좌우한다.[8]

투자산업은 단기적으로 누구도 직접 통제하지 못하는 결과에 집착한다. 열악한 투자 과정이 가끔 좋은 실적을 낼 수 있는 것(뜻밖의 행운)과 마찬가지로, 건전한 투자 과정도 가끔은 열악한 실적을 낼 수 있다(뜻밖의 불운). 실적이 열악한 기간에는 자신의 투자철학을 바꿔야 하는 것은 아닌지 압력을 받기 마련이다. 그러나 투자철학은 장기적으로, 점진적으로 구축되는 것이다.

우리는 수익률을 통제할 수 없는 것처럼 시장 움직임도 통제할 수 없다. 그러나 건전한 투자 과정을 따르고, 자신의 개인적인 투자철학에 충실하면, 언제나 큰 지적 만족을 얻을 수 있다.

돈을 벌기 위해서는 운이 필요하다. 그러나 진정한 부를 창출하기 위해서는 일관성이 필요하다. 아무리 건전한 투자전략이라 해도 실적이 저조한 국면을 겪기 마련이다. 이때의 해결책은 그때마다 계속 전략을 바꾸는 것이 아니라, 장기적으로 좋은 실적을 내기 위해서는 규율을 그 대가로 지불해야 한다는 것을 이해하고 자신의 전략을 고수하는 것이다.

복리수익은 평생에 걸친 여정이며, 투자 과정에 인내심을 발휘하지 못하면 치명적인 결정을 하는 바람에 갑자기 그 여정이 끝나버릴 수도 있다. 자신의 경로를 유지하고, 자신의 개인적인 투자철학과 투자 과정에 충실해야 한다.

초점을 맞추는 것이 성공의 열쇠다. 성공적인 투자자는 자신의 능력을 발휘할 수 있는 분야들을 찾아내고, 그 분야들을 고수하면서 더 배우고 적응함으로써 시간이 감에 따라 점점 더 발전한다. 멍거가 말한 것처럼, "모든 현명한 투자는 가치투자다". 그리고 가치투자자는 리스크를 주가의 무작위적인 변동성과 동일시하거나, 높은 리스크를 높은 수익과 연결해 보지도 않는다. 그 대신 가치투자자는 현명한 노력과 수익 간에는 긍정적인 상관관계가 있다고 늘 생각한다.

벤저민 그레이엄은 『현명한 투자자』에서 다음과 같이 말한 바 있다.

> 리스크를 부담할 수 없는 사람들은 자신이 투자한 자산 대비 상대적

으로 낮은 수익에 만족해야 한다는 것이 오래된 건전한 원칙이었다. 이런 원칙에서 투자자가 목표로 하는 수익률은 그가 부담할 준비가 된 리스크의 정도에 다소간 비례한다는 일반적인 관념이 발전했다. 그러나 우리의 견해는 다르다. 투자자가 추구하는 수익률은 그가 자신이 할 일에 기꺼이 쏟아부을 수 있는 현명한 노력의 양에 따라 결정되어야 한다.[9]

25장

1등을 하려면 우선 완주하라

우리가, 아무리 가능성이 적다 해도, 어떤 결과를 용인할 수 없다면,
처음부터 그 씨를 뿌리지 말아야 한다.
- 워런 버핏

최악의 경우는 예상한 것보다 훨씬 더 심각하다.
나쁜 시나리오가 받아들여지지 않는다면,
(그때 발생하는 최악의 경우는) 특히 더 그러하다.
그러나 현재 업계는 그것을 전혀, 정말 전혀 고려하지 않고 있다.
- 나심 탈레브

내가 알고 싶은 전부는 과연 내가 어디서 죽을 것이냐는 것이다.
그래야 그곳에 결코 가지 않을 것이기 때문이다.
- 찰리 멍거

*오랜 투자자들이 있고, 대담한 투자자들이 있지만,
오랜 투자자이면서 동시에 대담한 투자자들은 없다.*

- 하워드 막스

다음은 워런 버핏의 2010년 버크셔 해서웨이 주주서한 중 '인생과 부채Life and Debt' 부분을 발췌한 것이다. 여기서 버핏은 유동성의 중요성과 레버리지의 위험에 대해 말하고 있다.

자동차 경주의 가장 기본 원칙은, 1등으로 들어오기 위해서는 먼저 완주를 해야 한다는 것입니다. 이 말은 사업에도 똑같이 적용되며, 우리 버크셔 해서웨이가 하는 모든 활동의 지침이 되고 있습니다.

분명, 어떤 사람들은 빌린 돈을 이용해 큰 부자가 되었습니다. 그러나 돈을 빌려 이용한다는 것은 매우 가난해지는 방법이기도 합니다. 레버리지(부채의 활용)가 효과를 내면 여러분의 이익은 크게 늘어납니다. 당신의 배우자는 당신이 똑똑하다고 생각할 것이고, 이웃은 당신을 부러워할 것입니다. 그러나 레버리지는 중독성이 있습니다. 일단 레버리지효과로 이득을 보면, 다시 보수적인 관행으로 돌아가는 사람은 거의 없습니다. 그리고 우리 모두가 초등학교 3학년 때 배운 것처럼(그리고 일부는 2008년에 다시 배운 것처럼) **어떤 수든 양수陽數는 그 숫자가 아무리 커도 0을 하나만 곱해도 0이 되고 맙니다.** 역사는 레버리지가, 심지어는 매우 똑똑한 사람이 사용할 때조차, 매우 수시로 모든 것을 0으로 만들어 버린다는 것을 우리에게 보여주고 있습니다.

물론, 레버리지는 사업에도 치명적일 수 있습니다. 부채가 많은 기업들은 만기가 되면 그런 부채를 연장할 수 있다고 당연히 생각하는 경우가 많습니다. 대체로 이런 생각은 타당합니다. 그렇다 해도, 이따금 해당 기업 고유의 문제나 세계적인 신용 경색 때문에 만기에 부채를 반드시 상환해야 할 때도 있습니다. 이럴 때는 오로지 현금만이 제 역할을 합니다.

그러면 돈을 빌린 차입자들은, 신용은 산소와 같다는 것을 알게 됩니다. 신용과 산소는 풍부할 때는 그 존재를 인식하지 못합니다. 그러나 그것이 사라져 버리면, 알게 됩니다. 신용이 잠깐만 부족해도 기업은 완전히 무너질 수 있습니다.

……더욱이 우리 경제에서 이따금 발생하는 금융 혼란기에 다른 기업들이 생존을 위해 아우성치는 동안, (레버리지를 사용하지 않는) 우리는 재정적으로, 감정적으로 공격적으로 나설 수 있습니다. 그래서 우리는 2008년 리먼브라더스Lehman Brothers 파산 후 진행되었던 25일의 공황기에 156억 달러를 투자할 수 있었습니다.[1]

현금은 기회에 대한 일종의 콜 옵션이다. 풍부한 현금은 기회가 발생했을 때 저가 매수에 나설 수 있는 귀중한 옵션(선택권)을 투자자에게 제공하며, 투자자를 안티프래질(반취약적)로 만들어 준다. 현금은 매우 제 평가를 못 받고 있는 자산이다. 현금은 매우 가치 탄력적임과 동시에 유일한 가격 안정적 자산이다. 요컨대 다른 자산들의 가격이 하락할수록, 현금의 가치는 더 커진다.

반대로, 매수자가 소수인 시장에서 여러분이 어쩔 수 없이 자산을 팔아야 한다면, 큰 헤어컷haircut(한 자산의 가치와 시장가격 간의 차이; 할인율)을 감수해야 할 수도 있다. 이는 유동성이 없는 주식, 사치품, 그 외 소수만 이해하는 자산(예컨대 미술품, 와인) 시장에서 특히 그렇다.

그렇다면 어떻게 해야 이런 일이 벌어지는 것을 방지할 수 있을까? 그것은 충분한 유동성(현금)을 보유해서 시장 격동기나 급격한 위축기에 어쩔 수 없이 자산을 매각해야 하는 일이 없도록 하는 것이다. 그리고 2년 치 생활비에 해당하는 비상금을 준비해놓고, 시간이 가면서 주식투자가 늘어나면 이를 5년 치 생활비 수준으로 점차 높이는 것이다.

돈을 써야 하는데, 쓸 돈이 없다면, 바로 이것이 리스크다. 필수적인 소비에 지출할 현금을 확보하기 위해 최저가에 자산을 파는 것은 투자자에게는 최악이다. 이것이 부자가 되는 사람과 그렇지 않은 사람을 가르는 핵심 요인이다. 부자는 그에게 지속적인 현금흐름을 제공하는 자산에 투자한다.

리스크의 실제 의미를 보다 전체적으로 이해하기 위해서는 리스크에 대한 전통적인 정의(돈을 잃을 가능성)에 시간과 미래의 예상 부채라는 요인들을 추가할 필요가 있다.

리스크와 시간은 동전의 양면이다. 내일이 없다면, 리스크도 없을 것이기 때문이다. 시간은 리스크를 완전히 바꿔놓는다. 그리고 리스크의 성격은 시간지평에 의해 형성된다. 게임이 벌어지는 경기장은 미래다.

- 피터 번스타인Peter Bernstein

리스크에 대한 정의는 어떤 정의든 간에 시간지평을 포함해야 하며, 그렇지 않으면 불완전하다. 시간지평은 리스크를 인식하고 경험하는 방식을 바꾼다. 시간지평이 길수록 감당하는 리스크는 작아진다. 예를 들어, S&P 500은 1년 기간으로 보면 미국의 장기 국채보다 변동성이 심하지만, 30년 기간으로 보면 S&P 500이 훨씬 덜 위험하다. 우리가 데이터를 가지고 있는 모든 30년 기간을 대상으로 볼 때, S&P 500의 실적이 미국의 10년 만기 국채 실적을 상회했다.

닉 매기울리Nick Maggiulli는 자신의 블로그에서 우리가 우리의 리스크 감수 능력을 어떻게 생각해야 하는지 다음과 같은 방정식으로 설명했다.

$$리스크\ 감수\ 능력 = 자산 - 부채 + 시간$$

자산이 더 많고, 미래 부채는 더 적고, 시간이 더 많으면, 이 모든 것이 우리의 리스크 감수 능력을 높인다. 우리는 우리가 가진 시간의 양은 통제할 수 없지만, 시간은 손실을 회복할 기회를 주며, 따라서 많을수록 좋다.[2]

비슷한 맥락에서 모건 하우절도 "리스크에 대해 생각할 때 물어야 할 가장 중요한 질문은, 여러분이 예상하는 변동성 혹은 상방 가능성이 얼마나 크냐가 아니라, **여러분의 감정과 목표가 그런 변동성을 버텨내는 데 필요한 시간이 얼마냐 하는 것이다**"라고 했다.[3]

주식을 매수하기 위해 돈을 빌리거나, 일간 혹은 주간 환매 옵션이 있는 개방형 펀드를 운용하거나, 자신의 기질이 장기적인 사고에 적합하지 않다면, 변동성은 리스크가 된다.

약세장을 이기고 살아남는 법

많은 돈을 가진 정말 똑똑한 사람이 파산할 경우,
그 이유는 모두 레버리지 때문이다.
- 워런 버핏

중요한 결정을 할 때, 우리는 그 결과의 빈도와 규모에 주목해야 한다(우리는 그렇게 하지 않는 경향이 있고, 따라서 드물고 희소한 사건들을 크게 잘못 평가하는 경우가 많다). 현명한 사람은 리스크 관리를 '잘못되었을 때 발생할 수 있는 결과들을 다루는 과정'으로 정의한다. 2007년 워런 버핏은 플로리다대학 MBA 과정 학생들을 위한 강연에서 헤지펀드 롱텀캐피털매니지먼트Long-Term Capital Management, LTCM의 파산에 대한 생각을 밝힌 바 있다.

그들은 가지고 있지 않았고 필요하지도 않던 돈을 벌기 위해, 가지고 있는 돈과 필요한 돈을 위험에 빠뜨렸습니다. 이는 어리석은 짓입니다. 말 그대로 바보 같은 짓입니다. 여러분의 IQ가 얼마냐 하는 것은 전혀 중요하지 않습니다. 여러분이 자신에게 중요하지 않은 뭔가를 얻기 위해 자신에게 중요한 뭔가를 위험에 노출시킨다면, 이는 어리석은 짓에 불과합니다. 성공할 확률이 99%든, 99.9%든 이것은 내게 중요하지 않습니다.

여러분이 약실(소총에 탄환이 삽입되는 곳—편집자)이 1,000개(아니면 100만 개)나 있고 그중 한 약실에만 총알이 들어있는 총을 내게 주고 "관자놀이에 대고 방아쇠를 한 번 당기는데 얼마를 줄까?" 하고 묻는다면, 나는 그 게임에 응하지 않을 것입니다. 여러분은 원하는 어떤 금액이든 댈 수 있겠지만, 내 경우 그 게임에 이겨서 받을 돈은 내게 아무런 의미가 없습니다. 그러나 그 게임에 질 경우, 그 결과는 매우 분명합니다. (웃음) 따라서 나는 그런 식의 게임에는 관심이 없습니다. 그런데 사람들은 그 결과의 중대성에 대해서는 별로 생각하지 않고 경제적으로 그런 게임을 합니다.[4]

인생, 사업, 투자는 확률의 게임이며, 거의 모든 확률은 100% 미만이다. 따라서 우리는 확률이 유리할 때조차도 잘못해서 잃을 때가 있다. 피터 번스타인이 말한 것처럼, "잘못될 경우에 대비해야 하며, 자신이 옳다는 것이 밝혀질 것으로 기대해선 안 된다. 잘못되는 것은 중간에 언제나 벌어지는 일이다. 생존하는 것만이 부富로 갈 수 있는 유일한 길이다".[5]

항상 하방 가능성을 인식하고 있어야 한다. 어떤 한 행동의 결과가 우리가 받아들일 수 없는 수준이라면, 그 확률이 아무리 낮아도 우리는 그 행동을 피해야 한다. 파산, 죽음, 혹은 명성의 실추가 잠재적인 하방 리스크 중 하나라면, 다양한 상방 가능성이 무엇이냐 하는 것은 사실 중요하지 않다. 파산, 죽음, 명성의 손실 같은 치명적인 하방 리스크가 실제 발생할 경우, 상방 가능성들은 이제 완전히 무관한 것들이 되기 때문이다. 아무리 비대칭적으로 유리해 보인다 해도, 현명한 사람이라면 살아가면서 어떤 베팅들은 피해야 한다.

장기적인 생존의 열쇠는 자신의 삶을 계획해 불운이 발생할 경우에 대비하는 것이다. 이를 위해서는 '분산', '안전마진' 그리고 '단일 실패 요인들, 특히 보험이 없는 큰 리스크들을 피하는 것' 등에 전략적 초점을 맞춰야 한다. 작은 결정들에 대해서는 직관을 믿는 것이 좋지만, 인생과 관련된 큰 결정들에 대해서는 잠재적인 치명적인 실수를 피하기 위해 항상 신중하게 숙고해야 한다. 워런 버핏이 "다른 사람들보다 더 똑똑할 필요는 없습니다. 그러나 그들보다 더 규율이 있어야 합니다"라고 한 것은 바로 이 때문이다.[6)]

우리의 전반적인 복리 well-being를 위해서는 밤에 편히 자고 생존을 보장받는 것이 상대 수익률이 높은 것보다 훨씬 중요하다.

> 찰리와 나는 여분의 유동성 층을 충분히 두고 사업해야 한다고 믿는다. 또한 우리는 우리의 현금을 실질적으로 고갈시킬 수 있는 것이라면 그 어떤 의무도 피한다. 이로 인해 100년 중 99년은 우리의 수익이 줄 수도 있겠지만, 100년 차에 다른 많은 이들이 망해 사라진 후에도 우리는 살아있을 것이다. 그리고 우리는 그 100년 내내 밤에 편히 잠들 것이다.
> - 워런 버핏

투자자로서 평생 몇 번은 직면하게 될 불가피한 주기적인 심한 조정과 약세장에서 살아남기 위한 가장 좋은 대비책은 무엇일까?

바닥에 떨어지면, 계란(낮은 질의 잡주들)이 아니라 테니스공(양질의 기업들)을 포트폴리오에 넣어야 한다. 시장이 급락할 때는 양질의 주식과 잡주 모두 같이 하락한다. 그러나 양질의 주식은 결국 다시 회복하며, 잡주는 다시는 결코 회복하지 못한다. 많은 개인투자자들은 강세장에서는 평가차익으로 큰돈을 벌지만, 궁극적으로 약세장이 도래하면 그 모든 것을 잃고 만다. 약세장에서 회복한 후 수중에 얼마나 많은 돈이 남아 있느냐 하는 것이 강세장에서 얼마나 많은 평가수익을 올리느냐 하는 것보다 훨씬 중요하다.

그리고 장기적인 부를 유지하는 데는 기업의 질이 가장 중요하다. 질의 진가를 평가하는 사람들은 항상 돈을 갖고 있는 것 같고, 따라서 무엇이든 최고의 것에는 항상 시장이 있다(이는 부동산, 골동품과 마찬가지로 주식과 채권에도 적용된다). 여러분이 일단 경제적 독립을 달성하게 되면, 양질의 기업들에 큰 비중을 두고 포트폴리오를 재정비하는 것이 중요하다.

삶에서 경제적으로 부유한 단계에 도달한 후에는 원점으로 다시 돌아가는 것을 피하기 위해 필요한 모든 조치를 해야 한다. 성공한 후에 모든 것을 다시 잃는 것은 성공하지 못한 채 실패하는 것보다 감정적으로 훨씬 큰 충격을 준다. 훌륭한 기업의 주주들은 밤에 더 편하게 잠을 잔다. 부를 창출하는 데는, 그리고 (이것이 훨씬 중요한데) 힘들게 창출한 부를 장기적으로 유지하는 데는, 기업과 경영진의 질이 가장 중요하다. 어떤 주식시장에서든 소수의 매우 양질의 장기 성장기업들이 당연한 듯 희소성 프리미엄을 누리면서 장기간 높은 밸류에이션에 거래되는 것은 정확히 바로 이 때문이다.

내 경우, 2등주들의 비중은 전체 포트폴리오의 20% 이하로 제한한다. 나는 10년 이상 주식시장에 있으면서 많은 유망주들이 흔적도 없이 사라지는 것을 목격했다. 이미 검증된 1등주들에서 올리는 수익이 화려하지 않을 수 있지만, 보다 장기적으로 이들의 수익이 더 지속적이고 신뢰할 만한 경향이 있다. 평생에 이루고자 하는 투자 성공의 관건은 뛰어나거나 복잡한 결정을 하는 것이 아니라, 어리석은 일을 피하는 것이다.

사람들은 똑똑해지려고 노력하지만, 나는 바보가 되지 않으려고 노력할 뿐이다. 그러나 이는 대부분의 사람들이 생각하는 것보다 어려운 일이다.
- 찰리 멍거

무엇에든 0을 곱하면, 결과는 0

거액의 레버리지를 갖고 있는 것은
핸들에 자기 심장을 겨눈 칼을 꽂고 차를 운전하는 것과 같다.
이 경우 다른 사람들보다 더 조심해서 운전하게 될 것이고,
사고도 더 적을 것이다. 그러나 한번 사고가 나면 매우 치명적일 것이다.
- 워런 버핏

플로리다대학에서의 LTCM에 대한 강연에서 워런 버핏은 '이미 잘 소개된 과거'에만 의존하면, '총체적인 위험'을 못 보고 무시하게 된다고 했다.

총체적인 위험을 못 보고 이를 무시하는 것은……(과거 데이터에 대한) 과도한 의존에서 비롯된 것입니다. 그들(LTCM 운영자들)은……6시그마(3.4/1000만) 수준의 매우 낮은 확률의 사건들은 그들에게 영향을 미치지 않을 것이라고 생각했겠지만……그들이 틀렸습니다……과거 역사는 미래의 금융사건이 발생할 확률을 알려주지 않습니다……우리가 그 외의 것에 대해서는 전부 알고 있기 때문에 정말 중요한 것은 보지 못하는 경우……똑같은 일이 다른 방식으로 우리 누구에게나 일어날 수 있습니다……헨리 카우프먼$^{Henry\ Kaufman}$은 "이런 상황에서 파산하는 사람은 두 종류다. 하나는 아무것도 모르는 사람이고, 다른 하나는 모든 것을 아는 사람이다"라고 한 바 있습니다.[7]

2016년 버크셔 해서웨이 연차총회에서 버크셔의 차기 총투자책임자^{CIO}에 관한 질문을 받았을 때, 버핏은 다음과 같이 답했다.

연차보고서에서 말한 것처럼, 나의 후임 투자매니저의 경우, 우리는 이미 일어난 일들에서 배울 뿐만 아니라 **아직 결코 일어나지 않은 일들도 마음속에 그려볼 수 있는 사람을 찾고 있습니다.** 이것이 보험과 투자 부문에서 우리가 하는 일입니다. **많은 사람이 매우 똑똑하긴 하지만, 과거에 일어난 적이 없는 일에 대해서는 생각하지 못합니다.**
……무엇에든 0을 곱하면 0이 됩니다. 어느 한 해에 그런 0이 있다면, 나는 다른 모든 해의 기록이 얼마나 좋은지에 대해서는 관심이 없습니다. 우리는 아직 발생하지 않은 리스크를 보고 있으며, 이미 발생한 리스크도 인식하고 있는 그런 사람을 찾고 있습니다. 찰리와 나는 100개의 결정 중 99개는 좋았지만, 100번째 단 한 번의 잘못된 결정 때문에 파산하거나, 거의 파산지경에 이른 사람들을 여럿 보았습니다.[8]

일상적인 결정은 다음 3개 범주로 나뉜다.

1. **결과를 알고 있는 경우** : 이 경우, 결과의 범위는 물론 각 결정의 결과도 안다. 결정하기 가장 쉬운 경우다.

2. 결과는 모르지만, 확률은 알고 있는 경우 : 이 경우, 결과의 범위는 알지만 각 결정의 결과는 모른다. 이것은 리스크다. 이는 게임 테이블에 어떤 결과들이 나올지 그 결과의 범위는 모두 알고 있고, 각 결과의 확률도 알고 있는 라스베이거스의 도박 같은 것으로 볼 수 있다.

3. 결과도 모르고, 확률도 모르는 경우 : 이 경우, 결과의 분포(범위)를 모르고, 각 결정의 결과도 모른다. 이것은 불확실성이다. '블랙 스완'은 바로 이런 곳에 도사리고 있다.

우리는 (2)번의 경우에서 결정을 하고 있다는 기본적인 믿음에 따라 행동한다. 우리는 (2)번과 아주 비슷한 세상(결과의 범위와 그 확률을 추정할 수 있는 세상)을 상정하고 있다. 그러나 엄연히 (3)번의 경우와 닮은 세상도 살고 있다.

가장 큰 리스크는 뉴스에 없는 블랙 스완

극단적인 사건이란 파괴가 수반되는 사건을 말한다.
증권 가격에서 이런 극단적인 변화는 통상 사용되는 가우스적
혹은 정상 통계학으로 예상할 수 있는 것보다 훨씬 클 수 있다.
— 에드워드 소프

슬프게도 우리 모두가 알게 된 것처럼,
악마는 그 나머지(우리가 예상하지 못한 것들)에 있다.
— 하워드 막스

나심 탈레브에 따르면, 세상은 안전하고 편안한 평범한 세상 Mediocristan과 불안전하고 외견상 있을 것 같지 않은 극단적인 세상 Extremistan으로 나눌 수 있다. 평범한 세상에서는 아무것도 확장 가능하지 않다. 모든 것이 경계조건boundary conditions(어떤 결정으로 달성해야 할 목표), 시간, 생물학적 변이의 한계, 그리고 시간제 보상으로 제약을 받는다. 그런 제약들과 우리 지식의 한계 때문에, 평범한 세상에는 무작위적인 특성의 변이가 존재하며, 이는 가우스적인 확률모델(즉 종형곡선—정규분포—이나 종형곡선과 가족유사성family resemblance을 가진 다른 분포들)로 잘 설명될 수 있다.

극단적인 세상에서는 분포들 내의 변이가 평범한 세상에서보다 훨씬 덜 제약을 받는다. 극단적인 세상은 확장가능성scalability과 멱법칙power laws의 영역이다. 사건들의 발생원들이 매우 큰, 혹은 작은 값을 가진 분포들을 만들어내는 경우가 자주 있다. 그런 극단적인 가치들은 샘플 분포의 속성값들attribute values의 합계와 그런 분포(매우 큰 혹은 작은 값을 가진 분포)들의 평균값mean value에 영향을 미친다. 극단적인 값들이 발생할 확률은 가우스적 확률모델들과 크게 다르다. 사실, 극단적인 세상의 많은 속성값 분포들은 알려진 어떤 모델들과도 잘 맞지 않는다. 이는 작가당 서적판매 분포에서부터 개인과 기업의 부와 수입 분포까지 모든 것에서 그 예를 찾아볼 수 있다.

『헤지펀드 열전More Money Than God』의 저자 서배스천 맬러비Sebastian Mallaby는 다음과 같이 말했다.

1960년대 초반, 브누아 망델브로Benoit Mandelbrot라는 아주 특이한 수학자 한 명이 분포의 꼬리들이 정상적인 정규분포가 가정하는 것보다 더 뚱뚱할 수 있다고 주장했다. 그리고 당시 망델브로를 알게 된 '효율적 시장이론의 아버지' 유진 파마Eugene Fama는 주가 변화에 대한 검증을 통해 망델브로의 주장을 확인했다. 주가 변동이 정규분포를 이룬다고 가정한다면, 일간 주가 변동이 평균에서 ±5표준편차의 범위를 넘어서는 일은 7,000년마다 한 번 정도 일어나야 한다. 그러나 실제로는 3~4년마다 한 번 정도 나타났다.[9]

브누아 망델브로는 외견상 무질서한 것에 숨어있는 질서, 무계획 속의 계획, 자연의 불규칙성 속의 규칙적인 패턴 등을 인식하는 프랙털 기하학fractal geometry이라는 수학의 한 분야를 개척한 폴란드 태생의 수학자이자 종합 지식인이었다. 망델브로는 자연의 무작위적 패턴 속에 분명히 존재하는 기본적인 멱법칙이 여러 금융상품 가격의 상승과 하락에도 적용된다는 것을 발견했다. 주가 움직임은 가우스적 분포, 즉 정상분포보다는 멱법칙을 따른다.

망델브로는 리처드 허드슨Richard Hudson과 함께 쓴 『프랙털 이론과 금융 시장The (Mis)Behavior of Markets』에서 '군집화clustering'라는 중요한 개념을 제시했다.

시장 격변은 '군집화'되는 경향이 있다. 이것은 경험 많은 매매자에게는 결코 놀라운 일이 아니다……이들은 가장 격동적인 순간(드물지만 꾸준히 발생하는 금융위기)에 월스트리트의 가장 큰 부가 만들어지고 사라진다는 것도 알고 있다.
……큰 가격 변동이 발생하는 시기들은 군집화되며, 그 사이에 보다 차분한 변이 구간들(앞서 있었던 큰 가격 변동에 대한 오래 지속되는 기억과

영향의 숨길 수 없는 흔적들)이 산재한다. 그리고 이런 변이는 앞의 가격 변동에 비례해 축소된 형태를 보인다.

······큰 가격 변화가 있은 후, 상승이든 하락이든, 보다 큰 가격 변화가 뒤따르는 경향이 있고, 작은 변화가 있은 후에는 보다 작은 변화가 뒤따르는 경향이 있다. 이처럼 **변동성은 군집화된다**.[10]

개념으로서의 군집화는, 많은 사건의 경우, 원인의 20%가 결과의 80%를 발생시킨다는 '파레토 원칙'과 비슷하다. 군집화 현상은 투자자에게 중요한 의미를 가진다.

시장 수익은 대개 군집적으로 발생하며, 그다음엔 수익의 긴 박스권이 뒤따른다. 변동성은 전환점에서 가장 큰 경우가 많고, 새로운 추세가 확립될 때 약해진다. 인내가 매우 중요하다. 보다 큰 포트폴리오 규모로 어떤 시점을 넘어서면, 복리 효과가 강해진다. 장기적으로 생존하는 것이 돈을 벌 확률을 높여준다.

우리 포트폴리오에서도 수익은 군집을 이루고, 소수의 주식이 수익의 대부분을 차지하고 있다. 따라서 적절한 투자 배분이 더 나은 수익 창출의 관건이 된다.

한 투자 아이디어를 분석하는 동안, 우리의 연구 노력도 군집적이 되며, 정보와 분석의 작은 부분이 그 아이디어에 대한 우리의 행동을 결정한다.

가치평가도 군집화된다. 우리는 고평가된 경우나, 저평가된 경우에 많은 시간을 쓴다. 우리는 극단적인 고평가나 극단적인 저평가의 경우는 잠시 동안만 경험하며, 적정 밸류에이션을 경험하는 경우는 드물다. 호재도 군집화되는 경향이 있으며, 악재도 마찬가지다.

한 주식의 안전마진, 내부자 지분, 거래량, 재무상태표상의 진행 중인 자본capital work in progress, 혹은 여타 관련된 부분 중 그 어느 것에서건 급격한 움직임이 있을 때를 노려야 한다.

그런 군집화는 여러 흥미로운 아이디어를 떠올리게 한다. 오랜 어려움에서 빠져나온 기업들은 실적 개선이 군집적으로 이루어질 수 있다. 이와 비슷하게, 오랫동안 강력한 실적을 보였던 기업들은 실적 악화가 군집적으로 발생할 수 있다.

『증권분석』 초판의 권두삽화는 "지금 추락한 많은 이가 다시 일어설 것이고, 지금 영광을 누리는 많은 이가 추락할 것이다"라는 호라티우스의 『시학Ars Poetica』의 한 부분을 인용하고 있다.[11] 이는 시장 주기의 본질 그리고 강세장 및 약세장에서 업종 주도주와 낙오주의 본질을 가장 잘 요약한 것이다.

리스크란 가능하고, 그럴듯하며, 개연성 있는 모든 것에 대해 고려한 후 남은 그 외의 것이다. 탈레브는 『블랙 스완The Black Swan』에서 6시그마와 그 외 희귀한 사건들을 가능성의 영역에서 완전히 배제하는 경향이 있는 인간의 마음에 대해 경고한 바 있다.

우리는 정확한 하나의 예상을 요구하는 대신, 보다 광범위하고 보다 어두운 측면도 고려하는 가정-결과 시나리오들what-if scenarios을 가지고 포트폴리오에 대해 스트레스 테스트를 해봐야 한다.

특히 미래를 예상하는 것은 어렵다는 사실을 겸허히 인정할수록, 광범위한 여러 결과들에 견딜 수 있는 견고한 투자전략을 수립하려 할 것이다. 유비무환이다. 우리가 사는 세상은 참으로 매우 복잡한 세상이다. 요컨대, 우리에게는 우리가 모른다는 것을 모르는 것이 정말 너무 많다.

이 세상에서 누구도 혼자가 아니다. 결과 없는 행동은 없다. 카오스 이론에 따르면, 동역학계dynamical system(예측 불가능한 운동을 다루는 수학 분야—편집자)에서 모든 과정의 결과는 그 시작점과 불가분의 민감한 관계에 있다. 상투적이지만 유명한 표현을 빌려 말하자면, 아마존에 있는 나비 한 마리의 날갯짓이 텍사스에 토네이도를 유발할 수 있다.

그런 세상에서는 먼 과거의 사건들이 현재에도 계속 영향을 미친다. 이것이 경로 의존성path dependence이다. 탈레브식으로 말하면, 우리는 기본적으로 극단적인 세상, 요컨대 수많은 피드백 고리와 상호 의존 관계로 가득 찬, 따라서 블랙 스완이 들끓는 세상을 살고 있다. 탈레브의 블랙 스완 이론은 그 규모와 결과의 중대성이 매우 큰 예상치 못했던 사건들과 그것이 역사에서 갖는 지배적인 역할에 관한 이론이다. 블라디미르 레닌Vladimir Lenin이 "수십 년 동안 아무런 일도 벌어지지 않고, 단 몇 주 만에 수십 년 동안 벌어질 일이 벌어지기도 한다"고 한 것은 바로 이런 사건들을 두고 한 말이다.

아래는 내가 내년에 발생할 블랙 스완 사건들을 모두 나열한 것이다.

1.
2.
3.

사실 우리는 블랙 스완 사건들을 예상할 수 없기 때문에(블랙 스완 사건들 자체가 예상하지 못한 사건들이다), 위 목록은 항상 공란으로 남아 있을 것이다. 블랙 스완은 모든 사람들에게 완전한 기습으로 닥쳐온다. 블랙 스완은 예상되지 않는 리스크이기 때문에, 정의상 예상될 수 없다.

극단적인 예외로 간주되는 블랙 스완 사건들은 일반적으로 발생하는 사건들보다 전체적으로 훨씬 큰 역할을 한다. 우리 모두는 평균에서 ±3표준편차의 범위 내에서 발생하는 일들에 대해서는 상상하고 이해할 수 있지만, 금융의 역사에서 중요한 모든 사건은 그런 ±3표준편차 범위 밖에서 발생했다. 그래도 많은 똑똑한 사람들은 이런 종류의 희귀한 사건들이 아주 드물게라도 발생할 수 있는 일이라고 생각하지 않는다. 더욱이 팻 테일 리스크fat-tail risks(정규분포의 꼬리 부분이 두꺼운 모양새를 가져 평균에 집중될 확률이 낮아지고, 이를 통해 예측하면 잘 맞지 않는다는 의미의 용어—편집자)를 관리할 수 있다고 알려진 복잡한 수학적 모델들은 그런 리스크를 통제할 수 있다는 착각을 일으킨다. 그 결과, 이런 사람들은 자신의 믿음을 과신하면서, 자신이 선호하는 베팅에 모든 것을 걸고 많은 레버리지를 쌓는다. 그리고 잘 정리된 과거에만 맹목적으로 의존한 결과, 결국엔 파멸에 이르게 된다. 실패는 실패를 상상하지 못한 데서 오는 경우가 많다.

> 위기는 보다 평온했던 시기에는 생각하지 못했던 방식으로 상호 연계된 문제들을 발생시키는 경향이 있다는 것을 역사는 말해 준다……상호 연계성은, 갑자기 표면화될 경우 심각한 시스템 문제들serious systemic problems(전체 시스템에 심각한 영향을 미치는 문제들)을 유발할 수 있다.
> - 워런 버핏

한 종목이나 업종에 자신의 모든 돈을 베팅해서는 절대 안 된다. 서로 다른 여러 산업에서 선정한 종목들을 보유하고 있다 해도, 그 종목들이 모두 같은 도시나 같은 주에서 사업하거나 그 외 다른 리스크 요인이 동일한 것과 같은 식의 공통 요인 혹은 어떤 단일 사건으로부터 중첩적인 충격을 받지 않도록 철저히 분산해야 한다.

하워드 막스는 말 한 마리만 출전한 경마에 모든 것을 베팅한 도박사에 대한 이야기를 한 적이 있다. 이런 경마에서 그 도박사가 잃을 수 있을까?

"트랙을 돌던 중간에, 그 말이 펜스를 넘어 달아나버렸다. 상황은 언제나 사람들이 예상하는 것보다 악화될 수 있다. '최악의 경우'란 '우리가 과거에 본 최악'을 의미할 것이다. 그러나 미래에 상황이 우리가 예상한 최악의 경우보다 더 악화될 가능성을 배제할 수 없다."[12]

이 이야기는 결과를 아무리 확신한다 해도 하나의 단일 투자에 결코 모든 것을 베팅하지 말라는 소중한 교훈을 전해 준다. 불운이 그 미친 말과 같은 상황을 언제 우리에게 안겨줄지 우리로서는 전혀 알 수 없다. 리스크는 우리가 상상할 수 없는 원천에서 발생하는 경우가 많다. 집중하는 어리석은 짓은 피하는 대신 현명하게 분산해야 한다. 이에 대해 버핏은 다음과 같이 말했다.

> 한 단일 거래(매수)에 상당한 리스크가 존재한다면, 그 거래를 상호 독립적인 여러 거래 중 하나로 만듦으로써 전체적인 리스크를 줄여야 합니다. 그럼으로써 여러분은 확률에 가중치를 준 여러분의 이익이 동등하게 가중치를 준 여러분의 손실을 크게 초과한다고 믿을 경우, 그리고 비슷하지만 서로 관계없는 여러 많은 기회들에 나눠 투자 할 수 있다면, 여러분은 위험한 한 자산을 신중하게 매수해도 됩니다. 대부분의

벤처투자자들은 이런 전략을 사용하고 있습니다. 그리고 여러분이 이런 경로를 추구하기로 했다면, 확률상 유리하기 때문에 많은 베팅이 나오기를 원하지만 거액의 단일 베팅은 거절할 (룰렛 휠을 소유한) 카지노의 관점을 채택해야 합니다.[13]

가장 큰 리스크들은 뉴스에 없는 것들이다. 사람들은 보도가 되지 않고 있기 때문에 뉴스에 없는 리스크들에는 대비하지 않는다. 리스크는 항상 존재하지만, 우리는 강세장에서 그것을 보지 못하는 경향이 있다. 시장에서 리스크는 결코 사라지지 않는다는 것을 사람들은 잊고 있다. 리스크는 한 사람에서 다른 사람에게로 이전되거나, 한 형태에서 다른 형태로 전환될 뿐이다. 시장 격동기에는 과거 비슷한 혼란기에 인간이 어떻게 행동했는지 연구하는 것이 도움이 된다.

역사는 대부분 (아이러니하게도 미래에 대한 지도로 사용되는) 전례 없는 사건들을 연구하는 학문이다. 사물은 진화하고, 미각은 변하며, 패러다임은 전환된다. 따라서 과거에 작동했던 것이 현재나 미래에는 작동하지 않을 수 있다. 역사의 가장 가치 있는 부분은 전례 없는 일이 벌어졌을 때 사람들이 어떻게 행동했는지를 연구하는 것이다. 인간의 행동이야말로 장기적으로 가장 일관된 것이다.

- 모건 하우절

최신 편향이 곳곳에 만연해 있다. 우리는 최근의 추세를 새로운 정상new normal으로 보면서, 그 추세들이 (주기적인 세상에서 정상이 아닌 것이 될 때까지) 무한히 지속될 것으로 추정하는 경향이 있다([그림 25-

• 그림 25-1 • 갑작스러운 변동성은 삶과 금융시장의 정상적인 현상이다

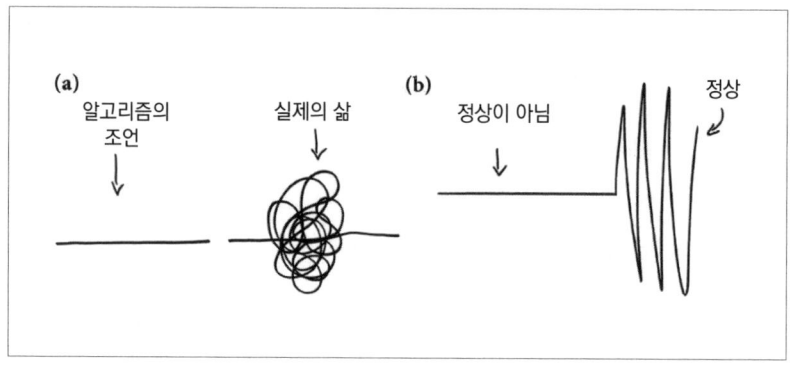

1] 참조).

계량적 매매 전략이 초기에 계속 효과를 낸다면, 그 전략이 확산되는 경향이 있다. 1998년 수렴 차익거래convergence arbitrage가 그런 전략이었다. LTCM은 어떤 자산들의 역사적 관계 패턴이 영원히 지속될 것으로 가정하고, 포지션의 레버리지 수준을 자기자본 대비 25배까지 높였다. 그러나 그런 패턴은 아주 짧은 기간에 변했고, LTCM은 파산했다.

2017년 S&P 500은 5% 수준의 하락이 한 번도 없었고, 변동성도 거의 없었다. 그러나 경제학자 하이먼 민스키Hyman Minsky가 말한 것처럼 금융시장에서 "안정은 많은 경우 불안정을 낳는다". 평온한 환경은 우리를 완전히 안일한 상태에 빠뜨려 예상치 못한 놀라움을 경험하게 만들기도 한다.

2018년 2월 5일 CBOE VIX(월스트리트에 말하는 이른바 '공포지수Fear Index')로 본 변동성이 하루 만에 갑자기 118% 급등하면서 리먼브라더스 사태 이후 가장 높은 수준까지 치솟았다. 그와 동시에 그날 다

우지수가 장중 역대 최대인 거의 1,600포인트나 하락했다. 이 사건의 가장 유명한 희생자는 크레디트 스위스의 XIV(벨로서티셰어스 데일리 인버스 VIX 단기 상장지수증권VelocityShares Daily Inverse VIX short-term exchange-traded note)였다.

크레디트 스위스가 총 32% 보유하고 운용하던 이 상품은 안정된 시장 상황에 베팅하면서 변동성에 매도 포지션을 취한 ETN 상품으로, 시장 변동성이 역사적 저점에 도달함에 따라 그 이전 1년 동안 인기가 상승했었다. 그러나 2018년 2월 5일 VIX가 급등함에 따라 VIX와 반대로 움직이는 XIV는 단 하루 만에 92%나 폭락했다. XIV가 11달러에서 144달러로 상승하는데 6년이 걸렸지만, 0달러 수준으로 폭락하는 데는 단 하루밖에 걸리지 않았다. XIV는 '전문 투자자들'에게만 판매되었으며, "이 ETN의 장기 예상가치는 0입니다. 이 ETN을 장기 투자자산으로 보유한다면, 투자금의 전부 혹은 상당 부분을 잃을 수도 있습니다"라고 투자설명서 197쪽에서 말한 그대로 되었다.[14]

그날, 급증한 매도로 발생한 부정적인 피드백 고리가 시장 혼란을 더 악화시킨 것으로 보인다. 시장에서 이런 식의 매우 파괴적인 사건들은 언제라도 발생할 수 있으며, 어떤 경고도 없이 또다시 발생할 것이다.

투자에서는 예상치 못한 것을 예상해야 하고, 극단적인 것을 예상해야 한다. 시장에서 벌어질 일을 한정해서 생각해서는 안 된다. 투자를 하면서 내가 경험했던 가장 큰 자각 중 하나는 예상하지 못했던 것과 외견상 불가능해 보이는 일들이 계속 발생한다는 것이다. 역사를 보고 지난 여러 공황 상태에서 인간이 어떻게 행동했는지를 살펴보는 것이 투자자에게 매우 중요한 것은 바로 이 때문이다.

2018년 2월 5일에서 2월 9일 주간에 있었던 사건들은 존 브룩스 John Brooks가 그의 고전 『경영의 모험Business Adventure』 중 '시장 변동 Market Fluctuations' 부분에서 소개한 사건들과 기이하게 닮았다. 마크 트웨인이 적절히 말한 것처럼, "역사는 똑같이 되풀이되지는 않지만, 비슷한 형태로 재현되는 경우는 많다".

탐욕과 레버리지의 위험

2008년 주주서한에서 워런 버핏은 "우리는 미래의 의무를 이행하기 위해 타인의 호의에 의존할 생각은 전혀 없습니다"라고 했다.[15]

기업들 중에는 '타인의 호의'에 의지해 생존을 유지하고 있기 때문에 본질적으로 취약한 기업들이 있다. 그들 사업의 원자재라 할 수 있는 자금을 끌어 모으기 위해 자본시장을 자주 이용해야 하는 내재 자기자본이익률intrinsic ROE이 낮은 대출회사, 그리고 지속적인 외부 자금조달이 필요한 매우 자본집약적이고 잉여현금흐름은 마이너스인 기업이 이런 경우에 속한다.

자본과 신용에 의존하는 부채활용 기관들은 항상 투기와 자기 충족적 예언에 휘둘리기 쉽다(1948년 유명한 사회학자 로버트 머튼Robert K. Merton이 '자기 충족적 예언'이란 용어를 처음 만들었다. 그는 "자기 충족적 예언이란 애초의 틀린 믿음을 실현시키는 새로운 행동을 하게 만드는 애초의 그 '상황에 대한 틀린 믿음'을 말한다"고 했다. 달리 말해, 애초의 그 틀린 믿음이 그대로 실현될 수 있다고 공언하는 것이다. 공개적인 언명은, 사실상 그 근거가 전혀 없다 해도, 결과적으로 그 언명이 사실이 되는 방향으로 사람들을 행동하게 만들 수 있다. 금융시장에서는 이런 일이 자주 벌어진다).

투자자들은 개별 기업들의 적절한 밸류에이션을 평가할 때 이런 측면들을 고려해야 한다. 예를 들어, 고정적인 예금 기반을 보유하고 있는 일반 은행들과 달리, 소액대출업체들은 항상 신용시장 자금에 의존하는데, 신용시장에 대한 의존은 사업과 관련된 어떤 부정적인 사건이 대출 회수에 영향을 미치는 순간 불리하게 작용하게 된다. 이에 더해, 그들에게 상존하는 정치적 리스크와 신용대출 중심의 대출 성격 때문에 소액대출업체들은 수익률과 자산의 질이 비슷함에도 불구하고 일반 은행들보다 낮은 밸류에이션을 받는다.

비슷한 원칙이 주요 고객 한 둘의 호의에 의존하는 기업들에도 적용된다. 그 소수의 고객들이, 자신이 그 기업의 생존에 필수적인 존재라는 것을 알게 되면, 그 기업의 가격결정력은 사라진다. 소수에 집중된 고객 기반을 가진 기업들은 일반적으로 높은 밸류에이션을 받지 못한다(고객사인 비자Visa에서만 매출의 약 85%가 집중되었던 인도 RS소프트웨어RS Software가 이런 경우에 해당한다).

인생의 가장 중요한 많은 교훈들은 힘든 과정을 통해 얻어진다. 그런 교훈 중 하나는 강세장에서 탐욕의 유혹이고, 그다음이 레버리지의 위험에 관한 것이다. 레이먼드 드보 주니어Raymond DeVoe Jr.가 말한 것처럼, "총을 겨눈 강도에게 빼앗긴 돈보다 수익률을 추구하다 잃은 돈이 더 많다".[16]

워런 버핏은 "현명하다면 레버리지를 사용할 필요가 없고, 바보라면 레버리지를 사용할 사업이 없다"고 종종 말하곤 했다. 2017년 주주서한에서 그는 돈을 빌려 주식을 매수하는 것을 강하게 반대했다.

단기적으로 주식이 얼마나 하락할지는 결코 모릅니다. 여러분의 차입금이 작고 여러분의 보유 자산이 시장 하락으로 즉각 위협을 받지 않는다 해도, 끔찍한 뉴스들과 숨 막히는 시장 코멘트 때문에 여러분의 마음은 불안해질 것입니다. 그리고 그런 불안한 마음으로는 좋은 결정을 못하게 됩니다.[17]

기업의 '사업 유지력'과 투자자의 '투자 유지력'

취약함을 가장 잘 검증할 수 있는 것은 시간이다
(시간에는 많은 혼란기가 포함되어 있다).
그리고 인간의 본성은 시간이 '견고하다'고 인정한 유일한 시스템이다……
시간은 강화제라기보다는 부식제이며
(건물이든 생각이든) 취약한 것을 부수는 데 뛰어나다.

― 나심 탈레브

2014년 주주서한에서 워런 버핏은 사업 유지력을 보유한 기업의 특성을 소개한 바 있다.

기업이 재정적 유지력을 갖기 위해서는 모든 상황에서 다음 세 가지 강점을 유지해야 합니다. (1) 크고 신뢰할 만한 이익 흐름 (2) 많은 유동성 자산 (3) 상당한 단기 현금 필요성이 없을 것. 그리고 이 마지막 조건을 무시하면 기업들은 보통 예상치 못한 문제를 겪게 됩니다. 수익성 있는 기업의 CEO들은 만기가 된 부채의무들을, 그 규모가 아무리 크다 해도, 차환(연장)할 수 있다고 생각하는 경우가 많습니다. 2008~2009년, 많은 경영진은 그런 사고방식이 얼마나 위험한 것인지 알게 되었습니다.[18]

사업 유지력이 있는 기업들은 안정적인 제품 성격, 강력한 경쟁우위, 분화된 고객 및 공급자 기반, 신중한 자본 배분, 장기 수익성과 지속가능성에 극도로 집중된 성장 마인드, 측정 가능한 리스크 부담을 특징으로 하는 기업문화, 자금 압박이 강한 시기에 자본을 투입할 수 있는 현금이 풍부한 창업자 가족 혹은 모기업, 많은 유동성 자산, 단기 이익을 희생하더라도 장기를 위해 투자하는 의지와 능력 등을 갖고 있다. 따라서 이런 기업들은 보다 긴 사업 지속성, 보다 강한 현금흐름 지속성, 따라서 보다 높은 내재가치를 가진다.

투자자 관점에서 볼 때 투자 유지력은 투자 규율, 계속 배우려는 사고방식, 긴 투자 생애, 매우 적은 부채, 검소함, 규율 있는 삶, 인간 행동과 시장 그리고 인지 편향들에 대한 건전한 이해, 인내심 있고 장기적인 사고방식, 어려운 시장 시기에 그 중요성이 더욱 커지는 가족 등에 대한 강한 애정에서 나온다.

재기불능의 파산 리스크를 피하는 것과 관련해 워런 버핏은 다음과 같은 심오한 말을 한 바 있다. "명성을 쌓는 데는 20년이 걸리지만, 무너지는 데는 5분밖에 걸리지 않는다. 이렇게 생각하면, 행동이 달라질 것이다."[19]

5부

더 나은 투자를 위한 선택과 결정의 기술

한 가지 생각을 택하라. 그리고 그 생각을 자신의 삶으로 만들어라.
그것에 대해 생각하고, 그것을 꿈꾸며, 그 생각에 따라 살아라.
뇌, 근육, 신경, 자신의 모든 신체 부분이 그 생각으로 가득 차게 하라.
그리고 다른 모든 생각은 그냥 둬라.
이것이 성공에 이르는 길이다.
- 스와미 비베카난다 인도의 영적 지도자

26장

예측 대신 분석하기

*60년 동안 월스트리트에서 있으면서 알게 된 것이 있다면,
사람들이 주식시장을 예측하는 데 성공하지 못한다는 것이다.*
- 벤저민 그레이엄

*우리는 주식이나 채권 가격에 대한 단기 예측은 무용하다고 믿는다.
예측은 그 예측가에 대해 많은 것을 말해 주는데,
그것은 그들이 미래에 대해 알려주는 바가 전혀 없다는 것이다.*
- 워런 버핏

*누구도 금리, 경제의 미래, 혹은 주식시장을 예측할 수 없다.
그에 관한 모든 예측은 묵살하고, 자신이 투자한 기업들에
실제로 무슨 일이 벌어지고 있는지 집중적으로 살펴봐야 한다.*
- 피터 린치

시장, 거시경제, 혹은 증권 분석가가 아니라 기업 분석가가 되어야 한다.
- 찰리 멍거

예측가에는 '모르는 사람'과 '자신이 모른다는 것을 모르는 사람', 이 두 종류만 있을 뿐이다
- 존 케네스 갤브레이스 John Kenneth Galbraith

워런 버핏은 "시장 예측가들은 여러분의 귀는 채워줄지 몰라도, 여러분의 지갑은 결코 채워주지 못할 것입니다"라고 했다.[1] 우리가 경제미디어에 많이 등장하는 이른바 시장 전문가들의 말을 들었다면, 2009년 이후 지갑에 얼마나 타격을 받았을지 생각해 보자([그림 26-1] 참조).

미디어에 등장하는 매우 확신에 차 보이는 이른바 권위자들은, 대부분 예측이 틀렸음에도 불구하고, 아주 자신 있게 말한다. TV에 등장하는 앵커와 시장 전문가들은 매일 왜 그렇게 많은 예측을 하고, 왜 아주 기꺼이 그런 예측을 하는 것일까?

제이슨 츠바이크는 끊임없이 예측하려는 인간의 욕구에 대해 『투자의 비밀Your Money and Your Brain』에서, "자연이 진공상태를 혐오하는 것처럼 사람들은 무작위성을 혐오한다. 예측할 수 없는 것을 예측하려는 인간의 욕구는 반사적인 뇌reflexive brain의 도파민 중추에서 비롯된 것이다. 나는 이런 인간의 경향을 '**예측 중독**prediction addiction'이라고 부른다"고 했다.[2]

우리 뇌 속의 도파민이라는 쾌락적 화학물질이 이런 경향을 만들어낸다. 요컨대 예측을 하면 도파민이 분비되고, 도파민의 분비는 우리에게 행복감을 주기 때문에 우리는 또 다음 예측을 하고, 그다음 예측을 하고, 이런 식으로 계속 예측하게 된다.

츠바이크가 말한 것처럼 예측 중독은 미래의 주가 같은 예측 불가능한 것들을 포함해, 말 그대로 세상의 모든 것을 다 이해하려는 충동적인 욕구다(전설적인 금융가 J. P. 모건은 시장이 어떻게 될 것이냐는 질문을 받자, "시장은 등락할 것입니다"라고 했다). 우리 중 누구도 우리 자신의 미래조차 예측할 수 없다. 그럼에도 우리는 허상에 사로잡혀 거시적인 것들, 시장, 통화, 그리고 상품 가격을 예측하려 한다.

투자 저술가 댄 솔린Dan Solin은 〈허핑턴 포스트Huffington Post〉에 기

• 그림 26-1 • 전문가의 예측과 S&P 500(2009~2017년)

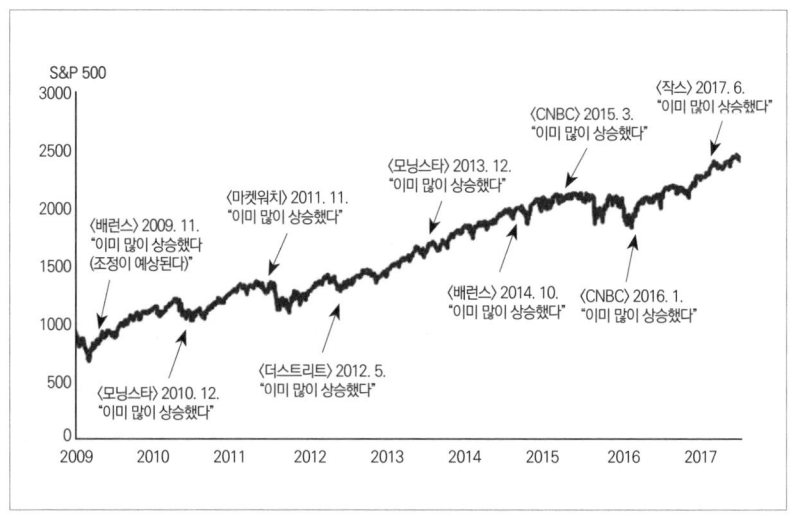

출처 : 모건 하우절, "이지 머니(Easy Money)", 트위터, 2018년 8월 28일, https://twitter.com/morganhousel/status/1034447231967887360

고한 글에서 "예측 중독은 특히 나쁜 중독이다 : 우리의 뇌가 미래를 예측하고 무작위적인 움직임을 이해할 수 있다고 굳게 믿도록 만들 뿐 아니라, 예측을 하는 것에 보상(쾌락)까지 제공하기 때문이다. 이런 예측 활동을 하는 사람의 뇌는 마약 중독자가 코카인에서 얻는, 혹은 도박사가 카지노에 들어갈 때 느끼는 것과 같은 쾌락을 느낀다"고 했다.[3]

예측 중독자와 투자자의 관계는 마약 딜러와 마약 중독자, 혹은 카지노와 도박사의 관계와 같다.

한 가지 재미있는 확인을 해 보자. 지난 몇 년 사이 임의의 기간 동안, 어떤 주제든 거시적인 주제에 대해, 누구든 한 시장 전문가가 했던 과거의 예측들을 구글에서 검색해 보자. 그러면 그 전문가가 누구든 그의 예측을 앞으로는 절대 진지하게 받아들이지 않을 것이다. 예측은 그 당시 사람들의 눈길만 사로잡을 뿐이며, 그 외에는 아무것도 없다.

'나쁜 뉴스'와 똑똑한 비관론자

강세장은 근심의 벽을 타고 오른다는 말이 있다. 2009년 3월 이후, 사람들을 불안하게 만든 수많은 언론보도([그림 26-1] 참조)로 인해 많은 투자자들이 두려움에 보유종목을 매도하고 완전히 시장을 나갔다.

나쁜 뉴스가 좋은 뉴스보다 10배는 빨리 퍼져나간다는 사실이 시장 수익률

을 올리는 것이 왜 그렇게 어려운지 말해 주는 가장 큰 이유 중 하나다. 시장 수익률을 올리는 것이 전체 시장지수 펀드를 매수해서 그냥 내버려두면 되는 간단한 일이라고 생각할 수도 있다. 사실 그만큼 간단한 일이다. 그러나 분명 그렇게 쉬운 일은 아니다. **좋은 소식은 뒤에서 조용히 들리지만, 나쁜 소식은 여러분 앞에 대형 스피커를 대고 크게 쏟아져 나오기 때문이다.**
- 마이클 배트닉Michael Batnick, 『투자 대가들의 위대한 오답노트』 저자

상승은 너무 느려서 알아채지 못하고, 하락은 너무 빨라서 무시하지 못한다.
- 모건 하우절

주식을 고르는 데 어떤 방법을 사용하든, 여러분의 성공은 여러분의 주식이 성공할 때까지 충분히 오랫동안 세상의 근심을 무시하는 능력에 달려 있다. 여러분이 얼마나 똑똑하든 간에, 여러분의 운명을 결정하는 것은 머리가 아니라 배짱이다.
- 피터 린치

인류에게 일어난 대부분의 기적은 오랜 기간에 걸쳐 장기적으로 이루어진 일들이다. 진보는 서서히 이루어진다.

세상은 늘 커다란 도전에 직면하지만, 우리는 대단한 발전을 해왔다. 우리는 지난 20년 동안 전 세계적으로 극단적인 빈곤 속에 고통받는 사람들 수를 반으로 줄였다. 그러나 "빈곤률이 점점 하락한다"는 뉴스는 언론 헤드라인을 결코 장악하지 못했다. 어떤 한 추세가 주기적으로 급격한 하락을 겪으면서도 시간이 감에 따라 점차 개선될 때, 사람들은 전반적인 개선보다는 그 일시적인 하락에 더 관심을 가지기

쉽다. 언론은 일상적으로 진행되는 상황의 개선과 장점보다는 극적이고, 비극적인 생생한 사건들에 주목하는 경향이 있다.

뉴스채널들은 생생하고 극적인 이야기들로 우리의 관심을 끌기 위해 서로 경쟁하고 있다. 어떤 뉴스채널을 켜든, 혹은 어떤 소셜미디어를 열어보든, 정치적 불안, 시장 격동, 자연재앙, 살인, 자살, 질병의 확산, 지정학적 긴장 등 끝없이 흘러나오는 나쁜 뉴스들을 보거나 듣게 될 것이다.

사람들은 지금 현재를 '역사상 최악의 시기'라고 하는 경우가 많지만, 이런 사람들은 역사책이라곤 전혀 읽어보지 않은 것이 분명하다. 부정적인 성향과 가용성편향이 결합되면 세상에 대한 비관이 만연하게 된다. 그러나 사실 지금 우리는 인류 역사상 미래가 가장 밝은 시대 중 하나를 살고 있다. 세계는, 지난 100년이든 1,000년이든 우리가 보는 거의 모든 장기적인 시간지평에 걸쳐, 그리고 수많은 중요한 측면에서, 엄청난 발전을 해왔다.

좋은 뉴스는 계속 진행 중인 과정이나 통계적인 것이고, 나쁜 뉴스는 하나의 이벤트나 뉴스 제목에 다름 아니다. 그리고 건전하고 재미없는 통계와 반대로 나쁜 뉴스는 더 생생하고 관심을 끄는 이야기들을 전하는 경우가 많다.

다른 사람들이 절망할 때 희망을 품는 사람이 아니라 다른 사람들이 희망을 품을 때 절망하는 사람이, 여러 계층의 사람들로부터 현인으로 존경받는다.
- 존 스튜어트 밀John Stuart Mill

비관론자가 똑똑해 보이지만, 실제로 돈을 버는 사람은 낙관론자라는 것을 기억해야 한다. 교역commerce은 문명의 가장 기본적인 근간이다. 우리가 주식투자를 할 때는 교역 과정에 참여하는 것이며, 그럼으로써 교역의 지속적인 발전을 지원하는 것이다. 이런 큰 맥락에 초점을 맞추는 사람이 결국엔 성공한다. 위기에만 초점을 맞추는 사람들은, 그들이 보기에 어쩌면 최악일 수도 있는 시기에 불안해하면서 유망한 부의 창출 기회들을 놓친다.

워런 버핏의 '매우 유리한 게임'

투자자들은 금리인상, 인플레이션 심화, 주식시장 급락, 오일쇼크, 정권의 붕괴, 경기침체, 불황, 심지어는 전면전에 대한 모든 소음noise은 무시하고, 개별 기업들에 초점을 맞추는 것이 매우 중요하다는 워런 버핏의 조언을 유념해야 한다.

1994년 주주서한에서 워런 버핏은 다음과 같이 말했다.

우리는 많은 투자자들과 사업가들에게 **값비싼 방해물**이 되는 정치적, 경제적 전망은 계속 무시할 것입니다. 30년 전에 베트남전의 거대한 확전, 임금과 가격의 통제, 두 번의 오일쇼크, 한 대통령의 사임, 구소련의 해체, 다우지수의 일간 508포인트 급락, 그리고 2.8%~17.4% 사이를 오간 미국의 단기국채 금리를 예상할 수 있었던 사람은 아무도 없었습니다.

그러나 놀랍게도, 이런 대형 사건들 중 벤저민 그레이엄의 투자원칙에 조금이라도 흠집을 낸 사건은 전혀 없었습니다. 뿐만 아니라 이 사건들은 아주 훌륭한 기업을 적절한 가격에 매수하는 것을 나쁜 거래로 만들지도 못했습니다. 우리가 모르는 것에 대한 두려움 때문에 자본의 사용을 늦추거나 변경했다면, 어떤 비용을 치렀을지 생각해 보십시오. 사실 우리는 대개 어떤 거시적인 사건에 대한 우려가 정점에 달했을 때 **최고의 매수를 했습니다**. 공포는 일시적인 유행을 좇는 사람에게는 적이지만, 펀더멘털을 추구하는 사람에게는 친구입니다.

앞으로 30년 동안 주요 주식군群에 변화가 있을 것입니다. 우리는 이것을 예상하려거나 그것을 이용하려고 하지 않을 것입니다. 우리가 과거에 매수했던 기업들과 비슷한 기업들을 찾을 수 있다면, 외부적인 충격은 우리의 장기 실적에 거의 영향을 미치지 못할 것입니다.[4]

또 2012년 주주서한에서는 다음과 같이 말했다.

동료 CEO 여러분에게 전하는 생각은, 당면한 미래는 불확실하다는 것입니다. 미국은 1776년 이후 지금까지 항상 미지의 것에 직면해 왔습니다. 상존하는 수많은 불확실성에 대해 사람들은 어떤 때는 주목하고, 또 다른 때는 (대개는 최근의 과거가 다사다난했기 때문에) 무시할 뿐입니다.

미국 업계는 장기적으로 좋을 것입니다. 그리고 그 운명이 **기업 실적에 연계된 주식도 마찬가지로 분명 좋을 것입니다**. 물론 주기적인 하락도 있을 것입니다. 그러나 투자자와 경영자들은 **그들에게 매우 유리한 게임**을 하고 있습니다(20세기에 다우지수는 66포인트에서 11,497포인트로 상승했습니다. 4번의 값비싼 전쟁, 대공황과 여러 번의 경기침체에도 불구하고 무려 17,320%나 상승한 것입니다. 그리고 20세기 한 세기 동안 주주들이 상당한 배당을 받았다는 사실도 잊어서는 안 됩니다).

기본적인 게임이 매우 유리하기 때문에, 찰리와 나는 타로카드 점, '전문가들'의 예측, 혹은 사업 활동의 부침에 따라 게임에 드나드는 것은 끔찍한 실수라고 믿습니다. 게임을 하는 리스크에 비해 게임을 하지 않는 리스크가 매우 크기 때문입니다.[5]

워런 버핏이 투자자들은 '매우 유리한 게임'을 하고 있다는 것을 계속 강조하는 이유는 무엇일까? [그림 26-2]를 보자. 200년 이상의 데이터로 버핏의 말이 옳다는 것을 증명하지 못한다면, 그의 말을 증명해 줄 수 있는 것은 아무것도 없을 것이다.

[그림 26-2]를 보면, 우리는 버핏이 현금성 자산과 통화표시 상품들을 무위험 자산으로 보는 것에 경고한 이유를 분명히 알 수 있다. 이런 자산을 장기적으로 보유하는 것은 실제로 꽤 위험하기 때문이다. 버핏은 리스크를 구매력의 상실로 보았다. 그리고 무위험 수익률risk-free returns을 제공해 주는 것으로 널리 선전되는 채권은 현재 무수익 리스크return-free risk를 제공하는 가격을 형성한 상태다.

중요한 역사적 증거보다 공포가 인간의 행동을 훨씬 더 크게 지배한다.
- 제러미 시겔

나는 현재의 큰 그림(거시적 상황)에 대한 미디어의 의심, 절망, 혹은 공포와 대면할 때마다, 장기적으로 주식에 대한 굳은 확신을 유지할 수 있을 것으로 예상한다면, 알아야 할 훨씬 더 큰 그림(훨씬 더 거시적인 추세)에 집중하려고 한다.

• 그림 26-2 • 미국의 주식, 장단기 국채, 금, 달러의 총실질수익률(1802~2012년)

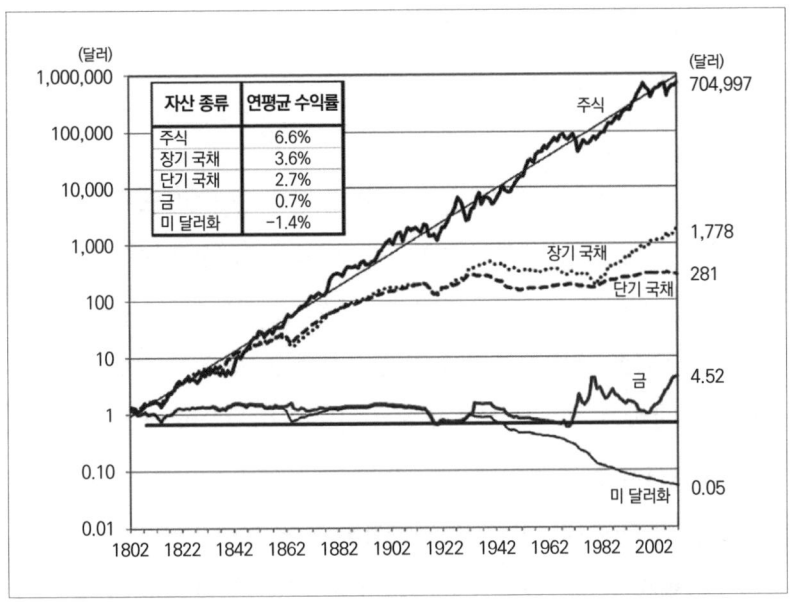

출처 : 제러미 시겔, 『주식에 장기 투자하라』(2014)

그 훨씬 더 큰 그림이란, 지난 200년 이상 크고 작은 모든 재앙과 세상이 종말로 가고 있다는 근거로 끊임없이 제시된 수많은 모든 이유에도 불구하고, 주식은 그 소유자들에게 (미국 단기국채, 장기국채, 금, 그리고 세계의 준비통화인 달러화의 수익률보다 훨씬 높은) 연평균 6.5% 이상의 실질 수익률을 제공했다는 것이다.

주식이 가장 높은 장기 실질 수익률을 제공한다는 것을 역사는 분명히 보여준다. 다른 자산 대비 주식의 실적은 완전히 압도적이다. 다가오는 불황을 계속 예측하는 논평자들과 투자자문기관들의 의견이나 주장에 반응하는 것보다 이런 역사적 정보에 따라 행동하는 것이 장기적으로 훨씬 더 많은 수익을 올릴 것이다.

> *사람들은 실제로 조정을 받아들이고 헤쳐 나갈 때보다 조정을 예측하고 피하려는 과정에서 더 많은 돈을 잃었다.*
>
> *- 피터 린치*

하워드 막스는 1993년 2월 고객들에 보낸 투자 메모에서 "1926년부터 1987년까지 주식의 연평균 수익률은 9.44%였습니다. 그러나 이 기간 현금을 보유함으로써 744개월 중 최고의 50개월을 놓쳤다면, 그 수익률 전부를 놓쳤을 것입니다. 이는 **시장 타이밍 맞히기를 시도하는 것이 리스크에 대한 보호가 아니라 리스크의 원천이라는 것을 말해 줍니다**"라고 했다.[6]

급격한 조정에 대해 시장 전문가들은 보통 "단기 전망은 분명하지 않다……세계적으로 불확실성이 많다……주가가 훨씬 더 하락할 수 있다. 따라서 보다 분명해질 때까지 당분간 기다려야 한다……유동성 상황이 개선될 때까지 기다려야 한다……선거가 끝날 때까지 기다려야 한다……현재 많은 정치적 불확실성이 있다"와 같은 말을 한다.

요컨대 '기다리고 지켜보라'는 것이다. 이 특별한 조언은 약세장에서는 주가 하락의 고통을 피하고 강세장에서는 주가 상승의 희열을 누리고 싶어 하는 투자자들에게는 거의 항상 그 대가가 큰 값비싼 조언이 되고 만다. 우수한 주식시장 수익률은 여러 기간에 걸쳐 균등하게 발생하기보다는 한두 번의 갑작스러운 강세 기간에 발생할 수 있다. 그런데 이런 강세 기간의 발생 타이밍과 지속기간은 누구도 정확하게 예측할 수 없다. 강세장에서 얻는 총이익의 상당 비율은 초기의 시장회복 국면에서 발생하는 경향이 있다. 이 시점에 투자자가 시장에 없다면, 그는 이익의 상당 부분을 놓치게 될 가능성이 높다.

세이지원 인베스트먼트 어드바이저SageOne Investment Advisors의 한 연구에 따르면, 1979~2017년 사이 인도의 시장지수 센섹스Sensex가 251배 상승했음에도 불구하고(연평균 수익률 15.5%), 최고의 달 중 7% 혹은 최고의 날 중 1%를 놓쳤다면, 그 수익률은 0이 된다.[7] 투자자들은 주기적으로 발생하는 하락 변동성을, 주식으로 높은 수익을 올리기 위해 지불해야 할 비용으로 받아들일 필요가 있다.

시장 타이밍을 맞히는 것이 아니라 시장에 오래 머무르는 것이 중요하다. 일정한 간격을 두고 계속 투자할 수 있는 능력, 좋을 때와 나쁠 때, 상승할 때와 하락할 때, 강세장과 약세장을 모두 거치면서 자신의 경로를 유지할 수 있는 능력, 그리고 시장이 내일, 다음 주, 혹은 다음 달 어떻게 될지 걱정하지 않는 능력이 중요하다. 간단하다.

간단하지만 쉽지는 않다.

감정은 백테스팅backtesting할 수 없다. 이 때문에 이전의 모든 약세장과 그에 동반된 저렴한 주식 밸류에이션은 사후에 볼 때에만 확실한 기회처럼 보인다.

1980년 기업공개를 한 후 2012년까지 애플은 225배 상승했다. 1980년 애플에 투자한 1만 달러가 225만 달러로 불어난 실적이다. 그러나 그 과정에서 투자자는 80% 이상의 하락을 두 번, 40% 이상의 하락은 여러 번 겪어야 했다. 2019년 9월 현재 지난 33년 동안 연평균 18%의 수익률을 제공한 페어팩스 파이낸셜 같은 양질의 기업조차 1999~2002년 사이 주가가 거의 80% 하락하면서, 그 4년 내내 마이너스 수익률을 기록했다.

4년 동안 80%의 하락을 겪으면서 그 주식을 계속 보유하고 있을 투자자가 과연 얼마나 될까? 시장 폭락에 대해 생각할 때와 실제로 시장이 폭락할 때, 하락 변동성에 대한 사람들의 내성 수준은 각기 다르다(모든 투자자는 모건 하우절이 『모틀리 풀Motely Fool』에서 쓴 '고수익률의 고통The Agony of High Returns'을 읽어볼 것을 권한다).[8]

주식시장은 상품이 폭탄세일 되고 있는데도 사람들이 몰려들기는커녕 달아나는 유일한 시장이다. 겁을 주는 예측들과, "시장에 공포와 패닉이 만연할 때 현금화하라"는 구루와 전문가들의 강한 권고는 무시해야 한다. 비실현 평가이익이 상당할 때(즉, 수익을 확정하고 현금화하고 싶은 유혹이 최고조에 달할 때)는 특히 그래야 한다.

전문용어는 더 똑똑해 보일 목적으로 금융계가 즐겨 사용하는 도구다. 예를 들어, 월스트리트에는 "연방준비은행과 싸우지 말라don't fight the Fed(즉, 연준이 긴축 과정에 있을 때는 매수하지 말고, 연준이 금리를 낮추고 있으면 매도하지 말라)"는 말이 있다. 연방준비은행과 싸우지 말라는 말이 무슨 뜻인지 직관적, 논리적으로 바로 이해가 되는가? 다음 경우들을 보자.

1. 2001년 1월 3일 : 연방준비은행은 금리를 50bp 내렸고, S&P 500은 1,347에 장을 마감했다. 그리고 이때부터 2002년 10월 저점까지 연방준비은행이 계속 금리를 내리는 동안에도 S&P 500은 43% 하락했다.
2. 2007년 9월 18일 : 연방준비은행은 금리를 50bp 내렸고, S&P 500은 1,519에 장을 마감했다. 그리고 이때부터 2009년 3월 저점까지 연방준비은행이 계속 금리를 내리는 동안에도 S&P 500은 56% 하락했다.
3. 2004년 6월 30일 : 연방준비은행은 금리를 35bp 올렸고, S&P 500

은 1,140에 장을 마감했다. 그리고 이때부터 2007년 9월 금리를 인하할 때까지 연방준비은행이 16번 더 금리를 인상하는 동안에도 S&P 500은 33% 상승했다.
4. 2013년 12월 16일 : 연방준비은행은 금리를 25bp 올렸고, S&P 500은 2,073에 장을 마감했다. 그리고 이때부터 2019년 7월 금리를 인하할 때까지 연방준비은행이 8번 더 금리를 인상하는 동안에도 S&P 500은 45% 상승했다.

그러면 이제 경제매체에서 보통 하는 다음과 같은 의견들을 보자.

1. "금리 인상으로 시장이 약세로 전환하고 있다."
2. "역사적으로 주식은 금리 인상기에 실적이 좋다."

여러분은 이 가운데 더 선호하는(여러분의 개인적인 경험에 따라 편향이 있을 수 있는) 의견을 택할 수 있다. 언론에 등장하는 똑똑해 보이는 대부분의 전문가는, 금리 인상이 있은 후 시장이 급락할 때는 첫 번째 의견을 택할 가능성이 매우 높다. 그런데 금리 인상 후 시장이 전혀 반응하지 않고 계속 횡보할 때, 금리 인상은 더 이상 시끄러운 언론 헤드라인을 장식하지 않을 것이다. 사실, 그런 시기에 일부 전문가들은 금리 인상기에 강세장이 있었다는 것을 보여주는 역대 차트나 표를 보여주면서 두 번째 의견을 정당화하기도 한다. 시장이 먼저 움직이고, 시장 움직임을 합리화하는 설명이 그 뒤를 따른다. 항상 그렇다.

변함없는 사실은, 시장은 자신이 원할 때 자신이 원하는 대로 한다는 것이다. 투자자들은 빈번히 등장하는 거시지표들에 집착해서는 안 된다. 그저 개별 기업과 소속 산업의 동향에만 집중해야 한다. 이것이 투자자가 할 수 있는 최선이다. 그 이상은 없다. 항상 겸손하고 지적으로 정직해야 한다.

투자자들은 자신에게 트라우마를 남긴 가장 최근의 시장 순간을 반복 재생하는 경향이 있으며, 그런 기억은 결국 그 투자자의 미래 행동방식을 규정하게 된다. 이번 장에서 소개한 사례들은, 금융시장에서 발생하는 주기적인 격동기에 필요한 담력을 키우기 위해서는 역사에 대한 탄탄한 기초지식을 갖는 것이 매우 중요하다는 점을 분명히 보여준다.

> 나는 서던캘리포니아대학의 한 투자강좌에서 찰리 멍거를 만나 중요한 질문을 할 기회를 얻었다. 그것은 '내가 보다 나은 전문 투자자가 되기 위해 꼭 한 가지를 해야 한다면, 그것은 무엇입니까?'였다. 이 질문에 찰리 멍거는 "역사! 역사! 역사를 공부하는 것입니다!"라고 했다. 이는 그때까지 내가 받았던 최고의 조언 중 하나였다.
> - 로버트 L. 로드리게스 Robert L. Rodriguez

역사 공부의 목적은, 무엇보다도 역사를 공부하지 않았으면 생각하지 못했을 어떤 가능성들을 알아내는 것이다.

우리는 우리 생애에 아직 발생하지 않았던 어떤 사건에 (나에게는 전례 없던 이 사건이 역사적으로는 과거에 여러 번 발생했을지 몰라도) 놀라는 경우가 아주 많다. 미래를 예상하려고 헛된 시도를 하는 대신, 우리는 과거로부터 가능한 많은 것을 열심히 배우려고 노력해야 한다. 역사를 공부해서, 관련된 기본지식, 즉 보다 장기적인 시간지평에서 우리의 투자와 관련된 통계 집단에 대한 역사적 자료를 획득해야 한다. 그래야만 우리는 금융 주기가 비슷한 양상으로 계속 재현됨에도 불구하고 이 같은 사실을 거의 기억하지 못하는 세상에서 최신편향과 생동감편향recency and vividness biases을 피할 수 있다.

정치가 장기 투자자에게 갖는 의미

역사를 모르면 단기적으로 생각하고, 역사를 알면 중장기적으로 생각한다.
- 리콴유Lee Kuan Yew

1901년 윌리엄 맥킨리William McKinley 대통령이 암살되자, 당시 부통령 시어도어 루스벨트Theodore Roosevelt(공화당)가 대통령에 취임했다. 그로부터 프랭클린 D. 루스벨트Franklin D. Roosevelt(민주당) 대통령 때까지 세상은 아주 급격하게 돌아갔다.

공화당 루스벨트 대통령의 임기 시작(1901년)부터 민주당 루스벨트의 임기가 끝날 때(1945년)까지 8번의 경기침체, 대공황, 1907년의 금융공황, 그리고 두 번의 길고 잔혹했던 세계대전을 포함해 여러 경제적 역경이 있었다. 그러나 이런 거대한 역풍에도 불구하고 미국의 GDP는 시어도어 루스벨트가 취임한 1901년 210억 달러에서 프랭클린 D. 루스벨트가 임기 중 사망한 1945년까지 약 2,280억 달러로 증가했다. 44년 동안 무려 11배로 증가한 것이다. 이 44년 동안, 요컨대 20세기에 들어와 2차 세계대전 종전까지, 공화당은 24년 집권했고 민주당은 20년 집권했다. 미국은 '진보(민주당)'가 이끌든 '보수(공화당)'가 이끌든 상관없이 계속 빠르게 발전했다.

2차 세계대전 후에도 정치적 추는 민주당과 공화당 사이를 계속 오갔기 때문에 두 당의 집권은 비슷한 균형을 보였다. 그러나 그러는 동안에도 미국은 계속 발전했다. 1945년부터 2016년 말까지 72년 동안 공화당과 민주당은 각각 36년씩 정권을 잡았다. 공화당과 민주당이 번갈아 정권을 잡은 그 72년 동안, 미국의 명목 GDP는 0.2조 달러에서 18.6조 달러까지 93배, 연평균 6.4% 증가했다. 인플레이션을 감안해 조정한 더 나은 지표(실질 GDP)로 보면, 훨씬 더 인상적인 결과를 보여준다.

1940년대 중반 미국의 1인당 실질 GDP는 약 1만 3,000달러였다. 그런데 오늘날 1인당 실질 GDP는 약 5만 6,000달러이다. 단 2.5세대 만에 구매력과 생활수준이 4배 이상 향상된 것이다. 오늘날 평균적인 미국 중산층은 불과 100년 전 미국에서 가장 부유했던 존 D. 록펠러John D. Rockefeller가 누렸던 것보다 훨씬 나은 일상 시설과 편의를 누리고 있다.

미국의 이런 성공은 경제적 이익을 위해 국민들이 열심히 일하고, 혁신적인 아이디어를 추구하며, 위험을 무릅쓰고 자본을 투자할 수 있게 한 정부 시스템과 풍부한 천연자원이 결합한 데 주로 기인한다. 미국에서 자본주의적 시장원리market forces가 발휘되는 데는 애덤 스미스의 '보이지 않는 손'이 중요한 역할을 했다. 이민자들과 자본은 항상 법치주의가 확립된 나라로 이동한다. 법치주의가 확립된 곳은 사업 관계에 대한 신뢰가 더 높다.

미국은 전 세계로부터 최고의 인재들을 계속 끌어들이고, 고객들에게 혁신적인 제품과 서비스를 제공하는 세계 최고의 기업들을 계속 만들어낼 것이다. 그리고 이런 세계 최고의 기업들은 고객들에게 혁신적인 제품과 서비스를 공급하면서 더 많은 이익을 창출하고 더 강한 수익력을 갖게 될 것이다. 그러면 기업의 부분 소유자인 투자자들 역시 이들 기업의 번영에 따른 수혜를 함께 누리게 될 것이다.

미국 정부 시스템에 내재된 견제와 균형은 누가 백악관 주인이 되든 그 권력을 초월한다. 미국의 기본구조와 그 시스템의 기초는 어느 한 사람이나 특정 정당보다 훨씬 강력하다. 미국의 경제적 발전은 민주당이 정권을 잡을 때나 공화당이 정권을 잡을 때나 계속될 것이다. 장기적으로 양질의 기업을 '수집'함으로써 훌륭한 시스템의 일부분을 '보유'하는 것이 승자의 게임이다.

인도에서는 선거기간 중에 정부가 어떻게 구성될지에 대한 많은 추측과 우려가 있고, 연립정부가 들어서면 시장이 무너질지 모른다는

• 표 26-1 • 정권과 관계없이 인도와 인도 주식시장은 계속 발전

의회(하원) 임기	집권당(혹은 집권연합 내 최대정당) 의원 수	정부 형태	임기 중 센섹스(Sensex) 연평균 상승률 (%)	총리
1984~1989	414	다수당 정권	21.8	라지브 간디
1989~1991	143	소수당 정권	48.6	V.P. 싱 찬드라 셰카르
1991~1996	244	소수당 정권	24.7	P.V. 나라시마 라오
1996~1998	46	소수당 정권	-5.3	H.D. 데베 고다 I.K. 구즈랄
1998~1999	182	소수당 정권	24.3	A.B. 바즈파이
1999~2004	182	다수당 정권	4.0	A.B. 바즈파이
2004~2009	143	소수당 정권	19.0	만모한 싱
2009~2014	206	다수당 정권	10.0	만모한 싱
2014~2019	282	다수당 정권	11.5	나렌드라 모디

투자자들의 공포가 늘 존재한다. 그러나 분명한 데이터와 통계를 보면, 이런 기존의 생각은 틀린 경우가 많다([표 26-1] 참조).

격언처럼, '시대정신을 멈출 수 있는 것은 아무것도 없다no force on earth can stop an idea whose time has come'. 그리고 인도의 시대가 왔다. 인도가 처음 GDP 1조 달러를 달성하는 데는 거의 60년이 걸렸지만, 그 다음 GDP 2조 달러를 달성하는데 걸린 시간은 7년에 불과했다. 그리고 GDP 3조 달러는 더욱 빨리 달성할 것으로 예상된다. 장기적으로 시가총액이 GDP와 비슷한 수준만 유지한다 해도, 훌륭한 인도 기업에 투자한 투자자들은 GDP 증가에 따른 시가총액 증가를 통해 부를 창출할 수 있다. 그리고 이는 다시 인도의 번영에 긍정적인 승수효과(정부 지출을 늘릴 경우 지출한 금액보다 많은 수요가 창출되는 현상—편집자)를 낼 것이다.

하방 변동성이 급격하고 갑작스럽게 확대되면, 투자자들은 불안해하는 경향이 있다. 정권과 관계없이 강세장과 약세장 모두 주기적으

• 그림 26-3 • 인도 주식시장(니프티 50)의 연중 최대 하락(1991~2019년)

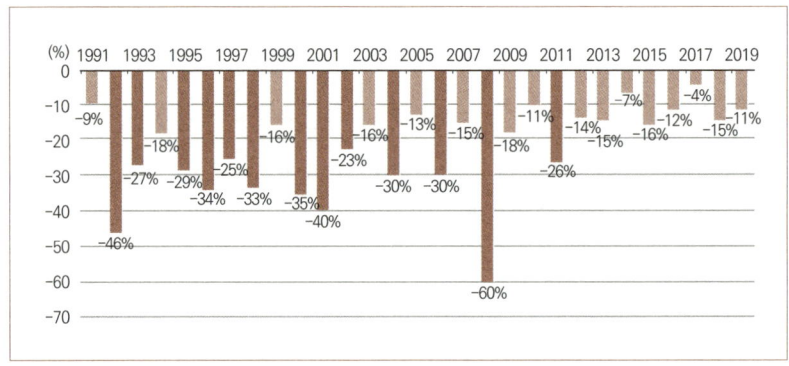

출처 : 아룬 쿠마르(Arun Kumar), 〈에이티 트웬티 인베스터(The Eighty Twenty Investor)〉 블로그, 2019년 10월 11일

• 표 26-2 • 미국 주식시장(S&P 500)의 정권별 최대 하락률(1929~2017년)

대통령	취임일	임기 종료일	최대 시장 하락 (%)
허버트 후버	1929년 3월 4일	1933년 3월 3일	-86.19
프랭클린 루스벨트	1933년 3월 4일	1937년 1월 19일	-33.93
	1937년 1월 20일	1941년 1월 19일	-54.47
	1941년 1월 20일	1945년 4월 11일	-28.79
해리 트루먼	1945년 4월 12일	1949년 1월 19일	-28.47
	1949년 1월 20일	1953년 1월 19일	-14.02
드와이트 아이젠하워	1953년 1월 20일	1957년 1월 20일	-14.43
	1957년 1월 21일	1961년 1월 19일	-20.66
존 F. 케네디*	1961년 1월 20일	1965년 1월 19일	-27.97
린든 존슨	1965년 1월 20일	1969년 1월 19일	-22.18
리처드 닉슨**	1969년 1월 20일	1973년 1월 19일	-34.73
	1973년 1월 20일	1977년 1월 19일	-47.32
지미 카터	1977년 1월 20일	1981년 1월 19일	-17.07
로널드 레이건	1981년 1월 20일	1985년 1월 20일	-25.30
	1985년 1월 21일	1989년 1월 19일	-33.51
조지 부시	1989년 1월 20일	1993년 1월 19일	-19.92
빌 클린턴	1993년 1월 20일	1997년 1월 19일	-8.94
	1997년 1월 20일	2001년 1월 19일	-19.34
조지 W. 부시	2001년 1월 20일	2005년 1월 19일	-43.46
	2005년 1월 20일	2009년 1월 19일	-51.93
버락 오바마	2009년 1월 20일	2013년 1월 19일	-22.60
	2013년 1월 21일	2017년 1월 19일	-14.16

* 당시 부통령 린든 존슨 1963년 11월 22일 대통령 취임 선서.
** 당시 부통령 제럴드 포드 1974년 8월 9일 대통령 취임 선서.

로 하방 변동성이 있다는 것은 낮이 오면 밤이 오는 것만큼이나 예측 가능한 일이다. [그림 26-3]은 1991년 이후 각 정권별로 인도 주식시장이 가장 크게 하락한 경우를 나타낸 것이고, [표 26-2]는 1920년대 말 이후 역시 각 정권별로 미국 주식시장(S&P 500)이 가장 크게 하락한 경우를 나타낸 것이다.

중간의 이런 모든 주가 변동성이 거대한 부를 창조한 많은 기업들의 장기적인 기업 실적에 조금이라도 흠집을 냈을까? 전혀 아니다.

으레 발생하는 주기적인 급격한 시장 조정기와 이따금 발생하는 경기침체기에는 "이런 시기에는 늘 이런 시기가 있었다는 것을 기억하는 것이 좋다"는 폴 하비Paul Harvey의 명언을 기억해야 한다.

답은 '금융의 역사'에서 찾아라

여러분이 모르는 역사를 제외하고 세상에 새로운 것은 없습니다.
- 해리 트루먼

과거를 기억하지 못하는 사람은 과거를 되풀이하기 마련이다.
- 조지 산타야나George Santayana

과거의 열광과 주가 폭락에 대한 지식이 모든 투자자들의 역사적 지식의 한 부분이 되어야 한다. 이런 지식은 우리에게 사람들, 정부, 국가의 심리에 대한 정보를 제공하고 가르쳐 준다. 이런 일은 다른 거의 어떤 것도 해 주지 못하는 일이다. 더욱 중요한 것은, 시장의 어떤 사건도 선례가 없는 것은 거의 없다는 사실이다. 금융에서 새로운 유일한 것이 있다면, 그것은 우리가 아직 읽지 않은 역사뿐이다. 우리의 상상력은 역사에 대한 우리의 지식 수준으로 제한된다. 따라서 과거에 무엇이 잘못되었는지 가능한 최대한 알아야 미래에 다시 잘못될 수 있는 것에 더 잘 대비할 수 있다.

프랑스의 석학 귀스타브 르봉Gustave Le Bon은 프랑스 정치에 대한 비판으로 가장 영향력 있는 사회심리학 저서 중 하나인 『군중심리The Crowd』를 저술했다. 그리고 이 책에서 그는 주식시장의 광기가 어떻게 발생하는지도 설명하고 있다. 1895년 출판되었음에도 불구하고 아직도 군중심리에 대한 최고의 저서로 평가받고 있는 이 책은, 어떻게 군중이 통제된 이성을 잃고 통제되지 않은 감정에 사로잡히게 되는지, 그럼으로써 어떻게 의식 있는 개성이 집단적인 정신에 파묻혀 사라지게 되는지를 설명하고 있다. 군중의 영향 하에서 개인은 혼자였으면 결코 하지 않을 기이한 행동을 한다.

르봉이 발견한 핵심 내용은, 군중은 사실이나 이성의 차원에서가 아니라 그들의 집단 무의식의 가장 저급하고 가장 야만적인 공통분모, 즉 본능, 열정, 감정의 차원에서 정신적으로 하나로 통합된다는 것이다. 군중은 극적인 광경, 이미지, 그리고 신화 같은 이야기에 깊은 인상을 받는다. 잘못된 정보와 과장이 만연한다. 공유된 믿음을 재확인해 주는 열정적인 확신자들이 명망을 얻는다. 이런 상황에서 군중은 경험에 의해 최종적으로 완전히 파괴될 때까지 망상을 쫓는다.

제시 리버모어는 다음과 같이 말한 바 있다.

인간적인 요인들, 요컨대 인간은 믿어서 즐거운 것을 얼마나 쉽게 믿는지, 그리고 어떻게 탐욕이나 평범한 인간의 기본적인 부주의함에 영향을 받도록 스스로 허용(사실은, 스스로 촉구)하는지를 공부하면 수익을 올릴 수 있다. **공포와 희망은 변함이 없다. 따라서 투기자들의 심리를 연구하는 것이 매우 중요하다.**

……월스트리트에서처럼 그렇게 자주 혹은 그렇게 똑같이 역사가 반복되는 곳은 어디에도 없다. 호황과 공황에 대한 지금의 설명을 보면서 가장 강하게 드는 한 가지 생각은 오늘날의 주식 투기나 주식 투기자들이 과거와 별로 다르지 않다는 것이다. 게임은 변하지 않고, 인간의 본성도 변하지 않는다.[9]

인간의 본성은 수 세기가 지나도 변하지 않으며, 탐욕과 공포라는 영속적인 감정은 어리석은 투기적인 행동을 계속 발생시켜 끝없는 호황과 불황의 주기를 만들어낸다. 이와 관련된 유명한 역사적인 사건들로는 튤립 광풍, 사우스시 버블(남해회사 거품 : 이 거품 당시 특혜 사업을 수행할, 그러나 그 회사의 실체가 무엇인지 아는 사람은 아무도 없는 한 가상회사가 인가되었다), 1929년 대공황 이전 플로리다 부동산 거품을 포함한 광란의 1920년대, 1960년대의 '트로닉스 붐tronics boom('트로닉스'란 이름이 붙은 회사의 주가가 급등한 현상)', 1970년대의 니프티 피프티 거품 등이 있다.

좀 더 최근의 사건들로는 1980년대 미국의 바이오테크 거품과 일본의 자산 거품, 1990년대 기술주 거품, 2000년대 주택 거품, 그리고 2017년 가상화폐 거품 등이 있다. 이런 많은 사건들에서 투자자들은 세상을 바꿀 모험에 참여하고 있다고 믿었다(투자자들의 마음에서 기술혁명, 혹은 완전히 새로운 산업이나 발명에 참여하고 있다는 낭만적인 생각이 수익에 대한 고려보다 우선되는 경우가 자주 있다).

일반적으로 거품은 주요 기술혁명, 싼 유동성, 레버리지 증가를 감추는 금융혁신(존 케네스 갤브레이스는 "금융계는 계속되는, 그리고 종종은 조금 더 불안정한 형태로 나오는 새로운 발명을 환영한다"고 한 바 있다), 가장 최근의 거품에 대한 망각, 그리고 기존의 증권가치 평가법에 대한 무시 등을 특징으로 한다. 그리고 차입한 자금과 신용 매수가 그 연료가 된다.

이런 조건들이 존재할 때는 "투자에서 가장 위험한 말은 '이번은 다르다'라는 말이다"라는 존 템플턴의 경고를 항상 상기해야 한다. 금융의 역사에서 모든 거품은 결국은 터지고 말았다. 그러나 그 타이밍은 항상 모든 사람에게 기습적이었다. 시장 열광기에는 모를 수도 있지만, 그래서 더욱 더 열악한 투자를 하기보다는 참는 것이 더 낫다.

돈은 벌어야 할 시기(그리고 잃는 것을 피해야 할 시기)가 있다. 시장은 누구에게나 평등하다. 시장 급락은 모든 것을 균형 있게 보도록 만들고, 우리를 겸손하게 만들며, 우리의 단점과 맹점을 깨닫게 만든다. 가장 중요한 것은 개별 사업모델들의 지속가능성, 이익의 질, 신중한 사업 다각화, 경영진의 질에 대한 가장 기본적인 교훈을 재조명하게 만든다는 점이다. 약세장은 투자의 기본적인 진리를 다시 부각시킨다. 그 기본적인 진리를 잘 고찰하고, 이를 우리의 남은 투자 생애 동안 잘 흡수하려면, 겸손해야 하고 실수를 기꺼이 인정해야 한다.

세계금융위기 이후 10년은 투자 실적과 경력에 유리한 시기였다는 점을 기억하고 항상 겸손해야 한다. 즉, 이 시기 어느 한 시점에 투자를 시작했다면 감사하게 생각해야 한다. 그리고 역사를 공부하는데 인색해선 안 된다.

예측의 무용성에 관한 이번 장은, 깊은 뜻을 담고 있는 피터 린치의 다음 말로 마치고자 한다. "미국에는 6만 명의 경제분석가가 있다. 이들 중 많은 수가 정규직으로 고용되어 경기침체와 금리를 예측하려고 한다. 그리고 그 예측에 두 번 연속 성공했다면, 그들은 지금쯤 모두 백만장자가 되었을 것이다……그러나 내가 아는 한, 그들 대부분은 아직도 급여를 받는 직원에 머물러 있다. 이는 우리에게 뭔가 말해주는 것이 있다."[10]

나로서는 더 보탤 말이 없다.

27장

원칙 있는 고집과 합리적 수용

누구라도 나를 논박할 수 있다면(내가 실수를 하고 있거나
잘못된 시각에서 보고 있다는 것을 보여줄 수 있다면), 나는 기꺼이 변할 것이다.
이는 내가 추구하는 진실이며, 이 진실은 누구에게도 결코 해를 끼치지 않는다.
우리에게 해를 끼치는 것은 자기기만과 무지를 고집하는 것이다.

- 마르쿠스 아우렐리우스 Marcus Aurelius

21세기의 문맹자는 글을 읽고 쓰지 못하는 사람이 아니라,
배우지 않고, 잘못을 고치지 않고, 다시 배우지 않는 사람이다.

- 앨빈 토플러 Alvin Toffler

살아남는 것은 가장 강한 것, 가장 현명한 것이 아니라
변화에 가장 잘 적응하는 것이다.

- 찰스 다윈

사실이 변할 때, 나는 내 생각을 바꿉니다. 당신은 어떻습니까?
— 존 메이너드 케인스

*다른 사람들에게는 틀렸다는 것이 부끄러운 일이지만,
나에게는 실수를 깨닫는 것이 오히려 자랑스러운 일이다.
불완전한 이해가 인간의 조건이라는 것을 깨닫게 되면,
틀렸다는 것은 결코 부끄러운 일이 아니고,
실수를 고치지 못했다는 것만이 부끄러운 일이다.*
— 조지 소로스

*찰리와 나는 기존의 믿음과 상반되는 정보를 발견했을 때는
그것을 (신속하게) 살펴봐야 할 특별한 의무가 있다고 믿고 있다.*
— 워런 버핏

*사람들은 자주 재검토하거나 바꾸지 않는 많은 고착화된 결론과 태도를,
그것이 틀렸다는 많은 좋은 증거가 있음에도 불구하고, 계속 쌓아가는 경향이 있다.*
— 찰리 멍거

방향을 바꾸지 않으면, 지금 향하고 있는 그곳에서 끝나고 말 것이다.
— 노자

*자신의 마음을 바꿀 것인가, 그럴 필요가 없다는 것을 증명할 것인가 하는
선택에 직면했을 때, 거의 모든 사람들은 그럴 필요가 없다는 증거를 찾느라 바쁘다.*
— 존 케네스 갤브레이스

*확증편향(믿고 싶은 것을 믿고, 반대되는 정보는 무시하는 것)은
셀 수 없이 많은 포트폴리오와 기업을 망쳤다.*
- 스콧 피어론Scott Fearon, 『좀비회사Dead Companies Walking』 저자

*우리의 믿음을 확인하기 위해서만 살펴본다면,
우리는 우리가 틀렸는지 결코 알지 못할 것이다.
자기 비판적이어야 하고, 자신이 가장 좋아하는 생각이라도 틀렸다면 고쳐야 한다.
자신의 생각과 가정이 틀렸다는 것을 확인해 주는 증거를 찾고,
대안적인 결과, 견해, 대답들을 고려해야 한다.*
- 피터 베블린

해부학적으로 현생 인류(우리 인간 종, '지혜로운 인간'을 의미하는 호모사피엔스)는 약 20만 년 전 에티오피아의 화석 기록에 처음 등장했다. 수만 년 동안 호모사피엔스는 잘 알려진 네안데르탈인, 그리고 그보다 덜 유명한 다른 여러 변종들을 포함해 지금은 멸종된 여러 종의 인류와 함께 지구에서 공존했다. 그리고 우리가 생활수준을 개선한 것은 지금부터 불과 200년 동안 있었던 일이다.

마이클 로스차일드Michael Rothschild는 『바이오노믹스 : 기업생태계로서의 경제Bionomics : Economy as Business Ecosystem』에서 놀라운 비교를 한 바 있다. 현생 인류가 출현한 후 지금까지의 20만 년을 24시간으로 축소해 보면, 우리는 처음 23시간 정도는 그저 수렵채집생활로 살았고, 그다음 밤 11시에서 11시 58분까지는 이런저런 호구지책, 농

업, 그리고 수공업으로 살아남았다는 것이다. 로스차일드는, 현대적인 모든 산업생활은 그 24시간 중 최근 90초 사이에 벌어졌다고 했다. 따라서 우리는 변화에 낯설고, 변화도 우리에게 낯설어 할 것이다.

> 세계 최대의 택시회사 우버는 소유한 차량이 전혀 없다. 세계에서 가장 인기 있는 미디어 소유사 페이스북은 어떤 콘텐츠도 만들지 않는다. 유통회사 중 시가총액이 세계 최대인 알리바바는 재고를 전혀 보유하지 않고 있다. 그리고 세계 최대의 숙박업체 에어비엔비는 어떤 부동산도 가지고 있지 않다. 뭔가 흥미로운 일이 벌어지고 있는 중이다.
> - 톰 굿윈Tom Goodwin

"우리는 끊임없이 변하는 세상을 살고 있다"는 말은 상투적이면서 절제된 표현이기도 하다. 규제는 항상 바뀌고, 신기술은 출현하며, 독특한 사업모델은 꾸준히 진화하고, 파괴적 혁신은 모든 생활 부문에서 이루어진다. 살아있다는 것이 정말 멋진 시대다. 로켓은 자율 착륙하고, 자동차는 자율 주행하며, 돈은 스스로 알아서 움직인다. 더욱이 '구매하는 소유권'에서 '구독하는 접근권'으로의 지속적인 전환은 많은 관습들을 파괴하고 있다.

미국 주식시장의 5대 기업(애플, 구글, 마이크로소프트, 아마존, 페이스북)은 성장하는 데 사실상 자본이 전혀 필요 없다. 이 5대 기업은 카네기의 철강공장이나 록펠러의 석유정제공장보다 훨씬 빨리 성장했다. 19세기 말과 20세기 초 미국 전역에 걸쳐 철강제련소와 석유정제공장 네트워크를 대충 구축하는 데도 수십 년의 노력과 땀, 그리고 상당한 자본이 필요했다. 그런데 마크 저커버그가 그야말로 무에서 페이스북을 세우고 이를 1,000억 달러 회사로 키우는 데는 8년밖에 걸리지 않았다. 그리고 다시 4년 만에 이를 3,000억 달러 회사로 키웠다.

> *큰 그림은 소프트웨어가 세상을 먹어치우고 있다는 것이다. 지난 150년 동안 개발된 많은 제품과 서비스들이 소프트웨어에 의해 변하거나 파괴되고 있다……이것이 시사하는 바는 매우 크다. 소프트웨어는 인터넷을 통해 무한 복제할 수 있으며, 제로한계비용zero marginal cost 으로 전달될 수 있기 때문이다. 산업의 주요 투입비용(유통비용)이 0이 되면 전체 산업이 붕괴된다. 누군가 처음부터 완전히 새로운 가정으로 사업모델을 수립할 수 있다면, 그는 기존 사업자들이 방어하기 매우 힘든 방식으로 기존 사업자들을 공격을 할 수 있다.*
>
> *- 마르셀로 리마*

투자자산을 평가하는 낡고 경직된 모델과 방법론은 무너지고 있으며, 이런 기존 기법들에 계속 의존하면 가치함정을 가치투자로 오해할 수 있다. 미디어에서 종종 죽었다고 하지만 가치투자는 죽지 않았다. 그러나 우리가 가치를 측정하는 방법은 이야기가 다르다.

지난 20세기 대부분의 기간 동안 장부가는 거의 모든 기업의 가치를 평가하는 가장 유의미한 도구였다. 그러나 장부가는 구글, 아마존, 혹은 페이스북 같은 기업들에게는 거의 의미 없는 지표다. 혁신의 S-커브S-curves가 가팔라지면서 수용주기들adoption cycles도 훨씬 빨라졌다.

이제는 새로운 사업모델들이 돈을 벌고 있으며, 우리 시대의 중요한 한 부분이 되었다. 소셜미디어의 수용주기가 라디오나 전기와는 다름에도 불구하고 많은 투자자들은 과거를 가지고 미래를 투영해 보면서 큰 기회를 놓치고 있다. 유형자산에서 무형자산으로의 여정이 투자 여정의 진정한 본질이다.

한 세기 전 훌륭했던 기업들은 기본적으로 그들이 종사하는 산업에만 국한되어 있었다. 록펠러는 석유업자였다. 그는 석유산업 외에 유통, 금융, 혹은 다른 어떤 산업에도 뛰어드는 것은 생각하지 않았을 것이다. 그러나 아마존 같은 기업은 유통에서 시작한 후, 자신의 사업 기반과 이용자 기반을 이용해 다양한 신규 사업으로 확장해 나가고 있다.

이런 시나리오로 보면, 요즘 같은 시대에 성공에 필요한 핵심 능력은 '유연한 사고'다. 심리학에서는 이를 인지적 유연성 cognitive flexibility 이라고 한다. 심리학자들은 이런 유연성을 창조성, 비판적 사고, 문제해결능력 같은 다른 능력들과 함께 성공에 필요한 핵심 정신능력 중 하나로 보고 있다.

유연하게 사고하라

워런 버핏이 한때 미국 경제계에서 최고의 사업 및 자본활용 능력을 가진 사람으로 평가했던 헨리 싱글톤 Henry Singleton 은 〈비즈니스위크〉와의 인터뷰에서 "나의 유일한 계획은 계속 출근하는 것입니다……나는 훨씬 앞서서 미래를 계획하기보다는 그날그날 배를 모는 것(해야 할 일을 하는 것)을 좋아합니다"라고 했다. 싱글톤은 유연함을 선호했고, 상세한 전략계획을 수립하는 것은 피했다. 그는 또 "나는 많은 사람들이 온갖 종류의 일에 매우 탄탄하고 분명한 계획을 수립한다는 것을 알고 있습니다. 그러나 우리는 수많은 외부의 영향을 받고 있고, 그중 대부분은 예상할 수 없는 것들입니다. 따라서 나는 유연함을 유지할 생각입니다"라고 했다.[1)]

비슷한 맥락에서 찰리 멍거는 "(버크셔 해서웨이에는) 마스터플랜이 전혀 없습니다. 그런 계획을 수립하려는 사람이 있다면 그가 누구든 우리는 그를 해고했을 겁니다. 그런 계획을 수립하면, 이제 그 계획은 그 자체로 생명을 갖고 새로운 현실은 반영하지 않기 때문입니다. **우리는 새로운 정보를 고려하는 사람을 원합니다**"라고 했다.[2)]

유연한 사고는 새로운 사실이나 상황을 접하는 것에 마음을 열고, 그것이 아무리 강한 것이었다 해도 기존의 생각이나 믿음에 입각한 견해를 바꿀 수 있는 능력을 말한다. 시장에 관한 책이나 글 대부분은 '마땅히 해야 할 방법'을 알려준다. 그러나 성공한 투자자들은 마땅히 해야 할 방법을 딱딱하게 고수하지 않는다. 이들은 무엇이든 그것을 자신에 맞게 받아들일 뿐이다.

좋은 투자자는 많이 읽고 책에서 배운 것을 실행하지만, 최고의 투자자는 자신이 활동하고 있는 바로 그 시장의 실제 현실에 잘 적응하기 위해 계산되고, 논리적인, 그리고 의식적인 노력을 한다.

스콧 피어론Scott Fearon은 『좀비기업Dead Companies Walking』에서 "실패는 사람들을 겁나게 한다. 이들은 실패를 작아 보이게 만들 수 있는 일이면 뭐든 할 것이고, 그냥 실패가 사라지기를 바라고, 그리고 또 그냥 실패가 없는 척할 것이다. 대부분의 시기, 이들은 자신이 곤경에 빠졌다는 진실이 분명히 밝혀진 후에도 한참 동안은 이를 부정하며 살아갈 것이다"라고 했다.[3)]

피어론이 말하고 있는 것은 이른바 '현실 외면 혹은 현실 부정 증후군head-in-the-sand syndrome'이다. 겁을 먹거나 위협을 받을 때 타조는 자기 머리를 모래 속에 묻는다. 타조는 공포의 대상을 쳐다보지 않으면 안전하다고 생각하는 것이다. 심리학자들에 따르면, 현실 외면 증후군(결국은 도움이 될 수 있는 정보를 무시하는 것이다)은 불편한 사실을 받아들일 때 발생하는 부정적인 감정을 피하려는 데서 발생한다. 이 증후군은 심리적으로 현실을 부정하고 인정하지 않으려는 인간의 일반적인 오류를 보여준다.

멍거는 이런 인간적인 경향에 대해 "현실이 마음에 들지 않을 때에도 우리는 그 현실을 인정해야 합니다. **사실, 현실이 마음에 들지 않을 때 특히 그래야 합니다**"라고 했다.

또 멍거는 다음과 같이 말했다.

> 부분적으로 인생은, 아주 좋아하는 패를 쥐고 있을 때에도 그만두는 법을 알아야 하는 포커게임과 같다. 확률을 바꾸는 새로운 사실과 실수를 처리하는 법을 알아야 한다.
>
> 우리 모두는 항상 아이디어를 배우거나, 수정하거나, 혹은 파괴하고 있다. 자신의 아이디어를 버려야 할 때 신속하게 버리는 것은 우리가 확보할 수 있는 가장 소중한 자질 중 하나다. 우리는 반대편 주장도 고려해야 한다.
>
> 많은 실수를 저지르지 않고, 괜찮은 삶을 살아갈 수는 결코 없다. 사실 세상을 살아가는 한 가지 비결은 실수를 잘 처리하는 것이다. 사람들이 파산하는 일반적인 이유는 심리적인 부정psychological denial을 제대로 처리하지 못하는 데 있다.[4]

사업가와 투자자는 이런 말을 무시하고, 자신이 아끼는 프로젝트와 좋아하는 주식을 (계속 유지하는 것이 비합리적일 때조차) 결코 포기하지 못하는 경향이 있다. 이들은 실패를 만회하기 위해 실패한 것에 계속 돈을 넣거나, 나쁜 기업에 계속 투자해서 평균 투자금액을 낮추려고 한다. 이들은 파산할 때까지 이렇게 한다. 파산하는 한 가지 확실한 방법은 하락하는 시장에서 (분명히 잘못된 투자의 손실을 만회하기 위해 계속 자금을 투입하면서) 계속 점점 더 많이 잃는 것이다. 이것은 느리지만 확실한 죽음, 서서히 진행되다 갑자기 닥치는 죽음이다.

불편한 사실들은 무시한다고 없어지는 것이 아니다. 우리는 2000년 버크셔 해서웨이 연차총회에서 올바른 정신으로 변하는 현실을 공손하게 받아들여야 한다는 다음과 같은 찰리 멍거의 말에서 교훈을 얻어야 한다. "사라지는 기업들이 있다는 것은 세상의 이치입니다. 또 어떤 경우엔 그런 사실과 싸우지 말아야 한다는 것도 세상의 이치입니다. 어떤 경우엔 억지로 돈을 빼서 다른 곳으로 가는 것 말고는 논리적인 답이 없습니다."[5]

이런 찰리 멍거의 말은 자주 되새겨봐야 할 대니얼 카너먼의 다음 말을 생각나게 한다.

> 내가 일할 때는 매몰비용sunk cost이 없다. 나는 내 생각을 바꾸는 것을 좋아한다. 어떤 사람들은 정말 하기 싫어하는 일이지만, 나에게는 생각을 바꾸는 것이 흥분되는 일이다. 생각을 바꾼다는 것은 내가 뭔가를 배우고 있다는 것을 말해 준다. 따라서 내가 더 좋은 아이디어를 찾을 수 있다면, 1년 동안 매달려온 아이디어를 버릴 수도 있다는 의미에서 나에겐 매몰비용이 없다. 이는 연구자에게 좋은 태도다. 그런데 젊

은 연구자들은 매몰비용에 자주 빠진다. 이들은 효과 없는 프로젝트에 착수한 뒤 가망이 없음에도 불구하고, 그 프로젝트에 계속 매달린다. 지적 세계에서는 너무 센 고집이 나쁠 수도 있다.[6]

좋은 투자란 자신의 아이디어를 추구하는 것에 대한 확신과 함께 실수를 했을 때 이를 인정하는 유연함 사이에 균형을 유지하는 것이다. 뭔가를 믿어야 하지만, 그와 동시에 투자를 하면서 자주 틀릴 수 있다는 것도 인정해야 한다. 이런 사실은 실력에 관계없이 모든 투자자에게 적용된다.

확신과 겸손 사이의 균형은 많은 경험과 실수를 통해 가장 잘 익힐 수 있다. 매매 반대편에 있는 상대방을 항상 존중하고, 그가 왜 매도 혹은 매수하려 하는지, 내가 모르는데 그가 알고 있는 것은 무엇인지 항상 점검해야 한다. 그리고 자신에게 항상 지적으로 정직해야 한다. 훌륭한 투자자는 진실을 적극적으로 추구하는 사람이다(모든 사업가와 투자자는 버핏의 1985년 주주서한을 읽어볼 것을 권한다. 이 서한에서 버핏은 버크셔의 섬유사업을 중단하기로 한 그의 결정에 대해 설명하고 있다. 이는 합리성과 객관성 측면에서 매우 훌륭한 사례연구라 할 수 있다).

1994년 서던캘리포니아대학 마셜경영대학원 강연에서 찰리 멍거는 버핏의 결정에 대한 그의 생각을 다음과 같이 밝혔다.

미시경제학의 가장 훌륭한 가르침은 기술이 여러분에게 도움을 줄 때와 여러분을 죽일 때를 구분해 준 것입니다. **대부분의 사람들은 이를 바로 알지 못하지만, 버핏 같은 사람은 바로 압니다.**

……버핏은 '**상품성 제품**commodity product'의 생산에 도입된 보다

좋은 기계가 가져다준 엄청난 생산성 증가의 혜택은 전적으로 섬유제품 구매자에게 돌아갈 것이란 것을 알았습니다. 그런 회사의 소유자인 우리에게 도움이 되는 것은 아무것도 없었습니다.

그것은 아주 분명한 생각입니다. 요컨대 **여전히 형편없는 사업에 거금을 지출할 기회** 말고는 회사 소유자에게 아무것도 주지 않는 온갖 종류의 새로운 훌륭한 발명품들이 있습니다. 이런 경우 돈은 소유자에게 들어오지 않습니다. 훌륭한 개선으로 발생한 모든 이점은 고객들에게 흘러갈 것입니다.

반대로, 여러분이 오슈코시Oshkosh에 단 하나뿐인 신문사의 소유자이고, 그 신문사가 전체 신문을 편집하는 더욱 효율적인 방법을 발명했다면, 그리고 구식 기술을 버리고 멋진 새로운 컴퓨터 등을 도입하면, 그로 인한 모든 비용 절감은 바로 이익으로 나타날 것입니다.

이 두 경우 모두에 있어서 기계를 **파는** 사람들은 (그리고 대개의 경우 소유자에게 장비를 사라고 권하는 관료적인 내부자들까지도) 신기술 도입으로 현재 가격에서 **여러분이 절약할 수 있는 예상 금액**을 제시할 것입니다.

그러나 이들은 얼마나 많은 것이 회사에 남고 얼마나 많은 것이 고객에게 흘러들어갈지 판단하는 분석의 두 번째 단계는 수행하지 않습니다. 실제로 나는 이 두 번째 단계까지 통합해 추산한 예상 금액을 지금까지 살면서 한 번도 본 적이 없습니다.[7]

이와 같이 필수적인 '분석의 두 번째 단계'를 수행하지 않고 현금흐름할인법이나 순현재가치법을 실행하면, 예상 경쟁자의 행동(게임이론)을 간과함으로써 결국에는 투자자와 회사의 손실로 이어지는 현실에 대한 왜곡된 시각을 얻게 된다. 유리한 정책 변화나 산업 순풍이 있다 해도, 경쟁 압력이 있다면, 그런 유리한 상황에서 발생하는 모든 혹은 대부분의 혜택이 고객에게 돌아갈 수 있다. (어떤 경쟁우위가 있다는 것을 나타내는 상당히 높은 투하자본이익률은 기업이 이런 도전을 극복할 수 있다는 것을 보여주는 좋은 지표다.)

여러 해 동안 버핏은 자신에 대한 경고의 의미로, 자신을 '항공 중독자aeroholic'라고 하면서, 항공주 투자를 멀리했다. 그러다 2016년 버크셔 해서웨이는 한 종목도 아니고 네 종목이나 항공주를 보유하고 있음을 밝혔다. 버핏이 가진 놀라운 사고의 유연성을 볼 수 있는 부분이다. 항공업종의 산업 역학이 변하자, 새로운 사실에 대한 객관적이고 냉철한 판단 후에 버핏도 즉시 생각을 바꿨던 것이다.

> *내가 바가바드 기타힌두교 경전에서 배운 가장 훌륭한 가르침은, 냉철하면 승리하게 된다는 것이다.*
>
> - *아제이 피라말Ajay Piramal, 피라말그룹 회장*

새로운 증거가 나오면 우리는 기존의 믿음을 수정해 새로운 믿음으로 전환해야 한다. 기존의 믿음이 강할수록, 그것을 바꾸기 더 어려울 것이다(불교에는 '초심자 마음'이라는 개념이 있다. 이는 과거의 선입견에 구애받지 않고, 새로운 것을 시도하고, 새로운 생각을 배우는데 적극적인 개방성을 말한다). 그러나 당면한 상황에 대한 사전지식이 없으면, 우리는 그 사례와 관련된 이용 가능한 특정 정보에 전적으로 의존할 것이다. 이 때문에 낯선 상황에 대한 최초의 가설을 수립하는 데 주요 학문들의 가장 핵심적인 내용에 대한 최소한의 이해가 필수적이다.

트렌 그리핀은 〈25iq닷컴25iq.com〉 블로그에 게시한 글에서 레이 달리오Ray Dallio의 의사결정 과정의 본질을 다음과 같이 소개했다.

달리오는 그가 가지고 있는 정보에 대한 합리적 분석으로 시작해서, 이를 통해 가설을 수립한다. 그런 후 그는 이 가설을 자신에 동의하지 않을 대안적인 견해와 분석법을 가진 사려 깊은 사람들에게 보여주고, 아주 투명한 '주고받기식 토론'을 한다. 이 과정에서 그는 사려 깊은 모든 반대 의견의 논리를 깊이 이해하려고 한다. 달리오는 이런 대안적인 의견들을 이해한 후에야, 그 대안적인 생각을 거절하거나 수용하고, 결정을 내릴 수 있다고 믿는다.[8]

우리는 우리의 가정에 도전할 '악마의 옹호자devil's advocate'가 항상 필요하다.
하버드대학 경영대학원의 미히르 데사이Mihir Desai 교수는 『금융의 모험The Wisdom of Finance』에서 다양한 시각을 의식적으로 찾는 것이 중요하다고 강조했다.

우리를 가장 풍요롭게 해 주는 관계는 우리의 일반적인 경험 너머로 우리의 시각을 넓혀주는 관계다. 그런 관계들은 금융 용어로 '불완전 상관 자산들imperfectly correlated assets', 정확하게는 우리 삶의 포트폴리오 가치를 가장 높여주는 그런 종류의 자산들이다……동종 선호, 즉 비슷한 사람들과 어울리려는 욕구는 일반적인 사회적 본능(그리고 금융이 조심하라고 경고하는 본능)이다. 그러나 생각이 비슷한 타입과 어울리는 것이 더 쉽겠지만, 금융은 다른 타입도 피하지 말고 어울리기 위해 노

력할 것을 권한다.[9]

생각이 같은 사람들과만 어울리면 새로운 것은 전혀 배울 수 없다. 투자자로서 우리는 우리의 생각을 함께 의논하는 지적인 동료들을 주변에 두는 경우가 많다. 그러나 우리는 우리의 의논 대상이 똑같은 소리만 내는 반향실이 되지 않도록 조심해야 한다. 그렇게 되면 우리의 의사결정 과정에 오히려 해가 되기 때문이다.

이 문제에 대해 아메이 하탄가디Amay Hattangadi와 스와난드 켈카Swanand Kelkar는 "점들의 연결Connecting the Dots"이라는 2016년 12월 모건스탠리 보고서에서 다음과 같이 말했다. "우리는 우리와 비슷하고 세계관이 같은 사람들과 어울리는 경향이 있다. 소셜미디어는 기존에 설정된 우리의 기호에 맞는 뉴스와 의견 피드를 맞춤 제공하면서 이런 경향을 더욱 강화시킨다. 이런 동질성의 함정에 빠지는 것을 피하기 위해 우리는 우리와 의견이 다른 사람들을 찾고, 그들과도 적절히 어울려야 한다. 이는 시사 문제뿐 아니라 자신이 좋아하는 주식들의 경우도 마찬가지다."[10]

매우 다양한 시각을 제공해 줄 수도 있는 인터넷은 사실상 의견의 거품 속으로 우리를 몰아넣고 있다. 앞서 〈라이브민트Livemint〉지에 기고한 글에서 하탄가디와 켈카는 다음과 같이 말했.

'소셜미디어'는 우리가 매력적으로 보는 것을 더 많이 제공해 주는 방법을 체계적으로 찾을 것이다……우리의 페이스북 피드는 이전의 '좋아요' 기록에 기초해 필터링된다. 아마존은 우리의 이전 구매 패턴에 기초해 우리가 구매할 책들을 제시해 준다. 트위터는 우리가 이미 팔로잉하고 있는 사람들에 기초해 우리가 '팔로우' 해야 할 사람들의 트위터 메시지를 전해 준다……온라인 세계는 반향실에서 울려 퍼지는 메아리의 데시벨을 몇 배 더 증폭시켰다.[11]

투자 과정에 우리는 우리를 흥분시키면서도, 어려운 산업이나 덜 선호하는 지역에 속한 탓에 우리의 기존 믿음과 선입견에 맞지 않는 어떤 특이한 기업들을 만날 수 있다. 그런 상황에서 이런 기업들에 대한 우리의 개인적인 편견을 어떻게 극복할 수 있을까? 새로운 증거에 비추어 우리의 기존 견해를 어떻게 더 잘 조정할 수 있을까? 우리가 학교에서 배운 기초적인 수학적 개념에 그 답이 있다.

'조건부 확률'과 우리의 견해

베이즈의 법칙Bayes's rule이라고도 하는 조건부 확률은, 다른 한 사건이 발생한 것을 고려해 어떤 한 사건의 발생 확률을 측정하는 것이다. 대니얼 카너먼은 그의 저서 『생각에 관한 생각』에서 그 공식을 다음과 같이 간단히 정리했다. "베이즈의 법칙의 가장 단순한 형태는 확률 형태이며, 이를 방정식으로 나타내면, '사후 확률=사전 확률 × 우도비lilelyhood ratio, 가능성비'이다. 여기서 사후 확률은 두 경쟁 가설들의 확률이다."[12]

이 방정식에 따르면, 우리의 사전 믿음(사전 확률)은 우도비(가능성비)의 도움으로 수정될 수 있다. 우도비가 높을수록 해당 상황에 대한 우리의 견해가 변할 가능성이 더 높아진다.

사전 믿음은 여러 근원에서 나올 수 있지만, 그중 한 가지 훌륭한 근원은 기저율base rates이다. 여기서 기저율은 역대 통계 정보를 말한다.

우도비는 확률을 바꾸는 여러 구체적인 사례에 대한 새로운 정보를 말한다. 우도비가 높을수록 사후 확률도 높아진다. 때로는 검토 중인 그 상황에 고유한 정보와 특징들이 너무 생생하고 널리 알려져서 기저율, 즉 평균적인 역사적 경험을 간과하게 만들기도 한다. 이런 경우는 "똥에 건포도를 섞어도, 그것은 여전히 똥이다"라는 멍거의 경고가 대개 들어맞는다.[13]

'세상의 지혜'에 관한 6가지 통찰

기초적이지만 약간 부자연스러운 이 기초 확률 수학을
자신의 능력으로 만들지 않으면,
엉덩이 걷어차기 대회에 출전한 외다리 사람처럼 힘든 삶을 살게 된다.
자신 이외의 다른 모든 사람들에게 미리 어드밴티지를 주고 게임을 하는 것이다.
- 찰리 멍거

저명한 정치학 저술가 필립 테틀록Philip Tetlock은 수년에 걸쳐 예측 능력이 거의 없는 전문가들의 정체를 폭로하는 포괄적인 연구를 수행했다. 그의 포괄적인 연구는 그간 특별한 실적을 쌓아 온 '슈퍼 예측가들'의 특성을 밝히기도 했다.

흥미로운 것은, 이들 모두가 삶을 살아가는 방법으로는 베이즈 적인 사고Bayesian thinking를 하고 있지만, 항상 엄격한 수치 정보 처리나 복잡한 수학을 하고 있는 것은 아니라는 것이다. 『슈퍼 예측 Superforecasting』에서 필립 테틀록과 댄 가드너Dan Gardner는 다음과 같이 말했다.

> 예측가들은 정말 대수학 공식을 이해하고, 기억하고, 사용해야 하는가? 좋은 소식이 있다. 그럴 필요가 없다. 슈퍼 예측가들은 산술능력이 있는 사람들이다. 그들 중 많은 이가 베이즈의 정리Bayes' theorem를 알고 있으며, 수고할 가치가 있다고 느낄 때면, 그 정리를 사용할 수도 있다. 그러나 그들은 그 숫자를 아주 분명하게 처리하지는 않는다. 슈퍼 예측가들에게 베이즈의 정리보다 훨씬 중요한 것은 **증거의 비중에 맞춰 계속 '업데이트'함으로써 점점 진실에 접근한다**는 베이즈의 핵심 통찰이다(슈퍼 예측가들은 증거가 나오면 그 중요성에 맞춰 자신의 예측을 조금씩 수정해 나간다).[14]

2015년 10월, "방정식에 들어있는 세상의 지혜Worldly Wisdom in an Equation"라는 백서에서 산제이 바크시 교수는 명심해야 할 베이즈적인 사고의 6가지 핵심 통찰을 소개했다.

1. 모호한 언어는 숫자를 사용한 확률로 바꿔라.
베이즈주의자Bayesian들은 확률의 관점에서 생각할 때 그들이 사용하는 언어에 신중하다. 테틀록은 다음과 같이 말했다.

> 그 이상은 아니더라도, 그 문제가 허용하는 만큼의 의심 사항은 식별해내도록 노력해야 한다. 분명하거나 불가능한 것들은 매우 적다.

● 표 27-1 ● 베이즈적인 언어의 확률 전환

100% : 확실함		
일반적인 확률 영역		사용된 언어
93%	상하 약 6% 가감	거의 확실하다
75%	상하 약 12% 가감	아마 그럴 것이다
50%	상하 약 10% 가감	가능성 대략 반반이다
30%	상하 약 10% 가감	아마 아닐 것이다
7%	상하 약 5% 가감	거의 확실히 아니다
0% : 불가능함		

출처: "추정 확률로 본 단어들" CIA, 2007년 3월 19일, https://www.cia.gov/library/center-for-the-study-of-intelligence/csi-publications/books-and-monographs/sherman-kent-and-the-board-of-national-estimates-collected-essays/6words.htm

'아마도maybe'란 말은 그다지 유용한 정보를 제공해 주는 말은 아니다. 따라서 여러분의 불확실성 숫자판은 3개 이상의 설정이 필요하다. 뉘앙스가 중요하다. 여러분이 더 많은 불확실성을 식별해낼수록, 더 나은 예측가가 될 수 있다. 포커 게임에서처럼, 승패 확률 60대 40의 베팅과 40대 60의 베팅(혹은 55대 45의 베팅과 45대 55의 베팅)을 경쟁자보다 잘 식별할 수 있다면, 여러분은 어드밴티지를 가진 것이다. 모호한 말이 넘치는 예감을 숫자를 사용한 확률로 바꾸는 것이 좀 부자연스럽게 느껴지겠지만, 그렇게 할 수 있다. 필요한 것은 인내와 실행뿐이다.[15]

미국 중앙정보부(CIA)가 공개한 "추정 확률로 본 단어들Words of Estimative Probability"은 베이즈적인 언어Bayesian language를 확률로 바꾸는 유용한 틀을 제공해 준다([표 27-1] 참조).

2. 항상 기저율을 염두에 둬라.

과거에 필립 피셔는 이에 대해 "어떤 주식이든 매수를 생각하기 전에, 첫 단계는 과거에 어떻게 가장 성공적으로 돈을 벌었는지 살펴보는 것이 논리적인 것 같다"라고 했다. 그러나 어떤 구체적인 종목에 대한 인상적이거나 유혹적인 스토리를 접하면, 투자자들은 기저율(역대 통계 정보)을 간과하기 쉽다. 기저율은 통계학의 지루한 한 부분이다. 반면 스토리는 유혹적이다. 제임스 오쇼너시James O'Shaughnessy는 그의 저서 『월가의 퀀트 투자 바이블What Works on Wall Street』에서 다음과 같이 말했다.

> 인간 본성상, 아주 많은 사례들의 결과(사전 확률 혹은 기저율)에 주목하면서, 한 개별 사례에 대한 '구체적인 정보(우도비)'를 무시하기란 사실상 불가능하다. 우리가 관심을 갖는 것은 이 주식과 이 기업이지, 이런 종류의 주식들 혹은 이런 종류의 기업들은 아니다. 너무 많은 수는 우리에게 아무런 의미가 없다. 스탈린이 무시무시하게 말한 것처럼 "한 명의 죽음은 비극이지만, 수백만 명의 죽음은 통계다". 투자를 할 때, 우리는 전체적인 전략은 거의 생각하지 않고, 거의 항상 주식별로 투자를 한다. 한 주식에 대한 스토리가 충분히 설득력이 있으면, 우리는 어떤 한 종류 전체 주식들의 기저율은 기꺼이 무시한다.[16]

한 기업에 지나치게 높은 PER 배수를 지불하기 전에, 그런 높은 가격을 지불했던 과거의 평균적인 경험을 살펴봐야 한다. 마찬가지로 공모가가 매우 비싸게 책정된 기업공개에 청약하기 전에, 그와 유사한 과거의 평균적인 경험을 살펴봐야 한다. 또한 레버리지가 매우 높은 기업 혹은 경영진의 지배구조와 자본 배분 실적이 열악한 기업에 투자하기 전에, 과거에 그런 상황에 투자했을 때 장기적인 실적은 어 땠는지 살펴봐야 한다.

기저율을 고려하면, 처음에 한 주식에 관한 유혹적인 이야기를 듣고 흥분했던 마음을 가라앉히는 데 도움이 된다. 워런 버핏이 턴어라운드 상황에 대한 투자를 피한 것은 기저율을 고려했기 때문이다.

워런 버핏에 따르면, "턴어라운드 종목들이 턴하는 경우는 거의 없다turnarounds seldom turn".[17] (이 때문에 턴어라운드 종목을 매수할 최적의 시점은 턴어라운드 증거가 이미 확실해지고 있는 때가 된다. 이 경우 우리는 바닥에서 그 종목에 들어가지는 못하겠지만, 많은 리스크와 불확실성이 제거된 시점에 들어갈 수 있게 된다.) 워런 버핏이 빠르게 변하는 첨단기술 기업에 대한 투자를 피하면서, 이를 "일반적으로 극심한 변화와 매우 좋은 수익률은 함께 하지 않는다"[18]라고 합리화한 것은 기저율을 고려한 것이다.

기저율에 대해 생각할 수 있는 한 가지 효과적인 방법은 대니얼 카너먼이 사용했던 '외부 관점outside view'과 '내부 관점inside view'의 견지에서 생각하는 것이다. 테틀록은 이를 다음과 같이 설명했다.

> 대니얼 카너먼은 (기저율에 대해) 훨씬 기억하기 좋은 용어를 사용했다. 그는 이를 (특정 사례의 구체적인 내용인 '내부 관점'과 대비해) '외부 관점'이라고 했다.
> ……내부 관점에 끌리는 것은 자연스러운 일이다. 일반적으로 내부 관점은 구체적이고, 진행 상황에 대한 스토리텔링에 사용할 수 있는 자세한 내용이 많다. 반면, 외부 관점은 보통 추상적이며, 기본적인 내용

외엔 별 내용이 없고, 스토리텔링에 별로 도움이 되지 않는다. 따라서 똑똑하고 재능 있는 사람들도 대개는 외부 관점을 고려하지 못한다.[19]

3\. 너무 좋아 사실 같지 않은 스토리가 모두 나쁜 것은 아니다.

정말 좋은 스토리는 우도비를 높이고, 우도비가 높아지면 사후 확률도 높아진다. 이는 펀더멘털 투자자에게는 중요한 점이다.

펀더멘털 투자자는 거시경제 상황을 고려해 포괄적인 전략에 투자하는 것이 아니라, 개별 기업 분석에 기초해 개별 기업에 투자하는 바텀업bottom-up 투자자이기 때문이다.

평균 회귀를 믿고 통계적으로 싼 주식에 투자하려는 그레이엄과 도드 스타일의 투자자들에게 기저율은 매우 중요하고, 특정 주식의 스토리는 덜 중요하다. 그러나 피셔나 멍거를 따르는 질적 투자자들의 경우는 특정 기업에 대해 가능한 많이 아는 것이 매우 중요하다. 물론 이런 질적 투자자들도 기본적인 기저율을 외면해서는 절대 안 된다. 그러나 진흙에서 보석을 찾아낼 수 있어야 한다.

이런 경우 설득력 있는 스토리는 대개 그 기업을 독특하게 보이게 만들 뿐 아니라, 산업 내 다른 기업들보다 뛰어나 보이게 만든다. 일반적으로 이런 스토리는 가치를 창출하기 어려운 기업이나 산업에서 가치 창출 능력을 증명한 특출한 개인에 관한 것이다. 멍거는 이런 사람을 '현명한 열광자intelligent fanatics'라고 부른다.

파이어스톤 타이어 앤 러버 컴퍼니Firestone Tire and Rubber Company의 창업자 하비 파이어스톤Harvey Firestone은 그의 저서 『인간과 고무Men and Rubber』에서 그런 사람들을 이렇게 묘사했다. "기업가에 대한 검증은 그가 한두 번의 호황기에 돈을 벌 수 있느냐 혹은 운 좋게 그 분야에 처음 진출한 행운으로 돈을 벌 수 있느냐가 아니라, 매우 경쟁적인 분야에서 최초 진출에 따른 경쟁자들에 대한 어떤 이점도 없이 매우 올바른 방법으로 경쟁자들을 멀리 따돌리고, 자신과 그의 회사에 대한 외부의 존경을 유지할 수 있느냐를 기준으로 삼아야 한다."[20]

현명한 열광자는 자신의 카리스마가 아니라 자신의 업무 수행으로 말을 한다. 이들은 그들의 업무수행 실적으로 판단해야 하며, (대개는 설득 기법에 다름 아닌) 다른 사람들의 칭찬과 설명에 영향을 받아서는 안 된다.

4. 신호signal와 소음noise을 구분하라.

신호는 진실이고, 소음은 우리가 진실을 보지 못하게 방해하는 것이다. 『신호와 소음The Signal and the Noise』에서 네이트 실버Nate Silver는 이렇게 말했다. "인터넷이나 인쇄기의 발명으로 세상에 그 이전보다 더 많은 진실이 있는 것은 결코 아니다. 우주의 대부분이 빈 공간인 것처럼, 대부분의 데이터는 소음에 불과하다."[21]

우리가 소음 대비 신호의 비율을 높이려면, 우리 주변의 모든 쓸데없는 소음을 잘라버려야 한다. 제임스 글릭James Gleick이 말한 것처럼, "정보가 싸구려일 때, 관심은 비싸진다(싸구려 정보에 관심을 갖는 것은 비싼 값을 지불하는 것이다)".[22]

더 많은 데이터가 더 많은 통찰을 제공하는 것은 아니다. 오히려 나쁜 판단을 유발하는 경우도 종종 있다. 성공한 투자자들의 가장 희소한 자원은 돈이 아니라 (시간과 합리성 간의 균형trade-off을 어떻게 가장 효과적으로 관리할 것이냐에 대한) 관심이다. 투자 능력은 모든 것을 아는 데 있는 것이 아니라, 분별력 있게 무시하는 것, 요컨대 무시해야 할 것들을 현명하게 골라내는 데 있다.

소음이 많은 뉴스 흐름에서 가치 있는 신호를 찾아내기 위해서는, 먼저 마음을 가라앉히고 지금 진행되고 있는 느리고 점진적인 변화를 찾아야 한다. 그러기 위해서는 분기, 월간, 혹은 일간 변화가 아니라 장기적인 변화에 주목해야 한다. 재무상태표, 손익계산서, 혹은 현금흐름표의 질적 변화가 그런 장기적인 변화가 될 수 있다.

이런 변화들에 대해서는 그 이유와 관련된 튼튼한 질적인 분석이 있어야 한다. 유명한 가치투자자 폴 라운치스Paul Lountzis가 말한 이른바 '차별적 통찰differential insights'로 귀결되는 분석이 바로 이런 종류의 침착하고, 신중하고, 사려 깊은 질적 분석이다.[23]

애널리스트들의 분석 관행도 장기적인 가치가 제대로 평가되지 않을 때가 많다는 것을 보여준다. 예를 들어, 대부분의 분석은 향후 1~2년 전망에 초점을 맞추고 있으며, 따라서 대부분의 가치가 이런 시간지평 이후에 있는 기업들은 저평가될 수 있다.

5. 다윈의 '사고의 황금률'에 주목하라.

반反직관counterintuition은 다윈의 전문 영역이다. 그는 단순하지만 매우 특이한 사고습관을 가지고 있었기 때문에 반직관적인 사고에 뛰어났다. 그는 그가 기존에 가지고 있던 개념에 부합하지 않는 사실들을 수집하는 데 특별한 관심을 보였다. 다윈은 이를 '사고의 황금률golden rule of thinking'이라고 했다.

> 나는 오랫동안 황금률, 요컨대 '나의 일반적인 연구 결과에 반하는 어떤 공개된 사실, 새로운 관찰 혹은 생각을 접할 때마다 그것을 빠짐

없이, 그리고 즉시 메모한다'는 황금률을 따랐다. 그런 사실과 생각들은 내가 좋아하는 사실과 생각들보다 훨씬 쉽게 기억에서 사라져 버린다는 것을 경험을 통해 알았기 때문이다. 이런 습관 덕분에 나는 나에게 제기된 거의 모든 반대 의견에 대해 최소한 알고 답하려 했다.[24]

다윈의 큰 성공은, 자신이 아끼는 생각에 대한 반대 의견들을 듣고, 메모하고, 그로부터 배우는 능력에서 비롯되었다. 『종의 기원The Origin of Species』은 출간 후 지금까지 약 160년에 걸친 후속 생물학 연구에도 불구하고 여전히 그 타당성을 인정받고 있다. 그것은 다윈이 자신의 이론을 반박하기 거의 불가능할 정도로 매우 신중하게 정립했기 때문이다. 후에 학자들은 그 책이 약간 '불완전하지만', 틀린 것은 아니라고 보았다.

"(의견을 수립할 때는) 자신에 대해 반대 의견을 주장하는 사람보다 그 반대 의견을 더 잘 이해해야 한다"고 한 찰리 멍거의 조언은, 아마도 다윈의 영향을 받은 것 같다. 반대 의견을 분명히 설명할 수 있을 때, 자신의 의견이 더욱 설득력을 갖게 된다. 이런 식의 사고 방법은 가능한 많은 확증 증거를 찾는 것이 더 일반적인 반응인 우리의 유전자 구조로는 사뭇 부자연스러운 일이다. 그러나 올바른 정신으로 수행할 때 이런 사고법은 우리의 문제점을 극복하고 객관적이면서 비편향적인 사고를 할 수 있는 강력한 방법이 된다.

다윈은 완전성, 근면성, 정확성, 그리고 객관성을 추구하는 습관을 통해 결국 일생일대의 큰 발전을 할 수 있었다. 그의 연구 과정은 매우 지루했다. 번뜩이는 신적인 통찰 같은 것은 전혀 없었다. 그는 그저 올바른 기본적인 생각을 가지고 작업을 시작했으며, 항상 현실을 주시하면서 오랫동안 극도의 집중력과 객관성을 갖고 작업했다. 다윈의 '사고의 황금률'에 한 가지 유용한 보완을 하자면, 벤저민 프랭클린이 1772년 조세프 프리스틀리에게 보낸 편지에서 '도덕적 혹은 신중한 대수학Moral or Prudential Algebra'이라고 한 기본적인 (찬성-반대 논지들을 정리한) 찬성-반대 리스트를 만드는 것이다.

6. 주식시장을 패리-뮤추얼 베팅 시스템으로 보라.

주식시장 같은 패리-뮤추얼 시스템에서 투자자는 다른 투자자들과 반대 베팅을 하고 있는 것이다. 그리고 이런 시스템에서 다른 투자자들의 행동은 확률을 변화시킨다. 이에 대해 산제이 바크시는 다음과 같이 말했다.

> 예를 들어 한 상품산업에 숨겨진 아주 잘 운영되는 어떤 '틈새기업'을 시장이 '상품기업'으로 평가할 때, 이는 기회가 된다. 사려 깊은 베이즈적인 투자자는 그 기업이 상품산업에 속했다는 사실(낮은 사전 확률)은 놓치지 않으면서, 그 기업을 특별히 훌륭하게 만든 그 기업 고유의 주요 요인(즉 우도비를 높인 요인)들을 고려한다.

따라서 이런 투자자의 사후 확률은 주식시장이 그 기업에 대해 평가하는 사후 확률보다 훨씬 좋다. 이는 유리하게 이용할 수 있는 편견이다.[25]

베이즈적인 사고는 우리가 가진 편향과 개인적인 편견을 극복할 수 있게 해 준다. 인도 주식시장의 많은 투자자들은 인도 서부 하이데라바드 지역의 기업들, 초소형주, 턴어라운드 상황, 기업집단, 레버리지가 매우 높은 기업, 상품주식, 그리고 지주회사들을 선호하지 않는 편견을 갖고 있다. 이런 편견(기준 정보baseline information)은 이들 기업에 대한 낮은 밸류에이션으로 반영된다. 이에 대해 바크시는 "그러나 이와 동시에, 여러분이 평가하고 있는 이 특정 기업은 그 기업이 속한 통계 집단과 '다를' 가능성이 있다는 것을 인식해야 한다"고 했다(예를 들어, 일반적으로 나는 채무기업이 공식적인 채무조정 협약에 들어간 후에, 그 기업이 채무 이행에 어려움을 겪을 수 있는 몇 가지 엄선된 상황에 대한 분석을 시작한다).

주식을 팔아야 할 때와 팔지 말아야 할 때

> 사실이 바뀌면 우리는 마음을 바꿀 수 있다. 여러 번 그런 적이 있다.
> 그러나 고백컨대 그것은 힘든 일이다.
>
> - 찰리 멍거

마틴 츠바이크Martin Zweig는 『월스트리트에서 승리하는 법Winning on Wall Street』에서 1980년 2월과 3월 대량 매도가 진행되던 당시 자신이 얼마나 약세장 마인드였는지에 대해 말했다. "나는 그냥 앉아서 상황을 지켜봤고, 약세장 마인드가 매우 강했다. 그러나 시장은 반전됐다. 연방준비은행이 금리를 내리고 신용통제를 완화하자 상황이 변하기 시작했다. 나는 우리가 어떤 형태의 재앙을 향해 가고 있다는 선입견을 가지고 있었음에도 불구하고, 변화하는 상황에 대응했다." 그리고 그는 "주식투자를 하는 대부분의 사람들이 가진 문제는 유연하지

않다는 것이다……시장에서 성공하기 위해서는 규율, 유연성, 그리고 인내심을 가져야 한다"고 했다.[26]

장기 투자자들은 수년 동안 보유할 생각으로 주식을 매수한다. 그런 경우에도 투자자는 자신의 최초 투자 논리의 타당성을 계속 확인해야 한다. 상향이든 하향이든 추세가 반전될 때마다, 사람들이 그것을 인식하는 데는 어느 정도 시간이 걸린다. 그러나 여러분이 한동안 어떤 주식에 투자하고 있는 상태라면, 변화하는 기업 및 산업 역학에 대해 점점 잘 알게 되고, 지속가능한 성장률이 영구적으로 둔화될 때 혹은 여러분의 최초 투자 논리에 금이 가기 시작할 때를 알게 된다. 이는 그 기업의 이익은 계속 증가하지만 높았던 밸류에이션의 전제였던 이익증가율이 둔화될 때, 그 후 특히 고통스러운(그리고 많은 신규 투자자들에게는 당혹스러운) PER 하락기가 닥치기 전에 미리 탈출하는 데 도움이 된다.

적시에 매도하는 기술은 실제 시장 경험을 통해 그리고 시간이 가면서 여러 산업들의 보다 미세한 차이와 그 산업들의 진화하는 밸류에이션 역학에 익숙해지면서 점진적으로 발전한다.

그러나 훌륭한 기업의 경우 일시적으로 과대평가되었더라도 서둘러 매도해서는 안 된다. 그리고 해당 주식이 강세장의 업종 주도주라면, 그 주식을 강세장 내내 보유할 용기도 있어야 한다. 훌륭한 기업은 (예컨대 바자즈 파이낸스의 경우처럼) 투자자에게 '깜짝 선물'을 자주 선사하고, 처음에 생각했던 것보다 훨씬 좋은 실적을 제공하는 경향이 있다. 황금알을 낳는 거위를 발견하면 그 거위는 팔아선 안 된다.

내가 투자를 하면서 수년에 걸쳐 배운 한 가지 큰 교훈은 비싼 밸류에이션에 거래되고 있는 훌륭한 기업은, 특히 다른 마땅한 투자 기회가 없어 현금이 대안일 상황에서는 매도를 섣불리해서는 안 된다는 것이다. 그보다 더 나은 방법은 훨씬 좋은 투자 기회가 나타날 때까지, 혹은 그 주식이 너무 터무니없이 과대평가 될 때까지 기다렸다가 매도하는 것이다.

훌륭한 기업의 경우, 우리가 단기적으로 그 주가를 적정 가격으로 볼 때도 장기적으로는 사실 저평가된 경우가 많다. 이에 대해 필립 피셔는 『위대한 기업에 투자하라』에서 다음과 같이 말했다.

> 특별히 높은 성장률을 가진 뛰어난 기업의 가격이 정확히 얼마나 과대평가되었는지 어떻게 조금이라도 정확하게 말할 수 있을까? 그 주식의 PER이 25배가 아니라 35배라고 해 보자. 금융계가 그 경제적 중요성을 아직 파악하지 못한 신제품이 가까운 미래에 나올 수도 있고, 아닐 수도 있다. 성장률이 매우 좋아서 향후 10년 동안 그 기업의 주가가 네 배가 될 수 있다면, 지금 그 주식이 35% 과대평가되었는지 아닌지가 정말 그렇게 중요할까? 정말 중요한 것은 향후 훨씬 더 많은 가치를 갖게 될 포지션을 건드리지 않는 것이다.
> ……주식을 매수할 때 해야 할 일을 정확히 했다면, 그 주식을 매도할 시점은 거의 결코 없다.[27]

장기적으로 주식은 대부분의 다른 자산을 상회하는 수익을 내고 현금보다는 거의 확실히 높은 수익률을 낸다. 현금이 가끔씩은 소중하다는 것을 입증하곤 한다. 그러나 20~30년의 기간을 두고 보면, 현금 보유로 인한 포트폴리오의 실적 부진이 '투자 미집행 현금$^{dry\ powder}$'으로 주기적으로 발생하는 시장 하락 상황을 이용해 얻을 수 있는 간헐적인 이득보다 훨씬 클 것이다.

'언제 투자할 것인가'에 관한 존 템플턴의 말은 내가 가장 좋아하는 말 중 하나다. 그는 "투자할 최고의 시점은 돈이 있을 때다. 중요한 것은 타이밍이 아니라 시장에 오래 머무르는 것임을 역사가 말해 주기 때문이다"라고 했다.[28]

부를 창출하는 열쇠는 양질의 성장하는 기업을 적절한 밸류에이션에 매수해서 오래 그냥 보유하고 있는 것이다. 자신의 돈을 장기간 높은 수익률로 불린 100명의 성공한 투자자들을 무작위적으로 골라 보면, 이들 거의 모두가 몇 개의 훌륭한 기업을 매수해서 그냥 보유했다는 사실을 알게 될 것이다. 찰리 멍거가 말한 것처럼, "큰돈은 사고파는 데 있는 것이 아니라, 기다리는 데 있다".[29]

대부분의 사람들에게 아무것도 하지 않고 가만히 있는 것은, 도저히 견딜 수 없는 일이다. 이들은 행동을 원하고, 이익을 놓치는 것을 두려워한다. 결과적으로 이들은 이 주식에서 저 주식으로 계속 옮겨 다니고, 그 과정에서 실수할 가능성도 크게 높아진다. 블레즈 파스칼Blaise Pacal이 말한 것처럼, "모든 사람의 고통은 조용한 방에 혼자 가만히 앉아있지 못하는 데서 발생한다".

투자자로서 우리는 유입되는 수많은 정보를 끊임없이 처리하고 있다. 열린 마음으로 구체적인 사실들을 평가하고, 더 좋은 쪽으로든 더 나쁜 쪽으로든 그런 사실들이 바뀔 때 우리의 생각을 바꾸는 것은, 투자의 성공 확률을 높이는 소중한 능력이다.

때로는 기업과 경영진의 질보다 가격 책정 오류와 평균 회귀에 기본적인 초점을 맞춰 투자한 단기적인 상품주, 경기순환주, 혹은 특별 상황이 아니라, 오히려 장기 투자 성장 종목들이 우리의 고민거리가 될 수도 있다. 우리가 처음 매수한 다음 발견할 수도 있는 어떤 기업 지배구조적인 이유나 경영진의 정직성 문제 때문에 그 주식을 보유하는 것이 더 이상 편하지 않을 수 있다.

향후 몇 년 동안 그 기업의 이익이 크게 증가하고 그 사이 주가도 크게 상승할 것으로 예상된다 해도, 이 경우 나는 일반적으로 그 포지션을 청산한다. 나는 '편안한 잠'을 '추가적인 약간의 수익률 상승'과 바꾸고 싶지 않다. 월터 슐로스 Walter Schloss가 종종 말한 것처럼, "투자는 재미있고 도전적인 것이 되어야지, 스트레스를 주거나 걱정스러운 것이 되어서는 안 된다".

한 인터뷰에서 슐로스의 아들 에드윈 슐로스 Edwin Schloss는 "오늘날 많은 펀드매니저들은 분기 이익의 증감을 걱정한다. 이들은 새벽 5시까지 손톱을 깨물며 잠들지 못한다. 그러나 내 부친은 분기 이익의 증감을 걱정한 적이 전혀 없다. 그는 편하게 잘 잤다"라고 하면서 월터 슐로스의 장수長壽와 투자철학이 서로 연관된 것 같다고 했다.[30]

삶의 질은 승패를 측정하는 더욱 좋은 방법이다. 스트레스가 살인자라는 것은 잘 알려진 사실이다. 투자자들은 리스크 조정 수익에 대해 자주 말하지만, 스트레스 조정 수익 stress adjusted returns에 대해서는 거의 말하지 않는다. 내가 보기엔, 후자가 더 중요하다. 잘 자는 것이 잘 먹는 것보다 중요하다.

이런 측면에서 공매도는 피해야 하고 빚을 내서 주식을 사서는 안 된다. 또한 여러분의 속을 뒤집어 놓는 경영진과 장기 파트너십 관계를 맺어선 안 된다(벤저민 그레이엄이 말한 것처럼, "부도덕한 경영진을 감안해서 이를 양적으로 공제할 수는 없다. 그런 상황을 처리하는 유일한 방법은, 그런 경영진을 피하는 것뿐이다").[31]

투자자는 사고에 유연성이 있어야 하며, 크거나 적은 손실을 보고라도 주식을 매도하는 어려운 결정도 할 수 있어야 한다. 결과에 감정적으로 얽매여서는 안 되며, 사실을 보여주는 데이터에 대한 냉철한 분석에 기초해 결정을 내려야 한다. 손실은 침착하게 처리해야 하며, 이를 통해 배운 교훈은 잊지 말아야 한다.

낙관론은 좋지만 자기기만은 좋지 않다. 피터 린치가 말한 것처럼, "주식으로 돈을 잃는 것은 부끄러운 일이 아니다. 우리 모두는 돈을 잃는 경험을 한다. 정말 부끄러운 것은 펀더멘털이 악화되고 있는데도 그 주식을 계속 붙들고 있거나, 심지어 더 매수하는 것이다".[32]

어떻게든 나아지겠지 하는 단순한 희망 속에 펀더멘털이 악화되고 있는 주식을 붙잡고 있어서는 안 된다. 현실을 있는 그대로 인정하고 받아들여야 하며, 찰리 멍거가 말한 이른바 '손가락 빨기(행동해야 할 때 행동하지 못하는 것)'를 해서는 안 된다. 자신이 품은 의혹을 해결하기 위해 최선의 노력을 다한 후에도 그 주식에 확신할 수 없다면, 그냥 그 주식에서 나와야 한다. 그러지 않으면, 결국 다음의 급격한 시장 조정기에 패닉에 빠져 훨씬 낮은 가격에 매도하는 일이 벌어지게 된다.

손실을 내고 있을 때는 실질적으로 접근해야 하고, 수익을 내고 있을 때는 믿음을 유지해야 한다. 이 두 가지만 제대로 할 규율이 있으면 투자자로 성공할 것이다.

베이즈적인 추론을 사용하고, 자신의 기대수익률에 영향을 미치는 새로운 증거가 나오면, 확률을 업데이트해야 한다.

우리가 찾아야 할 주요 증거들로는 과도한 밸류에이션, 시장점유율 하락과 이익률 하락으로 나타나는 경쟁력의 하락, 운전자본 상황의 악화로 나타나는 고객이나 공급자에 대한 협상력 저하 등이 있다.

틀리는 것은 전혀 문제가 안 된다. 그러나 계속 틀린 상태로 남아 있는 것은 문제다.

내가 세상을 살아오면서 투자자로서 배운 가장 큰 교훈 중 하나는, 다른 사람들보다 더 잘 이기려면, 다른 사람들보다 더 잘 지고 더 잘 잃는 법을 배워야 한다는 것이다. 다행히 나는 "실수를 하고도 그것을 고치지 않는 사람은 또 다른 실수를 하고 있는 것이다"라는 공자의 가르침을 배우고 잘 따르고 있다.

28장

기회비용 관점과 투자 선택

> 최고로 꼽히는 맨큐의 경제학 교과서에 따르면,
> 현명한 사람들은 기회비용에 기초해 결정한다고 했다.
> 요컨대, 중요한 것은 여러분이 가진 대안들이다.
> 우리의 모든 결정도 이런 식으로 이루어진다.
> - 찰리 멍거

투자자로서 우리는 현명하게 자본을 배분해야 하는 일을 하고 있다. 우리가 자유롭게 사용할 수 있는 자본에는 제한이 있고, 여러 대안이 있다는 점에서 '기회비용'이라는 중요한 개념이 발생한다.

기회비용은 우리가 어떤 선택을 할 때 포기하는 차선의 기회가 가진 가치로 정의된다. 대안들이 상호배타적이어서 A를 택하면 B를 포기해야 하고 B를 택하면 A를 포기해야 할 때, 기회비용이란 A를 택했을 때 B(A의 대안)의 잠재적 이익, B를 택했을 때 A(B의 대안)의 잠재적 이익이 될 것이다.

이에 대해 찰리 멍거는 다음과 같이 말했다.

> 누군가 한 신흥국시장의 기업 하나를 워런 버핏에게 제안했을 때, 워런은 "(그 기업을 매수하는 것이) 웰스 파고에 대한 우리 포지션을 확대하는 것보다 더 편하다는 느낌이 들지 않습니다"라고 했습니다. 그는 그 기업과 경영진, 그리고 시장지위를 높이 평가했습니다. 그리고 이를 그의 기회비용으로 사용하고 있었던 것입니다. 그가 의미한 것은 "그것이 웰스 파고를 추가 매수하는 것보다 더 좋은 것이 아니면, 아무 말도 하지 말라"는 것이었습니다. 워런 버핏에게는 기회가 어디에 있는지는 중요하지 않습니다. 그는 버크셔의 돈이 이곳에 있어야 할지 혹은 저곳에 있어야 할지에 대해 미리 생각해둔 아이디어는 전혀 없습니다. 그는 그의 기회비용을 가져가려고 하는 세상을 가능한 꼼꼼히 살펴보고 있으며, 따라서 각 개별 결정들마다 더 나은 결정을 하게 되는 것입니다.[1]

멍거의 말은 투자자들에게 중요한 점들을 시사하고 있다. 여러분이 어떤 한 주식에서 다른 주식들로는 달성할 수 없는 수준의 훨씬 높은 수익을 올릴 것으로 예상한다면, 다른 주식들에 계속 자본을 배분해야 할 이유가 있을까? 훨씬 나은 다른 수익 기회가 나타날 때까지 수익성 높은 그 주식에 전액 투자를 유지하는 것이 더 합리적이지 않은가? 그런데 투자자들은 아주 자주 '뭔가 해야 한다'는 신드롬에 굴복해, 높은 기준수익률을 굳게 유지하는 대신 새로운 투자에 대해 자신의 기준을 완화한다. 그러나 기준수익률은 높게 유지해야 한다. 이에 대해서는 무리할 필요가 있다.

> *삶의 재미있는 점은, 최고 외에는 아무것도 받지 않으려고 하면, 최고만 받게 되는 경우가 아주 많다는 것이다.*
>
> - 윌리엄 서머싯 몸W. Somerset Maugham

자본은 유한하고, 차선의 대안으로 할 수 있는 것, 즉 기회비용을 항상 수반한다. 학계에서 만든 공식에서 뭐라고 하든, 여러분의 차선의 대안이 1%면 기회비용도 1%이고, 차선의 대안이 10%이면 기회비용도 10%다. 항상 기억해야 할 것은, 자본을 가장 효율적으로 잘 사용하고 있느냐 하는 것은 그 자본을 가능한 차선의 대안으로 사용했을 때와 비교해 평가되어야 한다는 것이다.

> *내가 어떤 것은 확실하게 8% 수익을 낼 수 있고 다른 것은 7% 수익을 낸다는 것을 안다면, 나는 즉시 그 다른 것은 거부할 것이다. 모든 것은 기회비용의 함수다.*
>
> - 워런 버핏

어떤 기업이 투자자들이 다른 곳에서 올릴 수 있는 만큼의 수익을 올리지 못한다면, 투자자 관점에서 그 기업은 사실상 가치를 파괴하고 있는 것이다. 요컨대, 그 기업의 자본수익률이 자본비용(투자자들이 다른 곳에서 벌 수 있는 것)과 같거나 높지 않으면, 그 기업은 사실상 주주가치를 파괴하고 있는 것이다.

'부작위의 실수'에 주목하기

부작위의 실수 mistakes of omission란 우리가 투자할 유망한 기업을 찾았는데 실제로 투자하지 못한 경우를 말한다. 우리는 소탐대실하는 바람에 행동에 나서지 못해 큰 기회비용을 유발시키는 경우가 있다. 결과적으로 기회비용은 매우 중요하며, 때로는 작위의 실수 mistakes of commission보다 훨씬 중요하기도 하다. '작위의 실수'는 그에 따른 손실한도가 100%로 제한되지만, '부작위의 실수'는 그런 한도가 없다.

비용을 생각할 때 사람들은 기회비용의 관점에서 생각하지 않는다. 대부분의 사람들에게는 확실한 직접비용이 기회비용보다 더 큰 의미를 가지며, 포기한 기회는 그런 직접비용이 아니기 때문에 사람들은 기회비용을 경시한다. 그러나 장기투자자들의 경우, 양질의 기업에 높은 가격을 지불하기를 주저하는 것은 종종 큰 기회비용을 수반한다. 손익계산서에는 '할 수 있었지만 하지 않은 것'은 반영되지 않기 때문에 이런 기회비용은 계상되지 않는다.

투자자들은 현재 시장가에 기초해 한 주식의 예상 장기 수익률에 대한 자신의 추정치를 주기적으로 검토해야 한다. 그리고 그 추정 수익률이 채권 같은 기존의 수입 제공 상품에서 올릴 수 있는 수익률보다 낮아지면, 그 주식을 더 우수한 다른 투자자산으로 바꿔야 한다. 많은 투자자들은 자신의 기존 보유종목들과 사랑에 빠지며(아주 힘들게 노력해 그 종목을 발견한 경우엔 특히 그렇다), 그 결과 막연한 생각에 빠져 정기적으로 엄격한 기회비용 분석을 하지 않는다.

지출되는 모든 1달러는 동일하며, 따라서 투자자는 자신이 투자하는 각각의 1달러 모두를 가능한 가장 크게 불리도록 노력해야 한다. 어떤 기회든 잠재적인 투자 기회를 평가할 때는 높은 기준수익률을 적용해야 한다. 기준수익률에 있어서는 좀 무리해야 한다.

우리는 투자자들이 해당 매수가에서는 장기적인 시세 차익 가능성이 좋지 않음에도 불구하고, "낮은 가격에 매수했기 때문에 기꺼이 이 주식을 보유하겠다"와 같은 비합리적인 말을 하는 것을 종종 듣는다. 기준점편향anchoring bias은 강력하며, 무의식적으로 자동적으로 나타난다. 이런 편향에 대처하는 효과적인 방법은 매일 매매가 시작되기 전에 가상으로 자신의 포트폴리오를 청산해 보고, "내가 이 기업에 대해 현재 갖고 있는 모든 최신 정보를 고려할 때, 과연 현재가에 이 기업을 매수할 것인가?"를 물어보는 것이다. 그 주식을 오늘 매수하지 않을 것이지만 매도 버튼도 누를 수 없다는 결론을 내린다면, 그것은 어떤 논리적인 보유 근거가 있어서가 아니라 소유한 것에 애착을 갖는 소유편향endowment bias 때문이라는 것을 알아야 한다. 당연히 매도해야 한다. 현재가에서 미래 수익률이 만족스럽지 않은 주식을 고수하는 것은 투자자의 장기 순자산에 부정적인 영향을 주는 값비싼 실수다.

기회비용을 고려하는 정신모형은 '능력의 범위' 원칙과 결합해 사용해야 한다. 자신이 이해할 수 없는 것들은 기회비용을 판단할 때 검토하는 일군의 기회들에 포함시켜서는 안 된다.

만약 내가 능력의 범위 안에서 최고의 투자 기회를 발견하면, 포트폴리오 종목 중 약한 종목은 필요하다면 손실을 감수하고서도 즉각

매도할 것이다. 언제라도 우리 포트폴리오에는 늘 한두 개 정도 '제일 마음에 들지 않는 주식'이 있기 마련이다. 물론 이런 주식들이 그 자체로 항상 나쁜 주식은 아니다. 우리는 그저 이런 주식들이 포트폴리오의 다른 주식들보다 약하며(그래도 여전히 그런 주식들을 갖고 가는 경향이 있다!), 미래에 필요하다면 별 거리낌 없이 매도하게 될 것이라는 것을 잠재의식적으로 알고 있다.

여러분이 훌륭한 투자 아이디어라고 확신하는 주식을 발견하게 되면, 엄격한 분석을 통해 자신의 모든 보유종목 중에서 믿음이 흔들리는 증거가 있는지 적극적으로 찾아봐야 한다. 대부분의 경우, 여러분은 비중이 가장 적은 종목들이 (낮은 비중이 말해 주는 것처럼, 본격적인 포지션을 구축하기엔 상대적으로 확신이 부족했기 때문에) 매도할 종목들이라는 것을 발견하게 될 것이다.

불확실성에서 훨씬 큰 예상 수익이 기대되지 않는다면, '확실성'을 택하는 것이 항상 더 좋다. 투자자로서 나는 새로운 투자 아이디어를 살펴볼 때 적용하는 단순한 규칙을 갖고 있다. 그것은 포트폴리오에 어떤 새로운 종목을 추가하려면, 그 새 종목이 내가 이미 보유하고 있는 종목들보다 '상당히 더 좋아야 한다'는 것이다.

우리가 정말 규율 있고, 새로운 투자 아이디어들에 요구하는 기준 수익률에 매우 엄격하다면, 언제라도 매수할 최고의 주식은 이미 우리 포트폴리오에 있는 종목인 경우가 많다. 분산 그 자체를 위해 분산해서는 안 된다. 자신의 삶, 포트폴리오, 혹은 사업을 보다 개선해 주는 것이 아닌 한, 그 무엇도 기존의 것에 추가해서는 안 된다.

기회비용과 최상의 선택

기회비용은 결국 경제학의 가장 기본적인 개념인 교환trade-offs에 관한 것이다. 우리가 어떤 한 선택을 한다면, 그것은 최소한 당분간은 그 외의 다른 모든 선택은 포기하는 것이다. 때로는 우리가 택하지 않은 선택들이 더 현명한 선택으로 밝혀지기도 하는데, 이런 이유 때문에 기회비용은 사후에 가장 잘 측정된다. 기회비용은 어떤 선구적인 개척자들이, 그들이 실제로 개척한 기회 말고 다른 것을 선택했을 때 무엇을 포기하게 되었을지 살펴보면 가장 잘 이해할 수 있다.

예를 들어 44세의 나이에 샘 월턴Sam Walton이 월마트 창업을 결심하지 않았다면 어떻게 되었을까? 처음 수천 번 실험에 실패했을 때 토머스 에디슨이 전구 개발을 중단했다면 어떻게 되었을까? 스티브 잡스가 애플로 복귀해서 소비자 기술의 미래를 근본적으로 혁신하면서 애플의 부활을 이끌지 않았다면 어떻게 되었을까?

우리도 이런 유명한 사람들과 전혀 다르지 않다. 우리는 매일 우리의 시간, 돈, 머리, 그리고 에너지를 어떻게 쓸지 결정하며, 우리가 하는 모든 결정들마다 그 결정을 함으로써 '선택하지 않은 대안들'이 있다. 이와 같이 선택하지 않은 대안들이 우리의 기회비용이다. 거부된 모든 대안들은, 우리가 실제로 택한 경로보다 그 결과가 더 좋을 수도 더 나쁠 수도 있는, 미래로 가는 또 다른 경로들이다. 우리는 우리가 내리는 모든 결정마다 그 결정에 따라 어떤 행동을 하게 되는데, 이런 행동을 함으로써 다른 대안들에 따라 행동할 여지는 사라진다. 어떤 결정을 하면 우리는 항상 이에 대한 기회비용을 갖게 된다.

미국 드라마 〈왕좌의 게임〉 전편을 몰아보는 대신, 그 시간에 승진에 도움이 되는 새로운 능력을 익혔다면 어떻게 되었을까? 대학 학비를 충당하기 위해 학자금 대출을 받는 대신 아르바이트를 했다면 어떻게 되었을까? 또 정크푸드가 아니라 피트니스에 빠졌다면 어떻게 되었을까?

본질적으로, 당신이 선택을 하면 이제 그 선택이 당신을 만든다. 아무리 하찮은 것이라도 모든 결정은 당신의 삶의 궤적을 바꾼다. 또한 모든 선택에는 항상 복리 효과가 작동한다. 오늘 당신의 삶은 당신이 과거에 내린 결정의 결과다. 힘들게 선택하면 삶이 편해지고, 쉽게 선택하면 삶이 힘들어진다.

대부분의 사람들은 벤저민 프랭클린의 "아주 작은 지출에도 주의해야 한다. 작은 구멍이 거대한 배를 침몰시킨다"는 말의 깊은 의미를 이해하지 못한다. 매일 아침 4달러를 주고 스타벅스 커피 한 잔을 사 마신다고 해 보자. 그때마다, 당신은 단 몇 센트면 집에서 만들 수 있는 음료수 한잔을 얻는 대가로 4달러를 쓴다. 한 해 동안 당신이 한 주에 한 잔씩 총 50잔의 스타벅스 커피를 사 마시는데 200달러를 썼다고 해 보자. 그 200달러를 스타벅스가 아니라 예상수익률 10%의 저비용 인덱스펀드에 투자했다고 가정하면, 지금부터 50년 후 2만 3,500달러로 불어나게 된다. 당신은 스타벅스 커피를 택하면서 이런 미래의 부를 포기한 셈이다.

결국 투자는 미래에 더 많이 소비하기 위해 현재의 만족을 지연하는 것이다. 이처럼 투자의 중심에는 기회비용이 있다.

핵심은 자신이 좋아하는 것을 모두 포기하라는 것이 아니다. 그보다는 자신이 하는 일상적인 결정의 기회비용을 중시하라는 것이다. 훨씬 더 적극적인 방법은 자신의 돈 버는 능력을 높이는 것이다. 365

일 내내 커피를 포기하는 것보다는, 추가로 수천 달러를 더 버는 방법을 알아내는 것이 더 쉽다.

지출을 줄이면 경제적 자유에 도달하는 데 걸리는 시간을 줄일 수 있지만 한계가 있다. 그러나 벌 수 있는 돈에는 한계가 없다. 결국 우리가 할 수 있는 최고의 투자는 우리 자신에 투자하는 일이다.

And then what?

우리의 뇌는 바로 눈앞에 있는 것만 본다. 이를 '가용성편향'이라고 한다. 우리는 다른 기회들을 보지 못하고, 대부분의 경우, 그런 기회들을 무시한다. 대니엘 카너먼은 이 문제를 '보이는 것이 세상의 전부다what you see is all there is', 약어로 'WYSIATI'로 정의하고 있다. 이 문제를 극복하기 위해서는 체크리스트를 활용하면서 여기에 기회비용을 한 항목으로 추가하는 것이다. 그리고 삶의 어떤 결정을 하기 전에 이 체크리스트를 참고하는 것이다. 그러면 자연스럽게 항상 다른 대안들을 고려하게 된다.

복잡한 어떤 문제에 직면했을 때, 가용성편향을 극복할 수 있는 방법이 있을까?

곧 보겠지만, 정말 간단한 방법이 있다.

그러나 간단하지만 쉽지는 않다.

가용성편향을 극복하기 위해서는 일정한 방식으로 생각하도록 우리 마음을 훈련시켜야 한다. 이와 관련해 산제이 바크시는 다음과 같이 말했다.

찰리 멍거가 이미 어떻게 생각해야 하는지 알려줬고, 우리는 그저 그가 말한 것을 따를 뿐이다. 우리는 한 문제를 다양한 시각에서 보려고 한다. 내 생각엔, 그것이 맞는 방법이다. 뭔가를 평가하려고 하는 것은, '왜?' 하고 묻는 것이다. 왜 이런 일이 벌어졌는가? 그리고 그에 대해 생각할 때, 그 답이 때로는 다양한 학문에서 나온다는 것을 알게 되고, 그것에 파고들어 이해하려 한다. 이런 식으로 생각하는 것은 매우 즐거운 일이다. 나에게 그 과정은 항상 '왜?'라고 묻고 기다리는 것이었다. 마음은 어떤 답으로 바로 가려는 경향이 있지만, **그것이 유일한 답은 아니기 때문이다.**

따라서 이에 대해 내가 생각하는 방법은, 내가 답하려고 하는 어떤 복잡한 질문이 있을 때마다, 나는 항상 "그 이유의 한 부분은 이것이다 (이 말은 그 이유의 다른 부분들도 틀림없이 있을 것이란 의미다)"라는 말로 시작한다는 것이다. 나는 그런 다른 부분들이 무엇일지 생각해 보는 것을 좋아한다. 20개를 생각해낼 필요는 없다. 3개나 4개만 생각해내도 1개보다는 낫다. 따라서 '왜?'라고 묻고, 그런 후 답을 찾는 과정이 내게 도움이 된다.[2]

뭔가가 우리 생각의 중심에 자리 잡고 있을 때, 우리는 그것이 맞다고 가정한다. 때로는 그런 가정이 효과적이기도 하다. 그런데 때로는 그렇지 않으며, 그러면 대개 추가로 더 판단하는 2단계 혹은 3단계 사고 과정으로 이어진다. 레이 달리오는 그의 저서 『나만을 위한 레이 달리오의 원칙Principles』에서 이에 대해 말한 바 있다. 이와 비슷하게 하워드 막스는 2단계 사고를 채택하라고 주장했다. 2단계(그리고 그 이상의) 사고는 '이것은 그 이유의 한 부분'이라는 것을 겸허히 인정하면서, 결정 과정의 각 단계마다 '그런데, 그다음은?And then what?'을 묻는 것이다. '그런데, 그다음은?'의 렌즈로 사물을 보면 감정에 기초해 삶의 성급한 결정을 내리지 않을 수 있다. 기업에 투자할 생각이든, 새로운 관계나 직업에 투자할 생각이든, '그런데, 그다음은?'이라고 물어보는 것을 결코 잊어선 안 된다.

이 질문은 삶을 구원해줄 질문이라고 생각한다.

29장

반복되는 패턴과 준비된 기회

> 찰리와 나는 알고 있었습니다.
> 우리는 '패턴 인식pattern recognition'에 전혀 완벽하지 않습니다.
> 그러나 우리는 패턴을 보아왔습니다.
> 패턴 인식은 인간과 기업을 평가하는 데 있어 매우 중요해졌습니다.
> 그리고 이 패턴 인식은 100%는 아니며,
> 어떤 패턴도 정확하게 반복되지는 않습니다.
> 그러나 기업과 증권시장에는 우리가 계속해서 보아온 뭔가가 있습니다.
> - 워런 버핏

매력적인 '미사용 가격결정력'

성장주 모델 내에 하위 포지션이 하나 있다.
여러분이 평생 한두 번 발견하게 될 기업인데,
어떤 경영자라도 그저 가격만 올림으로써 그 기업의 수익률을 크게 올릴 수 있는

(그러나 아직 그러지 않고 있는) 기업들이 실제 있다는 것이다.

이런 기업은 아직 이용하고 있지 않은

커다란 미사용 가격결정력을 갖고 있는 것이다.

바로 이런 기업이 기꺼이 선택해야 할 최고의 기업이다.

- 찰리 멍거

일반적으로 인플레이션율만큼 가격을 올릴 수 있는 명목 가격결정력이 인플레이션에 대한 최고의 헤지로 여겨지지만, 명목 가격결정력은 훌륭한 기업의 필요조건일 뿐 충분조건은 아니다.

기업 소유자에게 꿈의 시나리오는 시장점유율이나 판매량에 영향을 주지 않으면서 자신의 제품이나 서비스 가격을 인플레이션율 이상으로 올릴 수 있는 능력을 갖는 것이다. 이런 실질 가격결정력은 그 기업의 부분 소유자인 투자자에게 상당한 가치를 창출해줄 수 있다. 씨즈캔디가 매년 12월 26일 별 노력 없이 쉽게 가격을 올리는 것을 보면, 참으로 보기 드문 매력적인 기업임에 분명하다.

인플레이션율을 상쇄할 정도로만 가격을 올릴 수 있는 기업도 좋은 기업이긴 하지만, 훌륭한 기업은 아니다. 그리고 꾸준히 가격을 올린 기업을 찾는 것도 좋긴 하지만, 이런저런 이유로 오랫동안 가격을 올리지 않은, 그래서 그 제품이나 서비스 가격이 고객 입장에서 볼 때 너무 싸거나 저평가된 기업을 찾는 것이 사실 더 좋다. 이런 기업은 미래에 실질적인 가격 인상 형태로 표출될 수 있는 일종의 이연된 가격결정력을 가진 기업이다.

미사용 가격결정력은 제품이나 서비스 가격이 비효율적으로 낮게 책정되었다는 것을 보여준다. 이런 저평가 상태는 기업이 제품이나 서비스 가격을 보다 효율적으로 올리기 시작할 때 즉 실질적으로 (인플레이션율 이상으로) 가격을 올리기 시작할 때, 훌륭한 가치가 창출되는 잠재적인 가치의 원천이다.

예를 들면, 글로벌 경쟁사들이 가성우역Peste des Petits Ruminants, PPR(제1종 법정가축전염병—편집자) 백신 1회용을 10센트 정도에 팔 계획인데, 헤스터 바이오사이언스는 자사 PPR 백신 1회용을 3센트 정도에 팔 계획이다. 2019년 10월 현재 PPR 백신 판매가 개시되지 않아 헤스터의 PPR 백신을 제조하는 네팔 공장이 손실을 내고 있음에도 불구하고, 헤스터의 순이익률은 이미 25%에 육박하고 있다. 네팔 공장이 점차 설비가동률을 높인 다음, 향후 헤스터가 적게라도 PPR 백신 가격을 올리기로 결정한다면 이익률과 이익이 크게 상승할 수 있다.

워런 버핏이 원가경쟁력이 높은 저비용 생산자를 꾸준히 사랑하는 것은 당연하다. 대부분의 경우 이런 기업들은 사회친화적인 기업으로, 관련된 이해당사자 모두를 위한 상생의 포지티브섬게임을 하고 있는 기업이다. 이런 기업은 과도하지 않은 '적절한 수익에 성장growth at reasonable profitability'이라는 또 다른 의미의 GARP원칙을 따르는 경향이 있다(원래 투자에서 GARP는 '적절한 가격의 성장주growth at reasonable price'를 의미한다).

우리가 저평가되거나 가격이 잘못 책정된 주식을 찾는 것과 마찬가지로, 가격결정력을 아직 활용하고 있지 않은 저평가되거나 가격이 잘못 책정된 제품이나 서비스도 찾아야 한다. 두 상황 모두 결국엔 교정되는 경향이 있기 때문이다. 이런 상황에 투자한 사람들은 장기적으로, 특히 그 기업이 현재 낮은 이익률로 사업을 하고 있는 중일 때는 상당한 가치를 얻을 수 있다. 그런 기업의 경우, 향후 수익성 상승

비율이 상당히 높기 때문이다. 결국 투자를 할 때는 항상 델타, 즉 이 익증가율 변화 비율과 그 기본적인 질에 주목해야 한다.

'브랜드'의 힘

> 자신의 틈새영역에서 번성하는 동물들처럼,
> 어떤 좁은 틈새영역에 전문화된 사람들이 좋은 성과를 낼 수 있다.
> - 찰리 멍거

틈새영역의 업종 주도주들은 특히 소형주 단계에서 발견될 경우 유망한 투자자산이 된다.

이런 기업의 제품은 보통 할증된 가격결정력을 갖고 있으며, 그 브랜드는 해당 범주의 제품과 동의어처럼 되는 경향이 있다. 예컨대, 레저용 오토바이 분야의 아이커 모터스, 냉풍기 분야의 심포니Symphony, 그리고 속옷 분야의 페이지 인더스트리스Page Industries(인도 조키 인터내셔널Jockey International)의 경우가 그렇다.

최고의 경쟁우위는 고객의 마음에 다른 경쟁자가 없는 것이다. 그 브랜드에 대한 인상이 너무 강해서 바로 그 다음 경쟁자가 생각나지 않아야 한다.

이런 기업들은 고객과 공급자에 대해 강한 협상력을 갖고 있으며, 마이너스 운전자본 상태, 즉 타인의 돈을 가지고 사업하는 경향이 있다. 사업보고서에 '고객들에게 받은 선수금advances from customers'이란 말이 있으면, 이런 기업인지 분석해 볼 필요가 있다. 이런 종류의 선수금은 본질적으로 일종의 플로트^{float}(타인의 돈이지만 담보, 상환일자, 혹은 이자 같은 계약 조항이 없어서 일정 기간 자기 돈처럼 부담 없이 사용할 수 있는 자금)이다.

회계의 함정과 가치평가

때로는 주가 움직임, 양적 기준들, 그리고 보고된 밸류에이션 비율 같은 것이 부정확한 결론을 유발할 수 있다. 컴퓨터와 인공지능은 투자의 더욱 미묘한 특성은 잡아내지 못한다.

몇 가지 예를 보자.

1. 2019년 10월 현재, 헤스터 바이오사이언스는 해외 PPR 백신 사업에서 아직 의미 있는 매출을 창출하지 못하고 있는데, 사실 이는 매우 유망한 이 사업 부문에 기초한 회사 전체의 성장이 향후 오랫동안 가능하다는 것을 의미한다.

   그러나 많은 투자자들은 최근 이익 기준 PER이 높은 것에 주목해 헤스터를 비싼 주식으로 보면서 헤스터를 외면했다. 이는 아직 해외 주문이 시작되지 않았기 때문에, 당시의 높은 PER도 헤스터의 실제 수익력을 반영한 것은 아니란 사실을 무시한 것이다.

   인도복합상품거래소$^{Multi\ Commodity\ Exchange\ of\ India,\ MCX}$의 경우, 거래량이 아니라 거래대금을 기준으로 수수료를 부과한다. 그런데 몇 년 전 많은 투자자들은 MCX의 PER이 높다는 이유로 그 주식을 피해야 한다고 했다. 당시 MCX의 높은 PER은 그 당시 전반적으로 하락했던 상품 가격이 거래대금(즉 MCX의 수익)에 영향을 미쳤기 때문이었다.

투자자들은 항상 '정상 수익력normalized earning power(정상적인 영업 환경에서 올리는 수익)'에 기초해 장기적인 투자 아이디어들을 평가해야 한다. 지속적인 사업 확장 비용 때문에 한 기업의 현행 이익이 압박을 받고 있을 때, 따라서 외견상 PER이 높아 보일 때도 비슷한 기회가 발생한다.

그러나 컴퓨터나 인공지능 주식선정 도구들에 주로 의존해 투자 아이디어들을 발굴하는 투자자들은 그런 기회들을 놓치게 된다.

2. 한 기업이 경쟁자의 자발적인 칭찬을 받는 일은 그 기업에 항상 좋은 신호다. 그러나 양적 분석가들, 엑셀 프로그램, 혹은 컴퓨터 주식선정 도구들은 이런 미묘한 측면을 잡아내지 못한다.

3. 2018 회계연도 1분기 실적 발표 하루 전 아무런 뉴스도 없는 상황에서 아반티 피즈Avanti Feeds의 주가가 갑자기 10% 하락했다.

그런데 바로 그날 경쟁사인 워터베이스Waterbase의 주가는 실적 발표 후 상승하고 있었고, 또 다른 경쟁사인 IFB 아그로IFB Agro의 주가도 상승했다. 이는 해당 산업 전체에 대한 어떤 부정적인 뉴스도 보도되지 않았다는 것을 나타낸다(일반적으로 업종 주도주가 급락하면, 2등주들도 그에 연계된 공포에 시달리면서 함께 하락하기 마련이다). 아반티 피즈는 그 다음날 나의 기대에 부합하는 강한 실적을 보고했고, 그러자 주가도 크게 상승했다.

시장에 대한 감을 키워야 한다(예를 들어 한 업종의 주도주들이 강한 실적 보고 후 급락하거나 나쁜 실적 보고 후 상승한다면, 이는 시장이 우리에게 뭔가 중요한 것을 말해 주고 있는 것이다).

4. 실적 발표(혹은 갑자기 발표된 중요해 보이는 모든 공시) 후 매매가 개시될 때 최초 주가 반응이나 시초가보다 그날 종가가 얼마인지가 훨씬 더 중요하다.

5. 많은 투자자들은 제품에 대한 익숙함 때문에 소비재기업에 투자하는 것에 더 자신감을 갖는다. 그러나 소비자 선호는 빠르게, 그리고 예측할 수 없이 변할 수 있다. 반면에 전부는 아니라 해도 많은 B2B 기업의 경우, 고객 선호는 훨씬 느리게 변하며, 이 때문에 (미래의 사건이나 결정을 고려해 회사의 수입과 지출 계획을 수립하는) 금융모델링 financial modeling이 훨씬 용이하다.

6. 이따금 애널리스트 분석보고서에서 사업의 계절적 요인을 고려하지 않고 분기 혹은 반기 실적 수치를 '연간화'하는 경우가 있다(한 기업의 최근 분기 실적을 이전 분기와 비교할 때는 항상 계절적 요인을 고려해야 한다).

예를 들어, 2018년 2월 도로건설회사 HG 인프라 엔지니어링HG Infra Engineering에 관한 일부 기업공개 분석보고서는, HG 인프라 엔지니어링이 벌어들이는 연간 이익의 65~70%가 회계연도 하반기(10~3월)에 발생함에도 불구하고, 2018 회계연도 상반기 실적을 연간화한 수치로 밸류에이션 추정치를 제시했다.

7. 주가가 반응하는 것은 연결 분기 실적이 아닌 경우가 종종 있다. 시장 참가자들은 연결 분기 실적보다 기본적으로 한두 개 사업 부문의 실적에만 관심이 있으며, 주가를 견인하는 것은 그 사업 부문의 영업이익이다.

8. 기존 이익에 기초했을 때 비싸 보였던 밸류에이션은 원자재 가격이 급락하면 빠르게 싼 것이 될 수 있다. 반대로 원자재 가격이 급등하면 싸 보였던 밸류에이션이 빠르게 비싼 것이 될 수 있다.

9. 높은 영업이익률만 보고 결론을 내리는 것에 신중해야 한다. 사업 효율성 덕분에 높은 영업이익률을 기록한 것은 좋다. 그러나 탐욕, 이해관계자들에 대한 무시, 단기 이익과 주가 부양을 위한 장기적인 가치의 희생으로 높은 영업이익률을 기록한 것은 좋지 않다.

10. 평범해 보이는 것에서 특이한 점을 찾아야 한다. 좋은 탐정과 좋은 투자자는 비슷한 점이 많다. 셜록 홈스 시리즈 중 하나인 「실버 블레이즈Silver Blaze」는 짖지 않는 개에 대한 유명한 사건을 다루고 있다.

그레고리 경위 : 내가 알았으면 하는 게 있나요?
셜록 홈스 : 밤에 개에게 특이한 점이 있었나요?
그레고리 경위 : 밤에 개는 그냥 가만히 있었는데요.
셜록 홈스 : 그게 바로 이상한 일입니다.[1]

2018년 초, 캘커타 일렉트릭 서플라이Calcutta Electric Supply Corporation,

• 표 29-1 • 가치 합산 가치평가 사례 : CESC

사업 부문	주당 가격(루피)	가치평가 방법
기존 전력사업	956	2019 회계연도 장부가 × 1
찬드라푸르 발전소	61	자기자본을 15% 할인
할디아 발전소	86	자기자본
CESC 보유자산	19	자기자본
스펜서 및 기타	-58	손실을 내고 있는 유통사업에 대해 가치 할인

CESC의 기업분할 당시 이상한 일이 있었다. 당시 일부 애널리스트들이 이 회사에 수행했던 완전히 비논리적인 가치합산 가치평가sum-of-the parts valuation가 바로 그것이다(한 기업집단에 대해 가치합산 분석을 하는 애널리스트들은 한 계열사가 창출한 현금이 다른 계열사에 자금으로 지원되고 있다면, 가치합산 분석은 아무런 의미도 없다는 것을 이해해야 한다. 경영진이 이러한 계열사들 간의 교차 자금지원을 계속하고자 한다면, 일단 기업분할 같은 것은 하지 않을 것이다). 이 기업분할 후 별도로 상장된 ([표 29-1]에서 보듯이, 가치합산 가치평가에서 그 가치가 마이너스로 계산되었던) 스펜서Spencers의 시가총액이 마이너스가 될 리는 만무했다. 찰리 멍거가 "사람들은 계산은 너무 많이 하고, 생각은 너무 안 한다"고 한 것은 이상한 일도 아니다.

11. 현재의 디지털 세계에서 재무제표상의 보고이익은 분석 목적으로 그 유용성이 감소하고 있다. 2018년 2분기 헬러 하우스Heller House 고객들에게 보내는 서한에서 마르셀로 리마는 다음과 같이 말했다.

'싸다는 것(요컨대 저PER)'이 가치주를 나타내는 좋은 지표는 아닙니다……특히 SaaS업체(서비스로서의 소프트웨어software as a service)의 경우 전통적인 일반회계기준GAAP 회계와 잘 맞지 않습니다. 그 이유는 이렇습니다. 유통비용이 0이라면, 최적의 전략은 가능한 신속하게, 가능한 많은 소프트웨어 고객들을 확보하는 것입니다. 디지털사업에서 규모의 이점이 더 커지고 있으며, 많은 디지털기업은 승자가 시장 전체 혹은 대부분을 차지하는 시장에서 사업을 하고 있습니다. 따라서 디지털사업의 핵심은 회사를 만들고, 규모를 키우고, 그다음 상업화하는 것입니다. 많은 경우, 이는 판매와 마케팅에 많은 자금을 지출해야 한다는 것(요컨대 회계상 보고이익을 압박한다는 것)을 의미합니다.

따라서 SaaS업체들은 우선 고객을 확보하기 위해 지출하며, 그렇게 확보한 고객들로부터 향후 오랫동안 수입을 창출합니다. 이런 지출-수입의 미스매치는 손익계산서에 부담을 줍니다. SaaS업계에서 가장 성공적인 (그리고 주가 실적이 가장 좋은) 일부 기업들은, 의미 있는 회계이익은 전혀 창출하지 못함에도 불구하고 규모를 키우는 성장에만 수년을 바쳤습니다. 이들은 단위경제성unit economics 측면에서, 그리고 창출되는 모든 수입을 향후 성장에 재투자하지 않아도 되는 시점이 되면, 수익성이 매우 높습니다. 이런 시나리오에서는 저PER주를 찾는 전통적인 주식선정법은 효과가 없습니다.[2]

이런 SaaS기업들의 경우엔, 점증하는 단위경제성을 (즉, 각각의 고객을 획득하는데 얼마의 비용을 지출하고 있으며, 일정 기간 동안 이들 고객이 얼마의 가치를 창출해 주는지를) 분석한 후, 투자 단계가 지난 후 정상상태에서 그 기업의 이익률과 현금흐름은 어떻게 될지 분석해야 한다. 그런 후, 그 현금흐름을 현재가치로 할인해야 한다.

2018년 2월 〈하버드 비즈니스 리뷰Harvard Business Review〉에 게재된 논문에서 컬럼비아대학과 다트머스대학의 세 명의 교수, 비자이 고빈다라잔Vijay Govindarajan, 시바람 라즈고팔Shivaram Rajgopal, 아눕 스리바스타바Anup Srivastava는 무형 투자자산 회계에 대한 그들의 연구를 요약, 소개했다. 『회계의 종말The End of Accounting』에서 바루크 레브Baruch Lev와 펑 구Feng Gu가 수행한 분석에 기초한 이들의 핵심 연구결과는, "회계이익은 디지털기업들과는 사실상 무관하다"는 것이었다.

또한 이들 세 교수는 보다 신생기업의 경우는 그 지출의 성격이 다르기 때문에 더 오래된 기업들보다 보고이익의 의미가 적다는 것도 발견했다. 사실, 이들은 "21세기형 기업의 경우, 이익은 주가 수익 변화의 2.4%만 설명했다. 다시 말해, 이들 기업의 연간 주가 수익 변화의 약 98%는 연간 이익으로는 설명할 수 없다"라는 것을 발견했다.[3] 이런 주장들은 레브와 구의 책에서 소개된 내용([그림 29-1])과 잘 맞아떨어진다. 이에 따르면 이익과 장부가 같은 재무 지표들의 변화는 1950~1959년 사이 상장된 기업의 경우엔 주가 변화의 90%를 설명했지만, 2000년 이후 상장된 기업의 경우엔 주가 변화의 약 20%밖에 설명하지 못했다.

신생기업들은 더 오래된 기업들보다 덜 유형자산 집약적이며, 더 무형자산 집약적인 경향이 있다. 이런 경향은 재무 분석가들에게 큰 문제를 안겨주었다. 회계 규칙은 유형자산 투자와 무형자산 투자를 명백히 다르게 취급하기 때문이다.

한 기업이 연구개발, 광고, 소프트웨어 개발, 혹은 직원 교육을 수행할 경우 이런 장기 가치창출 비용을 사무실 임대료와 같은 일상적

• 그림 29-1 • 1950~2013년 사이 각 10년 동안 상장된 기업들의 이익 및 장부가 변화가 시가총액 변화에 영향을 미친 비율(회귀분석에 따른 결정계수, R^2)

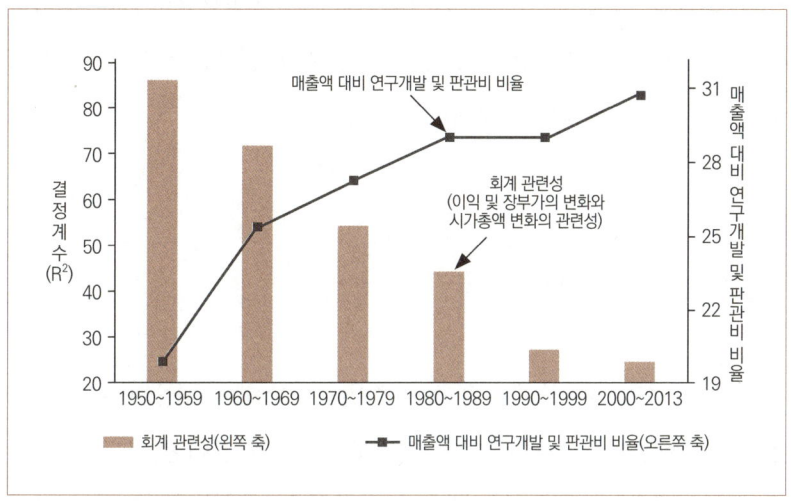

출처 : 바루크 레브(Baruch Lev)와 펑 구(Feng Gu), 『회계의 종말The End of Accounting』 (New York: Wiley, 2016)

인 일반 비용과 동일한 방식으로 회계 처리해야 한다. 즉, 이런 모든 생산적인 투자([그림 29-1]의 상향 선형 곡선)가 비용으로 처리되고 해당 기간 이익에서 차감되며, 이는 매우 혁신적인 기업의 경우 보고이익을 크게 압박하게 된다. 게다가 자산을 인위적으로 적게 보이게 만듦으로써 재무상태도 왜곡한다. 뭔가가 비용으로 처리되면, 그것은 재무상태표에 결코 자산으로 계상되지 않기 때문이다.

고빈다라잔, 라즈고팔, 스리바스타바 등 3명의 교수는 "미국 기업들의 경우, 무형자산은 유형자산보다 뛰어난 자본 창출의 주 원천"이라는 것을 발견했다.[4] 그러나 이런 모든 무형자산들은 재무상태표에는 빠져 있으며, 따라서 애널리스트들은 기업의 이익 잠재력에 대해 정확한 의견을 제시할 수 없다. 오래전 레브는 이런 '정보 부족'을 매우 혁신적인 기업들이 덜 혁신적인 경쟁사들보다 체계적으로 우수한 주가 실적을 내게 만드는 시장 이례현상market anomaly(효율적 시장가설과 모순되는 수익의 왜곡현상)의 한 원천으로 확인했다. 이것을 '지식 요인knowledge factor에 의한 이례현상'이라고 할 수 있다.

불확실성과 사이드카 투자

존 템플턴이 2차 세계대전 전야에 일군의 저가주들을 매수해 거금을 번 것부터 워런 버핏이 대형재해 보험상품을 판매한 것까지, 성공한 투자자들은 논리적이고 산술적인 기초에 입각해서 '모르는, 그리고 알 수 없는 것unknown and unknowable'에 투자해 엄청난 수익을 올렸다. '모르는, 그리고 알 수 없는 것'이란, 가능한 여러 미래, 그리고 그 미래들이 도래할 확률을 모르고 알 수도 없는 상황을 말한다.

사이드카 투자sidecar investing는 리처드 젝하우저Richard Zeckhauser가 그의 유명한 논문 「모르는 것과 알 수 없는 것에 대한 투자Investing in the Unknown and Unknowable」에서 소개한 용어다.[5] 이 훌륭한 논문(모든 투자자가 꼭 읽어야 할 글이다)에서 젝하우저는 여러 중요한 통찰을 소개했다.

첫째, 대부분의 투자자들은 리스크와 불확실성을 구분하지 못한다. 투자자들은 불확실성을 마주했을 때, 이를 리스크와 동일시하고 해당 주식을 피한다. 그런데 이는 리스크(영구적인 자본손실)는 피하지만, 매우 유리한 조건으로(큰 안전마진으로) 불확실성을 추구하는 가치투자자들에게는 아주 좋은 매수 기회를 제공한다.

둘째, 어떤 형태의 알 수 없는 상황들은 매우 수익성 있는 실적과 연결되었다. 그리고 우리는 이런 상황에 대해 체계적으로 생각할 수 있다. 사람들은 확률이 매우 모호한 상황보다 구체적인 확률을 알고 있는 상황에서 리스크를 부담하는 것을 압도적으로 선호한다. 사람들은 (1) 알고 있는 승리 확률은 낮고 (2) 모르는 승리 확률이 승리를 보장해 줄 수 있다 해도, 모르는 승리 확률보다 알고 있는 승리 확률을 택하는 경향이 있다. 사람들의 선택이 주관적 기대효용subjective expected utility 가설들과 부합하지 않는 의사결정이론의 이런 역설을 엘스버그 역설Ellsberg Paradox이라고 한다.

모르는 것에 대한 공포는 가장 강한 공포 중 하나이며, 그 공포에서 가능한 멀리 달아나는 것은 자연스러운 반응이다. 우리가 모르는 미지의 것들은 우리 대부분을 게임에서 물러나게 만든다.

그러나 이는 엄청난 수익이 가능한 상황이기도 하다(이와 관련해 인류역사상 가장 성공적인 투자로 6,500배 수익을 올린 손정의의 1999년 알리바바 투자에 관한 사례연구를 살펴볼 것을 권한다). 운명의 여신은 용감한 사람 편을 들어준다. 그리고 시장가격과 밸류에이션은 불확실성을 피하려는 우리의 타고난 성향을 반영하는 경향이 있다.

알 수 없는 상황에 대해 생각하는 한 가지 방법은 그런 상황이 제공해 주는 매우 비대칭적인 보상을 인식하는 것이다. 요컨대, 여러분이 어떤 투자에서 투자 원금 1만 달러를 10~20만 달러로 불릴 가능성이 있는데, 그에 대한 리스크가 1만 달러를 잃을 수도 있다는 것이라면, 여러분이 충분히 분산했을 경우 그 투자는 해볼 만한 좋은 시도이다. 이처럼 가능한 수익은 10~20인데, 가능한 손실은 1에 그치는 비대칭적 보상에 투자하는 방법이 바로 '베이브 루스 효과'다. 확률이 낮은 결과에 대비하고, 확률이 높은 결과에 베팅해야 한다. 이는 기업의 자본 배분가와 가치투자자 모두에게 적용된다.

셋째, 우리의 부족한 점을 보완해 주는 보완 능력들을 가진 사람을 통해 큰돈을 벌 수 있다. 이런 사람은 우리가 할 수 없는 일을 해 주며, 우리가 할 수 없는 거래를 해 준다. 이런 능력이 부족한 사람들도 보완 능력을 가진 사람들과 파트너가 됨으로써 큰돈을 벌 수 있다.

1980년대에 버크셔 해서웨이에서 워런 버핏을 따라 주식을 매수했다고 생각해 보자. 그것도 그런 특권의 대가로 그에게 한 푼도 지급하지 않고 말이다. 또 생각나는 사례는 2008년 금융위기 당시 버핏이 골드만삭스와 한 거래다. 당시 버핏은 골드만삭스 우선주를 아주 좋은 조건에 매수했다. 50억 달러를 투자해 우선주와 보통주 워런트를 매수했는데, 우선주에서 배당수익률 10%, 워런트에서는 매력적인 조건의 주식 전환권을 확보했다.

젝하우저는 어떤 사람들은 훌륭한 거래를 할 수 있으며, 그런 거래를 만들어 낼 능력이 있다고 했다. 이들은 그런 거래를 끌어들이는 어떤 특성이 있다. 아마도 이들은, 일반적인 공개시장 투자자는 갖고 있지 않은 자본, 계약, 명성, 혹은 타고난 뭔가를 갖고 있을 것이다. 이들과 함께 하는 투자자는, 말하자면 그런 보완 능력을 가진 사람이 운전하는 강력한 오토바이에 연결된 사이드카에 탄 것과 같다.

이런 것이 '사이드카 투자'다. 투자자가 그 운전자의 정직함과 운전 능력을 더 확신할수록, 그 투자는 더 매력적이다. 젝하우저는 그런 사람들과 함께 유리한 조건으로 사이드카 투자를 할 수 있는 기회가 오면 놓쳐서는 안 된다고 했다.

사이드카 투자를 할 수 있는 기회는, 매우 공정하고 객관적이라는 것을 증명한 창업자가 (그의 삶에 매우 중요했던) 창업한 회사를 소액주주들에게 가장 유리한 방향으로 양도하고, 증권거래소에 상장된 새 기업으로 다시 기업가 여정을 시작할 때 발생한다. 훌륭한 업무 수행 실적을 입증한 계열사 출신의 한 핵심 전문가가 그전에는 부진했던 그룹의 한 상장 계열사에 신규 사업을 육성하면서, 그 사업에 우선배정 증자로 자신의 개인 자금을 투입할 때도 비슷한 패턴의 기회가 발생한다.

매우 보완적인 능력을 가진 어떤 개인과 함께 하는 또 다른 사이드카 투자 기회는, 그 개인이 평범하게 운영되는 상장기업에 합류해 지배지분 혹은 의미 있는 소수지분을 획득할 때 발생한다. 이 경우 그는 그 기업의 성공에 직접적인 이해관계를 갖게 된다.

순풍을 탄 기업에 투자하기

> 내가 '서핑surfing'이라고 부르는 사업모델이 있다.
> 서퍼가 보드에서 일어나 파도를 잡고 계속 그 파도를 탈 때,
> 그는 아주 오래 그 파도를 즐길 수 있다.
> - 찰리 멍거

> 우리가 배운 (그리고 안타깝게도 가끔은 다시 배워야 했던) 교훈 중 하나는,
> 역풍보다는 순풍을 타고 있는 기업과 함께하는 것이 중요하다는 점이다.
> - 워런 버핏

뉴턴의 제1운동법칙은 운동하는 물체는 계속 그 운동상태를 유지하려 한다는 것이다. 즉, 운동하는 물체는 관성이 있다는 것이다. 주식시장도 유사한 특징을 갖는다. 진행 중인 추세는 그 추세를 바꾸는 어떤 일이 일어나기 전까지 그 진행 상태를 유지하는 경향이 있다. 요컨대 추세는 여러분의 친구다.

큰 그림을 인식하는 것은 개별 기업의 전망을 정확하게 파악하는 것만큼이나 중요하다. 모건 스탠리의 주식전략가였던 애덤 파커Adam Parker에 따르면, 업종 고유의 요인들이 일반적인 주식의 연간 수익에 미치는 영향은 그 주식 실적의 50% 이상을 차지한다.

나는 수년에 걸친 개인적인 투자 경험을 통해 상황이 나쁜 업종에서 훌륭한 기업을 매수하는 것보다는 상황이 훌륭한 업종에서 좋은 기업을 매수하는 것이 낫다는 것을 발견했다. 경력과 투자 모두에 있어서 방향이 맞는 기차를 타는 것, 요컨대 장기적으로 성장할 수 있는 분야를 고르는 것이 큰 도움이 된다.

2005년 다트머스대학 터크경영대학원 학생들과의 대화에서 워런 버핏은 "나의 두 번째 조언은 올바른 기차, 요컨대 맞는 방향으로 가는 기차를 타라는 것입니다. 경영대학원에는 '맞는 기차에 타라'는 과정은 없습니다. 그러나 맞는 기차를 타는 것은 정말 중요합니다. 여러분은 일반 승객이 될 수 있겠지만, 올바른 기차에 타면, 그 기차는 여러분을 먼 길까지 데려다 줄 것입니다"라고 했다.[6]

투자에서는 무모한 자에게 주는 무공훈장 같은 것은 없다. 추세, 특히 장기적이고 피할 수 없는 추세와 싸워서는 안 된다. 현실에 대한 심리적 거부는 사람들을 파산에 이르게 한다. 다시 말해, 역풍이 아니라 순풍을 타고 있는 기업들에 투자해야 한다. 나의 포트폴리오 보유

종목을 사례로 이 중요한 투자 원칙을 살펴보자.

1. 인도의 주택금융, 미소금융, 프라이빗금융^{PB, 자산가 대상 금융서비스} 산업의 장기적인 성장 : 아바스 파이낸시어스, 크레딧액세스 그라민, 반단 뱅크, AU 스몰파이낸스 뱅크, 우지반 스몰 파이낸스 뱅크.
2. 화학제품의 중국에서 인도로의 점진적인 제조 이전 : 비나티 오가닉스.
3. 인도의 구조적이고 장기적인 도시화 추세와 증대되는 저축의 금융화 : PSP 프로젝트, HDFC 라이프, HDFC 에셋매니지먼트.
4. 15년에 걸쳐 가성우역^{PPR}을 퇴치하기 위한 UN식품농업기구의 76억 달러 지출 계획 : 헤스터 바이오사이언스.
5. 인도 임의소비재 부문의 장기적인 성장 : 바자즈 파이낸스, 딕슨 테크놀로지스, SBI 카드.

그동안 우리는 기업들이 이익을 잉여금으로 내부 유보하고, 그 이익잉여금으로 또 이익을 냄으로써, 주식시장을 장기적으로 포지티브섬게임으로 만든 자본주의의 강력한 순풍을 받았다. 사람들은 세상의 여러 문제에 사로잡혀 가장 지속적이고 강력한 장기적인 현상, 요컨대 현재의 상태를 개선하려는 인류의 항구적이고 본질적인 욕망은 과소평가한다.

성장에 한계가 없어 보이는 양질의 기업을 매수해서 얻을 수 있는 가장 큰 이점은, 그런 기업을 매수할 때 우리는 예측할 수 없는 것과 계산할 수 없는 것에서 수익을 낼 가능성을 얻게 된다는 것이다. 매년 인류는 불가능해 보이는 것들을 성취해내고 있지만, 미래에 성취할 수 있고 성취할 것들에 대해서는 여전히 과소평가하고 있다.

설비 확장이 곧 완료되는 기업에 투자하기

머지않아 설비 확장이 마무리 되는 상황에서는 대담해져야 한다. 소규모 브라운필드 확장brownfield expansion(기존 자산 인수나 리스를 통한 사업 확장)을 조만간 완료할 기업에만 만족해서는 안 된다. 그보다는 대규모 그린필드 자본적 지출greenfield CAPEX(해당 지역에 신규 사업 진출을 위한 자본적 지출)을 진행하고 있는 기업을 찾아야 한다(자사 제품에 대한 미래 수요에 강한 확신이 없으면 어떤 기업도 대규모 설비 확장을 하지 않는다). 그런 후, 그 설비 확장 프로그램 예정 완료일 3~6개월 전에 매수해야 한다. 이를 위해 선별 도구들을 사용해 재무상태표에서 '진행 중인 자본capital work in progress'이 최근 크게 증가한 기업들을 추려야 한다.

내가 브루스 그린왈드의 책 『경쟁 우위 전략Competition Demystified』에서 얻은 한 가지 큰 힌트는 네브래스카 퍼니처 마트 사례연구를 통해 보여준 '지역적 규모의 경제local economies of scale'라는 개념이었다. 나는 제조기업에 대한 투자를 선별할 때 대규모 단일 지역 설비라는 기준을 자주 사용한다. 예를 들어, 헤스터 바이오사이언스는 아시아 최대의 단일 지역 동물용 생물의약품 제조공장을 운영하고 있다. 단일 지역에 전체 제조설비를 보유하면 물류비용을 최소화할 수 있다.

기본적으로 고정비용 구조를 가진 기업이 사업 규모를 확대할 때, 단위당 비용은 감소하고, 영업 레버리지operating leverage(매출 변동에 비해 영업이익 변동 폭이 커지는 것)는 커지며, 순이익은 기하급수적으로 증가한다. 그리고 단위당 고정비용은 소규모 경쟁자들보다 낮아지고, 신규 진입자가 장기적으로 손실을 내지 않고 최저 비용의 기존 사업자와 가격 경쟁을 하기란 거의 불가능해진다.

바로 얼마 전 대규모 성장 자본을 조달한 대출업체 역시 바로 얼마 전 대규모 설비 확장을 완료한 제조업체와 같은 방식으로 봐야 한다. 사실 자기자본이익률이 높고, 그 가치가 후하게 평가된 잘 경영되는 금융회사의 경우 주식 희석이 그렇게 나쁜 것은 아니다. 이는 금융회사가 PBR 기준으로 평가되기 때문이다.

결과적으로 주주배정 신주발행rights issues, 후속 공모follow-on offering(기업공개 후 주식 발행), 혹은 적격 기관투자자 대상 신주발행qualified institutional placement 이후 장부가가 상승하면, 그와 함께 이들의 내재가치도 사실상 상승한다. 그러면 이런 대출업체들, 특히 자산의 질이 좋거나 개선되고 있는 대출업체들의 주가가 PBR 평균으로 상승 회귀할 수 있는 좋은 기회가 마련된다(무수익자산nonperforming assets은 감소하고, 자기자본이익률은 상승하고, 대손충당금적립비율provision coverage ratio은 개선되고 있는 대출업체는 밸류에이션에 대한 재평가가 이루어지는 경향이 있다. 그런 기업의 경우 PBR 상승은 선순환을 창출하며, 그러면 향후 보다 적은 주식 희석으로 자본을 조달할 수 있다).

많은 사람들이 돈을 빌리고 싶어하기 때문에 대출업체의 경우 성장은 결코 문제가 되지 않는다. 대출업체처럼 레버리지가 높은 기업에서 정말 중요한 것은 리스크 관리와 자산의 질이다. 자산의 질을 평가할 때, 투자자는 무수익자산보다 포괄적이고 적절한 리스크 지표인 '부도시 손실률loss given default, LGD'에 관심을 가져야 한다.

모든 것을 고려해, 나는 힘든 시기를 결코 겪어보지 못한 대출업체보다는 지난 하락 주기를 겪고 살아남은 대출업체에 투자하는 편을 택할 것이다. 속담처럼, "역경은 우리를 더 강하게 만든다".

1990년 주주서한에서 워런 버핏은 웰스 파고에 대한 투자 이유를 다음과 같이 설명했다.

> 금융업은 우리가 좋아하는 사업이 전혀 아닙니다. 자산이 자기자본의 20배가 되면(금융산업에서는 일반적인 비율입니다) 자산의 아주 작은 부분과 관련된 실수라도 자기자본의 상당한 부분을 파괴할 수 있기 때문입니다. 그리고 많은 주요 은행들에서 실수는 예외라기보다는 규칙이었습니다.
>
> ……20 : 1의 레버리지는 경영진의 강점과 약점의 효과를 모두 증폭시키기 때문에, 우리는 경영이 열악한 은행 주식을 '싼 가격'에 매수하는 데는 전혀 관심이 없습니다. 사실, 우리의 유일한 관심은 잘 경영되는 은행을 적정가격에 매수하는 것입니다.[7]

"레버리지는……경영진의 강점과 약점의 효과를 모두 증폭시킨다"라는 버핏의 말을 신중히 새겨들어야 한다. 이는 레버리지가 높을 때는 경영진 요인이 매우 중요하다는 것을 의미한다.

점진적 변화에 집중하기

> *확연하지 않은 작은 변화를 제대로 인식하지 못하면,*
> *운명적인 추세를 놓치는 경우가 많다.*
> *– 찰리 멍거*

기본적으로 인간은 느리고 점진적인 변화가 아니라 갑작스러운 변화에 반응하게 되어 있다. 그런데 개선이든 악화든, 느린 변화는 단기적으로는 알아채기 힘들어도 시간이 가면서 점점 확대된다. 이는 궁극적으로 거시적인 수준에서 큰 격변으로 이어지는 기술혁신 부문에서 특히 그렇다.

최근 학자들과 유명 언론은 무어의 법칙 Moore's law이 중기적으로 점차 약해질 것이라고 말하고 있다. 실리콘 칩에 전보다 훨씬 더 많은 트랜지스터를 넣는 물리적 과정은 물리적 한계에 직면하게 된다는 것이다. 학자들은, 어떤 점에 도달하면, 기존의 칩 기술로 무어의 법칙에서 말한 속도를 유지하는 것이 극도로 어렵거나 엄청난 비용이 들 것으로 믿고 있다. 일부 애널리스트들은 무어의 법칙이 죽었다는 것은 컴퓨터 기술의 기하급수적 성장에 종말을 고하는 신호가 될 것으로 믿는다. 그러나 미국의 컴퓨터과학자이자 미래학자인 레이 커즈와일 Ray Kurzweil은 기술의 진화는 컴퓨터 기술의 기하급수적인 발전 추세를 지속시키거나 가속화시키는 새로운 컴퓨터 기술 패러다임을 가져올 것이라고 믿고 있다.

커즈와일은 그의 매우 심오한 저작 『특이점이 온다 The Singularity Is Near』에서 "미래에 기술적으로 실현 가능한 것에 대한 대부분의 장기적인 예측들은 미래 발전의 힘을 매우 과소평가하고 있다. 이는 그 예측들이 '역사의 기하급수적 historical exponential' 발전보다는 내가 말하는 이른바 '직관적인 선형적 intuitive linear' 역사관에 기초하고 있기 때문이다"라고 했다.[8]

비선형적인 세계에서 창업자, 경영진, 투자자, 애널리스트, 우리 모두는 선형적으로 생각하고 있다.

그러나 멍거는 롤라팔루자효과lollapalooza effect를 찾고, 조지 소로스는 재귀성reflexivity에서 수익을 추구하며, 나심 탈레브는 두꺼운 꼬리fat tails의 존재를 강조했고, 피터 틸Peter Thiel은 멱법칙power law에 대해 말했다. 이들 모두는 우리가 발전해왔던 선형 환경과 우리가 창조한 비선형 환경 사이에서 차익거래 기회를 찾는 것이다.

기업은 스틸 사진이 아니라 스토리가 진행되는 영화로 봐야 한다.
- 워런 버핏

일반적으로 금융계는, 유명인이나 어떤 한 흥미로운 사건이 그 변화와 공개적으로 관련되지 않는 한, 근본적으로 변화된 상황을 인정하는데 느리다.
- 필립 피셔

느리고 점진적인 거시적인 변화와 함께, 투자자들은 미시적인 수준의 작은 변화들에도 주의를 기울여야 한다.

그런 미시적인 수준의 작은 변화들로는 처음으로 배당금 지급을 발표하는 경우, 대규모 수주나 획기적인 계약을 수주하는 경우, 4대 회계법인 중 하나를 회계감사인으로 임명하는 경우, 연차보고서나 사업설명서 혹은 보도자료를 통해 회사의 사업 전망과 미래 계획을 최초로 혹은 점점 더 많이 밝히거나 설명하는 경우, 상장기업의 회장이나 CEO가 처음으로 사업 설명에 나서는 경우, 그때까지 연간 주가 범위를 벗어나지 못하고 있던 매우 유망하지만 유동성이 없던 초소형주나 소형주가 급격한 시장 조정 국면에 갑자기 매수가 가능하게 되는 경우, 처음이거나 오랜만에 애널리스트나 투자자 대상 컨퍼런스를 개

최하는 경우, 신용평가기관이 그 기업의 채권 등급을 올리는 경우(항상 신용평가보고서를 읽어야 한다), 기업의 채권가격이 갑자기 상승하는 경우(채권은 주식보다 기업의 경제적 부침의 변화에 더 민감하다), 혹은 운전자본주기가 현저하게 개선되거나 악화되는 경우(이익의 질이 가리키는 '방향'을 항상 주시해야 한다) 등이 있다.

이런 일을 정교하고 철저하게 수행하기 위해서는 투자자가 각고의 노력을 해야 하지만, 그 보상은 매우 클 것이다.

나의 개인적인 투자 여정이 이런 사실을 잘 보여준다. 2016년 2월 처음으로 피라말 엔터프라이즈Piramal Enterprises는 3분기 실적 발표자료의 한 부분에서 향후 보유하고 있는 사업체들을 분할할 수도 있다

• 그림 29-2 • 피라말 엔터프라이즈의 기업분할 가능성 관련 언급

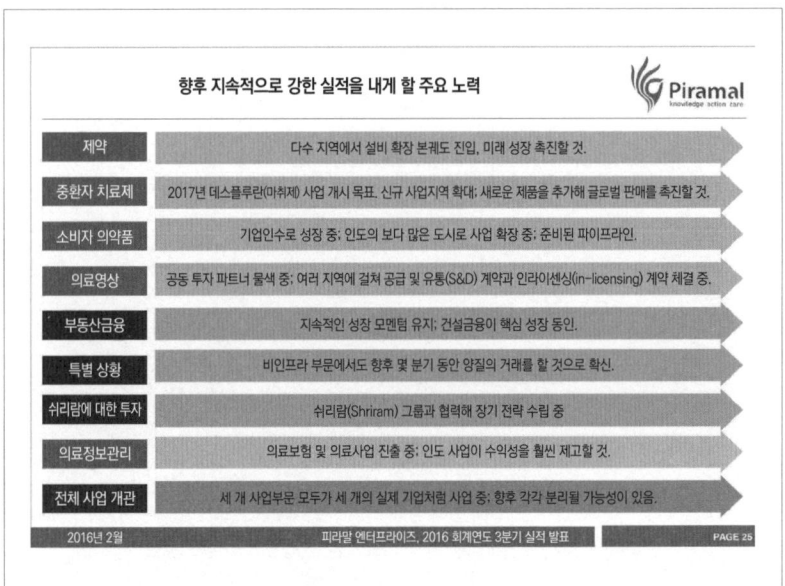

출처 : 피라말 엔터프라이즈, 2016 회계연도 3분기 실적 발표, 2016년 2월.

는 미묘한 언급을 했다([그림 29-2]).

나는 수개월간 피라말을 자세히 살펴왔지만, 당시 내가 매력적인 가격에 피라말에 투자하게 된 것은 피라말의 한 보고서에 실린 이 작은 정보 때문이었다. 그리고 그 후 나는 상당한 수익을 실현했다. 루이 파스퇴르Louis Pasteur가 말한 것처럼, "기회는 준비된 자에게 온다". 노력을 대체할 것은 정말 아무것도 없다.

30장

투자 실력과 운

우리는 살아있다는 것만도 하나의 특별한 행운이며, 드문 일이고,
발생 확률 측면에서도 엄청난 일이란 사실을 쉽게 잊는다.
지구보다 10억 배 큰 행성 옆에 있는 먼지 한 점을 상상해 보자.
그 먼지 한 점이 우리가 태어날 확률을 나타내고,
먼지 옆의 거대한 행성이 그 반대 확률을 나타낸다.
따라서 사소한 일에 너무 매달릴 필요는 없다……
당신이 블랙 스완이란 것을 기억해야 한다.

- 나심 탈레브

우리들 각각은 내가 말하는
일군의 확률적 인생 경로(우리가 하는 선택들)를 가지고 있다.
당신은 자신이 원하는 곳에 도달할 가능성에 대한
자신의 판단에 기초해 삶의 각각의 선택들을 한다.
그러나 당신은 각 선택의 결과는 알 수 없고, 확률만 판단한다.
각각의 경로는 마치 계단식 폭포처럼 우리의 삶을 좌우하는

> *더 많은 선택들로 이어진다.*
> *그런 경로를 선택하는 것은 당신의 통제 범위에 있지만,*
> *그 이상은 당신의 통제 범위를 벗어난다.*
> *당신은 선택하고, 그다음은 운에 달려 있다.*
> – 아서 드 배니Arthur De Vany, 미국의 경제학자

> *가장 강한 슈퍼 파워는 '운'이다.*
> – 스탠 리Stan Lee, 미국의 만화가, 전 마블 코믹스 편집장 및 발행인

* 운luck(명사) : 자기 자신의 행동보다는 명백히 우연에 의해 이루어진 성공(행운)이나 실패(불운).

성공하기 위해 필요한 것은 무엇일까? 성공한 사람들의 비밀은 무엇일까? 〈석세스Success〉, 〈포춘〉, 〈안트러프러너Entrepreneur〉 같은 잡지들이 인기를 끄는 것을 보면 이런 질문에 대한 관심이 상당한 것으로 보인다.

우리는 성공한 사람들은 (재능, 능력, 노력, 끈질김, 낙관주의, 성장지향적 사고방식, 감정지수 같은) 어떤 개인적인 특성 때문에 성공했다고 보고, 그들로부터 그런 성공의 특성들을 배울 수 있다고 생각한다.

그러나 이런 생각이 맞는 것일까?

뛰어난 성공이 조명을 받는 탓에 '운'의 역할이 가려져 있다. 실패는 도처에 존재하지만 알려지지 않고, 따라서 잘 보이지 않는다. 제니

퍼 애니스톤과 산드라 블록은 스타가 되기 전에 웨이트리스로 일했다. 이들과 같이 스타를 꿈꾸며 로스앤젤레스에서 일하고 있는 나머지 수많은 웨이터와 웨이트리스들은 아마도 영화 캐스팅 전화는 결코 받지 못할 것이다. 마크 저커버그를 꿈꾸는 모든 사람들, 수많은 기술 기업가와 직원들은 수십 년 동안 노력했음에도 불구하고 거의 이룬 게 없을 수 있다.

『운의 시그널How to Get Lucky』에서 막스 귄터Max Gunther는 운, 우연, 행운, 그리고 무작위에 대한 뛰어난 통찰을 소개했다.

잘하는 것만으로 충분하지 않다. 운도 있어야 한다.……당신이 '성공'을 어떤 식으로 정의하든, 행운은 성공의 가장 기본적인 요소다.……운은 청하지도 않았고 예상하지도 않았는데, 어떤 때는 환영을 받으면서 또 어떤 때는 환영받지 못하면서, 우리의 삶에 우연히 들고난다. 운은 우리의 **모든** 일에 관여하며, **종종은 지배적인 역할**을 하기도 **한다**. 당신은, 자신의 인생을 아무리 신중하게 설계한다 해도, 무작위적인 사건들의 작용으로 그 인생 설계가 어떻게 변할지 알 수 없다. 당신이 알 수 있는 것은 장차 그런 사건들이 발생할 것이란 사실뿐이다. 따라서 당신이 할 수 있는 것은 그런 사건들을 기다리면서 그 사건들이 자신에게 도움이 되기를 기대하는 것뿐이다.

운은 인간의 이성에 대한 최고의 모욕이다. **당신은 운을 무시할 수 없으며, 이에 대해 계획을 세울 수도 없다**. 인간의 가장 웅대하고 가장 섬세한 설계도 불운이 따르면 실패할 것이고, 가장 어리석은 모험이라도 행운이 따르면 성공할 것이다.……그런 사건들(요컨대 행운과 불운)은 인간의 삶을 형성하는 핵심적인 힘이다. 당신이 자신의 삶을 완전히 통제하고 있다고 믿는다면, 그것은 착각이다.

……왜 사람들이 운의 역할을 부정할까? 그 이유 중 하나는, 우리가 무작위적인 임의의 사건들에 속수무책이라고 생각하는 것을 매우 꺼리기 때문이다. 대신 우리는 우리 자신이 운명을 통제하고 있다는 망상에 **파묻혀 있는 편을 좋아한다.**

인생은 내가 스스로에게 "미래는 내가 계획한 대로 진행될 것"이라고 말할 수 있을 때 더 안전해 보인다. 그러나 물론 그렇게 되지는 않을 것이다. 마음 깊은 곳에서 우리 모두는 그렇게 되지 않을 것이란 사실을 알고 있다. 그러나 진실은 꼭 파묻혀 있을 망상 없이는 생각할 수 없을 정도로 겁나는 것이다.

……우리는 운의 역할을 부정하는 문화적 환경 속에 있다.

……(우리에게) 운은 충분히 '의미가 있는 것'이 아니다. 우리는 의미 있는 삶을 갈망한다. 따라서 (의미가 없는) 운의 역할을 인정하는 순간, 우리 삶이 가진 의미의 반이 사라진다.

내가 잘못해서, 나 자신의 바로 그 잘못이나 약점 때문에 나쁜 결말에 이르게 되면, 이 사건은 나와 다른 사람들에게 어떤 교훈을 주게 된다. 그러나 내가 안전한 거리를 걷다가 갑자기 들이닥친 트럭에 치이면, 이 사건에서는 누구도 어떤 교훈도 얻지 못한다.

많은 시간, 인생은 이와 같다. 완전히 무작위적이고 의미 없는 일에 휘둘리는 것이다. 우리 모두 이런 사실을 불편해 한다. 그러나 운과 관련해 우리가 뭔가 해 보려 한다면, 이는 우리가 반드시 직시해야 할 진실이다.

자신의 운을 개선하기 위한 첫 단계는 운이 존재한다는 것, 그것을 **인정하는 것이다.**[1]

• 그림 30-1 • 운을 개선하기 위해서는 운을 인정하는 겸손함이 필요하다

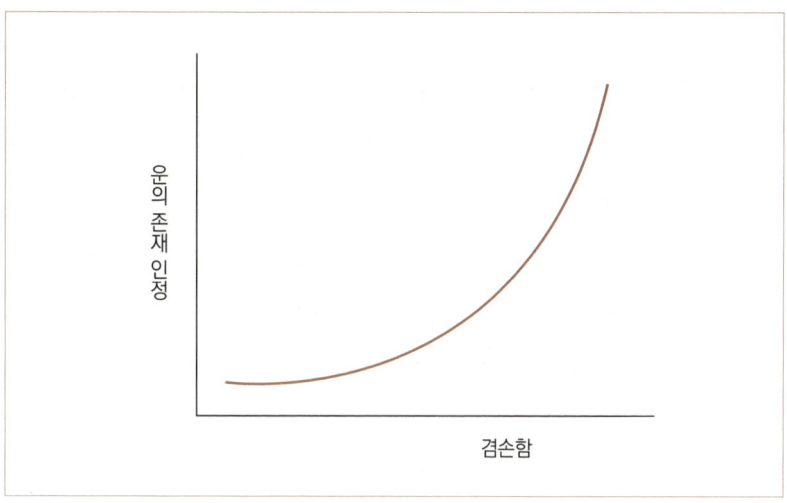

• 그림 30-2 • 항상 겸손해야 한다

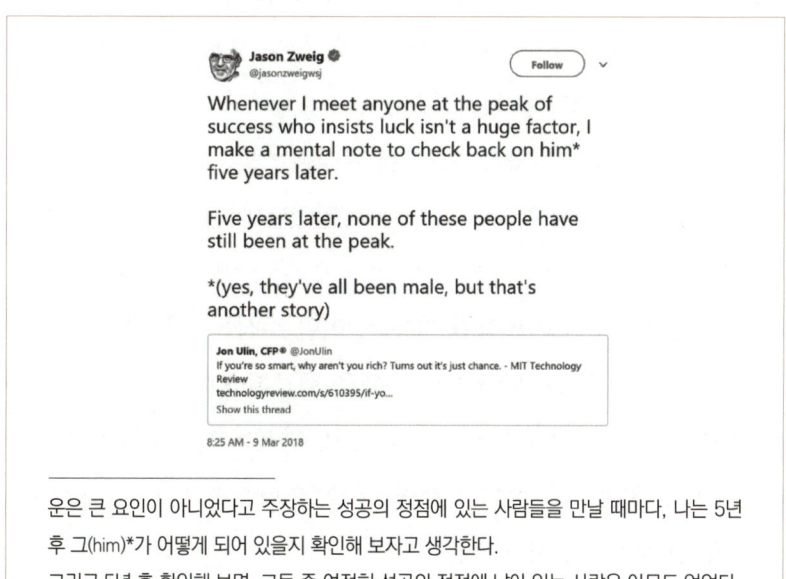

출처 : 제이슨 츠바이크, 트위터, 2018년 3월 9일, https://twitter.com/jasonzweigwsj/status/972131380460163074

[그림 30-1]과 [그림 30-2]는 성공을 유지하는 데 있어 겸손의 역할을 나타낸 것이다.

투자를 할 때, 내 역할도 잘하고, 동시에 운의 중요한 역할도 인정해야 한다. 나 자신도 2014년 인도의 강세장 기간 동안 운의 도움으로 많은 종목에서 성공할 수 있었다.

당시 나는 내세울 어떤 투자 전문성도 없다시피 했지만, 내 포트폴리오에서 아반티 피즈Avanti Feeds는 500루피에서 2,410루피로(382% 이상), 가티Gati는 60루피에서 275루피로(359% 이상), 심포니Symphony는 700루피에서 1,200루피로(72% 이상), VST 틸러스VST Tillers는 800루피에서 1,740루피로(118% 이상), 아잔타 팜Ajanta Pharm은 650루피에서 1,350루피로(108% 이상), 마유르 유니쿼터스Mayur Uniquoters는 230루피에서 440루피로(91% 이상), 아스트랄 폴리 테크닉Astral Poly Technik은 250루피에서 400루피로(60%), 아툴 오토Atul Auto는 350루피에서 600루피로(71% 이상) 상승했다.

가티의 경우를 제외하고, 이 모든 주식은 〈밸류피크르ValuePickr〉라고 하는 인도의 유명 투자 블로그에서 있었던 어떤 그럴듯한 토론에서 얻은 '빌려온 확신borrowed conviction'에 따라 매수한 것이었다. 이 모든 주식을 매수한 기본적인 이유는, 이런 주식들이 그 전 5년 동안 힘든 경제 상황 속에서도 우수한 수익을 제공해줬기 때문에(나는 이를 〈팩트셋Factset〉 데이터베이스에서 확인했다), 경제회복기에 들어선 이제 논리적으로 훨씬 나은 수익을 제공해줘야 한다는 당시 나의 (잘했다고 할 수 있는) 개인적인 생각 때문이었다.

가티의 경우는, 인도에서 전자상거래가 급성장하면 가티의 배달사업도 아주 좋아질 것이라고 단순하게 생각했을 뿐, 가티가 가진 이익의 질은 확인조차 하지 않았다.

이 주식들을 매수할 때 나의 선택에 어떤 확고한 개인적인 확신이나 제대로 된 이해가 없었던 것처럼, 이들을 매도할 때도 어떤 통찰이 있었던 것은 결코 아니었다. 부끄럽지만 정말 그랬다. 나는 2007년 무렵 주식시장에 들어가서 그때(2014년)까지도 투자자로서 아직 한심한 상태였다. 나는 2013년 가치투자를 독학으로 공부하기 시작했지만 아직 복리의 힘에 관한 지식은 없던 때였다.

나의 많은 친구, 선배, 동료들은 이 주식들을 훨씬 낮은 가격에 매수해서 아주 큰 수익률을 올렸다. 이 모두가 당연히 성공해야 할 주식이었지만, 결과적으로 나는 그저 강세장에서 우연히 찾아온 행운의 큰 수혜자에 불과했다.

그 뒤 3년 동안에도 내 포트폴리오는 기본적으로 인도 중소형주의 밸류에이션 재평가로 상당한 수익을 올릴 수 있었다. 지금까지 수년에 걸쳐 진행되어 온 인도 강세장이 막 시작되던 2013년 말, 소액투자에 그치던 내가 의미 있는 수준의 자금을 주식에 투입한 것은 전적으로 운이었다.

호기심과 질문의 힘

뭔가를 배우는 가장 좋은 방법은 어린아이 같은 호기심을 갖는 것이다.

우리 모두는 풍부한 호기심을 갖고 이 세상에 나왔다. 어린 시절 우리는 선천적으로 호기심이 있었고, 꾸준히 즐거운 발견에 나섰다. 우리는 먼저 탐구하고, 그 다음에 설명했다. 그러나 성장함에 따라 바보처럼 보이는 것에 대한 두려움 때문에 이런 호기심이 줄어들었다.

'항상 호기심을 가져라Always Be Curious, ABC'를 모토로 삼아야 한다(찰리 멍거가 종종 말한 것처럼, 더 현명해지려면 계속 "왜, 왜, 왜?" 하고 물어야 한다). 질문하는 것이 아는 것보다 가치 있다. 질문이 아이디어와 해결책을 만들어내는 능력보다 더 생산적이고 유용하다. 필요할 때 뇌가 창조적인 생각을 하게 만들 수는 없어도, 그저 질문만 함으로써 뇌가 상상하는 과정에 들어가게 할 수는 있다.

호기심을 갖는다는 것은, 항상 뭔가 흥미로운 것을 발견하고 있다는 것을 의미하기 때문에, 멋진 일이다. 영감은 전혀 예상치 않았던 원천에서 나오는 경우가 많고, 호기심이 유익한 것은 바로 이 때문이다. 알베르트 아인슈타인은 친구에게 쓴 편지에서 "나는 특별한 재능은 없네. 그저 열정적인 호기심만 가지고 있을 뿐이야"라고 했다.

> 왜 질문해야 하는지에 대해서는 생각하지 말고, 그냥 멈추지 말고 계속 질문하라. 대답할 수 없다는 것에 대해서도 걱정하지 말라. 그리고 알 수 없는 것을 설명하려고 하지 말라. 호기심이 드는 것은 그냥 호기심 때문이다. 영원의 신비, 인생의 신비, 현실 이면에 존재하는 경이로운 구조의 신비를 생각할 때, 경외심이 들지 않는가? 경외심은 (그 구조, 개념, 공식을 인간이 보고, 느끼고, 만지는 것들을 설명하는 도구로 사용하는) 인간이 가진 마음의 기적이다. 매일 조금씩 더 이해하려고 노력하라. 신성한 호기심을 가져라.
> - 알베르트 아인슈타인

나는 어린 시절을 보낸 후 매우 열정적인 탐구인으로서 주변의 세상에 대해 항상 질문을 했다. 바로 이런 특성 때문에 뜻밖의 행운이 계속 나에게 새로운 기회를 제공했다.

2013년 11월, UBS 보고서를 읽다가 뜻밖의 행운으로 아이커 모터스를 발견했다. 그리고 2015년 어느 날 아침, 뜻밖의 행운으로 CNBC에서 (지금은 바라트 파이낸셜Bharat Financial이 된) SKS 마이크로파이낸스SKS Microfinance의 사업 회복에 관해 말하고 있던 우다얀 무크헤르지Udayan Mukherjee를 보게 되었다. 그 후 2017년 3월 나는 무크헤르지 덕분에 인도의 보험과 자산운용 산업의 장기 성장 잠재력에 대해서도 알게 되었다. 당시 나는 우연히 한 유튜브를 통해 그가 인도에서 진행 중인 장기적인 '저축의 금융화' 추세에 대해 설명하는 것을 보게 되었다.

비슷한 맥락에서, 나는 나의 투자 여정 과정에 몇 배의 수익을 내게 된 많은 주식들을 우연히 발견했는데, 이는 전적으로 나의 일상생활 중에 있었던 우연한 사건들이나 토론의 결과였다. 나는 운, 우연, 뜻밖의 행운, 그리고 무작위성이 이런저런 형태로 지금까지 나의 모든 주식투자에 큰 역할을 했으며, 앞으로도 계속 그럴 것이라고 말할 수 있다.

사실, 내가 지금 투자자로서 살아있고, 나의 이야기를 소개할 수 있는 유일한 이유는 운이다.

나는 개인적으로 치명적일 수 있던 세 번의 사고에서 살아남았다. 한 번은 어린 시절 우리 집 계단에서 굴러 넘어져 수술을 받았던 것이고, 또 한 번은 태국에서 ATV를 타다 넘어졌지만 기적적으로 작은 찰과상만 입은 것이고, 또 한 번은 인도 아마다바드에서 MBA 과정을 밟던 당시 자전거 사고로 큰 부상을 입었던 때이다. 이런 사고에서 살아남은 생존자로서, 나는 내 삶의 아주 작은 일에도 감사하는 마음을 갖게 되었다. 새로 밝아오는 매일매일이 신이 나에게 준 선물이다. 나는 정말 축복받은 사람이다.

운을 개선하는 방법

성공한 투자자들은 운의 역할을 인정한다. 이들은 지적으로 정직하며, 그들 삶에서 침묵한 사건들, 즉 일어날 수 있었지만 일어나지 않은 대안적인 삶의 궤적도 인식하고 있다.

중요하지만 매우 무시되고 있는 우리 삶의 이런 측면들을 나의 사례를 통해 살펴보자.

2016년 3월 28일 봄베이주식거래소는 그 달 31일부터 큐피드 Cupid Ltd.의 매매를 정지한다고 발표했다. 당시 나는 내 포트폴리오 가치의 거의 20%를 차지하는 큐피드 주식을 보유하고 있었지만, 그 다음날인 3월 29일, 내가 이 주식에서 탈출하기도 전에 주가는 즉시 나선형으로 하락하기 시작했고, 3월 31일까지 계속 하락했다. 그리고 그 후 무기한 매매 정지되었다. 그 후 몇 주 동안은 큐피드 주주들에게 매우 긴장되고 불확실한 시기였다. 결론적으로, 큐피드는 면죄부를 받았고, 4월 20일 주식 매매가 재개되었다. 나는 최초 취득가 근처에서 이 주식에서 탈출할 수 있었다.

그런데 내게 이런 탈출 기회가 주어지지 않았다면 어떻게 되었을까?

워런 버핏은 그의 성공의 많은 부분을 자본 배분 능력을 통해 수십억 달러를 버는 것이 가능했던 미국(이라는 최적의 장소)에서 태어난 '난소 복권ovarian lottery'에 당첨된 덕으로 돌렸다. 이와 비슷하게 나도 풍부하고 다양한 문화가 존재하고 주식시장에 많은 고성장 투자 기회가 있어 향후 수조 달러에 이르는 부의 창출이 기대되는 활기찬 민주주의 국가 인도에서 태어나고 자란 것이 행운이라고 생각한다.

우리가 일단 운의 존재를 인정한다면, 그 운을 개선할 방법이 있을까? 귄터가 설명한 방법이 있다.

> 운이 좋은 사람들은 행운은 불러오고 불운은 피하는 방식으로 독특하게 자신의 삶을 조직한다.
>
> ······행운을 불러오는 방법은 "오케이, 이 위험한 상황(이 룰렛게임, 이 뮤추얼 펀드 투자)에 뛰어들겠다. 그러나 계획을 하면 운이 나에게 따라 올 것이라는 망상은 하지 않겠다. 망상에 빠지면 운은 크게 보이는 법이니 너무 확신하지 않고, 너무 안주하지 않도록 조심하겠다. 나는 빠른 변화를 예상할 것이고, 취소할 수 없는 중요한 약속은 하지 않겠다. 그리고 내가 좋아하지 않는 변화를 보는 순간, 거기에서 벗어날 준비를 항상 해두겠다"라고 스스로에게 말하는 것이다.
>
> ······운이 좋으려면, 나쁜 패가 들어올 때는 패를 버려야 한다.
>
> ······우선, 당신은 일이 대개는 보이는 것만큼 나쁘다는 것을 알게 될 것이다. 그런데 보이는 것보다 더 나쁜 경우가 많다. 자신에게 "나는 기꺼이 낙관적이 되겠지만, 그 이유가 있어야 한다"고 말해야 한다. 그런 후, 그 상황을 분석해야 한다. 문제가 없어질 가능성이 있는가? 혹은 문제를 해결할 현실적인 희망이 있는가? 그렇다면 그 상황에 머물고, 그렇지 않다면 그 상황에서 빠져나와 다른 곳에서 더 나은 운을 찾아야

한다.

　……잘못되기 시작한 것은 계속 잘못되는 (혹은 더 악화되는) 경우가 훨씬 많다. 상황이 나아질 것이라고 납득할 만한 근거 없이 상황이 악화되고 있을 때는 손절하고 나오는 것이 항상 옳다. 시간이 지나서, 그렇게 한 결정이 틀린 것으로 드러나는 경우에도 그렇다.[2]

　권터의 결론은, "부엌에 바퀴벌레가 한 마리만 있는 것은 결코 아니다"라고 하면서 힘든 기업들에서 겪었던 경험을 토로했던 워런 버핏의 말을 상기시켜 주었다.[3]

　우리는 적절한 행동을 통해 행운을 접할 가능성을 높일 수 있다. 많은 사람들이 성공한 사람들은 그저 행운을 타고난 사람들이라고 생각한다. 권터는 어떤 사람들은 자신의 삶을 어떤 독특한 패턴으로 꾸려나감으로써 다른 사람들보다 운이 좋아진다는 것을 보여주었다. 이들은 운이 달려드는 경로에 자리를 잡는 경향이 있다. 이들은 사건들이 가장 빠르게 진행되고 있는 곳, 그리고 행운을 발견할 수 있는 곳으로 가는 경향이 있다. 이들은 낮은 리스크·높은 보상 성격을 가진 여러 모험을 시도한다. 이들은 자신보다 똑똑하고 현명한 사람들과 어울린다. 자신의 목표를 추구할 때, 이들은 항상 뜻밖의 행운이 찾아올 수 있는 여지를 남겨둔다. 이들은 우연한 발견을 할 수 있는 기회(예컨대 어떤 사건, 파티, 만남, 컨퍼런스, 그리고 여러 우연한 일들)의 중요성을 무시하지 않으며, 모든 가능성에 마음을 열어두고 있다. 또한 이들은 계산된 리스크를 부담한다. 이들은 자신의 최초의 확신을 고수하지만, 모든 희망이 사라질 때는 그러지 않는다. 이들은 "강하지만 유연한 믿음"이라는 격언을 믿는다. 한 마디로, 이들은 삶을 역행하는 것이 아니라 삶을 따라간다. 결과적으로 운이 좋은 사람들은 불운의 효과를 최소화하면서 삶의 행운을 잘 이용할 수 있다.

심사숙고한 결정보다는 기회와 상황에 대한 분명한 대응이 지금까지 내가 걸어온 특별한 길로 나를 보냈다.

– 허버트 사이먼Herbert Simon, 1978년 노벨경제학상 수상자

우리 모두는 '운이 좋을 기회'를 갖고 있다. 선택의 여지없이 추구해야 할 건강과 생계의 기초를 갖춘 다음에는, 운은 결국 일련의 선택으로 귀결되기 때문이다. 자유로운 사회에 살고 있다면, 당신은 운이 좋은 것이다. 운이 매일 당신과 함께 하고 있으며, 당신이 그것을 인식하든 못하든 당신에게 계속 운 좋은 일이 벌어지고 있는 것이다.

운이 좋은 사람들은 자신이 그저 운이 좋았을 뿐이라는 것을 인정하고, 자신이 가진 것에 감사하는 사람들이다. 자신이 부자라는 느낌을 받고 싶다면, 돈으로는 살 수 없는 자신이 가진 모든 재능을 생각해 보라. 내가 보기에, 자신의 행운에 대한 자각이야말로 운이 좋은 사람이 되는 가장 중요한 단계다. 혹 자신의 일이나 투자가 잘 안 되고 있더라도, 사랑하는 가족이 있고 건강하다면, 삶에 가장 소중한 일부를 이미 가진 것에 감사할 만하다. 이와 관련해 리톨츠 웰스 매니지먼트Ritholtz Wealth Management의 닉 매기울리는 다음과 같이 말했다.

당신은 당신 자신을 어떻게 보는지 생각해 보라. 당신이 살아올 수 있었던 모든 삶, 당신이 따라할 수 있었던 모든 일에서, 운이 어떤 역할을 했는가? 자신이 받아야 할 적절한 몫 이상을 얻었는가? 대부분의 사

람들보다 더 많은 노력을 했어야 했는가? 내가 이렇게 묻는 것은, 운을 당신의 삶의 주요 결정요인으로 인정하는 것이 세상을 보는 가장 자유로운 방법 중 하나이기 때문이다. 왜냐하면 당신이 자신의 삶에서 우연과 뜻밖의 행운이 차지하는 중요성을 인식할 때, 자신이 성취한 결과로 자신을 판단하는 것을 멈추고, 자신의 노력에 주목할 수 있기 때문이다. 당신이 통제할 수 있는 유일한 것은 노력뿐이다.[4]

시장의 무작위성과 도박사의 오류

뭔가를 예상하지 못해서 실수를 할 때 배워야 할 교훈은,
세상은 예상하기 어렵다는 것이다.
그것이 놀라운 일을 겪었을 때 배워야 할 옳은 교훈이다.
세상은 놀라운 곳이다.
- 대니얼 카너먼

논리는 원인과 결과를 토대로 전개되는 것이기 때문에, 분석적으로 생각하는 사람들은 우연의 일치coincidence와 인과성causality, 그리고 상관관계correlation와 인과관계causation를 혼동하는 경우가 종종 있다. 분석가들이 인과성에 매달림으로써 발생하는 전형적인 부작용은 방송에 출연한 해설가, 권위자, 전문가들이 그날의 시장 동향을 설명할 때 발견된다.

사실, 어느 특정일에 시장은 너무 복잡하고, 분산적이고, 무형적이어서 확인하기 어려운 수많은 상호 관련된 요인들 때문에 상승하거나 하락한다.

막스 귄터는 그의 책 『돈의 원리The Zurich Axioms』에서 인간의 행동은 완전히 예측 불가능하기 때문에, 주식시장 같은 복잡한 적응시스템은 완전히 무작위적인 성격을 갖는다는 것을 잘 보여주었다.

엄연한 사실은, 누구도 내년, 내주, 심지어 내일 무슨 일이 벌어질지 조금도 모른다는 것이다.……경제 분석가, 시장 자문가, 여타 금융 예측가들의 말을 결코 진지하게 받아들이지 않는 것이 매우 중요하다.

물론, 이들의 말이 옳을 때도 있지만, 바로 이것이 그들을 위험하게 만든다. 이들 각자는 몇 년간 예언 일을 하면서 몇 번 정도는 맞힌 것을 자랑스럽게 언급할 수 있다. 그것에 대해 모두 "대단해!"라고 한다. 그러나 이런 예언가들은 그들이 틀렸던 경우에 대해서는 절대 언급하지 않는다.

저명한 경제학자 시어도르 레빗Theodore Levitt 박사는 〈비즈니스위크〉와의 인터뷰에서 "예언가가 되기는 쉽다. 25개의 예측을 해서 그 중 하나만 맞으면 예언가가 된다"고 했다. 상당수 예언가들이 아주 많이 솔직하지는 않지만, 레빗 박사의 예언가 성공 공식에는 개인적으로 모두 동의할 것이다. 경제 분석가, 시장 자문가, 정치적 조언자, 그리고 예언가들은 '맞는 예측을 할 수 없다면, 자주 예측하라'는 기본 규칙을 모두 잘 알고 있다.

……모든 예측가들이 경제 분석가들의 연간 전망치 수정 발표 같은 것을 할 수는 없지만, 이 기본 규칙만은 한결같이 모두 잘 따르고 있다. 이들은 모두 자주 예측하고, 그리고 아무도 그 결과를 너무 자세히 확인하지 않기를 바란다.

……성공한 예언가에게 현혹되기 쉽다. 미래를 볼 수 있다고 생각되는 능력에는 최면적인 매력이 있기 때문이다. 이는 돈의 세계에서 특히 그렇다. 몇 년간 자주 맞는 추측을 한 예언가는 엄청난 추종자들을 거느리게 된다.

……돈의 세상에서 활동하는 예언가들이 빠지는 함정 중 하나는 그들이 인간 행동을 다루고 있다는 것을 망각하고 있다는 것이다. 이들은 인플레이션율이나 다우지수의 부침 같은 것을 일종의 물리적 사건처럼 말한다. 그런 현상을 물리적 사건으로 보면, 예측가들은 그런 현상을 예측할 수 있는 일이라고 당연히 오해할 수 있다. 물론 엄연한 사실은, 돈과 관련된 모든 현상은 (물리적인 현상이 아니라) 인간 행동의 표출이라는 것이다.

……틀린 것으로 밝혀진 예측을 설명할 때 예측가는 항상 '예측 불가능한 사건'이었다고 강변할 수 있다. 그러나 바로 그것이 예측의 문제다. 예측하려는 모든 일들은 본래 예측할 수 없는 일들일 것이다. 인간 행동에 관한 어떤 예측도 결코 100% 예측 가능한 사건들로 이루어질 수는 없다. 모든 예상은 위험하고, 누구도 결코 믿을 수 없다.

……모든 예언을 무시해야 한다. 인간 행동으로 형성되는 돈의 세계에서는 누구도 미래에 무슨 일이 벌어질지 조금도 알지 못한다. 이 말, '누구도'란 말에 주목하기 바란다.

……돈은 냉철하고, 합리적이고, 이성적인 분석과 조작에 적합해 보인다. 부자가 되려면, 충분히 합리적인 방법, 요컨대 어떤 공식을 찾기만 하면 될 것 같다. 모두가 이런 공식을 찾고 있다. 그러나 안타깝게도, 그 공식을 찾은 사람은 아무도 없다.

……진실은, 돈의 세계는 패턴이 없는 무질서, 완전한 혼돈의 세계

라는 것이다. 패턴은 구름 낀 하늘이나 대양의 해변에 몰려드는 포말 속에 나타나는 것처럼 이따금 혼돈 속에서 그 모습을 보이는 것 같다. 그러나 그것은 순간적이다. 이런 순간적인 패턴은 그것을 바탕으로 계획을 세울 수 있는 튼튼한 기초가 되지 못한다.

……많은 똑똑한 사람들이 도박사의 오류Gambler's Fallacy에 빠졌다는 것은 놀라운 일이다.……동전을 그럴 수 있을 정도로 충분히 여러 번 던지면, 조만간 게임을 오래할 수 있는 패가 나올 것이다. 그러나 이 과정에 어떤 질서가 있는 것은 결코 아니다. 우리는 그 패가 언제 시작될지 사전에 알지 못한다. 그리고 그 패가 나오기 시작했어도 그것이 얼마나 오래 지속될지 알 수 없다. 이는 룰렛게임, 경마, 미술품시장, 혹은 우리가 위험을 무릅쓰고 돈을 넣는 다른 모든 게임에서도 마찬가지다. 충분히 오래 게임을 한다면, 승리의 순간들을 (어쩌면 대단한 승리의 순간들을) 즐길 수 있을 것이다.……**그러나 미리 알고 이런 순간들에 돈을 넣을 수 있는 어떤 체계적인 방법은 없다.** 우리는 그런 순간들이 오고 있다는 것을 알 수 없으며, 그것이 얼마나 지속될지 예상할 수도 없다. 그런 순간들은 혼돈의 또 한 부분일 뿐이다.

……수많은 투기자와 도박사들이 이기고 있을 때 멈추지 못하는 바람에 파산했다. 도박사의 오류는 일시적으로 자신이 천하무적이라는 느낌을 주기 때문에 실패를 부추기는 경향이 있다. **이는 위험한 느낌이다.** 아무도, 매우 순간적으로라도, 무적이 아니다.……그런 느낌을 경험한 후 완전히 합리적인 상태를 유지하기는 어려울 것이다.[5]

이는 워런 버핏의 2000년 주주서한의 내용과 정확히 같은 말이다. 버핏은 이 주주서한에서 "투자와 투기를 구분하는, 결코 분명하지 않은 선이 최근 대부분의 시장 참가자들이 승리를 즐기게 되면서 훨씬 더 흐릿해졌습니다. 거액의 불로소득처럼 합리성을 마비시키는 것은 아무것도 없습니다"라고 했다.[6]

투자자들은 금융 세계의 가장 강력한 힘 중 하나를 인식하지 못하는 까닭에 그런 어리석음에 빠지고 있다.

운과 평균 회귀

평균 회귀란, 평균에서 벗어난 사건이 있은 다음에는 평균에 보다 가까운 사건이 뒤따른다는 것을 말한다. 이런 원칙은 어떤 무작위적인 요인이 관련된 활동이나 상황에서 중요하다. 평균 회귀가 한 활동에 영향을 미치는 정도는, 운이 그 활동의 결과를 좌우하는 정도에 비례한다. 육상, 수영, 체스 같은 개인스포츠와 게임은 운이 상대적으로 작은 역할을 하는 활동이다. 이런 활동들은 개인의 능력이 지배하며, 지속적이고 예측 가능한 결과를 낳는 경향이 있다.

이에 비해 주식투자는 운이 중요한 역할을 하는 활동이다. 많은 개인투자자들이 따라가는 전형적인 과정을 보자. 개인투자자들은 펀드매니저의 가장 최근 몇 년 실적을 보고 그가 벤치마크를 상회하는 실적을 냈다면, 그 펀드에 투자한다. 그런데 하필 그 펀드가 그다음 몇 년 동안 벤치마크를 하회하는 실적을 내기 시작한다. 실망한 개인투자자들은 투자한 돈을 회수하고 같은 기준(가장 최근 몇 년 동안 시장을 상회하는 실적을 낸 펀드매니저)에 기초해 다른 펀드를 찾는다. 그리고 이와 비슷한 과정이 계속 되풀이된다. 투자자들은 왜 자신이 선택한 펀드의 실적이 하필 그 펀드에 투자한 직후 악화되는지 정말 당혹스러워 한다.

그 이유가 바로 평균 회귀 때문이다.

> *대부분의 펀드 매수자들은, 먼저 펀드의 과거 실적을 보고, 그다음 펀드매니저의 명성을 보며, 그다음 그 펀드의 위험성을 보고, 마지막으로 (비용을 부과하는 펀드라면) 그 펀드의 비용을 본다. 현명한 투자자들도 똑같은 내용을 본다. 다만, 그 순서는 반대다.*
>
> *- 제이슨 츠바이크*

주식시장에서 평균 이상의 수익을 낸 기간 다음에는 보통 평균 이하의 수익 기간이 뒤따른다. 그 반대의 경우도 마찬가지다. 투자자들은 감정에 굴복해서 최근의 투자 유행을 따르거나, 매수하고 있어야 할 때 매도하는 경향이 있다.

투자 및 투자자 행동 조사업체 달바Dalbar에 따르면, S&P 500은 2018년까지 그 전 20년 동안 연 5.6%의 수익을 낸 반면, 미국 주식 펀드 투자자들의 평균 수익률은 같은 기간 연 1.9%에 불과했다. 20년 동안 시장보다 매년 3.7%포인트나 낮은 실적인데, 이는 전적으로 투자자 자신의 잘못된 행동과 부질없는 시장타이밍 시도(행동 갭behavior gap이라고도 한다) 때문이었다.[7]

워런 버핏이 "다른 사람들이 탐욕을 부릴 때 공포를 느끼고, 다른 사람들이 공포를 느낄 때 탐욕적이 되라"고 한 말이 바로 평균 회귀에 대한 것이다.[8] 우리가 결과적인 측면, 즉 어떤 펀드매니저 혹은 투자자문사가 최근 몇 년 기록한 높은 실적에 휘둘리지 말아야 할 이유는 바로 이 때문이다.

그렇다면 투자 실적을 평가할 때 어떻게 해야 진정한 능력의 작용과 운-우연-무작위의 작용을 구분할 수 있을까? 힌두교의 신 크리슈나Lord Krishna에서 그에 대한 답을 찾을 수 있다.

'과정'과 '성과'의 관계

> *카르마니예 바드히카라스테, 마 팔레쇼우 카다 차나.*
> *마 카르마 팔라 헤투르 부르마테이 산고스트바 아카르마니.*
> *- 바가바드 기타*

아르주나Arjuna가 마하바라타 전쟁Mahabharata war에 나가 싸우길 주저하자, 크리슈나는 그에게 자신의 의무를 다해야 한다고 했다. 위 시를 번역하면 다음과 같다.

너는 네 행동을 할 권리가 있지만, 그 행동의 결과를 누릴 권리는 없다.
결과가 너의 행동의 목적이 되어서는 안 된다. 그래야 네 의무를 외면하지 않을 것이다.

크리슈나는 아르주나에게 행동의 결과에 매달리지 말고 계속 의무를 수행할 것을 요구한다. 크리슈나의 가르침은 행동 수련법action discipline이란 의미의 카르마 요가karma yoga의 개념에 요약되어 있다.

여기서 카르마는 '하다'를 의미하는 산스크리트어 크리^{kri}에서 유래된 말이다.

이는 모든 투자자에게 큰 교훈이 된다. 결과가 아니라 '카르마', 즉 과정과 행동에 집중해야 한다는 것이다.

많은 조사와 연구들은 확률적 활동 분야에서 성공한 전문가들의 공통된 특징을 발견했는데, 그것은 이들 모두가 결과보다 과정을 강조하고 있다는 것이다.

> 미래가 어떻게 되든, 우리는 우리의 (투자) 과정을 유지할 것이다. 우리가 언제나 원하는 것을 얻으리라는 보장은 (전혀) 없다. 그러나 우리는 우리의 과정을 유지하는 것이 장기적으로 우리가 원하는 것을 얻는 최선의 토대라고 믿는다.
> - 척 아크레Chuck Akre, 아크레 캐피털 매니지먼트(Akre Capital Management) 설립자

수익률이(즉 결과가) 모든 사람이 보기에 확연하겠지만, 투자자들은 그 결과가 능력(건전한 투자 과정)의 결과인지 아니면 순전한 무작위의 결과인지 거의 따지지 않는다. 결과에만 집중하면, 그 결과를 얻을 가능성이 낮다. 대신, 건전한 과정을 고수하는 것에 집중하면, 단기적인 실적은 거의 항상 운이 좌우한다 해도, 장기적으로 결과는 그 스스로 돌볼 것이다. 장기적으로 건전한 투자 과정은 꾸준하게 원하는 실적을 제공하고 더욱 믿을 만한 결과를 제공할 수 있다.

전 미국 재무장관 로버트 루빈Robert Rubin은 이를 다음과 같은 말로 잘 요약했다. "제대로 숙고하지 않고 내린 결정도 성공적일 수 있고, 매우 숙고해 내린 결정도 실패할 수 있습니다. 실제로는 실패할 가능

성이 존재하기 때문입니다. 그러나 장기적으로 좀 더 사려 깊은 의사결정은 전체적으로 더 나은 결과를 낳고, 이는 결과보다는 결정이 어떻게 잘 이루어졌는지 그 과정을 보고 결정을 평가하는 데서 더욱 발전할 수 있습니다."[9]

31장

실수에서 배운 투자 교훈

나는 자신이 정말 완전히 바보라고 인정하는 사람이 좋다.
내가 내 실수를 계속 들먹이면 더 잘할 것이란 사실을 나는 알고 있다.
이것은 (더 나아지기 위해) 배워야 할 아주 좋은 요령이다.
- 찰리 멍거

바보와 현명한 사람의 차이는
현명한 사람은 자신의 실수를 통해 배우지만,
바보는 결코 그러지 않는다는 점이다.
- 필립 피셔

권위에 복종하는 것의 문제점

*복사해 붙이기copy-pasting가 모방하기imitating, 복제하기cloning,
혹은 편승하다coat-tailing와 같은 좀 더 버젓한 말로 표현되기도 한다.
어떤 사람들은 이를 '영감을 받은 행동'이라고도 한다.
물론 타인으로부터 영감을 받는 것은 항상 좋은 일이다.
그러나 타인이 우리 대신 생각하도록 할 때,
그리고 타인이 이미 했고/하고 있거나, 말했고/말하고 있는 것을
맹목적으로 복사·복제·편승할 때 문제가 발생한다.
이렇게 행동하는 것은 어떤 권위자나 과거에 성공한 사람의 영향을 받고
일하고 있을 때는 특히 자연스러운 인간의 편향이다.*

- 비샬 칸델왈Vishal Khandelwal

2016년 나는, 투자 실력이 뛰어나서 내가 존경하고 우러러보던 한 동료의 설명만 듣고 어떤 주식을 매수했다. 그러나 몇 주 후, 기대에 어긋나는 분기 실적 발표 후 그 주식은 급락했다. 당시 나는 그 주식을 계속 보유할 개인적인 확신이 부족했기 때문에 14% 손실을 보고 그 주식에서 나왔다. 그런데 염장을 지르듯 이 주식은 그 후 10개월도 안 돼 두 배로 상승했다.

우리는 다른 사람의 아이디어를 빌릴 수는 있지만, 그의 확신은 결코 빌릴 수 없다. 결국 노력을 대체할 것은 아무것도 없다.

내 주변에는 아주 훌륭한 장기 투자 종목이라고 하면서 어떤 주식을 강력히 추천하는 사람들이 종종 있다. 그런데 나중에 보면 그들은 바로 그다음 주나 그다음 달 그 주식을 매도해 버렸다. 그들의 추천

때문에 내가 돈을 잃었다고 해도 나는 그들을 비난할 권리가 없다. 우리는 우리의 결정에 대해 스스로 책임을 져야 한다. 모든 사람으로부터 그들의 최고의 자질은 배워야 하지만, 자신의 손실에 대해서는 결코 그들을 비난해서는 안 된다.

미국의 성공한 기업가 겸 작가인 짐 론이 말한 것처럼, "어린 시절에서 벗어나 성인이 되는 날, 그날부터 우리는 우리의 삶을 전적으로 책임져야 한다". 우리가 경외하고 존경하는 투자자들의 투자 선택에 대해 아는 것은 매우 좋은 일이다. 그러나 우리는 자신이 해야 할 분석은 항상 해야 하고, 관심 있는 기업이 능력의 범위 안에 들어오고 좋은 안전마진을 제공하면 그때 비로소 매수 버튼을 눌러야 한다.

개인적으로 말하면, 투자의 진정한 즐거움과 쾌감은 기본적인 분석과 발견 과정에 있다. 다른 누군가의 주식 선정을 맹목적으로 복제하면, 가치투자를 지적으로 매우 만족스러운 활동으로 만드는 바로 그 측면을 무시하는 것이다. 이에 대해 비샬 칸델왈은 다음과 같이 말했다.

> 자신이 발굴한 독자적인 아이디어에 투자할 때도 실수를 하게 된다. 그러나 최소한 그런 실수들은 자기 자신의 것이고, 그 실수에서 가치 있는 교훈을 얻을 수 있다. 그러나 그저 당신이 복제한 사람의 투자 아이디어가 틀렸기 때문에 당신이 실수를 하게 된다면, 누구를 비난하겠는가? 그리고 거기서 무슨 교훈을 얻겠는가?
>
> ……시간이 감에 따라, 당신은 당신이 가장 많이 어울리는 5명 각각을 20%씩 복제한 복제인간이 된다. 이는 세상을 사는 데 좋은 방법이긴 하지만, 어울리기에 좋은 사람을 고를 때만 그렇다.

이는 투자에도 그대로 적용된다. 배울 만한 좋은 투자자를 택해서, 그의 행동, 사고, 투자 과정 그리고 성향을 복제해라(그의 아이디어를 맹목적으로 복제해서는 결코 안 된다). 그러면 시간이 가면서 그와 같은 사람이 될 것이다.[1]

우리 모두는 삶의 어떤 시점에 어떤 권위적인 인물(부모님, 선생님, 경찰 등)에 복종한다. 권위에 복종하는 것은 지침이 필요한 상황에서 여러 이점이 있다. 그러나 맹목적으로 권위를 따르는 것은 심각한 문제들을 야기한다(가장 좋은 예는 복종에 대한 유명한 심리학 연구 중 하나인 밀그램 실험Milgram experiment이다).

2013년 나는 경제TV에 출연한 한 유명한 시장 전문가의 추천만 듣고 수벡스Subex 주식을 매수했다. 그런데 이 주식은 내가 매수한 지 몇 달 만에 50% 이상 폭락했고, 결국 나는 상당한 손실을 내고 이 주식에서 나왔다. 사실 이렇게 되기 전에 "권위에 의문을 제기하는 것이 모든 시민의 첫 번째 의무다"라는 벤저민 프랭클린의 조언을 읽었어야 했다.

돌이켜 보면, 이는 소중한 교훈이었다. 그 후 내가 전문가의 추천만 듣고 투자하는 일은 결코 없었다. 우리가 그의 글을 읽고 금융미디어에서 본 사람들은 권위편향과 후광효과를 만들어 낸다. 이들은 옷을 잘 차려입고, 유창하게 말하며, 복잡한 전문용어들을 사용한다. 이 모든 것이 드라마의 구성요소들이고, 드라마는 언제나 팔린다. 이런 전문가들 중 많은 이가 신뢰할 만한 어떤 장기 실적도 갖고 있지 않다. 그러나 이들은 전혀 거리낌 없이 자신의 '확실한 추천 종목'을 강하게 권한다. 요컨대 이들은 찰리 멍거가 말한 이른바 '헛소리를 해대는 성향'과 피상적인 '얕은 지식'을 가진 사람들이다. 이는 그들의 말을 듣는 사람들에게 심각한 문제를 야기하는데, 이른바 전문가 혹은 권위자들이 끔찍하게 틀린 것으로 드러나는 경우가 자주 있기 때문이다. 때로는 이해충돌 문제가 있기도 하고, 전문가가 의도적으로 비윤리적인 행동을 하기도 한다.

로버트 치알디니Robert Cialdini가 『설득의 심리학Influence』에서 설명한 것처럼, 권위에 의문을 제기하는 것이 이런 문제에 대한 효과적인 해독제가 된다. 당신이 어떤 전문가에게 동의하는 상황에 처하면, 잠시 멈추고 다음 두 가지 중요한 질문을 해야 한다.

1. "이 권위자가 진정한 전문가인가?"
   이 질문은 그 전문가의 신뢰성을 확인하는 데 도움이 된다.
2. "이 전문가는 얼마나 진실한가?"
   이 질문은 그 전문가의 조언을 신뢰하기 전에 그가 얻을 인센티브와
   잠재적인 이해충돌을 이해하는 데 도움이 된다.

업계 최고에게 배우는 것이 좋은 일이기는 하지만, 적절한 의문 제기, 이성적인 추론, 그리고 필요한 사전조사 없이 누구의 추천도 (그 전문가가 아무리 유명하다 해도) 맹목적으로 따라서는 절대 안 된다. 다행히, 시장은 전문가의 의견을 아침에는 바보처럼, 오후에는 더 바보처럼 보이게 만들 정도로는 충분히 효율적이다

'기준점'에 집착하는 투자의 함정

우리의 직관이 어떤 숫자든 한 숫자에 집착하는 순간,
그 숫자는 우리에게 들러붙는다. 우리가 저지르는 대부분의 의사결정 오류는
우리의 정상적인 한 가지 사고방식인 정신적 지름길mental shortcut 때문이다.
우리의 뇌는 '정신적 지름길'을 사용해 정보 처리와 의사결정이라는
매우 복잡한 과제를 단순화한다. 기준점을 설정한다는 의미의 '앵커링anchoring'은
뇌가 사용하는 한 가지 정신적 지름길을 나타내는 심리학 용어다.
우리의 뇌는 최초의 기준점reference point 즉, 앵커anchor를 선택한 후,
추가 정보가 들어와 처리될 때 그 기준점을 조금씩 바꾸는 방식으로
복잡한 문제들을 다룬다.

– 비샬 칸델왈

2013년 나는 주가가 단기간에 50% 이상 급락했다는 이유만으로 코어 에듀케이션CORE Education과 워크하트Wockhardt 주식을 매수했다. 워크하트의 경우 약 3개월에 걸쳐 하락했지만, 코어 에듀케이션은 단 하루 만에 50% 이상 하락했다. 나는 흥분해서 이 두 기업의 기본가치에 대해서는 아무것도 모른 채 이 두 주식을 매수했다. 그런데 이 두 주식은 내가 매수하자마자 다시 50% 하락했고, 나는 그 해 바닥 근처에서 이 주식에서 나왔다.

내 자신이 "(주식시장은) 가격은 모두 알지만 가치는 아는 게 전혀 없는 사람들로 넘친다"고 한 필립 피셔의 격언을 직접 경험한 생생한 사례였다.[2] 나는 95% 하락한 주식은 먼저 90% 하락하고, 그다음 다시 50% 하락한 주식이라는 것을 알았어야 했다(저평가 주식을 찾는 최악의 방법 중 하나는 52주 고점에서 얼마나 하락했는지 보는 것이다. 그러나 이는 가장 쉬운 방법 중 하나이고, 따라서 투자자들이 가장 자주 사용하는 방법 중 하나다).

투자자들은 주가뿐 아니라 회사 설립자의 과거 문제에도 '앵커링' 되는 경우가 많다. 그 후 그가 열악한 사업부를 폐쇄하거나, 투자자와 소통을 강화하거나, 이사회의 전문성을 강화하는 식의 교정 조치들을 취해도 투자자는 과거에 얽매인다. 회사 설립자에 대한 공감 능력을 키워야 한다. 오스카 와일드Oscar Wilde가 말한 것처럼, "모든 성인은 과거가 있고, 모든 죄인은 미래가 있다". 때로는 기본 사업모델이 상당히 긍정적으로 변하고 있음에도 불구하고 투자자들은 그 기업의 과거에 얽매이는 경향이 있다.

2016년까지 마나푸람 파이낸스Manappuram Finance는 변동성이 심한 금 대출기업이었지만, 경영진은 회사의 사업모델을 단기 금 대출을 제공하는 것으로 바꿨고, 이는 기본 사업의 변동성을 크게 줄였다. 그러나 많은 투자자들은 이런 중요한 변화를 간과했고, 마나푸람 파이낸스가 그 변화의 긍정적인 효과를 소진하고 난 후에야 뒤늦게 이 주식을 매수했다.

우리는 과정의 세상world in process에 살고 있으며, 세상은 매 순간 끊임없이 변한다. 그 전과 똑같은 것은 아무것도 없다. 토머스 루소Thomas Russo는 이런 생각을 700년이 되었다는 일본의 한 사찰에 즐겨 비유했다. 이 사찰은 나무로 지어졌는데, 사실 그 나무들 중 700년 된 것은 아무것도 없었다. 그것은 각 부분이 오랜 세월에 걸쳐 여러 번 새 나무로 교체되었기 때문이다. 그러나 우리는 여전히 그 사찰을 700년 된 사찰이라고 말한다. 주식시장에서도 우리는 이와 비슷한 방식으로 '변화'를 본다.

지난 50년 동안 S&P 500 지수 편입기업 중 매년 평균 20개 이상의 기업이 교체됐지만 투자자들은 S&P 500이 변하지 않는 하나의 단일체인 것처럼 언급하고 취급한다. 우리가 "현재 S&P 500은 10년 평균에 프리미엄이 붙은 수준 혹은 10년 평균에서 할인된 수준이다"와 같이 말하면서, S&P 500을 그 10년 동안 변하지 않은 것처럼 보지만, 2000년 S&P 500 구성 종목과 2020년 구성 종목은 완전히 다르다.

우리가 처음 어떤 투자 아이디어를 접했을 때 그 주식의 장기 주가 차트를 보고 지난 10년 동안 계속 하락한 것을 본다면, 우리는 반*무의식적으로 그 주식에 '투기성 주식dog stock'이란 딱지를 붙일 가능성이 높다. 따라서 기본적인 사실이 좋은 쪽으로 크게 변했을 수도 있지만, 이런 선입견이 그 기업에 대한 우리의 생각을 오염시킨다.

정말 좋은 기업도 아무런 타당한 이유 없이 소외될 수 있다. 과거에 안 좋았던 '추락천사fallen angel'를 분석할 때마다, 마음속에 연도를 매기면서 분석을 하면 흥미로운 결과를 보게 된다. 많은 투자자들은 마나푸람$_{2016}$에 투자한다는 생각을 비웃었는데, 그것은 마나푸람$_{2013}$을 머리에서 몰아내지 못했기 때문이었다. 분석하는 각 기업의 해당 연도를 매겨보고, 현재 그 기업의 현실을 인정해야 한다. 이것은 단순한 해당 시점 관찰point-in-time observation이다.

투자자들은 약간의 돈이 사용되지 않고 남게 되더라도 항상 '어림수round numbers(예컨대 101주나 107주 대신 100주, 혹은 202주나 207주 대신 200주와 같은 식으로)'로 주식을 매수하고자 하는 비합리적인 편향을 갖고 있다(그 어림수가 앵커, 즉 기준점이 된다). 그러나 그렇게 해서 할 일 없게 된 소액의 돈이 가진 기회비용을 결코 무시해서는 안 된다. 복리수익을 고려하면 이런 소액의 돈도 수십 년이 지나면 상당한 금액이 된다.

투자자들의 또 다른 일반적이고 매우 비합리적인 기준점편향Bias from Anchoring은 투자자들이 장기적으로 '수백%p' 상승할 것으로 예상하는 주식을, 현재 시장가보다 조금 낮게 자의적으로 설정한 매수 희망 가격에만 사려고 할 때 발생한다. 이런 투자자들은 소탐대실하는 것이며, 많은 경우 결국 큰 기회비용을 물게 된다(단지 단기적인 자본이득세를 절약할 목적으로 장기 보유하면서, 팔아야 할 주식의 매도를 연기하는 투자자들과 비슷한 경우다).

거의 대부분의 거래에서, 아주 작은 차액에 연연하는 것은 그 대가가 매우 클 수 있다.

- 필립 피셔

투자자들에게 공통적인 앵커는 주식의 매수 원금이다. 이는 투자자들이 원금 회복을 기대하면서 실패한 투자에 매달리게 만든다. 이런 투자자들은 매수 원금이라는 기준점편향이 유발하는 막대한 비용에 관한 필립 피셔의 다음과 같은 경고를 무시한 것이다.

다른 어떤 이유보다도 그저 '최소한 원금을 회복할 수 있을 때'까지 원하지 않는 주식을 보유한 투자자들이 더 많은 돈을 잃었을 것이다. 실수를 깨달은 바로 그때 적절히 재투자했을 경우 올릴 수 있었던 잠재 수익을 이런 실제 손실에 추가하면, 그렇게 하지 않은 방종의 결과 치르게 되는 비용은 정말 어마어마해진다.[3]

대부분의 투자자들은 남은 것을 유지하기보다는 사라져 버린 것을 회복하길 바란다. 이들은 손실이 발생한 바로 그 주식으로 손실을 회복할 필요는 꼭 없다는 것을 모른다. 스토리가 나빠졌다면 손실을 실현하고, 더 나은 기회로 옮겨가야 한다. 장기 게임에서는 복리수익을 지속시키는 것이 성공의 열쇠다. 주식을 매수한 후에는 이미 지불한 것은 잊어야 한다. 그렇지 않으면, 그 기억이 계속 우리의 판단에 영향을 미칠 것이다.

또 다른 잘못된 앵커는 주가가 크게 상승한 한 주식의 과거 가격(즉 투자자가 애초에 사려고 했지만 사지 못한 시점의 가격)이다. 이렇게 초기에 들어갈 기회를 놓친 것에 후회하지만, 사실 많은 경우 그렇게 후회할 필요는 없다. 정말 훌륭한 기업은 그 주식을 매수할 기회가 여러 번 있기 때문이다. 정의상, 100배 상승한 종목은 10배씩 두 번 상승한 것이다. 즉, 10배 상승한 후 그 주식을 매수했어도, 그 후 다시 10배 상승한 종목이다. 이는 한 주식에서 나온 후에도 그 주식의 스토리를 놓치지 않는 것이 중요하다는 것을 말해 준다. 투자자산은 서로 분리된 단편적인 에피소드들이 아니라 스토리에 새로운 전개나 전환이 있는지 주기적으로 다시 살펴봐야 할 '대하드라마'로 봐야 한다. 기업이 파산하지 않는 한, 그 스토리는 결코 끝나지 않는다.

가장 반(反)직관적인 개념 중 하나는, 평균 매수가 상향, 그러니까 성공한 포지션을 추가 매수하는 것(주식 피라미딩 pyramiding)이다. 중장기적으로 그 가치가 현재 시가총액의 몇 배는 될 수 있는 훌륭한 기업에 투자하고 있다면(시간이 감에 따라 투자자의 마음은 주가보다는 시가총액의 견지에서 생각하는 쪽으로 진화한다), 최초 취득가보다 높은 가격, 이따금 훨씬 높은 가격에라도 추가 매수하는 것을 주저해서는 안 된다.

투자자로서 우리는 항상 현재가격을 기준으로 한 예상 수익률에 초점을 맞춰야 한다.

이는 매도의 경우도 마찬가지다. 우리 포트폴리오에서 큰 실적을 올린 주식을 매도하기란 결코 쉬운 일이 아니다. 수년 동안 그 주식을 보유하면서 그 주식에 감정적인 애착이 생기기도 한다. 그러나 주식은 우리가 그것을 보유하고 있는지 알지 못한다. 투자자는 과거의 성장에서 혜택을 보는 것이 아니다. 현재의 투자자에게 중요한 것은 오늘 이후 미래의 성장이다.

기준점편향은 애널리스트들에게도 영향을 미친다. 투자세계에서 기준점편향은 일반적으로 사전 서프라이즈$^{prior\ surprise}$가 있은 후 그다음 서프라이즈가 오는 이유를 설명해 준다. 애널리스트들은 그들의 밸류에이션 모델에서 한 기업의 이익 수치를 천천히 조정하는 경향이 있다. 자신의 오류를 인정하는 것을 좋아할 사람은 아무도 없다. 특히 자신의 입장을 180도 바꿔야 할 경우에는 더욱 그렇다. 결과적으로 애널리스트들의 전망치 변화는 점진적인 조정이라는 느린 과정을 밟는 경향이 있다. 그래서 사전 서프라이즈가 있고 그다음 서프라이즈가 오는 것이다.

투자를 망치는 질투심

세상을 움직이는 것은 탐욕이 아니라 질투다.
- 워런 버핏

> *자신의 삶에 상당히 성공한 후에도, 다른 누군가 더 빨리 돈을 벌고 있는 것에
> 몹시 신경을 쓰는 것은 정상이 아닌 것 같다.*
>
> *- 찰리 멍거*

> *투자 실수를 다루는 일을 더 어렵게 만드는 복잡한 요인이 하나 있다.
> 그것은 우리 각자가 가지고 있는 '에고ego'다.*
>
> *- 필립 피셔*

보유한 주식이 급등한 덕에 부자가 된 남들을 보고 생기는 유혹을 무시하지 못하고, 기회를 놓치는 것에 대한 두려움FOMO에 빠지면, 자신의 부가 파괴될 수 있다.

전설적인 과학자 아이작 뉴턴Isaac Newton마저도 1720년 사우스시 버블South Sea Bubble, 남해회사 거품 당시 이런 편향에 굴복한 바 있다([그림 31-1] 참조). 그는 급등하기 전 사우스시 주식에 투자해 단 몇 개월 만에 100% 이상의 훌륭한 수익을 내고 이 주식에서 나왔다. 그런데 그가 이 주식에서 나온 후에도 주변 친구들이 계속해서 훨씬 많은 수익을 내고 있다는 사실에 뉴턴은 결국 고점 근처에서 다시 사우스시 주식을 매수했다. 그다음 벌어진 일은 당신도 충분히 짐작할 수 있을 것이다.

나는 이 이야기를 좀 더 일찍 알았어야 했다. 2015년 말 나는 얼마 전 한 친구가 캐피털 트러스트Capital Trust 주식으로 150% 이상 수익을 올렸다는 이유만으로 이 주식을 매수했다. 찰스 킨들버거Charles Kindleberger가 말한 것처럼, "친구가 부자가 되는 것을 보는 것처럼 자신의 안녕과 판단력을 뒤흔드는 것은 없다". [4] 나는 그 친한 친구와의

• 그림 31-1 • '뉴턴의 악몽' : 사우스시 주식(1718년 12월~1721년 12월)

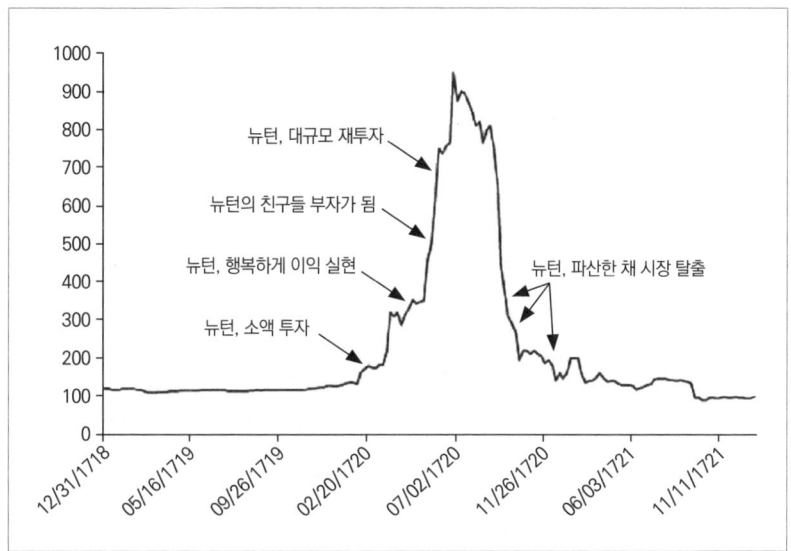

출처 : "사우스시 버블 당시 아이작 뉴턴의 악몽(Isaac Newton's Nightmare During the South Sea Stock Bubble, Dec 1718~Dec 1721)," 〈뱀부 이노베이터(Bamboo Innovator)〉 블로그, https://bambooinnovator.com/2013/04/04/isaac-newtons-nightmare-during-the-south-sea-stock-bubble-dec-1718-dec-1721/

경쟁에서 뒤처지고 싶지 않았고, 그래서 기본사업을 적절히 이해하지도 않은 채 캐피털 트러스트 주식을 매수했다. 그러나 두 달도 되지 않아, 캐피털 트러스트 주가는 30% 가까이 조정되었고, 나는 패닉에 빠져 포지션을 청산했다. 그런데 염장을 지르듯, 이 주식은 그 후 8개월도 못 돼 3배나 폭등했다.

질투는 좋은 점이라곤 하나도 없는 7대 악 중 하나에 불과하다. 질투에 빠진 사람은 항상 비참하다. 질투는 부정적인 리스크만 있고 긍정적인 가능성은 전혀 없기 때문이다.

우리는 다른 사람들이 우리와 다른 게임을 하고 있을 때에도 불필

31장 실수에서 배운 투자 교훈 629

요한 영향을 받는다. 자신을 타인과 비교해선 안 된다. 오늘의 자신이 더 나아졌는지 비교해야 할 유일한 존재는 어제의 자신뿐이다. 타인과 경쟁하는 것은 자신을 쓰라리게 만들고, 자신과 경쟁하는 것은 자신을 더 나은 존재로 만든다. "동료들보다 우수해지는 것은 결코 고결한 일이 아니다. 진정한 고결함은 이전의 자신보다 더 나아지는 것이다"라고 한 어니스트 헤밍웨이Ernest Hemingway의 말에서 이에 관한 훌륭한 지혜를 얻을 수 있다.

때로는 에고ego 때문에 우리는 다른 동료가 몇 년 전 혹은 작년이나 심지어 지난달에 최저가에 그 주식을 샀다는 이유만으로 어떤 주식을 무시하기도 한다. 어리석게도 우리는 그 동료 투자자의 낮은 매수가에 얽매여 현재의 시장가를 기준으로 그 주식의 전망을 평가하려고 하지 않는다. 또한 우리는 어떤 하찮은 개인적인 이유로 한 동료 투자자와 에고 경쟁을 하는 중에, 질투심 때문에, 혹은 가끔은 분노와 증오 때문에, 그가 공개적으로 추천한 좋은 주식을 무시하는 경향이 있다.

이는 정말 어리석은 행동이다. 주식은 누가 그 주식을 보유하고 있는지 모른다. 타인에 대한 개인적인 감정과 의견이 투자 결정에 개입되지 않도록 해야 한다. 이는 수익과 기회를 포기하고 자신의 장기적인 순자산을 크게 침해하는 일이다.

나는 과거 한때 이 모든 어리석은 짓을 했으며, 그로 인해 재정적, 감정적으로 모두 고통을 받았다. 찰리 멍거가 말한 것처럼, "그래선 안 된다는 것을 배우기 위해 전기철조망에 소변을 볼 필요는 없다".[5]

성공적인 투자는 '밤에 편히 잠들 수 있는 투자'다. 성공은 누가 가장 많은 수익을 올렸는가, 혹은 누가 가장 많은 돈을 벌었는가 하는 문제가 아니다. 성공의 본질은 가능한 적은 리스크로 적절한 시기에 우리의 재정적 목표를 달성하는 것이다.

정말 솔직하고 진지하게 실행할 때, 가치투자는 우리에게 큰 부를 제공해줄 뿐 아니라 우리를 더 나은 사람으로 만들어 준다.

시간이 감에 따라, 우리는 가치투자가 단순히 주식과 기업의 펀더멘털에 관한 것만은 아니라는 사실을 알게 된다.

가치투자는 삶에 관한 하나의 규율이다.

CEO에 대한 호감과 투자 결정

우리가 메신저에 대해 부정적인 의견을 가질 때,
우리는 그들이 말하는 것에 마음을 닫고 그로 인해 많은 배울 기회를 놓치게 된다.
마찬가지로, 메신저에 대해 긍정적인 의견을 가질 때,
우리는 충분히 확인하지 않고 그 메시지를 받아들이는 경향이 있다.
둘 다 좋지 않다.
- 애니 듀크Annie Duke, 『결정, 흔들리지 않고 마음먹은 대로(Thinking in Bets)』의 저자

『설득의 심리학』에서 로버트 치알디니는 미묘하지만 매우 은밀한 편향인 선호경향liking tendency에 대해 말했다. 우리는 외적으로 매력적이거나, 인기 있거나, 협조적인 사람, 혹은 우리가 긍정적인 관계를 맺고 있는 사람, 그리고 배경, 의견, 라이프스타일, 관심, 태도, 외모, 가치, 믿음 등이 우리와 비슷한 사람을 좋아하는 경향이 있다. 우리 대부분은 우리가 좋아하는 사람에게 찬성하고, 싫어하는 사람에게는

반대한다.

찰리 멍거에 따르면, 선호·애정 경향은 (무엇을) 좋아하는 사람 혹은 사랑하는 사람이 다음과 같은 경향을 갖게 만드는 조건적 장치 역할을 한다.

1. 좋아하는 대상의 실수는 무시하고, 그 대상의 소망을 들어주는 경향.
2. 좋아하는 대상과 관계 있다는 이유만으로 어떤 사람, 제품, 행동을 좋아하는 경향.
3. 자신이 사랑하는 것을 더욱 사랑하기 위해 다른 사실들을 왜곡하는 경향.[6]

반대로 비선호편향disliking bias의 경우, 싫어하는 대상의 좋은 점은 무시하고, 그에 대한 부정적인 견해를 유지하기 위해 사실을 왜곡하는 경향이 있다.

투자에서는 해당 기업을 책임지고 있는 사람과 주식은 항상 의식적으로 분리해서 봐야 한다. 기본사업의 장점과 경제성에 집중해야 하며, 사실을 보고, 상황을 객관적으로 평가해야 한다. 그래야 여러 값비싼 실수를 줄일 수 있다.

나는 2016년 비라트 크레인 인더스트리스Virat Crane Industries에 투자하기 전에 치알디니의 책을 읽었어야 했다. 당시 나는 역경, 노력, 그리고 인내의 삶을 살아온, 비라트 크레인의 창업주 그란디 수바 라오Grandhi Subba Rao의 스토리를 읽은 후 그에게 애착을 느끼고 있었다. 그에 대한 나의 강한 선호편향은 확신편향을 낳았고, 그 결과 나는 긍정적인 면만 보고 낮은 이익률, 관계자 거래 같은 다른 부정적인 면은 알면서도 완전히 무시했다. 그리고 비라트 크레인 주식에 투자한 것을 정당화하기 시작했다.

반대로, 나는 TV에 출연한 창업주의 무례한 언사가 싫다는 이유만으로 한 훌륭한 기업에 대한 매수 결정을 늦춤으로써 비선호편향을 드러낸 적이 있다. 이는 완전히 비합리적인 행동이었다. 그 기업은 경제성이 좋았고, 창업자는 깨끗한 기업지배구조를 갖고 있었다.

능력이 출중한 CEO가 오만하고, 목소리가 크며, 화려하고, 시가 담배를 피울 수도 있고, 능력이 별로인 CEO가 겸손하고, 내성적이며, 도덕적이고, 자기규율적일 수도 있다. 우리는 우리가 존경하는 특징을 보이는 사람 혹은 우리와 유사한 사람에 끌리는 경향이 있지만, 우리가 좋아하는 사람이 반드시 우수한 업무 수행 및 실적 제공 능력을 가진 것은 아닐 수도 있다.

감정과 비용은 투자자의 가장 큰 두 적敵에 해당한다. 투자를 하면서 나는 기업 책임자에 과도하게 감정적이 되고, 나의 주관적인 의견에 따라 행동한 것 때문에 여러 번 그 대가를 치른 바 있다. 그 모든 경우에, 나는 그 주식으로 돈은 전혀 벌지 못했고, 그 주식을 보유하는 동안 큰 기회비용만 지불했다. 나는 이들 각 기업이 직면하고 있던 여러 역풍은 고의로 무시했고, 객관성을 유지하고 나의 평가에 편향이 없어야 할 때에 의식적으로 그들의 문제를 못 본 체했다.

상황에 관한 사실들을 인간의 심리적 요인과 분리해 볼 수 있도록 항상 노력해야 한다.

'스트레스'와 결정 미루기

***스트레스**stress(명사) : 부정적인 혹은 매우 불리한 환경으로 인해 정신적 혹은 감정적으로 압박을 받거나 긴장된 상태.

빠르게 움직이는 주식시장에서 아드레날린은 더 빠르고 더 극단적인 반응을 유발하는 경향이 있다. 어느 정도의 스트레스는 성과 개선에 도움이 되지만, 과중한 스트레스는 우리의 인지장치에 역기능을 유발하기도 한다.

이런 스트레스의 한 형태가 인지 부조화cognitive dissonance다. 우리는 두 개의 서로 모순되는 생각, 믿음, 의견, 혹은 태도를 가질 때 이런 종류의 스트레스를 경험한다. 이런 인지 부조화는 종종 비논리적이고 비합리적인 행동을 유발한다. 내가 투자를 하면서 겪은 한 사례가 인지 부조화의 좋은 예가 될 것이다.

2016년 11월, 인도 정부는 법정화폐 통용금지를 발표했다. 나는 이런 조치로 현금 거래가 압도적인 SKS 마이크로파이낸스(현재의 바라트 파이낸셜)의 미소금융사업(제도권 금융기관에서 대출 받기 어려운 금융 소외 계층의 자활을 돕기 위해 소액의 창업자금과 운영자금을 대출해 주는 사업—편집자)이 타격을 받을 것이고, 그러면 SKS의 부실자산이 급증할 것으로 생각했다. 따라서 이 주식을 전량 매도했다. 당시 SKS의 주가가 급락하고 있었기 때문에 나는 극심한 정신적 스트레스를 겪고 있었다.

그러나 SKS 주식을 매도한 직후 내가 한 일은 인지 부조화의 가장 좋은 실례가 되었다. 나는 SKS 주식을 매도한 자금으로 마나푸람 파이낸스 주식을 매수했다. 지난 몇 달 동안 이 주식을 유심히 관찰하고 있었고, 빠르게 성장하고 있던 '미소금융 자회사'의 전망에 흥분했기 때문이었다. 다행히도 나는 즉시 나의 어리석음을 깨달았고, 약간의 손실을 보고 이 주식에서 나올 수 있었다.

스트레스에 영향을 받는 이른바 스트레스 영향 성향stress-influence tendency에 대한 치료법은 스트레스가 줄었다고 느낄 때까지 결정을 연기하는 것이다. 냉각기를 가진 후, 자신이 침착하고 안정되었다고 느낄 때 비로소 상황을 꼼꼼히 살펴봐야 한다. 그런 후, 편안한 상태에서 자신의 결정에 대해 생각해 보고, 그리고 중요한 결정이라면 반드시 체크리스트를 참고해야 한다.

'손실의 고통'을 이기는 법

앞의 사례와 같은 시기에, 나는 고아 카본Goa Carbon 실적 발표일 아침 고아 카본 주식에 대해 지정가 매도 주문을 넣었다. 당시 나는 고아 카본 매수 후 단 몇 달 만에 올린 50% 이상의 수익을 지키고 싶었다.

주식시장은 하나의 경매형 메커니즘이며, 주가는 많은 경우 그저 무작위적으로 상하 양방향, 그 어느 방향으로든 크게 움직일 때가 많다. 나의 지정가 매도 주문은 별다른 이유도 없이 불과 몇 분 만에 실행되었다. 그런데 한 시간 후 고아 카본은 뛰어난 실적을 발표했으며, 주가는 그날 오후부터 급등하기 시작해 불과 몇 달 만에 100% 이상 상승했다.

앞서 소개했던 HEG에 대한 손절매 주문은 타당한 이유가 있었다.

도입될 가능성이 있던 수출세 부과가 HEG에 미칠 영향을 확실히 몰랐기 때문이었다. 그러나 고아 카본의 경우, 나의 행동은 완전히 비합리적이었다. 매도하기 불과 한 주 전, 나는 고아 카본의 전망이 좋아졌다는 것을 알고 있었다([그림 31-2] 참조).

장기적인 성장주에 손절매 주문을 하는 것은 비합리적이다. 그러나 그 전망이 불확실할 때 단기 상품주 종목에 손절매 주문을 사용하는 것은 (특히 큰 수익을 올린 후 하는 이익보존 손절매 주문의 경우에는) 전혀 문제가 없다.

그러나 이 두 경우 모두 동일한 기본원칙이 적용된다. 요컨대 과거에 보고한 이익이 아니라 미래 전망이 항상 주가를 견인한다는 것이다. 최근 소성석유코크스calcined petroleum coke 제품 가격의 상승으로 향후 몇 분기 후 고아 카본의 전망이 좋아졌다는 것을 알고 있었는데도, 전 분기 실적 발표 직전 손절매 주문을 생각했다는 것은 (그리고 이

• 그림 31-2 • 제품 가격 상승으로 고아 카본의 전망이 개선되었다

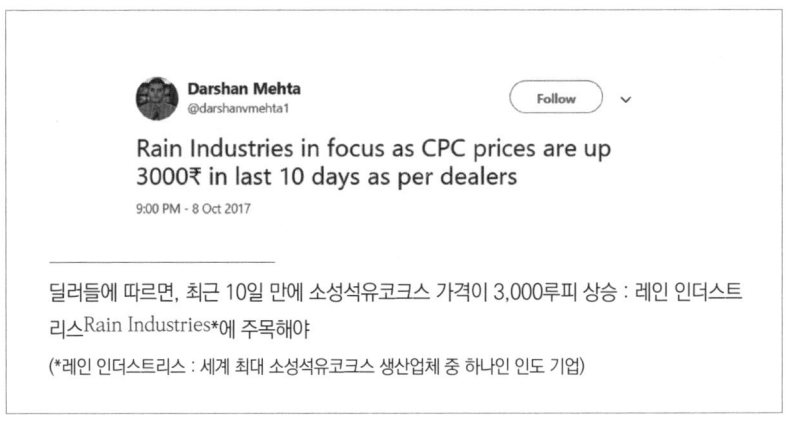

출처: 다샨 메타(Darshan Mehta), 트위터, 2017년 10월 8일, https://twitter.com/darshanvmehta1/status/917238376863895552

를 실행했다는 것은) 완전히 모순적인 행동이었다.

무엇이 나로 하여금 이런 비합리적 행동을 하게 만들었을까? 무엇이 손절매 주문을 통해 한 보유종목에서 올린 기존의 수익을 '지키려는' 나의 욕구를 자극한 것일까? 그 답은 모든 인간에 고유한 하나의 태도 그리고 행동금융학behavioral finance에서 말하는 대부분의 편향들의 토대가 되는 포괄적인 이론, 요컨대 손실 혐오risk aversion에 있다.

같은 가치를 가진 것이라 해도, 인간은 무엇을 '얻는다'는 생각보다 무엇을 '잃는다'는 생각에 더 자극을 받는다. 불확실한 상황에서는 특히 더 그렇다. 잠재적 손실의 위협이 우리의 의사결정에 중요한 역할을 하며, 우리는 본질적으로 손실을 혐오하는 성향을 갖고 있다.

찰리 멍거의 말대로, "10달러 이익에서 느끼는 쾌락의 양은 10달러 손실에서 느끼는 고통의 양과 정확히 같지 않다". 이것이 대니얼 카너먼과 아모스 트버스키가 말한 전망이론prospect theory의 기초 원칙이다([그림 31-3] 참조).

이 문제를 '이익 프레임gain frame(이익에 주목하는 시각)'에서 '손실 프레임loss frame(손실에 주목하는 시각)'으로 재구성하면, 확실한(보수적인) 옵션에서 보다 위험한 옵션(도박)으로 전환하는 것이며, 이를 통해 '손실 혐오'는 '위험 추구'로 전환된다.

사람들은 긍정적인 프레임(이익 프레임)이 제시될 때는 리스크를 피하고, 부정적인 프레임(손실 프레임)이 제시될 때는 리스크를 추구하는 경향이 있다. 메시지가 전달되는 방식이 메시지를 받는 방식에 영향을 미친다. 그러므로 프레임 설정framing은 행동과 관련해 중요한 의미를 가진다. 사람들은 '99% 지방 제거' 식품을 매력적으로 생각하지만, 같은 메시지를 '지방 1% 함유'라는 말로 전달하면 전혀 다른 반응

• 그림 31-3 • '손실의 고통'이 '이익의 기쁨'보다 크다

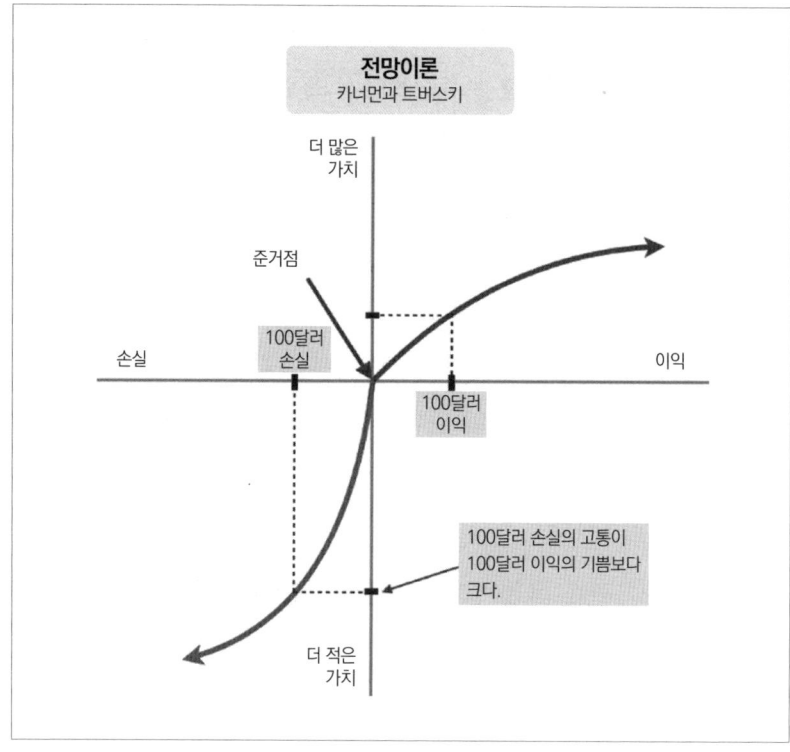

출처 : 데이브 로스차일드(Dave Rothschild), "사람들이 신제품 매수를 생각하는 방식(How People Think About Buying New Products)" 〈JTBD.인포(JTBD.info)〉, 2015년 8월 21일, https://jtbd.info/getting-consumers-to-switch-to-your-solution-fa292bb29cea

을 유발하게 될 것이다.

이와 비슷하게, 1,000달러를 번 후 그중 900달러를 잃는 경우와 1,000달러를 잃은 후 다시 900달러를 버는 경우를 생각해 보자. 우리는 '100달러만 벌었다'는 것보다는 '100달러만 잃었다'는 것에 더 만족해할 가능성이 높다. 프레임 설정은 손실 혐오의 결과다. 진화 과정 속에서 우리의 뇌는 이익 극대화 대신 손실 최소화를 추구하도록 프로

그램되었다.

투자에서, 프레임 설정 효과의 변형인 편협한 프레이밍narrow framing(범위 한정 성향이라고도 한다)은 주어진 상황을 폭넓게 보지 못하는 것을 말한다. 우리는 지는 것보다 이기는 것을 좋아하며, 포트폴리오에 있는 각각의 주식에 내적인 점수를 매긴다. 우리는 이 주식들 각각에 대해 서로 다른 심리적 장부를 갖고 있으며, 미래에 매도할 때는 반드시 이익을 내고 매도하려 한다. 전체 포트폴리오 실적을 보는 대신, 우리는 각각의 모든 주식에서 이익을 내려고 한다. 처분효과 disposition effect로 알려진 이런 편협한 프레이밍은 수익을 낸 주식은 팔고 손실을 낸 주식은 계속 보유하는 결과를 초래한다. 이는, 피터 린치가 말한 것처럼, "꽃은 꺾고 잡초에 물을 주는 것"과 같다.

리처드 탈러Richard Thaler와 캐스 선스타인Cass Sunstein은 손실 혐오 개념을 한 단계 더 심화시켰다.[7] 이들은 투자자들이 근시안적 손실 혐오에도 시달린다고 했다. 포트폴리오를 더 자주 평가할수록 손실 현황을 보게 될 가능성은 커지고, 손실 현황을 더 자주 볼수록 손실 혐오를 더 자주 겪는다는 지적이다. 그리고 이런 과정이 악순환이 된다는 것이다(재정적 손실을 처리하는 뇌 영역은 생명의 위험에 반응하는 뇌 영역과 동일하다).

투자자들은 항상 기대값expected value의 관점에서 생각한 워런 버핏의 보험 인수 관행에서 큰 교훈을 얻어야 한다. 리스크 혐오적이 되어야 하지만, 손실 혐오적이 되어서는 안 된다. 요컨대 계산된 리스크는 두려워할 필요가 없다.

모든 투자가 꼭 수익을 낼 수는 없다. 대부분의 투자자는 분명 그렇게 알고 있지만, 그 사실을 받아들이기 힘들어 한다. 개별 종목들의 이익과 손실에 집착하면, 전체 포트폴리오 실적이 좋아도 괴로울 것이다. 때때로 보게 되는 손실은 게임의 한 부분이다. 따라서 어떤 단일 종목의 손실이 전체 포트폴리오에 큰 타격을 주지 않도록 신중하게 분산해야 하며, 그래야 파산 리스크를 제거할 수 있다.

항상 크게 봐야 한다. 개별 종목의 절대적인 가치 변화보다는 그것이 전체적인 부에서 차지하는 비율 변화(요컨대 전체적인 부에 미치는 영향의 정도)의 견지에서 생각해야 한다. 어느 날 자신의 포트폴리오를 보면 오싹할 수도 있겠지만, 수십 년의 시간지평에서 보면 그렇지 않다는 사실을 기억해야 한다.

'탐욕'과 '공포'의 값비싼 대가

> *10월. 10월은 주식에 투기하기 특히 위험한 달 중 하나다.*
> *그 외 또 위험한 달은 7월, 1월, 9월, 4월, 11월, 5월, 3월, 6월, 12월, 8월,*
> *그리고 2월이다.*
> *- 마크 트웨인*

> *인간의 감정의 정도는 사실에 대한 지식과 반비례한다.*
> *요컨대 사실에 대해 아는 게 적을수록 더 감정적이 된다.*
> *- 버트런드 러셀*

어떤 사건의 생생함은 우리의 논리적인 추론에 장애물로 작용한다. 생생한 사건의 중요성을 더 중시하고, 더 중요하지만 덜 생생한 매일 매일의 점진적인 변화는 덜 중시하는 우리의 성향 때문이다(예를 들어 대부분의 사람들은 2016년 하루에 모기에 물려 죽은 사람들 수가 그 이전 100년 동안 상어에 물려 죽은 사람들을 모두 합한 것보다 많다는 것을 알면 매우 놀랄 것이다).[8] 회자되는 사건이 최근의 일이고 기억하기 더 쉽다면, 성급하고 경솔한 결정을 유발할 수도 있다. 이런 일은 미디어가 좋아하는 극적인 사건에 대한 과도하고 과장된 보도가 있는 동안, 투자자들이 샘솟는 아드레날린을 느끼면서 체크리스트 따위는 무시하고 성급한 결정을 할 때 벌어지는 경향이 있다.

 2016년 6월 브렉시트 판결이 있은 직후, 나는 보유하고 있던 아이커 모터스 주식 5%를 매도하고, 그 돈으로 주식 발행을 통해 10억 달러를 조달할 계획을 갖고 있던 예스 뱅크Yes Bank 풋옵션을 매수했다. 당시 TV에 출연한 많은 전문가들은 브렉시트를 "2차 세계대전 이후 가장 큰 정치적 사건"이라고 말하고 있었기 때문에 나는 세계 주식시장이 급락할 것으로 생각했다(뭔가 뉴스에 너무 많이 보도되면, 이는 이미 가격에 반영된 후다). 이로 인해 나는 불안했지만, 광범위하게 퍼진 공포를 이용해 쉽게 돈을 벌어보기로 했다. 예스 뱅크에 대한 나의 풋옵션 가치가 상승하면, 이를 팔고 그 자금으로 아이커 모터스 주식을 앞서 매도했던 양보다 훨씬 많이 재매수할 생각이었다. 나는 이 모든 것을 논리적으로 계산했으며, 내가 돈을 잃을 리는 없었다.

 그런데 바로 그다음 주부터 전 세계적으로 주식시장은 그 후 수년 동안 역대 최대의 상승을 개시했다. TV에 출연해 공포를 조성하던 전문가들은 이제 흔적도 없이 사라졌고, 그 자리는 흥분한 강세장 지지자들이 대체했다. 아이커 모터스 주가는 상승했고, 예스 뱅크에 대한 나의 풋옵션 가치는 거의 0으로 급락했다.

• 그림 31-4 • 탐욕과 공포

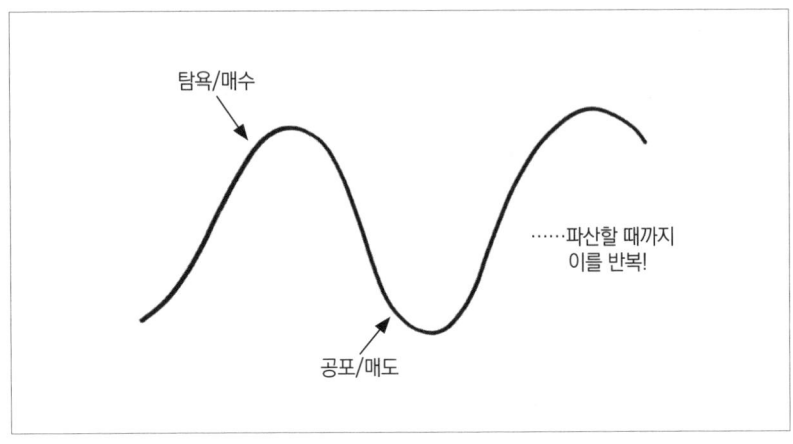

나는 투자 초창기에 다음과 같은 여러 실수를 저지른 적이 있었기 때문에 이런 감정이 어떤 것인지 잘 알고 있다([그림 31-4] 참조).

1. 상장 당일 치고 빠져서 '쉽게 빨리' 돈을 벌 목적으로만 증권사에서 돈을 빌리는 신용거래로 '인기 있는' 기업공개 주식을 매수하려 했다.
2. 내일이나 다음 주에 공식 발표될 강한 실적을 예상하자마자 소액이라도 '빠른 수익'을 내고 그 주식을 매도할 목적으로만 증권사에 이자를 지불하는 신용거래를 시도했다.
3. 소액이라도 빠르게 상승하면 이를 매도할 생각으로 인기 있는 블로거의 (몇 배 상승이 예상된다는) 강력한 추천만 보고 주식을 매수했다.
4. 한 업종 대표기업의 매우 기대되는 기업공개 직전에 단지 밸류에이션 재평가로 빠른 수익을 올릴 수 있을 것이라는 기대에 유통시장에서 그 업종 소속의 주식을 매수했다.

5. 기회를 놓칠지도 모른다는 공포와 탐욕 때문에, 연차보고서, 과거 실적, 재무제표, 그리고 경영진의 질에 대한 분석 같은 필요한 사전 분석은 무시하고 인기 업종에서 급등 중인 소형주를 매수했다.
6. 글로벌 대기업과의 널리 알려진 합작이나 파트너십 협정에 관한 인상적인 스토리에 기초해, 그 합의의 경제성은 살펴보지도 않고 한 기업의 주식을 매수했다. 훌륭한 스토리텔러의 손에 들어가면, 거의 모든 주식이 승자처럼 보인다. (당신을 보호하기 위해서는 당신이 스토리 전부를 전해 들은 것은 아니라고 항상 가정해야 한다.) 훌륭한 스토리텔러는 그들의 자본비용을 줄일 수 있다. 훌륭한 스토리텔러는 투자자의 기대를 높일 수 있고, 기대가 높아진 투자자들은 결국 벤저민 그레이엄("수익을 내기 위한 사업이나 투자는 낙관론이 아니라 계산에 기초해야 한다")과 루이스 브랜다이스Louis Brandeis("오, 여러분, 계산이 학문의 출발이고 안전의 어머니라는 사실을 꼭 기억하시오")의 경고를 간과하기 때문이다.[9]

도파민 분출은 실로 값비싼 대가를 치르게 된다. 증권사는 우리의 매매 행위를 통해 돈을 번다. 우리는 행동하지 않고 가만있을 줄도 알아야 하며, 무의미하거나, 오히려 부정적인 행동으로 복리수익 과정을 훼손해서도 안 된다([그림 31-5] 참조).

캘리포니아대학 금융학 교수 브래드 바버Brad Barber와 테런스 오딘Terrance Odean은 「투자자들이 과도한 매매를 하는 이유Why Do Investors Trade Too Much」라는 논문에서 1987년부터 1993년까지 어느 한 수수료 할인 증권사에서 개인투자자들이 했던 약 10만 건의 주식 매매를 조사했다. 그 결과, 평균적으로 개인투자자들이 매수한 주식들은 그

• 그림 31-5 • 활동과 실적

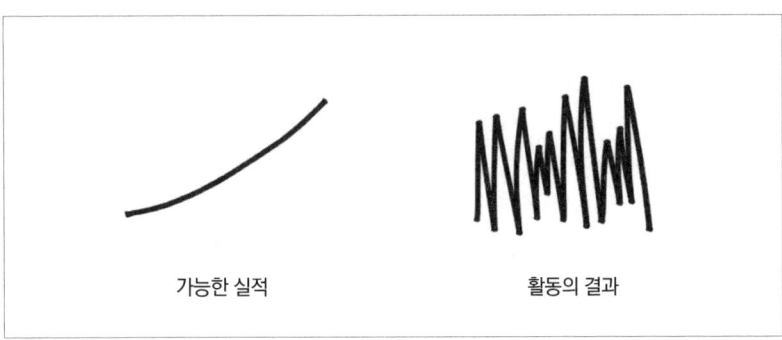

다음 1년 동안 시장보다 2.7%p 낮은 수익을 냈고, 개인투자자들이 매도한 주식은 그다음 1년 동안 시장보다 0.5%p 높은 수익을 냈다는 것을 발견했다.[10]

이와 비슷하게, 브루킹스연구소Brookings Institution에서 출간한 한 논문에서 경제학자 조셉 래코니쇼크Josef Lakonishok, 안드레이 슐라이퍼 Andrei Shleifer, 로버트 비시니Robert Vishny는 연기금 펀드매니저들이 주식 매매를 통해 올린 수익률이 오히려 매매하지 않고 포트폴리오를 그대로 두었을 때 올릴 수 있던 수익률보다 0.78%p 낮았다는 것을 보여주었다.[11]

우리가 너무 과도하게 매매할 때 돈을 버는 것은 주식중개인과 증권사뿐이다. 이런 사실을 제대로 인식하기 위해 놀라운 계산을 하나 해 보자. 당신과 주식중개인 모두 연 8%의 수익을 올릴 수 있지만, 당신에게는 매년 포트폴리오 가치의 4%에 해당하는 마찰비용frictional costs(매매 시 발생하는 수수료와 세금 등의 비용)이 발생한다고 해 보자. 한편, 그 중개인은 그들이 받은 수수료를 연 8%의 수익률로 투자한다고 해 보자. 이렇게 가정했을 때, 처음에 0원으로 시작했다 해도 중개인들은 17년 후에는 당신보다 누적으로 더 많은 돈을 벌게 되고, 28년 후에는 당신보다 2배 많은 돈을 벌게 된다.

알베르트 아인슈타인은 "복리는 세상의 8번째 경이다. 복리를 이해하는 사람은 복리로 벌고, 복리를 이해하지 못하는 사람은 복리로 (그 대가를) 지불한다"고 했다. 이 말대로 나는 과거에 내가 치러야 할 몫을 지불해야 했다.

그러나 시간이 가고 경험이 쌓이면서, 나는 "투자자의 가장 큰 문제(심지어 최악의 적)는 자기 자신일 것이다"라고 한 그레이엄의 말에 담긴 깊은 지혜를 깨닫게 되었다.[12]

> *하지 말아야 할 일을 배우는 데 가장 효과적인 방법은 가진 모든 것을 잃어보는 것이다. 그리고 돈을 잃지 않기 위해 무엇을 하지 말아야 할지 알게 될 때, 돈을 벌기 위해 무엇을 해야 할지 알기 시작한다.*
>
> *- 제시 리버모어*

이번 장에서는 내가 투자를 하면서 저질렀던 실수들을 소개했다. 그런 실수들은 나의 훌륭한 스승이 되었고, 그런 실수를 통해 배운 교훈들은 시간이 가면서 나의 발전에 큰 도움이 되었다는 생각 때문이다. 나는 각각의 손실이 내게 준 소중한 경험과 지혜에 깊은 감사의 마음을 갖고 있다.

인생에는 실수는 없고, 교훈만 있을 뿐이다. 긍정적인 사고방식을 택하면 결코 잃는 법이 없다. 이기거나 교훈을 얻거나 둘 중 하나다. 좋은 판단은 경험에서 나오고, 경험은 나쁜 판단에서 나온다(나는 실로 많은 경험을 했다).

투자는 완벽하게 할 수 있는 게임이 아니다. 투자는 지속적으로 개선해 나가는 게임이다.

투자 초기에 운 좋은 매매로 쉽게 빨리 돈을 버는 건 '최악의 승리'가 된다. 초기의 이런 우연한 승리로 굳어진 나쁜 습관은 평생의 손실로 이어지는 경우가 많다. 투자 영역에서 초보자의 행운은 초보자의 저주가 되는 경우가 많다. 초기의, 그리고 관리 가능한 수준의 손실은 축복이다. 아직 젊고, 인적자산은 많지만 금융자산은 적을 때, 대부분의 투자 실수들을 경험하는 것이 더 낫다.

오토 폰 비스마르크Otto Von Bismarck에 따르면, "바보들만 자신의 실수에서 배우고, 현명한 사람은 다른 사람들의 실수에서 배운다". 찰리 멍거도 이에 동의하면서, "자신의 끔찍한 직접 경험을 통해서가 아니라 타인의 경험을 통해서 간접적으로 뼈아픈 교훈을 더 많이 배울수록, 더 좋다"라고 했다.[13]

그런 의미에서 이번 장에서 소개한 나의 실수들을 통해 얻는 간접적인 교훈들이 독자 여러분의 삶과 투자에 도움이 되길 바란다.

32장

결론 : 투자도 인생도 복리처럼

> *인생은 눈덩이와 같다.*
> *중요한 것은, 잘 뭉쳐지는 촉촉한 눈과 정말 긴 언덕을 찾는 것이다.*
> *- 워런 버핏*

> *복리의 힘 그리고 복리의 힘을 얻는 것이 쉽지 않다는 사실,*
> *이 두 가지를 이해하는 것이 많은 일을 이해하는 핵심이다.*
> *- 찰리 멍거*

나는 워런 버핏으로부터 배울 수 있는 최고의 교훈은 역설적으로 투자와는 아무런 관계가 없다는 것을 알게 되었다. 그것은, 다음과 같은 그의 말을 읽고, 또 읽고 그리고 곰곰이 생각해 보는 것이다.

우리는 하나의 정신과 하나의 육체만을 갖고 있습니다. 평생 그렇습니다. 이 정신과 육체를 오랫동안 그냥 쓰는 것은 매우 쉬운 일입니다. 그러나 당신이 그 마음과 육체를 돌보지 않으면, 40년 후 당신의 몸과 마음은 만신창이가 되어 있을 것입니다.

……지금으로부터 10년, 20년, 30년 후 당신의 정신과 육체가 어떻게 작동할지는 바로 지금, 오늘, 당신이 하는 일이 결정합니다.[1]

일상적인 결정과 관련해, 나는 궁극적으로 나의 삶에 큰 영향을 미친 장기적인 교훈으로 이보다 더 나은 말은 아직 보지 못했다. 이제 이 글을 읽은 당신도 잠시 곰곰이 생각해 보길 권한다.

당신은 앞으로 남은 삶에서 자신의 몸과 정신을 잘 유지할 수 있는 습관을 들이고, 또 그런 행동을 하고 있는가? 당신은 자신의 삶에 정말 중요한 일들에 더 많은 시간을 쓸 수 있도록 삶을 체계적으로 잘 정리하고 있는가?

우리 중 많은 사람이 성공을 열망하지만, 그 청사진은 부족하다. 성공한다는 것은 엄청난 큰돈을 버는 것만 의미하는 것은 아니다. 아무리 돈이 많아도 건강을 잃으면 그 돈은 아무런 의미가 없고, 아무리 돈이 많아도 좋은 사회적 관계가 없으면 외로울 것이다. 우리는 우리의 재정적 자본을 복리로 불리는 일에 많은 시간을 쓰지만, 사회적, 지적 자본도 복리로 불어나거나 줄어든다는 사실은 간과한다. 자신에 투자하고, 자신의 사회적 관계에 투자하고, 세상을 이해하는 데 투자하면, 장기적으로 결국 큰 보상을 받는다.

자신에게 진정으로 중요한 것이 무엇인지 알고, 원칙을 갖고 최선을 다해 그 꿈을 추구해야 한다. 우리가 추구하고 있는 모든 것은 생각보다 더 가까운 곳에 있지만, 가끔은 그것을 찾기 위한 여정에 나서야 할 때도 있다. 그리고 그 여정에서, 복리의 힘은 우리가 추구하는 것(더 행복해지고, 더 건강해지고, 더 나은 사람이 되고, 더 부유해지고, 더 똑똑해지고, 더 고결해지는 것)을 달성하는 데 도움을 줄 것이다.

긍정적인 생각의 복리화

인간의 마음은 무엇을 생각하고 믿든 간에 그것을 성취할 수 있다.
생각은 사물이다!
명확한 목적, 열정적인 욕구와 결합될 때 부로 변할 수 있는
그런 강력한 사물이다.
- 나폴레온 힐Napoleon Hill

긍정적인 생각은 우리의 장기적인 목표를 달성하는데 필요한 지속적인 에너지를 만들어준다. 우리의 마음은 우리가 소비하는 정보와 관련된 생각을 자동적으로 해낸다.

우리가 부정적인 것을 잘 피하고 부단히 긍정적이 되도록 자신을 훈련시켰다 해도, 우리의 기본 본성은 선정적인 것에 저항하기 어렵다. 미디어 전문가들은 이를 잘 알고 있다. 이들은 여러 면에서 우리보다 우리의 본성을 더 잘 알고 있다. 미디어는 우리의 관심을 끌기 위해 항상 충격적이고 선정적인 제목을 사용한다. 우리의 마음은 빈 잔과 같아서, 우리가 그것에 넣는 것은 뭐든 담는다. 우리가 그것에 선정적인 뉴스, 부정적인 헤드라인, 토크쇼의 시끄러운 잡담들을 넣으면, 이는 우리의 마음의 잔에 더러운 물을 붓고 있는 것이다. 우리의 잔에 칙칙하고, 음울하며, 근심에 찬 물을 부으면, 우리의 마음은 모든 것을 그 탁한 물을 통해 보게 된다. 우리가 생각하고 있는 것이 그런 것들이기 때문이다. 따라서 항상 정보 다이어트에 힘써야 한다.

우리가 우리의 삶에 이미 가지고 있는 좋은 것을 인정하는 것이 모든 풍요의 기초다.

- 에크하르트 톨레Eckhart Tolle, 독일 태생 작가

카이젠Kaizen; 改善, improvement은 행동을 성공적으로 바꾸고 개선하기 위한 전략임과 동시에 하나의 삶의 철학이고 믿음 체계다. 카이젠은 우리가 우리의 건강에, 가족과 친구들과 함께 하는 순간에, 그리고 우리의 다음 호흡에 감사하라고 한다. 우리가 이미 가진 것에 감사하는 태도를 가질 때 세상은 다르게 보이고, 다르게 움직이며, 우리에게 다르게 반응한다. 우리가 갖지 못한 것에 대해 깊이 생각하는 대신 우리가 가진 것에 감사해 하고, 이를 최대한 개선하고 활용하면, 우리는 처한 상황을 바꿀 힘을 가진 것이다.

축복은 한껏 들이마시고, 감사는 아낌없이 내뿜어야 한다. 감사는 만족을 찾는 가장 효과적인 길이다. 우리가 부모 노릇을 하기 위해 일찍 일어나야 한다면, 사랑할 자녀를 가진 것에 감사해야 한다. 집을 청소하거나 수리해야 한다면, 살 곳이 있는 것에 감사해야 한다. 세탁해야 할 빨래들이 있다면, 입을 옷이 있는 것에 감사해야 한다. 설거지해야 할 접시들이 있다면, 먹을 음식이 있었다는 것에 감사해야 한다. 잠자리에서 피곤함을 느낀다면, 이 아름다운 세상에 살아있음에 감사해야 한다.

미국의 유명한 가수 겸 작곡가 워런 제본Warren Zevon이 말기암에 고통받고 있을 때, 유명한 토크쇼 진행자 데이비드 레터맨David Letterman은 병을 통해 혹시 어떤 지혜를 얻었는지 물었다. 그러자 제본은 "모든 샌드위치를 즐기시오"라고 했다. 완전한 카이젠식 대답이었다.

마음이 모든 것이다. 무엇을 생각하든, 생각한 대로 된다.
- 고타마 붓다

우리의 태도가 우리의 지위를 결정한다. 의도치 않은 실수는 용납될 수 있다. 찰리 멍거가 말한 것처럼, "그 당시에는 좋은 생각처럼 보일 수 있다". 그러나 실수에서 배우지 못하는 것은 용납될 수 없다. 승자와 패자의 차이는 승자가 자신의 실수를 전적으로 자신의 것으로 받아들이며, 그 실수를 통해 배우고, 삶에 발전을 이룬다는 점이다. 실수를 통해 배울 때 관건은 변명 없이 실수를 인정하고 향후 더 나아지기 위해 필요한 변화를 하는 것이다. 자신의 실수를 인정하지 않으면, 성장할 수 없다.

부정적인 감정이 생긴다는 것은, 현재 경로에 뭔가 문제가 있으며 그 방향을 바꿔야 한다고 우리의 마음이 말하고 있는 것이다. 대부분의 사람들은 이런 경고를 무시하는 경향이 있다.

우리는 우리의 환경의 산물이 아니라, 우리가 생각한 결과다. 행복의 본질은 우리가 우리의 마음속에 담는 생각의 질에 있다. 따라서 옳은 생각을 하도록 노력해야 한다. 우리의 생각은 우리의 말과 행동에 영향을 미친다. 보다 나은 사람이 되려면, 자신의 마음과 생각을 잘 다듬어야 한다. 우리가 우리 자신을 내적으로 바꾸기 시작할 때, 우리 주변의 세상은 그에 반응한다. 우리의 의식이나 정신적 태도가 옳은 방향으로 바뀔 때, 놀라운 일들이 벌어지기 시작한다. 잠자리에 들기 전에는 유익하거나 영감을 주는 것을 읽거나 보도록 해야 한다. 마음은 잠자리에 들기 전 소비한 마지막 정보를 계속 처리한다. 따라서 자신의 목표와 야망에 한 걸음 더 나아가기 위해서는 건설적이고 유용한 것에 관심을 집중하는 것이 좋다. 그러면 매일 강건하게 하루를 마칠 수 있다.

우리가 제일 먼저 알아야 할 것은 자기 자신이다. 자기 자신을 인식하는 사람은 한발 물러서서 자신의 행동을 관찰할 수 있다. 자기 인식은 한 번은 객관적인 시각으로, 그리고 또 한 번은 자신의 생각과 감정 속에 내재된 일반적인 일련의 감각 반응으로 인생을 두 번 경험하게 해 준다. 이 두 형태의 경험은 자신의 의식의 그림자 속에 함께 하고 있다. 한 형태는 우리에게 충만한 삶을 주고, 다른 형태는 후회의 삶을 준다. 이 둘 중 우리가 관심을 두는 형태가 더 커질 것이고, 따라서 현명하게 선택해야 한다.

우주의 기본적인 본질은 불안정하고, 비영구적이며, 궁극적으로 무상한 것이다. 따라서 안전, 영원함, 혹은 연장延長을 추구해선 안 된다. 그 대신, 훨씬 큰 과정 속에 있는 자신의 위치를 받아들여야 한다. 우주는 끊임없는 재생 과정을 거치고 있다. 발전하기 위해서는 새로운 것이 오래된 것을 대체해야 한다. 같은 현상이 인간의 세포에도 적용된다. 이는 집착을 버리고 거리를 두라는 교훈이다. 우리의 몸은 약 37조 개의 세포로 구성되어 있으며, 매일매일 우리의 몸과 마음은 무수한 치환permutations과 변형transformations을 겪는다.

그러나 정말 관심을 가지면, 우리는 하나의 분명하고 진정한 목소리를 발견하게 된다. 이것이 우리의 진정한 자아이며, 모든 의미의 원천이다. 명상을 통해 마음의 평정과 고도의 집중 상태에 도달한다는 선禪 개념은 진정한 자아를 찾는 능력을 개발하는데 도움을 준다. 따라서 명상법을 배우라는 것은 아무리 강조해도 지나치지 않다. 호흡처럼 간단한 뭔가에 집중하도록 마음을 훈련시키면, 그렇게 훈련된 마음은 훨씬 큰일에 집중하고, 정말 중요한 것과 그 밖의 모든 것을 구분할 수 있는 규율을 준다.

삶에 실패한 많은 사람들은 포기했을 때가 성공에 가장 가까웠던 순간이라는 것을 깨닫지 못한 사람들이다.

- 토머스 에디슨

성공은 실패와 같은 길에 있다. 성공이 그 길에서 조금 더 멀리 있을 뿐이다. 끈기 있게 계속 나아가야 한다. 우리의 다음 행동이 언제 성공하게 될지는 결코 알 수 없다. 열심히 노력한 후에 결코 포기해서는 안 된다. 복리는 오랜 시간이 흐른 후에만, 우리의 인내와 확신을 최대한 확인한 후에 그 혜택을 주기 때문이다. 이는 사업과 투자뿐 아니라, 삶과 인간관계에서도 그렇다.

대부분의 사람들은 삶에 대한 관심은 발전시키지만, 실제로 헌신하는 사람은 드물다. 관심과 헌신의 차이는 포기하지 않는 의지가 있느냐 없느냐에 있다. 우리가 뭔가에 진정으로 헌신하면 성공할 수밖에 없다. 관심을 갖는 것은 시작하게 만들지만, 헌신은 결승선을 통과하게 만든다.

준비가 되었다면, 실행하고, 노력하고, 필요한 노력을 계속 더해야 한다. 그러면 조만간 삶의 진실의 순간이 다가온다. 이 순간에 우리는, 우리가 어떤 사람이며 어떤 사람이 되고 있는지 알게 된다. 중요한 것은 최선을 다하는 것이 아니라, 최선을 다한 후 어떻게 하느냐 하는 것이다. 이는 성공과 발전을 결정하는 순간이다. 성장과 발전은 우리가 한 걸음 더 나아가거나 물러설 때 바로 그런 순간에 있다.

최선을 다한 후 정신적 혹은 육체적인 한계에 부딪힐 때 그때마다 포기하는 대신, 경쟁자들도 같은 상황에 직면해 있다는 것을 알아야 한다. 이 순간에 버티고 계속 간다면, 결국 앞서게 될 것이다. 이 '조금만 더!'가 우리의 한계를 크게 넓히게 된다. 바로 이런 것이 복리의 작용이며, 복리의 힘은 뒤로 갈수록 가중되기 때문에, 추가로 조금 더 기울인 그 노력의 결과는 기하급수적으로 확대된다.

이 세상에서 끈기를 대신할 수 있는 것은 없다. 재능도 끈기를 대신하지 못한다. 가장 흔한 것이 재능을 갖고도 성공하지 못한 사람들이다. 천재성도 끈기를 대신하지 못한다. 천재는 보상받지 못한다는 말은 거의 속담이 될 정도다. 교육도 끈기를 대신하지 못한다. 세상은 교육받은 낙오자들로 가득 찼다. 끈기와 결단력만이 전능한 것이다.

- 캘빈 쿨리지Calvin Coolidge, 미국의 30대 대통령

끈기는 지식보다 중요하다. 성공하길 원한다면, 끈기 있게 계속 노력해야 한다. 지식과 능력은 학습과 실천을 통해 획득할 수 있지만, 포기하는 사람에게 훌륭한 것은 결코 찾아오지 않는다.

러디어드 키플링Rudyard Kipling은 승리triumph와 재앙disaster을 두 개의 사기꾼imposter이라고 했다. 이 둘을 같은 것으로 대해야 한다. 그러면 무엇을 맞닥뜨리든 괜찮을 것이다. 모든 성공은 겸손함을 증명할 수 있는 기회가 되고, 모든 실패는 회복탄력성을 입증하고 인격을 함양할 수 있는 기회가 된다.

찰리 멍거는 역경이 닥치면 어떤 사람들은 스스로 그 희생자가 되고 만다고 믿었다.

어떤 상황이나 사람이 당신의 삶을 파괴하고 있다는 생각이 들 때, 사실 당신의 삶을 파괴하고 있는 것은 당신 자신이다. 이는 아주 단순한 개념이다. 희생자라는 느낌을 갖는 것은 삶을 살아가는 방법 중에서 완전히 재앙적인 방법이다. 아무리 상황이 나빠도 그것은 항상 자신의 잘못이며 최선을 다해 그것을 고치겠다는 태도(이른바 철의 처방iron prescription)를 취하기만 해도, 상황을 개선하는 데 정말 효과적이다.[2]

조슈아 케논Joshua Kennon은 자신의 블로그에서 찰리 멍거가 살아오면서 겪은 여러 역경과 매우 고통스러웠던 경험을 소개했다.

1953년 부인과 이혼했을 때 찰리 멍거의 나이는 스물아홉이었다. 그는 스물하나에 결혼했는데, 이혼으로 모든 것을 잃었고, 캘리포니아주 사우스 패서디나South Pasadena에 있는 집은 그의 부인이 차지했다. 찰리 멍거는 대학클럽에 있는 '끔찍한' 곳으로 이사했고, 끔찍한 노란 폰티액 자동차를 몰았다.

……이혼 직후, 그의 아들 테디Teddy가 백혈병에 걸렸다는 것을 알았다. 당시는 의료보험이 없었고, 따라서 전액 자기 돈으로 치료비를 지불했으며, 의사가 할 수 있는 것이 전혀 없었기 때문에 사망률도 거

의 100%에 달했다. 찰리 멍거의 친구 릭 게린Rick Guerin은 찰리 멍거가 병원에 가서, 어린 아들을 안아주고, 패서디나 거리로 나가 울면서 걷곤 했다고 했다.

백혈병 진단을 받고 1년 후인 1955년 아들 테디 멍거가 세상을 떠났다. 당시 찰리 멍거의 나이는 서른하나였고, 이혼했으며, (이혼과 아들 병원비 때문에) 파산했고, 아홉 살밖에 안 된 아들의 장례를 치렀다. 그리고 중년이 되어서 그는 아주 고통스럽게도 한 눈을 장님으로 만든 끔찍한 수술을 해야 했고, 결국 한 눈을 제거하고 말았다.

당신이 현재 겪고 있는 문제들은 찰리 멍거가 겪었던 역경과 비교하면 상대적으로 그리 끔찍하지는 않을 것이다. 그 문제가 무엇이든 간에, 그것을 극복해야 한다. 처음부터 다시 시작하라. 이미 했던 일이고, 할 수도 있는 일이다.[3]

이 글을 처음 읽었을 때 감정에 복받쳐 내 눈가가 축축해졌다. 그리고는 바로 케네스 제프리 마셜Kenneth Jeffrey Marshall의 『싸고 좋은 주식 Good Stocks Cheap』의 서문을 읽고 충격을 받았던 순간이 떠올랐다. 그것은 "가치투자를 발견하는 사람들은 정신적 충격을 받은 경우나 우연히 접하게 된 경우, 두 경로 중 하나를 통해 그렇게 되는 경향이 있다. 그런데 안타깝게도, 정신적 충격의 경우가 훨씬 더 일반적이다"라는 말이었다.[4]

반추해 보면, 역경은 삶의 한 부분이라는 것을 알 수 있다. 역경을 반추해 보는 목적은 그것이 불가피하고, 무차별적이며, 자의적이라는 것을 이해하기 위해서다. 좋은 사람에게도 나쁜 일이 일어나고, 또 일어날 수 있다. 그러나 우리 모두는 삶이 우리를 테스트할 때 발휘되는 큰 힘을 우리 내부에 숨겨두고 있다. 강해지는 것만이 자신이 할 수 있는 유일한 선택이 될 때까지 우리는 우리가 얼마나 강한지 전혀 모른다.

결국 우리는 우리가 살면서 겪은 실패와 좌절에 어떻게 반응하느냐에 의해 규정된다. 우리가 통제할 수 없는 것들에 대한 무관심이 금욕주의적 규율의 핵심이며, 우리를 가장 자유롭게 하는 삶의 깨달음 중 하나다.

신이시여, 저에게 제가 바꿀 수 없는 것들을 받아들이는 평온함, 제가 바꿀 수 있는 것을 바꾸려는 용기, 그리고 이 둘을 구분할 수 있는 지혜를 주소서.
- *평온을 구하는 기도* Serenity Prayer

우리 모두는 우리가 통제할 수 없는 것들에 대해 무심해짐으로써 평화를 찾을 수 있다. 우리는 이미 벌어진 일은 바꿀 수 없지만, 그에 대한 우리의 반응은 선택할 수 있다. 나치 수용소에서의 겪은 경험을 기록한 회고록 『죽음의 수용소에서 Man's Search for Meaning』에서 빅터 프랭클 Viktor Frankl은 우리 모두가 가지고 있는 이런 내적 덕성에 대해, "인간에게서 모든 것을 빼앗아 갈 수 있지만, 단 한 가지(어떤 상황에서든 자신의 태도를 선택할 수 있는, 자신만의 길을 선택할 수 있는) 가장 최종적인 인간의 자유는 빼앗을 수 없다"고 했다.

위대한 프랑스 철학자 미셸 드 몽테뉴 Michel de Montaigne는 "인간은 벌어지는 일에 큰 상처를 받는 것이 아니라 벌어지는 일에 대한 인간의 의견으로 상처를 받는다"라는 말을 그의 모토로 삼았다. 그리고 벌어지는 일에 대한 우리의 의견은 전적으로 우리에게 달려 있다.

우리의 삶에 무슨 일이 벌어지든, 그에 대한 반응을 선택할 수 있는 우리의 능력은 무궁하고, 우리로부터 빼앗아 갈 수 없는 것이다. 이 능력에서 우리는 커다란 힘을 이끌어낼 수 있다. 강제수용소의 철창 안에서조차, 프랭클은 심지어 자신의 남은 빵조각까지 포기하면서 다른 사람들을 돌보는 일부 죄수들에게서 자신의 길을 선택하는 인간의 내적 능력을 목격했다. 사람들은 본래 선하다는 믿음을 받아들이면 우리의 세계관은 완전히 바뀔 수 있다.

우리가 모든 사람의 인간적인 면을 보면, 서로 받아들이는 법을 배운다. 모든 사람에게서 좋은 점을 보면, 사람에 대한 연민과 이해가 생기기 시작한다. 그리고 그렇게 함으로써 우리는 우리가 대우받기를 원하는 식으로 (예의와 품위를 갖추고, 존중하고 공감하면서, 그리고 인간적으로) 다른 사람들을 대하기 시작한다. 우리가 모든 사람에게서 가장 작은 면이라도 긍정적인 특징을 보게 되면, 만나는 각각의 사람을 존경하고 배려하기 시작한다. 그리고 그런 애정, 우정, 그리고 신뢰는 우리 각자에게서 최고의 덕성을 끌어낸다. 우리가 사람들을 우리가 대우받기를 원하는 대로 대우하면, 모든 사람은 더 행복해지고 더 나아지며, 모든 사람이 긍정적으로 우리 문명 전반에 걸쳐 퍼져나간다.

바로 이것이 긍정적인 사고가 복리로 확산되는 과정이다.

우리의 삶은 우리의 생각이 만든 것이다.
- 마르쿠스 아우렐리우스

사물을 보는 방식을 바꾸면, 우리가 보는 사물이 변한다. 좋은 것을 찾는 버릇을 들이면, 우리 주변의 가장 작은 것들에서도 좋은 것을 발견할 것이고, 그러면 우리의 마음은 행복으로 가득 찰 것이다. 어떤 목표를 성공적으로 달성하면, 우리는 다른 어떤 목표도 달성할 수 있다는 믿음이 생기기 시작한다. 요컨대, 긍정적인 생각이 우리의 마음에서 '복리로 늘어나기' 시작한다. 모든 성공이 더 많은 성공을 가져오는 것은 바로 이 때문이다.

『번영Prosperity』에서 찰스 필모어Charles Fillmore는 인간으로서 우리에게 가장 큰 힘을 주는 것이 무엇인지 그 핵심을 말했다.

> 우리는 마음의 생각으로 무엇이든 할 수 있다. 우리의 생각은 우리의 것이고, 우리의 통제 하에 있다. 우리는 우리의 생각을 통제하거나, 강제하거나, 억누르거나, 깔아뭉갤 수 있다. 우리는 한 생각을 버리고, 그 대신 다른 생각을 가질 수도 있다. 이 우주에서 우리의 생각 말고는 우리가 절대적인 지배자가 될 수 있는 곳은 없다. 우리에게 우리의 신성한 권리로 주어진 영역은 우리 자신의 생각뿐이다. 이런 사실을 완전히 이해하고, 신이 준 우리의 영역에 대한 지배권을 행사하기 시작할 때, 우리는 신에 이르는 길, 신에 이르는 유일한 문, 마음과 생각의 문을 찾기 시작한 것이다.[5]

건강의 복리화

신체적으로 건강을 유지하는 것은 의무다.
신체적으로 건강하지 않으면 우리의 마음을 강하고 명료하게 유지할 수 없다.
- 고타마 붓다

> *자신의 신체를 돌봐라. 그곳이 우리가 살아야 할 유일한 장소이다.*
>
> - 짐 론

우리가 걱정해야 할 것은 죽음이 아니라 만성질병이다. 건강과 관련해 올바른 결정을 하지 못한 결과 예상할 수 있는 일은 일찍 죽는 것이 아니다. 사실 죽음은 우리가 가장 적게 걱정할 일이다. 대신 우리는 노년에 수년, 혹은 수십 년 동안 만성질환에 시달리는 것을 걱정해야 한다. 급성질환에 의한 사망보다 만성질환 문제가 더 심각해졌다. 오늘날 수많은 전문 직업인들은 심장질환, 뇌졸중, 당뇨, 폐질환 등으로 사망한다. 우리의 자동차, 인터넷, 그리고 삶은 더 빨라졌지만, 우리의 육체 활동은 더 느려졌다.

운동의 가장 기본적인 목적은 근수축을 유발하는 것이다. 연구에 따르면, 근수축 부족으로 특징되는 앉아있기나, 움직이지 않고 그냥 가만히 있는 것은 '생활습관병'을 키우는 독립 리스크 변수다. 앉아있는 것은 신종 흡연과 같다. 만성질환과 그 영향은 수년, 심지어는 수십 년 지속될 수 있다. 그래서 '만성'이라고 하는 것이다. 만성질환은 계속 진행되면서, 서서히 그러나 고통스러운 죽음을 가져온다.

얼마나 오래 살 것이냐가 아니라, 노년에 어떻게 살 것이냐가 자신의 건강을 돌보는 동기가 되어야 한다. 예를 들어, 60세가 된 미국인들은 평균적으로 최소한 20년은 더 살 것으로 예상된다. 그 기간 동안 자신의 삶의 질에 관심을 가져야 한다. 더 오래 살기 위해서가 아니라 70대, 80대, 그리고 그 후에도 더 잘 살기 위해 자신의 생활방식을 바꿀 필요가 있다.

자신의 몸을 100년은 잘 사용해야 한다는 생각으로 돌봐야 한다.

젊었을 때 어떻게 하느냐에 따라 나이 들었을 때 그 결과가 나타난다. 『아주 작은 습관의 힘』의 저자 제임스 클리어가 말한 것처럼, "좋은 버릇의 비용은 현재에 지불하고, 나쁜 버릇의 비용은 미래에 지불한다". 젊었을 때 자신의 몸을 돌보고, 몸 상태가 좋다고 느낄 때에도 주기적으로 종합검진을 받고, 항상 건강을 유지하도록 해야 한다. 만성질환은 대개는 예방 가능이다. 세계보건기구WHO는 만성질환은 기본적으로 흔하지만 바꿀 수 있는 리스크 변수들(건강하지 않은 식습관, 육체적 비활동, 흡연이 가장 대표적인 3대 변수다)에 의해 발생한다고 밝힌 바 있다.

우리가 먹는 음식은 최고의 약이 되거나 가장 천천히 퍼지는 독이 될 수 있다. 음식과 관련해서는 항상 칼로리가 아니라 영양소를 생각해야 한다. 적절한 식습관을 위해서는 비타민, 미네랄, 단백질, 탄수화물, 지방이 모두 필요하다. 과일의 경우는 주스 형태로 마시기보다는 과일 그 자체를 먹어야 한다. 공기에 노출되면 과일은 산화되고, 비타민과 미네랄도 줄어든다.

비타민과 미네랄 보충제는 건강한 식습관, 규칙적인 운동, 그리고 가장 중요하게는 긍정적인 태도에 필적할 수 없다. 스트레스는 효율적인 소화 시스템과 지방 연소의 가장 큰 적이다. 우리 몸에서 스트레스 호르몬인 코르티솔의 분비를 늘리기 때문이다. 코르티솔은 우리 몸의 대사율을 낮추고, 지방 연소를 방해하며, 음식을 지방으로 전환시킨다. 우리 몸은 가뭄, 기아, 홍수, 그리고 여타 환경 위험들이 초래한 희소성(스트레스 상황)에 대처하기 위한 수단으로 이런 반응을 익히게 되었다(물론 이런 반응은 원시인에서 현재의 우리로 인류를 생존, 진화시키기도 했다). 우리는 규율 있는 생활양식, 규칙적인 운동, 그리고 긍정적인 사고를 통해 코르티솔의 분비를 줄일 수 있다. 사실 여러 연구에 따르면, 운동이 항우울제보다 스트레스 치료에 훨씬 효과적이다(운동의 유일한 부작용은 외모도 더 보기 좋게 만든다는 점이다).

몸의 기초를 더 강하게 만들 수단들을 재투입하지 않으면 우리의 에너지 수준은 낮아진다. 자아의 유일한 은신처인 몸을 체조, 근력운동, 명상을 통해 서서히 해체하고, 잠, 물, 영양소를 통해 재구성해야 한다. 우리의 몸이 우리의 사고의 본질을 결정한다. 육체적으로 건강하면, 힘들게 운동할 때 갑자기 떠오르는 생각은 '정말 힘들군, 그만두고 싶어'가 아니라 '좀 더 할 수 있어. 그래 분명히 할 수 있어'가 될 것이다.

건강하지 못한 삶의 악순환을 깨고 나오는 것이 중요한 것은 바로 이 때문이다. 건강하지 못하면 자신의 성과를 저해하고 잠재력을 실현하지 못하게 하는 부정적인 느낌, 생각, 감정들을 유발한다.

의식적인 실행deliberate practice의 전제 조건인 자신의 한계에 근접하지 않으면, 더 나아질 수 없다. 충분한 노력과 규율을 통해, 한때는 온 힘을 쏟아야 했던 자신의 도전적인 목표가 이제 일상적인 준비단계가 될 수 있다. 중대한 건강상의 변화를 겪은 사람들은 몸 상태가 명료한 생각 및 안정적인 감정과 매우 밀접한 관계가 있다는 것을 알게 된다.

그리고 명료한 생각과 안정적인 감정은 사회적 상호작용의 질에도 영향을 미친다. 특별한 해결책과 완전한 통찰로만 높은 성과를 이룰 수 있는 것은 아니다. 기본은 그렇게 멋지거나 매력적인 것은 아니다. 기본은 단지 꾸준히 그 효과를 낸다.

최선의 건강 습관 중 하나는 매주 3~4번 한 시간씩 운동하고, 오래 앉아있는 것을 피하는 것이다. 두 번째 좋은 습관은 매일 밤 8시간자는 것이고, 세 번째는 물을 좀 더 많이 마시고, 당분과 정크푸드 섭취를 줄이는 것이다. 이 세 가지는 분명히 좋은 습관이지만, 간과되는 경우가 많다. 이 세 가지 습관은 생산성(성과) 개선을 위한 모든 조언의 99%보다 우리의 정신적, 육체적 건강에 더 의미 있고 즉각적인 영향을 미친다. 목표 달성보다 생활방식을 체계화하는 것이 더 좋다. 왜냐하면, 일단 목표에 도달하면, 그 목표를 달성하게 만들었던 바로 그 일을 중단하고 과거의 방식으로 돌아가는 경향이 있기 때문이다.

그러나 극단적인 다이어트를 계속해서는 안 된다. 속성 다이어트를 하면, 지방 외 체중은 줄어들고, 지방 체중은 그대로다(때로는 더 늘어나기도 한다). 지방 외 체중이 많을수록 지방 연소 능력은 커진다. 우리의 건강이나 체력 수준을 보여주는 유용한 지표는 우리의 몸무게나 체질량 지수body mass index가 아니라 체지방율fat percentage이다. 이상적으로, 체지방율은 남성의 경우 20% 미만, 여성의 경우 25% 미만이어야 한다고 한다. 또한 하루 중 올바른 시간에 올바르게 먹어야 한다.

건강의 열쇠는 절제, 일관성, 그리고 지속성, 이 세 단어에 있다. 이를 생활의 한 부분으로 만들면, 건강이 복리로 증진되는 것을 경험하게 될 것이다.

좋은 습관의 복리화

지금까지 네가 해 온 것이 지금의 네가 되었고,
지금 네가 하는 것이 미래의 네가 된다.
- 고타마 붓다

복리 효과는 항상 작동하며, 돈에만 적용되는 것이 아니다. 지적인 행동과 육체적 행동은 비슷하게 나타난다. 10년 동안 꾸준히 노력한 사람은 6개월 전에 노력을 시작한 사람이 1년에 걸쳐 이룬 것보다 더 많은 것을 1주 만에 성취할 수 있다.

마음속에 목표를 유지하고 행동을 다스리는데 복리 효과를 이용하기 위해서는 불변의 의지력이 필요하다. 습관 형성에 관한 기념비적인 저작 『습관의 힘 The Power of Habit』에서 찰스 두히그 Charles Duhigg는 "의지력은 단순한 능력이 아니다. 그것은 당신의 팔이나 다리에 붙은 근육과 같은 일종의 근력이다. 따라서 더 힘들게 사용되면 피로해지며, 그 결과 다른 일들에 쓸 의지력이 줄어들게 된다"고 했다.[6] 우리 삶의 다른 부분들이 우리의 의지력을 고갈시키면, 우리는 우리의 목표를 무시하게 될 수도 있다.

목표는 외부적인 동기가 필요하지만, 습관은 일단 형성되면 자동적으로 작동한다. 습관은 우리의 뇌를 자동비행 상태로 만든다. 어떤 습관을 들이게 되면, 우리의 뇌는 필요한 행동을 더 쉽게 할 수 있도록 실제로 변형된다. 우리의 초점을 구체적인 목표를 달성하는 것에서 좋은 장기적인 습관을 들이는 것으로 전환하면, 생활방식을 꾸준히 개선할 수 있다. 이는 많은 성공한 사람들의 알려진 습관에서 분명히 확인할 수 있다. 예를 들어, 워런 버핏과 찰리 멍거는 매일 몇 시간씩 독서하는 습관을 갖고 있다.

두히그의 조사에 따르면, 우리가 깨어 있는 시간에 하는 행동의 40%가 습관적인 행동이다. 이런 습관적인 행동은 조금씩 늘어나서 우리를 만든다. 그리고 이런 행동의 효과는 복리로 확대된다. 우리가 표출하는 각각의 모든 생각과 감정들은 수년에 걸쳐 복리화된 일련의 습관들이 직접 만들어낸 결과다. 속담처럼, "처음에 우리가 습관을 만들면, 그다음엔 습관이 우리를 만든다".

우리가 나쁜 버릇을 갑자기 버리거나 바꾸면, 잠시 동안은 매우 고통스럽거나 적어도 불편할 수는 있다. 그러나 신체가 항상성 homeostasis이란 과정을 통해 변화하는 환경에 적응하는 것처럼, 우리는 익숙하지 않은 행동에 적응하는 비슷한 항상성 능력을 갖고 있다. 일반적으로 우리는 새로운 환경에 매우 신속하게 적응하면서, 우리 자신을 생리적, 심리적으로 규제할 수 있다. 꽤 오래된 습관 중 일부는 서두르지 않고 천천히 없애나가는 것이 더 효과적일 수 있다. 우리는 그런 습관들을 수십 년에 걸쳐 반복하고, 굳히고, 강화해 왔을 것이며, 따라서 그런 습관들은 다소의 시간을 두고 차근차근 없애는 것이 좋다.

새로운 습관을 들이는 것에 어려움을 느낄 때마다, 힘든 일보다는 작고 쉬운 일을 (그것이 자동적으로 나올 때까지) 먼저 습관화하도록 노력하는 것이 좋다. 자신의 능력치보다 적게 하되, 꾸준히 해야 한다. 이것이 복리의 열쇠다. 몇 주나 몇 달이 아니라 수십 년 동안 할 수 있는 계획을 세워야 한다. 그렇게 하는 것이 일단 시작하기 훨씬 쉽고, 에너지도 훨씬 적게 소요되며, 그 후 내내 (다른 모든 사람들보다 느리다 해도) 일정한 속도를 유지할 수 있다. 가장 쉬운 것부터 시작해서 나중에 보다 어려운 것들을 해낼 수 있는 추진력과 확신을 얻어야 한다. 작은, 그러면서 점점 더 많은 승리를 추구해야 한다. 작고 구체적인 승리는 추진력을 만들어내고, 그다음 도전에도 성공할 수 있다는 확신을 준다. 확신은 근육과 같아서 많이 사용할수록 더 강해진다.

변화하는 최선의 방법은 정신적인 훈련을 하는 것이다. 학습과 이로운 변화를 정말 좋아하도록 자신의 뇌를 재구성하면서, 보상과 행동을 연계하는 두히그의 3단계 습관 고리habit loop를 활용하는 것이 좋다.

두히그에 따르면, 첫 번째 단계는, '뇌에게 자동모드로 들어가라고 하면서, 자동모드에서 사용할 습관을 알려주는 일종의 방아쇠', 즉 신호cue다. 두 번째 단계는 '육체적, 정신적, 혹은 감정적인' 루틴routine(반복 행동)이다. 그리고 마지막 단계는 어떤 특정 습관 고리가 '미래를 위해 기억할 가치가 있는지 아닌지' 뇌가 판단할 수 있도록 돕는 보상reward이다.

이런 기대와 열망이 조작적 조건화operant conditioning(특정 행동을 그 결과, 즉 보상과 결부시켜 추후 행동을 결정하는 학습 방식)의 핵심이다. 루틴, 요컨대 반복 행동은 시간이 가면서 그 행동이 자동화될 때까지 이런 습관 고리를 강화해 준다. 습관을 다루는 가장 좋은 방법은 그런 습관 고리를 존중하는 것이다. 두히그는 "습관을 고치려면, 과거의 신호를 따르고 과거와 같은 보상을 제공해야 하지만, 새로운 루틴을 주입해야 한다"고 했다.[7]

우리는 우리 뇌에서 도파민을 분비시키는 자극을 변화시킬 수 있다. 우리의 뇌는 긍정적인 자기 이미지를 추구하도록 되어 있다. 우리는 우리의 경험상 우리에게 좋은 느낌을 주는 것의 루틴을 미세 조정할 수 있다. 요컨대, 우리는 신뢰를 주는 사람, 솔직하게 실수를 인정하는 사람, 결과가 좋을 때도 정직하게 실수를 밝히는 사람, 그리고 열심히 배우는 사람이 되는 것에서 스스로 좋은 느낌 받는 것을 보상으로 여기게 할 수 있다.

습관은 생산성의 기초가 된다. 보다 자동적으로 할수록, 그다음에는 보다 자유롭게 할 수 있다. 이런 효과는 복리로 확대된다.

환경은 우리의 잠재의식을 환기시키고 우리의 습관에 영향을 미치기 때문에 환경(가상 및 물리적인 환경 모두)에 주목해야 한다. 환경을 정복하기 위해 의지력에 의존하기보다는 그런 의지력이 필요 없는 환경을 설계하는 것이 더욱 효과적이다. 자신의 장점은 발휘할 수 있고 약점은 최소화하는 환경을 만들어야 한다. 또한 자신의 약점을 인정하는 것이 그 약점에 굴복하는 것은 아니라는 것을 기억해야 한다. 약점을 인정하는 것은 약점을 극복하기 위한 분명한 첫 단계다.

우리가 나쁜 버릇을 가진 데는 그만한 이유가 있을 수 있다. 지금까지의 경험이 어느 정도는 우리를 규정하고, 나이가 들수록 그것을 진실로 여길 가능성은 커진다. 워런 버핏은 "습관의 사슬은 너무 무거워 끊을 수 없게 되기 전까지는 그 무게를 느낄 수 없을 정도로 가볍다"고 했다.[8] 우리 모두는 습관의 노예다. 일단 습관이 뿌리를 내리면, 평생 지속될 수 있다. 따라서 좋은 습관을 들여야 한다. 대부분의 나쁜 습관은 서서히 부지불식간에 생긴다. 따라서 작은 유혹에도 신중해야 한다. 나쁜 습관의 역효과도 시간이 가면서 복리로 증가한다. 그 순간에는 확실히 보이지 않던 하나의 나쁜 습관이 궁극적으로 우리의 목표와 우리가 추구하는 삶에서 훨씬 동떨어진 곳에 우리를 데려다 놓을 수 있다.

정말 중요한 질문은 "나는 누구인가?"가 아니라, "나는 누가 되고 있느냐?"이다. 우리는 계속 진화하고 있지만, 다음 5~10년 후에 우리가 될 사람은 오늘 우리의 습관과 우리가 하는 결정에 달려 있다.

우리의 결정이 우리의 삶의 경로를 결정하지만, 우리의 습관은 우리가 그 경로를 얼마나 오래 여행하는지를 결정한다. 제임스 클리어의 말을 인용하자면, "우리의 결과는 우리의 습관을 보여주는 후속지표다. 우리의 에너지는 우리의 수면 습관을 보여주는 후속지표이며, 우리의 체형과 체력은 우리의 운동 습관을 보여주는 후속지표다". 우리는 우리가 반복하는 것을 얻는다. 따라서 현재 우리가 가고 있는 경로가 우리가 현재 얻은 결과보다 중요하다. 성공은 하루하루 조금씩 얻어지는 것이다.

훌륭함의 씨앗은 일상적으로 하는 일에서 뿌려진다. 짐 콜린스Jim Collins는 『좋은 기업을 넘어 위대한 기업으로Good to Great』에서 좋은 것에서 위대한 것으로 되는 과정에 바퀴는 처음엔 천천히 움직이기 시작하며, 지속적이고 작은 움직임들을 통해 추진력이 쌓인다고 했다. 대부분의 사람들은 '더 빨리', '더 세게'부터 외친다. 그러다 마침내 고장이 난다. 하지만 나는 천천히, 천천히, 천천히, 그러나 결코 멈추지 않는 편을 택할 것이다. 느리지만 꾸준한 속도가 쌓이면 우리가 생각할 수 있는 것보다 훨씬 빨라진다.

그리고 작은 긍정적인 변화는 시간이 가면서 커다란 발전이 된다([그림 32-1] 참조). 우리가 매일 5%씩 좋아질 수 있다면, 15년도 안 돼서 약 2배 좋아지고, 30년도 안 돼서 4배 나은 사람이 될 것이다. 바로 이런 방식으로 평균적인 지성을 가진 사람이 훨씬 나은 지성을 가진 사람을 앞서게 되는 것이다. 이 때문에 피터 카우프먼은 "잠재적으로 이용될 수 있는 가장 강력한 힘은 아주 오랜 시간에 걸쳐 끈질기고 지속적으로 조금씩 이룬 발전이다"라고 했다.[9]

우리 삶의 여러 중요한 영역에서 올바른 방향으로 이루어지는 복리 효과는 갈수록 저점은 높이고 변동성은 낮추게 된다. 작은 일들은 빠르게 쌓여갈 수 있다. 자신이 장기적으로 성취할 수 있는 것을 과소

• 그림 32-1 • 좋은 습관의 복리화

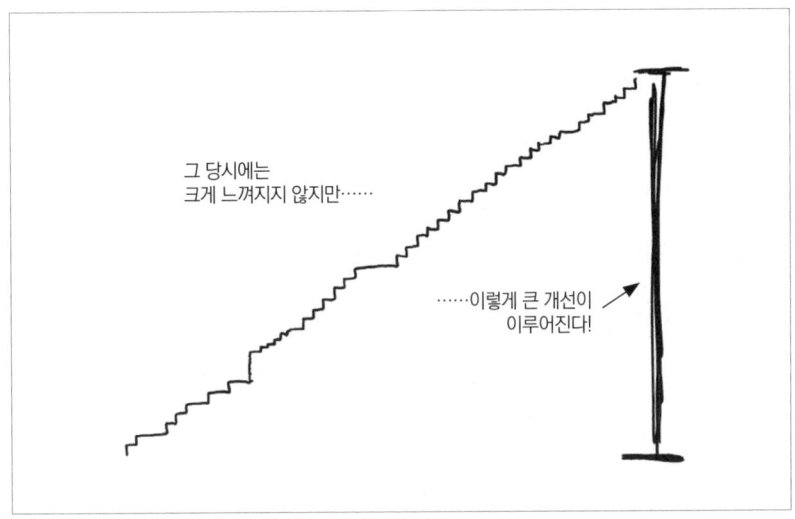

평가해서는 안 된다. 예를 들어, 자신의 사교성이 부족하다고 생각되면, 1주일에 한 번씩 밖으로 나가 새로운 사람을 한 명씩 만나보자. 그러면 2년 후에는 100명 이상의 사람과 새로운 관계가 쌓이고, 사교적 자신감은 습관으로 구축된다.

시간은 복리의 가장 훌륭한 동맹자이며, 장기적으로 생각하고 행동하는 사람들에게 기하급수적으로 증가하는 힘을 부여한다. 복리방정식 $a = p \times [1+(r \div 100)]^n$ 에서 유일한 지수는 시간(n)이며, 시간이 전체 방정식의 결과를 높이는 숫자이기 때문이다(11장 참조). 장기간 꾸준히 일관된 노력을 기울여야 한다. 그러면 모든 예상을 뛰어넘을 수 있다. 우주 차원에서건 문명 차원에서건, 혹은 개인적인 삶의 차원에서건, 시간은 투입된 노력을 끊임없이 처리하는 번역기다. '갑작스런 성공'은 많은 노력들이 서로 연결되지 못하고 있다가 마침내 함께 연결되면서 발생하는 오랜 노력의 복리 효과로 나타난 결과다. 인생의 성공에는 마법 탄환 같은 특효약은 없다. 올바른 방향으로 행해진 노력의 복리 효과와 약간의 행운만 있을 뿐이다.

내가 보기에, 워런 버핏의 위대함은 최고의 투자 실적이나 심지어 매우 관대한 박애주의적 기부에 있는 것이 아니다. 성실, 정직, 윤리, 근면, 독립적인 사고, 열정 추구, 평생학습을 통해 큰 성공을 이룰 수 있다는 것을 우리 모두에게 모범으로 보여준 그의 삶이야말로, 그가 인류에게 선사한 가장 큰 선물이라 할 수 있다. 그의 이런 특징들이 본받아야 할 훌륭한 습관이고 덕성이다.

매일 조금씩 나아지면, 결국 큰 발전을 이룬다. 매일 조금씩 몸과 마음 상태를 개선하면, 결국 몸과 마음이 크게 개선된다. 내일도 아니고 그 다음날도 아니지만, 결국 큰 개선이 이루어진다. 신속하게 큰 개선을 이루려고 해서는 안 된다. 하루하루 조금씩 작은 개선을 추구해야 한다. 그것이 큰 개선을 이루는 유일한 방법이고, 큰 개선이 이루어지면, 이제 그것은 오래 지속된다.

- 존 우든

부의 복리화

좋은 투자가 꼭 가장 높은 수익률을 올리는 것을 의미하는 것은 아니다.
가장 높은 수익률은 그것이 사라질 때
우리의 자신감을 죽이는 일시적인 실적인 경향이 있다.

좋은 투자의 핵심은 장기적으로 유지할 수 있는 꽤 좋은 수익률을 올리는 것이다.
요컨대 복리 효과가 본격적으로 진행될 때 좋은 투자가 된다.
- 모건 하우절

가장 먼저 깨달아야 할 것은 시간이 오래 걸린다는 것이다.
나는 열한 살 때부터 시작했다.
돈을 모으는 것은 눈덩이를 언덕 아래로 굴리는 것과 약간 비슷하다.
매우 긴 언덕에서 굴리는 것이 중요하다. 내 경우는 56년의 언덕이었다.
잘 뭉쳐지는 눈덩이로 굴리는 것이 중요하고, 시작할 때는 작은 눈덩이면 된다.
사실 나는 그 작은 눈덩이를 〈워싱턴포스트〉를 배달하면서 손에 쥐었다.
너무 서두르지 않고 괜찮은 일들을 계속하면 더 좋다.
- 워런 버핏

워런 버핏은 항상 장기적인 게임이 최고의 게임이라고 생각했다. 이는 복리에 대한 그의 사랑으로 귀결되었다. 복리에 대한 사랑이 매우 강했던 버핏은 부인 수지가 수년 전 기부를 하고 싶어 하자, 궁극적으로 기부금이 훨씬 더 커지도록 기다리라고 했다. 버핏은 정말 장기적으로 (10년 혹은 심지어 20년 동안 늘어나는 이익의 견지에서) 생각하는 사람이다. 그는 1달러도 낭비하지 않는 사람이다. 복리 효과로 그 돈이 미래에 큰돈, 그것도 훨씬 큰돈이 될 것이란 것을 알고 있기 때문이다. 인간의 마음은 천성적으로 기하급수의 견지에서는 생각하지 못하고, 따라서 복리의 엄청난 힘을 직관적으로 인식하지 못한다.

인류의 가장 큰 단점은 지수함수 exponential function를 이해하지 못한다는

것이다.

- *알 바틀릿Al Bartlett*

72의 법칙rule of seventy-two에 따르면, 복리 26%면 우리 자본은 매 3년마다 두 배가 되며, 10년 후에는 10배, 20년 후에는 100배가 된다. 재투자 수익과 복리의 역학을 이해한 날, 나는 즉시 내가 내 생애에 부자가 될 것이라는 것을 알았다. 그저 시작만 하면 되었다. 나는 다가올 매일 매일을 배우고 나아지기 위한 새로운 기회로 기대하기 시작했다. 투자의 목표는 행복, 즐거움, 성장, 지적 만족, 그리고 궁극적으로 평화와 평온이 되어야 한다. 부와 경제적 번영은 평생학습의 자연스러운 부산물이다.

우리는 많은 가치투자자들에게 공통의 특징이 있다는 것을 보게 된다. 요컨대, 마침내 우리가 복리의 힘을 깨닫는 순간, 우리는 바뀌기 시작하고, 검소함과 단순함을 삶의 방식으로 포용하게 된다(검소함이 돈을 쓰지 않는 것을 말하는 것은 아니다. 검소함은 자신의 삶에 가치를 더하는 일에만 돈을 쓰는 것을 말한다). 투자에서 부를 창출하는 열쇠는 시간이다. 그리고 일찍 좋은 저축 습관을 들이지 않는 바람에 부담하게 되는 기회비용은 매우 클 수 있다.

단 한 가지(시간의 사용)만 제외하고, 다른 모든 선택은 같았던 두 개인의 사례를 살펴보자.

폴은 18세다. 그는 방과 후 아르바이트를 구했고, 바로 로스 IRA(Roth IRA : 불입금에 대한 세제 혜택은 없지만, 계좌 수익과 은퇴 후 인출 자금에 세금을 부과하지 않는 개인퇴직연금계좌)를 개설했다. 그리고 70세가 될 때까지 이 로스 IRA에 매년 5,000달러를 저축했다. 그는 투자에 대해서는 '아무것도 모르는' 투자자였고, 따라서 싸고 수수료 비용이 저렴한 지수펀드에 정액 분할 투자했으며, 20세기 시장이 올렸던 수익률과 동일한 수익률(연간 약 10%)을 올렸다. 그 결과 70세가 되었을 때 그는 700만 달러가 약간 넘는 부를 창출했다.

피터도 18세이고, 그 역시 방과 후 아르바이트를 구했다. 그러나 피터는 '즐길 수 있는' 젊은 시절에는 즉각적인 만족을 얻고 과시적 소비를 하고 싶었기 때문에 저축은 전혀 하지 않았다. 그는 30세가 되어서야 퇴직연금계좌를 개설했고, 그 계좌에 매년 5,000달러를 저축했다. 그리고 그다음은 폴과 동일했다. 폴보다 10년 늦게 퇴직연금을 불입하기 시작했기 때문에 피터의 총불입금은 폴보다 고작 6만 달러 적은 것에 불과했고, 70세가 되려면 아직 30년이나 남아 있었다. 따라서 피터는 그렇게 나쁜 것은 아니라고 생각했다. 그러나 70세가 되었을 때 피터가 창출한 부는 220만 달러에 불과하다.

6만 달러에 불과한 폴과 피터의 누적 불입금의 차이가 70세가 된 후 순자산에서 480만 달러의 차이를 만들었다. 이 사례는 존 보글John Bogle이 말한 이른바 '간단한 산수의 냉혹한 법칙'을 잘 보여주고 있다.[10]

투자에서 시간은 힘이다. 이는 벤저민 프랭클린의 200년에 걸친 복리에 관한 실험에서 잘 확인할 수 있다. 벤저민 프랭클린은 당시 막 탄생한 신생국 미국에 대해 그가 갖고 있던 강한 낙관에 따라 다음과 같은 실험을 했다.

1790년 프랭클린이 세상을 떠날 때, 그는 그가 사랑했던 두 도시 보스턴과 필라델피아에 각각 5,000달러씩 기부했다. 기부 조건은 두 도

시가 그 돈을 투자해야 하며, 두 특정일에 투자한 돈을 인출할 수 있다는 것이었다. 첫 번째 특정일은 기부일로부터 100년이 되는 날이고, 두 번째 특정일은 기부일로부터 200년이 되는 날이다. 그 결과, 100년이 되는 날 두 도시는 공공프로젝트를 위해 각각 50만 달러를 인출할 수 있었고, 200년이 되는 날인 1991년에는 (두 도시 모두 각각 약 2,000만 달러까지 복리로 늘어난) 나머지 금액을 인출했다. 이런 프랭클린의 사례는 우리 모두에게 복리의 힘을 잘 가르쳐 주고 있다. 프랭클린 자신은 복리 혜택을 "돈이 돈을 번다. 그리고 돈이 번 그 돈이 또 돈을 번다"고 즐겨 말했다.[11]

복리로 불어나는 부에서 시간의 강력한 역할을 아직도 확신하기 어렵다면, 이것을 생각해 보자. 워런 버핏이 30세에 투자를 시작했다면, 그는 오늘날 '고작' 약 20억 달러의 부밖에 창출하지 못했을 것이다. 그러나 그는 초등학교 3학년 때부터 투자를 시작했으며, 30세에 이미 100만 달러를 모았고, 지금 그가 보유한 부는 약 810억 달러에 달한다. 30세에 투자를 시작했을 때보다 추가로 무려 790억 달러나 더 번 것이다. 버핏의 순자산의 99%가 50세 이후 창출된 것이다. 여기서 핵심은 복리의 힘은 뒤로 갈수록 더 커진다는 것이다. 나에게 '규칙 1은 돈을 절대 잃지 말라, 그리고 규칙 2는 오래 건강하게 살아라'이다.

다음은 성공적으로 복리로 부를 불리는 수학 방정식이다.

+ 매월 저축하라.

− 여러 편향들, 탐욕, 낭비적 비용을 제거하라.

× 자신의 시간지평을 곱하라.
÷ 자신의 삶의 단계와 개인적인 환경에 맞게 자산들을 나눠라.
^ 복리방정식에서 지수(시간)의 힘을 실현하라.

이 방정식에서 '낭비적 비용'이란 잦은 회전매매로 인한 과도한 자본이득세와 거래수수료를 포함한 마찰비용, 그리고 법정비용을 말한다.

> 소득에 대해 세금을 납부해야 하는 납세자로서 투자자는, 어떤 비율로 복리로 불어나는 일련의 여러 투자들을 통해서보다는 그와 같은 비율로 복리로 불어나는 하나의 단일 투자로 훨씬, 훨씬 큰돈을 벌 수 있다.
> - 워런 버핏

1989년 주주서한에서 버핏은 포트폴리오를 너무 자주 대량 매매하지 않는 것이 왜 중요한지 다음과 같이 설명했다.

버크셔 해서웨이가 1달러만 갖고 있고, 그 돈을 그 해 말까지 2배로 가격이 상승한 증권에 투자했고, 그해 말 우리가 그 증권을 매도했다고 해 보겠습니다. 그리고 우리가 그 후 19년 동안 세후 수익을 다시 이와 똑같은 과정에 투자했다고 가정해 보겠습니다. 그러면 20년 후, 우리가 매년 각각의 매도로 올린 수익에 대해 정부에 납부하는 34%의 자본이득세는 약 1만 3,000달러가 되고, 우리에게는 약 2만 5,250달러가 남습니다. 뭐, 그렇게 나쁜 것은 아닙니다. 그러나 우리가 그 20년 동안 2배로 20번 상승한 하나의 훌륭한 단일 투자를 유지했다면, 우리 자산은 104만 8,567달러로 불어나게 됩니다. 여기에서 34% 세금으로 약 35만 6,500달러를 납부하면, 우리에게 남겨진 순자산은 69만 2,000달러가 됩니다.

결과에 이런 엄청난 차이가 발생하는 유일한 이유는 세금 납부 시점입니다. 흥미롭게도 정부는, 물론 더 오래 기다려야 하기는 하지만, 우리와 똑같이 첫 번째 시나리오보다 두 번째 시나리오에서 27배 더 많은 돈을 세금으로 받게 됩니다.[12]

이 두 경우 모두 투자자산이 매년 2배로 상승하지만, 결국 그 실적은 27배나 차이가 난다. 멍거가 "복리수익의 제1규칙은 불필요하게 중간에 절대 건들지 말라는 것이다"라고 한 것은 당연하다.[13] 부에 이르는 길은 잘 매수해서 계속 보유하는 것이다. 그렇게 함으로써 투자자는 서류작업, 거래비용, 자본이득세를 최소화할 수 있다. 진정한 부를 얻기 위해서는 장기적인 승자들에 투자해서, 세금 없이, 복리로 성장하는 동안 계속 보유해야 한다. 장기적으로 견실하게 성장하는 기업에 대한 투자의 비실현 평가이익보다 나은 세금천국은 없다. 인내와 결합된 복리는 장기적으로 엄청난 힘을 가진다.

세금 문제 외에도 소액의 마찰비용이 장기적으로 우리 순자산에 미칠 수 있는 큰 영향도 염두에 두어야 한다. 작은 구멍이 거대한 배를 침몰시킬 수 있다.

일상에서 우리는 2%의 비용은 아주 작은 금액으로 다룬다. 그러나 투자에서 2%는 엄청난 금액이다. 인생을 완전히 바꿀 잠재력도 갖고 있다. 장기적으로, 점증하는 수익에서 발생하는 약간의 차이는 누적되는 부에 엄청난 차이를 만들어 낸다. 복리 효과는 너무 커져서 무시할 수 없게 되기 전까지는 너무 작아서 알아채지 못한다.

소액의 마찰비용 2%를 아낄 경우 장기적으로 어떤 효과가 있는지 보기 위해 우리가 3만 달러를 수익률이 7%, 9%, 11%인 3개의 채권에 각각 투자했다고 해 보자. [그림 32-2]는 40년 후 이 각각의 채권 투자의 결과를 나타낸 것이다.

이제 가장 훌륭한 장기적인 부 창출 자산인 주식의 차례다. [그림 32-3]은 동일한 3만 달러를 연평균 주가상승률 15%, 배당수익률 2%, 따라서 총 17%의 수익을 내는 우량 주식들의 포트폴리오에 투자했을 때 그 결과를 나타낸 것이다.

투자자들은 배당금을 '공짜 돈'으로 보고 이를 심리적으로 따로 회계 처리하는 대신, 즉각적인 만족을 누리고 싶은 마음을 억누르고 이를 항상 즉시 재투자해야 한다. 배당 재투자계획dividend reinvestment plan, DRIP을 통해 배당금을 재투자하는 것이 장기 복리 수익의 힘을 극대화할 수 있는 훌륭한 방법이다.

배당 재투자계획은 배당금을 자동적으로 재투자해 포트폴리오 보유종목을 추가 매수하는 것이다. 거래 증권사를 통해 자신의 모든 보유종목에 대해 배당 재투자계획을 등록해 둘 수 있다. 이 경우 증권사는 수수료를 부과하거나 최소한의 투자 요건을 요구하지도 않으며, 우리는 분할매수로 평균 매수가를 낮추는 추가적인 혜택도 얻을 수 있다. 충분한 연한이 지나면, 이런 혜택은 최초 투자 원금의 몇 배가 될 정도로 불어난 배당금의 형태로 나타난다.

이런 것이 복리의 힘이다. 자신이 투자한 돈에서 발생한 수익 외에도, 시간이 감에 따라 그런 수익에서 발생하는 추가 수익까지 버는 것이다. 이런 복리 수익은 시간이 가면서 우리의 부를 눈덩이처럼 불린

• 그림 32-2 • 2%p의 차이 : 수익률 7%, 9%, 11%의 경우

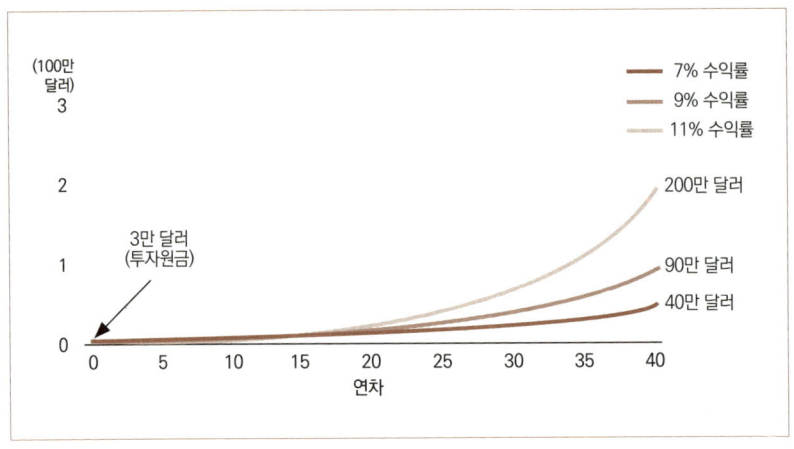

• 그림 32-3 • 복리의 힘 : 수익률 17%의 경우

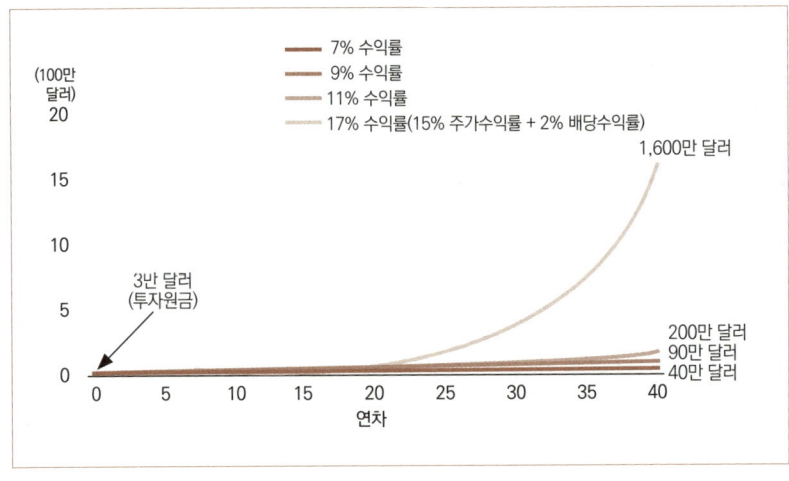

다. 배당금을 재투자하면 이중 복리 수익의 힘, 이른바 '복리의 스테로이드효과compound interest on steroids'를 누릴 수 있다.

이는 장기적으로 주식의 엄청난 부 창출 잠재력을 잘 보여주고 있

다. 그리고 또한 위 사례는 이익을 내는 내내 어떤 추가 자금의 투입도 없음을 가정한 것이다. 따라서 주기적으로 추가 자금을 투입하면 복리 수익은 그야말로 폭발적으로 증가할 것이고, 그 최종 금액은 정말 어마어마해진다.

지식의 복리화

우리가 씨즈캔디를 매수했을 당시에는 좋은 브랜드의 힘을 모르고 있었다.
그런데 시간이 가면서 우리는
우리(씨즈캔디―옮긴이)가 1년에 10% 가격을 올릴 수 있지만,
누구도 그것에 신경 쓰지 않는다는 사실을 알게 되었다.
그리고 이런 사실을 알게 된 것은 버크셔를 변화시켰다. 이는 정말 중요했다.
당신이 이런 일을 제대로 이해하기 위해서는 평생 학습자가 되어야 한다.
우리는 평생학습을 하나의 도덕적 의무로 생각한다.
자신이 할 수 있는 한, 합리성을 높이고 더 나은 사람이 되는 것은
나이나 경험에 관계없이 모든 사람의 도덕적 의무다.
- 찰리 멍거

워런 버핏은 1991년 노트르담대학 강연에서 끊임없는 학습에 대한 자신의 열망을 밝혔다.

나는 모든 종류의 기업자료들을 읽습니다. 또 많은 산업자료들도 읽습니다……아침에 배달되는 것은 무엇이든 손에 들고 읽습니다. 〈아메

리칸 뱅커American Banker〉는 매일 오고, 따라서 나는 그것을 매일 읽습니다. 또 〈월스트리트저널〉도 읽습니다. 확실합니다. 〈에디터 앤드 퍼블리셔Editor and Publisher〉도 읽고, 〈브로드캐스팅Broadcasting〉도 읽고, 〈프로퍼티 캐쥬얼티 리뷰Property Casualty Review〉도 읽고, 제프리 메이어Jeffrey Meyer의 〈베버리지 다이제스트Beverage Digest〉도 읽고, 모든 걸 읽습니다. 그리고 나는 내가 생각할 수 있는 거의 모든 종목의 주식 100주는 보유하고 있습니다. 주주로서 그 기업의 모든 보고서를 볼 수 있기 때문입니다. 그리고 사업설명서와 주주총회 안내 자료들을 늘 주변에 갖고 다닙니다.[14]

유사한 맥락에서, 버핏은 2001년 버크셔 해서웨이 연차총회에서 "나는 무디스Moody's 매뉴얼들을 읽기 시작한 후, 한 페이지도 빼놓지 않고 다 읽었습니다. 그러니까 무디스의 산업, 운수, 은행, 금융 매뉴얼들을 2만 페이지는 읽었을 겁니다. 그것도 2번이나 읽었지요. 실제로 나는 모든 기업을 봅니다. 물론 어떤 기업은 아주 열심히 보지는 않았습니다"라고 했다.[15]

멍거는 자신이 지식을 쌓은 것은 선천적인 재능이 아니라 후천적인 재능 때문이라고 보고 있다. 그리고 공부를 했기 때문에 그렇게 될 수 있었다고 보고 있다. "워런이나 나는 생각할 시간을 갖지 않고 즉시 결정을 내릴 정도로 똑똑하지는 않습니다. 우리가 결정을 매우 빨리 내리기는 하지만, 그것은 우리가 조용히 앉아서, 읽고, 생각하면서 미리 준비하는데 많은 시간을 썼기 때문이죠"라고 말했다.[16]

장기적으로 자신의 정신적 데이터베이스를 구축하는 것이 가진 장점에 관한 버핏의 이야기 중 필명 '애덤 스미스Adam Smith'로 유명한 조지 굿맨George Goodman과의 1993년 인터뷰를 나는 가장 좋아한다.

애덤 스미스 : 젊은 워런 버핏이 오늘 투자에 뛰어든다고 하면, 어떤 점에 주목하라고 하겠습니까?

워런 버핏 : 그가 투자 세계에 들어와 소액의 자금을 갖고 투자하고 있다면, 내가 40여 년 전 했던 바로 그런 일을 하라고 말해줄 겁니다. 증권시장에 상장된 모든 기업에 대해 공부하는 것이지요. 그렇게 해서 시간이 감에 따라 지식이 쌓이면, 엄청난 도움이 될 겁니다.

애덤 스미스 : 그런데 상장된 기업이 2만 7,000개는 되지 않나요?

워런 버핏 : 그렇지요. 이름이 A로 시작되는 기업부터 시작하면 됩니다.[17]

버핏은 매년 수백 권의 연차보고서를 읽고, 수십 년 동안 사업체를 경영해 오면서 많은 정신모형을 얻었다. 그리고 이 정신모형들을 더 많은 기업을 분석하는데 적용했고, 후속 투자를 하는데 축적된 지식을 사용했다. 1997년 캘리포니아공과대학Caltech 강연에서 버핏은 바로 이런 점을 강조했다.

우리가 1972년 매수한 씨즈캔디를 보유한 일은 브랜드의 가치, 그리고 브랜드로 할 수 있는 것이 무엇인지에 대해 나에게 정말 많은 가르침을 주었습니다. 그래서 1988년 코카콜라를 만나게 되었을 때, 나는 씨즈캔디를 만나지 않았을 경우보다 코카콜라를 더 잘 이해할 수 있었습니다. 우리는 지금까지 코카콜라에서 100억 달러 가까운 수익을 올렸습니다. 그 수익의 상당 부분은 우리가 1972년 2,500만 달러로 씨즈캔디를 매수했기 때문에 가능했습니다.

투자의 멋진 점은 지식이 당신에게 쌓인다는 것입니다. 당신이 일단 한 기업이나 산업을 이해하게 되면, 그 후 50년 동안 그 기업과 산업을 이해하게 될 것입니다.[18]

기업과 산업들에 대해 점진적으로 큰 지식 데이터를 구축하면 엄청난 혜택이 발생한다. 지식은 복리처럼 이전의 토대 위에 쌓이고, 시간이 가면서 증가하기 때문이다.

그리고 이렇게 지식이 쌓이고 증가하면 패턴 인식이 가능해진다.

나는 브루스 그린왈드의 『경쟁 우위 전략』에서 지역적 규모의 경제local economies of scale 개념을 배웠고, 이는 헤스터 바이오사이언스를 찾는데 도움이 되었다. 그리고 에드워드 챈슬러의 『자본 수익 : 자본 순환주기를 이용한 투자』에서 자본 순환주기 이론을 배운 것은 HEG를 찾는데 도움을 주었고, 타말 반디요파디야이Tamal Bandyopadhyay의 HDFC 뱅크에 관한 책에서 은행산업에 대해 배운 것은 반단 뱅크, AU 스몰 파이낸스 뱅크, 우지반 스몰 파이낸스 뱅크를 찾는데 도움을 주었다. 그리고 딜립 빌드콘Dilip Buildcon에서 프로젝트 실행 능력의 중요성에 대해 배운 것은 PSP 프로젝트를 찾는데 도움을 주었고, 캔 핀 홈즈에서 주택산업에 대해 배운 것은 아바스 파이낸시어스를 찾는데 도움을 주었으며, 바라트 파이낸셜에서 미소금융산업에 대해 배운 것은 크레딧액세스 그라민을 찾는데 도움이 되었다.

바로 이런 것이 지식의 복리화다.

우리가 지식을 복리로 쌓으면 우리는 우리 자신뿐 아니라 전체 세상도 발전시킬 수 있다. 학습혁명은 한 개인의 작은 행동에서 시작된다.

『대학大學』에서 공자가 말한 것이 바로 그런 것이다.

> 사물을 탐구할 때, 지식이 쌓이고
> 지식이 쌓일 때, 정성을 다하고
> 정성을 다할 때, 마음이 올바로 되고
> 마음이 올바를 때, 자신을 수양할 수 있고
> 자신을 수양할 때, 가족이 화목해지고
> 가족이 화목할 때, 나라의 질서가 잡히며
> 나라의 질서가 잡힐 때, 세상이 평화로워진다. [19]

리 루가 2015년 10월 중국 베이징대학 광화경영대학원에서 학생들에게 했던 강연도 같은 내용이다.

두 사람이 지식을 교환하면, 이 두 사람은 혼자 생각하고 있는 것보다 많은 것을 배우게 됩니다. 또한 이 둘의 만남은 새로운 생각의 불꽃을 일으킬 것입니다. 지식을 나누는 데는 옥수수를 주고 우유를 얻는 식의 교환은 전혀 필요 없습니다. 그러나 지식을 결합하면 복리의 혜택에 힘입어 지식이 크게 늘어나기 시작합니다. 각각의 지식의 교환이 이런 식으로 큰 지식의 복리 효과를 낳을 때에만 사회는 빠르게 부를 축적할 수 있습니다.

이런 식의 지속적인 개인 간 지식 교환이 수십억 번 이루어진 결과 현대 자유시장경제가 창조되었습니다. 이것이 문명 3.0 Civilization 3.0입니다. 꾸준하고 지속가능한 경제성장은 이런 식의 지식 교환으로만 가능합니다. 이런 종류의 경제시스템이 인간의 에너지와 진정한 동기를 온전히 이끌어낼 수 있는 유일한 방법입니다. 이 경제시스템이야말로 아마도 인류역사상 가장 위대한 혁신일 것입니다.[20]

공자와 리 루는 부단히 배울 때 우리가 세상에 영향을 미칠 수 있다는 것을 일깨워주고 있다. 그러나 내가 보기에, 지식의 복리화는 너무 강력해서 그 영향은 우리가 사는 세상에만 국한되지 않는다. 그 반향은 전 우주에 걸쳐 느껴진다. 레이 달리오Ray Dalio는 『나만을 위한 레이 달리오의 원칙Principles』에서 다음과 같이 말했다.

우리 각자는 오늘날 지구상에 살아 있는 약 70억 명의 인간 종에서 유일한 한 사람이고, 우리 인간 종은 지구에 있는 약 1억 개의 종 가운데 유일한 한 종이다. 이것이 현실이다. 그리고 지구는 우리 은하계에 있는 약 1,000억 개의 행성 중에 유일하고, 우리 은하계는 우주에 있는 약 2조 개의 은하계 중 단 하나뿐이다. 우리의 생은 인간이 존재했던 전체 기간의 약 1/3,000에 불과하고, 인간이 존재한 기간은 지구가 존재한 기간의 1/20,000에 불과하다. 요컨대, 우리는 믿을 수 없을 정도로 작고 그 생애가 짧은 존재이며, 우리가 무엇을 달성하든 그 영향은 미미하다. 동시에 우리는 우리가 의미 있는 존재가 되고 발전하기를 본능적으로 원하며, 그래서 아주 조금 의미 있는 존재가 되고 발전할 수 있다. 그리고 이 모든 작은 발전들이 모여 우주의 발전을 이끈다.[21]

심오한 말이다.

선의의 복리화

찾아오는 사람은 누구든 더 나아지고 더 행복하게 떠나게 하시오.
- 마더 테레사

2015년 3월 모니시 파브라이와 가이 스파이어는 스탠포드대학 경영대학원에서 대담회를 가졌다. 그 대담회의 핵심 주제는 어떤 보상도 기대하지 않고 베푸는 것, 요컨대 받는 자가 아니라 주는 자가 되는 것에 관한 내용이었다. 가이 스파이어는 우리가 주는 자가 될 때 복리로 불어나는 선의goodwill의 특별한 힘에 대해 말했다. 처음에는 우리의 선의의 계좌에 큰 변화가 없을 것이다. 그러나 시간이 가면서 선의가 눈덩이처럼 커지고 마침내 기하급수적으로 불어나기 시작한다([그림 32-4] 참조). 버핏의 선의의 계좌는 그 고점에 있으며, 그가 세상을 떠난 한참 후에도 계속 늘어날 것이다.

내 나이가 되었을 때 당신은 당신을 사랑해 주기를 원하는 사람들 중에서 실제로 얼마나 많은 사람이 당신을 사랑하는가로 삶의 성공 여부를 평가하게 될 것입니다……더 많은 사랑을 줄수록, 당신을 사랑하는 사람도 더 많아집니다.
- 워런 버핏

주는 것은 받는 것보다 우리를 더 부자로 만들어 준다. 타인을 무조건적으로 돕는 이타적인 행동은 정말 훌륭한 미덕이며, 그 사례로 나의 소중한 경험을 소개하고 싶다.

• 그림 32-4 • 시간의 경과에 따른 '선의의 복리화'

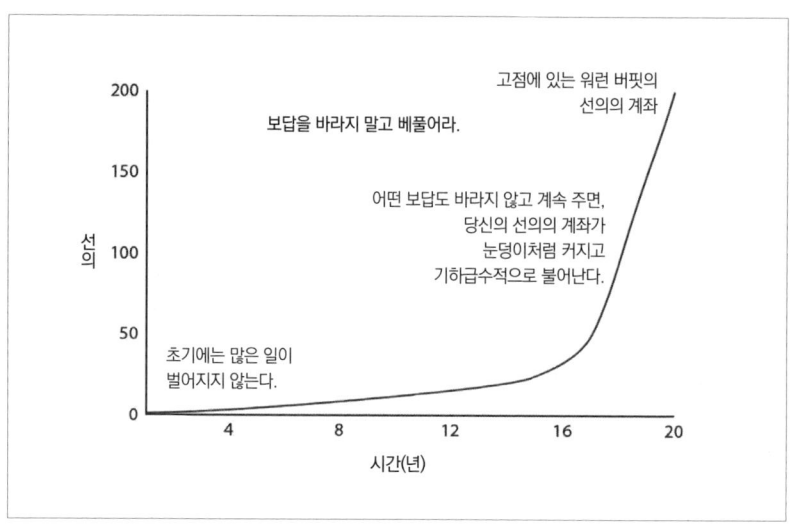

출처 : 자나 벰부나라야난(Jana Vembunarayana) 블로그, https://janav.wordpress.com/2015/07/18/think-ling-term

    투자자로서 아직 초창기에 정말 힘들게 포트폴리오를 꾸려나가고 있을 때, 나는 꾸준한 영감을 얻기 위해 마이크로캡클럽MicroCapClub의 이안 카셀Ian Cassel 블로그를 자주 찾았다. 당시 그는 자신의 블로그에 동기 부여 관련 글을 주기적으로 올리고 있었다. 그의 긍정적인 영향에 대한 감사의 표시로 나도 그에게 도움이 될 것으로 생각되는 글을 제공하기 시작했다. 복리가 늘 그렇듯, 처음 아주 오랫동안은 아무런 일도 일어나지 않는 것 같았다.

    그러다가 마침내 이런 일이 일어났다([그림 32-5] 참조).

    새로운 관계를 맺는 데 시간을 써라. 너무 많은 사람들이 졸업하거나 결혼한 후에는 더 이상 새로운 관계를 맺지 않는다. 그리고 판에 박힌 일상에

• 그림 32-5 • 이런 것이 '선의의 복리화'다

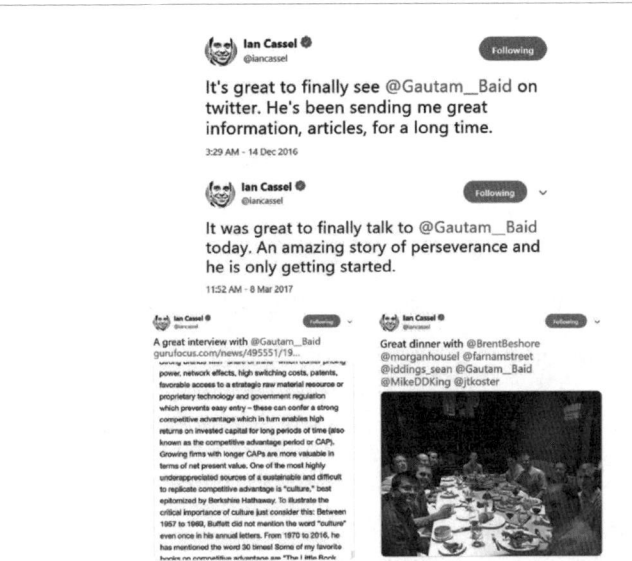

이안 카셀 @iancassel
트위터에서 @Gautam_Baid를 만나게 된 것은 정말 행운이었습니다. 그는 나에게 오랫동안 여러 훌륭한 정보와 글을 보내주었습니다.

오늘 마침내 정말 기쁘게도 @Gautam_Baid와 이야기를 나누게 되었습니다. 인내에 관한 매우 유익한 이야기였습니다. 그리고 그의 이야기는 이제 막 시작에 불과합니다.

@Gautam_Baid와의 멋진 인터뷰
……가격결정력, 네트워크 효과, 높은 전환비용, 특허권, 전략적 원자재나 독점기술에 대한 유리한 접근권, 쉬운 진입을 막는 정부 규제, 이런 것들이 강력한 경쟁우위를 제공하며, 강력한 경쟁우위는 오랜 기간(이를 경쟁우위기간, CAP라고 한다) 높은 투하자본이익율을 올릴 수 있게 해 준다. 경쟁우위기간이 더 긴 성장기업들이 순현재가치 측면에서 더 가치 있다. 복제가 어려운 지속가능한 경쟁우위의 원천이면서도 가장 저평가된 것 중 하나가 '문화'이며, 그 대표적인 예가 버크셔 해서웨이다. 문화가 얼마나 중요한지 보려면, 버크셔 해서웨이의 사례를 보면 된다. 1957~1969년 사이 버핏은 연차보고서에서 '문화'란 말을 단 한 번도 언급하지 않았다. 그러나 1970~2016년 사이 그는 '문화'를 30번이나 언급했다! 경쟁우위에 관한 내가 가장 좋아하는 책들은 『경제적 해자(The Little Book That Builds Wealth)』……

사진 : @BrentBeshore, @morganhousel, @farnamstreet, @iddings_sean, @Gautam_Baid, @MikeDDking, @jtkoster와의 멋진 만찬 모임

출처: https://twitter.com/iancassel/status/808982314449600512; https://twitter.com/iancassel/status/839549332609241090; https://twitter.com/iancassel/status/846903205439037440; https://twitter.com/iancassel/status/910691321031077888

빠진다. 그에게 남은 유일한 관계들은 그가 어디로 가기를 원하는지가 아니라, 과거에 어떤 사람이었는지만 보여준다.

- 이안 카셀

이메일이나 전화로 연락하는 것은 직접 만나는 것과는 전혀 다르다. 당신과 같은 길을 가고 있는 사람들과 강력한 유대를 형성하기 위해서는 정말 진정한 노력을 해야 한다. 정말 솔직하고 진정하게 그런 노력을 기울이면, 복리로 늘어나는 인적 네트워크가 미래에 예상치 못한 많은 기쁨을 선사할 것이다. 그저 첫 걸음을 떼면 된다. 그러면 얼마나 많은 관계를 형성하게 되는지 정말 놀라게 될 것이다. 진심이 담긴 육필 메모나 편지의 힘을 절대 과소평가해선 안 된다. 그것이 당신의 삶에 뜻밖의 행운이 들어오는 문을 열어줄 수도 있다. 그가 누구든 만나는 모든 사람에게 겸손하고, 그 순간에 최선을 다하고 진실해야 한다. 그리고 그럴 자격이 있는 사람에게는 그에 마땅한 인정이나 보상을 관대하게 주고, 서로 알아서 좋을 사람들은 서로 소개도 시켜줘야 한다.

이번 장에서 소개한 여러 통찰을 한 마디로 종합하면, 장기적으로 (정말 장기적으로) 생각하고 행동하라는 것이다. 이와 함께 다른 주요 통찰도 소개하면 다음과 같다.

- 무엇이든 그 가치를 창출하는 데는 오랜 시간이 걸린다.
- 단기적으로 어떤 결과도 얻지 못한다 해도, 매일 노력해야 한다.
- 포기하지 말고 오랫동안 그것을 지속적으로 해야 한다.
- 과정을 즐기고, 내적 점수표에 따라 삶을 살아야 한다.

- 자신을 타인과 비교하지 말라. 그 대신 자신의 전날과 비교해 더 나은 사람이 되도록 항상 노력해야 한다.

이런 모든 통찰과 조언을 염두에 두고 실천하는 사람은 자신이 추구하는 삶에 성공할 가능성이 매우 높다. 워런 버핏이 "점수판을 보는 선수가 아니라 경기에 집중하는 선수가 게임에서 이긴다"라고 한 것도 정확하게 이런 의미에서다.

마하트마 간디가 "자신의 믿음이 자신이 생각이 되고, 자신의 생각이 자신의 말이 되며, 자신의 말이 자신의 행동이 되고, 자신의 행동이 자신의 습관이 되며, 자신의 습관이 자신의 가치가 되고, 자신의 가치가 자신의 운명이 된다"고 한 것은 복리의 효과를 정확히 표현한 말이다.

이 모든 것이 하나의 작은 믿음, 하나의 작은 생각, 하나의 작은 말, 하나의 작은 행동, 하나의 작은 습관, 하나의 작은 가치로 시작된다.

그리고 그것이 하나의 거대한 운명을 만든다.

행복하고, 건강하고, 성공적인 삶은 모두 한 번에 작은 한 걸음씩 같은 경로를 간다.

여러분 모두의 행운을 빌며, 모쪼록 꾸준히 공부하고 배우길 바란다.

슬로우 댄스

데이비드 L. 웨더퍼드 David L. Weatherford

회전목마를 탄 아이들을 본 적이 있는가,
땅에 떨어지는 빗소리를 들어본 적이 있는가?
이리저리 날아가는 나비를 좇아본 적이 있는가,
어둠 속에 사라져가는 태양을 본 적이 있는가?

서두르지 마라, 그렇게 빨리 춤을 출 필요는 없다,
시간은 짧고, 음악은 계속되지 않을 것이다.

하루하루 정신없이 달리며 사는가,
인사를 하고 그 대답은 듣는가?
하루를 마치고 잠자리에 들 때,
내일 할 수많은 일들이 머리에 떠오르는가?

서두르시 마라, 그렇게 빨리 춤을 출 필요는 없다,
시간은 짧고, 음악은 계속되지 않을 것이다.

아이에게 내일 해 주겠다고 미룬 적이 있는가,
서두르는 바람에 아이가 슬퍼하는 모습을 본 적은 없는가?
전화하고 안부를 물을 시간이 없어서,
친구와 연락이 끊기고 우정을 잃은 적이 있는가?
서두르지 마라, 그렇게 빨리 춤을 출 필요는 없다,
시간은 짧고, 음악은 계속되지 않을 것이다.

어딘가로 가기 위해 그렇게 빨리 달려가면,
그곳에 가는 즐거움의 반은 잃어버린다.
하루를 걱정하고 서둘러 보내면,
선물을 뜯지도 않고 버리는 것과 같다.

삶은 경주가 아니다. 그러니 더 느긋해져라,
너의 노래가 끝나기 전에 음악을 즐겨라.

* 데이비드 L. 웨더퍼드, '슬로우 댄스(Slow Dance)', http://www.davidlweatherford.com/slowdance.html

이프

러디어드 키플링Rudyard Kipling

주변의 모든 사람이 이성을 잃고 너를 탓해도
이성을 유지할 수 있다면,
모든 사람이 너를 의심할 때도 너는 너 자신을 믿고,
그들이 의심하는 이유도 참작할 수 있다면;
기다릴 줄 알고, 기다리는 것에 지치지 않을 수 있고,
거짓을 들어도, 그 거짓에 속지 않으며,
미움을 받아도, 그 미움에 굴복하지 않으면,
그리고 너무 착한 척하거나, 너무 현명한 척 말하지도 않으면:

꿈을 꾸지만, 그 꿈을 너의 주인으로 섬기지 않으면;
생각하지만, 그 생각을 너의 목표로 삼지 않으면;
승리와 재앙을 만나도, 이 두 사기꾼을 똑같이 대할 수 있다면;
네가 말한 진실이 바보들을 속이려는 부정직한 이들에 의해 왜곡되는 것을
참고 들을 수 있다면,
네 인생을 바친 것들이 망가지는 것을 보더라도,
몸을 굽혀 낡은 도구로 그것을 고칠 수 있다면:

네가 성취한 모든 것을
한 번의 베팅에 걸고,
그리고 그것을 모두 잃어도, 처음부터 다시 시작하고
그 실패에 대해 한 마디도 내뱉지 않을 수 있다면;
그 모든 것이 사라진 한참 후에도
너의 심장과, 신경과, 힘줄이 너의 재기를 위해 일하게 할 수 있다면,

그래서 "버텨라!"라고 말하는 의지 말고는
너에게 아무것도 없을 때 계속 버틸 수 있다면;

군중들과 이야기하면서도 네 미덕을 지키고,
왕과 함께 걸으면서도 상식을 잃지 않으면,
적도 사랑하는 친구도 너를 해칠 수 없고,
모든 사람이 너에게 의지해도, 누구도 너무 과하게 의지하지 않으면;
네가 용서할 수 없는 1분의 순간을
60초의 달리기로 바꿀 수 있다면,
이 세상과 그 안의 모든 것은 너의 것이다.
게다가, 아들아, 너는 어른이 되는 거란다.

---

* 러디어드 키플링, '이프(If—)', 『보상과 요정(Rewards and Fairies)』(New York: Doubleday, 1910)

▶ 주 ◀

1장 서론 : 최고의 투자는 자신에 대한 투자

1) 찰리 멍거, 2007년 5월 13일 서던캘리포니아대학 로스쿨 졸업식 연설, https://genius.com/Charlie-munger-usc-law-commencement-speech-annotated
2) 존 뉴벤버그(John Nieuwenberg), "워런 버핏은 그저 사무실에 앉아 하루 종일 읽기만 한다(Warren Buffett Just Sits and Reads All Day)", 『W5 코칭(W5 Coaching)』, 2019년 12월 5일, https://w5coaching.com/warren-buffett-just-sits-reads-day/
3) 찰리 멍거, "버크셔 해서웨이 2014년 연차보고서 주주서한", 2015년 2월 27일, http://www.berkshirehathaway.com/letters/2014ltr.pdf
4) 모건 하우절(Morgan Housel), 『성공한 사람들의 특별한 습관(The Peculiar Habits of Successful People)』, 〈USA 투데이〉, 2014년 8월 24일, https://www.usatoday.com/story/money/personalfinance/2014/08/24/peculiar-habits-of-successful-people/14447531.
5) 스티브 조던(Steve Jordan), "버핏 식으로 하면 투자자는 좋은 수입을 올린다(Investor Earn Handsome Paychecks by Handling Buffett's Business)", 〈오마하 월드 헤럴드(Omaha World Herald)〉, 2013년 4월 28일, https://www.omaha.com/money/investors-earn-handsome-paychecks-by-handling-buffett-s-business/article_bb1fc40f-e6f9-549d-be2f-be1ef4c0da03.html
6) 아서 코넌 도일(Arthur Conan Doyle), 『셜록 홈스의 회고록: 라이게이트 수수께끼(The Memoirs of Sherlock Holmes: The Reigate Puzzle)』(CreateSpace Independent Publishing Platform, 2016).
7) 마이클 D. 아이스너(Michael D. Eisner), 에런 R. 코언(Aaron R. Cohen), 『싸우지 않고 손해 보지 않고 똑똑하게 함께 일하는 기술(Working Together: Why Great Partnerships Succeed)』(New York: Harper Business, 2012)
8) 패트리샤 셀러스(Patricia Sellers), "워런 버핏과 찰리 멍거의 최고의 조언(Warren Buffett and Charlie Munger's Best Advice)", 〈포춘〉, 2013년 10월 31일, http://

fortune.com/2013/10/31/warren-buffett-and-charlie-mungers-best-advice
9) 애런 태스크(Aaron Task), "머니 101: 워런 버핏과의 대화(Money 101: Q&A with Warren Buffett)" 〈야후 파이낸스〉, 2013년 4월 8일, https://finance.yahoo.com/news/money-101--q-a-with-warren-buffett-140409456.html
10) 앨리스 슈뢰더(Alice Schroeder), 『스노볼(The Snowball: Warren Buffett and the Business of Life)』(New York: Bantam, 2009)

1부 세상의 지혜와 투자 활용법

2장 평생 배우면서 쌓아가는 투자

1) 휘트니 틸슨(Whitney Tilson), "2003년 웨스코 파이낸셜 주주총회 메모(Notes from the 2003 Wesco Annual Meeting)", 휘트니 틸슨의 가치투자 웹사이트, http://www.tilsonfunds.com/motley_berkshire_wscmtg03notes.php
2) 찰리 멍거, 1998년 3월 로스앤젤레스에서 개최된 씨즈캔디 75주년 오찬행사 중.
3) 모건 하우절(Morgan Housel), "내 인생을 바꾼 생각들(Ideas That Changed My Life)", 〈콜래보러티브 펀드(Collaborative Fund)〉 블로그, 2018년 3월 7일, http://www.collaborativefund.com/blog/ideas-that-changed-my-life
4) 앤드루 맥바그(Andrew McVagh), "찰리 멍거의 정신모형 체계: 성공하기 위해 자신의 방식으로 생각하는 법(Charlie Munger's System of Mental Models: How to Think Your Way to Success)", 〈마이 멘털 모델(My Mental Models)〉 블로그, 2018년 8월 7일, https://www.mymentalmodels.info/charlie-munger-mental-models/
5) 셰인 패리시(Shane Parrish), "억지로 힘들게 책을 읽을 필요는 없다(Why You Shouldn't Slog Through Books)", 〈파남 스트리트(Farnam Street)〉 블로그, 2017년 9월, https://www.fs.blog/2017/09/shouldnt-slog-books
6) 모건 하우절, "금융뉴스 읽는 법(How to Read Financial News)", 〈콜래보러티브 펀드〉 블로그, 2017년 12월 6일, http://www.collaborativefund.com/blog/how-to-read-financial-news
7) 나심 탈레브(Nassim Taleb), 『행운에 속지 마라(Fooled by Randomness: The Hidden Role of Chance in Life and in the Markets)』(New York: Random House, 2005)
8) 〈굿리즈닷컴(Goodreads.com)〉, https://www.goodreads.com/quotes/9122-the-smallest-bookstore-still-contains-more-ideas-of-worth-than
9) 나심 탈레브, 『안티프래질(Antifragile: Things That Gain from Disorder)』(New York: Random House, 2014)
10) "No. 18 나발 라비칸트-엔젤 철학자(No. 18 Naval Ravikant-Angel Philosopher)",

셰인 패리시의 '지식 프로젝트(The Knowledge Project)', 2017년 2월 27일, 음성녹취, https://theknowledgeproject.libsyn.com/2017/02.

11) 제임스 클리어(James Clear), "제1원칙 : 스스로 생각하는 힘에 대한 일론 머스크의 견해(First Principles : Elon Musk on the Power of Thinking for Yourself)", 〈더 미션(The Mission)〉, 2018년 2월 2일, https://medium.com/the-mission/first-principles-elon-musk-on-the-power-of-thinking-for-yourself-8b0f275af361.

12) 일론 머스크(Elon Musk), "나는 일론 머스크, 로켓회사의 CEO 겸 CTO입니다. 무엇이든 물어보세요(I am Elon Musk, CEO/CTO of a Rocket Company, AMA!)" 〈레딧(Reddit)〉, 2015년, https://www.reddit.com/r/IAmA/comments/2rgsan/i_am_elon_musk_ceocto_of_a_rocket_company_ama/?st=jg8ec825&sh=4307fa36.

13) 리처드 파인먼(Richard Feynman), "움직이는 원자들(Atoms in Motion)", 파인먼의 캘리포니아공과대학 물리학 강의록, http://www.feynmanlectures.caltech.edu/I_01.html

3장 '격자틀 정신모형'과 투자

1) 셰인 패리시, "정신모형들: 지적인 결정을 하는 최선의 방법 - 109개 모형 소개(Mental Models: The Best Way to Make Intelligent Decisions - 109 Models Explained)," 〈파남 스트리트〉 블로그, https://www.fs.blog/mental-models

2) 허버트 사이먼(Herbert A. Simon), 『내 삶의 모델들(Models of My Life)』(Cambridge, MA: MIT Press, 1996)

3) 트렌 그리핀(Tren Griffin), 『워런 버핏의 위대한 동업자 찰리 멍거(Charlie Munger: The Complete Investor)』(New York: Columbia University Press, 2015)

4) 리처드 루이스(Richard Lewis), "2017년 데일리저널 주주총회 찰리 멍거 녹취록", 〈격자틀 투자(Latticework Investing)〉, 2017년 2월 17일, http://latticeworkinvesting.com/2017/02/17/charlie-munger-full-transcript-of-daily-journal-annual-meeting-2017.

5) 찰리 멍거, "찰리 멍거의 인간 오판의 심리학(The Psychology of Human Misjudgment by Charles T. Munger)", 〈해리슨 반스(Harrison Barnes)〉, 2015년 1월 17일, https://www.hb.org/the-psychology-of-human-misjudgment-by-charles-t-munger/#07.

6) 피터 카우프먼(Peter Kaufman)과 크리스토퍼 M. 베그(Christopher M. Begg)의 이스트 코스트 에셋 매니지먼트(East Cost Asset Management) "2014년 3분기 서한(2014년 11월 10일)"에서 인용, http://www.eastcoastasset.com/wp-content/uploads/ecam_2014_3q_letter.pdf

7) 찰리 멍거, "투자 운용과 사업에 관한 기초적인 삶의 지혜(A Lesson on Elementary,

Worldly Wisdom as It Relates to Investment Management and Business)", 〈파남 스트리트〉 블로그, 1994년, https://fs.blog/a-lesson-on-worldly-wisdom/
8) 찰리 멍거, "웨스코 파이낸셜의 찰리 멍거(Wesco Financial's Charlie Munger)", 〈CS 인베스팅(CS Investing)〉, 1995년 5월 5일, http://csinvesting.org/wp-content/uploads/2014/05/Worldly-Wisdom-by-Munger.pdf
9) 〈파남 스트리트〉 블로그, "부자가 되는 것, 지혜, 집중, 가짜 지식 등에 관한 찰리 멍거의 생각(Charlie Munger on Getting Rich, Wisdom, Focus, Fake Knowledge and More)", 2019년 12월 5일, https://fs.blog/2017/02/charlie-munger-wisdom/
10) 〈파남 스트리트〉 블로그, "찰리 멍거와 삶의 지혜의 추구(Charlie Munger and the Pursuit of Worldly Wisdom)", 2019년 12월 5일, https://fs.blog/2015/09/munger-worldly-wisdom/
11) 트렌 그리핀, 『워런 버핏의 위대한 동업자 찰리 멍거(Charlie Munger: The Complete Investor)』(New York: Columbia University Press, 2015)
12) 윌리엄 데레저위츠(William Deresiewicz), "고독과 리더십(Solitude and Leadership)", 〈아메리칸 스칼라(American Scholar)〉, 2010년 3월 1일, https://theamericanscholar.org/solitude-and-leadership/#.Wt-DKUxFydI.
13) 에드워드 버거(Edward B. Burger)와 마이클 스타버드(Michael Starbird), 『생각하고 생각하고, 또 생각하라 - 생산적 사고의 5가지 요소(The 5 Elements of Effective Thinking)』(Princeton, NJ: Princeton University Press, 2012)
14) 찰리 멍거, "훌륭한 투자자에 대하여(Outstanding Investor Digest)", 스탠포드대학 로스쿨, 윌리엄 라지어(William Lazier) 교수 수업시간 강연, 1998년 3월 13일.

4장 열정과 집중의 힘
1) 마이클 E. 버나드(Michael E. Bernard), 『합리성과 행복의 추구: 앨버트 엘리스의 유산(Rationality and the Pursuit of Happiness: The Legacy of Albert Ellis)』(Hoboken, NJ: Wiley-Blackwell, 2010)
2) 앨리스 슈뢰더, 『스노볼』(New York: Bantam, 2009)
3) 워런 버핏, "버크셔 해서웨이 1998년 연차보고서 주주서한", 1999년 3월 1일, http://www.berkshirehathaway.com/letters/1998pdf.pdf
4) "워런 버핏의 직업 조언(Warren Buffett's Career Advice)", 〈CNN 머니〉, 2012년 11월 16일, http://money.cnn.com/video/magazines/fortune/2012/11/16/f-buffett-career-advice.fortune/index.html?iid=HP_LN.
5) 크리스토퍼 트카직(Christopher Tkaczyk)과 스콧 올스터(Scott Olster), "CEO들의 최선의 조언: 40명 CEO들의 성공의 비밀(Best Advice from CEOs: 40 Execs' Secrets to Success)", 〈포춘〉, 2014년 10월 29일, http://fortune.com/2014/10/

29/ceo-best-advice.
6) 스티브 잡스, "자신이 사랑하는 것을 찾아야 한다(You've Got to Find What You Love)"(스탠포드대학 졸업식 연설 준비 원고, 2005년 6월 12일), 〈스탠포드뉴스(Stanford News)〉, 2005년 6월 14일, https://news.stanford.edu/2005/06/14/jobs-061505.
7) 앤 던올드(Anne Dunnewold), "인생의 목적(Life's Prizes)", 〈마인드 라이프 밸런스(Mind Life Balance)〉 블로그, 2010년 3월 15일, http://anndunnewold.com/lifes-prizes/
8) 스티브 잡스, "자신이 사랑하는 것을 찾아야 한다(스탠포드대학 졸업식 연설 준비 원고, 2005년 6월 12일)", 〈스탠포드뉴스〉, 2005년 6월 14일, https://news.stanford.edu/ 2005/06/14/jobs-061505.
9) 브라이언 크리스천(Brian Christian)과 톰 그리피스(Tom Griffiths), 『알고리즘, 인생을 계산하다(Algorithms to Live By: The Computer Science of Human Decisions)』(New York: Henry Holt, 2016)
10) 말콤 글래드웰(Malcolm Gladwell), 『아웃라이어(Outliers: The Story of Success)』(New York: Back Bay, 2011).
11) 제임스 클리어(James Clear)의 트위터, 2018년 1월 31일, https://twitter.com/james_clear/status/958824949367615489?lang=en.
12) 제프 콜빈(Geoff Colvin), 『재능은 어떻게 단련되는가(Talent Is Overrated: What Really Separates World-Class Performers from Everybody Else)』(London: Nicholas Brealey, 2019)
13) 대니얼 코일(Daniel Coyle), 『재능을 단련시키는 52가지 방법(The Little Book of Talent: 52 Tips for Improving Your Skills)』(New York: Bantam, 2012)
14) 프랭크 헤론(Frank Herron), "이것은 윌 듀런트보다는 아리스토텔레스의 것이라 하는 게 훨씬 나은 인용구이다(It's a MUCH More Effective Quotation to Attribute It to Aristotle, Rather Than to Will Durant)", 〈아트 오브 쿼트맨십 앤드 미스쿼트맨십(The Art of Quotesmanship and Misquotesmanship)〉 블로그, 2012년 5월 8일, http://blogs.umb.edu/quoteunquote/2012/05/08/its-a-much-more-effective-quotation-to-attribute-it-to-aristotle-rather-than-to-will-durant/

2부 매일 성장하는 투자자의 조건

5장 인생의 롤모델 찾기

1) 가이 스파이어, 『워런 버핏과의 점심식사(The Education of a Value Investor: My Transformative Quest for Wealth, Wisdom, and Enlightenment)』(New York: St.

Martin's, 2014)

2) "아널드 반 덴 버그 독점 인터뷰" 〈매뉴얼 오브 아이디어(Manual of Ideas)〉 7, no. 9 (2014년 9월), https://www.manualofideas.com/wp-content/uploads/2014/09/the-manual-of-ideas-arnold-van-den-berg-201409.pdf.

3) 워런 버핏, "버크셔 해서웨이 2002년 연차보고서 주주서한", 2003년 2월 21일, http://www.berkshirehathaway.com/letters/2002pdf.pdf

4) 〈굿리즈닷컴〉에서 인용한 잭 웰치의 말, https://www.goodreads.com/author/quotes/3770.Jack_Welch?page=3.

5) 로런스 엔더슨(Laurence Endersen), 『지각의 조약돌(Pebbles of Perception: How a Few Good Choices Make All the Difference)』(CreateSpace Independent Publishing Platform, 2014)

6장 겸손은 지혜의 원천

1) 모건 하우절, "우리 모두는 그저 서로 생각이 다르다(We're All Innocently Out of Touch)", 〈콜래보러티브 펀드〉 블로그, 2017년 11월 17일, http://www.collaborativefund.com/blog/were-all-out-of-touch

2) 모건 하우절, "부자가 되는 것과 부를 유지하는 것(Getting Rich vs. Staying Rich)", 〈콜래보러티브 펀드〉 블로그, 2017년 2월 16일, http://www.collaborativefund.com/blog/getting-rich-vs-staying-rich

3) 제이슨 츠바이크(Jason Zweig), 『악마의 금융사전(The Devil's Financial Dictionary)』 (New York: PublicAffairs, 2015)

4) 리처드 파인먼(Richard P. Feynman), 『발견의 즐거움(The Pleasure of Finding Things Out: The Best Short Works of Richard P. Feynman)』(New York: Basic Books, 2005). 이하 파인먼 인용문은 다른 표기가 없는 한 이 책에서 가져온 것임.

5) 〈워런 버핏 되기(Becoming Warren Buffett)〉, HBO 다큐멘터리 필름, 2017년 1월 30일, https://www.youtube.com/watch?v=PB5krSvFAPY

6) 워런 버핏, "버크셔 해서웨이 1996년 연차보고서 주주서한", 1997년 2월 28일.

7) 앨리스 슈뢰더, 『스노볼』(New York: Bantam, 2009)

8) 척 카니발레(Chuck Carnevale), "정확한 할인율 사용법(How to Use the Correct Discount Rate)", 〈밸류워크(Valuewalk)〉, 2013년 9월 27일, https://www.valuewalk.com/2013/09/use-correct-discount-rate

9) "앨리스에게 물어보시오(Go Ask Alice)", 엘리아스 파도(Elias Fardo)의 모틀리 풀 이사회 논평, 2003년 3월 18일, http://boards.fool.com/you-might-want-to-discount-the-float-growth-at-a-18762436.aspx

10) "링크(Links)", 〈밸류 인베스팅 월드(Value Investing World)〉, 2018년 4월 5일,

http://www.valueinvestingworld.com/2018/04/links_5.html
11) "워런 버핏과의 질의응답(Q&A with Warren Buffett)", 다트머스대학 턱 경영대학원(Tuck School of Business), 2005년 10월 24일, http://valueinvestorindia.blogspot.com/2005/10/qa-with-warren-buffett-tuck-school-of.html
12) 찰리 멍거, "투자 운용과 사업에 관한 기초적인 삶의 지혜(A Lesson on Elementary, Worldly Wisdom as It Relates to Investment Management and Business)", 〈파남 스트리트〉 블로그, 1994, https://fs.blog/a-lesson-on-worldly-wisdom/

7장 가치 있는 투자와 선한 영향력
1) 찰스 콜리어(Charles W. Collier), 『가족의 부(Wealth in Families)』(Cambridge, MA: Harvard University, 2006)
2) 이안 윌헬름(Ian Wilhelm), "워런 버핏의 자선 철학(Warren Buffett Shares His Philan-thropic Philosophy)", 〈크로니클 오브 필랜트로피(Chronicle of Philanthropy)〉, 2010년 3월 8일, https://www.philanthropy.com/article/Warren-Buffett-Shares-His/225907
3) 앤드루 카네기(Andrew Carnegie), "부(Wealth)", 〈노스 아메리칸 리뷰(North American Review)〉 no. 391, 1889년 6월, https://www.swarthmore.edu/SocSci/rbannis1/AIH19th/Carnegie.html
4) 앨리스 슈뢰더, 『스노볼』(New York: Bantam, 2009)

8장 단순한 투자 vs. 복잡한 투자
1) 〈브레이니쿼트(Brainyquote)〉, 2019년 12월 6일, https://www.brainyquote.com/quotes/warren_buffett_149683
2) "유럽 부채위기에 대한 워런 버핏의 견해, '버핏 룰'과 미국 노동자: 비즈니스 와이어 CEO 캐시 배런 탐라즈와의 인터뷰(Warren Buffett Remarks on European Debt Crisis, the 'Buffett Rule' and the American Worker: Interview by Business Wire CEO Cathy Baron Tamraz)", 〈비즈니스 와이어〉, 2011년 11월 15일, https://www.businesswire.com/news/home/20111115006090/en/Warren-Buffett-Remarks-European-Debt-Crisis
3) 존 메이너드 케인스(John Maynard Keynes), 『고용, 이자 및 화폐의 일반이론(The General Theory of Employment, Interest, and Money)』(San Diego, CA: Harcourt, Brace & World, 1965)
4) 모니시 파브라이(Mohnish Pabrai), 『투자를 어떻게 할 것인가(The Dhandho Investor: The Low-Risk Value Method to High Returns)』(Hoboken, NJ: Wiley, 2007)
5) "버핏과의 질의응답", 2008년 버크셔 해서웨이 연차총회, https://www.

businessinsider.com/charlie-munger-quotes-investing-things-2016-1

6) 워런 버핏, "버크셔 해서웨이 2004년 연차보고서 주주서한", 2005년 2월 28일, http://www.berkshirehathaway.com/letters/2004ltr.pdf

7) "특별상황투자에 대한 강의 동영상 1, 2", 2012년 9월 25일, 그린블라트의 2005년 컬럼비아대학 강의, 〈CS 인베스팅〉, http://csinvesting.org/2012/09/25/special-situation-video-lecture-1

8) 토머스 오퐁(Thomas Oppong)의 "삶을 단순화하는 데 필요한 단 한 가지 정신모형(The Only Mental Model You Need to Simplify Your Life)"에서 인용, 〈미디엄(Medium)〉, 2019년 12월 6일, https://medium.com/personal-growth/the-only-mental-model-you-need-to-simplify-your-life-b734f5c6200f

9) 워런 버핏, "버크셔 해서웨이 1992년 연차보고서 주주서한", 1993년 3월 1일, http://www.berkshirehathaway.com/letters/1992.html

10) 휘트니 틸슨, "2002년 웨스코 연차총회 메모(Notes from the 2002 Wesco Annual Meeting)" 휘트니 틸슨의 가치투자 웹사이트, https://www.tilsonfunds.com/motley_berkshire_brkmtg02notes.php

11) 척 살레타(Chuck Saletta), "워런 버핏의 오른팔(찰리 멍거)로부터 배우는 부자 되는 4단계(4 Steps to Getting Rich from Warren Buffett's Right-Hand Man)", 〈비즈니스 인사이더(Business Insider)〉, 2013년 5월 31일, http://www.businessinsider.com/charlie-mungers-secrets-togetting-rich-2013-5

12) 에리카 앤더슨(Erika Andersen), "삶과 관대함에 대한 워런 버핏의 23개 격언(23 Quotes from Warren Buffett on Life and Generosity)", 〈포브스〉, 2013년 12월 2일, https://www.forbes.com/sites/erikaandersen/2013/12/02/23-quotes-from-warren-buffett-on-life-and-generosity/#5f2270aaf891

13) 마이클 모부신(Michael Mauboussin)과 댄 캘러핸(Dan Callahan), "PER 배수, 무엇을 의미하는가?(What Does a Price-Earnings Multiple Mean?)", 2014년 1월 29일, https://www.valuewalk.com/wp-content/uploads/2014/02/document-805915460.pdf; 에포크 인베스트먼트 파트너스(Epoch Investment Partners), "PER 비율: 사용자 매뉴얼(The P/E Ratio: A User's Manual)", 2019년 6월 17일, http://www.eipny.com/white-papers/the_p_e_ratio_a_users_manual/

14) 버크셔 해서웨이 기자회견, 2001년 5월.

15) 존 스즈라미아크(John Szramiak), "워런 버핏과 그의 오랜 조종사의 이야기에서 배우는 특별히 성공한 사람과 그 외 다른 모든 사람의 차이에 대한 중요한 교훈(This Story About Warren Buffett and His Long-Time Pilot Is an Important Lesson About What Separates Extraordinarily Successful People from Everyone Else)", 〈비즈니스 인사이더〉, 2017년 12월 4일, http://businessinsider.com/warren-

buffetts-not-to-do-list-2016-10?r=US&IR=T

16) "우리의 국가적 고충: 세스 클라먼의 2010년 서한 발췌(Our National Predicament: Excerpts from Seth Klarman's 2010 Letter)", 〈멍거리즘(Mungerisms)〉 블로그, 2011년 3월 2일, http://myinvestingnotebook.blogspot.com/2011/03/our-national-predicament-excerpts-from.html

9장 '경제적 독립'을 달성하는 법

1) 찰스 디킨스(Charles Dickens), 『데이비드 코퍼필드(David Copperfield)』(London: Penguin Classics, 2004)

2) 피터 린치(Peter Lynch), 『피터 린치의 투자 이야기(Learn to Earn: A Beginner's Guide to the Basics of Investing and Business)』(New York: Simon and Schuster, 1996)

3) 브라이언 포트노이(Brian Portnoy), 『부를 설계하다(The Geometry of Wealth: How to Shape a Life of Money and Meaning)』(Hampshire, UK: Harriman House, 2018)

4) 조너선 핑(Jonathan Ping), "경제적 독립의 청사진으로서 찰리 멍거의 삶(Charlie Munger's Life as a Financial Independence Blueprint)", 〈마이 머니(My Money)〉 블로그, 2018년 1월 18일, http://www.mymoneyblog.com/charlie-munger-financial-independence-blueprint.html

5) 마이클 모부신, 『운과 실력의 성공 방정식(The Success Equation: Untangling Skill and Luck in Business, Sports, and Investing)』(Boston: Harvard Business Press, 2012)

6) 데이브 램지(Dave Ramsey), 『7가지 부의 불변의 법칙(The Total Money Makeover: A Proven Plan for Financial Fitness)』(Nashville, TN: Nelson, 2003)

7) 찰스 엘리스(Charles Ellis)와 제임스 버틴(James Vertin), 『클래식: 투자자 문집(Classics : An Investor's Anthology)』(New York: Business One Irwin, 1988)

8) 세네카(Seneca), 『한 금욕주의자의 편지(Letters from a Stoic)』(London: Penguin, 1969)

9) 모건 하우절, "돈을 저축하고 뒤로 달리기(Saving Money and Running Backwards)", 〈콜래보러티브 펀드〉 블로그, 2017년 9월 27일, http://www.collaborativefund.com/blog/saving-money-and-running-backwards

10장 '내적 점수표'와 투자 원칙

1) 〈굿리즈닷컴〉, 2019년 12월 6일, https://www.goodreads.com/quotes/831517-in-the-short-run-the-market-is-a-voting-machine

2) 워런 버핏, "버핏 파트너십 투자자서한", 1967년 1월 25일, "버핏 파트너십 투자자서한 1957~1970년", 100, 〈CS 인베스팅〉, http://csinvesting.org/wp-content/uploads /2012/05/complete_buffett_partnership_letters-1957-70_in-sections.pdf
3) 워런 버핏, "버핏 파트너십 투자자서한", 1967년 10월 9일, "버핏 파트너십 투자자서한 1957~1970년", 111, 〈CS 인베스팅〉, http://csinvesting.org/wp-content/uploads/2012/05/complete_buffett_partnership_letters-1957-70_in-sections.pdf
4) 워런 버핏, "버핏 파트너십 투자자서한", 1969년 1월 22일, "버핏 파트너십 투자자서한 1957~1970년", 123, 〈CS 인베스팅〉, http://csinvesting.org/wp-content/uploads/2012/05/complete_buffett_partnership_letters-1957-70_in-sections.pdf
5) 워런 버핏, "버핏 파트너십 투자자서한", 1969년 10월 9일, "버핏 파트너십 투자자서한 1957~1970년", 132, 〈CS 인베스팅〉, http://csinvesting.org/wp-content/uploads/2012/05/complete_buffett_partnership_letters-1957-70_in-sections.pdf
6) 워런 버핏, "버크셔 해서웨이 2001년 연차보고서 주주서한", 2002년 2월 28일, https://www.berkshirehathaway.com/2001ar/2001letter.html
7) 리 루(Li Lu), "중국에서 가치투자 전망(The Prospects for Value Investing in China)" 그레이엄 F. 로즈(Graham F. Rhodes) 번역, 2015년 10월 28일, https://brianlangis.files.wordpress.com/2018/03/li-lu-the-prospects-for-value-investing-in-china.pdf
8) "로즈 블럼킨을 위해 건배(Raise A Glass to Rose Blumkin)" 〈컨서버티브 인컴 인베스터(The Conservative Income Investor)〉, 2018년 11월 23일, https://theconservativeincomeinvestor.com/rose-blumkin/
9) 벤저민 그레이엄, 제이슨 츠바이크 편집, 『현명한 투자자(The Intelligent Investor: The Definitive Book on Value Investing)』 개정판 (New York: Harper Business, 2006)
10) 재닛 로우(Janet Lowe), 『찰리 멍거 자네가 옳아!(Damn Right!: Behind the Scenes with Berkshire Hathaway Billionaire Charlie Munger)』(Hoboken, NJ: Wiley, 2003), 154.
11) 스티브 피시맨(Steve Fishman), "버니 메이도프, 마침내 자유를 찾다(Bernie Madoff, Free at Last)", 〈뉴욕매거진〉, 2010년 6월 6일, http://nymag.com/news/crimelaw/66468
12) "워런 버핏: 내적 점수표(Warren Buffett: The Inner Scorecard)", 〈파남 스트리트〉

블로그, 2016년 8월, https://www.fs.blog/2016/08/the-inner-scorecard
13) 찰리 멍거, 서던캘리포니아대학 굴드법학대학원 졸업식 연설, 2007년 5월 13일, https://genius.com/Charlie-munger-usc-law-commencement-speech-annotated
14) 찰리 멍거, "찰리 멍거의 인간 오판의 심리학", 〈해리슨 반즈〉, 2015년 1월 17일, https://www.hb.org/the-psychology-of-human-misjudgment-by-charles-t-munger/#07
15) 찰리 멍거, 서던캘리포니아대학 법학대학원 졸업식 연설, 2007년 5월 13일, https://genius.com/Charlie-munger-usc-law-commencement-speech-annotated.

11장 '만족 지연'과 복리 효과

1) 피터 카우프먼(Peter D. Kaufman) 편집, 『가난한 찰리의 연감(Poor Charlie's Almanack)』(Marceline, MO: Walsworth, 2005)
2) 엘 캐플런(Elle Kaplan), "워런 버핏의 '20개 펀치 구멍 규칙'으로 성공하고 부자가 될 수 있는 이유(Why Warren Buffett's '20-Slot Rule' Will Make You Insanely Successful and Wealthy)", 〈아이엔시(Inc.)〉, 2016년 7월 22일, https://www.inc.com/elle-kaplan/why-warren-buffett-s-20-slot-rule-will-make-you-insanely-wealthy-and-successful.html
3) 아디 이그네이셔스(Adi Ignatius), "아마존의 장기 전략에 대한 제프 베이조스의 생각(Jeff Bezos on Leading for the Long-Term at Amazon)", 〈하버드 비즈니스 리뷰(Harvard Business Review)〉, 2013년 1월, https://hbr.org/2013/01/jeff-bezos-on-leading-for-the.
4) 제프 베이조스, "아마존 2014년 연차보고서 주주서한", https://ir.aboutamazon.com/static-files/a9bd5c6a-c11c-4b38-9532-ae2f73d8bd10.
5) 이그네이셔스, "아마존의 장기 전략에 대한 베이조스의 생각"
6) 제임스 스튜어트(James B. Stewart), "아마존의 장기 전략과 그 진정성(Amazon Says Long Term and Means It)", 〈뉴욕타임스〉, 2011년 12월 16일, https://www.nytimes.com/2011/12/17/business/at-amazon-jeff-bezos-talks-long-term-and-means-it.html
7) 제프 베이조스, "아마존 1997년 연차보고서 주주서한", http://media.corporate-ir.net/media_files/irol/97/97664/reports/Shareholderletter97.pdf
8) 워런 버핏, "버크셔 해서웨이 1998년 연차보고서 주주서한", 1999년 3월 1일, http://www.berkshirehathaway.com/letters/1998pdf.pdf.
9) 워런 버핏, "버크셔 해서웨이 2010년 연차보고서 주주서한", 2011년 2월 26일, http://www.berkshirehathaway.com/letters/2010ltr.pdf

10) 워런 버핏, 〈주주 매뉴얼(An Owner's Manual)〉, 버크셔 해서웨이, 1996년 6월, http://www.berkshirehathaway.com/ownman.pdf

11) 팀 콜러(Tim Koller), 마크 궤드하드(Marc Goedhard), 데이비드 웨셀(David Wessels), 『기업가치평가(Valuation: Measuring and Managing the Value of Companies)』 6판 (Hoboken, NJ: Wiley, 2015)

12) 안슐 카레(Anshul Khare), "투자와 은유적 사고의 기술(Investing and the Art of Metaphorical Thinking)", 〈사팔 니베샤크(Safal Niveshak)〉 블로그, 2016년 11월 21일, https://www.safalniveshak.com/investing-art-metaphorical-thinking

13) 딘 르배론(Dean LeBaron)과 로메쉬 바이틸링검(Romesh Vaitilingam), 『딘 르배론의 투자 지혜 창고: 30명의 위대한 투자 지성(Dean LeBaron's Treasury of Investment Wisdom: 30 Great Investing Minds)』(Hoboken, NJ: Wiley, 2001)

14) 스티븐 레비(Steven Levy), "제프 베이조스는 여러분이 생각하는 것보다 많은 방법으로 웹을 갖고 있다(Jeff Bezos Owns the Web in More Ways Than You Think)", 〈와이어드(Wired)〉, 2011년 11월 13일, https://www.wired.com/2011/11/ff_bezos

15) 에이 소(Aye Soe), 베를린다 리우(Berlinda Liu), 하미시 프레스톤(Hamish Preston), 〈2018년 미국 SPIVA 실적표(SPIVA U.S. 2018 Scorecard)〉, S&P 다우존스지수들, 2018년 말 기준, https://www.spindices.com/documents/spiva/spiva-us-year-end-2018.pdf

16) 보야르(Boyar)의 내재가치 조사, "주식시장과 경제에 대한 사색(Thoughts About the Stock Market and the Economy)", 2019년 10월 31일, http://boyarvaluegroup.com/bvg-pdf/BoyarResearch_3Q2019.pdf

17) 존 메이너드 케인스, 『고용, 이자 및 화폐의 일반이론』(San Diego, CA: Harcourt, Brace & World, 1965)

18) 피터 베블린(Peter Bevelin), 『지혜를 찾아서(Seeking Wisdom: From Darwin to Munger)』 3판 (Malmö., Sweden: PCA Publications, 2007)

19) 산제이 바크시(Sanjay Bakshi), "우량기업을 매수하지 않는 경우와 우량기업을 매수하는 경우(What Happens When You Don't Buy Quality? And What Happens When You Do?)", '옥토버퀘스트(OctoberQuest) 2013', 2013년 10월 11일, https://www.dropbox.com/s/haqe3psl29u1scx/October_Quest_2013.pdf?dl=0.

20) 제이슨 츠바이크, "버크셔 해서웨이 성공의 비밀: 찰리 멍거와의 인터뷰(The Secrets of Berkshire's Success: An Interview with Charlie Munger)", 〈월스트리트저널〉, 2014년 9월 12일, https://www.wsj.com/articles/the-secrets-of-berkshires-success-an-interview-with-charlie-munger-1410543815

21) 유발 하라리(Yuval Noah Harari), 『사피엔스(Sapiens: A Brief History of

Humankind)』(New York: Harper, 2015)

3부 성공 확률을 높여 주는 종목 선택법

12장 '기업 소유 마인드'가 출발점

1) 워런 버핏, "버크셔 해서웨이 1977년 연차보고서 주주서한", 1978년 3월 14일, http://www.berkshirehathaway.com/letters/1977.html
2) 워런 버핏, "버크셔 해서웨이 1993년 연차보고서 주주서한", 1994년 3월 1일, http://www.berkshirehathaway.com/letters/1993.html

13장 '행간의 의미' 찾기

1) 로라 리텐하우스(Laura J. Rittenhouse), 『행간에 투자하기(Investing Between the Lines: How to Make Smarter Decisions by Decoding CEO Communications)』(New York: McGraw-Hill Education, 2013). 이하 인용은 다른 특별한 언급이 없는 한 이 책의 내용임.
2) 워런 버핏, 〈주주 매뉴얼〉, 버크셔 해서웨이, 1996년 6월, http://www.berkshirehathaway.com/ownman.pdf
3) 워런 버핏, "버크셔 해서웨이 2014년 연차보고서 주주서한", 2015년 2월 27일, http://www.berkshirehathaway.com/letters/2014ltr.pdf
4) 로라 리텐하우스, 『행간에 투자하기』

14장 체크리스트 활용법

1) 시라즈 라자(Sheeraz Raza), "시몰리온 센스(Simoleon Sense) 블로그를 통한 앨리스 슈뢰더와의 훌륭한 인터뷰(Great Interview with Alice Schroeder via Simoleon Sense)", 〈밸류워크〉, 2010년 11월 6일, https://www.valuewalk.com/2010/11/great-interview-alice-schroeder-simoleon-sense
2) 〈굿리즈닷컴〉, 2019년 12월 9일, https://www.goodreads.com/quotes/8956691-what-the-human-being-is-best-at-doing-is-interpreting
3) 아툴 가완디(Atul Gawande)의 『체크! 체크리스트(The Checklist Manifesto)』(Gurgaon, India: Penguin RandomHouse, 2014)에서 인용함.
4) 찰리 멍거, "2002년 웨스코 연차총회", 〈멍거리즘〉 블로그, 2002, http://mungerisms.blogspot.com/2009/08/wesco-2002-annual-meeting.html
5) 피터 베블린, 『지혜를 찾아서』 3판 (Malmö., Sweden: PCA Publications, 2007)

15장 투자노트 : 현명한 투자자의 필수품

1) 〈굿리즈닷컴〉, 2019년 12월 9일, https://www.goodreads.com/quotes/8116811-man-is-not-a-rational-animal-he-is-a-rationalizing
2) 벤저민 그레이엄, 제이슨 츠바이크 편집, 『현명한 투자자』 개정판 (New York: Harper Business, 2006)
3) 스티븐 킹(Stephen King), 『유혹하는 글쓰기(On Writing: A Memoir of the Craft)』 (New York: Simon and Schuster, 2000)

16장 '인센티브'가 투자에 미치는 영향

1) 로런스 엔더슨, 『지각의 조약돌』(CreateSpace Independent Publishing Platform, 2014). 다른 설명이 없는 한, 이하의 인용은 이 책에서 가져옴.
2) 윌리엄 오펄스(William Ophuls), 『플라톤의 복수: 생태학 시대의 정치(Plato's Revenge: Politics in the Age of Ecology)』(Cambridge, MA: MIT Press, 2011)
3) 찰리 멍거, "찰리 멍거의 인간 오판의 심리학", 〈해리슨 반스〉, 2015년 1월 17일, https://www.hb. org/the-psychology-of-human-misjudgment-by-charles-t-munger/#07
4) 찰리 멍거, "투자 운용과 사업에 관한 기초적인 삶의 지혜", 〈파남 스트리트〉 블로그, 1994, https://fs.blog/a-lesson-on-worldly-wisdom/
5) 피터 카우프먼 편집, 『가난한 찰리의 연감』(Marceline, MO: Walsworth, 2005)
6) 워런 버핏, "버크셔 해서웨이 1996년 연차보고서 주주서한", 1997년 2월 28일, http://www.berkshirehathaway.com/letters/1996.html
7) 워런 버핏, "버크셔 해서웨이 1996년 연차보고서 주주서한"
8) 워런 버핏, "버크셔 해서웨이 1994년 연차보고서 주주서한", 1995년 3월 7일, http://www.berkshirehathaway.com/letters/1994.html
9) 나심 탈레브, 조지 A. 마틴(George A. Martin), "다른 금융위기를 막는 방법(How to Prevent Other Financial Crises)", 〈SAIS 리뷰(SAIS Review)〉 32, no. 1, (Winter-pring 2012), http://www.fooledbyrandomness.com/sais.pdf
10) 세스 클라먼(Seth A. Klarman), 『안전마진(Margin of Safety: Risk-Averse Value Investing Strategies for the Thoughtful Investor)』(New York: Harper Collins, 1991)
11) 산제이 바크시, "인간 오판의 심리학 VI(The Psychology of Human Misjudgment VI)", 〈링크드인 슬라이드쉐어(LinkedIn SlideShare)〉, 2012년 12월 16일, https://www.slideshare.net/bakshi1/the-psychology-of-human-misjudgment-vi
12) 워런 버핏, "버크셔 해서웨이 2005년 연차보고서 주주서한", 2006년 2월 28일, http://www.berkshirehathaway.com/letters/2005ltr.pdf

13) 앨릭스 크리픈(Alex Crippen), "재정적자를 해결하는 워런 버핏의 5분 계획(Warren Buffett's 5-Minute Plan to Fix the Deficit)", CNBC, 2011년 7월 11일, https://www.cnbc.com/id/43670783

17장 투자에서 '숫자로 이해하는 것'의 장점과 단점

1) 버크셔 해서웨이 2000년 연차총회, 〈아웃스탠딩 인베스터 다이제스트(Outstanding Investor Digest)〉, 2000년 12월 18일.
2) 찰리 멍거, "학문 경제학 : 학제 간 연구의 필요를 고려한 후 살펴본 장점과 단점(Academic Economics: Strengths and Faults After Considering Interdisciplinary Needs)", 캘리포니아대학 샌타바버라캠퍼스 경제학과 강연, 2003년 10월 3일, http://www.tilsonfunds.com/MungerUCSBspeech.pdf
3) 피터 카우프먼 편집, 『가난한 찰리의 연감』(Marceline, MO: Walsworth, 2005)
4) 팀 설리번(Tim Sullivan)의 "복잡성에 대하여(Embracing Complexity)", 〈하버드 비즈니스 리뷰〉, 2011년 9월, https://hbr.org/2011/09/embracing-complexity
5) 벤저민 그레이엄, 제이슨 츠바이크 편집, 『현명한 투자자』 개정판 (New York: Harper Business, 2006)
6) 〈굿리즈닷컴〉, 2019년 12월 9일, https://www.brainyquote.com/quotes/warren_buffett_149692
7) 워런 버핏, 〈주주 매뉴얼〉, 버크셔 해서웨이, 1996년 6월, http://www.berkshirehathaway.com/ownman.pdf
8) 워런 버핏, "버크셔 해서웨이 2005년 연차보고서 주주서한", 2006년 2월 28일, http://www.berkshirehathaway.com/letters/2005ltr.pdf. "버크셔 해서웨이 2000년 연차보고서 주주서한", 2001년 2월 28일, http://www.berkshirehathaway.com/letters/2000pdf.pdf
9) 트렌 그리핀(Tren Griffin), "거꾸로 보는 것에 대해 찰리 멍거에게 배운 12가지 교훈(A Dozen Things I've Learned from Charlie Munger About Inversion)", 〈25iq닷컴〉 블로그, 2015년 9월 12일, https://25iq.com/2015/09/12/a-dozen-things-ive-learned-from-charlie-munger-about-inversion-including-the-importance-of-being-consistently-not-stupid-2
10) 버크셔 해서웨이 1990년 연차총회, 〈아웃스탠딩 인베스터 다이제스트〉, 1990년 5월 31일.

18장 현명한 투자의 핵심, '내재가치'

1) 워런 버핏, "버크셔 해서웨이 1986년 연차보고서 주주서한", 1987년 2월 27일, http://www.berkshirehathaway.com/letters/1986.html

2) 워런 버핏, "버크셔 해서웨이 1992년 연차보고서 주주서한", 1993년 3월 1일, http://www.berkshirehathaway.com/letters/1992.html
3) "벤저민 그레이엄의 35개 경구(35 Quotes from Benjamin Graham)", 카프로아시아(Caproasia) 온라인, 2015년 5월 8일, http://www.caproasia.com/2015/05/08/35-quotes-from-benjamin-graham
4) 워런 버핏, "버크셔 해서웨이 1984년 연차보고서 주주서한", 1985년 2월 25일, http://www.berkshirehathaway.com/letters/1984.html
5) 워런 버핏, "버크셔 해서웨이 2014년 연차보고서 주주서한", 2015년 2월 27일, http://www.berkshirehathaway.com/letters/2014ltr.pdf
6) "'동결 기업'에 대한 찰리 멍거의 견해(Charlie Munger on 'Frozen Corporation)" 〈밸류워크〉, 2015년 7월 16일, https://www.valuewalk.com/2015/07/charlie-munger-on-frozen-corporation
7) 워런 버핏, "버크셔 해서웨이 2000년 연차보고서 주주서한", https://www.berkshirehathaway.com/2000ar/2000letter.html
8) 벤저민 그레이엄과 데이비드 도드, 『증권분석』 6판 (New York: McGraw-Hill Educa-tion, 2008)
9) "버핏의 질의응답(Buffett FAQ)", 2003년 버크셔 해서웨이 연차총회, http://buffettfaq.com
10) 벤저민 그레이엄과 데이비드 도드, 『증권분석』 6판 (New York: McGraw-Hill Education, 2008)
11) 벤저민 그레이엄과 데이비드 도드, 『증권분석』 1934년판 (New York: McGraw-Hill Education, 1996)
12) 워런 버핏, "버크셔 해서웨이 1984년 연차보고서 주주서한", https://www.berkshirehathaway.com/letters/1984.html
13) 토머스 펠프스(Thomas Phelps), 『100배 상승 주식에서 배우는 투자 통찰(100 to 1 in the Stock Market: A Distinguished Security Analyst Tells How to Make More of Your Investment Opportunities)』(Brattleboro, VT: Echo Point, 2015)

19장 투자에서 가장 중요한 단어, '안전마진'

1) 제러미 시겔(Jeremy Siegel), "성장주의 가치평가: 니프티 피프티의 경우(Valuing Growth Stocks: Revisiting the Nifty Fifty)", 〈미국개인투자자협회저널(American Association of Individual Investors Journal)〉, 1998년 10월, https://www.aaii.com/journal/article/valuing-growth-stocks-revisiting-the-nifty-fifty
2) 로런스 햄틸(Lawrence Hamtil), "가격은 여러분이 지불하는 것이고, 가치는 여러분이 얻는 것이다 - 니프티 피프티 사례에서 재확인한 교훈(Price Is What You Pay; Value

Is What You Get - Nifty Fifty Edition)", 〈포춘 파이낸셜(Fortune Financial)〉 블로그, 2018년 5월 24일, http://www.fortunefinancialadvisors.com/blog/price-is-what-you-pay-value-is-what-you-get-nifty-fifty-edition

3) 브렌트 비쇼어(Brent Beshore), "프로가 되기: 2017년 리뷰(Going Pro: 2017 Year In Review)", 〈어드벤처스(Adventures)〉, https://www.adventur.es/2017-annual-letter-going-pro

4) 찰스 엘리스, 「패자의 게임(The Loser's Game)」, 〈파이낸셜 어낼리스트 저널(Financial Analysts Journal)〉, 1975년 1-2월호, https://www.cfapubs.org/doi/pdf/10.2469/faj.v51.n1.1865

5) 벤저민 그레이엄, 『현명한 투자자』 개정 4판 (New York: Harper and Row, 1973)

6) 크레디트 스위스, "워런 버핏은 옳았는가?: 훌륭한 회사는 계속 훌륭한가?(Was Warren Buffett Right: Do Wonderful Companies Remain Wonderful?)", 〈홀트 웰스 크리에이션 프린서플스(HOLT Wealth Creation Principles)〉, 2013년 6월, https://research-doc.credit-suisse.com/mercurydoc?language=ENG&format=PDF&document_id=1019433381&serialid=*EMAIL_REMOVED*&auditid=1182867

7) 필 데무스(Phil DeMuth), "미스터리 변수 'P': 찰리 멍거, 로버트 노비막스, 그리고 수익성 변수(The Mysterious Factor 'P': Charlie Munger, Robert Novy-Marx and the Profitability Factor)", 〈포브스〉, 2013년 6월 27일.

8) 워런 버핏, "버크셔 해서웨이 1980년 연차보고서 주주서한", 1981년 2월 27일, http://www.berkshirehathaway.com/letters/1980.html

9) 워런 버핏, "버크셔 해서웨이 1983년 연차보고서 주주서한", 1984년 3월 14일, http://www.berkshirehathaway.com/letters/1983.html

10) 워런 버핏, "버크셔 해서웨이 1989년 연차보고서 주주서한", 1990년 3월 2일, http://www.berkshirehathaway.com/letters/1989.html

20장 자본 순환주기 이용하기

1) 토비아스 칼라일(Tobias E. Carlisle), 『딥 밸류(Deep Value: Why Activist Investors and Other Contrarians Battle for Control of Losing Corporations)』(Hoboken, NJ: Wiley, 2014)

2) 에드워드 챈슬러(Edward Chancellor), 『자본 수익: 자본 순환주기를 이용한 투자(Capital Returns: Investing Through the Capital Cycle: A Money Manager's Reports 2002-5)』(Basingstoke, UK: Palgrave Macmillan, 2016). 다른 언급이 없는 한 이하의 인용은 이 책에 기초함.

3) 하워드 막스(Howard Marks), 『투자에 대한 생각(The Most Important Thing

Illuminated: Uncommon Sense for the Thoughtful Investor)』(New York: Columbia University Press, 2013)
4) 말콤 글래드웰(Malcolm Gladwell), 『블링크, 운명을 가르는 첫 2초의 비밀(Blink: The Power of Thinking Without Thinking)』(New York: Little,Brown, 2005)
5) 피터 린치, 『전설로 떠나는 월가의 영웅(One Up on Wall Street: How to Use What You Already Know to Make Money in the Market)』(New York: Simon and Schuster, 2000)
6) 찰리 멍거, "웨스코 파이낸셜 주주들에게 보내는 서한", 〈찰리 멍거의 웨스코 파이낸셜 연차보고서 주주서한 모음 1983-2009(Charlie Munger's Wesco Financial Corporation Annual Letters 1983-2009)〉, 182쪽, https://remembering theobvious.files.wordpress.com/2012/08/wesco-charlie-munger-letters-1983-2009-collection.pdf
7) 바빈 샤(Bhavin Shah), "내가 뽑은 2018년 최고의 주식(My Best Pick 2018)", 〈아웃룩 비즈니스(Outlook Business)〉, 2018년 1월 8일, https://outlookbusiness.com/specials/my-best-pick_2018/bhavin-shah-4052.

21장 '기업분할'을 투자 기회로 만드는 법

1) 코지테이터 캐피털(Cogitator Capital), "특별상황투자(Special Situation Investing)" 〈밸류워크〉, 2008년, http://www.valuewalk.com/wp-content/uploads/2010/09/37200720-33263413-Special-Situation-Investing-by-Ben-Graham.pdf에서 인용함.
2) 코지테이터 캐피털, "특별상황투자"에서 인용함.
3) 디에지 컨설팅그룹(The Edge Consulting Group), "글로벌 기업분할과 기업 변화의 숨은 가치(Global Spinoffs and the Hidden Value of Corporate Change)", 〈이규제큐티브 서머리(Executive Summary)〉, vol. 2, 2014년 12월, https://www.hvst.com/attachments/1437/Exec_Summary_-_The_Edge_Deloitte_Global_Spinoff_Study_-_Dec_2014.pdf
4) SBI캐피털증권(SBICAP Securities), "스핀오프―분할의 욕구(Spin-Offs―The Urge to Demerge)", 2017년 6월 19일, https://drive.google.com/file/d/0B5meW_TNaEhNcFY4ME9ZeTBUNWM/view
5) 세스 클라먼, 『안전마진』
6) 리치 하우(Rich Howe), "클라먼과 그린블라트가 기업분할투자에 대해 꼭 하고 싶었던 말-2부(What Klarman and Greenblatt Have to Say About Investing in Spinoffs--Part II)" 〈밸류워크〉, 2018년 3월 15일, https://www.valuewalk.com/2018/03/klarman-greenblatt-investing-spinoffs

7) 조엘 그린블라트(Joel Greenblatt), 『주식시장의 보물찾기(You Can Be a Stock Market Genius: Uncover the Secret Hiding Places of Stock Market Profits)』(New York: Touchstone, 1999). 다른 언급이 없는 한, 이하의 인용은 이 책에 따름.
8) 피터 린치, 『전설로 떠나는 월가의 영웅』(New York: Simon and Schuster, 2000)
9) 피터 린치, 『전설로 떠나는 월가의 영웅』
10) 피터 린치, 『전설로 떠나는 월가의 영웅』
11) "시장을 이기는 기업분할 주식(Look at All These Spinoffs Beating the Market)", 〈올드 스쿨 밸류(Old School Value)〉 블로그, 2011년 7월 6일, https://www.oldschoolvalue.com/blog/special_situation/look-at-all-these-spinoffs-beating-the-market

4부 이익은 키우고 손실은 줄이는 운용 노하우

22장 어떤 주식을 얼마나 오래 보유해야 할까?

1) 워런 버핏, "버크셔 해서웨이 1984년 연차보고서 주주서한", 1985년 2월 15일, http://www.berkshirehathaway.com/letters/1984.html.
2) 찰리 멍거, "투자 운용과 사업에 관한 기초적인 삶의 지혜", 〈파남 스트리트〉 블로그, 1994년, https://fs.blog/a-lesson-on-worldly-wisdom/
3) 캐럴 루미스(Carol Loomis), "주식시장에 대한 버핏의 견해(Mr. Buffett on the Stock Market)", 〈포춘〉, 1999년 11월 22일, http://archive.fortune.com/magazines/fortune/fortune_archive/1999/11/22/269071/index.htm
4) 워런 버핏, "버크셔 해서웨이 2007년 연차보고서 주주서한", 2008년 2월, http://www.berkshirehathaway.com/letters/2007ltr.pdf
5) 존 트레인(John Train), 『대가들의 주식투자법(The Money Masters)』(New York: Harper Business, 1994).
6) "금융위기위원회의 워런 버핏 인터뷰 녹취(Financial Crisis Inquiry Commission Staff Audiotape of Interview with Warren Buffett, Berkshire Hathaway)" 〈산탄젤스 리뷰(Santangel's Review)〉, 2010년 5월 26일, http://dericbownds.net/uploaded_images/Buffett_FCIC_transcript.pdf
7) 매리언 투피(Marian L. Tupy), "기업은 우리가 생각하는 것만큼 강하지 않다(Corporations Are Not as Powerful as You Think)", 〈휴먼 프로그레스(HumanProgress)〉, 2017년 11월 1일, https://humanprogress.org/article.php?p=785
8) 제임스 글래스먼(James K. Glassman), 케빈 해싯(Kavin A. Hassett), "다우지수 36,000(Dow 36,000)", 〈디 애틀랜틱(The Atlantic)〉, 1999년 9월, https://www.theatlantic.

com/magazine/archive/1999/09/dow-36-000/306249
9) 벤저민 그레이엄, 제이슨 츠바이크 편집, 『현명한 투자자』 개정판 (New York: Harper Business, 2006)
10) 캐럴 루미스, "주식시장에 대한 버핏의 견해"
11) 워런 버핏, "버크셔 해서웨이 2007년 연차보고서 주주서한"
12) "주식시장에 대한 워런 버핏의 견해(Warren Buffett on the Stock Market)", 〈포춘〉, 2001년 12월 10일, http://www.berkshirehathaway.com/2001ar/Fortune Magazine%20DEC%2010%202001.pdf에서 인용한 존 메이너드 케인스의 말.
13) 워런 버핏, "버크셔 해서웨이 1987년 연차보고서 주주서한", 1988년 2월 29일, https://www.berkshirehathaway.com/letters/1987.html
14) 워런 버핏, "버크셔 해서웨이 1996년 연차보고서 주주서한", 1997년 2월 28일, http://www.berkshirehathaway.com/letters/1996.html
15) 이안 카셀(Ian Cassel), "투자를 위한 새로운 정신모형(A New Mental Model for Investing)" 〈마이크로캡클럽(MicroCapClub)〉, 2018년 2월 1일, https://microcapclub.com/2018/02/new-mental-model-investing
16) 필립 피셔(Philip A. Fisher), 『위대한 기업에 투자하라(Common Stocks and Uncommon Profits and Other Writings)』 2판 (Hoboken, NJ: Wiley, 2003)
17) 워런 버핏, "버크셔 해서웨이 1999년 연차보고서 주주서한", 2000년 3월 1일, http://www.berkshirehathaway.com/letters/1999htm.html
18) 워런 버핏, 버크셔 해서웨이 1982년 연차보고서 주주서한", 1983년 3월 3일, http://www.berkshirehathaway.com/letters/1982.html
19) 윌리엄 손다이크(William N. Thorndike), 『현금의 재발견(The Outsiders: Eight Unconventional CEOs and Their Radically Rational Blueprint for Success)』 (Brighton, MA: Harvard Business Review Press, 2012)
20) 워런 버핏의 '버핏 파트너십 주주서한', 1967년 10월 9일, "버핏 파트너십 주주서한 모음: 1957~1970년" 111쪽, http://csinvesting.org/wp-content/uploads/2012/05/complete_buffettpartnership_letters-1957-70_in-sections.pdf

23장 시장의 변동성에 대처하는 법

1) 워런 버핏, "버크셔 해서웨이 1987년 연차보고서 주주서한", 1988년 2월 29일, http://www.berkshirehathaway.com/letters/1987.html
2) 벤저민 그레이엄, 제이슨 츠바이크 편집, 『현명한 투자자』 개정판 (New York: Harper Business, 2006)
3) 모니시 파브라이, 『투자를 어떻게 할 것인가(The Dhandho Investor: The Low-Risk Value Method to High Returns)』(Hoboken, NJ: Wiley, 2007)

4) 캐럴 루미스, "주식시장에 대한 버핏의 견해", 〈포춘〉, 2001년 12월 10일, http://archive.fortune.com/magazines/fortune/fortune_archive/2001/12/10/314691/index.htm

5) 캐럴 루미스, "주식시장에 대한 버핏의 견해", 〈포춘〉, 1999년 11월 22일, http://archive.fortune.com/magazines/fortune/fortune_archive/1999/11/22/269071/index.htm

6) 캐럴 루미스, 『포춘으로 읽는 워런 버핏의 투자 철학(Tap Dancing to Work: Warren Buffett on Practically Everything), 1966-2013』(New York: Portfolio, 2013)

7) 앨릭스 배로우(Alex Barrow), "유동성, 거시 환경, 마진에 대한 스탠리 드러켄밀러의 견해(Stanley Druckenmiller on Liquidity, Macro, and Margins)", 〈매크로 옵스(Macro Ops)〉, 2017년 6월 23일, https://macro-ops.com/stanley-druckenmiller-on-liquidity-macro-margins

8) 에반 스파크스(Evan Sparks), "존 템플턴(John Templeton)", 〈필랜트로피 라운드테이블(Philanthropy Roundtable)〉, http://www.philanthropyroundtable.org/almanac/hall_of_fame/john_m._templeton

9) 피터 래트맨(Peter Lattman), "오크트리, 하워드 막스의 강세장과 약세장에 대한 생각(Bull and Bear Markets, According to Oaktree's Howard Marks)", 〈월스트리트저널〉, 2008년 3월 20일, https://blogs.wsj.com/deals/2008/03/20/bull-and-bear-markets-according-to-oaktrees-howard-marks

10) "전형적인 강세장 3단계(There Are 3 Stages in a Typical Bull Market)", 〈이바노프 캐피탈(Ivanhoff Capital)〉 블로그, 2012년 2월 2일, http://ivanhoff.com/2012/02/02/there-are-3-stages-in-a-typical-bull-market

11) 제러미 골드만(Jeremy Goldman), "인텔, 앤디 그로브의 13개 통찰(Insightful Quotes from Intel Visionary Andy Grove)", 〈INC닷컴(inc.com)〉, 2019년 12월 10일, https://www.inc.com/jeremy-goldman/13-insightful-quotes-from-intel-visionary-andy-grove.html

12) 찰스 맥케이(Charles MacKay), 『대중의 미망과 광기(Extraordinary Popular Delusions and the Madness of Crowds)』(New York: Dover, 2003)

13) 하워드 막스, "우리는 예상할 수 없지만, 비교할 수는 있다(You Can't Predict. You Can Compare)", '오크트리 고객들에게 보내는 메모', 2001년 11월 20일, https://www.oaktreecapital.com/docs/default-source/memos/2001-11-20-you-cant-predict-you-can-prepare.pdf?sfvrsn=2

14) 피터 린치, 『피터 린치의 이기는 투자(Beating the Street)』(New York: Simon and Schuster, 1994)

15) 워런 버핏, "버크셔 해서웨이 1986년 연차보고서 주주서한", 1987년 2월 17일,

http://www.berkshirehathaway.com/letters/1986.html
16) 대니얼 카너먼(Daniel Kahneman), 『생각에 관한 생각(Thinking, Fast and Slow』(New York: Farrar, Straus and Giroux, 2013)
17) 워런 버핏, "버크셔 해서웨이 2016년 연차보고서 주주서한", 2017년 2월 25일, http://www.berkshirehathaway.com/letters/2016ltr.pdf
18) 대니얼 카너먼, 『생각에 관한 생각』
19) G. E. 밀러(G. E. Miller), "단기적으로 시장은 개표기지만, 장기적으로는 체중계다(In the Short Run, the Market Is a Voting Machine, but in the Long Run, It Is a Weighing Machine)", 〈20썸씽파이낸스닷컴(20somethingfinance.com)〉, 2019년 5월 8일, https://20somethingfinance.com/in-the-short-run-the-market-is-a-voting-machine-but-in-the-long-run-it-is-a-weighing-machine/
20) 산제이 바크시, "내가 가장 신경 쓰는 것은 처녀성이다(All I Care About Is Virginity)", 〈펀두 프로페서(Fundoo Professor)〉 블로그, 2012년 10월 19일, https://fundooprofessor.wordpress.com/2012/10/19/virginity
21) 마이클 멀로니(Michael Maloney)와 J. 해럴드 뮬헤린(J. Harold Mulherin), "효율적 시장에서 가격 발견의 복잡성: 챌린저호 폭발사고에 대한 주식시장의 반응(The Complexity of Price Discovery in an Efficient Market: The Stock Market Reaction to the Challenger Crash)" 〈저널 오브 코퍼럿 파이낸스(Journal of Corporate Finance)〉 9, no. 4 (2003): 453-79, https://www.sciencedirect.com/science/article/pii/S092911990200055X
22) 프랜시스 골턴(Francis Galton), "대중의 목소리(Vox Popuil)", 〈네이처(Nature)〉, 1907년 3월 7일, http://galton.org/essays/1900-1911/galton-1907-vox-populi.pdf

24장 최고의 종목과 최적의 비중

1) 앨런 C. 베넬로(Allen C. Benello), 마이클 밴 비머(Michael van Biema), 토비아스 E. 칼라일(Tobias E. Carlisle), 『집중투자: 세계 최고 가치투자자들의 전략(Concentrated Investing: Strategies of the World's Greatest Concentrated Value Investors)』, (Hoboken, NJ: Wiley, 2016).
2) 하워드 막스, "최고가 되자(Dare to Be Great)," 오크트리 고객들에 보내는 서한, 2006년 9월 7일, https://www.oaktreecapital.com/docs/default-source/memos/2006-09-07-dare-to-be-great.pdf?sfvrsn=2.
3) 브라이언 리치(Bryan Rich), "당신은 조지 소로스처럼 생각하는가?(Do You Think Like George Soros?)", 〈포브스〉, 2016년 6월 1일, https://www.forbes.com/sites/bryanrich/2016/06/01/do-you-think-like-george-soros/#499e4c835f0d

4) 찰리 멍거, "학문 경제학: 학제 간 연구의 필요성을 고려해 살펴본 장점과 단점", 캘리포니아대학 샌타바버라캠퍼스 경제학과 강연, 2003년 10월 3일, http://www.tilsonfunds.com/MungerUCSBspeech.pdf
5) 모건 하우절의 트위터에서 인용. 2017년 6월 15일, https://twitter.com/morganhousel/status/875547615592665088
6) 찰리 멍거, "투자 운용 및 사업과 관련된 초보적인 세속적 지혜에 관한 한 가지 교훈", 〈파남 스트리트〉 블로그, 1994년, https://fs.blog/a-lesson-on-worldly-wisdom/
7) 잭 슈웨거(Jack Schwager), 『헤지펀드시장의 마법사들 : 승리하는 매매자의 승리법(Hedge Fund Market Wizards: How Winning Traders Win)』(Hoboken, NJ: Wiley, 2012)
8) 캐런 다마토(Karen Damato), "우리의 펀드매니저, 능력이 있는 것인가, 아니면 그저 운이 좋은 것인가(Is our Manager Skillful… or Just Lucky?)", 〈월스트리트저널〉, 2012년 11월 2일, https://www.wsj.com/articles/SB10000872396390444734804578062890110146284
9) 벤저민 그레이엄, 제이슨 츠바이크 편집, 『현명한 투자자』 개정판 (New York: Harper Business, 2006)

25장 1등을 하려면 우선 완주하라

1) 워런 버핏, "버크셔 해서웨이 2010년 연차보고서 주주서한", 2011년 2월 26일, http://www.berkshirehathaway.com/letters/2010ltr.pdf
2) 닉 매기울리(Nick Maggiulli), "피터 번스타인의 '리스크'를 읽고(Against the Gods)", 〈오브 달러 앤 데이터(Of Dollars and Data)〉 블로그, 2017년 7월 18일, https://ofdollarsanddata.com/against-the-gods-3729ed3bb192.
3) 모건 하우절, "리스크는 필요한 시간의 양이다(Risk Is How Much Time You Need)", 〈콜래보러티브 펀드〉 블로그, 2017년 3월 30일, http://www.collaborativefund.com/blog/risk
4) 데이비드 폴크(David Foulke), "LTCM, 맹점, 레버리지, 그리고 불필요한 리스크에 대한 워런 버핏의 생각(Warren Buffett on LTCM, Blind Spots, Leverage, and Unnecessary Risk)", 〈알파 아키텍트(Alpha Architect)〉, 2015년 9월 8일, https://alphaarchitect.com/2015/09/08/warren-buffett-ltcm-blind-spots-leverage-taking-unnecessary-risks/
5) 모건 하우절, "내가 가장 믿는 것(What I Believe Most)" 〈콜래보러티브 펀드〉 블로그, 2017년 7월 5일, http://www.collaborativefund.com/blog/what-i-believe-most
6) 로버트 해그스트롬(Robert G. Hagstrom), 『워런 버핏의 완벽투자기법(The Warren Buffett Way)』 2판 (Hoboken, NJ: Wiley, 2005)

7) 데이비드 폴크의 "LTCM에 대한 워런 버핏의 견해(Warren Buffett on LTCM)"
8) 2006년 버크셔 해서웨이 연차총회, 버핏과의 질의응답, http://buffettfaq.com
9) 서배스천 맬러비(Sebastian Mallaby), 『헤지펀드 열전(More Money Than God: Hedge Funds and the Making of a New Elite)』(London: Penguin, 2011)
10) 브누아 망델브로(Benoit Mandelbrot)와 리처드 허드슨(Richard L. Hudson), 『프렉털 이론과 금융 시장(The (Mis)Behavior of Markets: A Fractal View of Financial Turbulence)』(New York: Basic Books, 2006), 20, 217, 248.
11) 벤저민 그레이엄과 데이비드 도드, 『증권분석: 클래식 1934년판(Security Analysis: The Classic 1934 Edition』(New York: McGraw-Hill Education, 1996)
12) 하워드 막스, 『투자에 대한 생각(The Most Important Thing Illuminated: Uncommon Sense for the Thoughtful Investor)』(New York: Columbia University Press, 2013)
13) 워런 버핏, "버크셔 해서웨이 1993년 연차보고서 주주서한", 1994년 3월 1일, http://www.berkshirehathaway.com/letters/1993.html
14) 나타샤 투락(Natasha Turak), "크레디트 스위스, 시장 격동의 중심에서 논란이 많은 금융상품을 방어하다(Credit Suisse Defends Controversial Financial Product at the Center of the Market Turmoil)", 〈CNBC닷컴〉, 2018년 2월 7일, https://www.cnbc.com/2018/02/07/credit-suisse-defends-controversial-xiv-etn-amid-market-turmoil.html.
15) 워런 버핏, "버크셔 해서웨이 2008년 연차보고서 주주서한", 2009년 2월 27일, http://www.berkshirehathaway.com/letters/2008ltr.pdf
16) 벤 칼슨(Ben Carlson), "수익률을 쫓지 말라(Don't Reach for Yield)", 〈어 웰스 오브 커먼센스(A Wealth of Commonsense)〉, 2013년 4월 5일, https://awealthofcommonsense.com/2013/04/dont-reach-for-yile/
17) 워런 버핏, "버크셔 해서웨이 2017년 연차보고서 주주서한", 2018년 2월 24일, http://www.berkshirehathaway.com/letters/2017ltr.pdf
18) 워런 버핏, "버크셔 해서웨이 2014년 연차보고서 주주서한", 2015년 2월 27일, http://www.berkshirehathaway.com/letters/2014ltr.pdf
19) 제임스 버먼(James Berman), "삶의 지표로 삼아야 할 워런 버핏의 세 가지 핵심 조언(The Three Essential Warren Buffett Quotes to Live By)", 〈포브스〉, 2014년 4월 20일, https://www.forbes.com/sites/jamesberman/2014/04/20/the-three-essential-warren-buffett-quotes-to-live-by/#a6a575a65439

5부 더 나은 투자를 위한 선택과 결정의 기술

26장 예측 대신 분석하기

1) 워런 버핏, "버크셔 해서웨이 2014년 연차보고서 주주서한", 2015년 2월 27일, http://www.berkshirehathaway.com/letters/2014ltr.pdf
2) 제이슨 츠바이크, 『투자의 비밀(Your Money and Your Brain: How the New Science of Neuroeconomics Can Help Make You Rich)』(New York: Simon and Schuster, 2008)
3) 댄 솔린(Dan Solin), "혹시 '예측 중독'이십니까?(Do You Have 'Prediction Addiction'?)", 〈허핑턴 포스트〉, 2011년 5월 25일, https://www.huffingtonpost.com/dan-solin/do-you-have-prediction-ad_b_66570.html
4) 워런 버핏, "버크셔 해서웨이 1994년 연차보고서 주주서한", 1995년 3월 7일, http://www.berkshirehathaway.com/letters/1994.html
5) 워런 버핏, "버크셔 해서웨이 2012년 연차보고서 주주서한", 2013년 3월 1일, http://www.berkshirehathaway.com/letters/2012ltr.pdf
6) 하워드 막스, "예측의 가치, 혹은 이 모든 비는 어디에서 내린 걸까?(The Value of Predictions, or Where'd All This Rain Come From?)", 오크트리 고객들에 보낸 투자 메모, 1993년 2월 15일, https://www.oaktreecapital.com/docs/default-source/memos/1993-02-15-the-value-of-predictions-or-where-39-d-all-this-rain-come-from.pdf?sfvrsn=2
7) 사미트 바르탁(Samit S. Vartak), "세이지원 인베스트먼트 어드바이저스 투자자서한(SageOne Investment Advisors Letter)", 2017년 8월 10일, http://sageoneinvestments.com/wp-content/uploads/2017/08/SageOne-Investor-Memo-Aug-2017.pdf
8) 모건 하우절, "고수익률의 고통(The Agony of High Returns)", 〈모틀리 풀(Motley Fool)〉, 2016년 2월 9일, https://www.fool.com/investing/general/2016/02/09/the-agony-of-high-returns.aspx
9) 에드윈 르페브르(Edwin Lefevre), 『제시 리버모어의 회상(Reminiscences of a Stock Operator)』(Hoboken, NJ: Wiley, 2006)
10) 피터 린치, 『전설로 떠나는 월가의 영웅』(New York: Simon and Schuster, 2000)

27장 원칙 있는 고집과 합리적 수용

1) 카터 존슨(Carter Johnson), "헨리 싱글턴과 텔레다인(Dr. Henry Singleton and Teledyne)", 〈밸류워크〉, 2018년 4월 27일, https://www.valuewalk.com/2018/04/dr-henry-singleton-and-teledyne

2) 휘트니 틸슨, "2004년 웨스코 파이낸셜 연차총회 메모(Notes from the 2004 Wesco Annual Meeting)", 휘트니 틸슨의 가치투자 웹사이트, 2004년 5월 5일, https://www.tilsonfunds.com/wscmtg04notes.doc
3) 스콧 피어론(Scott Fearon)과 제시 파월(Jesse Powell), 『좀비기업(Dead Companies Walking: How a Hedge Fund Manager Finds Opportunity in Unexpected Places)』(New York: St. Martin's, 2015)
4) "부자가 되는 것, 지혜, 초점, 가짜 지식 등에 관한 찰리 멍거의 생각(Charlie Munger on Getting Rich, Wisdom, Focus, Fake Knowledge and More)" 〈파남 스트리트〉 블로그, 2017년 2월, https://fs.blog/2017/02/charlie-munger-wisdom
5) 워런 버핏, "2000년 연차총회 - 오전 세션(Morning Session - 2000 Meeting)", 〈CNBC〉 워런 버핏 아카이브, 2000년 4월 29일 비디오, https://buffett.cnbc.com/video/2000/04/29/morning-session---2000-berkshire-hathaway-annual-meeting.html
6) 모건 하우절, "대니얼 카너먼과의 대화(A Chat with Daniel Kahneman)", 〈콜래보러티브 펀드〉 블로그, 2017년 1월 12일, http://www.collaborativefund.com/blog/a-chat-with-daniel-kahneman
7) 찰리 멍거, "투자 운용과 사업에 관한 기초적인 삶의 지혜", 〈파남 스트리트〉 블로그, 1994, https://fs.blog/a-lesson-on-worldly-wisdom/
8) 트렌 그리핀, "레이 달리오처럼 의사결정 하는 법(How to Make Decisions Like Ray Dalio)", 〈25iq닷컴〉 블로그, 2017년 4월 28일, https://25iq.com/2017/04/28/how-to-make-decisions-like-ray-dalio
9) 미히르 데사이(Mihir Desai), 『금융의 모험(The Wisdom of Finance: Discovering Humanity in the World of Risk and Return)』(Boston: Houghton Mifflin Harcourt, 2017)
10) 아메이 하탄가디(Amay Hattangadi)와 스와난드 켈카(Swanand Kelkar), "점들의 연결(Connecting the Dots)", 모건 스탠리, 2016년 12월, http://capitalideasonline.com/wordpress/wp-content/uploads/2016/12/Article-1.pdf
11) 아메이 하탄가디와 스와난드 켈카, "반향실의 메아리(Reverberations in an Echo Chamber)", 〈라이브민트(Livemint)〉, 2015년 11월 15일, https://www.livemint.com/Opinion/FbpaBdLvJ1cdx3p02wwe1M/Reverberations-in-an-echo-chamber.html
12) 대니얼 카너먼, 『생각에 관한 생각』(New York: Farrar, Straus and Giroux, 2011)
13) 〈AZ 쿼트(AZ quotes)〉 2019년 12월 10일, https://www.azquotes.com/quote/730268.
14) 필립 테틀록(Philip E. Tetlock)과 댄 가드너(Dan Gardner), 『슈퍼 예측

(Superforecasting: The Art and Science of Prediction)』(New York: Broadway, 2016)

15) 산제이 바크시, "방정식에 들어 있는 세상의 지혜", 〈펀두 프로페서(Fundoo Professor)〉 블로그, 2015년 10월 9일, https://fundoo professor.wordpress.com/2015/10/08/worldly-wisdom-in-an-equation/

16) 제임스 오쇼너시(James P. O'Shaughnessy), 『월가의 퀀트 투자 바이블(What Works on Wall Street)』 4판 (New York: McGraw-Hill Education, 2011)

17) 워런 버핏, "버크셔 해서웨이 1979년 연차보고서 주주서한", 1980년 3월 3일, http://www.berkshirehathaway.com/letters/1979.html.

18) 워런 버핏, "버크셔 해서웨이 1987년 연차보고서 주주서한", 1988년 2월 29일, http://www.berkshirehathaway.com/letters/1987.html

19) 필립 테틀록과 댄 가드너, 『슈퍼 예측』(New York: Broadway, 2016)

20) 하비 파이어스톤(Harvey S. Firestone), 『인간과 고무: 사업 스토리(Men and Rubber: The Story of Business)』(Whitefish, MT: Kessinger, 2003)

21) 네이트 실버(Nate Silver), 『신호와 소음(The Signal and the Noise: Why So Many Predictions Fail—.but Some Don't)』(London: Penguin, 2015)

22) 〈굿리즈닷컴(Goodreads.com)〉, 2019년 12월 10일, https://www.goodreads.com/quotes/393102-when-information-is-cheap-attention-becomes-expensive

23) 이안 카셀, "폴 라운치스와 차별적 통찰(Paul Lountzis on Differential Insights)", 〈마이크로캡클럽〉, 2016년 10월 10일, https://microcapclub.com/2016/10/paul-lountzis-differential-insights/

24) 찰스 다윈(Charles Darwin), "찰스 다윈의 삶과 편지, 제1권(The Life and Letters of Charles Darwin, Volume 1), https://charles-darwin.classic-literature.co.uk/the-life-and-letters-of-charles-darwin-volume-i/ebook-page-36.asp

25) 산제이 바크시, "방정식에 들어있는 세상의 지혜(Worldly Wisdom in an Equation)"

26) 마틴 츠바이크(Martin Zweig), 『마틴 츠바이크의 월스트리트에서 승리하는 법(Martin Zweig's Winning on Wall Street)』 개정판 (New York: Warner, 1997)

27) 필립 피셔, 『위대한 기업에 투자하라』 2판 (Hoboken, NJ: Wiley, 2003)

28) "경제적 자유를 위한 13단계-10단계 : 거장처럼 투자하라(13 Steps to Financial Freedom - Step 10: Invest Like the Masters)", 〈모틀리 풀〉, https://www.fool.ca/13-steps-to-financial-freedom/step-10-invest-like-the-masters

29) 〈쿼트팬시닷컴(Quotefancy.com)〉, 2019년 12월 10, https://quotefancy.com/quote/756828/Charlie-Munger-The-big-money-is-not-in-the-buying-and-selling-but-in-the-waiting

30) 로런스 아널드(Laurence Arnold), "월터 슐로스, 버핏이 칭송한 '슈퍼 투자자' 95세로 세상을 뜨다(Walter Schloss, 'Superinvestor' Praised by Buffett, Dies at 95)", 〈블룸버그〉, 2012년 2월 20일, https://www.bloomberg.com/news/articles/2012-02-20/walter-schloss-superinvestor-who-earned-buffett-s-praise-dies-at-95
31) 벤저민 그레이엄과 데이비드 도드, 『증권분석』 6판 (New York: McGraw-Hill Education, 2008)
32) 피터 린치, 『피터 린치의 이기는 투자』(New York: Simon and Schuster, 1994)

28장 기회비용 관점과 투자 선택
1) 애덤 파리스(Adam Parris), "가치투자자와 약세장(Value Investors and Bear Markets)", 〈밸류워크〉, 2017년 9월 9일, https://www.valuewalk.com/2017/09/value-investors-bear-markets
2) 셰인 패리시, "왜 정신모형인가? 교수 겸 가치투자자 산제이 바크시와의 인터뷰(Why Mental Models? My Interview with Professor and Value Investor Sanjay Bakshi)", 〈더 날리지 프로젝트(The Knowledge Project)〉, Ep. #3, 〈파남 스트리트〉 블로그, 오디오 녹음분, https://www.fs.blog/2015/09/sanjay-bakshireading-mental-models-worldly-wisdom

29장 반복되는 패턴과 준비된 기회
1) 아서 코넌 도일(Arthur Conan Doyle), 『실버 블레이즈(Silver Blaze)』(Ada, MI: Baker, 2016)
2) 마르셀로 리마(Marcelo P. Lima), "2018년 2분기 투자자서한(Q2 2018 Letter to Investors)", 헬러 하우스 오퍼튜니티 펀드(Heller House Opportunity Fund), L.P., 2018년 8월 28일.
3) 비자이 고빈다라잔(Vijay Govindarajan), 시바람 라즈고팔(Shivaram Rajgopal), 아눕 스리바스타바(Anup Srivastava), "디지털 기업의 경우 재무제표 분석이 효과적이지 않은 이유(Why Financial Statements Don't Work for Digital Companies)", 〈하버드 비즈니스 리뷰(Harvard Business Review)〉, 2018년 2월 26일, https://hbr.org/2018/02/why-financial-statements-dont-work-for-digital-companies
4) 비자이 고빈다라잔, 시바람 라즈고팔, 아눕 스리바스타바, "디지털 기업의 경우 재무제표 분석이 효과적이지 않은 이유", 〈하버드 비즈니스 리뷰〉, 2018년 2월 26일, https://hbr.org/2018/02/why-financial-statements-dont-work-for-digital-companies
5) 리처드 젝하우저(Richard Zeckhauser), 「모르는 것과 알 수 없는 것에 대한 투자

(Investing in the Unknown and Unknowable)」, 〈캐피털리즘 앤드 소사이어티(Capitalism and Society)〉 1, no. 2, article 5 (2006), https://sites.hks.harvard.edu/fs/rzeckhau/InvestinginUnknownandUnknowable.pdf

6) "워런 버핏 초청 간담회(Visita a Warren Buffett)", 〈씽크 파이낸스(Think Finance)〉, 2005년, http://www.thinkfn.com/wikibolsa/Visita_a_Warren_Buffett

7) 워런 버핏, "버크셔 해서웨이 1990년 연차보고서 주주서한", 1991년 3월 1일, http://www.berkshirehathaway.com/letters/1990.html.

8) 레이 커즈와일(Ray Kurzweil), 『특이점이 온다(The Singularity Is Near: When Humans Transcend Biology)』(London: Penguin, 2006)

30장 투자 실력과 운

1) 막스 귄터(Max Gunther), 『운의 시그널: 내 안의 좋은 운을 깨우는 법(How to Get Lucky: 13 Techniques for Discovering and Taking Advantage of Life's Good Breaks)』(London: Harriman House, 2010)

2) 막스 귄터, 『운의 시그널: 내 안의 좋은 운을 깨우는 법』(London: Harriman House, 2010)

3) 윌리엄 와츠(William Watts), "생일을 맞은 워런 버핏, 애플에 대한 애정은 재확인, 몬델리즈 비중은 축소(Birthday Boy Warren Buffett Reaffirms His Love for Apple, but Sinks Mondelez)", 〈마켓워치(MarketWatch)〉, 2017년 8월 30일, https://www.marketwatch.com/story/birthday-boy-warren-buffett-reaffirms-his-love-for-apple-but sends-mondelez-tumbling-2017-08-30

4) 닉 매기울리, "승자가 계속 승리하는 이유(Why Winners Keep Winning)" 〈오브 달러스 앤드 데이터〉 블로그, 2018년 5월 8일, https://ofdollarsanddata.com/why-winners-keep-winning

5) 막스 귄터, 『돈의 원리(The Zurich Axioms: The Rules of Risk and Reward Used by Generations of Swiss Bankers』(London: Harriman House, 2005)

6) 워런 버핏, "버크셔 해서웨이 2000년 연차보고서 주주서한", 2001년 2월 28일, http://www.berkshirehathaway.com/2000ar/20001etter.html

7) WBI 인베스트먼트(WBI Investments), "투자자들은 매수-보유하라는 말을 듣지만, 과연 그러고 있는가?(Investors Are Told to Buy and Hold, but Do They?)", 〈WBI 인사이트(WBI Insights)〉, 2019년 6월 4일, https://wbiinsights.com/2019/06/04/investors-are-told-to-buy-and-hold-but-do-they/

8) 〈굿리즈닷컴〉, 2019년 12월 10일, https://www.goodreads.com/quotes/29255-be-fearful-when-others-are-greedy-and-greedy-when-others

9) 로버트 루빈(Robert Rubin), "하버드대학 졸업식 연설(Harvard Commencement

Address)", 2001년.

31장 실수에서 배운 투자 교훈

1) 비샬 칸델왈(Vishal Khandelwal), "투자와 복제의 기술(Investing and the Art of Cloning)", 〈사팔 니베샤크〉 블로그, 2018년 5월 14일, https://www.safalniveshak.com/investing-and-cloning
2) 필립 피셔, 『위대한 기업에 투자하라』 2판 (Hoboken, NJ: Wiley, 2003)
3) 필립 피셔, 『위대한 기업에 투자하라』
4) 찰스 킨들버거(Charles P. Kindleberger), 『광기, 패닉, 붕괴, 금융위기의 역사(Manias, Panics, and Crashes: A History of Financial Crises)』(Hoboken, NJ: Wiley, 2000)
5) 〈굿리즈닷컴〉, 2019년 12월 10일, https://www.goodreads.com/quotes/7609885-you-don-t-have-to-pee-on-an-electric-fence-to
6) 찰리 멍거, "찰리 멍거의 인간 오판의 심리학", 〈해리슨 반스〉, 2015년 1월 17일, https://www.hb.org/the-psychology-of-human-misjudgment-by-charles-t-munger/#07
7) 리처드 탈러(Richard Thaler)와 캐스 선스타인(Cass Sunstein), 『넛지(Nudge: Improving Decisions About Health, Wealth, and Happiness)』 개정판 (New York: Penguin, 2009)
8) 빌 게이츠(Bill Gates), "이 동물(모기)은 상어가 100년 동안 죽인 사람보다 더 많은 사람을 하루에 죽인다(This Animal Kills More People in a Day Than Sharks Do in a Century)", 〈게이츠노트(GatesNotes)〉, 2018년 4월 23일, https://www.gatesnotes.com/Health/Mosquito-Week-2018
9) 벤저민 그레이엄, 제이슨 츠바이크 편집, 『현명한 투자자』 개정판 (New York: Harper Business, 2006); C. C. 게이더(C. C. Gaither)와 알마 카바조스-게이더(Alma E Cavazos-Gaither), 『수학적으로 말하기: 인용구 사전(Mathematically Speaking: A Dictionary of Quotations)』(Boca Raton, FL: CRC Press, 1998) 중 '루이스 브랜다이스(Louis Brandeis)' 부분.
10) 브래드 바버(Brad M. Barber)와 테런스 오딘(Terrance Odean), 「투자자들 과도한 매매를 하는 이유(Why Do Investors Trade Too Much?)」, 연구 요약 논문, 캘리포니아대학 데이비스캠퍼스 경영대학원(University of California Davis Graduate School of Management, Davis, CA, 2006), https://www.safalniveshak.com/wp-content/uploads/2012/07/Why-Do-Investors-Trade-Too-Much.pdf
11) 조셉 래코니쇼크(Josef Lakonishok), 안드레이 슐라이퍼(Andrei Shleifer), 로버트 비시니(Robert Vishny), 「자금운용산업의 구조와 실적(The Structure and

Performance of the Money Management Industry)」, 〈브루킹스 논문집: 1992년 거시경제(Brookings Papers: Macroeconomics 1992)〉, https://scholar.harvard.edu/files/shleifer/files/structure_performance.pdf
12) 벤저민 그레이엄, 제이슨 츠바이크 편집, 『현명한 투자자』 개정판
13) 시라즈 라자(Sheeraz Raza), "멍거의 격언(Munger Quotes)", 〈밸류워크〉, 2016년 4월 4일, https://www.valuewalk.com/2016/04/charlie-munger-quotes-2

32장 결론 : 투자도 인생도 복리처럼

1) 앨리스 슈뢰더, 『스노볼』(New York: Bantam, 2009)
2) 트렌 그리핀, "찰리 멍거, 무엇이든 물어보기: 역경에 대처하는 찰리 멍거의 조언(Charlie Munger AMA: How Does Charlie Munger Recommend Dealing with Adversity?)" 〈25iq닷컴〉 블로그, 2015년 11월 14일, https://25iq.com/2015/11/14/charlie-munger-ama-how-does-charlie-munger- recommend-dealing-with-adversity
3) 조슈아 케논(Joshua Kennon), "이혼하고, 파산하고, 아홉 살 된 아들을 땅에 묻었을 때도 찰리 멍거가 포기하지 않았다면, 여러분은 어떤 핑계도 댈 수 없다(If Charlie Munger Didn't Quit When He Was Divorced, Broke, and Burying His 9-Year-Old Son, You Have No Excuse)", 2011년 4월 12일, https://www.joshuakennon.com/if-charlie-munger-didnt-quit-when-he-was-divorced-broke-and-burying-his-9-year-old-son-you-have-no-excuse
4) 케네스 제프리 마셜(Kenneth Jeffrey Marshall), 『싸고 좋은 주식(Good Stocks Cheap: Value Investing with Confidence for a Lifetime of Stock Market Outperformance)』(New York: McGraw-Hill Education, 2017)
5) 찰스 필모어(Charles Fillmore), 『번영(Prosperity)』(Eastford, CT: Martino Fine Books, 2011)
6) 찰스 두히그(Charles Duhigg), 『습관의 힘(The Power of Habit: Why We Do What We Do in Life and Business)』(New York: Random House, 2014)
7) 찰스 두히그, 『습관의 힘』
8) 〈쿼트카탈로그닷컴(Quotecatalog.com)〉, 2019년 12월 10일, https://quotecatalog.com/quote/warren-buffett-the-chains-of-h-K7QObga/
9) 리처드 루이스(Richard Lewis), "사고에 대한 학제적 접근에 대한 피터 카우프먼의 견해: 녹취(Peter Kaufman on the Multidisciplinary Approach to Thinking: Transcript)", 〈레티스워크 인베스팅(Latticework Investing)〉, 2018년 4월 6일, https://latticeworkinvesting.com/2018/04/06/peter-kaufman-on-the-multidisciplinary-approach-to-thinking

10) 존 보글(John Bogle), "간단한 산수의 냉혹한 법칙(The Relentless Rules of Humble Arithmetic)", 〈파이낸셜 애널리스트 저널〉 62, no. 6 (2005): 22–35.

11) 버턴 말킬(Burton G. Malkiel)과 찰스 엘리스(Charles D. Ellis), 『지혜롭게 투자한다는 것(The Elements of Investing: Easy Lessons for Every Investor)』(Hoboken, NJ: Wiley, 2013)

12) 워런 버핏, "버크셔 해서웨이 1989년 연차보고서 주주서한", 1990년 3월 2일, http://www.berkshirehathaway.com/letters/1989.html

13) 투자 거장 강좌(Investment Masters Class), "복리수익(Compounding)", 2019년 12월 10일, http://mastersinvest.com/compounding

14) 휘트니 틸슨 편집, "노트르담대학 교수단, MBA과정 학생, 학부생에 대한 워런 버핏의 3개의 강연(Three Lectures by Warren Buffett to Notre Dame Faculty, MBA Students and Undergraduate Students)", 휘트니 틸슨의 가치투자 웹사이트, 1991년 봄, http://www.tilsonfunds.com/BuffettNotreDame.pdf

15) 워런 버핏, "오전 세션 - 2001년 버크셔 해서웨이 연차총회", 〈CNBC〉, 워런 버핏 아카이브, 2001년 4월 28일 영상, https://buffett.cnbc.com/video/2001/04/28/morning-session---2001-berkshire-hathaway-annual-meeting.html

16) 조쉬 펑크(Josh Funk), "뒤에서 돕는 버크셔의 넘버 투(Berkshire's No. 2 Man Helps from the Background)" 〈ABC뉴스(ABC News)〉, https://abcnews.go.com/Business/story?id=4881678&page=1

17) 앤드루 킬패트릭(Andrew Kilpatrick), 『투자의 신: 워런 버핏 평전(Of Permanent Value: The Story of Warren Buffett)』(Mountain Brook, AL: Andy Kilpatrick Publishing Empire, 2018)

18) 리치 록우드(Rich Rockwood), "1997년 칼텍 강연 발췌문(Excerpts from 1997 Caltech Speech)" 〈모틀리 풀〉, 2003년 1월 4일, http://boards.fool.com/excerpts-from-1997-caltech-speech-18377397.aspx?sort=postdate

19) 공자, 『대학』, 〈지혜의 바이블(Wisdom Bible)〉, 샌더슨 벡(Sanderson Beck) 번역, (World Peace Communications, 1996), http://www.san.beck.org/Tahsueh.html

20) 리 루, "중국에서 가치투자 전망" 그레이엄 F. 로즈 번역, 2015년 10월 28일, https://brianlangis.files.wordpress.com/2018/03/li-lu-the-prospects-for-value-investing-in-china.pdf

21) 레이 달리오(Ray Dalio), 『나만을 위한 레이 달리오의 원칙(Principles: Life and Work)』(New York: Simon and Schuster, 2017)

참고문헌

"13 Steps to Financial Freedom—tep 10: Invest Like the Masters." Motley Fool. https://www.fool.ca/13-steps-to-financial-freedom/step-10-invest-like-the-masters.

"35 Quotes from Benjamin Graham." Caproasia Online, May 8, 2015. http://www.caproasia.com/2015/05/08/35-quotes-from-benjamin-graham.

"A Conversation with Charlie Munger: DuBridge Distinguished Visitor Lecture." Caltech, March 11, 2008. http://www.caltech.edu/content/conversation-charlie-munger-dubridge-distinguished-visitor-lecture.

Allison, Graham, Robert D. Blackwill, and Ali Wyne. Lee Kuan Yew: The Grand Master's Insights on China, the United States, and the World. Cambridge, MA: MIT Press, 2013.

Andersen, Erika. "23 Quotes from Warren Buffett on Life and Generosity." Forbes, December 2, 2013. https://www.forbes.com/sites/erikaandersen/2013/12/02/23-quotes-from-warren-buffett-on-life-and-generosity/#5f2270aaf891.

Arnold, Laurence. "Walter Schloss, 'Superinvestor' Praised by Buffett, Dies at 95." Bloomberg, February 20, 2012. https://www.bloomberg.com/news/articles/2012-02-20/walter-schloss-superinvestor-who-earned-buffett-s-praise-dies-at-95.

Baer, Drake. "Why Productive People Have Empty Schedules." Fast Company, May 10, 2013. https://www.fastcompany.com/3009536/why-productive-people-have-empty-schedules.

Bakshi, Sanjay. "All I Care About Is Virginity." Fundoo Professor (blog), October 19, 2012. https://fundooprofessor.wordpress.com/2012/10/19/virginity.

―――. "The Psychology of Human Misjudgment VI." LinkedIn SlideShare, December 16, 2012. https://www.slideshare.net/bakshi1/the-psychology-of-human-misjudgment-vi.

———. What Happens When You Don't Buy Quality? And What Happens When You Do? OctoberQuest 2013, October 11, 2013. https://www.dropbox.com/s/haqe3psl29u1scx/October_Quest_2013.pdf.

———. "Worldly Wisdom in an Equation." Fundoo Professor (blog), October 9, 2015. https://fundooprofessor.wordpress.com/2015/10/08/worldly-wisdom-in-an-equation/.

Barber, Brad M., and Terrance Odean. Why Do Investors Trade Too Much? Research summary. University of California Davis Graduate School of Management, Davis, CA, 2006. https://www.safalniveshak.com/wp-content/uploads/2012/07/Why-Do-Investors-Trade-Too-Much.pdf.

Barrow, Alex. "Stanley Druckenmiller on Liquidity, Macro, and Margins." Macro Ops, June 23, 2017. https://macro-ops.com/stanley-druckenmiller-on-liquidity-macro-margins.

Bartlett, Al. "Arithmetic, Population and Energy: A Talk by Al Bartlett." Video. http://www.albartlett.org/presentations/arithmetic_population_energy_video1.html.

Batnick, Michael. "Gradual Improvements Go Unnoticed." Irrelevant Investor, March 20, 2017. http://theirrelevantinvestor.com/2017/03/20/gradual-improvements-go-unnoticed.

Becoming Warren Buffett. HBO Documentary Films, 2017. https://www.youtube.com/watch?v=PB5krSvFAPY.

Begg, Christopher M. "2014 3rd Quarter Letter." East Coast Asset Management, November 10, 2014. http://www.eastcoastasset.com/wp-content/uploads/ecam_2014_3q_letter.pdf.

Benello, Allen C., Michael van Biema, and Tobias E. Carlisle. Concentrated Investing: Strategies of the World's Greatest Concentrated Value Investors. Hoboken, NJ: Wiley, 2016.

Benoit, Andy. "The Case for the... Broncos." Sports Illustrated, January 13, 2014. https://www.si.com/vault/2014/01/13/106417354/the-case-for-the-broncos.

Berkshire Hathaway. "1990 Annual Meeting." Outstanding Investor Digest, May 31, 1990.

———. "2000 Annual Meeting." Outstanding Investor Digest, December 18, 2000.

———. "2005 Annual Meeting." Outstanding Investor Digest, March 9, 2006.

———. Press conference, May 2001.

Berman, James. "The Three Essential Warren Buffett Quotes to Live By." Forbes, April 20, 2014. https://www.forbes.com/sites/jamesberman/2014/04/20/the-three-essential-warren-buffett-quotes-to-live-by/#a6a575a65439.

Bernard, Michael E. Rationality and the Pursuit of Happiness: The Legacy of Albert Ellis. Hoboken, NJ: Wiley-Blackwell, 2010.

Bernstein, Peter L. Against the Gods: The Remarkable Story of Risk. Hoboken, NJ: Wiley, 1998.

Beshore, Brent. "Going Pro: 2017 Year In Review." Adventures. https://www.adventur.es/2017-annual-letter-going-pro.

"Best Moments from Buffett's Annual Berkshire Shareholder Meeting." Forbes, May 9, 2016. https://www.forbes.com/sites/gurufocus/2016/05/09/best-moments-from-buffetts-annual-berkshire-shareholder-meeting/#480b98082e55.

The Best of Charlie Munger: 1994–2011: A Collection of Speeches, Essays, and Wesco Annual Meeting Notes. Compiled by Yanan Ma Bledsoe. Value Plays. http://www.valueplays.net/wp-content/uploads/The-Best-of-Charlie-Munger-1994-2011.pdf.

Bevelin, Peter. Seeking Wisdom: From Darwin to Munger, 3rd ed. Malmo, Sweden: PCA Publications, 2007.

Bezos, Jeff. Amazon 1997 Letter to Shareholders. http://media.corporate-ir.net/media_files/irol/97/97664/reports/Shareholderletter97.pdf.

———. Amazon 2014 Letter to Shareholders. http://phx.corporate-ir.net/External.File?item=UGFyZW50SUQ9MjgxMzIwfENoaWxkSUQ9LTF8VHlwZT0z&t=1.

Bloch, Robert L. My Warren Buffett Bible: A Short and Simple Guide to Rational Investing. New York: Skyhorse, 2015.

Bogle, John C. The Little Book of Common Sense Investing: The Only Way to Guarantee Your Fair Share of Stock Market Returns. Hoboken, NJ: Wiley, 2017.

Boodell, Peter et al. "Berkshire Hathaway Annual Meeting, Omaha, Nebraska." Tilson Funds, May 3, 2008. http://www.tilsonfunds.com/BRKnotes08.pdf.

Brooks, John. Business Adventures: Twelve Classic Tales from the World of Wall Street. New York: Open Road, 2014.

Buffett, Peter. Life Is What You Make It: Find Your Own Path to Fulfillment. New

York: Three Rivers Press, 2011.
Buffett FAQ. 2003 Berkshire Hathaway Annual Meeting. http://buffettfaq.com.
———. 2006 Berkshire Hathaway Annual Meeting. http://buffettfaq.com.
———. 2008 Berkshire Hathaway Annual Meeting. http://buffettfaq.com.
Buffett, Warren. Berkshire Hathaway Inc. Shareholder Letters. http://www.berkshirehathaway.com/letters/letters.html.
———. Berkshire Hathaway 1977 Annual Letter to Shareholders. March 14, 1978. http://www.berkshirehathaway.com/letters/1977.html.
———. Berkshire Hathaway 1979 Annual Letter to Shareholders. March 3, 1980. http://www.berkshirehathaway.com/letters/1979.html.
———. Berkshire Hathaway 1980 Annual Letter to Shareholders. February 27, 1981. http://www.berkshirehathaway.com/letters/1980.html.
———. Berkshire Hathaway 1982 Annual Letter to Shareholders. March 3, 1983. http://www.berkshirehathaway.com/letters/1982.html
———. Berkshire Hathaway 1983 Annual Letter to Shareholders. March 14, 1984. http://www.berkshirehathaway.com/letters/1983.html.
———. Berkshire Hathaway 1984 Annual Letter to Shareholders. February 25, 1985. http://www.berkshirehathaway.com/letters/1984.html.
———. Berkshire Hathaway 1986 Annual Letter to Shareholders. February 27, 1987. http://www.berkshirehathaway.com/letters/1986.html.
———. Berkshire Hathaway 1987 Annual Letter to Shareholders. February 29, 1988. https://www.berkshirehathaway.com/letters/1987.html.
———. Berkshire Hathaway 1989 Annual Letter to Shareholders. March 2, 1990. http://www.berkshirehathaway.com/letters/1989.html.
———. Berkshire Hathaway 1990 Annual Letter to Shareholders. March 1, 1991. http://www.berkshirehathaway.com/letters/1990.html.
———. Berkshire Hathaway 1992 Annual Letter to Shareholders. March 1, 1993. http://www.berkshirehathaway.com/letters/1992.html.
———. Berkshire Hathaway 1993 Annual Letter to Shareholders. March 1, 1994. http://www.berkshirehathaway.com/letters/1993.html.
———. Berkshire Hathaway 1994 Annual Letter to Shareholders. March 7, 1995. http://www.berkshirehathaway.com/letters/1994.html.
———. Berkshire Hathaway 1996 Annual Letter to Shareholders. February 28, 1997. http://www.berkshirehathaway.com/letters/1996.html.
———. Berkshire Hathaway 1998 Annual Letter to Shareholders. March 1, 1999.

http://www.berkshirehathaway.com/letters/1998pdf.pdf.
———. Berkshire Hathaway 1999 Annual Letter to Shareholders. March 1, 2000. http://www.berkshirehathaway.com/letters/1999htm.html.
———. Berkshire Hathaway 2000 Annual Letter to Shareholders. February 28, 2001. http://www.berkshirehathaway.com/letters/2000pdf.pdf.
———. Berkshire Hathaway 2001 Annual Letter to Shareholders. February 28, 2002. https://www.berkshirehathaway.com/2001ar/2001letter.html.
———. Berkshire Hathaway 2002 Annual Letter to Shareholders. February 21, 2003. http://www.berkshirehathaway.com/letters/2002pdf.pdf
———. Berkshire Hathaway 2004 Annual Letter to Shareholders. February 28, 2005. http://www.berkshirehathaway.com/letters/2004ltr.pdf.
———. Berkshire Hathaway 2005 Annual Letter to Shareholders. February 28, 2006. http://www.berkshirehathaway.com/letters/2005ltr.pdf.
———. Berkshire Hathaway 2007 Annual Letter to Shareholders. February 2008. http://www.berkshirehathaway.com/letters/2007ltr.pdf.
———. Berkshire Hathaway 2008 Annual Letter to Shareholders. February 27, 2009. http://www.berkshirehathaway.com/letters/2008ltr.pdf.
———. Berkshire Hathaway 2010 Annual Letter to Shareholders. February 26, 2011. http://www.berkshirehathaway.com/letters/2010ltr.pdf
———. Berkshire Hathaway 2012 Annual Letter to Shareholders. March 1, 2013. http://www.berkshirehathaway.com/letters/2012ltr.pdf.
———. Berkshire Hathaway 2014 Annual Letter to Shareholders. February 27, 2015. http://www.berkshirehathaway.com/letters/2014ltr.pdf.
———. Berkshire Hathaway 2016 Annual Letter to Shareholders. February 25, 2017. http://www.berkshirehathaway.com/letters/2016ltr.pdf.
———. Berkshire Hathaway 2017 Annual Letter to Shareholders. February 24, 2018. http://www.berkshirehathaway.com/letters/2017ltr.pdf.
———. "Buffett: How Inflation Swindles the Equity Investor (Fortune Classics, 1977)." Fortune, June 12, 2011. http://fortune.com/2011/06/12/buffett-how-inflation-swindles-the-equity-investor-fortune-classics-1977.
———. "Buffett Partnership Letter, January 25, 1967." In Buffett Partnership Letters 1957 to 1970, 100. CS Investing. http://csinvesting.org/wp-content/uploads/2012/05/complete_buffett_partnership_letters-1957-70_in-sections.pdf.
———. "Buffett Partnership Letter, October 9, 1967." In Buffett Partnership Letters

1957 to 1970, 111. CS Investing. http://csinvesting.org/wp-content/uploads/2012/05/complete_buffett_partnership_letters-1957-70_in-sections.pdf.

———. "Buffett Partnership Letter, January 22, 1969." In Buffett Partnership Letters 1957 to 1970, 123. CS Investing. http://csinvesting.org/wp-content/uploads/2012/05/complete_buffett_partnership_letters-1957-70_in-sections.pdf.

———. "Buffett Partnership Letter, October 9, 1969." In Buffett Partnership Letters 1957 to 1970, 132. CS Investing. http://csinvesting.org/wp-content/uploads/2012/05/complete_buffett_partnership_letters-1957-70_in-sections.pdf.

———. "Morning Session—2000 Meeting." CNBC, Warren Buffett Archive, April 29, 2000. Video. https://buffett.cnbc.com/video/2000/04/29/morning-session---2000-berkshire-hathaway-annual-meeting.html.

———. "Morning Session—2001 Meeting." CNBC, Warren Buffet Archive, April 28, 2001. Video. https://buffett.cnbc.com/video/2001/04/28/morning-session---2001-berkshire-hathaway-annual-meeting.html.

———. An Owner's Manual. Berkshire Hathaway, June 1996. http://www.berkshirehathaway.com/ownman.pdf.

Burger, Edward B., and Michael Starbird. Five Elements of Effective Thinking. Princeton, NJ: Princeton University Press, 2012.

Butler, Hartman. "An Hour with Mr. Graham." Graham and Doddsville, March 6, 1976. http://www.grahamanddoddsville.net/wordpress/Files/Gurus/Benjamin%20Graham/an-hour-ben-graham.pdf.

Carlisle, Tobias E. Deep Value: Why Activist Investors and Other Contrarians Battle for Control of Losing Corporations. Hoboken, NJ: Wiley, 2014.

Carlson, Ben. A Wealth of Common Sense: Why Simplicity Trumps Complexity in Any Investment Plan. Hoboken, NJ: Bloomberg Press, 2015.

Carlson, Ben. "Peter Lynch on Stock Market Losses." A Wealth of Common Sense, August 2, 2014. http://awealthofcommonsense.com/2014/08/peter-lynch-stock-market-losses.

———. "Why Simple Beats Complex." A Wealth of Common Sense, July 9, 2017. http://awealthofcommonsense.com/2017/07/why-simple-beats-complex.

Carnegie, Andrew. "Wealth." North American Review no. 391 (June 1889). https://

www.swarthmore.edu/SocSci/rbannis1/AIH19th/Carnegie.html.

Carnevale, Chuck. "How to Use the Correct Discount Rate." ValueWalk, September 27, 2013. https://www.valuewalk.com/2013/09/use-correct-discount-rate.

Carr, Nicholas. "Situational Overload and Ambient Overload." Rough Type, March 7, 2011. http://www.roughtype.com/?p=1464.

Cassel, Ian. "A New Mental Model for Investing." MicroCapClub, February 1, 2018. https://microcapclub.com/2018/02/new-mental-model-investing.

———(@Ian Cassel). "Spend time building new relationships." Twitter, August 16, 2018. https://twitter.com/iancassel/status/1030069258305368065.

Chancellor, Edward. Capital Returns: Investing Through the Capital Cycle: A Money Manager's Reports 2002–15. Basingstoke, UK: Palgrave Macmillan, 2016.

"Charlie Munger on 'Frozen Corporation.'" ValueWalk, July 16, 2015. https://www.valuewalk.com/2015/07/charlie-munger-on-frozen-corporation.

"Charlie Munger on Getting Rich, Wisdom, Focus, Fake Knowledge and More." Farnam Street (blog), February 2017. https://fs.blog/2017/02/charlie-munger-wisdom.

"Charlie Munger on Mistakes." 25iq (blog), November 16, 2012. https://25iq.com/2012/11/16/charlie-munger-on-mistakes.

Christian, Brian, and Tom Griffiths. Algorithms to Live By: The Computer Science of Human Decisions. New York: Henry Holt, 2016.

"Chuck's 3 Legged Stool." Investment Masters Class, August 8, 2018. https://mastersinvest.com/newblog/2018/8/3/chucks-3-legged-stool.

Cialdini, Robert. Influence: Science and Practice. Essex, UK: Pearson, 2014.

Clear, James. "First Principles: Elon Musk on the Power of Thinking for Yourself." The Mission, February 2, 2018. https://medium.com/the-mission/first-principles-elon-musk-on-the-power-of-thinking-for-yourself-8b0f275af361.

———(@JamesClear). "Motion does not equal action." Twitter, January 31, 2018. https://twitter.com/james_clear/status/958824949367615489?lang=en.

Cogitator Capital. "Special Situation Investing." ValueWalk, 2008. http://www.valuewalk.com/wp-content/uploads/2010/09/37200720-33263413-Special-Situation-Investing-by-Ben-Graham.pdf.

Collier, Charles W. Wealth in Families. Cambridge, MA: Harvard University, 2006.

Collins, Jim. Good to Great: Why Some Companies Make the Leap—And Others Don't. New York: HarperCollins, 2011.

Colvin, Geoff. Talent Is Overrated: What Really Separates World-Class Performers from Everybody Else. London: Nicholas Brealey, 2019.

"Commitment-onfirmation-onsistency Bias." Investment Masters Class. http://mastersinvest.com/confirmationquotes.

Confucius. "Higher Education." In Wisdom Bible. Translated by Sanderson Beck. World Peace Communications, 1996. http://www.san.beck.org/Tahsueh.html.

Coyle, Daniel. The Little Book of Talent: 52 Tips for Improving Your Skills. New York: Bantam, 2012.

Credit Suisse. "Was Warren Buffet Right: Do Wonderful Companies Remain Wonderful?" HOLT Wealth Creation Principles, June 2013. https://research-doc.credit-suisse.com/mercurydoc?language=ENG&format=PDF&document_id=1019433381&serialid=*EMAIL_REMOVED*&auditid=1182867.

Crippen, Alex. "Warren Buffett's 5-Minute Plan to Fix the Deficit." CNBC, July 11, 2011. https://www.cnbc.com/id/43670783.

Dalio, Ray. Principles: Life and Work. New York: Simon and Schuster, 2017.

Damato, Karen. "Is Your Manager Skillful… or Just Lucky?" Wall Street Journal, November 2, 2012. https://www.wsj.com/articles/SB10000872396390444734804578062890110146284.

Darwin, Charles. The Life and Letters of Charles Darwin, Volume 1. Classic Literature Library. https://charles-darwin.classic-literature.co.uk/the-life-and-letters-of-charles-darwin-volume-i/ebook-page-36.asp.

Dawson, William James. The Quest of the Simple Life. Boston, MA: Qontro Classic, 2010.

Deresiewicz, William. "Solitude and Leadership." American Scholar, March 1, 2010. https://theamericanscholar.org/solitude-and-leadership/#.Wt-DKUxFydI.

Desai, Mihir. The Wisdom of Finance: Discovering Humanity in the World of Risk and Return. Boston: Houghton Mifflin Harcourt, 2017.

DeMuth, Phil. "Charlie Munger's 2015 Daily Journal Annual Meeting—art 1." Forbes, April 7, 2015. https://www.forbes.com/sites/phildemuth/2015/04/07/charlie-mungers-2015-daily-journal-annual-meeting-part-1/#2f3663b8f183.

———. "The Mysterious Factor 'P': Charlie Munger, Robert Novy-Marx and the Profitability Factor." Forbes, June 27, 2013.

De Vany, Arthur. The New Evolution Diet: What Our Paleolithic Ancestors Can Teach Us About Weight Loss, Fitness, and Aging. Emmaus, PA: Rodale, 2011.

Dickens, Charles. David Copperfield. London: Penguin Classics, 2004.

Dobelli, Rolf. The Art of Thinking Clearly. New York: HarperCollins, 2013.

Dorsey, Pat. Competitive Advantage and Capital Allocation. Dorsey Asset Management, March 2917. https://dorseyasset.com/wp-content/uploads/2016/07/mit-sloan-investment-conference_competitive-advantage-and-capital-allocation_dorsey-asset-management_march-2017.pdf.

Doyle, Arthur Conan. The Memoirs of Sherlock Holmes: The Reigate Puzzle. CreateSpace Independent Publishing Platform, 2016.

———. Silver Blaze. Ada, MI: Baker, 2016.

Duhigg, Charles. The Power of Habit: Why We Do What We Do in Life and Business. New York: Random House, 2014.

Duke, Annie. Thinking in Bets: Making Smarter Decisions When You Don't Have All the Facts. New York: Portfolio, 2018.

Durant, Will, and Ariel Durant. The Lessons of History. New York: Simon and Schuster, 2010.

The Edge Consulting Group. Global Spinoffs and the Hidden Value of Corporate Change, Vol. 2, Executive Summary, December 2014. https://www.hvst.com/attachments/1437/Exec_Summary_-_The_Edge_Deloitte_Global_Spinoff_Study_-_Dec_2014.pdf.

Eisner, Michael D., and Aaron R. Cohen. Working Together: Why Great Partnerships Succeed. New York: Harper Business, 2012.

EliasFardo. "Go Ask Alice." Motley Fool, board comment, March 18, 2003. http://boards.fool.com/you-might-want-to-discount-the-float-growth-at-a-18762436.aspx.

Ellis, Charles D. "The Loser's Game." Financial Analysts Journal, January–February 1995. https://www.cfapubs.org/doi/pdf/10.2469/faj.v51.n1.1865.

Ellis, Charles, and James Vertin. Classics: An Investor's Anthology. New York: Business One Irwin, 1988.

Endersen, Laurence. Pebbles of Perception: How a Few Good Choices Make All the Difference. CreateSpace Independent Publishing Platform, 2014.

Epoch Investment Partner. "The P/E Ratio: A User's Manual." Epoch, June 17, 2019. http://www.eipny.com/white-papers/the_p-e_ratio_a-users_manual/.

"Exclusive Interview with Arnold Van Den Berg." Manual of Ideas 7, no. 9 (September 2014). https://www.manualofideas.com/wp-content/uploads/2014/09/the-manual-of-ideas-arnold-van-den-berg-201409.pdf.

Fearon, Scott, and Jesse Powell. Dead Companies Walking: How a Hedge Fund Manager Finds Opportunity in Unexpected Places. New York: St. Martin's, 2015.

Feynman, Richard P. "Atoms in Motion." California Institute of Technology, The Feynman Lectures on Physics. http://www.feynmanlectures.caltech.edu/I_01.html.

———. Perfectly Reasonable Deviations (from the Beaten Track). New York: Basic, 2006.

———. Perfectly Reasonable Deviations from the Beaten Track: The Letters of Richard P. Feynman. New York: Basic, 2005.

———. The Pleasure of Finding Things Out: The Best Short Works of Richard P. Feynman. New York: Basic, 2005.

Fillmore, Charles. Prosperity. Eastford, CT: Martino, 2011.

"Financial Crisis Inquiry Commission Staff Audiotape of Interview with Warren Buffett, Berkshire Hathaway." Santangel's Review, May 26, 2010. Audio. http://dericbownds.net/uploaded_images/Buffett_FCIC_transcript.pdf.

Firestone, Harvey. Men and Rubber: The Story of Business. Whitefish, MT: Kessinger, 2003.

Fisher, Phil. Common Stocks and Uncommon Profits and Other Writings, 2nd ed. Hoboken, NJ: Wiley, 2003.

Fishman, Steve. "Bernie Madoff, Free at Last." New York, June 6, 2010. http://nymag.com/news/crimelaw/66468.

Flores, Brian. "Why Investors Must Always Consider Opportunity Costs." GuruFocus, February 18, 2016. https://www.gurufocus.com/news/393334/why-investors-must-always-consider-opportunity-costs.

Foulke, David. "Warren Buffett on LTCM, Blind Spots, Leverage, and Unnecessary

Risk." Alpha Architect, September 8, 2015. https://alphaarchitect.com/2015/09/08/warren-buffett-ltcm-blind-spots-leverage-taking-unnecessary-risks/.

Frankl, Viktor E. Man's Search for Meaning. Boston: Beacon, 2006.

Fundsmith Equity Fund Owner's Manual. https://www.fundsmith.co.uk/docs/default-source/analysis---owners-manuals/owners-manual-pdf.pdf?sfvrsn=16.

Funk, Josh. "Berkshire's No. 2 Man Helps from the Background." ABC News. https://abcnews.go.com/Business/story?id=4881678&page=1.

Gaither, C. C., and Alma E Cavazos-Gaither. Mathematically Speaking: A Dictionary of Quotations. Boca Raton, FL: CRC Press, 1998.

Galbraith, John Kenneth. Economics, Peace and Laughter. New York: Signet, 1972.

Galton, Francis. "Vox Populi." Nature, March 7, 1907. http://galton.org/essays/1900-1911/galton-1907-vox-populi.pdf.

Gates, Bill. "This Animal Kills More People in a Day Than Sharks Do in a Century." GatesNotes, April 23, 2018. https://www.gatesnotes.com/Health/Mosquito-Week-2018.

Gawande, Atul. The Checklist Manifesto. Gurgaon, India: Penguin Random House, 2014.

Gayner, Tom. "Identifying Great Capital Allocators." Presentation at the 11th Annual Value Investor Conference, May 1 and 2, 2014. http://www.valueinvestorconference.com/2014presentations/VIC%2014%20Gayner%20Transcript.pdf.

Gladwell, Malcolm. Blink: The Power of Thinking Without Thinking. New York: Little, Brown, 2005.

———. Outliers: The Story of Success. New York: Back Bay, 2011.

Glassman, James K., and Kavin A. Hassett. "Dow 36,000." The Atlantic, September 1999. https://www.theatlantic.com/magazine/archive/1999/09/dow-36-000/306249.

Goodwin, Tom. "The Battle Is for the Customer Interface." TechCrunch, March 3, 2015. https://techcrunch.com/2015/03/03/in-the-age-of-disintermediation-the-battle-is-all-for-the-customer-interface/.

Govindarajan, Vijay, Shivaram Rajgopal, and Anup Srivastava. "Why Financial Statements Don't Work for Digital Companies." Harvard Business Review,

February 26, 2018. https://hbr.org/2018/02/why-financial-statements-dont-work-for-digital-companies.

Graham, Benjamin. The Intelligent Investor, 4th rev. ed. New York: Harper and Row, 1973.

——. Security Analysis: The Classic 1951 Edition. New York: McGraw-Hill Education, 2004.

Graham, Benjamin, and David Dodd. Security Analysis, 6th ed. New York: McGraw-Hill Education, 2008.

——. Security Analysis: The Classic 1934 Edition. New York: McGraw-Hill Education, 1996.

Graham, Benjamin, and Jason Zweig. The Intelligent Investor: The Definitive Book on Value Investing, rev. ed. New York: Harper Business, 2006.

Greenblatt, Joel. You Can Be a Stock Market Genius. New York: Touchstone, 2010.

Greenwald, Bruce C. N. Value Investing: From Graham to Buffett and Beyond. Hoboken, NJ: Wiley, 2004.

Greenwald, Bruce, and Judd Kahn. Competition Demystified: A Radically Simplified Approach to Business Strategy. New York: Portfolio, 2014.

Griffin, Ten. "Charlie Munger." 25iq (blog). https://25iq.com/quotations/charlie-munger.

——. "Charlie Munger AMA: How Does Charlie Munger Recommend Dealing with Adversity?" 25iq (blog), November 14, 2015. https://25iq.com/2015/11/14/charlie-munger-ama-how-does-charlie-munger-recommend-dealing-with-adversity.

——. Charlie Munger: The Complete Investor. New York: Columbia University Press, 2015.

——. "A Dozen Things I've Learned from Charlie Munger About Capital Allocation." 25iq (blog), October 3, 2015. https://25iq.com/2015/10/03/a-dozen-things-ive-learned-from-charlie-munger-about-capital-allocation.

——. "A Dozen Things I've Learned from Charlie Munger About Inversion." 25iq (blog), September 12, 2015. https://25iq.com/2015/09/12/a-dozen-things-ive-learned-from-charlie-munger-about-inversion-including-the-importance-of-being-consistently-not-stupid-2.

——. "How to Make Decisions Like Ray Dalio." 25iq (blog), April 28, 2017.

https://25iq.com/2017/04/28/how-to-make-decisions-like-ray-dalio.

Gunther, Max. How to Get Lucky: 13 Techniques for Discovering and Taking Advantage of Life's Good Breaks. London: Harriman House, 2010.

———. The Zurich Axioms: The Rules of Risk and Reward Used by Generations of Swiss Bankers. London: Harriman House, 2005.

Hagstrom, Robert G. The Warren Buffett Way, 2nd ed. Hoboken, NJ: Wiley, 2005.

Hamtil, Lawrence. "Price Is What You Pay; Value Is What You Get—ifty Fifty Edition." Fortune Financial (blog), May 24, 2018. http://www.fortunefinancialadvisors.com/blog/price-is-what-you-pay-value-is-what-you-get-nifty-fifty-edition.

Harari, Yuval Noah. Sapiens: A Brief History of Humankind. New York: Harper, 2015.

Hattangadi, Amay, and Swanand Kelkar. Connecting the Dots. Morgan Stanley, December 2016. http://capitalideasonline.com/wordpress/wp-content/uploads/2016/12/Article-1.pdf.

———. "Reverberations in an Echo Chamber." Livemint, November 15, 2015. https://www.livemint.com/Opinion/FbpaBdLvJ1cdx3p02wwe1M/Reverberations-in-an-echo-chamber.html.

Hill, Napoleon. Think and Grow Rich. 1937. Reprint, Shippensburg, PA: Sound Wisdom, 2016.

Holiday, Ryan. "How to Read More Books— Lot More." Thrive Global, August 13, 2018. https://medium.com/thrive-global/how-to-read-more-books-a-lot-more-1b459ac498b3.

Housel, Morgan. "Charlie Munger's Thoughts on the World: Part 1." Motley Fool, July 2, 2011. https://www.fool.com/investing/general/2011/07/02/charlie-mungers-thoughts-on-the-world-part-1.aspx.

———. "A Chat with Daniel Kahneman." Collaborative Fund (blog), January 12, 2017. http://www.collaborativefund.com/blog/a-chat-with-daniel-kahneman.

———. "How to Read Financial News." Collaborative Fund (blog), December 6, 2017. http://www.collaborativefund.com/blog/how-to-read-financial-news.

———. "Ideas That Changed My Life." Collaborative Fund (blog), March 7, 2018. http://www.collaborativefund.com/blog/ideas-that-changed-my-life.

———. "Investing Is a Fascinating Business." Motley Fool, August 30, 2016.

─────. https://www.fool.com/investing/2016/08/30/investing-is-a-fascinating-business.aspx.

─────. "The Peculiar Habits of Successful People." USA Today, August 24, 2014. https://www.usatoday.com/story/money/personalfinance/2014/08/24/peculiar-habits-of-successful-people/14447531.

─────. "The Psychology of Money." Collaborative Fund (blog), June 1, 2018. http://www.collaborativefund.com/blog/the-psychology-of-money.

─────. "Risk Is How Much Time You Need." Collaborative Fund (blog), March 30, 2017. http://www.collaborativefund.com/blog/risk.

─────. "Saving Money and Running Backwards." Collaborative Fund (blog), September 27, 2017. http://www.collaborativefund.com/blog/saving-money-and-running-backwards.

───── (@morganhousel). "Charlie Munger investment strategy." Twitter, June 15, 2017. https://twitter.com/morganhousel/status/875547615592665088.

─────. "We're All Innocently Out of Touch." Collaborative Fund (blog), November 17, 2017. http://www.collaborativefund.com/blog/were-all-out-of-touch.

─────. "What I Believe Most." Collaborative Fund (blog), July 5, 2017. http://www.collaborativefund.com/blog/what-i-believe-most.

Howe, Rich. "What Klarman and Greenblatt Have to Say About Investing in Spinoffs—art II." ValueWalk, March 15, 2018. https://www.valuewalk.com/2018/03/klarman-greenblatt-investing-spinoffs.

Ignatius, Adi. "Jeff Bezos on Leading for the Long-Term at Amazon." Harvard Business Review, January 2013. https://hbr.org/2013/01/jeff-bezos-on-leading-for-the.

"Investing Instinct." Investment Masters Class. http://mastersinvest.com/investinginstinctquotes.

Jobs, Steve. " 'You've Got to Find What You Love,' Jobs Says." Stanford News, June 14, 2005. https://news.stanford.edu/2005/06/14/jobs-061505.

Johnson, Carter. "Dr. Henry Singleton and Teledyne." ValueWalk, April 27, 2018. https://www.valuewalk.com/2018/04/dr-henry-singleton-and-teledyne.

Jordon, Steve. "Investors Earn Handsome Paychecks by Handling Buffett's Business." Omaha World-Herald, April 28, 2013. https://www.omaha.com/money/investors-earn-handsome-paychecks-by-handling-buffetts-business/article_bb1fc40f-e6f9-549d-be2f-be1ef4c0da03.html.

Kahneman, Daniel. Thinking, Fast and Slow. New York: Farrar, Straus and Giroux, 2013.

Kaplan, Elle. "Why Warren Buffett's '20-Slot Rule' Will Make You Insanely Successful and Wealthy." Inc., July 22, 2016. https://www.inc.com/elle-kaplan/why-warren-buffett-s-20-slot-rule-will-make-you-insanely-wealthy-and-successful.html.

Kaufman, Peter D., ed. Poor Charlie's Almanack. Marceline, MO: Walsworth, 2005.

Keller, Gary, and Jay Papasan. The ONE Thing: The Surprisingly Simple Truth Behind Extraordinary Results. San Francisco: Instaread, 2016.

Kennon, Joshua. "If Charlie Munger Didn't Quit When He Was Divorced, Broke, and Burying His 9-Year-Old Son, You Have No Excuse." April 12, 2011. https://www.joshuakennon.com/if-charlie-munger-didnt-quit-when-he-was-divorced-broke-and-burying-his-9-year-old-son-you-have-no-excuse.

Keynes, John Maynard. The General Theory of Employment, Interest, and Money. San Diego, CA: Harcourt, Brace & World, 1965.

Khandelwal, Vishal. "In Investing, Catch the Right Anchor to Avoid Sinking." Safal Niveshak, September 21, 2011. https://www.safalniveshak.com/in-investing-catch-the-right-anchor-to-avoid-sinking.

———. "Investing and the Art of Cloning." Safal Niveshak, May 14, 2018. https://www.safalniveshak.com/investing-and-cloning.

Khare, Anshul. "Investing and the Art of Metaphorical Thinking." Safal Niveshak, November 21, 2016. https://www.safalniveshak.com/investing-art-metaphorical-thinking.

Kilpatrick, Andy. Of Permanent Value: The Story of Warren Buffett. Birmingham, AL: Andy Kilpatrick Publishing Empire, 2018.

Kindleberger, Charles P. Manias, Panics, and Crashes: A History of Financial Crises. Hoboken, NJ: Wiley, 2000.

King, Stephen. On Writing: A Memoir of the Craft. New York: Simon and Schuster, 2000.

Kiyosaki, Robert T. Rich Dad's Who Took My Money? Why Slow Investors Lost and Fast Money Wins! New York: Warner Business Books, 2004.

Klarman, Seth A. Margin of Safety: Risk-Averse Value Investing Strategies for the

Thoughtful Investor. New York: Harper Collins, 1991.

Koller, Timothy. "Why Value Value?—efending Against Crises." McKinsey & Company, April 2010. https://www.mckinsey.com/business-functions/strategy-and-corporate-finance/our-insights/why-value-value-and-defending-against-crises.

Koller, Tim, Marc Goedhard, and David Wessels. Valuation: Measuring and Managing the Value of Companies, 6th ed. Hoboken, NJ: Wiley, 2015.

Kurzweil, Ray. The Singularity Is Near: When Humans Transcend Biology. London: Penguin, 2006.

Lakonishok, Josef, Andrei Shleifer, and Robert Vishny. "The Structure and Performance of the Money Management Industry." Brookings Papers: Macroeconomics 1992. https://scholar.harvard.edu/files/shleifer/files/structure_performance.pdf.

Latimore, Ed (@EdLatimore). Twitter, April 15, 2018. https://twitter.com/EdLatimore/status/1156550021363486721.

Lattman, Peter. "Bull and Bear Markets, According to Oaktree's Howard Marks." Wall Street Journal, March 20, 2008. https://blogs.wsj.com/deals/2008/03/20/bull-and-bear-markets-according-to-oaktrees-howard-marks.

LeBaron, Dean, and Romesh Vaitilingam. Dean LeBaron's Treasury of Investment Wisdom: 30 Great Investing Minds. Hoboken, NJ: Wiley, 2001.

Le Bon, Gustave. The Crowd: A Study of the Popular Mind. Mineola, NY: Dover, 2002.

Lefevre, Edwin. Reminiscences of a Stock Operator. Hoboken, NJ: Wiley, 2006.

Leo, Jacqueline. Seven: The Number for Happiness, Love, and Success. New York: Twelve, 2009.

Lev, Baruch, and Feng Gu. The End of Accounting. Hoboken, NJ: Wiley, 2016.

"Leverage." Investment Masters Class. http://mastersinvest.com/leveragequotes.

Levy, Steven. "Jeff Bezos Owns the Web in More Ways Than You Think." Wired, November 13, 2011. https://www.wired.com/2011/11/ff_bezos.

Lewis, Richard. "Charlie Munger: Full Transcript of Daily Journal Annual Meeting 2017." Latticework Investing, February 17, 2017. http://latticeworkinvesting.com/2017/02/17/charlie-munger-full-transcript-of-daily-journal-annual-meeting-2017.

———. "Peter Kaufman on the Multidisciplinary Approach to Thinking: Transcript."

Latticework Investing, April 6, 2018. http://latticeworkinvesting. com/2018/04/06/peter-kaufman-on-the-multidisciplinary-approach-to-thinking.

"Li Lu-now What You Don't Know." Graham & Doddsville, Columbia Business School investment newsletter, Spring 2013. https://www8.gsb.columbia. edu/valueinvesting/sites/valueinvesting/files/files/Graham%20%26%20 Doddsville%20-%20Issue%2018%20-%20Spring%202013_0.pdf.

Lima, Marcelo P. Q2 2018 Letter to Investors. Heller House Opportunity Fund, L.P., August 28, 2018.

"Links." Value Investing World, April 5, 2018. http://www.valueinvestingworld. com/2018/04/links_5.html.

Loeb, Gerald. The Battle for Investment Survival. Radford, VA: Wilder, 2014.

"Look at All These Spinoffs Beating the Market." Old School Value (blog), July 6, 2011. https://www.oldschoolvalue.com/blog/special_situation/look-at-all-these-spinoffs-beating-the-market.

Loomis, Carol. "Mr. Buffett on the Stock Market." Fortune, November 22, 1999. http://archive.fortune.com/magazines/fortune/fortune_archive/1999/11/22/269071/index.htm.

———. Tap Dancing to Work: Warren Buffett on Practically Everything, 1966–2013. New York: Portfolio, 2013.

———. "Warren Buffett on the Stock Market." Fortune, December 10, 2001. http://archive.fortune.com/magazines/fortune/fortune_archive/2001/12/10/314691/index.htm.

Loop, Floyd D. "Management Lessons from the Cleveland Clinic." American Management Association, September 22, 2009. http://www.amanet.org/training/articles/printversion/management-lessons-from-the-cleveland-clinic.aspx.

Lowe, Janet. Damn Right: Behind the Scenes with Berkshire Hathaway Billionaire Charlie Munger. Hoboken, NJ: Wiley, 2003.

Lu, Li. "The Prospects for Value Investing in China." Translated by Graham F. Rhodes. Brian Langis, October 28, 2015. https://brianlangis.files. wordpress.com/2018/03/li-lu-the-prospects-for-value-investing-in-china.pdf.

Lynch, Peter. Beating the Street. New York: Simon and Schuster, 1994.

———. Learn to Earn: A Beginner's Guide to the Basics of Investing and Business.

New York: Simon and Schuster, 1996.

———. One Up on Wall Street: How to Use What You Already Know to Make Money in the Market. New York: Simon and Schuster, 2000.

MacKay, Charles. Extraordinary Popular Delusions and the Madness of Crowds. New York: Dover, 2003.

Maggiulli, Nick. "Against the Gods." Of Dollars and Data (blog), July 18, 2017. https://ofdollarsanddata.com/against-the-gods-3729ed3bb192.

———. "Why Winners Keep Winning." Of Dollars and Data (blog), May 8, 2018. https://ofdollarsanddata.com/why-winners-keep-winning.

Mahalakshmi, N. "Secret Diary of an Entrepreneur." Outlook Business, March 16, 2018. http://www.piramal.com/assets/pdf/Outlook-Business-16th-March-Pg-21-42.pdf.

Mahapatra, Lisa. "8 Brilliant Lessons from the Investor That Taught Warren Buffett Everything He Knows." Business Insider, February 6, 2013. https://www.businessinsider.com/eight-lessons-from-benjamin-graham-2013-2.

Malkiel, Burton G., and Charles D. Ellis. The Elements of Investing: Easy Lessons for Every Investor. Hoboken, NJ: Wiley, 2013.

Mallaby, Sebastian. More Money Than God: Hedge Funds and the Making of a New Elite. London: Penguin, 2011.

Maloney, Michael, and H. Harold Mulherin. "The Complexity of Price Discovery in an Efficient Market: The Stock Market Reaction to the Challenger Crash." Journal of Corporate Finance 9, no. 4 (2003): 453–479. https://www.sciencedirect.com/science/article/pii/S092911990200055X.

Mandelbrot, Benoit, and Richard L. Hudson. The (Mis)Behavior of Markets: A Fractal View of Financial Turbulence. New York: Basic Books, 2006.

Marks, Howard. "Dare to Be Great." Memo to Oaktree clients. Oaktree, September 7, 2006. https://www.oaktreecapital.com/docs/default-source/memos/2006-09-07-dare-to-be-great.pdf.

———. "Howard Marks: Investing in an Unknowable Future." Barron's, June 8, 2015. https://www.barrons.com/articles/howard-marks-investing-in-an-unknowable-future-1433802168.

———. The Most Important Thing Illuminated: Uncommon Sense for the Thoughtful Investor. New York: Columbia University Press, 2013.

———. "The Value of Predictions, or Where'd All This Rain Come From?" Memo to Oaktree clients. Oaktree, February 15, 1993. https://www.

oaktreecapital.com/docs/default-source/memos/1993-02-15-the-value-of-predictions-or-where-39-d-all-this-rain-come-from.pdf.

———. "You Can't Predict. You Can Compare." Memo to Oaktree clients. Oaktree, November 20, 2001. https://www.oaktreecapital.com/docs/default-source/memos/2001-11-20-you-cant-predict-you-can-prepare.pdf.

Marshall, Kenneth Jeffrey. Good Stocks Cheap: Value Investing with Confidence for a Lifetime of Stock Market Outperformance. New York: McGraw-Hill Education, 2017.

Mauboussin, Michael J. The Success Equation: Untangling Skill and Luck in Business, Sports, and Investing. Boston: Harvard Business Press, 2012.

———. "What Does a Price-Earnings Multiple Mean?" Credit Suisse, January 29, 2014. https://www.valuewalk.com/wp-content/uploads/2014/02/document-805915460.pdf.

Maurer, Robert. One Small Step Can Change Your Life: The Kaizen Way. Bhopal, India: Manjul Publishing House, 2017.

"Mohnish Pabrai's Q&A Session at Dakshana Valley (Pune District), December 26, 2017." YouTube, February 15, 2018. Video. https://www.youtube.com/watch?v=KJpipU-JYxc.

Munger, Charlie. "Academic Economics: Strengths and Faults After Considering Interdisciplinary Needs." Herb Kay Undergraduate Lecture, University of California, Santa Barbara, Economics Department, October 3, 2003, Santa Barbara, CA. http://www.tilsonfunds.com/MungerUCSBspeech.pdf.

———. Berkshire Hathaway 2014 Annual Letter to Shareholders. February 27, 2015, http://www.berkshirehathaway.com/letters/2014ltr.pdf.

———. "A Lesson on Elementary, Worldly Wisdom as It Relates to Investment Management and Business." Farnam Street (blog), 1994. https://fs.blog/a-lesson-on-worldly-wisdom/.

———. "Outstanding Investor Digest." Speech at Stanford Law School Class of William Lazier, March 13, 1998, Stanford, CA.

———. "The Psychology of Human Misjudgment by Charles T. Munger." Harrison Barnes, January 17, 2015. https://www.hb.org/the-psychology-of-human-misjudgment-by-charles-t-munger/#07.

———. See's Candy Seventy-Fifth Anniversary Lunch, March 1998, Los Angeles, CA.

———. USC School of Law commencement speech. University of Southern California Gould School of Law, May 13, 2007, Los Angeles, CA. https://genius.com/Charlie-munger-usc-law-commencement-speech-annotated.

———. "Wesco Financial Corporation Letter to Shareholders." In Charlie Munger's Wesco Financial Corporation Annual Letters 1983–2009, 182. https://rememberingtheobvious.files.wordpress.com/2012/08/wesco-charlie-munger-letters-1983-2009-collection.pdf.

———. "Wesco 2002 Annual Meeting." Mungerisms, 2002. http://mungerisms.blogspot.com/2009/08/wesco-2002-annual-meeting.html.

———. "Wesco Financial's Charlie Munger." CS Investing, May 5, 1995. http://csinvesting.org/wp-content/uploads/2014/05/Worldly-Wisdom-by-Munger.pdf.

Musk, Elon (u/ElonMuskOfficial). "I Am Elon Musk, CEO/CTO of a Rocket Company, AMA!" Reddit, 2015. https://www.reddit.com/r/IAmA/comments/2rgsan/i_am_elon_musk_ceocto_of_a_rocket_company_ama/?st=jg8ec825&sh=4307fa36.

Ophuls, William. Plato's Revenge: Politics in the Age of Ecology. Cambridge, MA: MIT Press, 2011.

Oppong, Thomas. "How to Be 1% Better Every Day (the Kaizan Approach to Self-Improvement)." The Mission Daily, December 8, 2016. https://medium.com/the-mission/get-1-better-every-day-the-kaizen-approach-to-self-improvement-b79c9e045678.

O'Shaughnessy, James. What Works on Wall Street, 4th ed. New York: McGraw-Hill Education, 2011.

"Our National Predicament: Excerpts from Seth Klarman's 2010 Letter." Mungerisms, March 2, 2011. http://myinvestingnotebook.blogspot.com/2011/03/our-national-predicament-excerpts-from.html.

Pabrai, Mohnish. The Dhandho Investor: The Low-Risk Value Method to High Returns. Hoboken, NJ: Wiley, 2007.

Parris, Adam. "Value Investors and Bear Markets." ValueWalk, September 9, 2017. https://www.valuewalk.com/2017/09/value-investors-bear-markets.

Parrish, Shane. "Daniel Kahneman—hat I Know." Farnam Street (blog), July 2012. https://fs.blog/2012/07/daniel-kahneman-what-i-know/.

———. "Mental Models: The Best Way to Make Intelligent Decisions (109 Models Explained)." Farnam Street (blog). https://www.fs.blog/mental-models.

―――. "No. 18 Naval Ravikant―ngel Philosopher." The Knowledge Project with Shane Parrish, February 27, 2017. Audio. https://theknowledgeproject.libsyn.com/2017/02.

――― (@ShaneAParrish). "People Who Arbitrage Time Will Almost Always Outperform." Twitter, February 19, 2018. https://twitter.com/farnamstreet/status/965594833422245889?lang=en.

―――. "Warren Buffett: The Inner Scorecard." Farnam Street (blog), August 2016. https://www.fs.blog/2016/08/the-inner-scorecard.

―――. "Why Mental Models? My Interview with Professor and Value Investor Sanjay Bakshi." The Knowledge Project, Ep. #3. Farnam Street (blog). Audio. https://www.fs.blog/2015/09/sanjay-bakshireading-mental-models-worldly-wisdom.

―――. "Why You Shouldn't Slog Through Books." Farnam Street (blog), September 2017. https://www.fs.blog/2017/09/shouldnt-slog-books.

" 'Person to Person': Warren Buffett." CBS News, November 16, 2012. https://www.cbsnews.com/news/person-to-person-warren-buffett.

Phelps, Thomas William. 100 to 1 in the Stock Market: A Distinguished Security Analyst Tells How to Make More of Your Investment Opportunities. Brattleboro, VT: Echo Point, 2015.

Ping, Jonathan. "Charlie Munger's Life as a Financial Independence Blueprint." My Money (blog), January 18, 2018. http://www.mymoneyblog.com/charlie-munger-financial-independence-blueprint.html.

Portnoy, Brian. The Geometry of Wealth: How to Shape a Life of Money and Meaning. Hampshire, UK: Harriman House, 2018.

"Q&A with Warren Buffett (Tuck School of Business)." http://mba.tuck.dartmouth.edu/pages/clubs/investment/WarrenBuffett.html.

Ramsey, Dave. The Total Money Makeover: A Proven Plan for Financial Fitness. Nashville, TN: Nelson, 2003.

Ravikant, Naval. "The Knowledge Project." Farnam Street Learning Community. Farnam Street (blog), February 2017. https://fs.blog/wp-content/uploads/2017/02/Naval-Ravikant-TKP.pdf.

――― (@naval). Medium, April 2, 2018. https://medium.com/@haseebinc/the-internet-is-the-best-school-ever-created-b8da4b327192.

Raza, Sheeraz. "Great Interview with Alice Schroeder via Simoleon Sense." ValueWalk, November 6, 2010. https://www.valuewalk.com/2010/11/

great-interview-alice-schroeder-simoleon-sense.

———. "Munger Quotes." ValueWalk, April 4, 2016. https://www.valuewalk.com/2016/04/charlie-munger-quotes-2.

Reed, John. Succeeding. Alamo, CA: John T. Reed, 2011.

Reiff, Nathan. "The Greatest Investors: Julian Robertson." Investopedia. https://www.investopedia.com/university/greatest/julianrobertson.asp.

Reklaitis, Victor. "5 Quotes That Tell You Everything You Need to Know About Forecasting." MarketWatch, March 8, 2017. https://www.marketwatch.com/story/5-quotes-that-tell-you-everything-you-need-to-know-about-forecasting-2017-01-11.

Rich, Bryan. "Do You Think Like George Soros?" Forbes, June 1, 2016. https://www.forbes.com/sites/bryanrich/2016/06/01/do-you-think-like-george-soros/#499e4c835f0d.

Ritholtz, Barry. "MiB: Danny Kahneman on Heuristics, Biases & Cognition." The Big Picture, August 9, 2016. https://ritholtz.com/2016/08/mib-kahneman-heuristics-biases-cognition/.

Rittenhouse, Laura. Investing Between the Lines: How to Make Smarter Decisions by Decoding CEO Communications. New York: McGraw-Hill Education, 2013.

Rockwood, Rich (@rrockw). "Excerpts from 1997 Caltech Speech." Motley Fool, board comment, January 4, 2003. http://boards.fool.com/excerpts-from-1997-caltech-speech-18377397.aspx.

Rothschild, Michael. Bionomics: Economy as Business Ecosystem. Marysville, WA: Beard, 1990.

Saletta, Chuck. "4 Steps to Getting Rich from Warren Buffett's Right-Hand Man." Business Insider, May 31, 2013. http://www.businessinsider.com/charlie-mungers-secrets-to-getting-rich-2013-5.

Schroeder, Alice. The Snowball: Warren Buffett and the Business of Life. New York: Bantam, 2009.

Schwager, Jack. Hedge Fund Market Wizards: How Winning Traders Win. Hoboken, NJ: Wiley, 2012.

Sellers, Patricia. "Warren Buffett and Charlie Munger's Best Advice." Fortune, October 31, 2013. http://fortune.com/2013/10/31/warren-buffett-and-charlie-mungers-best-advice.

Seneca. Letters from a Stoic. London: Penguin, 1969.

———. On the Shortness of Life. Plano, TX: Vigeo, 2016.

"Seth Klarman—0 Timeless Investing Lessons." ValueWalk, March 30, 2017. https://www.valuewalk.com/2017/03/seth-klarman-30-timeless-investing-lessons.

Shah, Bhavin. "My Best Pick 2018." Outlook Business, January 8, 2018. https://outlookbusiness.com/specials/my-best-pick_2018/bhavin-shah-4052.

Siegel, Jeremy. "Valuing Growth Stocks: Revisiting the Nifty Fifty." American Association of Individual Investors Journal, October 1998. https://www.aaii.com/journal/article/valuing-growth-stocks-revisiting-the-nifty-fifty.

Silver, Nate. The Signal and the Noise: Why So Many Predictions Fail—but Some Don't. London: Penguin, 2015.

Simon, Herbert A. "Designing Organizations for an Information Rich World." In Computers, Communications, and the Public Interest: edited by M. Geenberger. Baltimore, MD: Johns Hopkins Press, 1971. https://digitalcollections.library.cmu.edu/awweb/awarchive?type=file&item=33748.

———. Models of My Life. Cambridge, MA: MIT Press, 1996.

Sinclair, Upton. I, Candidate for Governor: And How I Got Licked. 1934. Berkeley: University of California Press, 1994.

Smith, Terry. "Bond Proxies: Can You Afford Not to Own Them?" Financial Times, June 26, 2015. https://www.ft.com/content/1c359352-18f1-11e5-a130-2e7db721f996.

Soe, Aye M., Berlinda Liu, and Hamish Preston. SPIVA U.S. Scorecard, S&P Dow Jones Indices, Year-End 2018. https://www.spindices.com/documents/spiva/spiva-us-year-end-2018.pdf.

Solin, Dan. "Do You Have 'Prediction Addiction?'" Huffington Post, May 25, 2011. https://www.huffingtonpost.com/dan-solin/do-you-have-prediction-ad_b_66570.html.

Sonkin, Paul D., and Paul Johnson. Pitch the Perfect Investment: The Essential Guide to Winning on Wall Street. Hoboken, NJ: Wiley, 2017.

Sparks, Evan. "John Templeton." Philanthropy Roundtable. http://www.philanthropyroundtable.org/almanac/hall_of_fame/john_m._templeton.

"Special Situation Videos: Lecture 1 and 2." Greenblatt Columbia Lecture 2005. CS Investing, September 25, 2012. Video. http://csinvesting.org/2012/09/25/special-situation-video-lecture-1.

Spier, Guy. The Education of a Value Investor: My Transformative Quest for Wealth, Wisdom, and Enlightenment. New York: St. Martin's, 2014.

"Spin-Offs—he Urge to Demerge." SBICAP Securities, June 19, 2017. https://drive.google.com/file/d/0B5meW_TNaEhNcFY4ME9ZeTBUNWM/view.

Stewart, James B. "Amazon Says Long Term and Means It." New York Times, December 16, 2011. https://www.nytimes.com/2011/12/17/business/at-amazon-jeff-bezos-talks-long-term-and-means-it.html.

"Study History." Investment Masters Class. http://mastersinvest.com/historyquotes.

Sullivan, Tim. "Embracing Complexity." Harvard Business Review, September 2011. https://hbr.org/2011/09/embracing-complexity.

Surowiecki, James. The Wisdom of Crowds: Why the Many Are Smarter Than the Few. London: Abacus, 2014.

Szramiak, John. "This Story About Warren Buffett and His Long-Time Pilot Is an Important Lesson About What Separates Extraordinarily Successful People from Everyone Else." Business Insider, December 4, 2017. http://businessinsider.com/warren-buffetts-not-to-do-list-2016-10.

Taleb, Nassim Nicholas. Antifragile: Things That Gain from Disorder. New York: Random House, 2014.

———. The Black Swan: The Impact of the Highly Improbable, 2nd ed. New York: Random House, 2010.

Taleb, Nassim Nicholas, and George A. Martin. "How to Prevent Other Financial Crises." SAIS Review 32, no. 1 (Winter–Spring 2012). http://www.fooledbyrandomness.com/sais.pdf.

Talley, Madelon Devoe. The Passionate Investors. New York: Crown, 1987.

Tanous, Peter J. Investment Gurus: A Road Map to Wealth from the World's Best Money Managers. Upper Saddle River, NJ: Prentice Hall, 1997.

Task, Aaron. "Money 101: Q&A with Warren Buffett." Yahoo Finance, April 8, 2013. https://finance.yahoo.com/news/money-101--q-a-with-warren-buffett-140409456.html.

Tervooren, Tyler. "Advice from Warren Buffet [sic]: Games Are Won By Players Who Focus on the Field." Riskology. https://www.riskology.co/focus-on-the-field.

Tetlock, Philip, and Dan Gardner. Superforecasting: The Art and Science of Prediction. New York: Broadway, 2016.

Thaler, Richard H., and Cass R. Sunstein. Nudge: Improving Decisions About

Health, Wealth, and Happiness, rev. ed. New York: Penguin, 2009.

"There Are 3 Stages in a Typical Bull Market." Ivanhoff Capital (blog), February 2, 2012. http://ivanhoff.com/2012/02/02/there-are-3-stages-in-a-typical-bull-market.

Thorndike, William. The Outsiders: Eight Unconventional CEOs and Their Radically Rational Blueprint for Success. Boston, MA: Harvard University Press, 2012.

Thorp, Edward O. A Man for All Markets: From Las Vegas to Wall Street, How I Beat the Dealer and the Market. New York: Random House, 2018.

Tilson, Whitney. "Notes from the 2002 Wesco Annual Meeting." Whitney Tilson's Value Investing Website. https://www.tilsonfunds.com/motley_berkshire_brkmtg02notes.php.

———. "Notes from the 2003 Wesco Annual Meeting." Whitney Tilson's Value Investing Website. http://www.tilsonfunds.com/motley_berkshire_wscmtg03notes.php.

———. "Notes from the 2004 Wesco Annual Meeting." Whitney Tilson's Value Investing Website, May 5, 2004. https://www.tilsonfunds.com/wscmtg04notes.doc.

———. "Notes from the 2005 Wesco Annual Meeting." Whitney Tilson's Value Investing Website, May 4, 2005. https://www.tilsonfunds.com/wscmtg05notes.pdf.

———. "Whitney Tilson's 2007 Berkshire Hathaway Annual Meeting Notes." Whitney Tilson's Value Investing Website, May 5, 2007. https://www.tilsonfunds.com/Berkshire_Hathaway_07_annual%20meeting_notes.pdf.

———. "Whitney Tilson's 2007 Wesco Annual Meeting Notes." Whitney Tilson's Value Investing Website, May 9, 2007. https://www.tilsonfunds.com/Whitney%20Tilson's%20notes%20from%20the%202007%20Wesco%20annual%20meeting-5-9-07.pdf.

———, ed. "Three Lectures by Warren Buffett to Notre Dame Faculty, MBA Students and Undergraduate Students." Whitney Tilson's Value Investing Website, Spring 1991. http://www.tilsonfunds.com/BuffettNotreDame.pdf.

"Time Arb." Investment Masters Class. http://mastersinvest.com/time-arb.

Tkaczyk, Christopher, and Scott Olster. "Best Advice from CEOs: 40 Execs' Secrets to Success." Fortune, October 29, 2014. http://fortune.com/2014/10/29/ceo-best-advice.

Train, John. The Money Masters. New York: Harper Business, 1994.

Tupy, Marian L. "Corporations Are Not as Powerful as You Think." HumanProgress, November 1, 2017. https://humanprogress.org/article.php?p=785.

Twain, Mark. Pudd'nhead Wilson. 1894. Reprint, Mineola, NY: Dover, 1999.

Vartak, Samit S. SageOne Investment Advisors Letter. August 10, 2017. http://sageoneinvestments.com/wp-content/uploads/2017/08/SageOne-Investor-Memo-Aug-2017.pdf.

"Visita a Warren Buffett." Think Finance, 2005. http://www.thinkfn.com/wikibolsa/Visita_a_Warren_Buffett.

Waitzkin, Josh. The Art of Learning: An Inner Journey to Optimal Performance. New York: Free Press, 2008.

"Warren Buffett on the Stock Market." Fortune, December 10, 2001. http://www.berkshirehathaway.com/2001ar/FortuneMagazine%20DEC%2010%202001.pdf.

"Warren Buffett Remarks on European Debt Crisis, the 'Buffett Rule' and the American Worker: Interview by Business Wire CEO Cathy Baron Tamraz." Business Wire, November 15, 2011. https://www.businesswire.com/news/home/20111115006090/en/Warren-Buffett-Remarks-European-Debt-Crisis-.

"Warren Buffett's Career Advice." CNN Money, November 16, 2012. Video. http://money.cnn.com/video/magazines/fortune/2012/11/16/f-buffett-career-advice.fortune/index.html.

Wasik, John F. Keynes's Way to Wealth: Timeless Investment Lessons from the Great Economist. New York: McGraw-Hill Education, 2013.

Watts, William. "Birthday Boy Warren Buffett Reaffirms His Love for Apple, but Sinks Mondelez." MarketWatch, August 30, 2017. https://www.marketwatch.com/story/birthday-boy-warren-buffett-reaffirms-his-love-for-apple-but-sends-mondelez-tumbling-2017-08-30.

Wilhelm, Ian. "Warren Buffett Shares His Philanthropic Philosophy." Chronicle of Philanthropy, March 8, 2010. https://www.philanthropy.com/article/Warren-Buffett-Shares-His/225907.

"Words of Estimative Probability." Central Intelligence Agency, March 19, 2007. https://www.cia.gov/library/center-for-the-study-of-intelligence/csi-publications/books-and-monographs/sherman-kent-and-the-board-of-national-estimates-collected-essays/6words.html.

Zeckhauser, Richard. "Investing in the Unknown and Unknowable." Capitalism and Society 1, no. 2, article 5 (2006). https://sites.hks.harvard.edu/fs/rzeckhau/InvestinginUnknownandUnknowable.pdf.

Zweig, Jason. The Devil's Financial Dictionary. New York: PublicAffairs, 2015.

———. "The Secrets of Berkshire's Success: An Interview with Charlie Munger." Wall Street Journal, September 12, 2014. https://www.wsj.com/articles/the-secrets-of-berkshires-success-an-interview-with-charlie-munger-1410543815.

———. Your Money and Your Brain: How the New Science of Neuroeconomics Can Help Make You Rich. New York: Simon and Schuster, 2008.

Zweig, Martin. Martin Zweig's Winning on Wall Street, rev. ed. New York: Warner, 1997.

함께 읽으면 좋은 부크온의 책들

- 내 주식은 왜 휴지조각이 되었을까? 장세민
- 투자의 전설 앤서니 볼턴 앤서니 볼턴
- 예측투자 마이클 모부신, 알프레드 래퍼포트
- 투자도 인생도 복리처럼 가우탐 바이드
- 퍼펙트 포트폴리오 앤드류 로, 스티븐 포어스터
- 안전마진 크리스토퍼 리소길
- 권 교수의 가치투자 이야기 권용현
- 벤저민 그레이엄의 성장주 투자법 프레더릭 마틴
- 가치투자는 옳다 장마리 에베이야르
- 박 회계사의 재무제표 분석법 (개정판) 박동흠
- 워런 버핏처럼 주식투자 시작하는 법 메리 버핏, 션 세아
- 인생주식 10가지 황금법칙 피터 세일런
- 주식고수들이 더 좋아하는 대체투자 조영민
- 금융시장으로 간 진화론 앤드류 로
- 현명한 투자자의 지표 분석법 고재홍
- 투자 대가들의 가치평가 활용법 존 프라이스
- 워런 버핏처럼 가치평가 시작하는 법 존 프라이스
- 투자의 가치 이건규
- 워런 버핏의 주식투자 콘서트 워런 버핏 강연 모음
- 적극적 가치투자 비탈리 카스넬슨
- 주식투자자를 위한 재무제표 해결사 V차트 정연빈
- 주식 PER 종목 선정 활용법 키스 앤더슨
- 돈이 불어나는 성장주식 투자법 짐 슬레이터
- 현명한 투자자의 인문학 로버트 해그스트롬
- 워런 버핏만 알고 있는 주식투자의 비밀 메리 버핏, 데이비드 클라크
- 박 회계사의 사업보고서 분석법 박동흠
- 이웃집 워런 버핏, 숙향의 투자 일기 숙향
- NEW 워런 버핏처럼 적정주가 구하는 법 이은원
- 줄루 주식투자법 짐 슬레이터
- 경제적 해자 실전 주식 투자법 헤더 브릴리언트 외
- 붐버스톨로지 비크람 만샤라마니
- 워렌 버핏처럼 사업보고서 읽는 법 김현준
- 주식 가치평가를 위한 작은 책 애스워드 다모다란
- 고객의 요트는 어디에 있는가 프레드 쉐드
- 투자공식 끝장내기 정호성, 임동민
- 워렌 버핏의 재무제표 활용법 메리 버핏, 데이비스 클라크
- 현명한 투자자의 재무제표 읽는 법 벤저민 그레이엄, 스펜서 메레디스